# 범죄피해자 대책론

## - 형사절차에서의 범죄피해자 보호 -

김 재 민 저

진리탐구

# 머 리 말

　　우리 헌법 제10조에는 '국가는 개인이 가지는 불가침의 기본적 인권을 확인하고 이를 보장할 의무를 진다'라는 규정이 있다. 여기에서 말하는 개인이라 함은 국가를 구성하고 있는 모든 국민을 지칭하고 있기 때문에 범죄피해자도 당연히 포함되어 있다고 보아야 할 것이다.

　　범죄피해자는 범죄로 인하여 인간의 존엄성과 행복추구권 기타 생존을 위해 필요한 기본적 인권을 침해당한 자라고 볼 수 있다. 이러한 범죄피해자에 대해서 적정한 보호가 이뤄질 수 있도록 국가가 관심을 기울이는 것은 이미 헌법이 요구하고 있는 것으로서 지극히 당연한 일에 해당한다.

　　1987년 헌법에 피해자의 공판정진술권과 범죄피해자구조청구권이 명시됨으로 말미암아 이를 반영하는 차원에서 형사소송법 개정 및 범죄피해자구조법 제정이 이루어졌다. 그럼에도 불구하고 피해자는 지금까지 형사사법절차의 각 단계에서 수사나 재판기관의 실체적 진실발견 노력에 수동적으로 협조해야 하는 단순한 증거방법의 일종으로 취급되어 왔다고 해도 과언이 아니다.

　　특히 범죄수사절차에서 피해자가 느끼는 불안과 두려움 그리고 소외감은 형사사법절차의 어느 단계보다도 크다고 볼 것이다. 사건 발생 초기에 대부분의 피해자는 생생한 범죄충격으로부터 강한 스트레스를 받는다. 강력범죄의 경우 그 충격이 매우 강하기 때문에 피해자들은 상당한 시간이 경과해도 그 범죄충격으로 인해 삶에 대한 통제력을 잃어버린 채 어찌할 바를 모르고 지내게 된다. 생명·신체에 대한 피해는 물론 정신적·재산적 피해에 이르기까지 그가 치러야 할 가시적·비가시적 범죄피해비용은 우리가 생각했던 것 보다 훨씬 큰 것이다. 하지만 수사기관은 범인을 검거하는 일에

온통 관심을 기울인 나머지 피해자가 겪게 되는 이러한 고통에 대해서는 깊이 인식을 하지 못해왔던 것이다.

이처럼 형사절차 속에서 피해자가 겪어야 할 고통이 형사사법시스템의 운용을 통하여 제대로 해소되지 못한다면 과연 누구를 위한 범인검거이며 무엇을 위한 기소와 재판인지 의문이 일게 된다. 범인이 검거되어 기소가 이루어지고 유죄판결을 받았다 하더라도 피해자의 삶의 질이 범죄피해를 입기 이전 수준에 버금가도록 회복되지 못한다면 어느 누구도 진정한 형사사법의 정의가 달성되었다고 말할 수가 없기 때문이다.

본서는 위와 같은 고민 속에서 범죄피해자가 입은 아픔이 치유되고 삶의 질이 다시 회복될 수 있는 길을 찾아봄과 동시에 현재 형사사법기관에 종사하는 자들과 앞으로 이 분야에서 일하고자 하는 자들에게 범죄피해자 대책수립과 범죄피해자 보호방향을 제시하고자 하는 의도로 쓰여 졌다. 아울러 피해자 보호활동은 범죄가 발생한 초기의 대응이 너무나도 중요하기에 많은 사법기관 중에서도 형사사법의 관문을 지키는 '문지기'라고 할 수 있는 경찰, 그 중에서도 수사경찰의 피해자 보호활동에 큰 관심을 두고 기술하였음을 밝혀 둔다.

더 나아가 현행 형사사법체계가 '회복적 사법'이 지향하고 있는 가치를 충분히 받아들일 수 있도록 촉구하는 한편, 수사관들이 피의자·피고인의 인권보장과 함께 피해자의 인권보장도 동시에 추구하도록 함으로써 양자의 조화를 통해 형사사법의 궁극적 목적을 달성해 나가도록 하는데 조그마한 기여를 하고자 하는 뜻도 이 책에 담겨있다고 할 것이다.

따라서 본서는 종래의 피해자학 관련서적의 체계와 비교하여 볼 때 다음과 같은 몇 가지 특징을 지니고 있다고 할 수 있다.

첫째, 본서는 형사사법기관이 피해자와 접촉할 경우 피해자보호에 대한 인식을 새롭게 하고자 하는 의도로 집필되었다. 이를 위하여 지금까지 범인검거에 별 도움이 되지 않는다고 생각되면 그다지 큰 관심을 기울이지 않았던 피해자수사 영역을 새롭게 조명해 보고자 하였다.

둘째, 범죄피해자학에 대한 기초이론의 이해를 바탕으로 피해자보호적 수사활동에 대한 당위성을 발견하게 하고 바람직한 범죄피해자대책 모색의 동기를 부여하고자 하였다.

셋째, 범죄피해자가 향유해야 할 제반 권리에 대하여 보다 넓은 안목을 갖도록 하기 위해 헌법상 기본권이론에 대하여 피해자학적 접근을 시도하였다.

넷째, 범죄피해자 보호방법론을 탐구함에 있어서 개인적 요소와 환경적 요소를 모두 고려한 가운데 미시적 요인과 거시적 요인을 종합적으로 검토함으로써 보다 바람직한 피해자대책을 모색해 보고자 하였다.

다섯째, 미래지향적 범죄피해자대책 창출을 위하여 바람직한 회복적 사법의 모델을 제시하였고, 지역공동체에 기반을 둔 총체적 대응방식을 제안하였으며, 수사실무에서 피해자보호를 위한 구체적 수사행태의 개발을 제시함으로써 수사실무자들이 피해자보호적 수사활동을 효과적으로 전개하는데 도움을 주고자 하였다.

위와 같은 특징을 가진 이 책은 크게 다섯 편으로 구성되어 있다. 제1편에서는 피해자수사와 피해자보호의 관련성 및 피해자학의 기초이론을, 제2편에서는 피해자수사의 환경으로서의 피해자대책의 내용과 그 발전 현황을, 제3편에서는 범죄피해자 인권문제를 다루었으며, 제4편에서는 범죄피해자 보호방법론을 제시하는 한편, 제5편에서는 미래지향적인 시각을 가지고 범죄피해자대책을 언급함으로써 이 책의 독자로 하여금 범죄피해자 보호를 위한 새로운 분야를 전망해 보는데 도움을 주고자 하였다.

오늘날 국가는 범죄피해자들이 형사절차 속에서 자신들의 인권을 보장받고 범죄충격으로부터 벗어나 다시금 행복한 생활을 영위할 수 있도록 범죄피해자 보호에 적합한 법적·제도적 환경을 구비해 나가야 한다. 이와 동시에 피해자와 접촉하는 많은 형사사법기관 구성원들은 피해자에 대한 감수성과 공감능력을 키워나가야 한다. 요컨대 범죄피해자를 제대로 보호할 수 있으려면 형사사법시스템을 둘러싼 법적 제도적 환경을 개선하는 것도 중요하지만 형사사법기관 종사자들의 의식과 행태까지 총체적으로 바꾸어 나가야 하는 것이다.

신약성서 누가복음 10장 30절에 나오는 '선한 사마리아 사람'의 비유는 형사사법기관 종사자들이 범죄피해자에게 다가갈 때 가져야 할 자세가 어떤 것인지 잘 가르쳐주고 있다. 강도를 당해 쓰러져 있던 자에게 실질적인 도움을 주었던 사람은 당시 실력자들이라고 할 수 있는 종교인이나, 학자, 공무원도 아닌 평범한 장사꾼이었다. 그 시대에 업신여김을 당하던 한 이름 없는 상인이 강도 만난 피해자를 불쌍히 여기는 마음을 가지고 돌봐주는 모습은 오늘날의 형사사법기관 종사자는 물론 인권보호활동을 벌이고 있는 각종 시민단체에게 귀감이 되고도 남음이 있다. 아무쪼록 범죄피해자와 관련을 맺고 있는 모든 사람들이 각자의 영역에서 그들의 아픔과 고통을 깊이 이해하면서 다가갈 수 있게 되기를 소망해 본다.

끝으로 본서의 출판을 위해 노력하신 진리탐구 출판사 사장님 이하 직원 여러분께 감사의 마음을 전하고자 한다.


2006년 2월 17일


저　자

# 목   차

# 표 차례

## 그림 차례

# 제1편

# 피해자수사와 범죄피해자학 이론

# 제1편 피해자수사와 범죄피해자학 이론

범죄피해자대책론은 범죄피해자학 이론구성에 있어서 중요한 부분을 차지하고 있다.[1] 학자에 따라서는 범죄피해원인론에 중점을 두는 경우도 있으나 범죄피해의 원인을 정밀하게 분석하는 이유도 따지고 보면 적합한 범죄피해자대책을 개발하고자 하는데 그 의의가 있다고 할 것이다. 따라서 범죄피해자학이 지향하는 목표가 '피해자의 인권보호를 위한 범죄피해에 대한 실질적 회복방안의 모색과 실천'이라고 한다면 시기·장소·대상에 적합한 범죄피해자대책을 마련하는 일은 매우 긴요한 일이 아닐 수 없다.

필자는 본서의 범죄피해자대책론을 구성해 나가는데 있어서 좀 독특한 서술체계를 따르고자 한다. 즉, 기존의 범죄피해자대책론이 범죄피해자학 이론의 일부로 다루어졌을 뿐만 아니라 순수 학문적 이론체계에 기초를 두고 내용전개가 이루어 졌다면, 필자는 효과적인 범죄피해자대책 개발을 본서의 핵심적인 목표로 삼고 이 목표에 이르기 위하여 형사실무와의 관련성을 전제로 범죄피해자학 이론의 기초를 개괄한 뒤 범죄피해자 인권문제를 살펴본 다음 발전적인 범죄피해자대책 마련을 탐색해 나가는 접근방법을 사용하고자 하는 것이다.

이에 본서에서는 '피해자수사'라는 개념을 우선 도입하여, 이를 현장실무와 범죄피해자학이 만나는 하나의 접점이자 교두보로 삼고서 범죄피해자학 이론 및 범죄피해자대책론을 전개하고자 하였다. 이를 위해 범죄피해자에 대한 인권의식을 고양한다는 차

---

[1] 범죄피해자학 이론은 대체로 범죄피해와 범죄피해자의 본질, 피해자학 관련 주요 개념의 정립, 범죄피해자학의 발달과정, 피해자학의 학문적 성격과 연구방법, 범죄피해 원인 론, 범죄피해자 대책론 등을 포함하고 있다. 저자에 따라서는 형사실무와 관련된 범죄피해자대책이 다루어지기도 한다.

원에서 범죄피해자가 향유할 수 있는 헌법상의 권리에 대한 고찰을 기초로 삼아 전략적으로 크게 2가지의 범죄피해자 보호방법론을 제시하여 보았으며, 미래지향적인 피해자 보호대책을 전망해 보는 한편, 범죄피해자 보호적 수사기법 개발을 제안함으로써 형사실무에서 범죄피해자 보호정신이 구체적으로 실현될 수 있는 방안도 모색하여 보았다.

이러한 필자의 범죄피해자대책론 서술방식은 순수학문으로서의 범죄피해자학 이론을 탐색해 나가는 데는 다소 미진한 점이 있겠으나 형사사법기관, 특히 수사기관이 왜 피해자의 인권을 보호해야 하고 어떻게 범죄피해자대책을 수립하여 이를 추진해야 하는지에 관한 답을 찾는데 있어서는 매우 유용한 도구가 될 수 있으리라 생각한다.

# 제1장 피해자수사의 피해자 보호적 이념

## 제1절 서설

### 1. 피해자수사와 피해자보호의 필요성

오늘날 피해자는 더 이상 형사절차의 변방에 있는 '국외자(局外者)'가 아니라 형사절차 속에서 자신의 정당한 권한을 보장받아야 할 '권리주체'로서 인식하여 한다는 주장이 높아져 가고 있다. 이는 종래의 형사법이 피의자·피고인의 인권보장 중심으로 축조되고 해석되어 왔던 것과 비교할 때 새로운 변화라고 볼 수 있다.

이러한 시대적 상황은 수사기관에게는 새로운 수사환경이 조성된 것으로 받아들일 수 있을 것이다. 종래 수사기관은 형사법상 피의자 인권보호규정과 같은 보호막을 다치지 않고 어떻게 범죄의 진상을 파악하여 범인을 유죄판결로 이어가게끔 할 것이냐가 주요 관심사였다. 따라서 수사기관이 각종 수사 활동을 전개함에 있어서는 항상 피의자의 인권보장과 실체적 진실발견이라는 형사법의 '양대 이념'이 서로 갈등하고 긴장하는 양상이 전개되었고 그 것은 어쩌면 수사기관이 당연히 감수해야 하는 수사상 '딜레마(dilemma)'로 여겨지기도 했다.

그러나 이제 피해자를 형사절차의 중요한 '권리주체'로 인식할 것이 강조되는 오늘날에 있어서 피해자 보호적 접근을 통한 피해자수사의 전개야말로 수사기관의 고질적인 '수사상 딜레마'를 해소시킬 수 있는 하나의 방법론이 될 수 있다고 생각한다. 수사기관이 수사를 함에 있어서 피해자 보호적 접근을 하여야 하는 가장 중요한 이유는 피해자도 피의자·피고인과 마찬가지로 동등하게 헌법상 권리보호를 받아야 인격체이기 때문이며, 2차적으로는 실체적 진실발견에 있어서 피해자가 차지하는 위치나 중요성이 매우 크기 때문이다. 수사기관의 성공적인 피해자보호활동은 피해자의 수사기관에 대한 자발적 협력을 강화시키는 계기를 제공함으로써 피해사실의 진술과 같은 각종 증거제공을 위한 협력 등의 방법으로 실체적 진실발견을 보다 용이하게 해줄 수 있을 것이며 그 결과 무리한 피의자수사를 감행할 필요성을 줄어들게 하여 형사법의 양대 이념이 접목되어지고 상호 조화를 이룰 수 있는 길이 열릴 수 있는 것이다. 요컨대, 형사법의 '양대 이념'을 조화시킬 수 있는 가능성이 있는 분야가 바로 피해자수사 영역이라고 생각한다.

## 2. 피해자수사와 피해자보호의 중요성

피해자수사는 지금까지 다른 수사방법과 비교하여 볼 때 특별한 관심이나 주목을 받지 못하고 그 중요성이 간과되어 왔다. 그러나 용의자를 지목할 수 없고 현장증거가 빈약할 경우에 피해자의 정확한 범행목격진술은 사건 해결에 절대적인 영향을 미치게 된다. 따라서 수사기관은 피해자로부터 최대한 정확하고도 진실한 진술을 확보할 수 있어야 수사를 성공리에 진척시킬 수 있다.

피해자로부터 진실성 있는 진술을 받아 내기 위해서는 피해자가 자발적으로 협력해 주는 것이 필요하다. 피해자의 이러한 자발적 협력을 이끌어 낼 수 있으려면 피해자를 대하는 수사관의 의식과 태도, 그리고 외부적인 행동으로 표출되는 수사행태가 매우 중요하다.

범죄충격 속에서 헤어나지 못하고 있는 피해자에 대한 수사관의 우호적이고 친절한 대응 자세는 향후 피해자로부터 적극적 수사협력을 이끌어내는데 큰 영향력을 끼치게 된다. 인질강도나 가정폭력범죄와 같이 위기적 상황이 연출될 때 피해를 최소화하는 방법으로 수사기관이 적정하게 그 상황에 개입하여 피해자를 구출하고 추가적인 피해 발생을 예방하는 등 직업적 전문성을 보여주는 것은 피해자와 그의 가족, 그리고 주변의 시민들에게 감동을 주어 수사의 협조자로 만들어 주는 계기가 되는 것이다. 반면, 피해자를 무감각하게 대하고 수사실적만을 의식하는 수사를 행하게 되면 피해자는 형사절차를 통하여 2차 피해를 겪음으로써(secondary victimization) 2중의 고통을 겪게 되며 이러한 부작용으로 인해 피해자는 형사절차의 편입을 꺼리게 되고 수사기관에 대하여 범죄첩보나 수사정보를 제공하는데 있어서도 소극적인 자세를 취하게 된다.

이를 볼 때, 피해자보호는 수사기관이 수사를 진행하는 과정에서 해도 좋고 안 해도 좋은 부가적 업무가 아니라 수사의 성공적 진행을 위해서 그리고 궁극적 형사사법의 목적달성을 위해서 필수적으로 수반되어야 하는 활동인 것이다. 아래의 그림은 수사기관이 초동수사현장에서 피해자에게 어떻게 대응하느냐 여부가 수사의 목표달성 및 피해자의 수사기관에 대한 신뢰형성과 협력촉발에 영향을 미친다는 것을 나타내주고 있다.

**(그림 1) 수사기관의 피해자에 대한 대응태도와 그 결과**

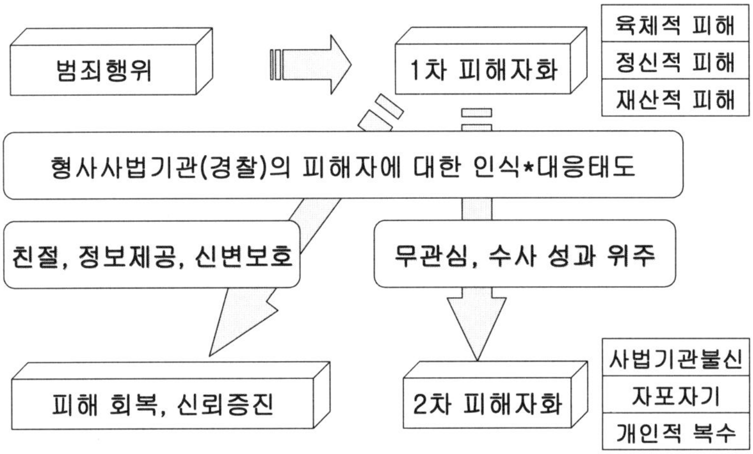

이와 같이 피해자수사를 수행함에 있어 피해자 보호적 측면을 중시하고자 한다면 그 정당성이 어디에 있는 것인지에 대해서도 분명하게 확인해보는 것이 필요하다. 이러한 작업은 수사기관의 피해자 보호대책을 발전시켜 나가는 데 있어서 보다 큰 힘을 불어 넣어줄 수 있을 것이기 때문이다.

## 3. 피해자수사와 피해자보호의 정당성

### 가. 피해자의 인권보장

종래에 범죄피해자는 형사절차에서 수사 및 심리의 객체로 취급을 한 나머지 형사절차의 변방에 있는 협조자로만 인식을 해왔고 그들의 인권 및 기본권 보호에 소홀했던 것이 사실이다. 하지만 최근에 와서 범죄피해자보호를 위한 각종 법령을 제정하고 제도를 구비하는 등 각국에서 피해자보호를 위한 많은 노력들이 전개되고 있다. 피해자보호의 법령이나 제도는 나라마다 각각의 차이가 존재하는 것은 사실이나 피해자의 인권을 충실히 보장해야 한다는 이념만은 어느 나라나 공통적인 현상이 되고 있는 것이다.

이제 이들 피해자에게 헌법상 기본권 보장 이념에 상응하는 정당한 법적 지위를 부여해주기 위하여 미비한 관계 법률을 보완하고 피해자의 인격권을 충실히 보장할 수 있는 효율적인 피해자보호 시스템을 갖출 수 있도록 우리 실정에 적합한 피해자보호정책을 개발하고 시행하는 것이 필요한 시점이 되었다. 뿐만 아니라 형사사법 업무에 종사하는 자들, 특히 국민의 일상생활에 큰 영향을 줄 수 있는 수사관의 경우에는 수사를 함에 있어서 피의자의 인권보호뿐만 아니라 범죄피해자의 인권보호도 동시에 아우를 수 있는 균형 잡힌 법집행 의식과 태도를 갖출 것이 요청되고 있다고 하겠다. 이러한 수사관의 법집행 태도와 자세는 피해자의 수사에 대한 협력을 강화함으로써 실체적 진실발견에 큰 도움을 줄 수 있는 것이다.

### 나. 실체적 진실발견에의 기여

국가 공형벌 체계가 확립된 전통적인 형사사법 하에서 범죄에 대한 형벌권 행사는 국가가 전담하여 왔다.[2] 그리하여 형사절차를 규정하는 형사소송법의 중점은 형벌을

---

2) 오늘날에 와서 국가형벌권 행사의 목적이 다시 새롭게 정의되어져야 한다. 종래의 형벌의 본질과 관련해서는 범죄에 대한 순수한 응보라는 입장(응보형주의)과, 범죄로부터 사회를 방위하기 위한 수단이라는 입장(목적형주의에 입각한 일반예방주의와 특별예방주의)등이 제시되어 왔으나, 특별예방주의에 입각한 범죄자의 재사회화사상의 실효성에 대해서 의문이 제기되면서, 오늘날은 책임에

과하는 국가와 이를 부담하는 범죄자에 놓여지게 되고 형사소송의 주체도 국가기관과 피고인 · 피의자에게 국한되어 왔다. 범죄피해자는 그 범죄에 대한 직접적인 이해 당사자임에도 불구하고 단순한 증거수단이나 증거방법에 지나지 않는 '잊혀진 존재(vergessene Figur, forgotten man)' 혹은 '주변적인 존재(Randfigur)'로 취급되었던 것이다.3)

수사를 진행하면서 범죄피해자 보호에 필요한 세심한 절차적 배려를 생략한 채, 오로지 피해자를 단순한 증거방법 중의 하나로 활용하면서 수사를 진행하는 것이 일응 실체적 진실발견에 기여하는 효율적 수사 활동처럼 보일 수 있으나 반드시 그렇지만은 않다. 우선 피해자가 범죄사실을 신고하거나 증언을 하게 되면 증인인 피해자 자신은 물론 그 가족 구성원에게까지 범죄자에 의한 생명·신체·자유의 침해위험에 노출되어 두려움을 느끼게 된다. 따라서 피해자들이 신고를 꺼리 거나 피해자 진술이나 증언을 제대로 하지 못하는 경우가 많다. 뿐만 아니라 범죄충격에 휩싸여 있는 피해자에 대하여 그 정신적 상태를 무시한 채 피해자수사를 진행하게 되면 피해자에게 또 다른 고통을 안겨주게 되고, 피해자의 자발적 협조를 얻기가 힘들어져 결국 사건 해결에 결정적인 역할을 할 수 있는 단서를 얻는데 실패할 수 있는 것이다.

따라서 실체적 진실을 제대로 파악하기 위해서도 피해자의 진솔하면서도 적극적인 협력을 얻어내는 것은 매우 중요한 일이 된다.4) 그러한 피해자의 적극적이고 자발적

---

상당하는 형벌원칙의 수용·형벌의 개별화 및 완화·일반인의 규범의식 강화 등을 추구하는 입장(통합주의 혹은 적극적 일반예방주의)이 주장되고 있다(박상기 외, 형사정책, 형사정책연구원, 2003. pp. 282-284.; 박광민, "형사절차상 피해자의 지위강화", 형사법연구(제10권), 한국형사법학회, pp. 203-204). 이러한 최근의 입장에 의하면 국가형벌권 행사는 피해자와 가해자의 갈등해소를 통하여 피해자의 실질적 피해회복에 기여하는 계기를 제공해 주며, 그로 인하여 법적 평화를 회복할 수 있는 통로역할을 하여준다고 해석할 수 있을 것이다. 이러한 입장에 서게 되면 수사를 통하여 범인을 검거하고 증거를 수집하는 활동은 실체적 진실의 규명을 위한 작업의 일환이면서 궁극적으로 피해자의 피해회복에 실질적으로 기여한다는 입장에 서게 된다. 이렇게 형벌체계를 '피해 회복에 기여하는 형사사법 시스템'의 관점에서 바라보게 되면 실체적 진실발견이 범죄인과 피해자 사이의 갈등해소의 전기를 마련해주는 계기가 된다고 할 수 있게 되고 그 갈등의 해소로 말미암아 법적 평화를 가져올 수 있다고 여기게 된다.

3) 박광민, "형사절차상 피해자의 지위강화", 형사법연구(제16권), 한국형사법학회, p. 201.
4) 피해자로의 진술증거 확보방법으로 인지심리학적 면담기법(cognitive interview)을 사용할 수 있는 바 이 수사기법이 성공하기 위해서 가장 우선되어야 할 것이 피해자와의 '신뢰관계 형성(rapport)'이다. 피해자수사에 있어서는 실체적 진실에 접근하기 위한 전략으로서 피해자보호정책을 펴는 것이 중요한 까닭은 피해자보호활동을 전개함으로써 얻어진 신뢰관계 속에서 피해자진술을 확보하는

인 협력은 피해자를 수사절차에 있어서 단순한 '객체'로서가 아니라 '중요한 당사자'이자 '주체'로서의 성격을 인정함과 동시에[5] 다양한 방법의 피해자의 보호활동을 전개함으로써 얻어질 수 있다. 이러한 자세를 갖추기 위해서 형사사법의 중요한 목적중의 하나가 피해자의 실질적 피해회복에 있다는 사실과 그 사상적 기초가 헌법상의 기본적 인권보장에 있다는 것을 유념할 필요가 있다.


## 제2절 피해자수사의 정의


### 1. 피해자수사의 유형

피해자수사는 사안에 따라 매우 다양한 형태로 전개되고 있다. 먼저 피해자수사의 유형을 구분할 때 범죄가 '현장성'이 있는가 여부, 다시 말하면 사건발생 초기에 즉각적인 현장조치가 필요한가 여부에 따라 초동수사(preliminary investigation)와 계속수사(follow-up investigation)로 나누어 볼 수 있다. 초동수사는 사건발생 초기에 현장출동·현장임장·현장보존·현장관찰·현장감식·수사긴급배치 등의 형태로 전개되는 것으로서 범인을 체포하고 증거를 확보하는데 있어서 수사관의 신속한 현장조치가 중요한 의미를 갖는 수사 활동이다.

하지만 형사사건 중에는 사건발생 후 상당한 시간이 경과하였다거나 사건 현장을 특정할 수 없는 경우가 있어 이러한 경우에는 신속한 현장조치가 큰 의미가 없는 유

---

것이 그렇지 않은 가운데 진술을 확보하는 것보다 훨씬 정확성과 진실성을 높여주기 때문이다.

5) 이와 관련하여 형사절차상 피해자에게 '형사절차상의 당사자'나 '주체'로서의 지위를 인정한다 하더라도 전통적 개념으로서의 '소송주체' 개념과는 구분하여야 한다는 견해가 있다. 즉 전통적 의미의 '소송주체'개념은 '소송의 개시와 진행에 필수적이고 본질적인 영향을 미치는 당사자'로서의 개념이지만, 피해자학에서 강조하고 있는 형사절차상 '주체' 개념은 피해자에게도 형사절차상 공정한 대우와 인격적 자율성을 보장해주어야 한다는 의미에 불과하다는 것이다. 따라서 피해자는 전통적 의미의 '소송주체'일 수가 없기에 개념상의 오해를 불러일으킬 소지가 있으므로 이러한 용어사용을 피하는 것이 바람직하다는 견해가 있는 것이다 (박광민, 전게서, p. 210). 그러나 공판진행절차와는 달리 수사절차는 피의자와 피해자가 대립하는 구조로 이해 할 수 있다고 하는 이른 바 '소송적 수사관'이론을 도입한다면 피해자를 형사절차상의 명실상부한 '당사자'로 인정할 수도 있다고 본다. (김환수, "피해자의 수사절차 참여권," 서울대학교 대학원 석사학위논문, 1994. pp. 15-16).

형도 존재한다.[6] 이때에는 이미 발생한 사건에 대한 정밀분석을 거쳐 수사의 방향을 설정한 뒤 각종 수사기법을 동원하여 수사 활동을 전개해 나가야 한다. 초동수사를 통해 수사가 진행한 경우라도 현장조치가 종료된 후라면 이때에도 역시 수집된 증거나 수사자료 등을 통하여 사건에 대한 분석·판단과정을 거친 후 그 결과를 토대로 범인의 신원확인, 범인검거, 증거수집 활동 등을 전개할 수 있는 것이다. 초동수사 이후에 전개되는 이러한 수사 활동 유형을 '계속수사'라고 정의할 수 있을 것이다.

다음으로 수사진행과정에 강제력의 사용 유무를 기준으로 강제수사와 임의수사로 나누어 볼 수 있다. 수사 활동 시 본인의 의사에 반한 강제력의 사용을 법에서 허용한 수사방법을 강제수사라고 한다면 그러한 강제력의 행사가 허용되지 않는 수사방법이 임의수사이다. 이러한 임의수사방법에는 출석요구, 피의자신문, 참고인조사, 사실조회 등이 있다. 한편, 강제수사는 크게 구속·체포 등과 같이 인신의 자유를 제한하는 대인적 강제수사와 압수수색과 같이 수사대상자의 재산이나 재물의 점유를 강제로 취득하거나 자유로운 처분 및 사용을 제한하는 대물적 강제수사로 나누어 볼 수가 있다.

한편, 수사를 수행하는 수사기법을 기준으로 수사유형을 구분하여 본다면 탐문수사, 최면수사, 거짓말탐지기를 사용한 수사, 수법수사, 통신수사, 감식수사, 감수사(鑑捜査), 장물수사, 몽타주(Montage) 수사 등을 들 수 있다. 탐문수사는 범인 이외의 자를 상대로 면접을 통하여 수사의 단서나 증거를 얻는 방법이며, 최면수사는 인지심리학적 기법을 사용하여 범행과 관련된 기억을 인출하고자 하는 수사기법이며, 거짓말탐지기에 의한 수사는 피해자진술의 허위성 판단여부를 가리기 위하여 거짓말탐지기를 사용하는 수사방법이고, 수법수사는 특정범죄를 범한 범인의 범행특성에 관한 정보를 토대로 수사하는 방법이며, 통신수사는 통신수단을 사용한 범인에 대하여 통화 자료를 분석하거나 감청, 우편물 검열 등의 방법으로 용의자를 추적하는 방법이며, 감식수사는 최신 과학적 지식·장비·기술을 활용하여 증거를 수집하는 수사기법이고, 감수사는 사건현장에서 범인과 피해자간에 사회적 연고관계가 있는지 여부(연고감) 혹은 범인이 지리적 상황에 정통한가의 여부(지리감)를 수사하는 것이고, 장물수사는 재산범죄의 피해

---

6) 예컨대 1년 전의 사기 피해사실을 경찰서 민원실에 고소장 형태로 제출하는 경우에는 특별한 사정이 없는 한 초동 수사 활동을 전개할 여지가 없다.

품을 수사하는 방법이며, 몽타주 수사는 범인을 목격한 목격자를 상대로 범인의 얼굴 사진을 작성하기 위하여 범인의 얼굴 특징을 파악하는 수사방법이다.

피해자수사는 위에서 제시한 다양한 수사유형들이 활용되어질 수 있다. 즉 피해자를 대상으로 수사를 함에 있어서는 사건발생 직후 현장조치 필요성 여부에 따라 초동수사 혹은 계속수사의 형태로 수사가 진행될 수 있을 것이며, 강제력 행사 유무에 따라 강제수사 혹은 임의수사 방법이 활용되어질 수 있는가 하면, 피해자수사에 어떠한 수사기법을 동원하느냐에 따라 탐문수사 등을 비롯한 각종 수사기법들을 이용하여 수사를 전개할 수 있는 것이다.

## 2. 피해자수사에 대한 개념의 정립

### 가. 수사의 개념

수사(investigation, Ermittlung)란 무엇인가에 대해서 여러 방식으로 설명을 할 수 있겠지만 크게 최광의, 광의, 협의의 수사개념으로 구분하여 정의해 보고자 한다.

최광의의 수사개념은 수사기관이 수사목적으로 행하는 한 모두 수사 활동으로 파악하는 입장이다. 따라서 정식으로 형사입건 되기 이전의 활동이라 하더라도 수사기관이 행하는 수사첩보 수집활동, 수사단서를 얻기 위한 활동, 내사활동 등이 모두 수사의 개념에 포함된다. 이러한 최광의 개념은 형사입건을 하기 전의 내사단계에 있는 용의자(피내사자)까지도 피의자신분으로 파악할 수 있게 함으로써 현행 형사법 체계 내에서 인권보장을 보다 충실히 할 수 있다는 장점은 있지만[7] 우리의 현행 수사관련 법령을 살펴볼 때 수용하기 어려운 개념이다. 최광의 입장에서 바라본다면 사법경찰관에게 독자적인 내사종결 권을 부여하고 있는 규정(사법경찰관리집무규칙 제20조, 범죄수사규칙 제73조)은 사법경찰관이 사실상의 최종적 수사종결권을 갖게 됨을 의미하는

---

7) '내사를 빙자하여 막연히 관계인의 출석을 요구하거나 물건을 압수하는 일이 없도록 하여야 한다' (사법경찰관리집무규칙 제20조 후단)와 같이 피내사자의 권리보호를 위한 포괄적 규정은 있지만 보다 구체적인 권리보호 규정이 미비하여 피내사자 인권보호가 취약하다고 보인다. 피내사자의 경우에도 헌법 제2조(신체의 자유), 제10조(인간의 존엄과 행복추구권)와 같은 기본적 인권이 보장되어야 함을 이유로 피의자처럼 변호인선임권 고지·가족에게의 통지 등과 같은 일정한 인권보호 규정들을 형사 관계법령 속에 마련하는 것이 필요하다고 판단된다.

바, 이는 최종적 수사종결권을 검사에게만 부여하고 있는 현행 형사소송법 조항(형사소송법 제196조, 사법경찰관리집무규칙 제54조)과 합치하지 않는 것이다.[8]

광의의 수사개념은 최광의 수사개념 중 입건 전의 활동을 제외한 개념이다.[9] 즉, '수사기관이 입건을 통하여 수사에 착수한 뒤 범죄의 혐의 유무를 명백히 하여 공소를 제기·유지할 것인가의 여부를 결정하기 위하여 범인을 발견·확보하고 증거를 수집·보전하기 위해 행하는 수사기관의 활동'을 말한다. 수사기관의 수사착수 이후의 활동인 이상 기소 전 절차에서 행하는 활동이건 공판절차 중에 행하는 활동이건 가리지 아니하며, 법률 행위적 소송행위는 물론 사실 행위적 소송행위와 그 수사과정에 부수되어 수행되는 순수한 사실행위까지를 포함한다.[10]

일단 입건과정을 통하여 수사에 착수하였다면 수사기관의 직접적인 범인검거·증

---

8) 경찰에게 독자적 수사권이 부여되고 있는 미국의 경우에는 입건(booking)전 용의자에 대한 직무질문(questioning)이나 일시적인 억류를 하게 된 용의자(temporary detention of suspect)에 대한 소지품검사(frisk) 등의 행위를 체포 전 수사 활동(pre-arrest investigaton)이라고 하여 수사의 개념을 매우 넓게 잡고 있다(Wayne R. LaFave, *Criminal Procedure,* Second Edition, West Publishing Co., 1992. p. 19).

9) 아직 범죄혐의가 밝혀지지 않은 내사나 불심검문, 변사체검시 등은 수사라고 할 수 없다는 입장과 맥을 같이 한다 (신동운, 형사소송법1, 법문사, 1997. pp. 80-86).

10) 이 때 경찰수사기관의 범위를 어디까지로 정할 것인가 하는 것이 문제이다. 형사소송법 제196조, 경찰법 제3조, 경찰관직무집행법 제2조, 사법경찰관리집무규칙 제2조 등에 의하면 경무관 이하의 모든 경찰관은 수사를 행할 수 있는 사법경찰관리로서의 자격을 가지고 있기 때문이다. 즉 경무관 이하의 경찰관은 비록 비수사부서에 근무하고 있다 하더라도 검사나 소속 상관의 지휘를 받아 수사업무를 수행하는데 있어서 아무런 법률상의 장애가 없는 것이다. 실제로 경찰청이나 지방경찰청에서 기소중지 자에 대한 일제검거령이 내려질 때에는 비수사부서인 경무·경비·정보·방범과 소속 경찰관들도 수사 활동이라고 할 수 있는 기소중지자 검거활동에 참여하고 있는 실정이다. 그러나 실무적으로 경찰수사기관 이라함은 통상 경찰수사부서에 소속되어 소속 상관이나 검사의 지휘를 받아 수사업무에 종사하는 자들의 집합체를 지칭하고 있기 때문에 경찰수사기관의 범위를 정함에 있어 혼란이 우려된다. 따라서 본서에서는 경찰수사기관의 범위를 다음과 같이 정하고자 한다. 즉, '경무관 이하의 경찰관 중에서 관계 법령이나 규정에 의해서 수사의 업무에 전종하도록 명령이나 지시를 받은 경찰관의 집합체(이를 '본래적 경찰수사기관'이라고 부를 수 있을 것이다)와 수사 전종부서에 속하여 있지는 않더라도 수사목적달성에 직접적으로 기여하는 활동을 하는 경찰관의 집합체' (이를 '사실상의 경찰수사기관' 이라고 명명해도 무방하다고 본다)를 모두 경찰수사기관으로 보고자 한다. 다만 '사실상의 경찰수사기관'의 경우에는 수사 임무수행이 단발 적이고 한시적이며 수사관련 임무종료와 동시에 경찰수사기관으로서의 성질을 상실한다고 보아야 한다. 입법론적·정책론 적 입장에서 살펴보면 본래적 경찰수사기관에 종사할 자들에 대한 자격요건을 명백히 하여 전문수사요원 화 할 필요가 있고 사실상의 경찰수사기관 에 종사하는 자들 중 일정한 인원을 경찰수사관 자격시험을 거쳐 본래적 경찰수사기관에 흡수하여 운영할 필요가 있다고 본다.

거수집활동 뿐만 아니라 범인검거 및 증거 수집을 용이하게 하거나 그 활동에 부수되는 모든 활동도 수사에 포함시킬 수가 있을 것이다. 단, 이러한 부수적 활동은 수사목적에 궁극적으로 기여하는 것이어야 하고 수사기관에 의해 행해져야 한다. 따라서 비록 수사 활동에 부수된 행위라 할지라도 수사목적과 부합하지 않거나 비수사기관의 행위일 경우에는 수사 활동 개념에서 제외된다. 이 부수적 수사 활동에 수사기관의 피해자호보 및 지원활동이 포함되는 것은 물론이다.

그러므로 수사기관이 인질강도 발생의 범죄 신고를 받고 현장에 출동하여 범인을 검거하였을 경우는 물론이고 인질을 구출해내는 과정도 수사 활동의 연장선상에 있는 한 수사라고 볼 수 있으며, 가정폭력범죄 발생신고를 받고 현장에 진출하여 폭력을 행사하고 있는 범인의 행동을 제지하는 행위와 피해를 당한 자를 구호하고 상담시설에 인도하는 활동도 수사의 개념에 포함된다고 볼 수 있다. 같은 이유로 성폭력 현장에 출동 하였을 때 범인이 도주하고 없었을지라도 현장에 있는 피해자를 성폭력상담소에 위탁하는 등의 지원활동을 하는 것도 수사의 개념에 포섭할 수 있게 되는 것이다. 그러나 수사기관이 아닌 일반인의 수사활동 지원행위는 수사에 협력하는 행위일 뿐 그 행위 자체가 수사에 속할 수 없다고 보며, 수사기관이 수행하는 행위일지라도 수사목적이 아닌 다른 목적으로 행해지는 행위, 예컨대 수사경찰이 야간 방범활동에 동원되거나 행사장의 위험발생 방지를 위해서 투입되는 것도 수사의 개념에 포함될 수 없는 것이다.

협의의 수사개념은 오로지 수사 활동을 수사절차에만 국한시켜 정의하는 입장으로서 수사란 기소 또는 불기소의 결정을 내리기 위하여 수사기관이 행하는 일련의 조사 활동이라고 보는 견해이다. 이 견해는 공소제기 이후의 수사를 수사의 개념에서 제외하게 되는 비현실성을 내포하고 있다는 비판이 제기될 수 있다.

피해자수사를 논하고 있는 본서에서는 광의의 수사개념을 채택하였음을 밝혀둔다.

## 나. 피해자수사에 대한 정의

수사기관의 수사 활동은 여러 가지 양상으로 전개될 수 있다. 강제력 행사유무에 따라 임의수사와 강제수사 형태로 진행될 수 있으며, 수사의 대상에 따라 대인수사·

대물수사·혼합형 수사 등으로 나누어 볼 수 있다. 또 범죄발생에 즉시 대응하느냐 여부 및 현장성이 있느냐를 기준으로 초동수사 활동과 계속수사 활동으로 나누어 볼 수 있고, 수사방법 및 수사대상의 특정에 따라 용의자수사·피해자수사·탐문수사·감수사·수법수사·장물수사·통신수사·공조수사·미행 잠복수사·감식수사·체포 및 연행 등으로 구분해 볼 수 있다.

피해자수사는 위에서 제시한 여러 가지 수사유형 중 하나이면서도 다른 한편으로 여러 유형의 수사기법을 혼용하여 활용하거나 각종 수사 활동이 복합적으로 연계되어 진행된다는 특성이 있다. 즉 피해자 수사 활동에는 피해자 진술청취를 위한 대인적 수사 활동이 있는가 하면 피해품의 확인 및 장물수배와 같은 대물적수사활동도 포함하고 있으며, 범죄현장에 출동하여 피해자를 구호하고 범행 현장으로부터 격리를 시키는 등 초동수사과정에서의 피해자수사가 있는가 하면 타살 혐의가 있는 변사체 발견 시 피해자신원확인을 위해 지속적으로 노력하는 것과 같은 계속수사과정으로서의 피해자수사도 있는 것이다. 또 피해자수사는 통상 임의수사 형태로 전개되지만 예외적으로 증거보전절차에서의 증인신문 청구의 경우나 국가보안법위반 범죄에 대한 참고인과 같이 강제수사 형태로 진행될 수도 있다(형사소송법 제221조의 2, 국가보안법 제18조).

위의 이론들을 바탕으로 피해자수사에 관한 정의를 내려 본다면, 다음과 같이 정리할 수 있을 것이다. 즉, '피해자수사라 함은 수사기관이 발생된 어떤 범죄에 대하여 범인을 검거하고 증거를 수집하기 위하여 당해 사건의 범죄피해자와 관련된 인적·물적 증거를 탐지하고 수집하기 위한 활동임과 동시에, 어떤 범죄의 수사과정에 부수하여 피해자의 권익을 보호하고 피해자의 피해회복을 돕고자 피해자를 지원하는 모든 활동을 말 한다'고 정의를 내릴 수 있을 것이다.

경찰의 입장에서 피해자수사의 주체는 수사전종부서에 소속되어 수사업무를 수행하는 경찰관('본래적 경찰수사기관'에 소속된 경찰관)뿐만 아니라 비수사부서 경찰관이라 하더라도 수사 활동에 참여하여 수사목적달성에 직접적으로 기여하는 경찰관('사실상 경찰수사기관'에 소속된 경찰관)을 모두 포함하여 이해할 필요가 있다. 수사경찰의 피해자지원활동은 일반 조장행정기관이나 민간단체의 피해자지원활동과는 달리 경찰수사 활동에 대하여 피해자의 적극적인 협력을 촉발시킬 수가 있고 경찰수사에 대한 신뢰를 높여줌으로써 경찰수사력을 향상시킬 수 있는 요인이 될 수 있다고 본다. 따라서 그러한 피해자지원활동을 단순한 행정적 서비스 활동이 아닌 수사 활동의 일환으로 파악하고자 하는 것이다.[11]

---

11) 경찰수사는 검사나 그 이외의 특별사법경찰관리와 같은 타 수사기관에 의해 수행되는 수사활동과 구별되는 몇 가지 특성을 보인다. 그 첫째는 범죄 신고가 접수될 경우 1차적으로 현장에 임장하게 되는 수사기관이라는 점이다. 둘째로 위험한 결과를 초래할 수 있는 범죄행위가 현재 막 발생하여 진행 중이거나 종료 직후일 경우 그 위기상황에 개입해야 하는 임무를 수행한다는 점이다. 셋째 경찰인력은 약 9만 1천명에 달하는 대규모의 전국적인 조직을 갖추고 있고 수사 인력만도 1만 5천명에 이르는 대규모 수사기관으로서 국민들과 가장 빈번하고도 가까이서 접촉할 수 있는 수사 활동을 펼 수 있다는 점이다(경찰청, 경찰백서, 2003. p. 438.) 넷째 경찰수사는 그 업무적인 특성상 경찰의 타 기능들과 밀접하게 상관된다는 것이다. 즉 파출소 직원이 방범순찰을 하다가 불심검문을 하였는데 범죄사실이 드러날 경우 바로 수사상황으로 발전시킬 수 있으며, 범인검거를 위하여 방범·경비·교통부서 직원이 함께 공조를 할 수도 있고, 수사업무에 관한 협조를 방범과 소속으로 되어있는 파출소(순찰지구대)에 요청할 수 있는가 하면, 파출소(순찰지구대)에서는 초동수사를 마친 후 경찰서 수사관에게 수사상황을 인계하는 등 경찰의 각 기능별로 부서 상호간에 긴밀한 상호작용을 하고 있다는 특성이 있다.

# 제2장 유형별 피해자수사와 피해자보호

## 제1절 피해자수사의 현장성 유무와 피해자보호

### 1. 초동수사 과정에서의 피해자수사

#### 가. 초동수사의 개념과 그 중요성

초동수사란 범죄가 발생하였을 때 최초로 행하여지는 현장중심 수사 활동으로서 범인을 체포하고 증거를 확보하기 위하여 행하는 일련의 수사 활동을 말한다. 초동수사는 현장성이 있는 범죄를 대상으로 한다고 할 수 있는 바, 여기서 범죄가 '현장성'이 있다함은 '범죄발생 초기에 즉각적인 현장조치의 필요성'이 있다는 것을 의미한다.

범죄가 발생한 후 시간이 경과하면 할수록 증거가 흩어져 없어지고 범인이 먼 것으로 도주하여 수사가 어렵게 된다. 따라서 사건발생 초기에 신속히 현장에 임장하는 형태로 개시되는 초동수사는 최근의 범죄가 광역화, 기동화 되어가기 때문에 범인검거는 물론 증거확보를 위해서도 매우 중요한 수사방법 중의 하나이다.

초동수사의 내용을 이루는 중요한 구성요소들로서 다음과 같은 것들이 제시될 수 있다. 즉, ① 현장에로의 안전한 접근(Proceed to the crime scene safely), ② 피해자 지원(Render assistance), ③ 피의자 검거(Effect the arrest of any suspects), ④ 목격자의 발견과 인적사항의 기록(Locate and document names of witnesses), ⑤ 목격자의 분리와 진술의 청취(Interview and separate witnesses), ⑥ 범죄현장의 보존(Maintain and protect the crime scene), ⑦ 피의자 신문(Interrogate suspect), ⑧ 기초사실의 기록(Note basic facts), ⑨ 증거수집의 실행(Arrange for collection of evidence), ⑩ 정확한 현장상황의 보고(Report the scene fully and accurately), ⑪ 전담수사반에의 수사사항 인계(Yield responsibility to the follow-up investigation)

등이 그 것이다.[12]

초동수사를 진행함에 있어서 피해자와 관련된 부분으로 중요하게 여겨왔던 것은 피해자의 진술확보·피해품 내역 확인·피해자 신원확인(피해자가 사망하였을 경우) 등이었다. 그러나 형사절차에서 피해자의 인권보호를 충실히 할 것을 주장하는 오늘날의 형사사법의 새로운 흐름을 고려해볼 때 피해자 보호적 측면을 더 이상 소홀히 할 수 없게 되었다. 초동수사에 있어서 이렇게 피해자 보호적 측면을 강조하고자 하는 것이 비단 형사사법체계에 피해자보호운동이 영향을 주고 있기 때문만은 아니다. 초동수사과정에서 수사기관의 피해자보호적 접근은 피해자가 범죄피해를 신속히 극복하도록 도와줄 수 있게 함으로써 수사기관에 대한 신뢰감을 갖게 해주고 그러한 신뢰감은 수사에 적극적인 협력을 유발시킬 수 있다는 점에서 수사목적달성에 기여하는 점이 있는 것이다.

수사기관이 초동수사 진행과정 중 피해자 보호적 관점에서 생각해볼 수 있는 것은, ① 정확한 신고접수와 신속한 현장출동, ② 범인이 도주했을 경우의 피해자의 구호조치, ③ 범인이 현장에 있을 때 피해자 구출 혹은 격리를 위한 위기개입, ④ 피해자에 대한 신변안전조치 등을 들 수 있다. 이하에서는 초동수사의 중요성을 다시 한 번 강조한 뒤 차례대로 초동수사과정에서 수행되는 피해자수사의 내용을 고찰해보고자 한다.

## 나. 신고접수와 현장출동

범죄가 발생한 후 신고가 들어오면, 그 신고를 정확하게 접수하고 범죄현장으로 신속하게 출동하여 피해자를 보호하거나 구호하면서 범인을 제압하는 것은 주로 경찰의 수사 활동과 관련이 되고 있다. 특히 신고접수와 현장출동 부분은 수사경찰 뿐만 아니라, 파출소 근무 경찰관을 비롯한 외근활동을 하는 모든 경찰관이 수행해야 할 가장 기본적이면서도 중요한 업무 중 하나에 속한다. 따라서 여기서는 주로 경찰의 수사 활동과 관련지어 설명을 하기로 한다.

신고는 112전화 기타의 방법에 의하여 경찰서 또는 지방경찰청 지령실로 접수되는

---

12) preliminary의 두문자를 이용하여 초동수사의 요소를 분석하였다 (Thomas F. Adams, *Crime Scene Investigation,* 2000. pp. 20-21).

경우가 많으나 외근경찰관에게 직접 신고하는 형태로 접수하기도 한다. 신고를 접수할 때에는 주거, 직업, 성명, 연령 등 신고인의 신분을 확인하고 신고인이 직접 신고하는 것인지 아니면 가족·친지 또는 피해자의 의뢰를 받아서 하는 것인지를 밝히도록 하고 있고 정확한 신고시간을 확인 하는 것과 동시에 사건의 내용을 들은 후 긴급성의 여부를 즉시 판단하도록 하고 있다.

신고접수를 할 때 청취를 하여야 할 사항으로는 범죄의 유형·발생일시·발생장소·범인 인상착의·피해자·피해를 입게 된 경위나 동기·피해품·피해정도·범행방법·범인의 주요 행위·범행 결과·범인의 도주방법·기타 목격자 등에 관한 것들이 제시될 수 있으며 상황에 따라서 이러한 청취사항은 가감되기도 한다.

### 다. 피해자 구호활동

사건현장에 출동한 수사관은 피해자의 신체·생명의 보호 및 구호활동을 전개하여야 하는데 이것은 수사경찰의 경우 경찰법 제3조·경찰관직무집행법 제2조·범죄수사규칙 제83조 등을 근거로 하는 당연한 수사관의 임무이다. 범인이 도주하여 추격해야 하는 경우라도 수사관은 임무를 분담하여 부상당한 피해자를 신속히 구호를 하도록 한다(범죄수사규칙 제 83조).[13] 피해자가 가벼운 부상을 입었을 경우에는 피해자를 진정시키면서 구체적인 사건내용, 가해자와의 관계 및 제반 정황에 관해 질문을 함으로써 사건의 실체를 파악하여야 한다. 이러한 경우에도 수사관의 입장에만 서지 말고 피해자 입장을 고려하여 수사의 속도를 조절하도록 하고 있다 (범죄수사규칙 제10조).

가정폭력범죄가 발생했을 때에는 현장에 출동하여 응급조치[14]를 취하여야 하고, 성

---

13) 구호조치를 하는 과정에서 범죄현장의 원상을 파괴할 가능성이 있지만 그 원상보존을 의식함으로 말미암아 피해자구호가 늦거나 도외시되지 않아야 한다. 피해자구호를 가족이나 기타 관계자에게 의뢰할 수 있는 때에는 그 사람들에게 피해자구호를 의뢰하고 현장에서 증거보전조치를 취할 수 있으나 그들이 피해자구호를 의뢰하기 어려운 상황이라면 경찰은 최우선적으로 피해자구호를 위해 노력하여야 한다. 피해자를 이동시킬 때에는 그 위치 등을 표시하여 사후에 범행의 진행 경과를 판단하는데 도움이 되도록 한다.

14) 현장에 도착한 경찰관은 폭력행위의 제지와 함께 바로 수사에 착수하여야 하고, 상해를 입은 피해자를 신속히 의료기관에 후송해야 하는 등의 의무가 가정폭력범죄의 처벌 등에 관한특례법에 규정되어 있다.

폭력범죄 현장에 출동했을 때에는 법이 규정하고 있는 바에 따라 해당자를 일정한 시설에 수용하거나 의료기관에 수용을 의뢰하는 등의 조치를 취할 수 있다(가정폭력범죄의 처벌 등에 관한특례법 제5조, 성폭력범죄의처벌및피해자보호등에관한법률 제24조 및 제26조).15)

## 라. 위기상황에의 개입

수사관이 위기상황에 개입해야 하는 경우도 있는데 이 또한 대부분 경찰 수사관에 의해 이루어지고 있다. 수사 활동을 하는 경찰관은 인명 또는 신체에 위해를 미치거나 재산에 중대한 손해를 끼칠 우려가 있는 천재, 사변, 공작물의 손괴, 교통사고, 위험물의 폭발, 광견·분마류 등의 출현, 극단 한 혼잡 기타 위험한 사태가 발생 했을 때에는, ① 그 장소에 집합한 자, 사물의 관리자 기타 관계인에게 필요한 경고를 발하는 것, ② 특히 긴급을 요하는 때에는 위해를 받을 우려가 있는 자를 필요한 한도 내에서 억류하거나 피난시키는 것, ③ 그 장소에 있는 자, 사물의 관리자 기타 관계인에게 위해방지 상 필요하다고 인정되는 조치를 하게 하거나 스스로 그 조치를 하는 것 등의 조치를 취할 수 있다(경찰관직무집행법 제5조). 또 이러한 위험한 사태의 발생으로 인명·신체에 대한 위해가 절박한 때에는 그 위해를 방지하거나 피해자를 구조하기 위하여 부득이 하다고 인정되는 때에는 합리적으로 판단하여 필요한 한도 내에서 타인의 토지·건물·선차 내에 출입할 수 있도록 하고 있다(동법 제7조).

이 경찰관직무집행법 제5조와 7조는 위험한 사태의 발생을 전제로 하는 위기적인 상황을 말한다. 동법 제5조의 경우 '공작물의 손괴·교통사고·위험물의 폭발·기타 위험한 사태가 있을 때'의 경우와 동법 제7조의 '위험한 사태가 발생했을 때'의 경우는 형사법상 범죄가 성립이 가능할 수 있기 때문에 수사경찰이 출동하여 개입할 여지

---

15) 범죄로 인해 피해를 당한 여성이 사용할 수 있는 긴급전화 '1366'은 여성가족부가 주관하여 운용하는 특수전화로서 가정폭력·성폭력·성매매 피해여성 등에 대한 상담을 24시간 실시하고 있다. 피해자가 초등학생 이하의 아동인 경우에는 아동학대 긴급전화인 '1391' 를 이용할 수 있다. 이는 보건복지부 주관 하에 운용하는 특수전화로서 24시간 상담체제를 갖추고 있고, 상담 후 아동을 전문보호기관에 인계하는 등의 역할을 하고 있다 (경찰청, 대여성·아동범죄 실무 매뉴얼, 2002. p. 83).

가 있다. 이러한 경찰관직무집행법의 규정들은 범죄가 진행 중이거나 범행이 발생한 직후의 현장에 개입하여 피해자를 보호하고 증거를 수집하는 등 위기개입 형 초동수사를 수행할 수 있는 근거들이 될 수 있다.16)

최근에 범죄 신고자나 목격자에 대한 보복 위험의 증가, 인질강도 및 약취유인사범의 빈번한 발생, 가정폭력사범의 증가와 같은 제반 현상은 경찰이 개입하지 않으면 안 되는 위기상황이 더욱 많아지고 있다는 것을 말해주고 있다. 또 일반적인 범죄라 하더라도 현장상황에 따라 위기상황으로 발전할 수도 있다. 단순한 강·절도범이 인질강도로 변하거나 가정폭력사범이 현장에서 방화를 감행하거나 가족 구성원을 살상하는 경우가 그러한 것들이다.

## 마. 피해자에 대한 신변안전조치 활동

특정범죄신고자등보호법(이하 '특신법'이라 한다) 제13조 제1항에 범죄 신고자등은 자신이나 그 친족 등이 보복을 당할 우려가 있는 경우에는 일정기간 동안 당해 검찰청 또는 경찰서 소속 공무원으로 하여금 신변안전을 위한 조치를 요청할 수 있도록 하고 있다. 이 요청을 받은 경찰서장은 특별한 사유가 없는 한 즉시 신변안전조치를 취하여야 한다. 이 때 범죄 신고자의 개념에는 피해자도 포함된다. 위 법에서 '범죄신고'의 개념을 '특정범죄에 관한 신고·진정·고소·고발 등 수사단서의 제공, 진술 또는 증언 기타 자료제출행위 및 범인검거를 위한 제보 또는 검거활동을 말한다(특신법 제2조 제2호)'고 정의하고 있기 때문이다. 따라서 위 특신법은 범죄 신고를 한 피해자가 보복을 당할 우려가 있는 경우 보복행위가 실제로 진행되고 있는 것과 상관없이 피해자를 위한 신변안전조치의 법적 근거가 된다.

실무적으로 보복행위가 구체적으로 진행되고 있다는 정황이 없는 한 경찰은 그러한 신변안전조치에 소홀하기가 쉽다. 그러나 보복행위의 구체적 징후가 없다 할지라도 피해자의 경우 이미 과거에 1차적 범죄피해를 입은 상태이기 때문에 협박범죄 수사차

---

16) 다만 경찰관이 위험발생 방지나 범죄예방과 제지를 위한 위기개입을 위해 타인이 관리하는 장소에 출입할 때에는 경찰관의 신분을 알릴 수 있는 신분증을 제시하고 함부로 정당한 개인의 업무를 방해해서는 안될 것이다.

원에서 적극적으로 대응할 필요가 있다.

또 특정 강력범죄의 처벌에 관한특례법(이하 '특강법'이라 한다) 제7조에 제1항에 의하면, 특정강력범죄사건의 증인은 피고인 기타의 사람으로부터 생명·신체에 해를 받거나 받을 염려가 있을 때에는 검사에게 관할경찰서장으로 하여금 증인의 신변안전을 위하여 필요한 조치를 해 줄 것을 요청할 수 있도록 하고 있다. 이 특강법의 신변안전조치 규정은 신변보호조치 청구권 자를 증인의 지위에 있는 자로 한정하고 있고 그 증인도 특정강력범죄사건에 관계된 증인이어야 한다는 제한이 따르고 있다. 이 증인 중에는 피해자가 포함될 수 있으므로 이러한 경우의 신변안전조치도 수사경찰은 특신법의 경우와 같이 기민하게 대처할 필요가 있는 것이다.

이러한 수사단계의 신변안전조치의 내용으로는 피해자인 신고자의 인적사항이나 주소지등을 밝히지 않는 신분노출 금지조치17), 피의자와의 대면차단 및 피해자에게 위해를 가할 가능성 있는 자의 접근차단18), 사생활의 노출차단19) 등이 있다. 또 특정범죄신고자등보호법시행령 제7조에서는 경찰이 채택할 수 있는 신변안전조치의 제반 유형들로서 일정기간 특정시설에의 보호조치(동 시행령 제1항), 일정기간의 신변경호조치(제2항), 참고인 또는 증인으로서 법정이나 수사기관에 출석할 때의 동행(제3항), 피해자 주거지역에 대한 순찰(제4항) 등을 제시하고 있다.

그 밖에 간접적으로 피의자의 석방을 통제함으로써 피해자 보호를 도모하는 방법도 있다. 즉 형사소송법 제214조의 2 제4항 제2호와 같이 피의자가 당해 사건의 재판에 필요한 사실을 알고 있다고 인정되는 피해자나 그 친족 및 기타의 자에 대하여 생

---

17) 특정범죄등신고자보호법 제7조에 의하면 검사 또는 사법경찰관은 범죄 신고자등이 보복을 당할 우려가 있는 때에는 그 취지를 조서 등에 기재하고 범죄 신고자 등의 신원을 알 수 있는 사항의 전부 또는 일부를 기재하지 아니할 수 있다(제1항). 이 경우 조서에 기재하지 아니한 인적사항을 범죄 신고자등신원관리카드에 기재하고(제3항), 이 카드는 검사가 관리한다(제7항).

18) 가정폭력범죄의 처벌 등에 관한특례법에 의하면 진행 중인 가정폭력범죄에 대하여 신고를 받은 사법경찰관리는 즉시 현장에 임하여 폭력행위를 제지하고 행위자와 가해자를 분리시켜야 하며, 폭력행위 재발 시 임시조치를 신청할 수 있음을 통보하여야 한다(제5조). 판사는 필요하다고 인정할 때에는 피해자 또는 가족구성원의 주거 또는 점유하는 방실로부터 가해자를 퇴거시킨다든가 피해자의 주거지나 직장 등에서 100미터 이내 접근을 금지하는 조치 및 경우에 따라서 경찰관서에 유치시킬 수 있도록 하는 임시조치 결정을 내릴 수 있다(제29조).

19) 성폭력범죄의처벌및피해자보호등에관한법률 제21조의 피해자의 신원과 사생활비밀누설금지 및 특정범죄신고자보호법 제8조의 인적사항 공개금지 규정 등이 그러한 것들이다.

명, 신체에 해를 가하거나 가할 염려가 있다고 믿을 만한 충분한 이유가 있는 때에는 보증금납입조건부 피의자석방의 예외사유로 하고 있는 것과 같은 것이다.

## 바. 현장증거 수집활동

초동수사의 경우 사건발생 직후 현장에 진출하여 현장을 보존하는 한편, 현장에 유류된 증거물을 수집하여 감식을 의뢰하는 등 증거수집활동을 전개한다. 이 때 범죄피해자를 상대로 진술을 청취하는 활동은 탐문수사 형태, 참고인(피해자)진술조서 작성 형태, 최면수사 등의 형태 등 다양하게 전개될 수 있다. 주의할 점은 피해자가 여러 명일 경우 분리하여 조사하여야 하고, 피해자는 피해사실을 과장할 우려가 있으므로 피해자 진술을 맹신하지 말라는 것이다.

한편, 살인사건과 같은 경우에는 피해자 신원확인 및 피해품 확인을 하기 위한 철저한 현장감식활동이 진행되어야 하고, 해당 행위가 수법범죄에 해당할 경우 범인을 검거하였다면 철저한 현장관찰 및 피해자 면담을 통하여 수법원지[20]를 작성하여 전산입력을 하도록 하되, 범인검거를 못하였을 경우에는 피해자로부터 피해품 내역을 확인한 후 피해통보 표[21]를 작성하여 전산입력을 통해 공조수사를 전개하는 등의 조치를 취하여야 한다.

## 2. 계속수사 과정에서의 피해자수사

'계속수사(follow-up Investigation)'라는 개념은 현장중심의 초동수사에 대칭되는 개념으로서 법률적 개념이 아닐 뿐더러 수사실무에서 그다지 일반화된 개념도 아니다.[22] 그러나 본서에서는 계속수사라는 개념을 현장중심으로 전개되는 초동수사와 대

---

20) 수법범죄(절도, 강도, 사기, 공갈, 위변조, 약취유인, 방화, 강간)가 발생하여 범인을 검거하였을 경우 공조수사에 활용할 목적으로 원칙적으로 구속대상자에 대하여 범죄수법·인상과 특징·범행장소·공범관계·범행사실 등을 기재하여 작성한 서류를 말한다(경찰대학, 경찰수사론, 2003, p. 288).

21) 수법범죄가 발생했을 때 공조수사에 활용할 목적으로 즉시 범인을 검거한 경우를 제외하고는 피해사건의 범죄수법, 피해품 내역, 피해자의 주소와 성명 등을 기재하여 현장에 임장한 임장 자가 작성한 표를 말한다(경찰대학, 상게서, 2003, p. 289).

22) '계속수사'라는 개념은 미국 경찰의 수사 활동에 많이 사용되고 있지만 우리나라 경찰수사실

비시켜 사용하고자 한다. 초동수사의 내용을 이루는 구성요소 중에서 '전담수사반에의 수사사항 인계(yield responsibility to the follow-up investigation)'라는 용어를 앞서 언급하였던 바, 일단 현장중심의 수사가 끝나고 나면 최초에 수집된 증거자료를 바탕으로 수사전담부서의 경찰관이 지속적으로 범인검거 및 증거 수집을 위한 활동을 전개하게 되는데 이를 '계속수사 활동'이라고 정의할 수 있는 것이다.

이러한 계속수사 활동은 현장중심의 초동수사 활동을 통해서 수립된 '용의자 가설(suspect hypothesis)'[23]을 증거 수집을 통하여 검증해나가는 과정이기도 하다. 추가적으로 수집된 증거에 의해 용의자가 범인이라고 간주될 만한 '상당한 이유(probable cause)'가 존재하면 범인검거활동으로 이어지며, 이어서 성공적 기소를 위한 마지막 수사 활동을 전개한 뒤 사건을 마무리 하여 검찰에 사건을 송치하게 된다.

이와 같이 계속수사 활동은 범인검거 및 증거 수집을 위한 전통적 수사 활동으로서 초동수사이후에 진행되는 각종 수사 활동을 포괄하는 개념이다. 시간이 흐른 후라 할지라도 보강수사 차원에서 피해자를 상대로 제2회, 제3회의 추가 진술조서를 받을 수도 있고, 필요하다면 피해자를 상대로 탐문수사·최면수사·거짓말탐지기검사·수법수사·통신수사·공조수사·감식수사·장물수사·몽타주수사 등의 수사 활동이 전개될 수 있는 것이다.

---

무에서는 그리 익숙한 용어는 아니다. 미국경찰의 경우 초동수사를 수행하는 외근반(field unit)이 초동수사를 마치게 되면 형사부서에 소속된 전담수사관(detective)에게 모든 증거물과 수사 자료를 넘기게 된다(yield responsibility to the follow-up invetigation). 이러한 자료를 넘겨받은 형사는 피해자를 추가로 접촉하기도 하고 범인의 신원을 확인하거나 검찰청에 일정한 사항을 통보해주기도 하는 등 계속수사 활동을 전개하게 된다(LAPD, *2001 Manual,* Los Angeles Police Department, 2001. pp. 260-261). 이는 우리나라 파출소(순찰지구대) 직원들이 범죄현장에 출동하여 초동수사를 진행한 후 모든 증거물과 현장에서 수집한 수사 자료를 전담형사들에게 인계해 주는 것과 유사하므로 우리나라에서도 전담형사들이나 전담수사반이 사후에 전개하는 수사 활동을 '계속수사 활동'이라고 개념 지어도 큰 문제는 없다고 생각한다.

23) 범죄수사 활동을 달리 표현하면 '과학적 방법에 의한 용의자가설 검증과정'이라고도 말할 수 있다. 이러한 과학적 가설검증으로서의 수사과정을 단계적으로 구분하면, ① 문제의 인지(범죄 상황의 발생, 범죄성립 유무 및 범죄유형의 분석), ② 가설의 설정(용의자 가설의 설정), ③ 자료 및 정보의 수집(각종 수사자료, 증거의 수집), ④ 분석 및 판단(수집한 증거를 토대로 용의자 가설의 검증) ⑤ 추가 정보의 수집(미흡한 내용에 대하여 추가 자료 및 증거의 수집), ⑥ 최종 판단 (범인 확정, 체포나 구속여부 결정) 등으로 구분할 수 있다.

## 제2절 피해자수사의 강제성 유무와 피해자보호

강제수사와 임의수사의 구별이 항상 명확한 것은 아니다. 사회의 변화와 과학기술의 발달에 따라 새로운 수사방법이 등장하면서 강제수사와 임의수사의 한계에 관한 논쟁이 있는 존재하기 때문이다. 임의수사와 강제수사의 구별에 관한 학설로는 크게 형식 설, 절차 설, 적법절차기준 설 등으로 나눠지고 있다.24) 형식 설은 형사소송법이 명시적으로 규정하고 있는 수사처분만을 강제수사로 본다는 입장이고, 실질 설은 상대방에 대한 물리적 강제력 행사유무 혹은 상대방의 의사유무를 기준으로 구분하려는 입장이며, 적법절차기준 설은 헌법상 기본적 인권에 대한 침해우려가 있을 때 적법절차가 요청되는 사항인지 여부를 기준으로 구분하려는 입장이다. 본서에서는 이 세 가지 기준을 모두 고려하여 검토하고자 한다.

### 1. 임의수사로서의 피해자수사

임의수사란 강제력을 행사하지 않고 상대방의 동의나 승낙을 받아서 행하는 수사를 말한다. 특히 피해자를 상대로 한 수색·검증의 경우 피해자의 명백한 동의가 필요하다고 할 것인 바, 이 동의에는 임의성이 있어야 한다. 동의의 임의성이 있느냐 여부의 판단에는 수색이나 검증의 필요성·수사관의 강제유무·피해자의 정상적인 정신상태 등이 종합적으로 고려되어야 한다.25) 이와 같이 임의적 방법으로 진행되는 피해자수사 중 대표적인 것으로 피해자에 대한 임의동행, 승낙에 의한 피해자 가택수색·신체검사, 참고인 자격으로서의 피해자조사 및 조서의 작성 등을 들 수 있다.

### 가. 피해자에 대한 임의동행

수사관이 행하는 임의동행은 형사소송법 제199조 제1항 또는 경찰관직무집행법 제3조에 근거를 두고 있다.26) 종래 수사기관의 임의동행과 관련하여 주로 문제가 되어

---

24) 신동운, 형사소송법1, 1997. pp. 116-117.
25) 신동운, 상게서, 1997. p. 118.
26) 경찰관직무집행법 제3조 제1항에는 '경찰관은 수상한 거동 기타 주위의 사정을 합리적으로 판단하여 어떠한 죄를 범하였거나 범하려 하고 있다고 의심할 만한 상당한 이유가 있는 자 또는 이미

온 것은 피의자·피내사자·용의자 등에 대해서 임의동행이라는 이름의 사실상의 강제수사를 행해온 관행에 관한 것이었다. 불구속 피의자에 대한 조사목적이나 구속영장 발부를 위한 신병확보 목적으로 임의동행을 남용해 온 사례들이 종종 있었던 것이다. 이러한 이유로 임의동행을 전형적인 임의수사라고 보는 입장,[27] 임의성을 인정할 수 있는 객관적 상황에서만 임의수사라고 보는 입장,[28] 강제수사로 해석하는 입장 등으로 견해가 나누이고 있다.[29]

그러나 이러한 수사관의 임의동행과 관련된 권한남용은 주로 피의자·피내사자·용의자와 관련해서 문제가 제기되어 왔었고 피해자에 대해서는 별다른 문제의식을 갖지 못하였다. 경찰관직무집행법 제3조에는, '경찰관은 이미 행하여진 범죄에 대하여 그 사실을 안다고 인정되는 자를 정지시켜 질문할 수 있고(동법 제1항), 도로상에서 질문을 받는 것이 본인에게 불리하거나 교통에 방해가 된다고 인정되는 때에는 경찰관서로 임의동행을 할 수 있다(동법 제2항)'고 규정하고 있는 바, 이 부분이 피해자에 대한 임의동행과 관련이 있다. 이미 행하여진 범죄에 대하여 그 사실을 안다고 인정되는 자 중에는 용의자로 보이는 자도 해당할 수 있겠으나 목격자나 그 사건의 범죄피해자도 해당할 수가 있는 것이다.

## 나. 피해자 동의에 의한 가택수색과 신체검사

압수·수색·검증의 방법에 의한 피해자수사와 관련하여 임의수사로서의 성질을 가진 것으로 볼 수 있는 것은 피해자의 동의에 의한 가택수색과 피해자 동의에 의한 신체검사이다. 먼저 범죄발생 직후 초동수사를 전개하는 수사관이 행하는 피해자 가택수색은 수사진행에 있어서 불가피한 것이며 피해자의 이익을 위한 것이므로 피해자가 범죄 신고를 한 이상 당연히 동의가 전제되었다고 볼 수 있다. 그러나 제3자인 목격

---

행하여진 범죄나 행하여지려고 하는 범죄행위에 관하여 그 사실을 안다고 인정되는 자를 정시키켜 질문할 수 있다'고 하고 있다. 형사소송법 제199조 제1항 본문도 수사상 임의동행의 근거로 볼 수 있을 것이다.

27) 백형구, 형사소송법강의, 박영사, 1996. p. 414.
28) 이재상, 형사소송법, p. 204.
29) 신동운, 전게서, p. 128.

자가 범죄 신고를 하였을 경우 피해자가 가택수색을 거부한다면 강제수사로서 적법절차를 밟아 수사를 해야 할 것이다.

압수·수색·검증은 대물적 강제수사방법으로서 이러한 수사상 처분을 하고자 하면 영장을 발부받아야 함이 원칙이다(형사소송법 제215조). 그러나 우리 형사소송법은 수사의 긴급성 등을 이유로 일정한 범위 내에서 영장주의의 예외를 인정하고 있다. 즉, 구속·체포목적의 피의자수사(동법 제216조 제1항 1호), 체포현장에서의 압수·수색·검증(동법 제216조 제1항 2호), 피고인 구속현장에서의 압수·수색·검증(동법 제216조 제2항), 범죄 장소에서의 압수·수색·검증(동법 제216조 제3항), 등이 그것이다. 초동수사의 경우, 피해자 의사에 반한 피해자의 가택수색은 영장주의의 예외에 해당하는 것으로서 형사소송법 제216조 제3항(범죄 장소에서의 압수·수색·검증)에 따라 사후에 지체 없이 영장을 발부받아야 하는 강제수사에 해당한다.

성폭력피해를 당한 여성 피해자의 경우 신체 내에 유류하고 있는 정액등의 채취를 위해서 의사나 성년의 여자를 참여시킨 가운데 신체검사를 할 수 있는 바(형사소송법 제141조 제3항) 피해자의 명백한 동의가 있을 경우 임의수사에 해당한다고 보아 영장 없이도 가능하다 본다. 반면 그러한 임의적 신체검사 요구를 거부한다면 앞서 본 바와 같이 적법절차에 따라 강제수사를 진행하여야 할 것이다. 단, 피해자에 대한 신체검사는 강제수사 형태로 진행되는 경우라 하더라도 증적의 존재를 확인할 수 있는 현저한 사유가 있는 경우에 한하도록 해야 한다(형사소송법 제141조 제2항).

## 다. 피해자 면담과 피해자진술조서 작성

수사절차에 있어서 피해자는 참고인 자격으로 조사를 받게 된다. 참고인에 대한 조사는 임의수사이므로 진술을 강요할 수 없으며(사법경찰관 집무규칙 제18조), 진술의 임의성이 확보되어야 하고(형사소송법 제317조), 참고인이 허위의 진술을 하더라도 형법 제 137조의 위계에 의한 공무집행방해죄가 구성되지 않는다.[30] 또 참고인진술을 받을 때에는 조서를 작성하여야 하고, 진술사항이 복잡하거나 또는 참고인이 서면진술

---

30) 대법원 1977.2.22, 76도 368(총람, 형법137-23)

을 원하면 이를 작성하여 제출하게 할 수 있다.

이와 같이 피해자로부터 진술증거를 수집하는 활동은 피해자수사의 핵심적인 부분이다. 종래 피해자에 관한 진술증거 수집부분은 피해자진술조서 활동만으로 대표되어 왔다. 그러나 최근 영국과 미국의 피해자수사실무에서는 조서작성을 위한 형식적 신문절차보다는 피해자면담절차의 중요성이 매우 강조되고 있다.[31]

### 1) 진술증거의 의의와 중요성

#### 가) 진술증거의 의의

진술증거란 사람의 진술, 즉 일정한 사실을 관찰(체험)한 사항이나 또는 일정한 지식에 관한 사항을 보고하는 형태로 제출하는 증거를 말한다. 진술증거 이외의 것이 비 진술증거이다. 이 구별의 실익은 전문법칙의 적용범위와 관련하여 진술증거만이 전문법칙에 의하여 그 증거능력이 제한된다는 점에 있다.[32] 따라서 피해자 진술이 형사소송법 제313조(진술서의 증거능력), 제314(증거능력의 예외), 제316조(전문진술의 임의성)의 요건에 해당하지 않는 한 전문법칙에 따라 증거능력을 인정받을 수 없게 된다.[33]

#### 나) 피해자에 대한 진술증거 수집의 중요성

형사절차는 발생된 범죄에 대한 실체적 진실을 밝히고 이에 형벌법규를 적용함으로써 국가형벌권을 실현시키는 과정이다. 이를 위하여 형벌법규 적용의 전제가 될 사

---

31) 오늘날 영국에서는 심지어 피의자의 경우에도 종래 죄상을 추궁하는 차원의 종래의 신문방법 (interrogation) 보다는 수사 활동으로서의 면담(investigative interviewing)의 방법을 적극 활용하고 있다고 한다(이는 영국 Portsmouth 대학에서 심리학을 강의하고 있는 Ray Bull 교수가 2003. 10. 27. 15:00, 코엑스 인터컨티넨탈 호텔에서 열린, 한국 법심리학회가 주최한 국제 심포지움에 참석하여 "최상의 증거 확보를 위한 목격자 면담방법" 이라는 제하의 주제발표를 하면서 발언한 내용이다).

32) 신동운, 형사소송법, 법문사, 1993. p.560.

33) 진술증거 중 직접 체험한 사실을 중간의 매개체를 거치지 않고 직접 법원에 진술하는 것을 본래 증거 또는 원시증거라 하고, 직접 체험자의 진술이 서면이나 타인의 진술이라는 형식으로 법원에 전달되는 것을 전문증거라 한다. 이 전문증거에 대하여 증거능력을 제한한다는 원칙이 전문법칙인 것이다.

실관계의 확정이 필수적으로 요구된다. 여기서 사실관계 확정에 사용되는 자료를 증거라 한다. 수사 활동은 이러한 증거를 발견하고 수집하는 과정이며 이 수집된 증거를 토대로 최초에 세웠던 용의자 가설을 검증해 나가는 합리적 절차라고 말할 수도 있다.[34] Osterburg는 증거 수집을 할 수 있는 대상 영역으로 범죄현장의 물리적 증거(physical evidence of the crime scene), 사람(person) 그리고 기록물(records) 도합 3가지 유형을 들고 있다.[35] 피해자는 사실인정에 사용될 수 있는 사람(person)으로서 일종의 '증거방법(Beweismittel)'으로서의 지위를 가지고 있다. 즉 수사과정에서 범죄사실을 입증해 줄 수 있는 수사자료 제공자로서 혹은 공판절차에서 증언을 할 수 있는 증인으로서의 지위를 가지고 있는 것이다.

Stewart는 '범죄수사에 있어서 가장 중요한 것이 범죄사실을 입증해 줄 수 있는 자료를 확보하는 것이고, 피해자나 목격자로부터 유용하면서도 정확한 자료를 얻을 수 있는 수사관의 능력이야말로 효과적인 법집행을 위해서는 가장 중요한 사항이 된다.'고 설파하였다.[36] Sanders도 그의 연구물에서 경찰관에게 "범죄수사에 있어서 가장 중요한 역할을 하는 인물이 누구냐?"라는 질문에 대다수가 목격자(witnesses)로 대답하였다고 밝히고 있다.[37] 이 목격자 중에 피해자가 포함되는 것은 물론이다. 1975년에 작성된 Rand Corporation Report에서는 범죄해결의 열쇠는 목격자 진술의 완전성(completeness)과 정확성(accuracy)에 달려있다고 점을 지적하고 있다.[38] 또한 1998년 영국에서 실시된 한 연구에서는 목격자수사를 수행한 바 있는 159명의 수사경찰관들을 대상으로 설문조사를 한 결과, 범행 목격자들이 수사관들에게 범죄해결의 주요 핵심단서를 자주 제공해주었다고 답을 하였다.[39]

이처럼 범행의 목격자인 피해자에 대한 수사는 범죄수사에 있어서 필요불가결한 것이라고 말할 수 있는 바, 피해자수사를 통해서는 위에서 언급한 증거수집의 3가지

---

34) James W. Osterburg, *Criminal Investigation,* 3th edition, Anderson Publishing Co., p. 381.
35) James W. Osterburg,, *ibid.*
36) Stewart, J.K, Cited in Geiselman R.E. *Interviewing Victims and witnesses of Crime,* US Department of Justice, National Institute of Justice, Research in Brief, December, 1985, p. 1.
37) Sanders, A., et al, *Victims with learning disabilities : Negotiating the criminal justice system,* Oxford University Centre for Criminological Research, 1997.
38) Rebecca Milne et al, *Investigative Interviewing,* Wiley, 2001, p. 1.
39) Rebecca Milne, *ibid.,* p. 1.

대상영역 모두에게서 범죄사실을 입증해 줄 수 있는 증거들이 수집될 수 있다.

### 2) 피해자 조사

대인수사를 진행하는 방법은 크게 면담(interview)과 신문(interrogation)이 있다. 면담이란 용의자에 대한 수사에 있어서는 아직 진범임을 확신하지 못한 때에 범행과 관련된 정보를 수집하기 위하여 자연스럽고 자유스러운 대화방식으로 진행하게 되는 것을 의미하고, 신문이란 범인임을 확신한 상태에서 범행사실을 추궁하는 것을 말한다.40) 수사실무에서 신문(訊問)이라는 용어는 피해자수사에는 사용하지 않고 주로 피의자에 대하여 사용하고 있다.

이에 대해 조사란 면담이나 신문 등을 다 포괄하는 의미로 사용할 수 있는 용어이다. 조사는 대화의 주도권이 수사기관에게 있다고 볼 수 있는 반면, 면담의 경우는 상호 수평적인 상황에서의 의사교환이라는 성격이 강하다. 본서에서 피해자에 대하여 벌이는 조사활동이란 수사기관이 주도권을 가지고서 진술조서 작성을 전제하면서 수행하는 실체규명활동으로 정의하고자 한다. 이런 측면에서 조서작성의 전제 없이 자유롭게 대화가 가능한 면담과 서로 구별하고자 한다.

### 가) 진술조서 작성전의 절차

### (1) 출석요구

특별한 사정이 없는 한 피해자는 수사관서에 출석시켜 조사한다. 특별한 사정이라 함은 피해자가 신체적 상해를 입어 병원에 입원해 있다든지, 정신적 충격으로 인해 수사관서에 출석하기가 어려운 사정과 같은 경우를 말한다. 피해자의 출석을 요구함에는 '참고인출석요구서'를 활용한다. 그러나 반드시 이에 국한하지 않고 전화·FAX·인편 기타 상당한 방법으로 할 수 있다. 출석요구서에는 출석요구의 취지를 명백히 하여야 하고, 부주의로 피의자에 대한 출석요구서 양식을 쓰지 않도록 유의해야 한다. 또 참고인출석요구서 발부상황을 기록·유지할 필요가 있는데 그 이유는 형사소송법 제221

---

40) 김종률, 수사심리학, pp. 107-108.

조의 2에 의한 증인신문 청구의 소명자료로 사용할 수 있을 뿐만 아니라 참고인 소재수사 기록과 함께 참고인중지의견으로 송치할 수 있는 근거자료로 삼을 수 있기 때문이다.

범죄의 피해자로부터 진술을 청취하기 위하여 잦은 출석요구를 하는 것은 피해자에게 2중의 고통을 가하는 것이 된다. 따라서 사전에 조사시간을 예약 받는 등 계획적인 조사를 함으로써 피해자의 심적 부담이나 경제적 손실을 줄여주어야 한다. 그리고 수사긴관의 편의에 따르지 말고, 가급적 출장조사 방법을 사용하는 등 피해자의 여건을 최대한 존중해주는 조사방법이 필요하다. 다만 이처럼 피해자의 사정을 최대한 고려하면서 수사업무가 수행될 수 있도록 수사관에 대한 인사적·재정적 뒷받침이 있어야 할 것이다.

피해자의 진술이 필요불가결함에도 출석에 불응할 경우에는 수사관이 수사목적으로 강제력을 행사하여 피해자를 데려올 수는 없다. 다만 제1회 공판기일 전에 한하여 검사에게 증인신문을 신청하여 판사로 하여금 증거보전절차를 밟을 수 있도록 할 수 있을 뿐이다(형사소송법 제221조의 2). 이러한 증거보전절차도 '범죄의 수사에 없어서는 안 되는 사실을 안다고 명백히 인정되는 자가 수사기관에 출석하여 진술하는 것을 거부할 경우'에 한하고(동법 동조 제1항), 공판기일에 다른 진술을 할 염려가 있다는 이유로 증인신문을 청구하는 것은 허용되지 않는다고 보아야 한다(동법 동조 제2항).[41] 단, 국가보안법위반 범죄의 참고인은 강제구인이 가능하다(국가보안법 제18조).

### (2) 타인의 참여 및 진술거부권의 고지 여부

피해자를 조사할 경우에는 피의자신문과 달리 조사를 담당하는 수사관 이외의 사법경찰관리의 참여 없이도 조사를 진행할 수 있다. 다만 성폭력 피해자나 아동피해자의 경우 피해자가 신청을 하면 그의 형사절차 진행과정에서 보조를 해 줄 수 있는 자로서 그와 신뢰관계에 있는 자 중 피해자가 지정하는 자를 증인신문과정이나 수사현

---

41) 형사소송법 제221조의 2 제2항은 범인필벌의 요구만을 앞세워 과잉된 입법수단으로 증거수집과 증거조사를 허용함으로써 법관의 합리적이고 공정한 자유심증을 방해하여 헌법상 보장된 법관의 독립성을 침해할 우려가 있으므로 그 자체로 적법절차의 원칙 및 공정한 재판을 받을 권리에 위배되어 위헌에 해당한다는 판결이 내려져 효력이 상실되었다(헌법재판소 1996. 12. 26. 94헌바1).

장에 동석시킬 수 있다(성폭력범죄의처벌및피해자보호등에관한법률 제22조의 2, 아동복지법 제28조). 피해자에게 변호사가 참여할 수 있는 법적 근거가 되는 아동복지법 제28조는 변호사의 도움을 통한 피해자의 형사절차 참여라는 의미에서 상당히 중요한 의미를 내포하고 있다. 수사기관이 피해자를 조사하는 경우에도 변호사가 참여할 수 있다고 명시하고 있기 때문이다(동법 동조 제3항). 한편 피해자 조사 시에는 피의자 조사 시와는 달리 진술거부권의 고지와 같은 절차는 필요 없다.

### (3) 피해자 면담

피해자수사에 있어서 면담이란 피해자로부터 범행에 관련된 사실을 자유롭게 질문하고 청취하는 대화과정을 뜻하고 있다. 수사관은 초동수사는 물론 계속수사과정에서 범죄피해자를 접촉하여 수사의 목적달성을 위하여 필요한 조사를 할 수 있다고 규정하고 있는 바(형사소송법 제199조), 이 조사의 넓은 의미 속에는 면담의 개념도 포함하고 있다.

그러나 앞서 말한 바와 같이 피해자조사는 진술조서 작성을 전제한다고 보지만 면담은 조서작성 전에 피해자와 자유롭게 대화를 하는 것을 의미하기에 피해자의 집이나 범죄현장에서 가벼운 대화 형식으로 진행할 수도 있고 경찰서에 출석요구를 하여 질의응답 형식으로 진행될 수도 있다. 범죄수사규칙과 사법경찰관리집무규칙 등에는 피해자 면담 시 지녀야 할 태도와 자세에 관해서 개괄적인 규정을 두고 있다.[42]

최근 피해자수사에 있어서 이 면담의 중요성이 부각되고 있다. 진술증거를 수집하기 위해 실시하는 이 피해자면담은 피해자와의 상호 교감·친밀감 형성을 통한 활발한 의사소통이 있어야 성공할 수 있다. 따라서 피해자면담을 성공적으로 수행하려면 수사기관은 우선 피해자를 인격체로 바라보고 그의 독특한 사정을 이해하려고 노력해야 하며, 범죄로 인해 피해자가 당하는 고통에 대하여 위로하고 동정을 하는 자세가

---

[42] 예컨대, 현장에 진출하여 임상조사를 하여야 하는 경우 피해자의 건강을 충분히 고려해야 할 것을 규정하고 있고(사법경찰관리규칙 19조), 피해자의 건강이 악화 되었을 경우에는 진술자의 사망에 대비하는 조치로 피의자·변호인을 입회시킨다든지 아니면 검사에게 증인신문을 신청하는 등의 조치를 취하도록 해야 하고(범죄수사규칙 제173조), 피해자의 진술 내용에만 구애되지 말고 예측이나 단정을 배체해야 하며 어디까지나 진실발견에 노력하여야 한다고 규정하고 있다(범죄수사규칙 제165조).

필요하다. 수사기관의 수사행태가 피해자에게 신뢰를 심어줄 수 있게 된다면 훨씬 진실 되고 정확한 수사 자료를 확보할 수가 있다.[43]

Ray Bull교수에 따르면 영국의 경우 심지어 피의자수사 영역에서도 죄를 추궁하기 위해서 행하는 신문(interrogation)보다는 상대방과 자유로운 대화를 통하여 실체적 진실에 접근하는 자료를 얻으려고 하는 면담(investigative interviewing)을 중시하고 있는 실정이며, 이러한 이유로 수사업무에 종사하는 경찰을 대상으로 전문적인 면담기법 훈련을 대대적으로 실시하고 있다고 한다. 특히 인지심리학적 면담기법 등을 개발하여 목격자 진술을 확보하는데 도움을 주려는 활동이 활발하다는 것이다.[44]

### 나) 피해자 진술조서의 작성

### (1) 조사사항

범인을 현장에서 검거하지 못하였을 때나 현장 증거가 빈약할 때, 피해자수사를 통해서 범죄해결의 중요한 단서가 발견되는 경우가 종종 있다. 따라서 피해자수사는 다각적으로 철저히 진행할 필요가 있다. 피해자수사시에 착안해야 할 점들을 열거해 보면, ① 피해자의 학력·가정환경 등 성장관계 수사, ② 피해자의 사건 전후 행적수사,[45] ③ 피해자의 친우관계 수사, ④ 피해자의 남녀관계 등에 관한 수사, ⑤ 피해자의 가족관계 수사, ⑥ 평소 피해자와 다툼이나 원한이 있었던지 여부에 관한 수사, ⑦ 피해자가 가입한 보험관계 수사, ⑧ 피해자의 채권·채무관계, 재산총액, 부동산 명의 여부, 금융기관 거래관계, 신용카드회사 상대 신용카드 발급상황 관계, ⑨ 계모임 관계, ⑩ 피해자의 직장관계, 직장 내 대인관계, 거래처, 접촉인물에 관한 사항, ⑪ 피해

---

43) 몽타주 작성 전문가와의 인터뷰를 통해서 확인한 바에 따르면, 몽타주 작성 전 피해자와의 면담 과정에서 먼저 상대방에게 친절을 베푸는 등 상호간에 친밀감 형성이 이루어지면 피해자의 범인 인상착의 회상율과 정확성이 높아지는 것을 체험하였다고 한다. (2003. 12. 8. 경찰청 수사국이 주재한 일일수사전문가 교육과정에 참여하여 충북지방경찰청 수사과 과학수사계에 근무하는 몽타주 작성 전문가인 박만수 경위와 인터뷰하는 과정에서 확인된 사항임)
44) 한국 법 심리학회·한림대학교 공동주최 국제 심포지움 발제자료, "목격자 진술 : 법과 심리학의 만남", 2003. pp. 100-115.
45) 사건발생 전 최종 접촉인물, 최후 전화통화자, 최후 만난 장소 등과 같은 피해자 행적추적을 의미하며 이를 통하여 탐문수사를 지속적으로 전개해 나갈 수 있다.

자의 휴대폰 사용내역 등이 있다.

피해자가 범행 목격자이기도 한 경우, 범죄사실에 대한 경험 및 피해를 입게 된 경위, 피의자가 도주한 경우 피의자의 인상착의 등을 조사하여야 하며, 피의자가 밝혀진 경우 피의자와의 관계, 피의자에 대한 감정, 피의자에 대한 처벌 희망의사의 유무, 피해의 정도 및 피해회복의 여부 등에 관해서도 조사를 하여야 한다.

### (2) 조사방법

진술조서의 작성을 통한 피해자수사는 증거수집 활동으로서의 성격이 강하기는 하지만 여러모로 피해자의 인격권이나 명예감정 그리고 사생활에 관한 비밀을 침해할 우려가 있는 영역이다. 따라서 피해자를 상대로 조사를 하게 되는 수사관들은 출석을 요구하거나 진술을 청취하고 조서를 작성함에 있어서 소극적인 차원에서 불쾌감을 주거나 명예를 손상시키는 일이 없도록 해야 할 것이며(사법경찰관 집무규칙 제16조, 제18조, 범죄수사규칙 제9조, 제10조), 적극적으로는 피해자에 대한 형사절차진행이나 피해회복과 관련된 다양한 정보를 제공해주고 상대방의 고통에 민감하게 반응하면서 위로와 동정심을 갖는 등 상대방에게 신뢰를 심어줄 수 있도록 친밀한 관계를 형성할 수 있어야 한다.

참고인조사를 위한 기술로서 몇 가지를 든다면 다음과 같은 것들이 있다.[46] 참고인의 범위에는 피해자도 포함할 수 있는 것인 바, 피해자수사시에도 참고할 수 있다고 본다.

『 ① 감사하는 표정으로 임할 것, ② 수사관이 피해자를 직접 찾아다닐 것, ③ 경찰서에 출석한 경우는 시간이나 장소를 피해자가 원하는 곳으로 하는 등 세심한 배려를 해 줄 것, ④ 보복위험 등 각종 불안 심리를 해소해주기 위한 노력을 기울일 것, ⑤ 질문방법에 유의하여 불안감을 증폭시키지 않도록 할 것, ⑥ 피해자가 단정적인 태도 혹은 지나치게 치밀함을 보이며 진술할 때에는 진실성이 의심되므로 유의할 것, ⑦ 조사가 끝나면 비밀보장을 약속하고 지속적인 협조를 당부하며 감사하는 인사말로 종결을 할 것,

---

46) 이철희, "참고인 취조의 기술", 사법행정, 1969. pp. 57-59.

⑧ 어린이 등 연소자들은 암시에 약하므로 유도질문을 하지 않도록 유의할 것 』

위에서 언급한 바도 있지만 피해자의 진술을 청취함에는 그 진술을 맹신하지 말고 그 허위성과 부정확성에 대한 검증적 차원의 수사를 진행하여야 한다. 피해자의 모순된 진술은 합리적 증거마저도 배척하게 만들기 때문이다(범죄수사규칙 제4조). 특히 도난 사건의 경우 피해품을 정확히 지목하기가 쉽지 않고 피해사실이 과장되기가 쉬운 것이다.

또 강력사건의 피해자의 경우에는 흥분된 경우가 많으므로 심리적 안정을 되찾은 다음에 조사에 임하는 것이 좋다. 그 외에 범인의 인상착의·정확한 피해경위 등에 대해서도 조사를 하여야 하는 바, 피해자가 허위진술을 하고 있을 경우에는 그 진술에서 불합리한 점이나 모순이 발견될 수 있으므로 이러한 것들의 발견에 유념하도록 해야 할 것이다.

### (3) 진술조서의 작성

피해자인 참고인을 면담하는 경우에는 조서를 작성하도록 하고 있다(사법경찰관리집무규칙 제18조 제2항). 피해자가 고소·진정·탄원·피해신고 등을 하였을 경우에는 그 내용을 명확히 할 수 있도록 그 내용을 보충하는 조서를 작성하여야 한다(범죄수사규칙 제61조). 진술사항이 복잡하거나 또는 진술인이 서면진술을 원할 때에는 이를 작성 제출하게 할 수 있도록 하고 있다(사법경찰관리집무규칙 제18조 제3항). 또 피해자가 가료중인 경우여서 임상조사를 할 경우 가족이나 의사 등 적당한 자를 참여시킨 가운데 조사를 하여야 하고, 출석조사 및 임상조사도 어려울 경우에는 우편, 모사전송, 전자우편 등의 방법으로 조사할 수 있도록 하고 있다(범죄수사규칙 제171조).47) 피해자인 고소인이나 진정·탄원인이 출석하지 않게 되면 고소사실 및 진정사실의 진상규명이 불가능하다고 하여 각각 고소를 각하 하거나 내사종결 하는 형태로 수사절차를

---

47) 경찰은 각종 사건·사고의 중요참고인 인적사항이 노출될 경우 위험발생이 우려되거나 건강이 악화되어 출석조사가 어려운 경우 참고인이 원하는 시간대에 담당 수사관이 방문조사를 실시하는 정책을 추진해오고 있다고 밝히고, 2000년 9월부터 출석조사가 어려운 이들을 위해 E-mail, FAX, 우편 등을 이용한 비대면 수사를 실시하고 있다고 한다. 특히 E-mail을 통한 참고인이나 피해자 조사는 2002년 한 해 동안 6,180건에 이르는 것으로 나타났다 (경찰청, 경찰백서, 2003. p. 272).

마무리 하게 된다.

## 2. 강제수사로서의 피해자수사

원칙적으로 피해자에 대한 대인적 강제수사는 허용되지 않는다. 즉, 피해자가 수사관의 출석요구에 불응한다고 해서 체포하거나 강제연행을 할 수 없다는 뜻이다. 단, 국가보안법 제18조에서만은 참고인 구인, 유치 규정을 두고 있다. 동법 동조 제1항에 '검사 또는 사법경찰관으로부터 이 법에 정한 죄의 참고인으로 출석을 요구받은 자가 정당한 이유 없이 2회 이상 출석요구에 불응한 때에는 관할법원 판사의 구속영장 발부를 받아 구인할 수 있다'고 규정함과 아울러 제2항에 '구속영장에 의하여 참고인을 구인하는 경우에 필요한 때에는 근접한 경찰서 기타 적당한 장소에 임시로 유치할 수 있다'라고 하고 있다.

수사단계에서 형사소송법상 피해자인 참고인에게 강제력이 행사될 수 있는 유일한 경우로는 피해자인 참고인을 상대로 검사가 증인신문을 청구하는 경우이다. 즉 형사소송법 제221조의 2 제1항에서는, '범죄의 수사에 없어서는 아니 될 사실을 안다고 명백히 인정되는 자가 전조(前條, 동법 제221조에 의한 출석요구)의 규정에 의한 출석 또는 진술을 거부한 경우에는 검사는 제1회 공판기일 전에 한하여 판사에게 그에 대한 증인신문을 청구할 수 있다'라고 하고 있는 것이다.[48]

한편, 피해자가 소유, 소지, 보관한 물건에 대해 수사기관이 압수·수색·검증을 하고자 한다면 임의제출의 형태가 아닐 경우에는 영장의 발부를 받아 압수·수색·검증을 하여야 할 것이다. 임의제출물의 제출도 우리 형사소송법에서는 압수의 일종으로

---

48) 종래 수사절차에서 증인신문을 청구할 수 있는 또 하나의 요건으로, '검사 또는 사법경찰관에게 임의의 진술을 한 자가 공판기일에 전의 진술과 다른 진술을 할 염려가 있고 그의 진술이 범죄의 증명에 없어서는 아니 될 것으로 인정될 경우에는 검사는 제1회 공판기일 전에 한하여 판사에게 그에 대한 증인신문을 청구할 수 있다(동법 동조 제2항)'라는 규정을 두었으나 1996년 12월 26일 헌법재판소의 위헌결정으로 효력을 상실한 바 있다. 실무적으로 경찰은 피해자수사를 함에 있어서 절차의 번거로움 때문에 이러한 증인신문 청구절차를 잘 활용하고 있지 않다. 고소사건의 경우 피해자인 고소인이 진술을 회피하면 고소자체를 각하시키는 방법으로 처리하고 있고, 피해자가 다수인 경우 일부 피해자와 피의자와의 진술이 엇갈릴 때 다른 피해자의 진술이 불가결함에도 출석에 불응하게 되면 대개 참고인 소재수사를 거쳐 참고인중지의견으로 검찰에 송치하고 있다(범죄수사규칙 제192조의 2).

규정하고 있어서 임의수사라고 보기에는 곤란한 점이 있다. 그러나 대개 범죄발견과 범인검거에 조력하는 자의 위치에 있는 피해자로서는 피해자 가택의 수색이나 본인이 소유한 물건의 검증, 자신에 대한 신체검사와 같이 수사기관의 수사 활동에 대해 동의해주는 예가 많다고 보나 이러한 동의가 없는 때에는 강제수사라고 볼 수 있기 때문에 영장주의의 통제를 받아야 한다고 본다.

## 제3절 소결

지금까지 피해자수사에 관한 내용을 범죄의 현장성 유무, 강제력 사용유무 등으로 분류하여 설명하여 보았다. 이러한 여러 가지 유형의 피해자수사를 진행함에 있어서 무엇보다도 중요한 것은 수사기관이 피해자의 인격을 존중하는 태도를 가지고 접근해야 한다는 것이며 피해자의 요구에 대한 민감성(sensitivity)을 가져야 한다는 것이다. 최초 현장에 출동한 수사관이 어떠한 태도로 피해자수사에 임했느냐에 따라서 피해자의 피해회복 정도가 영향을 받게 되고 피해자는 향후 형사절차 진행과정에 대하여 긍정적 기대를 갖게 될지 아니면 부정적 기대를 갖게 될지가 결정된다. 이 경우 피해자의 필요나 요구에 대한 민감성이 없으면 형사절차나 수사관에 대하여 부정적 태도를 갖기 쉽고, 그 결과 수사협력을 얻기는 점점 어려워지며 피해자의 피해회복에도 부정적인 영향을 끼치게 되는 것이다.[49]

---

49) Laura J. Moriarty, *Policing and Victims,* Prentice Hall, 2002. p. 46.

# 제3장 피해자학의 연혁·주요개념·쟁점

## 제1절 피해자학의 성립과 발전

엄격히 말하면 범죄피해자학과 피해자학은 구별해야 한다. 피해자학은 범죄피해자학보다 그 연구범위가 훨씬 확장되었다고 볼 수 있기 때문이다. 다시 말하면 피해자학에서 말하는 피해자 개념에는 범죄로 인한 피해자 뿐 만 아니라 비 범죄로 인한 피해자까지를 포괄하기 때문에 범죄피해자학에서보다 피해자의 범위가 훨씬 확장되어 있는 것이다. 이러한 혼돈을 피하기 위해서는 용어의 사용을 엄격히 할 필요가 있다.

본서에서 피해자라 함은 일응 범죄로 인한 피해자만을 상정하기로 한다. 지나친 피해자 범위의 확장은 논의의 초점을 흐리고 피해자대책의 대응범위가 광범위함으로 인해 형사사법 분야의 피해자대책에 대한 집중력을 저하시킬 우려가 있기 때문이다. 따라서 본서에서 피해자·피해자학이라는 용어를 범죄피해자·범죄피해자학이라는 용어와 혼용하여 사용하더라도 그 것은 사실상 범죄피해자·범죄피해자학을 의미하는 것임을 밝혀 둔다.

범죄피해자학이란 인간관계의 존재를 전제로 범죄자와 피해자간의 '인적 교류'라는 인간관계를 통해서 범죄 및 그 주변의 사회현상을 과학적으로 검토하는 새로운 과학이다. 피해자학은 범죄학과 형사정책학보다는 구별되는 새로운 학문으로 발전했다. 이와 같은 발전과정에서 피해자학을 연구한 학자들을 초기와 후기로 구분해서 살펴보고자 한다. 이러한 구분의 준거는 1973년 9월 이스라엘에서 개최한 제1회 국제피해자학 심포지엄을 기준으로 편의상 그 이전 시기의 피해자학을 초기 피해자학이라고 하고, 그 이후의 피해자학을 후기 피해자학이라고 한다.[50]

---

50) 안황권 · 김상돈, 범죄피해자학, 백산서당, 2003. pp. 47-54.

## 1. 피해자학의 성립

초기 피해자학의 연구는 Hans von Hentig와 1940년경 루마니아 변호사로 활동한 이스라엘학자인 Mendelsohn으로부터 비롯됐다. 이하에서는 대표적인 초기 피해자학자들을 소개해 본다.

### 가. Hans von Hentig

20세기 초반의 범죄학자 중에서 범인의 범죄행동에 피해자가 기여하는 측면을 밝히는 등 종래의 시각과는 다르게 피해자에 관한 분석을 시도하기 시작한 최초의 학자는 독일인인 Hans von Hentig이라고 할 수 있다. 그는 1925년 '근친상간에 관한 연구'라는 그의 논문에서 근친상간과 관련하여 피해자가 지니는 태도를 다룬 바 있으며, 1941년 그의 저작물을 통해 피해자가 범죄행동에 대한 원인을 제공해주고 있음을 강조하였고, 1948년에는 '범죄와 피해자(the criminal and his victim)'라는 글을 통하여 어떤 범죄에 있어서 가해자와 피해자간 상호관계의 충분한 고찰이 필요함을 역설하였었다.[51]

이와 같이 Hentig는 종래의 범죄원인 론에서 결여되어 있었던 피해자 문제를 범죄연구의 시야에 포함시키려 함으로써 피해자 문제를 범죄학의 틀 안에서 파악하려고 노력하였다.[52]

또한 Hans Von Henting는 피해자의 취약성을 기준으로 범죄피해자를 분류하기도 하였는데, 매우 어린 사람, 매우 늙은 사람, 여성, 정신질환이나 지능장애자, 소수인종이나 단순히 아주 외로운 사람들이 자신들의 통제할 수 없는 여건으로 인하여 범죄에

---

51) William G. Doerner & Steven P. Lab, *Victimology*, 2002. pp. 4-5.
52) William G. Doerner & Steven P. Lab, *Ibid.* Hentig는 범죄 '발생 원인에 대한 피해자의 관여'라는 기본적 관계를 고찰했는데, 범죄자와 피해자의 관계를 '고통을 주는 사람과 고통을 받는 사람'(doer-sufferer relation)이라고 규정하고 양자 간의 복잡한 정신적·사회적·생물학적 원인관계를 지적해 존속살해와 배우자 살해 같은 사건에서는 피해자 측에 문제가 있다고 했다.

취약한 것으로 간주하였다. 그리고 범죄의 종류에 따라 범죄자의 피해자에 대한 접근·접촉의 수단도 다양하고 장소의 선택 역시 가능성과 범행당시의 예측을 이용하여 선택하는 등 범행을 용이하게 하여 수행수단을 선택한다고 지적했다. 또한 자살에 대해서도 피해자문제의 관점에서 다루기도 했다.

그는 책임의 정도와 특성에 따라 피해자를 분류 하였는바, ① 비행적 피해자(misbehaving victim)[53], ② 유인 피해자(enticing victim)[54], ③ 조심성 없는 피해자(the careless victim), ④ 보호받을 가치가 없는 피해자(victims who are undeservedly advantaged)[55] 등으로 구분 하였다.

## 나. Benjamin Mendelsohn

Mendelsohn은 피해자학이 범죄학과는 독립된 고유의 과학으로 존재해야 함을 역설하면서 학문으로서의 독자성을 주창하였기에, 오늘날 '피해자학의 아버지'라고 부르기도 한다.[56] 즉 피해자학(victimology)이라는 개념을 바로 Mendelsohn이 도입한 것이다. 그가 1956년 발표한 '생물·심리·사회학의 새로운 과학의 분야: 피해자학' 이라는 논문에 의해 비로소 범죄학에서 독립한 피해자학이 탄생한 것이다.

Benjamin Mendelsohn은 피해자의 책임 정도에 따라 '완전히 죄가 없는 피해자'에서부터 '피해자 자신만이 유죄인 피해자'에 이르는 범죄피해자의 유형 제시하였는바,[57] 범죄행위와 관련된 피해자에 대하여 법률적 책임의 정도에 따라 그 법적 비난을 가할 수 있는 정도에 의해 피해자를 6단계로 유형화 하였다.[58] 그는 피해자의 범

---

53) 예컨대 다른 사람을 속이다가 오히려 사기의 표적이 되거나 피해자 자신이 범죄를 유발 내지 촉진시킨 사람을 말한다.
54) 강간 피해자가 그 예라고 한다.
55) 부의 축적과정이나 방법에서 도덕적으로 부정하여 약탈적 범죄에 대한 표적이 된 피해자를 말한다.
56) William G. Doerner & Steven P. Lab, *op. cit.* p. 6.
57) Benjamin Mendelsohn, "The Victimology", *Studies Introductionales de Psycho-Sociology Criminelle*, 1956. pp. 25-36.
58) Mendelsohn의 '강간죄'라는 논문에서도 피해자의 태도, 신체적 조건 등에서 여성의 저항 가능성을 분석하면서 피해자인 여성의 역할이 정확하게 평가되어야 한다는 데 관심을 가졌다. 이 때 저항을 배제할 수 있는 요인으로 범죄자·피해자간에 물리적인 힘의 차이가 있을 것, 피해자가 의식을 잃거나 공포심 등에 의한 저항의사의 포기, 가족 및 사회적 신분 그리고 권위 같은 상하관계, 방종한 생활환경의 영향 등이 있을 것 등을 들고, 범죄자의 사정으로는 성적 행동, 알코올작용에

위를 단순히 범죄피해자 뿐만 아니라 자연재해의 피해자 등도 포괄하는 '일반 피해자학(general victimology)'이 되어야 한다는 입장을 취하기도 하였다.59)

Mendelsohn은 피해자학의 원리를 규명하고자 노력하면서 Henting와는 달리 범죄피해자에 국한되지 않는 독립성을 가진 학문을 관심의 대상으로 했다. 또한 그는 기존의 형법학, 범죄학의 연구대상이 범죄자에게 집중하고 있는 데 반해 범죄자와 병행해서 과거 그늘 속에 묻혀 왔던 피해자를 채택해 이에 대한 연구를 거듭해 왔으며, 범죄자와 피해자의 관계가 추상적이거나 도식적이어서는 안 되고 생물학적·사회학적인 구체적 관계성으로 추구해야 한다고 했다. 그는 범죄로부터 범죄인으로 연구를 발전시킨 범죄학의 진보는 인정해야 하지만 피해자로부터 분리된 범죄자의 존재는 없으며, 피해자 없이 범죄자는 없다고 주장했다.

아울러 Mendelsohn은 '피해자학(victimology)'이라는 용어 외에도, '피해가 있는(victimal, 범죄학에서의 criminal에 대칭된 개념)' '피해자성(victimity, 범죄학에서의 criminality에 대칭된 개념)'과 같은 피해자와 관련 용어를 만들기도 하였다.60)

### 다. Henri Ellenberger

Hentig가 피해자문제를 제기한 후 피해자학을 본격적으로 연구한 학자는 정신의학자인 Henri Ellenberger이다. Hentig가 범죄자와 피해자의 관계를 정신의학적으로 '고통을 주는 사람과 고통을 받는 사람'의 관계로 가설을 설정했다면, 그는 '범죄자와 피해자의 관계'(criminal-victim)로 파악하고 범죄원인에 대응한 개념으로 피해원인이라는 개념을 제창·연구했다. 1954년 발표한 그의 논문 "범죄자와 피해자의 심리적 관

---

의한 억제력의 상실 등을 들고 있다. 그는 이러한 논점이 결코 피해자의 약점을 들추어내기 위한 것이 아니고, 피해자에게 어떤 요인이 있는가를 명백히 하는 데 그 목적이 있다고 했다. 이와 같은 연구는 한 사람의 피해자에 그치는 것이 아니라 피고인에게도 유리하게 작용했기 때문에 범죄학과 함께 피해자학은 형(刑)의 양을 결정하는 데 중요한 역할을 하는 것이고, 결코 성문제에만 국한된 것이 아니라고 주장했다.

59) 범죄학과는 독립된 '일반 피해자학' 개념을 Beniamin Mendelsohn이 主唱한 것은 1975년 여름 이탈리아 Bellagio에서 열렸던 국제학술대회에서였다고 한다. (William G. Doerner & Steven P. Lab. *op. cit.* p. 14).

60) William G. Doerner & Steven P, *ibid,* p. 7.

계"에서 가정의 폭군이 가족에게 살해된 것과 같이 동일인이 상황에 따라 범죄자 또는 피해자가 되는 경우도 있을 수도 있다고 주장하며, 범죄인과 피해자의 관계를 다음과 같이 규정하고 있다.

첫째, 범죄자에서 피해자로 입장이 변하는 경우이다. 예컨대, 직업적 범죄인이 범행후 공범으로부터 공갈당하는 경우가 이에 해당되며, 또 장기간 폭행을 행사하던 부친이 가족에게 살해되는 경우가 이에 해당된다.

둘째, 범죄자인 동시에 피해자가 되는 경우이다. 예를 들면, 동반자살이나 집단자살 현상의 경우 각자 사람을 죽이고 자기도 죽는다든가, 죽여 줬으면 하는 자들이 이에 해당된다.

셋째, 남에게 알려지지 않은 성격의 부분이 돌연 나타나 그것이 자기를 범죄자와 피해자로 만든 경우이다.


## 라. Wolfgang

Hentig의 연구 이후 미국의 범죄 사회학자에게 직접 영향을 미친 학자는 Wolfgang이다. 그는 1958년에 발간된 [살인의 제유형](Patterns in Criminal Homicide)에서 Hentig를 발전적으로 계승했다. 그는 Hentig의 범죄의 이중구조 가설에 기초하면서, 피해자와 범죄자의 관계라는 문제에 초점을 사회학적 관점에서 경험적으로 접근했다. 즉 피해자가 유발한 살인(victim precipitated criminal homicide)이라는 작업가설을 새로 제시하고 경험적 자료에 의해 그 이론가설의 타당성을 검증하려 했던 점이 Wolfgang의 큰 공적인 것이다. 일례로 그는 경찰통계를 이용해 조사한 결과 표본으로 삼은 588건의 살인사건 중에서 150건이 피해자 유발사례였다고 보고했다.

이러한 조사결과로부터 Wolfgang은 Hentig의 견해를 지지하게 됐고, 피해자가 범죄의 결정요인이라는 하나의 결론에 도달했다. 따라서 Wolfgang은 피해자학과 관련된 초기의 경험적 연구의 선구자 가운데 한 사람으로 평가받고 있다.

## 2. 피해자학의 발전

초기 피해자학에 근거해서 Schneider, 미야자와 고이치(宮澤浩一), Hindelang, Godfredon, Galofalo, Gohen, Felson, Kielf, Lamnek 등은 새로운 피해자학 이론을 전개했다. 이들의 이론적 기여를 구체적으로 살펴보고자 한다.

### 가. Schneider

피해자학을 학문으로 체계화시킨 학자는 독일의 Schneider이다 그는 1975년 [피해자학: 범죄피해자를 위한 과학(Viktimologie: Wisserschaft vom Verbrechensopfer)]에서 피해자학을 범죄학으로부터 독립시켜, 피해자학 고유의 영역과 과제를 제기했다. 그는 자기 자신이 심리학 연구에 종사했던 경험을 살려 피해자의 내면과 관련된 영역을 탐구했다. 특히 성적 피해를 당한 아동의 심리나 범죄피해에 대한 불안과 공포, 피해자의 사회적 고립문제에 관심을 가졌다.

그가 주장한 피해자학은 범죄피해자학이어서 반대개념의 범죄 및 범죄자 연구와 협동관계를 유지하는 것이었다. 그 후 "Hentig를 그리며"라고 하며 쓰여진 일반인 대상의 개론서인 [피해자와 범죄자 : 범죄의 상대방]이라는 저서에서도 그가 다룬 피해자학의 대상영역은 범죄와의 연관에 한정하고 있다.

또한 피해자학의 개념, 임무, 기본문제에 대해 다루면서 범죄자·피해자의 관계나 피해자의 유형 등 총론적 문제를 정리했고, 피해자연구의 방법론으로 피해자조사를 주장하면서 피해자가 느끼는 불안이나 공포에 대해 정리했다.

이러한 기초를 근간으로 형사사법에서 피해자의 위치, 피해자가 형법이나 형사소송법과의 관계에서도 중요한 역할을 맡고 있는 점, 나아가 정책상 문제로 피해자보상이나 손해회복, 피해자 재활에 대한 심리적 원조문제 등 다양한 영역으로 연구를 확장했다. 오늘날 활발하게 논의되고 있는 피해자학의 주제는 대부분 이 시기에 확립됐다.

## 나. 미야자와 고이치(宮澤浩一)

일본의 피해자학을 체계화시킨 학자는 미야자와 고이치(宮澤浩一)이다. 그는 1957년부터 59년에 걸쳐서 독일 하이델베르크에 유학한 후 일본 국내외 저서·자료를 수집·분석해 1966년 세계 최초의 피해자학 체계서인 [피해자학의 기초이론]과 1967년 [피해자학]을 출간했다. 또한 1967년 4월에 일본을 방문한 서독 튜빙겐 대학의 범죄학자 Goppinger에게 일본 피해자학의 상황을 상세하게 설명하고, 1969년 자브리켄시에서 개최된 범죄학회에서 [일본에서의 피해자학의 현상]이라는 강연을 의뢰받는 등 광범위하게 활동을 하게 된다. 특히 1973년 많은 국제회의가 개최되는 것을 계기로 동년 9월 이스라엘 예루살렘에서 제1회 국제피해자 심포지엄 기획을 제안한 사람으로서 세계 피해자학 발전에 기여한 바가 크다고 할 수 있다.

## 다. Hindelang · Gottfredson · Galofalo

Hindelang, Gottfredson, Galofalo는 1978년에 낸 [인신범죄의 피해자]에서 제시한 생활양식이론을 제창하면서 1980년대 그 지지기반을 확대해 갔다. 생활양식이론은 범죄가 그 피해자의 행동과 관계없이 무질서하게 발생하는 것은 아니라고 주장한다. 다시 말해서 피해자의 행동양식이 잠재적 범죄자와의 접촉기회의 양과 질을 결정하는 데 커다란 역할을 하기 때문에 결국 피해를 입을 가능성을 좌우한다는 것이다. 예컨대 야간에 공원에서 시간을 보내는 자, 즉 가족 외의 사람과 시간을 많이 보내는 자는 피해를 입을 가능성이 크다. 그들이 주장하는 생활양식이론은 범죄조사나 미국 범죄통계 자료를 통해 한층 지지를 받았다. 즉 이들 통계자료는 독신생활, 소년과의 교제, 야간외출, 도시생활 등에 의해 피해자가 될 위험성이 증가한다는 것을 나타내고 있는 것이다.

## 라. Gohen · Felson

Gohen과 Felson은 범죄가 실행되는 기회가 일상생활 속에 수없이 존재하는데, 그 중에서도 표적인 피해자나 재물이 무방비로 방치되어 있는 경우에 범죄가 발생한다는 관점에서 출발했다. 구체적으로는 미국의 범죄통계로부터 1947~1974년의 범죄율 변화를 추출해 이러한 변화와 생활양식 변화의 관계를 검토했다.

이러한 일상 활동이론은 범죄자와 피해자 쌍방의 생활양식을 똑같이 취급하고 거기에 나타난 변화가 범죄증가로 이어진다고 주장했다. 따라서 일상 활동이론에서는 범죄발생을 범죄자와 피해자의 상호관계 속에서 찾고자 하는 경향이 강했으며, 피해자화 관점에서 범죄발생 요인을 분석한 이론이다. 예컨대 가족에게서 멀리 떨어져 야간에 외출하는 행위, 고가의 장신구를 몸에 부착하는 행위, 상점 등의 감시체계 취약 등을 들 수 있다. 이와 같은 범죄기회 혹은 일상 활동이론은 피해자학 연구에서 생활양식 모델(lifestyle model)로 발전하고 있다.

### 마. Kielf · Lamnek

Kielf과 Lamnek은 1986년 그들의 저서 [피해자의 사회학]에서 피해자를 3단계로 나누어 설명했다. 그들에 의하면 범죄의 직접적인 피해를 당하는 것을 제1차 피해자화 라 하고, 종래의 연구는 이러한 1차 피해자화의 요인이나 과정에 관심을 나타냈다. 그러나 피해자는 피해자로서 사회나 미디어의 흥미를 끌게 되고, 경찰·검찰의 조사에 의해, 혹은 재판의 심문에서 제1차 피해자화 이상의 새로운 고통을 받게 된다. 이러한 피해자의 구제문제는 범죄피해에 대해 금전적 보상을 정비함으로써 해결되는 것은 아니다. 따라서 피해자학은 피해자문제에 신중하게 관여함으로서 제2차 피해자화 문제에 적절히 대치해야 할 뿐 아니라, 피해자가 강한 정신적 충격으로부터 회복되지 못하고 괴로워하는 상태를 제3차 피해자화라고 하면서 피해자학이 관심을 가져야 할 피해자화는 직접적인 피해뿐만 아니라 간접적인 것도 포함이 되어야 한다는 주장이 1980년 대 중반부터 고조되기 시작했다. Kielf과 Lamnek의 문제의식에서 비롯된 개념이 제2차 피해자화, 제3차 피해자화의 문제이다.

### 바. 기타

위의 학자 외에도 범행결과에 대한 피해자 책임의 경중을 기준으로 피해자 유형화 를 시도한 Stephen Schafer, 살인죄의 유형분석을 시도한 Marvin E. Wolfgang, 강간죄의 유형분석을 시도한 Menchem Amir, 피해자의 경솔함이 피해유발과 어떤 관련성이 있는지에 대해서 연구한 Curtis등이 있다.[61]

## 3. 범죄피해자 보호운동의 전개

1950년대부터 활기를 띠기 시작한 피해자학은 그 초기 단계에서는 주로 범죄피해자의 피해유발(victim-precipitation)에 초점을 두고 학자들 간의 활발한 논의가 이루어져 왔으나, 실무가들은 사회제도나 형사사법체제가 피해자를 어떻게 지원해야 할 것인가에 대하여 관심을 꾸준히 가져왔다. 이와 같은 실무가들의 피해자에 대한 관심은 피해자의 복지를 위하여 그에 대한 지원과 보호대책을 강화할 것을 호소하는 '피해자보호운동(victim movement)'으로 표출되기에 이르렀는데 이러한 피해자보호운동의 주요 의제들로서는, ① 여성보호, ② 아동의 권리확보를 위한 노력, ③ 점증하는 범죄문제에 대한 관심, ④ 범죄피해자 보상에 대한 주장, ⑤ 법률 개정작업 등이 제시되었다.[62]

이러한 피해자보호운동과 관련하여 선구적 활동을 전개한 사람이 영국의 여성 사회운동가인 Margery Fry이었다. 그녀는 전통적인 형사정책이 형사정의를 실현할 수 있는지에 대해 의문을 제기하면서 범죄피해자에 대한 경제적 보상과 가해자-피해자간 화해를 유도하기 위한 국가적 차원의 제도가 필요함을 주장하였다.[63] 이러한 피해자보호의 필요성에 대한 인식이 확산되어 1960년대에는 서구 선진 국가를 중심으로 범죄피해보상제도가 마련되기 시작하였으며, 1970년대에 들어서는 범죄피해자지원을 위한 민간단체의 활동이 매우 활성화되기 시작하였다. 또한 북미와 유럽을 중심으로 형사절차상 피해자지위에 관한 논의가 촉발되어 1980년대에는 많은 나라에서 피해자지위 강화를 위한 형사절차법 개정이 추진되기에 이르렀던 것이다.

---

61) William G. Doerner & Steven P, *Ibid.* p. 8-13.
62) William G. Doerner & Steven P, *Ibid.* p. 17.
63) 김용세, 피해자학, 형설출판사, 2003. p. 52.

## 제2절 우리나라 피해자학의 연혁

우리나라에서 피해자학에 관한 최초의 문헌이 등장한 것은 Hans von Hentig가 1948년 피해자연구의 필요성을 역설한 지 23년째 되던 해 였다. 그로부터 10년이 지나도록 피해자에 관한 논문은 손에 꼽을 수 있을 정도에 불과하였다. 피해자에 대한 관심이 점차 증대되기 시작한 것은 피해자보상에 관한 입법조치가 있었던 80년대부터라고 할 수 있다. 서구에서 피해자에 대한 관심이 체계적으로 연구되기 시작한 것을 60년대로 보고 있으므로 시작부터 20여년 뒤쳐진 상황을 극복할 수가 없었다.

그러나 90년대에 이르러서는 피해자학에 관한 연구가 괄목할 만한 성장을 보였다. 특히 1992년 4월 25일 한국피해자학회의 창립과 더불어 피해자학에 관한 연구는 새로운 전기를 맞이하게 된다. 피해자학에 관한 최초의 학술회의가 개최되었고, 피해자학의 연구 성과물을 게재하는 전문학술지가 창간되었던 것이다. 그러나 아직도 우리나라에서 "피해자학에 대한 관심과 연구는 미미한 실정"이고, "피해자학의 학문적 필요성이나 의의에 대한 인식도 낮은 편"이다.

이하에서는 우리나라 피해자학 연구의 전개과정을 시대적으로 구분하여 살펴본 후에 피해자학의 연구테마를 중심으로 하여 우리나라 범죄피해자학의 발전과정을 살펴보기로 한다.[64]

## 1. 여명기

피해자학의 발전에 선도적인 역할을 담당하였던 서구에서의 초기 피해자학은 피해자에게서 발견되는 특성을 조사하여 이를 분석하는데 초점이 맞추어져 있었다. 어떤 종류의 사람들이 범죄의 피해자가 되는 경향이 높은가 라는 관점에서 범죄의 피해자가 되기 쉬운 개인적 특성을 분석하고 이를 유형화하고자 하는 노력이 전개되면, 피해자가 범죄피해를 입는데 어떠한 기여를 하였는가 라는 관점에서 피해자의 유책성 문제를 대두시킬 수 있기 때문이다.

1970년대 들어서 우리나라에 피해자학이 소개되기 시작하였다. 권문택 교수 등에

---

64) 김성돈, "우리나라 피해자학의 연구동향", 「피해자학연구」, 제7호, 한국피해자학회, 1999, pp. 22-25.

의해서 범죄체계상 피해자적 측면이 꾸준히 부각되는 가운데 실무자 쪽에서 피해자 관련 논문 등이 발표되기도 하였지만, 학계에서는 피해자학에 그다지 관심을 기울이지 않는 형편이었다.65)

피해자학에서 후발주자인 우리나라에서는 피해자학을 소개하는 성격의 글이 이처럼 몇 편 발표되다가, 피해자특성 등 피해자학의 토대를 이룰만한 범죄학적 분석 작업을 거치지 않고 피해자보호라는 본론 속으로 들어가 버렸다. 피해자문제를 다룬 우리나라 최초의 박사학위논문은 범죄체계상 피해자측면의 의의를 밝힘으로써 피해자측면에 관한 관심을 환기시킨 것으로 평가되고 있지만, 이 역시 범죄학의 한 분야로서 피해자학적 주제를 직접 다룬 것은 아니었다.

## 2. 준비기

이러한 분위기는 80년대에 들어와서도 그대로 유지되었다. 피해자에 대한 관심이 처음부터 피해자보상이라는 정책적 측면에 집중되었던 관계로 선진 각국이 일찍부터 마련한 범죄피해자구조를 위한 제도적 장치마련을 위한 노력이 시작되었다. 특히 1980년 이웃 일본에서 범죄피해자등급부금지급법이 제정되자, 여기에 고무된 법무부 등 정부유관기관은 범죄피해자보상을 가능하게 하기 위한 법률마련에 부심하게 되었다. 이 시기에 피해자를 주제로 한 발표논문의 절반 정도가 범죄피해자보상 내지 피해자구조 제도에 관한 논문이었다는 것이 이 사실을 뒷받침 해주고 있다.

이러한 집중적인 노력의 결과로 1987년 10월 29일 헌법 제30조에 범죄행위로 인한 피해구조청구권이 신설되었고, 1987년 11월 28일에는 범죄피해자구조법(법률 제3969호)이 제정되었다.

## 3. 도약기

90년대에 들어서면서 우리나라에서 피해자에 관한 연구는 양적으로나 질적으로 새로운 전기를 맞게 된다. 이러한 기회는 다음의 세 가지 사실이 만들어 낸 작품이라고

---

65) 김용세, 피해자학, 형설출판사. 2003. p. 68.

할 수 있다. 첫째, 1980년대 형사정책의 진동추가 피해자측면으로 이동하면서 피해자의 르네상스를 맞이하게 된 서구에서 쏟아져 나온 피해자학에 관한 다양한 연구 성과를 국내학자들이 소개하기 시작했다는 사실이다. 둘째, 1990년 우리나라에 한국형사정책분야의 국책 연구소가 설립되었다는 사실이다. 한국형사정책연구원은 그동안 국내에 전무했던 범죄학적 연구에 주도적 역할을 하면서 전문학술지(형사정책연구)발간, 학술회의 개최 그리고 다양한 연구프로젝트를 수행하면서 그 동안 국내에 전무했던 범죄학 및 형사정책연구에 주도적 역할을 수행하게 되었는데, 이에 따라 피해자에 관한 연구도 활력을 얻어가게 되었다.66) 셋째, 결정적으로 1992년 4월 25일 우리나라에서 한국피해자학회가 창립되고 피해자학연구라는 학술지가 창간되었다는 사실이다. 이 이후의 우리나라 피해자학연구는 한국피해자학회가 주관한 학술회의에 의해 주도되고, 이 학술회의에서 발표되고 논의된 성과물은 한국피해자학회지에 게재되었다.

90년대 초반 이후에는 서구에서 피해자학이 정초되기 시작할 무렵의 분위기가 우리나라 피해자학계에서도 재현되었다. 특히 피해자학의 근본적 관심사에 해당하는 범죄피해자의 특성이 어떠한가 라는 문제가 이 시기에는 "청소년 성범죄 피해자의 특성에 관한 연구: 광주·전남지역여중·여고·여대생의 성적 피해를 중심으로"(조도연)라는 박사학위논문에서 다루어졌다. 강간범죄의 피해특성에 대한 실태 및 존속범죄의 실태 등 피해자의 특성을 파악하려는 시도도 이루어졌다. 물론 형사절차에서 피해자의 법적지위에 관한 연구는 초기부터 변함없이 단골메뉴로 등장하였다.

그러나 사기죄, 성폭력범죄, 의료분쟁, 양형과 피해자, 경찰과 피해자보호, 가정폭력 및 학교폭력의 피해자, 여성 성폭력피해자에 대한 치료적 접근, 도로교통사고의 피해자특성에 관한 연구결과가 발표되었고, 형사제재수단으로서 피해자에 대한 원상회복제도의 도입여부를 가리기 위한 논문도 속출하였다. 뿐만 아니라 비록 언론보도에 의한 2차 피해에 국한되었지만 2차 피해 문제를 다룬 연구보고서도 나왔다.

피해자학의 여러 주제를 논의하기 위한 공동의 장도 이 시기에 와서 비로소 마련되었다. 1991년 제5회 형사정책 세미나의 주제를 "범죄와 피해자"로 한 것을 필두로 하여, 1992년에는 제1회 피해자학 심포지움이 한·일 공동으로 개최되었다. 여기서는

---

66) 김성돈, "우리나라 피해자학의 연구동향", 피해자학연구, (제7호), 한국피해자학회, 1999, p. 91. 이하

피해자학의 의의에 관한 발제와 더불어 세계피해자학회에 관한 소개가 있었으며, 범죄피해자보상제도와 형사절차에 있어서 피해자보호방안에 관한 논문이 발표되었다. 특기할 만한 것은 우리나라 최초로 범죄피해 일반에 관한 실증조사 결과가 발표된 사실이었다.

그 이후 해마다 한국피해자학회는 학술회의를 개최하여 그 연구 성과를 피해자학연구에 게재하였다. 특히 이 학술회의의 주제는 우리 사회전반을 뜨겁게 달군 사안 가운데 피해자와 관계있는 논제를 선별하여 이에 관한 학계의 다양한 목소리를 담았다.

1993년 제2회 학술회의에서는 원상회복의 형사제재로서의 의미와 기능 및 유럽에서의 피해 공공보상제도, 일본형사사법에 있어서의 피해자의 지위, 양형에서의 피해자에 대한 고려 등이 주제로 선정되었다. 특히 1994년에는 성폭력범죄처벌 및 피해자보호 등에 관한 법률이 시행됨에 따라 이와 관련된 논의가 제3회 학술회의의 주제로 되었고, 제4회 학술회의에서는 증인보호의 현실적인 필요성과 관련된 주제가 논제로 선정되었다. 특히 증인보호의 필요성과 관련해서는 범죄피해로 인한 구조금 신청대상을 확대한 범죄피해자구조법 제3조의 개정 및 특정강력범죄의 처벌에 관한 특별법상의 피해자(또는 증인)보호조치 등에 관한 특칙 규정, 성폭력범죄의 처벌 및 피해자보호 등에 관한 법률상의 피해자보호조치 등과 관련하여 논의가 있었다. 1997년 제5회 학술회의에서는 범죄피해의 국제화 문제를 다루었고, 1998년 제6회 학술회의에서는 조선족 사기피해의 원인, 실태 및 대책문제를 다루게 되었다.

그렇지만 피해자에 대한 일반의 인식은 여전히 낮은 편이고 학문의 성과도 아직 부족한 것이 사실이다. 우리나라 피해자학 또는 피해자 정책의 발전을 위해서는 이제부터라도 범죄피해실태와 피해자지원 활동에 관한 실증적 자료를 축적하는 동시에 형사사법 분야 종사자와 사회복지 분야 종사자들의 피해자 보호의식을 제고하도록 노력하여야 할 것이다.67)

---

67) 김용세, 전게서, p. 70.

## 제3절 피해자학의 학문적 성격과 목표

피해자학의 개념이 명확한 것은 아니나 일응 '범죄피해자를 대상으로 법학·생물학·심리학·사회학 또는 의학 등 인접과학을 망라하는 학제적 관점을 가지고서 피해자화의 원인과 피해자특성을 분석해보고 그 결과를 바탕으로 피해자화를 방지하거나 피해자를 보호할 수 있는 대책을 탐구하는 학문분야' 라고 말할 수 있을 것이다. 종래 범죄학은 범죄현상과 원인을 과학적으로 해명하고 분석하여 범죄방지를 위한 합리적 정책수단 개발이 가능하도록 사실적 기초를 제공하는 기능을 수행해 왔다.

그러나 피해자학은 단지 사실로서의 피해현상 분석에 머무르지 않고 있다. 피해자학은 피해자화 방지와 피해자보호를 위한 당위적 명제를 추구함으로써 총체적 의미의 형사정책을 탐구하는 학문인 것이다. 또 이러한 탐구는 각종 입법수단을 통해 피해자정책이 규범화되도록 노력하게 된다는 특성을 지닌다. 이런 의미에서 피해자학은 피해현상 규명이라는 점에서 경험 과학적 성격을 지님과 동시에 합리적이고 타당한 법규범의 정립을 모색한다는 측면에서 규범 과학적 속성도 지님으로써 종합 과학적 성격을 띠고 있다고 말할 수 있다.[68]

오늘날 새롭게 발전하고 있는 피해자학은 최초 피해자학이 태동하던 20세기 초와 같이 범죄현상의 일부분으로서의 피해현상을 분석하는데 머물러서는 곤란하다고 본다. 오늘날의 피해자학의 궁극적 목표는 자유민주주의를 표방하고 있는 각국 헌법에서 대부분 규정하고 있는 바와 같이 국가로부터 보호받아야 할 한 시민 중 한 사람인 피해자에 대한 인간존엄성의 회복·유지에 있다고 할 수 있다. 때문에 피해자학은 제반 피해현상의 분석과 함께, 피해자의 인권과 정당한 권익보호를 목적으로 피해자구제제도의 확충, 2차 피해자화의 방지책의 개발, 피해자지원시스템의 구축과 같은 피해자보호정책을 적극적으로 탐색하고 옹호하며 주장해야 할 시대적 책임과 사명을 지니고 있다고 볼 수 있다.

현대 산업사회는 이전에 예상하지 못했던 신종범죄가 출현하고 있는 것 이외에도 새로운 사회적·경제적·환경적 위험요인들을 분출해 내고 있는 실정이다. 이러한 시

---

68) 김용세, 상게서, p. 27.

대적 상황에 대응하여 현재 피해를 당하고 있는 피해자(현재적 피해자, 顯在的 被害者)는 물론 앞으로 피해를 당할 가능성이 있는 피해자(잠재적 피해자, 潛在的 被害者)의 보호를 위하여서라도 이러한 위험이 발생했을 때나 위험요인이 존재할 경우, 피해자학은 국가나 사회가 이에 대한 적절한 대응과 조치를 취할 수 있도록 촉구하고 조언하는 역할을 수행하여야 한다고 생각한다.


## 제4절 피해자학 관련 주요 개념의 검토


### 1. 피해의 개념

수사에서 다루고자 하는 '피해'의 개념은 원칙적으로 범죄로 인한 피해에 한정하는 것이 타당하다. 수사 활동은 항상 범죄발생을 전제로 수행되기 때문이다. 따라서 자연재해로 인한 피해나 본인의 과실로 인해 입은 피해 등은 제외된다. 불합리한 법적•제도적 장치로 인하여 일반 개인이나 단체가 입게 되는 피해도 피해자수사의 대상이 되지 않는다. 예컨대 극빈자가 의료적 혜택을 제대로 받지 못해 사망한 사례와 같은 것이다. 이러한 피해는 사회보장제도 및 복지정책을 추진하는 일반 행정의 관심영역에 해당한다.

범죄발생이 전제되는 이상 수사에 있어서 그 피해가 자연인에 대해서 발생했는가 아니면 법인에 대해서 발생했는가는 문제가 되지 않는다. 즉, 개인이나 단체뿐만 아니라 일반 기업체와 같은 법인에 대해 발생한 피해도 수사의 대상이 되는 것이다.

범죄가 성립하게 되면 피해를 발생시킨 주체(가해자, 범죄주체)가 누구인가 하는 것도 문제가 되지 않는다. 자연인, 법인은 물론 국가도 가해자로 될 수 있다. 따라서 국가의 수사기관인 경찰이나 검찰도 수사과정에서 가해자가 될 수 있음은 물론이다.[69]

---

69) 법인에 대하여 범죄능력을 인정할 수 있을 것인가에 대해서 대륙법계에서는 이를 부정하지만, 영미법계에서는 인정하는 입장을 취하고 있다(이재상, 형법총론, 박영사, 1996. pp. 82-88) 우리나라에서도 법인의 범죄능력과 관련하여 부정설(통설, 판례의 입장)과 긍정설, 부분적 긍정설 등으로 나뉘고 있으나 어떤 입장에 서든지 현대사회에서 법인이 자기 자신의 행위를 통하여

한편, 실정 형벌법규에 위배된 행위(形式的 被害概念)만을 경찰수사의 관심영역이라 한다면, 현행법상 범죄성립요건을 충족하지는 못하지만 일반인에게 해악을 끼칠 수 있는 반사회적 행위(實質的 被害概念), 혹은 사회상규에 위반한 행위로 인한 피해에 대하여는 경찰이 어떤 형태로 개입할 수 있는지가 문제된다.

Laura J. Moriarty는 피해자학에서 다룰 가치가 있는 '피해'에 해당하려면, 행위자에 대한 '비난가능성(culpability)'이 있어야 한다는 주장을 한다. Laura J. Moriarty는 이러한 비난가능성 있는 행위를 네 가지 유형으로 분류하고 있다. 즉, ① 고의에 의한 가해행위(committed intentionally), ② 통상인이 기대하는 행위기준에 못 미친 행위의 결과로 손해를 끼친 행위(committed negligently), ③ 정상의 주의의무를 위반함으로서 해를 끼친 행위(committed recklessly), ④ 정황을 인식하면서도 타인에게 해를 끼친 행위(committed knowingly) 등이 그 것이다. ①,③,④의 경우에는 통상적으로 범죄를 구성할 가능성이 있는 항목이지만 ②의 경우에는 사전에 법률에 특별한 주관적 구성요건을 예정하고 있지 않는 이상 곧 바로 범죄를 구성하기는 곤란하다고 보여 진다.70) 따라서 이와 같은 '비난가능성'이라는 요소는 형사법상 범죄성립 여부를 결정짓는 책임성 유무의 판단사유로서 고려될 수 있을 뿐이며 그러한 비난가능성의 존재유무만으로 피해자수사의 대상이 될 '범죄로 인한 피해'로 단정 짓기는 어려울 것이다.

다만 수사기관의 초동수사에 있어서는 범죄의 발생여부 및 피해의 발생여부가 불

---

(법인의 범죄능력 긍정설적 입장) 혹은 그 구성원의 행위를 통하여(법인의 범죄능력 부정설적 입장) 일정한 형사법이나 행정법상의 위반행위로 인해 타인에게 피해를 입힐 수 있으며 그 결과에 대해서 국가가 양벌규정 등을 통해 법인에게도 일정한 책임을 지우고 있다는 것은 부인할 수 없는 사실이다.

70) Laura J. Moriarty, *Policing and Victims,* Prentice Hall, 2002. p. 5.; 어떤 행위가 범죄행위로 인정될 수 있기 위해서는 그 행위가 처벌법령의 구성요건에 해당하여야 하고, 위법하여야 하며, 책임능력 있는 행위자의 행위여야 함과 동시에 적법한 행위에의 기대가능성이 있어야 한다. 구성요건에 해당하려면 객관적 구성요건요소(행위의 대상, 행위방법, 행위의 객체 등)를 충족함과 동시에 주관적 구성요건요소(고의, 과실 등)도 충족하여야 한다. 생각건대, 위의 ①은 고의범, ③은 과실범, ④는 미필적 고의범 혹은 인식 있는 과실범으로 논할 수 있어서 다른 객관적 구성요건요소를 충족하고, 위법성조각사유나 책임성조각사유가 없다면 형사법상 범죄를 구성할 수 있기에 본서에서 말하는 범죄피해자 개념으로 분류하는 것이 별 문제가 없다고 보나(형식적 범죄피해자 개념), ②의 경우는 특별한 규정이 없는 한 고의나 과실의 기준으로 삼기에는 미흡하고 오히려 민사상 불법행위 성립문제로 논할 성질로 보여, 본서에서 말하는 범죄피해자의 개념에서는 제외하는 것이 옳다고 보인다.

명확한 나머지 피해 및 피해자개념이 '실질적 피해개념'으로 확장되어 보이는 경우가 있다. 예컨대 외견상 범죄 신고를 받고 출동하였으나 비 범죄적 행위로 인해 피해상황이 발생한 경우와 같은 것이다. 그러나 이러한 경우 위험요소를 제거하고 추가적인 피해발생을 방지하며 현장의 피해자를 보호하는 활동은 엄격한 의미에서 수사 활동이 아니라 공공의 안전을 확보하기 위한 질서행정작용이라고 볼 수 있기 때문에 수사에 있어서 의미 있는 피해개념으로 보기 어렵다.[71]

본서에서 수사 활동을 통한 피해자수사를 논함에 있어서는 위와 같은 혼돈을 피하기 위하여 그 피해가 일응 범죄로 기인한 것이라고 가정하기로 한다. 즉, 논의의 편의를 위하여 경찰의 초동수사에 있어서 범죄로 인한 피해 발생여부 및 피해자 존재여부가 불명확한 경우는 제외하고자 하며, 위기개입 형 초동수사라 하더라도 범죄가 진행중이거나 범죄가 종료한 직후로서 범죄발생이 전제된 가운데 수사기관이 피해자수사와 관련하여 그 상황에 개입하는 경우만을 가정하여 논하기로 한다.[72]

이처럼 피해자수사에 있어서 '피해'의 개념은 '형식적 의미의 범죄에 의한 피해'만에 한정하는 것이 불가피하다고 본다. 즉 피해자수사에 있어서의 '피해'란 원칙적으로 '각국의 실정형법에 규정된 범죄행위 또는 국제적으로 승인된 규범에 위반한 행위로 인하여 받은 육체적 · 정신적 · 감정적 고통이나 상처 그리고 경제적 손실 등을 의미'한다고 보자는 것이다. 그 이유는 피해자수사의 개선방안을 논함에 있어 피해자 범위의 지나친 확장은 본서의 초점을 흐리게 하기 때문이다.[73]

---

71) 현장에 출동을 한 결과, 현장상황이 비 범죄적 상황으로 확인되더라도 법에서 부여한 경찰의 고유 권한인 '위험발생의 방지조치(경찰관직무집행법 제5조)', '범죄의 예방과 제지조치(동법 제6조)', '위험방지를 위한 출입(동법 제7조)' 등의 활동을 통하여 경찰은 그 상황에 개입할 수 있는 것이어서, 이로 인해 비 범죄적 상황으로 인한 추가적 피해를 예방하거나 위기상황 제거를 통한 잠재적 피해를 예방할 수가 있다. 그러나 이러한 활동은 경찰수사 활동이 아니라 공공의 질서유지라는 경찰 본연의 목적달성을 위한 행정작용으로서 경찰행정법상 '경찰강제'에 해당하는 것이다(경찰대학, 경찰행정법, 2003. p. 180).

72) 현장에 출동한 경찰이 취하는 적절한 현장조치들은 비록 수사 활동의 일환이 아니고 범죄로 인한 피해자가 아니라 하더라도 그러한 여러 유형의 피해자들이 추가적 피해를 당하는 것을 예방해 줄 뿐만 아니라 그 피해자들의 정신적 · 경제적 피해회복에도 매우 큰 도움을 줄 수 있기 때문에 경찰활동에 있어서는 매우 중시될 필요가 있다.

73) 1985년 11월 29일 UN총회에서는 '범죄와 권력남용 피해자에 관한 사법의 기본원칙 선언'을 기치로 내걸었는데, 이 제목에서 보는 바와 같이 범죄로 인한 피해자 외에 '권력남용에 의한 피해자'도 포함하고 있다. 국가기관의 권력남용은 실정 형사법 체계상 범죄행위에 해당될 수도 있지만

## 2. 범죄피해자의 개념

범죄피해자에 대한 정의는 다양하고 광범위하게 전개될 수 있다. 피해자학의 개척자라고 할 수 있는 Hans von Hentig는 범죄자-피해자간 역학관계(criminal-victim dyad)의 분석을 통해서만이 진정한 피해자를 가려낼 수 있다고 보고 피해자의 유형을 13가지로 분류하였는바, 그 유형들로서 ① 아동, ② 여성, ③ 노인, ④ 정신질환자, ⑤ 이민자, ⑥ 소수민족, ⑦ 지능이 떨어진 자, ⑧ 심리적 우울 상태에 있는 자(the depressed), ⑨ 일확천금을 노리는 탐욕가(the acquisitive), ⑩ 성생활이 난잡한 자(the wanton), ⑪ 상심한 자(the lonesome and the heartbroken), ⑫ 늘상 남을 괴롭히는 자(tormentor), ⑬ 따돌림을 당하기 쉬운 자(the blocked or exempted) 등을 제시하였다.74)

그런가 하면 Shafer는 피해자의 범죄유발에 대한 유책성을 기준으로 피해자를 7가지 유형으로 분류하였다.75) 즉, ① 범행과 무관한 피해자, ② 범행을 유발시킨 피해자, ③ 경솔한 피해자(precipitative victims), ④ 신체적으로 유약한 피해자, ⑤ 사회적 약자인 피해자, ⑥ 자기 스스로 피해를 초래한 자, ⑦ 정치적 희생이 된 피해자 등이 그것이다. 이 중에 ②,③,⑥에 해당하는 피해자는 발생한 범죄에 대하여 책임이 인정된다고 하였다.76)

한편 피해자학을 학문적으로 크게 발전시키는데 공헌한 Mendelsohn은 피해자에 대한 효과적 구제수단을 강구하기 위해서는 고통을 주는 피해의 원인이 무엇인지에 대해서 정확히 연구하는 것이 필요하다고 주장하면서 형사 범죄로 인한 피해자만을 연구대상으로 삼아서는 곤란하다고 하였다. 그는 피해의 원인에 따라 피해자를 ① 범죄

---

단순히 조직 내부적 제재의 대상에 불과할 수도 있고, 해당 공무원의 불법행위로 인한 국가배상 문제만이 제기될 수도 있는 바, 본서에서는 국가기관의 권력남용 부분에 있어서 범죄가 성립한 경우만을 가정하기로 한다. (General Assembly, *United Nations Declaration on the Basic Principles of Justice for Victims of Crime and the Abuse of Power* : Resolution 40/34 of 29, November, 1985).

74) William G. Doerner, *Victimology,* Anderson Publishing Co. 2002. p. 5.
75) William G. Doerner, *ibid.,* p. 8.
76) William G. Doerner, *ibid.*

로 인한 피해자, ② 스스로의 행위로 인해 피해를 입은 자, ③ 사회 환경적 요인에 의한 피해자, ④ 현대문명의 기술적 요인에 의한 피해자, ⑤ 자연환경에 의한 피해자 등으로 상당히 광범위한 피해자 개념을 제시하였다.[77] 범죄자와 피해자간의 상호관계에 관한 다른 연구에서는 범죄행위에 대한 피해자 비난의 정도를 기준으로 6유형의 피해자 개념을 제시하고 있다. 즉 ① 완전히 무고한 피해자, ② 비난의 여지가 매우 적은 피해자, ③ 범법자와 같은 정도로 법적 비난을 받아야 할 피해자, ④ 범법행위를 유발한 피해자처럼 범법자보다 더 큰 비난을 받아야 할 피해자, ⑤ 주인의 정당방위에 의해 피해를 당한 강도와 같이 가장 큰 비난을 받아야 할 피해자, ⑥ 가공의 피해자(피해를 입지 않았는데 입었다고 상상하는 피해자) 등으로 분류한 것이 그 것이다.[78]

Hentig나 Shafer, 그리고 Mendelsohn의 분류에서 볼 수 있듯이 모든 피해자가 선의의 피해자만은 아니며 자신이 입은 피해에 책임이 있는 피해자가 존재한다는 것을 엿볼 수 있다. 외형상 가해자로 보이는 자가 수사를 진행하다보면 정당방위로 나타나 실질적인 피해자로 드러날 수 있는 반면 그 반대의 경우도 있을 수 있는 것이다.

피해자수사의 개선 방향을 논함에 있어서 적실성 있는 대안을 얻을 수 있으려면 일정한 범위로 '피해' 개념을 한정해야 하는 것처럼 피해자 개념도 어느 정도 그 범위를 특정할 필요가 있다. 본서에서는 가해자로 하여금 범행을 유발한 책임이 있는 피해자가 민사상 손해배상액 산정에 있어서 불이익을 받는 문제가 발생한다하더라도, 그 유발행위가 독립된 형사상 범죄를 구성할 정도에 이르지 않는다면 '피해자'에 포함시키고자 한다. 반면에 외견상 피해자로 보인다 하더라도 정당방위의 상대방의 경우처럼 범행을 촉발시켰고 그 촉발행위가 범죄를 구성하게 될 경우에는 피해자의 개념에서 제외하기로 한다.

한편, 조직폭력배 구성원들의 상호간 싸움과 같이 한 사람이 가해자와 피해자의 신

---

77) 이에 따르면 ①의 경우는 범죄예방과 피해자보호를 강화하는 대책 등이 강구되어야 하겠으나 ③, ④와 같은 경우는 사회 환경의 개선 및 현대문명의 기술적 결함을 시정하기 위한 조치가 필요할 것이고, ⑤는 자연재해를 막기 위한 대비책이 마련되어야 하는 등 피해자에 대한 대책의 양상이 각각 다르게 나타날 것이다 (Mendelsohn, B., *Socio-Analystic Introduction to Research in a General Victimmological and Criminological Perspective,* In H.J.Schneider(ed.), the Victim in International Perspective. New York, 1982. p. 59).

78) William G. Doerner, *op. cit.,* pp. 6-7.

분을 동시에 가지고 있는 경우도 있을 것인 바, 이때에는 명백히 범죄를 구성하는 행위로 피해를 당한 범위 내에서 피해자로 될 수 있을 것이나 사안의 성격상 피해자로서의 권한행사에는 많은 제약이 따를 것이다.[79]

이처럼 가해자-피해자의 역학관계나 피해자의 유책성 여부를 가지고 피해자 개념을 확정코자 하는 것과는 다소 다른 입장도 있다. Henri Ellenberger는 피해자 유형을 ① 현실적 피해자, ② 잠재적 피해자로 분류 하였는데, 전자는 일시적 외형적 요인으로 인하여 실제로 피해를 당한 자이고, 후자는 범죄피해를 당하지는 않았지만 무의식적으로 범죄자들이 목표로 삼을 만한 특성을 가지고 있어서 언젠가 범죄피해자가 될 가능성이 높은 자를 의미한다고 하였다[80]

일본의 피해자학자인 미야자와 고이치(宮澤浩一)는 피해자의 유형을 ① 평균적(전형적) 피해자, ② 동정 받는 피해자, 동정 받지 못하는 피해자, ③ 투쟁하는 피해자, 침묵하는 피해자 등으로 분류하였다. ①의 경우는 전형적인 선량한 피해자를 말하고, ②의 경우는 제 3자의 입장에서 바라본 피해자 유형이며, ③의 경우는 범죄피해에 직면했을 때 적극적으로 자기를 보호하기 위하여 노력하거나 피해 배상이나 가해자를 처벌하기 위해서 솔선해서 나서는 자인가 아니면 그저 침묵하는 자인가를 기준으로 분류하는 피해자 유형이다.[81]

Henri Ellenberger의 잠재적 피해자는 아직 범죄피해의 결과가 발생하지 않았기 때문에 본서에서 말하는 '피해자' 개념에는 포함시킬 수 없으나 미야자와 고이치의 피해자 유형은 그 피해가 형사법령에 위반한 범죄행위에 기인하였다는 것을 전제할 경우 모두 '피해자' 개념으로 포섭할 수 있을 것이다.

한편, 범죄학에서 다루어왔던 전통적인 피해자 개념은 형사법상 범죄발생을 전제로 하는 것으로서 한 개인의 범죄에 의한 다른 한 개인의 피해에 초점을 둔 것이었다.

---

79) 피해자에게 기히 발생된 범죄에 대하여 일정한 책임을 물을 수 있는가를 확인해볼 실익은 범죄피해자구조금지급 범위를 결정하는데서 찾아 볼 수 있다. 우리나라 범죄피해자구조법에서는 피해자가 범죄행위를 유발하였거나 당해 범죄발생에 관하여 피해자에게 귀책사유가 있는 경우 구조금의 전부 또는 일부를 지급하지 아니할 수 있다고 규정하고 있기 때문이다(동법 제6조 2호).

80) 김용세, 피해자학, 형설출판사, 2003. p. 40.

81) 宮澤浩一, 장규원 (역), 피해자학 입문, 길안사, 1999. p.114 이하 ; 피해자수사는 평균적(전형적)인 피해자를 대상으로 전개되며, 수사에 적극적으로 도움을 주는 이들은 위에서 본 바와 같이 투쟁하는 피해자 유형이라고 할 수 있을 것이다.

이러한 전통적 피해자 개념을 구성하는 요소로서는, ① 한 개인으로서의 피해자의 존재, ② 해를 당하는 사실의 존재, ③ 하나의 범죄행위의 존재 등을 제시하고 있다.[82]

이러한 좁은 의미의 피해자 개념에 대하여 Moriarty는 한 개인뿐만 아니라 단체나 기업도 피해자가 될 수 있으며 이는 가해자의 경우도 마찬가지라고 하면서 피해자 개념의 확장을 주장하였다.[83] 아래의 그림은 개인적 피해에 중점을 두었던 전통적 피해자 개념에 대응하여 Moriarty가 제시한 새로운 피해자 유형을 보여주고 있다. 그는 가해자 대 피해자 관계가 아래의 그림 cell I과 같이 개인 대 개인(절도, 폭력)에게 있어서도 가능하지만 cell II의 경우와 같이 개인 대 단체(화폐위조, 테러범죄) 및 cell IV의 경우처럼 단체 대 단체(기업체간의 가격담합, 위험한 근로조건 방치)간의 관계 속에서도 가능하며, 그 반대로 cell III과 같이 단체가 개인에게 피해를 입힐 수도 있다(사기범죄, 하자있는 상품의 판매)는 것이다.

<br>

(그림 2) 가해자-피해자 관계에 따른 피해자화 유형

| | | 가 해 자 | |
|---|---|---|---|
| | | 개인 | 단체 / 기업 |
| 피해자 | 개인 | Cell 1<br>절도 / 폭력 | Cell 3<br>사기 |
| | 단체<br>기업 | Cell 2<br>위조 / 테러 | Cell 4<br>가격담합<br>위험한 근로조건 방치 |

---

82) Laura J. Moriarty, *Policing and Victims,* Prentice Hall, 2002. pp. 2-3.
83) Laura J. Moriarty, *ibid,* p. 4

그는 피해자의 범위를 형사법령에 위반한 범죄피해자 뿐만 아니고 정부의 행정규제 대상이나 민사상 불법행위에 해당하는 행위로 인한 피해자까지를 포함하여 이해하였다.84) 본서에서는 피해자의 범위를 민사상 불법행위와 같은 비범죄 영역까지 확장시킬 수 없다고는 보고 있지만 범죄피해자의 범위를 한 개인 만에 국한하지 않고 법인체 혹은 법인격 없는 사단에로까지 확대하는 것은 가능하다는 입장을 취하고 있다.

법학자들은 '피해자'에 대해서 다음과 같이 정의하고 있다. 즉, '피해자란 범죄로 인하여 침해된 법익의 귀속주체를 말하며 자연인에 한하지 않고 법인은 물론 법인격 없는 사단·재단도 포함한다. 보호법익의 주체뿐만 아니라 행위의 객체나 범죄의 수단이 된 자도 피해자가 될 수 있는데 다만 여기의 피해자는 범죄로 인한 직접적 피해자에 제한되며 간접적으로 피해를 입은 자는 일반적으로 여기에 포함되지 않는다. 피해를 입은 범죄도 개인적 법익에 한하지 않고 국가적·사회적 법익에 관한 죄도 포함 한다'라고 보는 견해이다.85) 이러한 입장에 따르면 절도죄에 있어서 절취물의 소유자와 점유자가 다른 경우에는 소유자와 점유자가 모두 피해자라고 보나 강간을 당한 부녀의 남편은 강간죄의 피해자가 아니라고 보게 된다.86) 현행 형사소송법에서도 직접적 피해자만을 '피해자' 개념으로 정의하고 있고(동법 제223조, 제225조), 가정폭력범죄의 처벌 등에 관한특례법에서도 가정폭력범죄로 인하여 직접적으로 피해를 입은 자만을 '피해자'로 정의하고 있다(동법 제2조5호).

본서에서는 수사과정에서 피해자보호를 충실히 한다는 차원에서 간접적 피해자도 '피해자'의 개념에 포함시키고자 한다. 즉 형사실체법상으로 직접적인 보호법익의 향유 주체로 해석되지 않는 자라 하더라도 문제된 범죄행위로 말미암아 법률상 불이익을 받게 되는 자를 '피해자'의 개념에 포함시키겠다는 의미이다. 범죄피해로 인한 충격은 간접적인 피해자에게도 심각할 수 있어서 그들에 대한 보호활동도 필요한 것이며, 사안에 따라 중요한 증거를 수사기관에게 제공 하는 등 수사에 협력을 해 줄 수도 있기 때문이다.87)

---

84)  Laura J. Moriarty, *ibid*, p. 4
85) 신동운, 형사소송법1, 법문사, 1997. p. 93.; 이재상, "피해자의 소송법상 지위", 고시연구, 1988년 8월호. p. 33.
86) 백형구, "범죄피해자의 형사절차상 권리", 고시연구, 1988년 8월호, p. 21.
87) 그러므로 가정폭력범죄의 처벌 등에 관한특례법에서 피해자의 범위를 '직접적 피해자'로만 한

다행히 2005년 12월 23일 공포된 우리나라의 범죄피해자보호법 제3조에서는 범죄피해자의 개념에 직접적 피해자뿐만 아니라 그 피해자의 배우자, 직계친족 및 형제자매와 같은 간접적 피해자도 포함시키고 있고, 범죄피해방지 및 범죄피해자 구조 활동으로 인하여 피해를 입은 사람도 범죄피해자로 보고 있으며(동법 동조 제2항), 2004년 8월 경찰청 훈령 제428호로 제정된 범죄피해자보호규칙 제2조에서도 피해자의 범주에 피해자 가족을 포함시키고 있어서 범죄피해에 대한 실질적 피해회복이 훨씬 용이해졌다고 할 수 있다.

우리 헌법재판소도 교통사고로 사망한 사람의 부모를 형사피해자의 범주에 속한다고 해석하여 피해자의 범주를 넓게 보고 있으며,88) 미국 법령의 경우도 역시 '피해자' 개념을 정의하는데 있어서 직접적인 범죄피해자 뿐만 아니라 간접적인 피해자도 '피해자'로 정의하고 있기에89) 우리나라의 범죄피해자보호법을 비롯한 제반 규정에서의피해자개념 확장은 시기적절한 것으로 보인다.90)

이러한 모든 논의를 종합해 볼 때, 외견상 타인의 범죄행위로 인하여 피해를 입은 자라고 간주할 수 있는 상당한 이유가 있다면, 당시 입은 피해에 대하여 책임이 있는지 여부와 상관없이 일단 수사기관의 보호를 받아야 할 대상자이자 증거수집활동의

---

정하고 있는 것이 배상명령 신청의 자격이나 정보제공 그리고 피해자진술권 등에 있어서 그 범위를 명확히 하는 장점은 있으나 보호처분의 범위를 지나치게 축소하게 됨으로 말미암아 실질적으로 피해를 입을 수 있는 피해자(피해자의 자녀, 친정식구)가 충분한 보호를 받지 못하는 부당한 결과가 초래될 수 있는 것이다 (한국형사정책연구원, "가정폭력범죄의 형사절차상 위기개입 방안연구", 2001. p. 136. 참조).

88) "교통사고로 사망한 사람의 부모는 형사소송법상 고소권자의 지위에 있을 뿐만 아니라, 비록 교통사고처리 특례법의 보호법익인 생명의 주체는 아니라고 하더라도, 그 교통사고로 자녀가 사망함으로 인하여 극심한 정신적 고통을 받은 법률상 불이익을 입게 된 자임이 명백하므로 헌법상 재판절차진술권이 보장되는 형사피해자의 범주에 속한다."(2002. 10. 31. 2002헌마453).

89) 즉, '피해자란 범죄행위로 인하여 직접적으로 신체적·정서적·재산적 피해를 입은 자와, 법인이나 법인의 대표, 그리고 직접적 피해자가 18세 이하에 해당하거나, 행위무능력자이거나, 자격상실을 당한 자이거나, 사망한 경우에 그 직접적 피해자의 배우자, 후견인, 부모, 자녀, 형제자매, 친족 또는 법원이 지정한 자를 포함하는 개념'이라고 밝히고 있는 것이다(42U.S.C.A. §10607(e) (West 1995) ; Peggy M. Tobolowsky, *Crime Victim Rights and Remedies*, Carolina Academic Press, 2001. p.14.)

90) 2005년 11월 8일, 우윤근 의원이 대표로 발의하여 국회 법사위에 회부된 '가정폭력방지및피해  자보호등에 관한법률' 일부 개정안에도 '가정폭력으로부터 보호와 지원이 필요한 아동'을 가정폭력 피해자 범주에 추가하는 내용이 포함되어 있다.

조력자로 보아 '범죄피해자'의 범주에 넣고자 하며91), 범죄로 인한 피해자이면 직접적 피해자뿐만 아니라 법률상 불이익을 받게 되는 간접적 피해자도 포함시켜 이해하고자 한다. 다만 민사상 불법행위로 인한 피해를 입은 자나 행정적 제재가 가해지는 것에 불과한 행정질서벌 위반행위로 인해 피해를 입은 자, 초동수사 종료 후 확인한 결과 외견상 피해자로 보였던 자가 먼저 범법행위를 한 가해자로 밝혀지는 경우 등은 여기의 범죄피해자 개념에서 제외하고자 한다. 범죄행위와 관련 없는 민사영역이나 행정영역까지 피해자수사가 확장될 수는 없기 때문이며 최초의 외견상 피해에도 불구하고 실질적으로 먼저 불법적 공격을 가한 가해자인 경우에는 그 판명이 된 때로부터 피해자로서의 법적 지위를 상실했다고 보기 때문이다.

한편, 범죄피해자의 개념을 위와 같이 형사법적 의미에서의 범죄피해자만을 고려하다보면 피해자의 범위가 매우 좁아져서, 형사법의 영역 밖에 있다하더라도 인간 사회생활에 막대한 타격을 가하는 유형들의 행위(기업 간 가격담합행위, 불공정 상거래행위, 신종기술로 인한 손해야기 행위, 하자있는 상품판매 행위)로 인해 피해를 당하는 자들에 대하여 수사기관이 보호활동을 전개하는 데에는 한계가 발생하게 된다. 이처럼 형사법상의 보호법익을 기점으로 피해자를 정하다보면 자유롭게 변화하는 속성을 지닌 피해자화의 과정을 간과할 수 있어서 새로이 범죄로 규정해야 할 행위들을 제대로 포착하기가 곤란할 가능성이 있으며, 시대의 변화에 따라 형식적으로 위법하지는 않지만 실질적으로 심각한 피해를 입히는 행위의 유해성을 제대로 인식하지 못할 수도 있는 것이 사실이다.92) 그러나 이러한 비 범죄적 행위로 인한 피해자 보호문제는 입법적 대응의 문제로 남기기로 하고 피해자수사를 논함에 있어서는 일 응 형사법령에 위반한 범죄행위로 인해 초래된 피해와 그 직간접의 피해자만으로 그 범위를 국한할 필

---

91) 범죄피해자 보호의 범위는 피해자의 범죄유발에 대한 기여정도에 따라 영향을 받을 수 있다. 따라서 폭력의 피해자이면서도 가해자가 되는 경우에 있어서는 범죄피해로 인한 구조금 청구나 손해배상 문제 등에 있어서는 앞서 살핀 바와 같이 법률상 보호를 받을 수 있는 영역이 제한될 수 밖에 없으며(범죄피해자구조법 제6조 참조), 초동수사 시에 외견상 피해자로 알았으나 확인 결과 범죄를 유발한 실질적인 가해자로서 범죄행위가 성립할 경우에는 가해자임이 밝혀지기 전까지는 대상자에 대하여 구호조치 등의 기본적인 보호활동을 할 수는 있겠지만 그 이후에는 피해자로 논할 여지가 없이 피의자 수사로 전환되어야 할 것이다.

92) 안동준, "범죄피해자의 법적지위와 그 전망", 형사정책연구, p. 156.; T. Hillenkamp, *Zur Einführung : Victimologie,* Jus 1987, S. 941.; Laura J. Moriarty, op. cit., p. 2.

요가 있다.

요컨대, 본서에서 말하고자 하는 '범죄피해자'를 다음과 같이 정의할 수 있을 것이다. 즉, '어느 개인이나 단체 혹은 국가기관이 그 작위·부작위 등을 통하여 각국의 형사법령 및 국제적으로 승인된 규범을 고의·과실로 위반함으로 인해 타인의 법익을 침해하였을 때 그 침해를 입은 상대방과 직접적인 보호법익의 주체는 아니라고 하더라도, 그 범죄로 말미암아 법률상 불이익을 입게 된 자'를 총칭하여 범죄피해자라고 할 수 있을 것이다.

## 3. 범죄피해자화의 개념

'피해자화(victimization)'라는 용어는 1967년 미국의 '법집행과 사법행정에 관한 대통령위원회'가 제출한 '자유사회에 있어서 범죄의 도전'이라는 보고서에서 처음 사용되었다고 알려지고 있으며, 1973년부터 미국에서 정기적으로 실시된 범죄피해자 실태조사를 통하여 일반화되었다고 알려지고 있다.[93] 전통적 피해자학의 경우 '피해자화(victimization)'의 개념을 '하나의 형사사건속의 범죄행위를 통해 한 개인이 해를 입는 것'이라고 규정한다.[94] 미야자와 고이치에 의하면 이러한 '피해자화(victimization)'의 개념은 일정한 원인으로부터 범죄에 이르는 일련의 과정을 의미하는 '범죄화(criminalization)'에 대응하는 개념으로서 범죄피해도 일정한 원인에 기하여 그로부터 일련의 과정을 거쳐 발생하게 된다고 하는 가설에 기초하고 있다고 밝히면서 그의 저술에서 1차, 2차, 3차 피해자화라는 개념을 사용하고 있다.[95] 이와 같이 형사 범죄로 인해 피해를 입었다면 이는 보다 정확히 말해서 '범죄피해자화'가 된 것으로서 본서에서는 비록 피해자화라는 용어를 사용하고 있더라도 이는 모두 범죄피해자화를 의미하고 있는 것으로 간주하기로 한다.

---

93) 김용세, 피해자학, 2003. 형설출판사, p. 41.

94) Champion, D., *The Roxbury dictionary of criminal justice* (LA : Rexbury, 1997.) p.128.

95) 宮澤浩一, 犯罪被害給付制度發足10周年記念に寄せて―被害者學の進展を展望して―, 警察學論集 第44券12號, 1991. 28면 이하 참조 ; 김용세, 전게서, pp.41-42. 재인용.

## 가. 1차 피해자화

1차 피해자화란 범죄나 불법행위 기타 개인 단체 집단이 사회생활을 하면서 바람직하지 않은 부당한 사건에 의해 피해를 받는 과정을 말한다. 일단 범죄가 발생하면 그 대상자인 피해자는 직접적으로 육체적, 물질적, 심리적 피해를 입게 된다. 이러한 1차 피해자화라는 개념은 범죄학의 이론·가설·연구방법론을 빌려 '피해자원인 론'을 연구하고자 하였던 피해자학 성립 초기에 주목을 받았던 개념이다.

개인 피해자의 경우에는 연령·성별·사회계층·직업·인종·심신·건강상태 등이, 단체 및 집단피해자인 경우에는 민족의 구성·집단구성원 간 연대성·윤리적 상황·공통의 가치관·종교감의 강약·국제정치적 동향 등이 1차 피해에 영향을 줄 수 있다. 또 사회·경제의 변동은 새로운 유형의 피해자를 낳으며, 1차 피해자 중 사회적 지원을 받기 어려운 입장에 있는 자들은 2차 피해를 당하기 쉽다고 한다.96)

이러한 1차 피해자화를 예방하려면 가해자–피해자 관계를 분석한 자료를 정리하여 일반인에게 제공하는 등 피해예방을 위한 적극적인 홍보활동이 전개되어야 한다는 점을 궁택호일은 강조하고 있다. 예컨대 각종 신종 사기수법을 일반인에게 널리 알려 유사한 피해를 당하지 않도록 주의를 촉구하는 것과 같은 경우이다. 이와 함께 피해를 입게 되면 적극적으로 범죄 신고나 고소·고발 등의 조치를 취하는 등 피해자 자신도 피해에 대한 저항력을 키워야 된다고 점을 주장한다.97)

## 나. 2차 피해자화

최초의 범죄피해에 대하여 범죄사건을 처리하는 과정에서 파생적, 부수적으로 발생하는 피해자에 대한 고통을 제2차 피해자화라고 말할 수 있을 것이다. 이러한 2차 피해자화는 수사기관이나 재판기관에 의해서도 발생할 수 있지만 주변사람들의 책망이나 비난으로부터 초래될 수도 있다. 그런데 제2차 피해자는 피해자 본인은 물론 제1차 피해와는 전혀 상관없는 가족들이 될 수도 있고 일정한 조직구성원이나 집단구성

---

96) 宮澤浩一, 장규원 (역), "被害者學 硏究", 수사연구, 1997년 1월호.
97) 宮澤浩一, 상게서.

원 전체가 2차 피해자가 될 수도 있을 것이다.[98]

1979년 미국 보스턴에서 '제2회 국제피해자학 심포지엄'이 개최되었는데 이 때 비판의 대상이 되었던 내용은, 성범죄 피해자의 여성이 법정에서 피고인 측 변호인으로부터 반대신문과정을 통해 추가적인 정신적·심리적 상처를 입는다는 것이었다. 이 토론에서 '제2차 피해자화'라는 개념이 최초로 사용되었으며, 이후 1979년 독일 뮌헨의 '제3회 국제 피해자학 심포지엄'과 1982년 동경에서의 '제4회 국제 피해자학 심포지엄'에서 공통어로 자연스럽게 사용되기 시작하였다.

이러한 2차 피해자화의 주요 원인은 주로 피해자의 고통에 대한 공감능력 결여, 안이한 업무태도 등에 기인한 것으로 보인다. 피해자는 범죄로 인한 충격 속에서 당황하고 놀란 상황에 처해 있지만 수사기관은 피해자의 심리적 상황에 무관심하거나 둔감하게 대처하기가 쉬워서 2차 피해자화로 진행되기가 쉬운 것이다.

수사에 의한 2차 피해자화의 정도는 수사기관에 대한 민원인의 불만족과 어느 정도 관련이 있기 때문에 민원인 만족도 조사를 통하여 간접적으로 추정해볼 수 있다고 본다. 2000년도에 수행된 우리나라의 한 연구보고서에 의하면 우리나라 경찰의 수사민원처리에 대한 만족도가 54.5%로 나타나고 있다.[99] 반면, 네덜란드에서 수행된 한 연구결과에 따르면 네덜란드 내의 범죄피해자의 38%(1978년, 1992년) 혹은 35%(1993년) 정도만이 경찰의 피해자관련 업무처리에 불만족스럽게 생각한다고 답함으로써 60% 이상의 범죄피해자가 경찰의 업무처리에 만족하는 것으로 나타나고 있다. 이는 2000년도 우리나라 피해자의 수사민원처리에 대한 만족도 수준보다도 더 높은 수치인 것이다.[100]

---

98) 최초의 범죄행위에 의해 피해를 당할 경우를 1차 피해자화라 할 때, 그 본래적 범죄의 여파로 인해 본래의 피해자가 또 다른 피해를 입는 경우는 물론, 본래의 범죄피해자 이외의 자가 그 범죄의 여파로 인해 피해를 입는 경우까지 포함하여 이 모든 경우를 2차 피해자화 개념에 넣기로 한다.

99) 치안연구소, "경찰민원인 만족도 향상방안", 치안연구소 연구보고서, 2000. p. 34.

100) 한편, 1993년 네덜란드의 Politiemonitor에 의해 수행된 연구결과에 따르면 범죄피해자들의 경찰에 대한 가장 큰 불만요인은 ① 자기 사건에 대한 수사진행 정보의 미제공, ② 사건의 미해결(20%) ③ 민원사건의 늑장처리(16%), ④ 피해자에 대한 관심부족(15%) 등이라고 보고하고 있다 (Jo-Anne M. Wemmers, *Victims in the Criminal Justice System*, Kugler Publications, 1996. pp.20-22).

## 다. 3차 피해자화

1차, 2차 피해자화로 정신적 육체적 고통을 느끼고 있는 피해자에게 적절한 대책이 이루어지지 않아 피해자가 이러한 '사회의 부정의'에 절망한 나머지 제 3의 파멸적 행동을 취하는 것이 바로 3차 피해자화이다. 다시 말하면 적절한 피해자지원이나 피해자 대책이 없어 피해 후에 반사회적, 비사회적 반응을 보이고 결국 범죄로까지 이어질 수 있다는 것이다.

1973년도 이스라엘에서 개최된 국제피해자학 심포지엄에서 피해자지원이나 피해자보상 문제가 다루어진 이래 꾸준히 피해자원조를 위한 연구들이 진행되어 왔다. 이러한 연구가 진행되면서 정신적·심리적으로 피해를 당한 피해자가 수사 과정이나 재판과정에 피해감정의 만족을 얻지 못하고 '사회적 부정의'를 인식하게 되어 다시 피해를 입게 되는 것을 '3차 피해자화'라고 개념화하고 이를 일반적으로 사용하기에 이르렀던 것이다.  3차 피해자화는 2차 피해자화와 마찬가지로 형사사법체계에서 피해자에게 만족할 만한 대응을 못하는 것과 밀접한 관련이 있다.[101]

그런데 2차 피해자화와 3차 피해자화와의 개념 구분이 그리 용이하지도 않고 구별 필요성도 그리 있어 보이지 않는다. 형사절차 진행과정에서 수사기관 또는 재판기관의 잘못된 대응으로 발생하는 피해현상을 2차 피해자화로, 가족 친지를 비롯한 지역사회의 반응으로 인하여 피해자가 다시 고통을 당하는 경우를 3차 피해자화로 각각 분류하자는 견해 등이 있으나[102] 범죄로 인한 직접적 피해자화(1차 피해자화)와 파생적·부수적 피해자화(2차 피해자화)로 구분하면 족하다고 생각한다.

## 4. 범죄피해자대책 · 범죄피해자보호 · 범죄피해자지원의 개념

'범죄피해자대책'이란 '범죄피해자보호'와 '범죄피해자화 방지시책' 일반을 포괄하는 개념으로 볼 수 있다.[103] 피해자수사와 직결되는 범죄피해자대책은 앞서 살핀 바와 같이 형사법상의 '범죄피해자'에 관한 것이다. 따라서 형사법상 범죄행위가 아닌 침해

---

101) 宮澤浩一, "被害者學 硏究", 장규원 (역), 수사연구, 1997년 7월호.
102) 宮澤浩一, 被害者學の現況, 被害者學硏究 創刊號, 日本被害者學會, 1992. 3. p. 28.
103) 김용세, 피해자학, 형설출판사, 2003. p. 95.

행위에 대한 범죄피해자대책은 논의에서 제외하기로 한다.

범죄피해자보호(victim service, Opferhilfe, Opferschutz)란 범죄피해자의 법적 지위를 확립하고 범죄피해자에게 필요한 지원을 제공하기 위한 공·사의 모든 노력을 의미하는 것으로서, 이는 궁극적으로 인간다운 생활을 누릴 헌법적 권리의 보장과 관련이 되고 있다.[104] 아래 그림은 범죄피해자대책과 관련된 제반 개념간의 상관관계를 나타낸 것이다.[105]

## (그림 3) 범죄피해자대책의 체계도

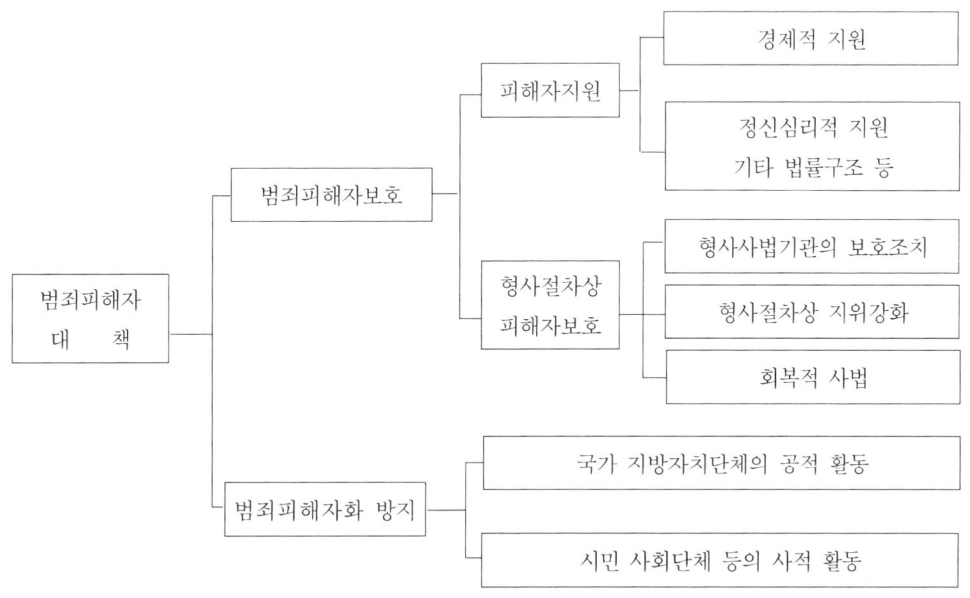


일반적인 피해자보호의 방향은 범죄피해자에 대한 경제적·사회적 또는 정신적·심리적 지원과 형사사법절차에서의 범죄피해자 지위 강화, 그리고 그의 권익 옹호를 위한 조치를 도모하는 것이다. 따라서 이러한 범죄피해자보호활동은 크게 경제적·정신적·법률적 지원활동을 의미하는 '범죄피해자지원(victim assitance, victim support)'

---

104) 김용세, 상게서, p. 97.
105) 김용세, 상게서, p. 96.

의 개념과106) 형사절차상 범죄피해자의 지위강화 및 '회복적 사법'을 통한 범죄피해자 권익보호 활동까지를 포함하는 '형사절차상 범죄피해자보호활동'으로 나누어 살펴 볼 수 있을 것이다.107) 한편, 범죄피해자화 방지활동은 범죄행위로 인한 제1차 범죄피해자화 방지뿐만 아니라, 제2차 혹은 제3차 범죄피해자화 방지 및 재피해자화 방지까지를 아우르는 개념으로 볼 수 있다.

오늘날 각 나라들은 자국의 헌법 및 형사법체계 속에 범죄피해자를 보호하고 피해자의 형사절차 참여를 촉진하는 각종 장치나 제도 등을 마련하려고 노력하고 있다.

## 제5절 범죄피해의 양상과 범죄피해비용

수사를 행하는 수사관이 직면하는 범죄피해자의 피해양상은 다양하게 나타날 수 있다. 일차적으로는 범죄피해자의 사망, 신체적 상해와 같은 육체적 충격을 받은 현장을 볼 수가 있고, 심리적 쇼크나 피해망상증 등과 같은 정신적 충격 등이 목격되기도 한다. 그런가 하면 범죄피해자는 신체장애로 인하여 직장을 잃을 수도 있고, 신체적 피해가 없다하더라도 조사에 응하기 위하여 직장을 결근하거나, 교통비 지출 등 시간적 소모와 함께 경제적 지출 등과 같은 경제적 피해를 당하게 된다. 아울러 앞서 언급한 바와 같이 수사 과정이나 재판과정을 통하여 명예훼손이나 인격적 상처와 같은 간접적 피해를 받을 수 있고, 잊고 싶은 피해경험을 회고케 됨으로써 제 2차적 피해를 당하는 경우도 생기는 것이다.

범죄피해를 당한 자가 그 충격에서 벗어나 육체적·정신적·경제적 피해를 신속히 회복할 수 있도록 하는 것이 형사사법행정이 지향해야할 중요한 가치로 부상하고 있는 오늘날에 있어서는, 수사에 종사하는 수사관들도 범죄피해에 대한 양상을 좀 더 분명히 이해 할 필요가 있으며, 그 중에서 특히 수사기관에 의한 2차 피해의 심각성에

---

106) 이러한 범죄피해자지원 개념은 1950년대 이후 북미와 유럽에서 주로 민간 자원봉사조직에 의해 시작되었던 피난처 제공, 정신적·심리적 부조, 재활지원, 기타 법률적 조언 등을 포괄하는 것으로 이해할 수 있다 (김용세, 상게서, p. 97.; 장규원,"수사경찰의 범죄피해자대책의 현황과 과제", 한국형사정책연구원, 2002. pp. 26-27).

107) 김용세, 전게서, p. 96.

대해 충분히 숙지를 해두어야 할 것이다.

　한편, 모든 범죄피해의 양상에 대해서 비용개념으로 접근해볼 수 있다면 수사를 행하는 수사관의 입장에서는 범죄피해의 심각성을 보다 더 잘 이해할 수 있는 계기로 작용하리라고 생각한다. 따라서 범죄피해의 양상을 육체적 피해, 정신적 피해, 재산적 피해로 분류한 뒤 각각의 범죄피해에 대하여 비용지출 적 측면을 생각해보는 것은 매우 의미 있는 작업이 될 것이다. 다만 범죄의 피해양상 중 재산적 피해는 협의의 피해개념으로서 오로지 재산범죄로 인한 피해에 국한된 것으로 가정한다.

## 1. 범죄피해의 양상

### 가. 육체적 피해

　범죄피해의 가장 전형적이고도 직접적인 형태는 육체에 대한 충격이다.　살인의 경우 유족들의 정신적 경제적 고통의 문제가 더 부각될 것이고 상해나 폭행, 강도, 강간죄 등의 경우에는 피해 당사자의 육체적 고통과 직접적으로 관련될 것이며 아울러 가족에게도 정신적 고통이 가해질 것이다. 아래의 표는 범죄발생과 그로 인한 사망자와 부상자 현황을 나타낸 것이다.[108]

**(표 1) 2004년도 범죄에 의한 사망자, 부상자 현황**　　　　　　(단위 : 명)

| 구　　　분 | 상　　　해 | 사　　　망 |
|---|---|---|
| 총　　범　죄 | 540,729 | 8371 |
| 형 법　범 죄 | 137,574 | 1,888 |

---

108) 경찰청, 2004 범죄분석, pp. 667-669.

(표 2) 최근 8개년간 형법범죄로 인한 사망자 부상자 현황       (단위 : 명)

| 구 분 | '95 | '96 | '97 | '98 | '99 | '00 | '01 | '02 |
|---|---|---|---|---|---|---|---|---|
| 사 망 | 1,781 | 1,665 | 1,784 | 1,502 | 1,442 | 1,565 | 1,191 | 1,281 |
| 상 해 | 166,025 | 182,029 | 185,030 | 194,896 | 226,698 | 243,196 | 221,895 | 190,170 |

신속한 초동수사의 전개는 직접적으로 육체의 피해를 당하고 있는 범죄피해자를 구출해주거나 추가적인 피해로부터 보호해줄 수 있다. 그러나 수사관이 최초 대응을 잘못하면 범죄피해자를 인질로 삼는 상황으로 발전할 수 있고, 이전 보다 상황이 악화되기 쉬우며, 경우에 따라서는 수사관이 대응을 하지 않는 것보다 못한 결과를 초래할 수도 있기에 수사관의 전문적인 대처능력의 개발이 필요하다고 할 것이다.

## 나. 정신적 피해

범죄로 인해 줄 수 있는 가장 큰 충격은 범죄피해자를 살해함으로써 초래되는 유족들의 정신적 피해와 충격이라는 것은 두말할 필요가 없을 것이다. 그 다음은 폭력, 상해범죄의 경우에 그 고통으로 인해 여러 가지 비정상적인 정신적 반응들이 나타날 수 있다. 또 그 상처가 범죄피해자의 몸에 남아 육체적 고통이 가신 이후에도 심리적 상처(trauma)가 되어 정신적 건강에도 영향을 미칠 수 있게 된다. 정신적 피해의 유형을 보면, ① 정신적 공황(Crisis), ② 심각한 스트레스로 인한 혼란(Acute Stress Disorder), ③ 외상후의 스트레스성 혼란(Post-Traumatic Stress Disorder)[109], ④ 장기성 정신공황 반응(Long-Term Crisis Reaction), ⑤ 그 밖의 정신적 혼란 등이 있다.[110]

---

[109] 범죄피해자가 겪는 심리적 충격의 대표적 경우가 '심리적 외상 후 스트레스 장애'(Post-Traumatic Stress Disorder, 약칭 PTSD)라고 할 수 있는데, 미국 정신의학 회는 1980년 질병분류 체계에서 이 PTSD를 질병의 하나로 추가하였으며 세계보건기구도 '국제질병분류'의 제10호에 이를 추가하였다고 한다.

[110] 성폭력범죄 중 강간에 의해 발생하는 정신적 피해인 '강간외상증후군(Rape Trauma Syndrome)'의 경

Eric Linderman은 인간정서의 건전성 및 인간의 정신건강에 영향을 미치는 정신적 공황(crisis)을111) 다룬 학자로서 인간정신에 다가오는 충격의 역동성에 대한 이해의 필요성을 주창하고, 이를 다루기 위해서 보다 체계적인 접근이 필요하다고 하였다.112) 수사관은 수사에 임함에 있어 범죄피해자들의 이러한 심리적 공황과 충격을 잘 이해할 필요가 있다. 피해자 수사를 위한 면접이나 진술조서 작성 시 조사시간이나 장소의 선택, 면접 시 대응기법의 선택 등에 있어서 이러한 범죄피해자의 심리적 상황들을 충분히 고려하지 못함으로써 범죄피해자들에게 또 다른 정신적 고통을 가할 수 있음을 유의해야만 한다.

## 다. 재산적 피해

범죄의 피해자는 재산탈취를 목적으로 하는 대물범죄에 있어서는 물론이고 범죄로 인해 사망한 경우와 같이 대인범죄를 통해서도 경제적으로 환산하기 어려운 피해를 감수해야 한다. 그러한 대인적 범죄로 인한 피해비용과 관련하여서는 항목을 달리하여 설명하고자 하므로 여기서는 순수한 재산범죄로 인한 경제적 피해만을 생각해보기로 한다. 재산범죄로 인한 피해의 경우에는 우리나라 범죄피해자구조법상의 구조대상에도 포함되지 않을뿐더러 범인이 무자력할 경우에는 피해보상을 받을 길조차 없다는 점도 문제이지만 피해재산에 대한 환수 율은 매우 낮다는 점 또한 심각한 문제로 지적될

---

우를 ① 급성혼란(acute stress disorder) 단계, ② 표면적 적응(apparent readjustment) 단계, ③ 장기적 재조직(long-term reorganization) 단계 등으로 구분하여 나타내기도 한다. 급성혼란단계는 사건 직후부터 1-3주 동안에 불안과 공포가 극도로 증가하는 단계이며, 표면적 적응단계는 증상이 호전된 듯 보이는 단계이고, 장기적 재조직 단계는 이전의 심각한 증상들이 다시 나타나거나 더 악화되는 것처럼 보이는 단계인데 이 때 재통합에 실패하면 부정적 감정을 더욱 강하게 경험한다고 한다.(Laura J. Moriarty, *Policing and Victims*, Prentice Hall, 2002. pp. 65-66).

111) 피해자학에 있어서의 공황은, 피해자가 범죄의 충격으로 인해 통상적인 방법을 따라 특정한 상황에 대처하는 능력을 상실하는 것을 의미하며, 정신적으로 매우 흥분되어 있고 정서적 균형이 깨어진 일련의 일시적 상황을 말한다. (Albert R. Roberts, *Crisis Intervention as Psychotherapy*, Oxford, New York, 1978).

112) Albert R. Roberts & Sophia F. *Dziegielewski, Foundation Skills and Application of Crisis Intervention and Cognitive Therapy*, The Phasos (Summer 1980). p. 15.; E. Lindemann, *Symptomatology and Management of Acute Grief*, 101 American Journal of Psychiatry. 1944. pp. 141-148.

수 있다. 아래의 표는 2004년도 범죄로 인한 재산적 피해 현황과 그 회수건수를 나타
내고 있다.113)

(표 3) 2004년도 범죄에 의한 재산피해 인원 (단위 : 명)

| 구 분 | 1000만원이하 | 1억원이하 | 10억원이하 | 10억원초과 | 미 상 |
|---|---|---|---|---|---|
| 합 계 | 83,770 | 11,762 | 1,741 | 152 | 0 |

(표 4) 2004년도 범죄로 인한 재산피해에 대한 회수건수 (단위 : 건수)

| 계 | 전부회수 | 1/2이상 회수 | 1/2미만 회수 | 미회수 |
|---|---|---|---|---|
| 306,845 | 7,463 | 976 | 1,218 | 297,188 |

## 2. 범죄피해비용

재산범죄에 의해 직접적으로 경제적 손실을 입는 경우는 물론이고 범죄로 인하여
육체적 상해나 정신적 충격을 입는 경우에 당연히 경제적 손실을 초래한다. 범죄피해
자는 일정기간 직업에 종사할 수 없거나 병원치료를 받아야 하는 상황이 벌어질 수
있고, 전술한 바와 같이 PTSD와 같은 정신적 충격을 극복하기 위하여 전문가의 도움
을 구하는 과정에서 비용지출을 감내해야 하는 경우가 있을 수도 있는 것이다. 국가로
부터 일부 보상을 받은 피해자라 하더라도114) 방범장치를 설치한다든지 아니면 이사
를 해야 하는 등 피해 회복 이외의 영역에서 비용지출이 있게 된다. 즉 범죄 피해자

---

113) 경찰청, 2004 범죄분석, pp. 659-665.
114) 우리나라는 범죄피해를 당한 피해자가 일정 요건을 충족한 경우 그 피해로 인한 구조금을 받을
    수 있도록 범죄피해자구조법을 제정하여 시행하고 있다. 그러나 무 자력자인 범인에 의해 육체
    적 상해를 입어야 하고, 피해자에게 생계유지가 곤란한 사정이 있어야 하며, 가해자가 유죄선
    고를 받아야 하고, 과실범에 의한 피해는 구조대상 범위에서 제외되는 등 일정한 한계가 있
    기 때문에 수혜 대상자가 매우 적은 실정이다.

들은 범죄로 인한 직접적 고통 외에 이로 인해 유발되는 경제적 고통까지 당하게 되는 것이다. 이러한 모든 것을 '범죄피해비용(the costs of being a victim)'에 포함시켜 설명할 수 있을 것이다.[115]

비용지출은 범죄피해자에게만 있는 것이 아니다. 경찰, 검찰, 법원과 같은 형사사법기관은 물론이고, 아래의 표에서 보는 바와 같이 시·군·구청의 범죄피해자지원 담당 부서 등을 비롯한 범죄피해자지원기관도 비용을 지출한다.[116]

**〈표 5〉 시·도·군·구별 가정폭력서비스에 대한 자치단체의 예산('00년)**   (단위 : 만 원)

|  | 시 청 | 도 청 | 시·군·구청 | 계 |
|---|---|---|---|---|
| 국 고 | 3883.00 | 7590.67 | 676.10 | 12,149.77 |
| 시 , 도 비 | 5933.00 | 4731.67 | 521.66 | 11,186.33 |
| 시,군,구비 | – | – | 395.60 | 395.6 |
| 계 | 9,816.00 | 12,322.34 | 1,593.36 | 23,731.7 |

이와 같이 범죄로 인하여 피해자 개인은 물론, 피해자 가족, 심지어 국가나 지방자치단체 그리고 수사기관과 같은 법집행기관조차도 일정한 경제적 지출을 감당하지 않으면 안 된다. 위의 표는 가정폭력발생시 피해자서비스를 위해서 투입되는 국가와 지방자치단체의 예산책정 내역을 나타낸 것으로서 2000년 시·군·구에 배정된 예산총

---

115) 여기서의 범죄피해비용을 '범죄비용(victim cost)'과 같은 개념이라고 볼 수도 있을 것이다. 이상 안 교수에 따르면 범죄비용(victims cost)은 범죄로 인해 범죄피해자 측에 발생된 모든 직간접 의 비용을 의미한다고 하며, 범죄비용을 크게 개인적 피해비용(victim costs of individual)과 사회적 피해비용(vitim costs of society)으로 나누고 있다. 그런데 범죄로 인해 초래되는 비용가 운데는 보험보상, 부상자 치료비, 피해자의 상실임금처럼 양화가 가능한 부분이 있는가 하면(可 視的 費用: tangible losses), 공포·불안·상실된 삶의 질과 같이 양화가 어려운 경우도 있다는 것이다.(非可視的 費用: intangible losses). 또한 가시적·비가시적 비용에 대한 금전적 가치로의 환산은 기회비용(opportunity cost)관념에 근거하고 있다고 주장한다(이상안, 범죄경제학, 박영 사. 1999, p. 360).
116) 보건복지부, "가정폭력감소를 위한 서비스 연계모델 개발", 연구보고서, 2000. p. 175.

액이 2억 3천만 원에 이르고 있는 바, 범죄피해자 보호하고 그 피해를 회복하는데 드는 범죄피해비용의 일면을 볼 수 있다.[117]

한편, 1996년 미국의 Miller와 그의 동료 연구자들은 범죄피해로 인한 비용지출 항목을 총 11개로 분류하여 제시하면서 각 항목별로 개인·가족·사회·고용주 등도 피해가 발생하므로 그에 해당하는 대상자들이 모두 비용부담자가 된다고 하면서 범죄피해비용개념을 설명하고 있다.[118] 그들의 연구에 따르면 범죄피해에 따라 일을 못하게 되면 범죄피해자 본인에게는 임금의 손실이 초래되어 개인적 피해가 야기될 뿐만 아니라 노동생산성의 상실로 말미암아 사회적 피해가 초래된다고 보고 있고, 범죄로 인한 사망은 개인에게는 생명상실의 비용이, 가족에게는 애정의 상실비용·장례비용 및 심리적 치료비용이 지출된다고 분석하고 있다.[119]

더 나아가 Miller 등은 발생되는 범죄로 인하여 사회기관이나 사회구성원이 반응하는 비용에 대해서도 광범위하게 분석하고 있다. 이른 바 '범죄에 대한 사회적 대응 비용(costs of society's response to crime)'을 말하는데 여기에는, 잠재적 피해자가 부담하는 범죄경계활동비용과 범죄로 인한 두려움의 비용, 수사기관·검사·법원·교도소가 부담하는 사법행정비용·범죄피해자 및 가해자의 변호사 선임비용·범죄피해자나 판사 그리고 목격자가 소모하는 시간 등으로 구성되는 기회비용, 범죄피해자지원조

---

117) 이 자료는 지방자치단체의 가정폭력프로그램운영이나 서비스제공에 사용되는 2000년도 총 예산액에 관하여 전국의 가정폭력 실무 담당자 232명을 대상으로 조사해 얻은 결과이다. 여기에 적시된 액수는 전국 지방자치단체 예산의 평균치이다 (보건복지부, 상게서, p. 175). 한편 여성 가족부 통계에 따르면 2004년도 정부가 성폭력·가정폭력 피해자에게 지출한 치료비는 성폭력 치료비 3억1천10만원, 가정폭력치료비 7천8백만 원 도합 3억8천8백12만원에 이른다(여성 가족부 통계자료 참조 http :// www.mogef.go.kr/)

118) 11개의 범죄피해비용 지출항목으로 다음과 같은 것을 제시하고 있다. ① 직접적 재산손실(direct property losses), ② 의료비 혹은 정신적 치료비(medical and mental health care), ③ 피해자지원(victim services), ④ 근로기간의 손실(lost workdays), ⑤ 학업손실(lost schooldays), ⑥ 가사업무손실(lost housework), ⑦ 삶의 질의 저하(pain and suffering/ quality of life), ⑧ 애정이나 즐거움의 상실(loss of affection/ enjoyment), ⑨ 사망(death), ⑩ 손해배상청구소송과 관련된 사법비용(legal costs associated with tort claims), ⑪ 범죄피해로 인한 후유증(second-generation costs). (Miller, T. R., M.A. Cohen & B. Wiersema, *Victim Costs and Consequences* : A New Look, Washington, DC : National Institute of Justice, p. 11. ; William G. Doerner & Steven P. Lab, *Victimology,* Anderson Publishing Co. p. 57.에서 재인용)

119) William G. Doerner & Steven P. Lab, *ibid.*

---

직이 지출하는 비용, 공동체를 통한 치료프로그램 및 전문가를 통한 상담실 운영비용, 투옥된 범법자의 자유상실비용·임금손실비용·노동생산성 감소비용, 무고한 피의자나 피고인이 감수하는 비용, 잘못된 기소를 하지 않기 위하여 피의자에 대해 헌법적 보호를 하기 위해 드는 비용 등이 제시된다.[120]

Miller는 미국사회가 주요 10대 범죄로 인해 매년 지출하는 범죄피해비용이 아래 표에서 확인할 수 있는 바와 같이 의료비 지출 180억 달러, 삶의 질에 대한 저하비용 3,450억 달러, 기타 손실비용[121] 870억 달러, 도합 4,500억 달러에 이르며 이것은 미국인 1인당 매년 1,800 달러의 범죄피해비용을 지출하고 있는 셈이라고 한다.[122]

이처럼 범죄의 발생은 범죄피해자 개인의 비용지출과 함께 사회적·국가적 비용의 지출을 초래하며, 직접적 피해는 물론 간접적 피해로까지 확산됨과 동시에, 범죄피해자의 장래의 생활까지 영향을 미칠 수 있는 것으로서, 총체적인 범죄피해비용은 우리가 단순하게 생각했던 것 보다 훨씬 커질 수 있음을 확인할 수 있다.

(표 6) 범죄피해비용       (단위 : 백만$, 1993년 기준)

| 구  분 | 가시적 비용 | | 비가시적 비용 | 합  계 |
|---|---|---|---|---|
| | 의료비 | 기타 | 삶의 질 | |
| 합  계 | 18,000 | 87,000 | 345,000 | 450,000 |

## 제6절 최근 피해자학의 주요 쟁점들

오늘날 형사법상 범죄행위는 아니지만 산업분야·환경 분야·지적재산권 분야 등에서 개인이나 단체의 통상적 기대수준에 미치지 못한 일련의 행위로 인한 피해가 확산되

---

120) William G. Doerner & Steven P. Lab, *ibid*, p. 57-58.
121) 이는 표의 Other Tangible Losses에 해당하는 것으로서, 재산손실비용, 정신건강치료비용, 경찰 및 구호기관 서비스비용, 피해자지원비용, 생산성저하비용을 포함한 개념이다 (William G. Doerner & Steven P. Lab, *ibid* pp. 58-59.).
122) William G. Doerner & Steven P. Lab, *Ibid*, p. 56.

고 있어서 원칙적으로 범죄피해자 개념에 토대를 두고 수사업무를 수행하는 수사기관 입장에서는 이와 관련하여 문제될 사항이 없는가 하는 것을 살펴볼 필요가 있다.[123] 이 와 함께 회복적 사법모델이 피해자학에서 차지하는 의의는 무엇이며 수사기관은 그러한 형사사법체계 속에서 어떤 역할을 수행할 수 있을 것인가 하는 것과, 피해자에 대한 충 실한 권리보호를 위해서는 종래의 피의자의 권리를 제약하거나 희생시켜야만 가능할 것 인가 하는 피의자와 피해자의 권리충돌 문제도 숙고해볼 필요가 있다.

## 1. 피해개념의 확장과 수사기관의 대응

Moriarty는 형사법령 위반행위를 전제로 하는 전통적인 피해 및 피해자 개념과 이 에 근거를 둔 수사기관의 피해자보호활동에 대하여 몇 가지 문제를 제기하고 있다. 먼 저, 전통적인 피해자학에서의 피해자 개념은 범죄의 성립을 전제로 하고 있지만 범죄 는 성립되지 않아도 범죄행위보다도 더 큰 해악을 끼칠 수 있는 행위가 존재하고 있 다고 그는 강조한다. 그러한 행위의 유형들로서는 앞서 언급하였듯이 ① 통상적 기대 수준에 못 미치는 행위, ② 정상의 주의의무를 태만히 한 행위, ③ 일정한 사실의 존 재를 인식하고서 행한 행위 등을 포함시키고 있다.[124] 이러한 행위들은 외견상 형사

---

123) Laura J. Moriarty, *Policing and Victims,* Prentice Hall, 2002. p. 5.
124) 어떤 피해를 야기한 행위를 처벌할 수 있으려면 우선 그에 대한 처벌규정이 존재하여야 하고,
    그 행위가 범죄의 구성요건에 해당하여야 하며, 위법성 및 책임성 조각사유가 존재하지 않아야
    한다. 특히 구성요건에 해당하기 위해서는 주관적·객관적 구성요건요소를 다 갖추어야 하는 바,
    ②,③의 경우에는 주관적 구성요건요소로서 고의·과실의 존재를 인정할 수 있어서 그로 인한
    피해가 발생하면 범죄가 성립할 여지가 있다고 보인다. 그러나 ①의 경우는 법령에 특별규정을
    두고 있지 않는 한(형법 제13조 후단), '통상의 기대수준에 못 미치는 정도의 의사형성'이 있을
    때 바로 형사법상 고의·과실이 성립하는 것으로 해석하는 것은 무리가 있어 보인다. 따라서 ①
    의 경우는 민사상 불법행위(torts) 개념으로 다루는 것이 타당하다고 여겨진다.
    민사상 불법행위가 되기 위해서는 전통적으로 다음과 같은 요소의 충족이 필요하다고 한다. 첫
    째, 법규에 정한 일정한 의무위반 행위(breach of duty)가 있어야 하고 둘째, 법의 적용을 통하
    여 불법행위책임(tortious liability)이 인정되어야 하며 셋째, 불법행위책임이 그러한 규정을 위
    반한 사람이면 누구에게나 일반적으로 인정될 수 있어야 하며 특정 당사자 간에만 배타적으로
    인정되어서는 안 된다. 이 밖에도 형사상 범죄행위와 민사상 불법행위의 차이점으로는 다음과
    같은 것을 들 수 있다. 첫째, 형사상 범죄는 사회에 대한 공격행위로서 일반 사회질서에 대한 반
    하기 때문에 국가가 벌하는 행위인데 비하여 불법행위는 특정 개인에 대하여 손해를 끼친 행위
    이다. 둘째, 형사법의 주요기능은 공공의 이익보호에 있고 가해자 처벌을 지향하고 있으나 불법
    행위법의 주요기능은 개인의 손해를 보전해주는데 있으며 민사법원의 판결을 통하여 손해에 대

법령에 위반하지는 않아보여도 인간의 생명・재산에 대해서 '거리에서 발생하는 범죄(street crime)'보다도 더 큰 신체적・경제적 손해를 유발할 수 있기 때문에 피해자학에서 마땅히 관심을 가져야 함을 촉구하고 있는 것이다. 수사기관이 이러한 분야에 대한 피해자지원활동을 등한시 하고, 주로 '거리 범죄'에만 경찰 수사력을 집중하고 있는 것은 불합리하다는 점을 지적하고 있다.[125]

뿐만 아니라 전통적인 피해자개념은 주로 개인 대 개인으로서의 피해자와 가해자 문제에 중점을 둔 나머지 단체나 조직원, 기업체 등의 범죄행위나 그들의 피해에 대해서는 소홀히 취급하였으나 이제는 피해자뿐만 아니라 가해자도 개인에 국한되지 아니하고 조직・단체에로까지 확장되기에 이르렀다는 것이다.

이러한 문제점을 타개하기 위해서는 금융사기・횡령 등과 같은 화이트칼라 범죄라든가 일반인이 피해사실을 쉽게 알아차리기 힘든 과학기술을 이용한 신종범죄에 수사기관이 관심을 기울여야 함을 강조하면서 아울러 형사법령을 형식적으로 위반하지는 않았지만 그 행위결과의 해악성이 큰 사안의 경우에 대처하기 위하여 수사기관자원의 재배분이 이루어져야 함을 주장한다.[126] 예를 들어 미국의 경우에는 주로 '거리 범죄(street crime)'에 대한 통제에 집중하고 있는 시(city)나 카운티(county) 단위의 경찰자원을 연방정부나 주정부 단위의 경찰력을 강화하는 방향으로 재 배분 함으로써 신종범죄에 대한 피해자 보호에 충실을 기하도록 하자는 것이다.[127] 또한 '거리 범죄'에

---

한 보상을 받는 것이 주요 목적이다 (J.G.M. Tyas, (et al.), *Law of Torts*, Pitman Publishing, 1991. pp. 2-5).

125) Laura J. Moriarty, *Policing and Victims*, Prentice Hall, 2002. p. 10.

126) 형사법령에 위반하지는 않았지만 해악성이 큰 행위에 대해서 경찰은, ① 피해예방을 위한 적극적인 홍보 추진, ② 해악 행위에 대한처벌법규 마련 추진, ③ 민사적・행정적 구제절차 안내 등의 활동을 전개할 수 있을 것이다. 우리나라의 경우 이러한 경찰활동은 주로 방범경찰에 의해 이루어지고 있고 수사경찰은 수사과정에서 부수적・간접적으로 이런 역할을 수행하고 있을 뿐이다.

127) 실제로 1996년 미국 연방 법무부 통계에 의하면 경찰을 포함한 미국 법집행기관의 종사인력은 市(city) 410,956명, 카운티(county) 152,922명으로 총 법집행 인력의 77%를 점하고 있는 반면, 州(state)와 聯邦(federal)은 각각 99,657명과 74,493명으로 전체의 23%에 불과하다고 한다. 이는 市나 카운티의 경찰 및 법집행기관이 미국 인구 1,000명당 2.5명의 비율인데 비하여, 연방이나 주의 경우에는 1,000명당 0.28명의 비율에 해당하는 것이어서 각종 지능범죄 및 신종범죄 등에 대한 사물관할권을 가지고 있는 주와 연방의 법집행기관으로서는 이러한 부족한 인적자원으로 인하여 새로운 유형의 피해자보호에 취약해 질 수 있다고 보고 있다 (Laura J. Moriarty, op. cit., pp. 7-8).

의해 초래되는 피해 외에도 최근의 다양한 피해양상에 대하여 제대로 인식할 수 있도록 경찰관을 재교육시켜야 하며, 일반 대중에게도 그러한 피해유형에 대하여 적극적인 홍보를 함으로써 사전에 피해를 당하지 않도록 해주어야 한다고 주장한다.[128]

금융범죄·사이버범죄 등 피해규모가 매우 큰 신종범죄로 인하여 피해를 당한 개인이나 단체를 보다 충실히 보호하기 위하여 불합리한 경찰력을 재 배분 하자는 주장은 우리나라의 경우에도 일 응 타당성이 있어 보인다. 경찰청이 1995년 해커수사대 창설을 시작으로 하여 2000년 경찰청에 사이버테러 대응센터로 확대 개편하고 각 지방경찰청에 사이버수사대를 운영하고 있는 것이나, 2000년 마약지능과를 신설한 후, 2002년 지능범죄수사과를 마약과 와는 별도로 독립하여 설치운영하고 있는 것도 모두 이러한 시대변화에 부응하고자 하는 것이다.

그러나 우리나라 경찰청의 지능범죄수사과는 직접적인 수사를 담당하지 않고 있을 뿐 아니라, 지방경찰청·경찰서에서는 직접 지능범죄 수사를 수행하고 있다 하여도 인적·물적 자원이 그리 충분치 않은 실정이어서 개선이 요구된다 하겠다. 이와 함께 각 경찰서 단위의 범죄피해 예방활동도 단순히 '거리 범죄'의 예방을 위한 순찰활동에 지나치게 중점을 둘 것이 아니라, 부동산 사기와 같은 경제범죄·전자상거래 사기와 같은 사이버범죄·기업체들의 수질오염원 배출과 같은 환경범죄 등과 같은 지능범죄 및 신종범죄에 대하여 보다 많은 인적·물적 자원을 투입시킬 필요가 있다고 본다.

## 2. 회복적 사법모델과 수사기관의 대응

'회복적 사법(restorative justice)'이란 피해자와 가해자 또는 지역사회 구성원 등 범죄사건 관련자들이 사건 해결과정에 능동적으로 참여하여 피해자 또는 지역사회의 손실을 복구하고 관련 당사자들의 재통합을 추구하는 일체의 범죄대응형식을 말하고 있는 바, 전통적인 형사사법의 효과와 정당성에 대한 반성에 기초하여 범죄문제 해결을 위한 새로운 방법을 실험하는 과정에서 고안된 새로운 사법모델이다.[129]

---

128) Laura J. Moriarty, *ibid.*, p. 11.
129) 이러한 회복적 사법의 개념을 처음 사용한 사람은 1977년 Albert Eglash였다고 한다. 그는 형사
　　사법의 유형을 ① 범죄자 처벌에 중점을 두는 응보형 사법, ② 범죄자의 치료적 처우에 근거한
　　분배적 사법, ③ 원상회복에 근거한 회복적 사법 등으로 구분하였는데, 그의 견해에 따르면 전

회복적 형사사법 모델은 다음과 같은 가성에 기초하고 있다. 즉, '① 범죄라는 것은 사회적 조건과 공동체내의 인간관계에 뿌리를 두고 있다. ② 범죄예방은 범죄발생의 원인이 되는 사회적 조건을 개선할 책임이 있는 지역공동체가 어느 정도 책임감을 갖고 임하느냐와 관련이 있다. ③ 범죄로 인한 부정적 결과는 가해자-피해자와 같은 당사자들의 참여 없이는 충분히 해결될 수 없다. ④ 사법적 조치나 수단들은 특정 기관이나 개인의 요구에 충분히 잘 대응할 수 있을 정도의 탄력성을 가지고 있어야 한다. ⑤ 사법기관 간 또는 사법기관과 지역공동체간에 협동정신과 공동의 목표의식을 갖는 것은 사법행정의 효과성이나 효율성을 높이기 위해서는 필수적인 사항이다. ⑥ 사법행정의 경우 어떤 단일한 목표가 다른 여러 목표들을 제압하는 것을 허용하지 않게끔 균형적 접근방법을 취해야 한다.'와 같은 내용들이다.130)

회복적 사법모델에서는 범죄를 국법질서를 침해하는 차원으로 보는 것이 아니라 범죄도 하나의 사회현상이라는 사실을 중시하고 가해자 • 피해자를 포함하여 사회구성원들의 참여를 통한 사회적 관계 속에서 문제를 해결하고자 한다는 것이다. 이와 같이 회복적 사법은 범죄로 인하여 발생한 정신적 • 물질적 손해를 배상(restitution)하게 하여 피해자가 입은 손해를 회복하는 것에만 머무르는 것이 아니라 가해자와 피해자가 서로 화해하여 '법적 평화'를 회복(restitution)하는 것까지를 포함하는 개념이다. 따라서 피해자와 가해자간에 화해를 하도록 하는 것은 회복적 사법의 이념을 구현하기 위한 실천원리이며 본질적 요소가 된다고 볼 수 있다.

---

통적 형사사법 모델인 응보형 사법에서는 피해자의 형사절차 참여를 거부하면서 오로지 범죄자의 행동과 그 처벌에 초점을 맞추는 것이 그 특징인 반면, 회복적 사법에서는 범죄를 피해자 • 가해자 • 지역사회 속에서 일어나는 개인 간의 갈등으로 보고 그러한 갈등의 해소를 통한 통합의 중요성을 강조하게 된다. (박미숙, "회복적 사법과 피해자보호", 피해자학연구 제8호, pp. 206-207). 또한 회복적 사법모델의 중점은 형사사법절차를 통한 결과 산출보다 피해자와 범죄자 모두의 감정과 인간성을 존중하는 절차의 개발에 있으며, 당사자의 참여와 합의를 유도하여 이미 발생한 갈등상황에 대한 상호이해와 치료를 통해 완전하고 직접적인 책임추구를 하려는데 있다고 한다. 결과적으로 대립된 당사자를 재통합함으로써 평화와 인도주의를 실현할 수 있게 되며 또 그러한 결과들은 지역사회 유대강화와 향후의 범죄예방에도 기여하게 된다고 한다. (M. Wright, *Justice for Victims and Offenders*, 1991, p. 112.; B. D. Meier, *Restorative Justice - A New Paradigm in Criminal Law?*, European Journal of Crime, Criminal Law and Criminal Justice, Vol. 6. 1998, p.126.; 김용세, 전게서, p. 176.; 박미숙, 전게논문, p. 207).

130) Bree Cook, Fiona David and Anna Grant, *Victims' Needs, Victims' Rights*, Australian Institute of Criminology Research and Public Policy Series, No. 19. p. 86.

회복적 사법의 실무형태는 피해자-가해자 화해·조정(victim-offender meditation, victim-offender reconciliation), 양형 서클(sentencing circles), 사죄 제도(the role of apology), 가족 간의 협의체(family group conference), 공동체 배상심의위원회(community reparation boards), 범죄충격에 대한 피해자진술 기회부여(victim impact statements) 등을 들 수 있다. 우리나라의 경우에는 형사절차에서 가해자와 피해자간의 '합의서 작성'이 비공식적으로 행해지고 있는데 이것도 엄격히 말하면 회복적 사법의 한 유형인 것이다.131)

이러한 상호 화해절차를 통해 피해자는 가해자와 만나 서로 대화를 하게 된다. 이 과정에서 피해자는 범죄자에게 범죄로 인한 영향을 말하거나 감정을 표현함으로써 범죄로 인하여 상실되었던 자기 통제력을 회복 하게 되고, 그 결과 범죄로 인한 부정적 경험이 긍정적인 것으로 변화될 수 있게 되며, 범죄자는 진정으로 후회하거나 사과 또는 보상의 조치 등을 취함으로써 양자가 화해를 하고 상호 존중의 관계로 발전할 수 있는 전기를 맞이하게 된다는 것이다.132)

회복적 사법모델의 실무적 활용 가능성에 대해 연구를 한 학자들은 피해자·범죄자·지역사회·경찰 등 절차에 참여하는 주체들의 만족도가 상당히 높게 나타나고 있다고 밝히고 있다.133) 그들은 전통적인 법원절차보다 협의회체계를 보다 선호하고 있었고, 피해자들의 경우 범죄자들과 대화함으로써 긍정적 결과를 얻을 수 있었으며, 음주운전자나 소년범죄자들의 경우에는 이러한 절차를 통하여 자신의 범행을 반성하는 태도를 보였다는 것이다.

그러나 이러한 회복적 사법모델에 대한 비판도 제기된다. 즉, 피해자 없는 범죄에 대해서 회복적 사법모델의 효용성이 무엇인가에 대하여 의문이 있다는 점, 헌법·형사법 등 제반 법령에서 정하고 있는 당사자들의 절차적 권리보장의 담보가 미흡하다는

---

131) 형사사건에서 이러한 가해자-피해자간 합의서가 작성되면 친고죄나 반의사불벌죄의 경우에는 수사단계에서 불기소의견으로 수사종결을 할 수 있는 계기가 되고, 제1심 판결전의 공판단계에 있어서는 공소기각판결의 사유가 된다. 비친고죄의 경우라 하더라도 검사의 기소유예 결정이나 판사의 양형에 영향을 주고 있다.

132) Bree Cook, Fiona David and Anna Grant, _ibid.,_ p. 87.

133) J. Braithwaite, _A Future Where Punishment is marginalized : Realistic or Utopian?,_ UCLA 46 Law Rev., 1999, p. 1744.; 박미숙, 전게논문, p. 222 에서 재인용

점, 당사자들의 이익조정 외에 지역사회나 공공의 이익에 기여하는 점이 불명확하다는 점, 현재의 응보형 사법을 전면적으로 대체할 수 없고, 모든 범죄에 대해서 회복적 사법모델을 적용하기에는 한계가 있다는 점,134) 무죄추정을 받아야 할 피의자가 압력에 의한 화해절차 참여로 인해 권리침해가 우려된다는 점, 화해가 실패할 경우 재피해자화가 우려된다는 점, 사회적 인프라가 갖추어져 있지 못할 경우 범죄처리비용이 증대될 수 있다는 점135) 등이 제시되고 있다. 그러나 회복적 사법체계는 지금까지의 공판중심의 형사사법 체계가 수행하기 어렵던 피해자원조·피해자절차참여·지역사회의 재통합과 같은 기능을 수행할 수 있는 매우 효과적인 대안이라는 점은 부인할 수 없을 것이다.

우리나라에서는 원상회복을 형벌체계로 편입시킬 것인가 하는 문제와 관련하여 학자들을 중심으로 논의가 되고 있지만136) 지역사회 통합을 추구하는 본격적 의미의 회복적 사법모델의 개발에 관하여는 연구가 미진할 뿐더러 실무적인 적용사례도 찾아보기 어려운 실정이다. 따라서 회복적 사법모델이 적용되는 예를 가정하여 수사기관이 수행하여야 할 역할을 찾아본다는 것이 그리 용이한 것이 아니다. 그러나 범죄자나 피해자와 최초로 조우할 가능성이 가장 높은 형사사법기관인 경찰이 회복적 사법의 영역에서도 매우 중요한 역할을 담당해야 할 것으로 보인다. 회복적 사법이 지향하고 있는 기본 사상이 범죄자의 처벌보다는 당사자 간의 화해와 재통합에 있기 때문에 경찰은 수사의 진행단계에 있어서 당사자들의 범행 및 피해경위에 대하여 정확한 내용을 확보해야 하는 한편, 피해회복·화해·사죄의 가능성에 관한 상세 정보를 화해·조정협의체에 적극적으로 제공하는 역할을 감당해 주어야 할 것이다.

## 3. 피의자 · 피고인 인권보호와 범죄피해자 인권보호의 균형

전통적인 형사사법시스템(criminal justice system)이 주로 피의자·피고인의 처벌

---

134) B. D. Meier, op. cit., p. 126. 이하 ; 박미숙, 전게논문, p. 219-220.
135) 김용세, 전게서, pp. 202-203.
136) 김일수, "형사상 원상회복제도의 형사 정책적 기능과 효용에 관한 연구", 성곡 논총 제21집, 1990 ; 김성돈, "원상회복의 형사제재로서의 적격성과 형법의 과제", 피해자학연구 제5호, 1997, p. 121. ; 이호중, "형법상 원상회복에 관한 연구", 서울대학교 박사학위논문, 1997.

과 교정에 대해 관심을 가져왔다는 것은 이미 주지하는 바다. 위의 전통적인 형사사법 시스템이 추구하는 목표는, 사회를 보호하고, 질서를 유지하며, 범죄를 통제하고, 범죄를 수사하여 범인을 체포하고, 재판기관이 유무죄를 판단하며, 죄상을 밝혀 적정한 형벌을 선고하고, 헌법상의 피의자·피고인의 권리를 보장하는 것이었다.137) 이러한 전통적 형사사법체계를 '피의자, 피고인 중심형 사법모델(ciminal justice model)'이라고 할 수 있겠는 바, 이는 범죄의 혐의를 받고 있는 모든 사람들을 공정하게 처우하는 형태를 통하여 사법정의를 달성할 수 있다고 보는 입장이다. Purpura는 '피의자, 피고인 중심 형 사법모델'의 특징으로 다음과 같은 것을 제시하고 있다. 즉, '① 범죄자는 인권선언 규정에 따라 헌법상의 권리보호를 받을 자격과 권리가 있다. ② 피해자의 권리보호를 추구하다보면 범죄자의 권리보장을 약화시키게 된다. 예를 들면 형사절차에 피해자를 참여시키면 판사가 중립성을 상실하거나 피고인에게 중형을 선고할 수도 있는 것이다. ③ 범죄자들에게 의료적 지원, 상담, 알콜·마약복용습관 치료, 직업상담, 법률적 지원 등 그들의 삶의 조건들을 개선하기 위한 제반 지원활동을 추진 한다' 등이다.138)

한편, 이러한 '피의자, 피고인 중심 형 사법모델'에 대응하여 최근에는 '피해자 중심형 형사사법모델(victim justice model)'이 제시되고 있다. 그 주요 내용으로는, '① 사법기관은 형사절차 속에서 피해자에 대해 공정하게 대우해주어야 하고, 인격을 존중해주어야 하며, 피해자 사정에 대하여 민감성을 가지고 임해야 한다. ② 형사사법시스템이 범죄자의 권리를 강조하는 것보다는 피해자지원에 더 무게중심을 두고 역할을 해주어야 한다. ③ 피해자는 형사절차의 모든 과정에 참여하고 방청할 수 있어야 한다. ④ 피해자의 범죄피해 진술은 형사절차 참여를 가능하게 하고 자신의 경험을 범죄자 앞에서 말한다는 점에서 중요한 기능을 한다. ⑤ 피해자도 범죄자가 받는 것과 동일한 정도로 각종 편익이 제공되어져야 한다. 즉, 피해회복지원센터 운영, 식사의 제공, 의료지원, 상담, 휴식 프로그램 제공 등과 같은 것이다. ⑥ 피해자의 인권보호를 위한 법규정도 마련되어야 한다.' 등이다.139)

형사사법체계가 피의자, 피고인 권리보호에 비중을 두는 것이 타당한가 아니면 피

---

137) Philip P. Purpura, *Criminal Justice,* Butterworth-Heinemann, 1997. p. 5.
138) Philip P. Purpura, *ibid.* pp. 22-23.
139) Philip P. Purpura, *ibid.,* p. 23.

해자 권리보호에 중점을 두는 것이 타당한가에 관하여 학자들 간에 논쟁이 있다. 전자의 입장에 선 자들은 종래의 형사사법체계가 국가 사법기관과 범죄자간에 벌어질 수 있는 공방과 관련하여 여러 가지 법적 장치들을 마련해 둔 까닭에 이미 형사절차 진행에 상당한 부담이 되고 있는데 여기에 피해자권리보호를 위한 절차까지 가세한다면 형사사법체계의 붕괴를 가져올 정도의 부하가 걸릴 것이라고 주장한다.140)

　　반면 후자의 입장에 선 자들은 현재의 헌법을 비롯한 법규정들과 형사사법체계가 범죄자의 권리보호에만 치중한 나머지 피해자의 권리보호에는 매우 취약하게 되어 심한 불균형이 초래되었다고 주장한다. 이러한 불균형은 범죄로 인한 해로운 결과들을 피해자들로 하여금 제대로 극복하지 못하게 하고 그 결과 재피해자화(revictimize)의 길을 걷게 만든다고 하면서 위와 같은 불균형을 시정하려면 헌법에 명문의 규정으로 피해자권리를 보장해줄 것을 요구한다.141)

**(그림 4) 피의자 인권보호와 피해자 인권보호의 균형**

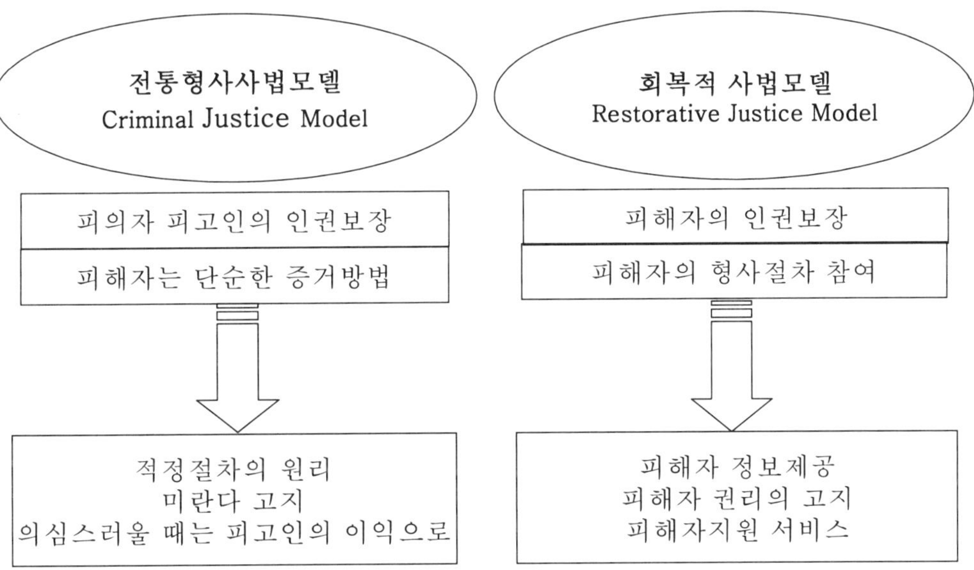


---

140) Laura J. Moriarty, *Controversies in Victimology,* Anderson Publishing Co., 2003. p. 13.
141) Laura J. Moriarty, *ibid.*

　대부분의 국가들이 역사적으로 피의자, 피고인 중심 형 형사법체계의 큰 틀 속에서 각국의 사법시스템을 발전시켜 왔다고 보인다. 즉 피의자나 피고인의 방어권의 확대와 수형자에 대한 법적 지위의 향상에 주된 관심을 표명해왔던 것이다. 그 결과 상대적으로 범죄피해자에 대한 관심이나 배려가 매우 취약질 수밖에 없었다. 오늘날에 있어서는 형사사법의 궁극적인 목적이 국가형벌권의 존부를 확인하고 범법자의 행위와 그 결과를 통제하는 데에만 있다고 보는 것에 대해서 많은 반론이 제기되고 있다.142) 범죄자를 색출하여 그 행위책임에 상응하는 벌을 가하는 전통적인 사법체계의 기능과 중요성을 아직 무시할 수 없지만 앞으로는 보다 균형적인 관점에서 형사사법체계를 마련해야 한다고 보는 것이다. 다시 말하면 앞으로의 형사사법체계의 틀은 범죄통제적 차원과 피의자, 피고인 중심적인 내용 이외에도 피해자 인권보호·피해자의 실질적 피해회복과 같은 '피해자를 위한 정의(victim justice)'를 실현할 수 있는 내용도 포함되어야 한다는 것이다.

　이에 대한 반작용으로 형사사법체계를 전면적으로 '피해자 중심 형 모델'로 개편하는 것은 극단적인 선택이라고 보인다. 따라서 양 모델의 절충 형을 개발하는 것이 가장 합리적이라고 생각된다. 그 구체적인 방법은 각국의 실정에 따라 달라지겠으나 일반적으로 종래의 형사법체계의 내용에 피해자 참여와 피해자 인권보호를 강화하기 위한 규정을 마련하는 안, 회복적 형사사법 모델을 부분적으로 수용하여 운용하도록 하는 안 등이 검토될 수 있을 것이다.

　이와 같이 피의자, 피고인의 인권보장과 피해자의 인권보장이 균형을 이루어야 한다는 견해가 이 시대 형사사법체계의 중요한 흐름을 이루고 있는 만큼, 수사를 행하는 경찰도 피해자 인권보호를 위한 자체 시책을 개발하는 한편, 수사업무 수행 시 피해자 보호적 차원의 의식과 태도를 가지고 임하는 것이 매우 중요하다고 보인다.

---

142) 형사사법절차에서 피해자를 위한 정의의 관철은 오로지 가해자에 대한 처벌을 강화하는 것을 통해서 이룩할 수 있다고 보는 것은 지극히 비논리적이고 비합리적인 것이다 (Peggy M. Tobolowsky, *Understanding Victimology,* Anderson Publishing Co. 2000. p. 33).

# 제4장 범죄피해 원인론

합리적인 범죄피해방지대책을 세우기 위해서는 사람들이 어떻게 피해자화가 되는 지 그 원인을 규명해 볼 필요가 있다. 범죄발생의 원인을 찾아내기가 어려운 것처럼 범죄피해의 원인을 파악해 나간다는 것이 그리 쉬운 일은 아님에도 초기 피해자학에 서는 범죄현상을 피해자 측면에서 분석해 보면서 범죄피해의 원인을 밝혀 내보고자 노력하였다.

사람들이 범죄피해를 당하는 원인에는 여러 가지가 있을 수 있다. 이와 같은 범죄 피해의 원인으로서는 크게 가해자와 피해자간의 상호관계에 의한 것과 환경적 특성에 의한 것, 그리고 개인적 특성에 의한 것으로 대별해 볼 수 있겠다.

가해자–피해자간 상호관계에 의한 범죄피해에 대하여는 이미 Hans von Hentig 등 과 같은 전통적인 피해자학자들의 주요 관심사로 다루어져 왔다는 것을 앞서 밝힌 바 있다. 즉, 피해자도 가해자와의 상호작용을 통해 범죄적 결과를 만들어 내는 주체적 행위자 중 한사람이라고 이해하고 범죄행위를 피해자 측면에서 바라보고자  노력을 해왔던 것이다.

그런데 범죄피해의 원인은 피해자의 개인적 특성에만 있는 것이 아니라 가해자와 의 상호관계, 제3자와의 상호관계, 기타 환경적 특성 등에도 존재한다고 보는 것이 타당하다. 따라서 범죄피해 원인을 고찰함에 있어서는 어느 한쪽 측면만을 가지고 살펴볼 것이 아니라 다각적인 차원에서 범죄피해의 원인을 분석해 보는 것이 필요 하다.143)

환경적 특성에 의한 범죄피해는 범죄발생의 환경적 특성과 일맥상통하는 측면이 있 기에 범죄학적 이론을 통해서도 설명이 가능한 측면이 있다. 이러한 환경적 특성과 관 련된 범죄피해 원인 론으로서는 하위문화이론, 사회해체이론, 분화적 접촉이론, 동일집 단가설, 근접성 가설 등이 제시될 수 있다. 아울러 개인적 특성 중심의 범죄피해원인 론

---

143) 김용세, 피해자학, 형설출판사, 2003. p. 74.

으로서 생활양식이론, 일상 활동이론, 사회적 상호작용이론 등을 들 수가 있다.144)

## 제1절 가해자-피해자의 상호작용에 의한 범죄피해 원인론

경찰청 통계자료에 의하면 2004년도에 살인사건이 총 1,200건 발생하였는데 이 중 가정불화에 의해 살인이 발생한 건수가 122건이었으며 보복살인은 71건에 달하였다. 폭력범의 경우에는 총 452,553건 발생에 가정불화에 의한 건수가 8,444건이나 되었으며 보복성 범죄도 2,929건에 이르렀다.145) 이와 같은 자료들은 범죄피해가 상당부분 가해자와 피해자간의 갈등이나 원한관계에서 비롯된다는 것을 보여주고 있다.

가해자와 피해자간 상호작용에 의해서 범죄피해가 발생한다는 이론으로는 ① 피해자 촉발이론(victim precipitation)과 ② 상황적 전이이론(situated transition approach)이 있다.

전자의 피해자촉발이론은 피해자가 가해행위를 촉발시킨다는 이론인 바, Menachim Amir는 600건의 강간사건을 분석하였는데 그 중 20%정도는 피해자촉발이론에 의해 설명이 가능하다고 주장했다.146) 이 이론의 지지자들은 살인, 폭행, 강도, 강간 등의 범죄피해에 있어서 이 이론의 적용이 가능하다고 하였다. 부정행위를 저지른 배우자, 채무이행을 하지 않는 채무자 등에 대한 보복성 범죄도 이러한 촉발이론으로 설명할 수 있을 것이다.

후자의 상황적 전이이론은 가해자와 피해자 사이에 형성되는 상황의 변화에 따라 범죄가 발생한다는 이론인 바, 서로 아는 사람끼리 갈등이 발생하였을 때 그 갈등을 조정하려는 노력이 실패하는 경우 범죄로 이어진다는 이론이다.147) 상황적 전이이론에 의하면 범죄피해라는 결과가 발생하기까지의 가해자와 피해자간의 역학관계는 그리 단순하지 않다. 최초의 갈등이 해소되지 않고 위기상황으로 발전하면서 급기야 범죄피해의 결과를 낳기까지 가해자와 피해자는 몇 단계의 심리적 과정을 거친다고 할

---

144) 안황권 · 김상돈, 전게서, pp. 65-82
145) 경찰청, 경찰통계연보, 2005. pp. 152-153.
146) 김용세, 전게서, p. 77.
147) 김용세, 상게서, p. 77.

수 있다. 즉, 최초의 단계는 살등이 발생하여 언쟁이 오가는 단계로서 상대방의 인격을 훼손하는 언행이나 태도들이 표출될 수 있다. 두 번째 단계는 공격적 행동을 예고하거나 위협하는 행위가 있을 수 있는데 가해자는 분노를 표출하고 피해자는 두려움에 휩싸이는 상황으로 나아가게 된다. 세 번째 단계는 상호간에 물리적 충돌이 발생하는 단계로서 범죄피해의 현저한 결과는 바로 이 단계에서 발생하게 된다.[148]

상황적 전이이론에 따라 가해자-피해자간 여러 가지 유형의 갈등에 의한 범죄피해를 줄이기 위해서는 정서적·재산적·인격적 갈등해결 기술이 발휘되어야 한다. 이를 위해서는 제3자가 개입하여 다각적인 중재기술이 활용될 필요가 있다. 갈등이 해소되지 않으면 위기가 증폭되고 급기야 범죄피해로 이어지기 때문이다. 수사현장에 임장하는 수사관이나 형사사법기관 종사원이 위기개입(crisis intervention) 차원에서 갈등해결에 도움이 되는 대화기술(communication skill)을 익혀야 하는 것이 바로 그러한 이유에서다.

그런데 범죄현장에서 누가 진정한 피해자인지 선별하는 것이 어려울 수도 있다. 정당방위의 경우 외형적으로 보면 진정한 피해자가 현장에서는 가해자처럼 보일 수 있고, 가정폭력의 경우 현장에서 남편의 옷이 찢기고 외부에 상처를 입은 흔적을 발견했다하더라도 교묘한 방법으로 부인을 통제하면서 지속적으로 심리적·물리적 폭력을 행사할 수 있는 것이어서 진정한 피해자는 여성이 될 수 있기 때문이다. 가해자와 피해자의 특성 외에 수사관의 선입견 때문에 피해자 색출이 어려울 수도 있다. 때문에 수사관 자신이 어떤 선입견을 가지고 있는지 자기 인식(self-awareness)을 위한 감수성 훈련 등도 필요한 것이다.

이처럼 범죄피해는 피해자와 전혀 상호작용 없이도 발생할 수 있지만 피해자가 피해를 촉발시키거나 가해자와의 갈등이 해소되지 않아 범죄피해가 발생할 수도 있는 것이다.

---

148) 김용세, 상게서, p. 73. 78. 참조.

# 제2절 환경중심의 범죄피해 원인론

## 1. 하위문화 이론

하위문화이론 혹은 부문화이론(subculture theory)이란 '각 사회 속에서 그 사회의 일반적 문화체계와는 구별되는 문화 속의 문화'를 가지고 범죄피해를 설명하는 이론을 가리킨다. 피해자학에서 하위문화이론의 대표적인 학자는 Wolfgang과 Ferracuti, Singer 등을 들 수 있다. 그들은 그 사회의 지배적인 문화에서 강조되지 않는 또 다른 하위 문화적 가치체계가 있으며 이러한 가치체계 때문에 한 개인은 범죄자가 될 수도 있고 피해자가 될 수도 있다고 한다.[149] 예컨대 어느 가정에서는 자신의 자녀가 노상에서 폭력배에게 금품을 강탈당할 위기에 처하게 되면 주변에 협력을 구하면서 공격적인 행동으로 나아가도록 양육시킬 수 있는 반면, 어느 가정에서는 폭력배가 원하는 대로 금품을 모두 제공하여 자신을 보호하도록 양육할 수도 있는 것이다. 후자의 경우 순수하게 피해자로 남게 되지만 전자의 경우에는 가해자가 될 가능성도 있는 것이다.

## 2. 사회해체 이론

사회해체 이론(social disorganization theory)이란 1920-30년대의 사회학자들이 사회문제를 유발하는 사회적 조건에 초점을 맞추어 사회병리학적 접근에 대한 대안으로 제시한 이론이다. 사회해체란 사회 각 부분간의 상호적응이 결여되었거나 잘못 적응된 상태를 말하는 것이다. 도시화와 산업화로 인한 급격한 사회변동은 지역사회의 제도적 또는 비공석적 사회통제를 약화시키는 사회해체를 경험하게 되는데, 이러한 사회해체는 대체로 도시가 성장함에 따라 동심원(concentric zone) 형태로 일어난다. 이러한 사회해체를 경험하는 지역에서는 비행 적 전통과 가치관이 관습적 전통과 가치관을 대체하여 공식적 또는 비공식적 사회통제를 약화시켜서 일탈이 야기되는 것이다. 이러한 사회해체로 인한 범죄의 발생은 곧 범죄피해 발생의 원인이 되기도 하는 것이다.

---

149) 안황권·김상돈, 전게서, p. 65.

사회해체이론을 범죄피해와 관련지어 연구한 학자들은 사회의 각종 제도가 소정의 목적에 의해 조직화되지 못하고 분화·해체됨으로써 각각 서로 다른 조직과 목적을 위해 움직이게 된다고 주장한다. 이러한 사회해체에 따라 구성원들의 태도와 가치관이 비 조직화되고 분열되어 일관성을 잃게 되며 각종 사회문제를 초래하게 되는 바, 그 중 하나가 범죄문제라는 것이고 이에 대응하여 범죄피해가 발생하는 것이다.

사회해체와 비행의 연구는 Shaw와 Mckay의 연구와도 관련이 있다. 이들은 도시성장을 분석함으로써 범죄와 비행의 분포상태는 물론 그와 같은 도시범죄의 분포이유를 규명하고자 하였으며, 이는 Park와 Burgess 등 시카고 학파의 도시성장을 동심원 지역으로 파악한 사회생태학의 영향을 받았다. 이들의 연구에 따르면 도심에 가까울수록 비행이 다발하고 반대로 도심에서 멀어질수록 비행발생이 적어진다는 사실과 유색인종이 백인보다 더 많은 범죄를 저지른다는 종래의 관념에서 탈피해 범죄원인 및 피해상황을 도시의 구조적 특색과 연관시킬 수 있다고 주장하였다.[150]

이 사회해체이론은 범죄와 지역성과의 관계, 예를 들어 지리학적 연구와 환경과 범죄 등의 분야에 많은 영향을 미쳤으며, 사회통제이론, 아노미이론, 분화적(차별적) 접촉이론, 그리고 문화적 갈등이론 등 이론적 발전에 기초를 제공한 것으로 평가된다.

## 3. 분화적 접촉 이론

Sutherland는 화이트칼라범죄, 전문절도나 횡령 범 등에 관한 자신의 연구를 기초로 분화적 접촉이론(differential association theory)을 주장하였다. 그는 범죄라는 것이 어떠한 문화에서도 일어날 수 있는 일탈적인 가치의 학습결과로 보았다. 범죄발생의 원인을 설명하는 이론이지만 범죄피해의 예방을 기한다는 측면에서 살펴보기로 한다.

Sutherland는 이 이론을 통하여 인간현상의 두 가지 측면을 설명하고자 하였다. 첫째, 그는 왜 특정 집단에 따라 범죄율이 서로 다른가하는 이유를 설명하고자 하였으며, 둘째로 그는 왜 대부분의 사람들이 범죄자가 되지 않는데도 불구하고 일부 사람들

---

150) 안황권·김성돈, 상게서, 2003. pp. 66-67.; C. Shaw and H McKay, *Juvenile Delinquency and Urban Areas*, Chicago University of Chicago Press, 1942.

은 범죄자가 되는지 그 이유를 설명하고자 하였다. 그는 그의 저서 [범죄학의 원리 (Principal of Criminology)]의 1974년도 수정판에서 아홉 가지 가설로 비행 적 사회화 과정을 설명하였다.151) 요컨대, 범죄행위자체는 유전되지 않으며 학습의 과정을 통해서 습득함으로써 터득된다는 것이다. 학습은 1차적 친밀집단 구성원과의 접촉을 통해서 강하게 이루어지는 것이며, 학습의 내용에는 범행의 기술과 동기, 욕구, 합리화 및 태도에 관한 구체적 내용이 포함된다. 그는 특정 개인이 법의 위반을 호의적으로 해석하는 태도가 법의 위반을 거부적으로 해석하는 태도를 빈도·기간·우선순위·강도의 측면에서 능가할 때 비로소 범죄자가 된다고 보고 있다.

범죄행위가 분화적 접촉에 의해 학습된다고 할 때 범죄피해 발생을 예방하기 위해서는 비행문화와의 접촉을 적절히 차단하거나 건전한 하위문화를 확산시키는 전략을 모색해 볼 수 있을 것이다.

## 4. 동일집단 가설

McDermott의 연구에 의하면 학교범죄에서 피해를 당한 피해자들은 자신들의 위신을 세우고 잃은 물건을 되찾기 위해 가해학생에게 반격을 가함으로써 자신이 범죄자가 되고 가해학생이 피해자가 된다는 연구결과를 발표한 바 있다. 이와 같이 동일집단 가설은 범죄자와 피해자는 실질적으로 분리된 집단이 아니기에 유사한 특성을 공유하고 있고, 범죄자의 생활양식은 범죄피해자가 될 수 있는 위험에 직면해 있다고 하는 이론이다.152)

## 5. 근접성 가설

근접성 가설이란 범죄자와 피해자가 근접한 지역에서 같이 사는 경우 범죄자는 자신과 비슷한 배경이나 환경의 피해자를 선정하는 경향이 있다는 관점의 이론이다. 이 이론은 피해자의 행동이 어떠하든 생활양식이 어떠하든 범죄가 많은 지역에 거

---

151) 전대양, 현대사회와 범죄, 형설출판사, 2002, pp. 102-103.
152) 안황권·김상돈, 전게서, p. 69.

주하다 보면 범죄자와 접촉할 확률이 높아진다는 가정에 터를 잡고 있다. 피해자의 범죄피해 가능성은 어떻게 사느냐보다 어디에 사느냐에 더 의존하고 있다는 가설을 세워두고 있다. 이 가설에 의하면 우범죄역에 거주하는 사람들은 그 만큼 범죄자와 지리적으로 가깝기 때문에 상대적으로 범죄피해의 가능성이 높은 것으로 보고 있는 것이다.[153]

## 제3절 개인중심의 범죄피해 원인론

### 1. 생활양식 이론

생활양식 이론(life style theory)에 따르면 개인의 생활양식은 잠재적 피해자와 범죄적 성향을 지닌 개인 사이에서 접촉의 양과 질을 결정한다고 한다. 결국 생활양식의 차이가 범죄피해의 위험정도에 영향을 미치는 것으로 이해하는 이론이다.[154] 이 이론에 의하면 범죄피해의 가능성은 개인들의 사회배경의 특성에 따라 다르며 그 이유는 사회배경의 특성에 따라 개인들의 생활양식이 다르기 때문이다.

예를 들면, 직장을 가지고 집밖에서 활동하는 사람과 가정주부와 같이 집안에 있는 사람. 여가활동으로 집에서 TV를 보는 사람과 밤에 쇼핑을 하거나 유흥지역을 찾는 사람, 젊은 층에 속한 사람이나 미혼자 등과 기혼자 등은 생활양식 면에서 각각 다른 차이를 보이고 있는 것이다. 이들은 일상생활 속에서 범죄가능성이 높은 사람과의 접촉이 빈도 면에서 차이를 보인다. 그 결과 그들의 생활양식에 따라 범죄피해를 당할 가능성이나 기회는 차이를 보이게 되는 것이다.

생활양식 개념을 피해자학과 관련시켜 이론화한 학자는 Hinderlang과 그 동료들이다. 이들은 생활양식을 직업적 활동과 여가활동을 포함한 매일의 일상적 활동이라고 정의하면서 개인적 생활양식에 관심을 기울인다. 범죄가능성이 높은 자들과의 직간접

---

153) 안황권 · 김상돈, 상게서, p. 70.
154) 안황권 · 김상돈, 상게서, p. 71.; 이를 범죄기회이론(opportunity theory) 중의 하나인 생활양식노출이론(lifestyle exposure approach)로 설명하기도 한다(김용세, 피해자학, 형설출판사, 2003. p. 78.)

의 접촉빈도가 범죄피해를 결정한다고 그들은 보고 있다.155)

## 2. 일상 활동 이론

일상 활동 이론(routime activity theory)이란 사람들의 기본적 욕구를 충족시켜 주는 반복적이고 일반적인 활동으로서 기본적인 음식, 집, 휴식, 자녀양육, 인간관계, 직업 활동 등을 의미한다. 이 이론은 생활양식 접근이론을 보다 정형화하기 위한 이론으로서 그 근간은 생활양식이론에 두고 있다.156)

일상 활동 이론에서는 범죄발생의 요건으로 세 가지를 제시하였다. 즉, ① 법위반에 동기화된 위반자(motivated offender), ② 범죄의 적합한 대상(suitable target), ③ 감독의 부재(the absence of guardianship)가 그것이다. 범죄는 범죄를 하는데 적합한 대상이 있고 또한 주위 여건이 허술하여 감독이 소홀한 경우에는 동기화된 범죄자가 쉽게 범죄를 저지르게 된다고 설명한다. 그러나 동기화된 범죄자라고 하더라도 범죄대상이 덜 매력적이어서 적합하지 않고 감독과 통제가 강한 상황이라면 범죄를 포기하게 된다. 또 사회변화는 가정 내에서 일어나는 일상 활동과 가정 밖에서 일어나는 일상 활동의 빈도에 변화를 초래하게 되는데 가정 밖에서의 활동기회 증대는 개인이 범죄피해에 노출될 가능성을 높인다고 한다.157)

이 이론을 통해 보건대 범죄피해 발생을 예방하기 위해서는 법위반 동기를 저지하거나 범죄자가 노리는 대상적 특징을 약화시켜야 하며, 아울러 범죄가능성 있는 자에 대한 감독을 강화해야 할 것이다.

일상 활동이론과 관련한 피해자학자는 Cohen, Felson, Lasley이다. Cohen, Felson은 경제활동을 하는 어머니에 의해서 방치되는 가정, 전통적 이웃의 감소, 쉽게 처분할 수 있는 재산의 증가 등 여러 요인들이 범죄발생 요인이 되고 있다고 보았다. 또 개인의 일상 활동에서 피해를 당할 가능성이 높은 개인적 특징이 존재한다고 보기도 했는데 저소득층에 속한 사람들과 편모슬하에 있는 사람들이 그러한 특징을 갖고 있

---

155) M. Hinderlang, M Gottfredson and J. Garofalo, *Victims of Personal Crime,* Cambridge, Mass Ballingerm, 1978.; 안황권 · 김성돈, 전게서, p. 71. 참조.
156) 안황권 · 김성돈, 전게서, p. 73.
157) 김용세, 전게서, p. 79.; 박순진 · 최영신, 한국의 범죄피해에 대한 조사연구(Ⅲ), p. 32.

음을 예로 들고 있다.158)

## 3. 구조적 선택 이론

구조적 선택 이론(structural choice theory)란 개인의 일상 활동에 따라 특정한 범죄를 범하거나 그로 인해 피해를 당할 가능성이 창출되는데, 범죄자는 그러한 복수의 범행기회 중 어느 것을 선택하여 실행에 옮긴다는 이론이다. Terance D. Miethe와 Robert F. Meier는 이 이론을 설명하기 위해 두 가지 명제를 제시하였는데, '① 일상 생활을 영위하는 과정에서 잠재적 가해자와 피해자가 접촉함으로써 범죄의 기회가 창출된다.'는 것과, '② 범행대상에 대한 관여자의 주관적 평가와 보호 장치(감시인 등)의 수준에 따라 범행대상이 결정 된다.'는 것이 그것이다.159)

이 이론을 통해서 볼 때 범죄피해를 줄이고자 한다면 잠재적 가해자와 피해자의 접촉빈도를 줄이든지, 범죄의사를 가지고 있는 자의 주관적 평가를 약화시키거나 저지시킬 수 있는 장치를 적극 개발하는 방안이 강구되어야 할 것이다.

## 4. 소결

위에서 살펴본 생활양식이론과 일상 활동이론은 범죄피해를 다루는 대표적인 이론이자 70년대 말에 제시되었던 이론으로서, 이들 이론은 피해조사를 통해 어떠한 사람이 어떠한 상황에서 범죄피해를 당하게 되는가라는 범죄피해의 특성 및 발생 원인을 파악하려고 했다는 점에서 공통점을 가지고 있다. 공히 "범죄피해이론"이라고도 불리며, 이 이론에 따르면 사람들의 생활양식과 일상행위 유형이 범죄피해 여부를 결정한다고 본다. 예를 들면, 밤에 외출이 잦고 유흥업소를 자주 찾는 등의 생활유형을 가진 사람은 그만큼 범죄위험에 보다 노출됨으로 해서 범죄피해의 가능성이 높다고 보는 것이다.

---

158) L. E. Cohen and M. Felson, *Social Change and Crime Rate Trends A Routine Activity Approach*, American Sociological Review, Vol. 46, 1979, pp. 505-524.; 안황권·김성돈, 전게서, p. 73. 참조.

159) 김용세, 전게서, p. 80.

이 이론에 근거한 범죄피해 예방을 위한 대책으로는 범죄발생의 상황과 기회를 차단하는 것이 중요하다는 점이다. 따라서 개인의 일상생활이 범죄기회에 노출시키지 않도록 하여야 하는데 그 방법으로서는, 가정에서의 문단속·경보장치설치·외출 시 점검, 은행과 사업장에서의 다양한 감시 장비의 개발 및 설치, 환경설계를 통한 범죄예방 등의 활동 등이 있을 수 있다. 이러한 활동을 통하여 범죄기회를 차단하도록 노력하여야 하는 것이다.

# 제2편

# 범죄피해자대책의 발전

제1장 형사사법 환경으로서의 범죄피해자대책

제2장 외국의 범죄피해자대책의 발전

제3장 우리나라 범죄피해자대책의 발전

# 제2편 범죄피해자대책의 발전

# 제1장 형사사법 환경으로서의 범죄피해자대책

## 제1절 형사사법 환경이 범죄피해자에게 미치는 영향

형사사법기관이 피해자보호 업무를 어떻게 수행하는 것이 바람직한 것인가를 가늠하기 위해서는 먼저 그 나라의 범죄피해자대책을 고찰해볼 필요가 있다. 피해자와 관련된 형사사법기관의 제반 활동은 다분히 그 나라의 범죄피해자대책에 영향을 받고 있기 때문이다. 피해자보호 업무에 직간접으로 영향을 미치고 있는 외계(外界)를 '피해자보호를 위한 형사사법 환경'이라고 정의한다면 한 나라의 범죄피해자대책은 형사사법기관 종사원에게 있어서는 중요한 형사사법 환경 중의 하나가 될 것이다. 이러한 형사사법 환경은 형사사법기관 종사원에게 영향을 미치고 그 영향을 받은 구성원들은 곧 피해자에게 영향을 미치게 된다.

형사사법기관 종사자들과 범죄피해자에게 영향을 미칠 수 있는 중요한 형사사법 환경으로서 대표적인 몇 가지를 제시한다면 한 나라의 피해자보호에 관련된 법률·제도·정책 그리고 형사사법기관 종사자들의 피해자 보호적 행태를 유도하기 위한 각종 행동지침 등이 될 것이다.

형사사건의 진행과 관련하여 피해자에게 절실하게 필요한 내용들을 지원해 줄 수 있는 적정한 피해자대책이 사전에 수립되어 있지 못하고 제도화 되어 있지 못하면 일상적인 형사사법업무를 다루는 기관 종사자들은 범죄피해자들에게 제공해야 할 적정한 업무와 서비스가 무엇인지 간과할 가능성이 있다. 이렇게 형사사법기관으로부터 적정한 보호와 지원을 받지 못한 피해자들은 형사사법기관을 불신하게 되고 그 협력요구에 부정적 태도를 갖기 쉽다. 따라서 피해자의 기본적 욕구에 부응하는 형사사법 활동이 되도록 사전에 법적·제도적 장치를 마련해야 함과 동시에 형사사법기관 종사자로 하여금 범죄피해자 보호에 관한 충분한 지식과 정보를 사전에 습득케 함으로써 피해자의 필요에 최대한 부응하려는 의식이나 행태를 개발해 나가는 것이 절실히 요청된다고 할 것이다.

범죄피해자·형사사법기관의 의식과 행태·형사사법 환경 간의 상호관계를 그림으로 나타내면 다음과 같다.

(그림 5) 피해자·형사사법기관 종사자·형사사법 환경간의 상호관계

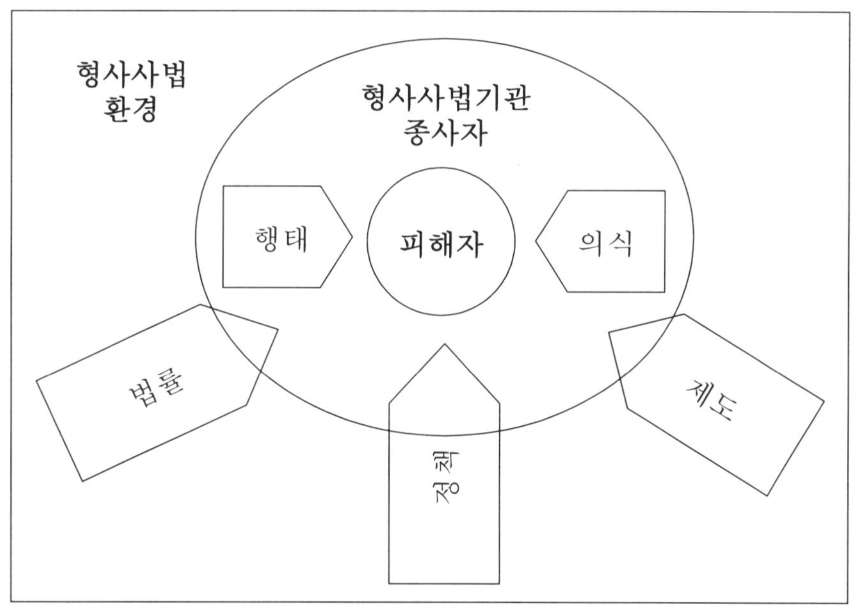


## 제2절 형사사법 환경조성과 범죄피해자대책의 수립

'범죄피해자대책'이라 함은 범죄피해자보호와 피해자화방지를 위한 시책 또는 정책 일반 등을 총칭하는 의미로서 여기에는 피해자의 법적 지위를 확립하고 피해자에게

필요한 지원을 제공하기 위한 노력을 뜻하는 '범죄피해자보호'와 민간 자원봉사조직에 의해 시작되었던 피난처 제공, 정신적 부조, 재활지원, 기타 법률적 조언과 구조 등을 포괄하는 '범죄피해자지원', 그리고 국가나 시민단체에 의해서 추진되는 '범죄피해자화 방지'활동이 포함된다.160)

범죄피해자대책에 담겨있는 기본 정신은 범죄피해자에 대한 헌법상 기본권 보호의 충실이라고 할 수 있다. 국가는 범죄발생에 대하여 별다른 책임이 없는 국민이 범죄행위로부터 침해를 받은 후 이로 인하여 고통을 겪고 있을 때 그러한 고통의 원인을 제거해 줌으로써 인간다운 생활을 할 수 있도록 보장하여줄 의무가 있는 것이다(헌법 제10조 후단). 피해자가 형사절차에서 2차적 피해를 겪는 이유 중 많은 부분이 피해자 보호대책의 부재에서 비롯된다. 형사사법기관에 의한 2차 피해자화를 막기 위해서는 국가적 차원의 범죄피해자대책 외에 형사사법기관 나름의 상세한 범죄피해자대책이 수립될 필요가 있다. 이를 위해서는 형사사법기관 종사자들에게도 피해자보호를 위한 명백한 가이드라인이 사전에 제공되어져야 할 것이다. 이러한 적정한 범죄피해자대책의 수립은 피해자보호를 위한 긍정적 형사사법 환경으로 작용할 것임에 틀림없다.

범죄피해자에게 적절한 지원과 보호가 요구된다는 생각은 19세기 말경의 범죄학이론에서도 주장된 바 있었으나 피해자학이 본격적으로 연구되기 시작하고 범죄피해자 지원을 위한 민간 활동이 활발해지기 시작한 것은 1950년대에 이르러서부터이다. 1960년대에 들어서는 뉴질랜드와 영국, 미국, 독일, 일본을 비롯한 서구 선진국의 범죄피해자 대책이 보다 활기를 띠면서 추진되었고, 1970년대 이후에는 각국의 형사절차법이 개혁되면서 수사·기소·재판 등의 형사절차에서 피해자의 법적 지위가 강화되는 등 피해자학 분야에도 새로운 변화가 일어나게 되었다. 오늘날 북미와 유럽, 그리고 이웃 일본과 같은 선진 국가에서는 민간부문과 공공부문 양 영역에서 다양한 범죄피해자대책이 시행되고 있다.

우리나라에 있어서 적정한 형사사법 환경이 어떤 것이어야 하느냐를 가늠해보기 위해서는 여러 나라에서 시행하고 있는 범죄피해자대책을 살펴볼 필요가 있다. 그런

---

160) 장규원, "수사경찰의 피해자대책의 현황과 과제", 한국형사정책연구원, 2002. pp. 50-51.; 김용세·류병관, "피해자학의 발전과 피해자보호의 최신 동향", 피해자학연구 제10권 제1호, 2002, pp. 165-172.

다음 우리나라의 범죄피해자대책의 현황을 정리해 보게 된다면 적정한 형사사법 환경조성을 위해 우리가 어떻게 노력해야 하는지가 보다 분명하게 드러나게 되리라고 본다.

따라서 먼저 영국과 미국 그리고 독일과 일본의 범죄피해자대책을 살펴 본 다음 우리나라의 범죄피해자대책을 정리해 보기로 하되 여러 형사사법 기관 중 초동수사과정에서 피해자보호를 위하여 중대한 역할을 하게 되는 경찰의 범죄피해자대책을 각 나라별로 살펴보기로 한다.

# 제2장 외국의 범죄피해자대책의 발전

## 제1절 영국

### 1. 피해자대책의 연혁

영국은 범죄피해자보호 문제에 대해 매우 일찍부터 관심을 가진 국가였다. 치안판사이자 형벌개량운동가이기도 했던 Margery Fry는 영국 범죄피해보상제도의 기초를 세운 자로서, 피의자 및 수형자의 인권과 함께 범죄피해자의 인권도 중시해야 한다고 역설하였는데 이러한 그의 주장이 받아들여지면서 1950년대부터 국가적 구제수단을 강구하려는 움직임이 일어나기 시작하였고,[161] 1964년에는 '범죄피해자보상계획 (Criminal Injuries Compensation Scheme)'을 법률이 아닌 일종의 요강 형식으로 실시하게 되었다.[162] 이후 영국에서의 범죄피해자대책 문제는 1972년 주민들에 대한 주거 침입절도 피해조사가 이뤄지면서 범죄피해에 관한 대책 등에 대하여 관심을 갖게 된 동기로 작용하였다.[163]

1973년 1월 보호감찰관이었던 Philip Priestly와 Charlea Irving등이 중심이 되어 '전국피해자협회(National Victims Association : NVA)'라는 단체를 결성하였는데 여기서 형사화해와 손해배상, 법정에서의 피해자에 대한 배려, 피해자의 욕구 조사 등 피해자보호를 향한 논의가 전개되었다.[164]

이렇듯 피해자보호에 대한 꾸준한 관심 속에 민간·경찰·지방정부가 연계한 사회공동체적 대응기구인 '피해자지원협의체(Bristol Victim Support Schemes : BVSS)'가

---

161) 류병관, "범죄피해자 보호에 관한 연구", 충남대학교대학원 박사학위 논문, 2000. p. 53.

162) 大谷 實, "イギリスにおける被害者學の生成と發展", 被害者學研究, 第6號, 日本被害者學會, 1996. pp. 84-85.

163) Inkeri Anttila, *From Crime Policy to Victim Policy, Crime Policy to Victim Policy,*(ed. Ezzat A. Fattah), New York; St. Martin's Press, 1986. pp. 237-245.; 류병관, 전게논문, p. 53.

164) 奧村正雄,"イギリスにおける被害者學の生成と發展", 被害者學研究 第6號, 日本被害者學會, 1996. pp. 85-86.

1973년 12월 브리스톨 에서 조직되었는데 이 협의체는 본격적인 피해자보호 및 지원 활동의 선구적인 역할을 감당한 것으로서 결성과정에서 경찰이 매우 중요한 역할을 담당하였다. BVSS의 성공적인 활동에 힘입어 각 지역에 '범죄피해자지원조직(VSS)'가 생겨났으며 이후 1980년에는 '전국피해자 지원 협의체연합(NAVSS : National Association of Victim Support Schemes)'이 생성되었다.[165) 이 NAVSS에서는 정부 및 민간보조금을 받으면서 피해자에 대한 위기개입 훈련이나 각종 피해자지원 등의 사업을 수행하였다.[166) 이러한 NAVSS의 목표는 크게 두 가지였는데, 첫째는 각 범죄피해자·목격자·그 가족과 친구 등에 대한 지원이었고, 둘째 범죄피해에 대한 대중의 인식을 제고시킴과 아울러 피해자의 권리를 증진하는 것이었다. 이 NAVSS에서는 다음과 같은 운영원칙을 정해놓고 있었다. 첫째 피해자지원 서비스가 수혜자에게 무료로 제공되고 비밀보장을 약속하며, 둘째 피해자가 도움을 받을 것인지의 여부를 자율적으로 결정하도록 하며, 셋째 지원하는 과정에서 차별 없이 평등하게 지원해주어야 하며, 넷째 타 기관과 긴밀한 협력 하에 운영하도록 하며, 다섯 째, 피해자에게 가해자 처벌이나 형의 선고 등에 관해서 의견제시를 하지 말라는 것 등이다. 이 NAVSS는 1989년부터 명칭을 VS로 변경하였다.[167)

이러한 가운데 '국가범죄조사기구(British Crime Survey : BCS)'에 의한 다양한 형식의 피해자조사가 추진되면서[168) 피해자의 형사사법관에 대한 불만이나 요구사항이 무엇인지가 분석되었으며 이러한 요구에 부응하기 위한 경찰서비스 제고방안 등이 추진되기 시작하였다. 이 BCS에서는 시민이 범죄피해를 받는 요인, 피해자에 대한 범죄의 영향, 범죄에 대한 공포, 경찰과의 관련 속에서 느꼈던 피해자의 경험, 경찰에 대한 피해자 만족도 등을 조사하였고 그 결과 범죄피해자화에 대한 정확한 데이터를 제시하게 됨으로써 영국 형사사법의 사조에 큰 영향을 미치게 되었다.[169) 이러한 피해자

---

165) 류병관, 전게논문, p. 56.
166) Mike Maguire and Claire Corbett, *The Effects of Crimes and the Work of Victims Support Schemes,* Aldershot : Gower, 1987. p. 3.
167) 경찰대학, 피해자학, 2001, p. 117.
168) John Sanderson, *Criminology Textbook*, London, HLT Publications, 1995. p. 27.
169) Sandra Walklate, *Victimology,* The Victim and Criminal Justice Process, London, Unwin Hyman, 1989. pp. 42-46.

지원협의체는 전국적으로 통일되게 운영할 수 있는 상세한 행동지침 등을 마련하고자 노력하였다.

이러한 노력의 결집이 바로 1990년에 공포된 내무부의 '피해자헌장(Victim's Charter-A Statement of Service Standards for Victims of Crime)'이었다. 이 피해자 헌장은 범죄피해자의 권리에는 어떠한 것들이 있는지를 밝혔을 뿐만 아니라 경찰이 수사를 진행함에 있어 지녀야할 바람직한 행태 등을 규정하고 있으며 형사사법기관의 피해자 처우방식에 대해서도 상세하게 규정함으로서 기존 영국의 피해자대책을 한층 체계화 시킨 원인으로 작용하였다.[170) 1996년에는 그 내용이 보다 구체화된 신 피해 자헌장이 발표되었다.[171)

## 2. 일반적 피해자대책

### 가. 범죄피해자보상제도

1964년 8월 영국정부는 국가가 비참한 폭력범죄 피해자에 대해서 보상을 해주는 범죄피해자보상 제도를 마련하였는데 이는 앞서 말한 바와 같이 법률이 아닌 요강 형식이었다. 이 범죄피해자보상제도가 실정법에 의해 보장된 것은 1988년 형사재판 법 (Criminal Justice Act, 1988)에 의해서였다.[172)

그러나 보상액이 너무 적고 수혜자의 범위가 너무 좁다는 비판이 일었기에 1994년 4월부터 개선된 피해보상제도가 시행되었는데 이 제도는 피해자의 연령, 기회비용, 의료비의 다과 등에 관계없이 1급에서 25급의 '피해등급표'를 가지고, 등급에 따라 1,000파운드(약 2백만 원)에서 25만 파운드(약 5억 원)의 범위 내에서 동일 피해에는 동액 보상을 행한다는 내용의 것이었다.[173)

그러나 이 제도 또한 문제가 있어서 96년 4월부터 다시 개선된 내용의 보상제도가

---

170) 奧村正雄,"イギリスの刑事手續における犯罪被害者支援對策", 犯罪被害者對策に關する調査研究報告書, 財團法人全國防犯協會聯合會, 1999. p. 35.
171) Home Office, *The Victim's Charter : A Statement of Service Standards for Victims of Crime*, 1996.
172) 奧村正雄,"イギリスの被害者政策", 現代のエスプリ, 第336號, 1995. 7.
173) 奧村正雄, 英國の刑事法の動向, 成文堂, 1996. p. 297.

시행 중이다. 범죄피해보상의 대상은, 폭력범죄에 직접 기인하는 육체적 내지 정신적 피해로 고통을 받은 자, 범죄방지 또는 피의자체포에 협력을 할 때 피해를 입은 자, 범죄피해나 사고를 당해 심리적 외상을 입은 자 등이다.174)

강력 범죄로 인하여 부상을 당한 경우에는 '범죄피해자보상계획(criminal Injuries compensation scheme)'에 의거하여 피해보상을 신청하게 된다. 피해자는 경찰이나 '형사피해보상위원회(Criminal Injuries Compensation Authority)'로부터 관련 책자를 구할 수 있는데, 형사피해보상위원회는 피해자가 보상을 신청 한 후 12개월 이내에 그와 관련된 결정을 내려야 한다. 피해자가 손실을 보거나 부상을 당한 경우 법원이 보상결정을 내릴 수도 있다.

## 나. 범죄피해자지원제도

전술한 바와 같이 1973년 '브리스톨 피해자지원연합(BVSS)'이 탄생한 후, 전국피해자지원연합(NAVSS)'이 결성되고 이 NAVSS는 1987년 공익법인화 되어 1989년 VS로 명칭이 변경되었다.175) VS는 미국의 NOVA(National Organization for Victim Assistance)와는 달리 정치적으로 중립의 입장을 견지하면서 자원봉사자의 협력을 비롯하여 초당적인 정당의 지지를 배경으로 내무성이나 경찰과 밀접한 연계를 취하면서 피해자에게 실질적인 서비스제공을 하는 활동을 벌이고 있다.176)

VS본부에서는 피해지지원방법 매뉴얼 및 자원봉사자 육성방법 개발·자원봉사자 양성훈련·피해자지원을 위한 새로운 프로그램의 입안과 캠페인을 행하고 있다.177) VS지부 조직은 잉글랜드·웨일즈, 북아일랜드 지역에 378개가 있는데 주요사건 발생직후 피해자를 위한 위기개입, 피해자 상담, 현관문과 창호의 수리, 경찰서 조사나 법원의 재판에 출두하는 피해자 동행서비스, 증인서비스 등을 행하고 있다. 여기서 증인서비스(Witness Service)라 함은 법정에 출두하는 피해자, 증인 및 그 가족은 증언의

---

174) 경찰대학, 피해자학, 2001. p. 115.
175) 柳本正春, イキリスにおける罪と罰, 成文堂, 1999. p. 97.
176) 류병관, "범죄피해자 보호에 관한 연구", p. 56.
177) Mike Maguire and Claire Corbett, *The Effects of Crimes and the Work of Victims Support Schemes,* Aldershot : Gower, 1987. p. 3.

무 여부에 관계없이 곤혹스럽고 불안해 지기 때문에 심리가 개시되기 전에 빈 법정에
서 재판의 방법과 증언의무가 있는 사람의 증언방법 등을 설명해주고, 피고인 및 그
관계자와 얼굴을 마주치지 않아도 좋은 대기실로 안내하는 등의 실질적인 보살핌을
제공해줌으로 정신적 안정을 할 수 있도록 도와주는 서비스이다.178)

## 다. 형사절차상 피해자보호제도

1996년 개정된 영국의 '피해자헌장'에서는 형사절차상 피해자보호와 관련하여 다음
과 같은 내용을 규정하고 있다. 즉, ① 사건발생 후 진행되는 형사절차와 사건처리의
진척상황에 관한 정보제공 범위를 확대할 것, ② 증인으로 법정 출두할 때 피해자에
대해 경의를 가지고 대할 것, ③ 종신수형자 내지 성범죄·폭력사범의 석방시기에 대
해 법원이 정보를 제공할 것, ④ 증인이 아동일 경우 아동전문가에 의한 형사절차 설
명 및 법정출두 대신 비디오를 이용한 증언의 가능성을 적극 검토할 것, ⑤ VS에 의
한 증인서비스 보장 등이 그 것이다.179)

검찰은 범죄로 인하여 사망한 피해자의 가족을 만나 공소제기와 관련한 결정사항
을 설명해주도록 하고 있고, 보호관찰관련 공무원은 종신형 선고받은 자, 강력범, 성범
죄관련 범죄자 등에 대한 석방에 앞서 피해자에게 통보를 해 주도록 하고 있다. 피해
자가 가석방 중인 가해자와 원하지 않는 접촉을 하였을 경우 전화를 하게 되면 교도
소장은 상담을 통해 적절한 조치를 취하여야 한다. 피해자가 법정에 증인으로 출석하
게 되는 경우 '목격자지원협의체(witness service)'의 지원을 받게 되며, 증언 전 2시간
이상 대기하는 일이 없도록 하고 있고, 모든 법원에는 청소년목격자 담당 공무원이 배
치되어 있어 재판일자의 조기 지정이나 CCTV를 통한 증언 등을 요구할 수 있게 하
고 있다.180)

---

178) 경찰대학, 전게서, p. 119.
179) 피해자가 목격자로 법정에 출석하게 되는 경우 목격자지원협의체(Witness Service)에 의한 지
　　 원을 받게 되고 자원봉사자들은 재판의 전후나 진행 중에 목격자들을 도우며, 동반한 친지나
　　 친구를 위한 좌석예약을 하는 등의 서비스를 말한다. (宮澤浩一, 犯罪被害者支援の意義, 大谷.
　　 實 外編, 犯罪被害者支援の基礎, 東京法令出版, 2000. p. 31. ; Home Office, *The Victim's
　　 Charter ; A Statement of Service Standards for Victims of Crime.* 1996).
180) 경찰대학, 전게서. p. 120.

그 밖의 피해자보호제도로는 '배상명령(compensation order)'과 '형사화해(mediation)'가 있다. 전자는 사람의 생명·신체·재산에 대한 죄로 유죄판결을 받은 피고인에 대해서, 법원이 구금형 및 벌금형과 함께 피해자에 대한 배상을 명령할 수 있도록 한 제도인데, 피해자의 이익과 피해감정 완화를 목적으로 1972년에 형사재판법에 의해 도입되어 1988년 동법에 의해 판사가 형을 선고할 때 반드시 검토하도록 의무화되었다.181) 후자는 경미사범과 소년사건에 대해 피해자와 가해자 사이에서 변상 등의 화해가 성립하면 기소 전 단계에서는 형사절차를 중단한 채 입건하지 않고, 유죄판결 후에는 피고인의 형의 감경·면제 등을 행하는 제도이다. 이 형사화해제도는 형사상의 분쟁사건을 법원에서 해결하는 것에서 이탈하여 교회나 자원봉사 조직과 같은 민간조직이나 비공식적 체제 속에서 해결하려는 일종의 피해자지원 혹은 피해자원조 프로그램 중의 하나에 속한다.182)

영국의 화해제도는 민사책임과 형사책임과의 구분이 모호해지며, 손해회복 론에 의한 문제해결 방식으로는 범죄의 사회적 중대성을 무시하게 되는 결과를 초래하게 됨은 물론, 화해가 성립되지 않아 피의자가 소추되거나 구금되는 경우에는 피해자가 중압감을 느껴 화해에 응할 수밖에 없어 피해자의 이익에 반하는 결과가 나올 수도 있다는 등의 비판이 제기되고 있으나,183) 이러한 비판 속에서도 현재 여전히 이 제도는 활용되고 있다.

## 3. 경찰의 피해자대책

영국경찰이 피해자보호를 위하여 제시하고 있는 기본 전제는, "경찰은 피해자를 자상하게 보살피고, 피해자의 요구에 잘 부응하며, 피해자의 정서 상태에 민감하고, 피해자의 입장을 충분히 이해하며, 피해자에게 실질적인 도움을 주거나 정서적인 지원을 함으로써 그가 고립되고 거부당했다는 느낌이 들지 않도록 하고, 형사절차 속에서 또

---

181) 경찰대학, 상게서, p. 121.
182) Robert Elias, *Community Control, Criminal Justice and Victim Service*, Crime Policy to Victim Policy, (ed. E. A. Fattah). p. 293.
183) 奧村正雄,"イギリス における被害者學の生成と發展", pp. 105-106. ; 류병관, "범죄피해자 보호에 관한 연구", p. 63.

다른 고통을 당한다는 느낌이 들지 않도록 한다."는 것이었다.

영국 경찰에서는 각 지역에 설치되어 있는 '피해자지원협의체(Victim Support Schemes)' 각 경찰서 경정 또는 경감 이상의 경찰간부를 운영위원으로 참여하게 하고 있고, 다른 기관이나 단체들과의 긴밀한 협력 속에 운영위원회에 참여하는 형사간부가 자원봉사자교육을 실시함으로써 피해자들을 효과적으로 도울 수 있게 하고 있다. 일정한 범죄, 예컨대 주거침입절도·폭행·강도·절도·방화·재물손괴 등에 대해서 경찰은 신고접수 후 2일 이내에 피해자가 원하지 않는 경우를 제외하고 피해내용을 '피해자지원협의체'에 통보하는 절차를 취하도록 하고 있다. 성범죄나 가정폭력 및 살인의 경우에는 피해자가 동의하는 경우에만 통보하도록 하고 있으며 피해자가 직접 이 단체에 접촉하여 도움을 요청할 수도 있다.184)

피해자지원협의체는 사건 신고 접수 후 4일 이내에 피해자에게 편지를 보내거나 전화를 하거나 자원봉사자의 방문을 주선해 주게 되면 자원봉사자는 여러 가지 정서적 지원·보험금 청구요령 안내·형사피해보상청구 안내·특정문제에 대해 지원받을 수 있는 기관 등을 소개하게 된다. 범죄로 인하여 가족의 일원이 사망한 경우나 강간사건의 피해자인 경우에는 특별훈련을 받은 경찰관을 배치하고 있으며 이 때 경찰은 범죄로 인한 정신적 충격 상황, 피해 및 손실여부, 부상 등에 대해 자세히 조사를 하게 되고 이 과정에서 작성된 보고서는 검찰·판사들의 사건관련 결정과정에 참고자료로 활용하게 된다.185)

수사절차에 피해자의 참여권을 인정할 것인가에 대해서 견해가 나뉘고는 있지만 최근 영국의 형사실무에서는 형사절차에서 피해자의 의견을 존중해야 한다는 주장이 많아지고 있다고 한다.186) 또 영국의 '피해자헌장'에는 수사절차와 관련하여 여러 가지 강령을 제시하고 있는 바, 이 중 경찰의 피해자보호대책과 관련이 깊은 것은, 정보제공의무·아동피해자수사시의 진술녹화·피해자신변보호 등을 들 수가 있다.187)

---

184) 경찰대학, 전게서, p. 157.
185) 경찰대학, 상게서, p. 158.
186) 류병관, 전게논문, p. 62.
187) 경찰대학, 전게서, p. 120.

# 제2절 미국

## 1. 피해자대책의 연혁

식민지시대 미국에서의 피해회복을 위한 형사절차는 기본적으로 지역공동체로부터 보수를 받고서 치안업무에 종사하던 보안관(public officials, constable)의 도움을 받아 피해자 개인에 의해서 수행되었다. 따라서 피해자는 범인의 수사 및 체포, 혐의 자료의 제출, 범인의 소추에 소요되는 제반 비용을 부담할 책임이 있었다. 그러던 것이 미국혁명기에 형사사법절차상 중대한 변화를 겪게 된다. 형사소추는 개인의 이해관계에 따라 사적 보복차원에서 추구되어져서는 안 되고 범죄에 대한 응보와 범죄억제라는 공익을 위해 수행되어져야 한다는 계몽주의 철학의 영향을 받아 과거 개인에 의한 수사 및 소추활동이 공중소추(public procecution)에 의해 대체되기 시작한 것이다.[188] 이러한 공중소추는 이후에 정부의 의사를 대변하는 검사(public procecutor)에 의한 소추로 발전하게 되는데 미국의 형사사법제도의 이러한 변화로 인하여 피해자 개인에 의한 형사절차의 영향력은 현저히 약화되어 19세기 중반까지는 단지 정부의 공식적 기소절차에 협조하는 증인이나 목격자의 지위로서만 의미를 지니게 되었다.[189]

그러던 것이 20세기 중반에 이르러서 Hans von Hentig나 Benjamin Mendelsohn의 연구를 토대로 피해자학이라는 학문이 태동하면서 피해자의 지위에 대한 재조명 작업이 전개되었다. 1970년대 초까지는 범죄피해자에 대한 보호나 지원이 지역단위의 네트워크로만 운영이 되었으나 1975년에는 최초로 범국가적 차원의 '피해자지원조직(National Organization for Victim Assistance)'이 탄생하였다. 이 NOVA에서는 매년 다양한 피해자문제를 다루는 범국가적 차원의 학술회의를 지원해주고, 피해자보호활동 종사자에 대한 교육훈련을 실시하는 역할을 담당하기 시작하였다. 이외에도 성폭행피해자보호단체(National Coalition against Sexual Assault), 가정폭력피해자보호단체(National Coalition against Domestic Violence), 국립피해자센터(National Victim

---

188) Peggy M. Tobolowsky, *Crime Victim Rights and Remedies*, Carolina Academic Press, 2001. p. 5.
189) Peggy M. Tobolowsky, *ibid.*, p. 6.

Center)와 같은 많은 피해자보호단체들이 결성되었다.

1980년대 범죄피해자보호운동이 힘을 얻게 된 것은 Ronald Reagan 대통령이 1981년에 '범죄피해자를 위한 인권주간(National Crime Victims' Rights Week)'을 설정한 이후부터이다. 이어서 1982년에는 9명으로 구성된 '범죄피해者를 위한 대통령 특별위원회(the President's Task Force on Victims of Crime)'가 구성이 되어 피해자관련 문헌들을 연구함과 아울러, 피해자나 피해자보호를 담당하는 자들로부터 광범위한 여론을 청취하는 활동을 벌였다. 그 결과 1982년 60여 항목에 달하는 행동지침을 담은 최종보고서를 발표하게 된다. 이 최종보고서상의 행동지침은 연방이나 주에서 법집행 분야·입법 분야·사법 분야에 종사하는 자들, 경찰·검사·교도관들과 같이 형사사법 기관에 종사하는 자들, 피해자보호업무에 종사하는 의료기관 종사자·목사·변호사·교육자·전문상담가 등을 대상으로 한 것이었다.190)

그 중 경찰과 관련된 내용으로서, "① 피해자 문제에 대한 감수성과 인식을 높이고 그 지역에서 실시하고 있는 피해자보호 프로그램과 서비스에 관한 내용을 숙지할 있도록 하는 훈련프로그램을 개발하고 시행할 것, ② 검사의 승인 하에 신속히 채증활동을 마치고 피해자 재산을 환부해 줄 수 있는 절차를 마련할 것, ③ 폭력범죄의 피해자에게 수사진행상황이나 종결상황을 주기적으로 고지해주는 절차를 마련할 것, ④ 목격자에 대한 협박행위가 있으면 이를 수사의 최우선순위에 두어 수사를 하여야 하고, 이 내용을 검사에게 통보할 것" 등이 제시되었다.191)

1982년 '범죄피해자를 위한 대통령 특별위원회(the President's Task Force on Victims of Crime)'가 범죄피해자보호대책에 관한 최종보고서를 낸 지 약 20년이 지난 지금에 있어서 미국은 그 최종보고서안의 권고대로 입법 활동·사법제도개혁·연구 활동 등을 꾸준히 추진하여 피해자의 지위가 놀랄 만큼 개선되었다고 자평하고 있다.

입법적인 노력들로서는 먼저 1982년 '범죄피해자 및 증인보호법(Victim and

---

190) Peggy M. Tobolowsky, *ibid.*, p. 9.

191) '바람직한 형사사법기관의 행동  지침 제안 (Proposed Action for Criminal Justice System Agencies)' 이라는 제하에 경찰, 검사, 재판기관, 가석방위원회(Parole Boards) 등에 대한 피해자보호 권고안이 각각 제시 되었는 바, 경찰에 대한 권고안은 위에서 보는 바와 같이 4항목에 해당하는 내용이었다.(Peggy M. Tobolowsky, *ibid.*, p. 195.)

Witness Protection Law)을 들 수가 있다. 이 법은 형사절차에서 범죄피해자 및 증인의 역할증대 및 보호를 천명하였고, 피고인의 헌법상의 권리를 침해함이 없이 피해자 및 증인을 원조하기 위하여 실행 가능한 조치를 취하도록 하는 규정을 담고 있었는데 구체적으로는 피해자에 대하여 형사절차의 진행경과(피의자 체포·법관에의 출두·보석·기소사항 등)를 고지해주어야 한다는 규정, 형사절차 진행과정에 출석하여 의견진술을 할 수 있도록 하는 규정 등이 포함되어 있었다. 이 법을 토대로 1983년 '피해자 및 증인원조를 위한 법무부장관의 지침'이 제정되어 실행되고 있다.[192]

미국은 종래 범죄피해보상 제도를 보다 확대 강화하기 위하여 1984년 '범죄피해자법(VOCA)'을 제정하였다. 이 법으로 인해 연방피해자기금이 설치되었고 이 기금으로부터 각 주의 피해자지원제도 운영을 위한 보조금을 지급하게 되었다. 그러나 피해자 구제를 위한 중요한 제도임에도 불구하고 피해자가 이러한 제도를 알지 못하거나 절차가 복잡하여 보상청구가 미흡하다는 단점을 드러내기도 하였다.[193] 이 밖에도 1986년 '아동에 대한 형사사법 및 지원법(Children's Justice and Assistance)', 2000년 '교통사고 및 폭력범죄피해자보호법(Victims of Trafficking and Violence Protection Act)' 등을 들 수가 있다.

미국은 2001년 현재 무려 30개 이상의 주정부가 '피해자 권리의 장전(Crime Victim "Bills of Rights")' 혹은 이와 유사한 피해자보호조항을 가진 주 헌법 수정안에 비준하였으며, 의회에 피해자권리에 관한 연방헌법 수정안도 제출 해놓은 상태라고 한다.[194] 연방법령이나 주법령 중 약 27,000개 조항이 직간접으로 범죄피해자 권익보호와 관련되어 있다고 하며,[195] 연방정부와 대부분의 주정부에서는 범죄피해자에게 형사절차진행에 관한 중요사항을 통지해 주도록 하는 규정을 두는 한편, 형사절차가 각 단계별로 진행될 때마다 피해자가 그 절차에 참여할 수 있도록 허용하는 제도도 마련하고 있다. 그리고 국가 혹은 민간인이 운영하는 약 10,000개 이상의 피해자지원프로

---

192) 박광민, "피해자보호에 관한 외국의 입법동향", 피해자학연구 제6호, 1998. p. 158.; 장규원, "수사경찰의 피해자대책의 현황과 과제", 한국형사정책연구원, 2002. pp. 58-59.
193) 박광민, 전게논문, p. 162.
194) Peggy M. Tobolowsky, *op. cit.*, p. 187, 275.
195) David Beatty et al., *National Victim Center, Statutory and Constitutional Protection of Victims' Rights : Implementation and Impact on Crime Victim 6*, 1996.

그램이 연방·주·지방정부 단위별로 각 정부의 재정지원을 받으면서 운영되고 있다
는 것이다.196)

## 2. 일반적 피해자대책

### 가. 연방정부의 피해자지원을 위한 입법 활동

1960년대 중반까지만 해도 피해자보상에 관한 입법 활동에 소극적이었던 미국 연방
의회가 1980년대 공화당정부가 들어서면서부터 피해자에 대한 국가의 지원문제에 관심
을 보이기 시작하였고, 1982년 '범죄피해자에 관한 대통령 특별위원회'가 구성이 된 이
후에는 '범죄피해자통합법령(Omnibus Victims of Crime Act)'을 제정함과 아울러 1984
년에는 '범죄피해자지원법(Crime Victim Assistance Act)'을 입법을 추진하였다.

그러나 연방정부의 기본 입장이 '피해자지원문제는 종국적으로 주정부가 처리해야
할 문제'라고 생각했기 때문에 더 이상의 추가적인 입법은 추진되지 아니하였다. 1984
년의 '범죄피해자지원법'에 근거하여 '범죄피해자보호실(Office for Victims of Crime:
OVC)' 창설되었는데 이 기구가 지금까지도 연방정부의 중요한 피해자지원기구로서의
역할을 다하고 있다. 이 OVC에서는 연방법을 위반한 범법자들로부터 징수한 벌금을
가지고 전국의 피해자들을 지원하는데 그 징수된 벌금으로 형성된 자금을 지출하고
있다.197) 연방법집행기관에 의한 피해자대책의 기본 내용은 1995년 제정된 '피해자와
증인보호에 관한 법무장관지침'에 구체적으로 제시되어 있다.

### 나. 주정부의 범죄피해보상프로그램

미국의 피해자지원시스템 구축과정에서 가장 중요한 시발점이 된 것이 1965년 캘
리포니아 주에서 시작된 '범죄피해자보상프로그램(Crime Victim Compensation
Programs)'이었다. 대체로 미국의 주정부는 연방정부보다 피해자보호에 앞장을 서서

---

196) Office for Victims of Crime, U.S. Department of Justice, *Victim Assistance : National Resource Directory 1999*, 1999.; Office for Victims of Crime, U.S. Department of Justice, Victims of Crime Act of 1984, as amended : Report to the President and the Congress 47-57, 61-64, 1999.

197) Peggy M. Tobolowsky, *op. cit.*, p. 253.

활동하였는데 주정부의 범죄피해자보상법령은 1965년 캘리포니아 주에서의 입법이 그 효시가 되었으며 이러한 주정부의 피해자보상에 관한 입법은 다른 주로 빠르게 확산되었다. 각 주마다 피해자보상위원회가 조직되고 세금이나 벌과금 기타 재원 등을 통하여 기금을 조성한 뒤, 일정한 경우에는 카운티 단위의 검찰청에서 운영되는 피해자지원 프로그램을 지원해주기도 하였다. 이 프로그램에서는 최초에 폭력범죄의 피해자 중 전혀 피해를 유발하는 요인이 없는 가운데 피해를 당한 무고한 피해자와 경제적으로 곤궁한 피해자, 그리고 살해당한 피해자의 유족 등에게 보상금을 지급하는 형식을 취하였다. 이후에 이 제도와 유사한 보상프로그램이 New York(1966), Hawaii(1967), Massachusetts and Maryland(1968), New Jersey(1971) 등지로 확산되었다.

또 폭력범죄피해보상위원회(VCCB)가 출현하게 되었는데 이 VCCB의 생성은 피해자그룹의 결성에 따른 정치적 요인이 강하게 작용한 것이었다. 1991년에는 45개 주에서 범죄피해자보상프로그램을 시행하게 되었고 피해자들은 이 제도를 통하여 범죄피해로 인한 손실비용, 의료비, 중상해로 인한 장기간의 요양비, 장례비 등을 보상받게 되었다.198)

그러나 이러한 범죄피해자보상프로그램의 출발이 정치적 공약과 같은 상징적 성격으로 출발을 한 까닭에 프로그램 운영에 필요한 재정이 부족하여 제대로 기능을 못한 경우가 많았음이 VCCB에 대한 조사결과에서 보고되기도 하였다. 또 이 피해자보상프로그램이 범죄피해자에게 적절한 도움을 제공할 수 있으려면 사법관할구역별로 VCCB지부를 두는 방법으로 분권화를 시켜야 한다는 주장이 제기되었다.199)

## 다. 피해자 · 목격자 · 증인 지원프로그램

미국에서의 '피해자·목격자지원프로그램(VWAP)'은 검사가 운영하고 있다. 피해자·목격자지원은 검사의 공소유지에 협조하는 목격자에게 일정한 지원을 제공하는 기능적인 성격을 띠고 있다. 그러나 이러한 지원제도는 검사의 활동을 제약하는 측면도

---

198) McCormack, *Compensation Victims of Violent Crime,* Justice Quarterly, Volume 8, Number 3, September, Washington, DC, pp. 329-346.; Peggy M. Tobolowsky, *Understanding Victimology,* Anderson Publishing Co. 2001. p. 252.
199) Peggy M. Tobolowsky, <u>ibid</u>., p. 257.

가지고 있기 때문에 피해자지원활동은 검사의 공소유지기능에 기여하게끔 계획적으로 추진되어야 한다는 주장도 제기되고 있다.[200] 검사가 이러한 프로그램을 운영하다고 하여 경찰 나름대로의 피해자보호활동과 단절되어 있는 것은 아니다. 오히려 해당 지역의 경찰은 검찰청과 유기적으로 연계하여 피해자보호 활동을 하게 되는데, 예컨대 로스앤젤레스경찰국(LAPD) 관할에서 범죄피해가 발생하면 경찰은 그 피해자를 지방검찰청에서 운영하는 피해자지원제도에 관한 정보제공을 해주고 그를 검찰청에 연결시켜주게 된다. 다만 경찰은 그 피해자가 보상을 받게 되는지 여부에 대해서 가치판단은 하지 않는다.[201]

검사실에서는 피해자에 대해 피해보상금 지급절차 및 손해배상 청구소송에 있어서 법률지원을 제공하고 있고 피해자지원 전담요원이 지방검사실, 각 경찰서 및 보안관 사무실 등에 상주하면서 피해자에게 전문적인 상담서비스를 제공하고 있다. 또 피해자를 관련 사회복지기관에 연결해주고 수사 및 법정 절차에 동행하며 도와주고 있으며, 증거로 쓰인 재산의 신속한 환부를 위해 조력을 제공하게 된다.

미국에서는 1970년부터 증인보호프로그램(witness security program)이 시행되고 있는 데 그 내용으로는 위협받고 있는 증인의 새로운 주거지, 주거장소 보장, 새로운 직업 알선, 생계비 지원 그리고 새로운 인적사항의 제공 등이다.[202]

## 3. 경찰의 피해자대책

미국은 1970년대 전반부터 경찰차원의 범죄피해자 보호대책을 구상하기 시작했다. 1974년에는 플로리다주 포트 로더데일시 경찰과 인디애나주 인디애나폴리스시 경찰에 의해 경찰의 피해자지원프로그램이 발족되었고, 1975년에는 뉴욕주의 로체스터시 경찰에도 피해자지원반과 아동학대대책실이 설치되는 등 피해자를 위한 각종 프로그램이 추진되었다.[203]

---

200) Peggy M. Tobolowsky, <u>ibid.</u> ; Elias, R. *The Politics of Victimization* ; *Victims, Victimology and Human Rights,* New York, Oxford University Press, 1986. p. 238.
201) LAPD, *2001 Manual,* Los Angeles Police Department, 2001. pp. 260-261.
202) 안경옥, "독일 형사절차상의 증언 및 피해자보호", 형사정책 제11호, 1999. p. 342.
203) 로체스터 시경찰청 중앙수사국에는 현재 가족 및 피해자서비스과(Family and Victim Services

전국보안관협회(National Sheriff's Association : NSA), 전국경찰총수협의회 (International Association of Chiefs of Police : IACP) 및 경찰간부연구포럼 등 경찰 관련 주요 법집행기관들은 연방 법무부의 지원을 받아 가정폭력·아동학대· 성범죄·고령자학대·위기개입 등 피해자 문제에 관해 다양한 교육·훈련 프로그램을 실시하고 있다. 연방법무부 범죄피해자대책실(OVC)도 IACP·NOVA 등과 협력하여 지역사회경찰활동과 연계된 피해자 지원프로그램을 운영하기 위한 교육과정을 개발하고 있으며, 가정폭력 피해자에 대한 효과적 대응을 위한 교육도 아울러 실시하고 있다. 미국은 대체로 표준화된 기준에 따라 피해자보호시책을 시행하고 있는데 영국과는 달리 경찰조직 내에 아동학대·노인 학대·여성 성범죄관련 피해자 업무처리를 위하여 이 분야에 민간인 전문가를 채용하여 피해자의 필요에 대응하고 있으며 NOVA를 비롯한 민간 피해자지원 단체와 긴밀하게 협조하는 가운데 피해자대책을 추진하고 있다.204)

연방이나 각 주의 법에서는 피해자의 권리규정과 함께 경찰의 피해자보호의무 규정도 입법해놓고 있으며 해당 주 경찰청에서는 지침형식으로 피해자보호 지침을 마련해놓고 있다. 해당 경찰관은 연방이나 주법 및 경찰청 훈령에서 규정한 피해자보호와 관련된 법령을 충실히 준수하도록 의무가 부여되어 있다.205)

경찰이 추진하고 있는 범죄피해자프로그램의 주요 내용으로는, 법집행과 수사절차에 관한 통지, 원조가 필요한지의 여부를 확인하기 위해 최초의 접촉으로부터 24~48시간 이내에 전화 또는 면접을 통해 피해자와 접촉, 범죄피해보상제도 등 피해자에게 유용한 정보의 제공, 피해자의 권리 고지, 위기개입 및 심리적인 초동조치, 응급의료 서비스, 전문 상담자의 소개, 피해의 반복차단 및 보복범죄로부터의 안전 확보 등이 있다.206) 특히 1998년 미국 법무성 피해자보호대책실(the Office for Victims of Crime)에서는 경찰을 비롯한 법집행공무원들에게 피해자응대지침(New Directions from the

---

Section) 산하에 피해자지원계(Victim Assistance Unit)와 가정위기개입팀(Family Crisis Intervention Team : FACIT)를 두고 있다 (김용세, 피해자학, 형설출판사, 2003. p. 246).

204) 김용세, 상게서, p. 249.

205) Laura J. Moriarty, *Policing and Victims,* Prentice Hall, 2002. p. 18.

206) 安田貴彦, 諸外國における警察の被害者對策, 大谷 實 外編, 犯罪被害者對策の現狀, 東京法令出版, 2000. pp. 144-145.

Field : Victims' Rights and Services for the 21st Century, 1998)을 마련하여 하달하였다. 여기에는 경찰이 피해자에게 자신이 보유한 형사절차상의 권리를 구두와 문서로 고지를 해야 한다는 내용과 피해자가 필요한 서비스를 제대로 받을 수 있도록 공동체와 연계를 강화해야 한다는 내용, 그리고 피해자에게 피해사건의 진행상황에 대하여 통지를 잘 해주어야 한다는 내용을 담고 있다.[207]

그러나 미국 주정부나 지방정부, 그리고 일부 경찰기관에 의해 이러한 피해자보호 프로그램이나 피해자지원정책이 활발하게 추진되고 있다고는 하지만, 상당수 미국의 경찰기관들은 그들이 피해자를 지원할 수 있는 많은 기회와 잠재력이 있음에도 이에 충분하게 부응하고 있지 못하고 있다는 비판도 있다. 현재 미국에는 약 18,760개의 주 경찰 및 지방경찰기관이 있지만,[208] Peggy M. Tobolowsky에 의하면 소수의 기관만이 범죄발생 후 적극적인 피해자지원프로그램을 운영하고 있다고 비판적인 시각으로 접근하고 있다.[209]

또한 1988년에 미국 내 경찰기관의 총수들을 상대로 수행된 한 조사에 의하면 통상적인 위기상황이 발생했을 때 피해자지원을 위한 공식적 프로그램을 개발하여 운영하는 경찰관서가 총 51개 경찰관서 중 4개 관서에 불과하다는 결과를 제시하고 있다.[210] 그리고 주어진 경찰력을 피해자지원활동에 투입하도록 경찰자원에 대한 조정을 할 의사가 있느냐는 질문에는 51명의 경찰지휘관 중 45명이 부정적인 응답을 하였다는 것이다. 다음은 그러한 부정적인 답변을 한 이유를 정리한 것이다.

『 경찰기관은 사회적 봉사활동과 관련하여 다른 추가적인 역할을 할 여력이 없다. 기존의 피해자관련 프로그램이나 가정폭력 프로그램, 알콜이나 약물중독자 프로그램을 운영하는 것만으로도 이미 버거울 뿐만 아니라 주정부로부터 인력이나 예산지원도 없는 상태다. 사람들은 보다 적은 자원을 가지고 보다 많은 일을 해주기를 소망하는데 그것은 몽상이다. 많은 경찰지휘관들은 경찰활동이 경찰 본연의 임무로 돌아가야 하고

---

207) Laura J. Moriarty, _op. cit.,_ p. 18.
208) Samuel Walker, _the Police in America,_ 2002. p. 63.
209) Peggy M. Tobolowsky, _Understanding Victimology,_ Anderson Publishing Co. 2001. p. 258.
210) Peggy M. Tobolowsky, _ibid._

사회 복지적 문제는 사회복지기관이 맡아 하도록 해야 한다고 느끼고 있다. 우리 경찰의 자원을 한 방향으로 집중하는 것이 훨씬 경제적이다.』[211]

Peggy M. Tobolowsky는 미국 경찰의 경우 피해자지원업무를 경찰의 전문성과 신뢰성을 향상시킬 수 있는 기회로 보기보다는 또 하나의 무거운 짐이 추가되는 것으로 여기는 경향이 있다고 비판하고 있다. 그는 경찰이 사회적으로 존경을 받는 전문적 권위를 갖는 직업이 되기 위한 가장 확실한 방법 중의 하나가 바로 지역공동체에서 발생하는 범죄피해자를 적극적으로 지원하는 일이라고 주장한다.[212]

# 제3절 독일

## 1. 피해자대책의 연혁

독일 피해자학의 발전은 미국이나 영국보다 늦은 편이어서 1960년대 까지는 범죄학의 틀 속에서 피해자학 연구가 진행되는 수준이었다. 1965년 Fritz Paasch가 피해자학의 고유 개념화를 주장하였으나 피해자보호나 피해자지원차원으로까지는 문제의식을 가지지는 못하였다.

피해자학이 독일의 학계에 주목을 받기 시작한 것은 1970년대 이후의 일로서 피해자의 실태조사·암수범죄 조사·피해자 보상 문제 등이 활발하게 논의되기 시작하면서부터이다. 특히 1974년에 실시된 대규모 암수범죄 실태조사를 통해 시민들이 범죄 신고를 않는 이유가 사건지연에 따른 불쾌감, 범인의 보복에 대한 두려움, 피해의 경미함 등이 그 이유들로 제시되면서[213] 범죄피해자에 대한 관심이 증폭되었다.

이러한    시대적    분위기는    1976년    폭력범죄피해보상법(Gesetz    über    die

---

211) Peggy M. Tobolowsky, *ibid.*
212) Peggy M. Tobolowsky, *ibid.,* pp. 258-259.
213) G. Kaiser/石井光 譯, "西ドン；ツにおける被害者調査, 特に、フライブルク調査を中心として", 法學硏究, 第50卷, 第11號, p. 93 ; 류병관, 전게논문, p. 74.에서 재인용.

Entschädigung für Opfer von Gewalttaten)의 제정을 추진하는 동력이 되어 폭력피해자에 대한 치료비, 손실한 기회비용 등을 보상받을 길을 열어주는 등 피해자보호의 움직임이 시작되었고, 1976년 피해자보호를 위한 민간단체인 '백색 고리(Weißer Ring)'가 결성됨으로써 산발적으로 행해지던 피해자보호활동이 보다 체계적으로 운용되게 되었다.

1980년대는 독일의 피해자학이 비약적으로 발전한 시기였다. 여러 학자들에 의해서 피해자의 법적 지위의 향상과 피해자보호 및 원조의 촉진에 관한 문제들이 다루어졌다. Schuler를 비롯한 학자들은 형법이나 형사소송법이론에 피해자학적 관점을 반영하려는 노력을 하였고,214) Peter Rieß는 1984년 제55차 독일법조회의(Deutsche Juristen Tagung)에서 '형사절차에서의 피해자의 법적 지위'라는 의견서 발표를 통해, 형사법에 화해절차를 도입, 피해자의 입장을 배려하는 자세의 유지, 피해자에의 정보제공이나 보호·원조의 제공, 피해자 손해의 회복 등 획기적인 의견제시를 하였다.215)

이러한 내용들이 기폭제가 되어 1986년 피해자보호법(Opferschutzgesetz ; OSG)의 제정 및 시행으로 이어지게 되었다. 기존의 독일 형법, 형사소송법(StPO), 법원조직법(GVG) 등 형사법제에서는 피해자보호법 이전에도 부분적인 피해자의 절차참여 및 피해자보호제도가 존재하였다. 고소제도, 사인소추제도(Privatklage), 부대공소 내지 소송참가제도(Nebenklage), 배상명령(Adhäsionsverfahren), 기소강제절차(Klageerzwingungsverfahren) 등이 그 것이다. 그러나 피해자보호법에서는 피해자지위의 강화를 위하여 다음과 같은 내용을 추가로 규정하게 된 것이다. 즉, 피해자로 하여금 자신이 처한 입장과 절차의 진행상황에 관한 정보를 요구할 수 있는 권리를 두었었고, 국가에 대하여 자신을 보호해달라고 요구할 수 있는 권리도 부여되었다. 또 피해자의 신청에 의해 변호사를 보좌인으로 선임할 수 있고, 수사단계에서부터 피해자의 권리보호를 이 보좌인이 맡아 절차의 진행상황에 대한 정보를 범죄피해자에게 알려줄 수 있도록 하였으며,216) 관계서류를 열람하고, 수사단계나 공판

---

214) 宮澤浩一, "刑法理論と被害者學", 福田平博士·大塚仁博士古稀祝賀論文集(下卷), 1993. p. 73.
215) 김용세, 전게서, p. 108.
216) Thomas Weigend, *Das Opferschutzgesetz-Kleine Schritte zu Welchem Zweck?*, NJW, 1987. S. 1173.

개시 때에는 피해자의 뜻에 따른 의견을 적절하게 진술하고, 공개법정에서 증인으로 심문을 받을 때 보좌인의 조언을 얻어 사생활에 관련된 사항에 대해 증언을 거부하고 공개금지의 조치를 구할 수 있도록 하는 것 등이다. 요컨대 이 피해자보호법의 시행에 따라 소송과정에서의 피해자보호절차가 중시되었고, 피해자가 정보제공을 요구할 수 있는 등 형사절차에 적극적으로 참여할 권리를 인정받게 되었던 것이다.[217]

1992년 Hannover에서 개최된 제59회 독일법조회의에서는 원상회복(Wiedergutmachung) 제도의 의의가 높이 평가되었고, 소년법원에 의한 '행위자와 피해자와의 화해(Täter-Opfer Ausgleich : TOA)' 제도의 도입이 추진되기 시작하였다. 1994년에는 '형법·형사소송법 기타 법령 등의 개정에 관한 법률(Gesetz zur Änderung des Strafgesetzbuches, der Strafproze Bordnung und anderer Gesetze)'에 의해 피해회복과 가해자-피해자 화해제도가 성인 형법전에 편입되었다. 이어 1996년에는 연방참의원에서 '형사소송법 개정법안(아동증인의 보호에 관한법률)'이 제출되어 심의되었는데 여기에는 16세 이하의 아동·소년에게 악영향을 가져 올 위험이 있다고 판단되면 법관은 별실에서 분리하여 신문을 실시할 수 있고, 이 신문내용이 지체 없이 녹취되어 문서화됨으로 인해 피해자의 추가적 피해를 예방할 수 있도록 하는 내용이 포함된 것이었다.[218]

그 후 1997년 3월 11일 독일 여당에 의해 '형사소송법 개정법안 형사절차의 신문 시 증인보호법'이 제출된 것을 계기로 1998년 3월 '증인보호법(Gesetz zum Schutz von Zeugen bei Vernehmungen im Strafverfahren und zur Verbesserung des Opferschutzes Zeugenschutzgesetz-ZSchG)'이 제정되었다. 여기에는, ① 공판 시 증인신문이 불가능하고 진실의 탐구를 위해 그 기록이 불가결할 때에는 증인신문을 녹음·녹화할 수 있다는 규정, ② 증인이 공판정에 출석하여 신문을 받을 때 현저히 악영향을 줄 수 있는 절박한 위험이 존재하는 경우 피고를 퇴정시킬 수 있다는 규정 등을 두고 있다.[219]

---

217) Kaiser, M., "被害者保護法からみた刑事司法における被害者の地位", 田口守一(譯), 犯罪被害者と刑事司法, p. 217.
218) Deutscher Bundestag 13. Wahlperiode, Drucksache 13/4983, 19 .06. 1996.
219) 장규원, "수사경찰의 피해자대책의 현황과 과제", 형사정책연구원, 2002. pp. 61-65.

## 2. 일반적 피해자대책

### 가. 범죄피해자 보상제도

앞서 살핀 바와 같이 독일에서는 1976년에 '폭력범죄피해보상법(Gesetz über die Entschädigung für Opfer von Gewalttaten)'이 제정되어 '고의의 위법한 사실상의 강제력 행사'로 인해 신체적 피해와 그로 인한 소득상실 등의 경제적 손실(2차적 피해)을 입었을 경우, 독일 국적 자에 한해서 보상청구를 하도록 하고 있다. 독일에서 피해자보상법이 지니는 입법적 지위는 복지적 구조나 사회적 구조 보다 명확히 높은 위치에 있다고 한다. 다만 고통과 괴로움 등 정신적 피해보상은 인정하지 않고 범죄로 인한 상해로부터 비롯되는 신체적·경제적 피해만을 보상하고 있어서 청구권 행사에 제약이 따른다. 보상형태는 의료적 치료형태와 정규지급금 수여형태가 있다. 후자에 따른 보상을 받기 위해서는 범죄로 인하여 약 25%의 작업능력의 감소가 있어야 하는데 그 감소량에 따라서 보상액이 결정되는 것이 특징이고, 범죄로 인해 장애가 발생했을 때에는 미래 소득에 대한 추정적 손실까지를 보상해주기도 한다.220)

### 나. 사인소추제도

독일 형사소송법에서는 사인소추가 허용되어 있다. 즉, 일정한 범죄행위의 피해자는 검사에게 고소하지 않고 스스로 소추할 수 있는 것이다(StPO 제374조). 검사는 이들 범죄에 관하여 그 범죄들이 공공의 이익과 관계가 되는 때에만 공소를 제기할 수 있게 하고 있다(StPO 제376조).

사인소추가 가능한 범죄로는 주거침입죄, 모욕죄, 서신비밀침해 죄, 상해죄, 협박죄, 거래상의 수뢰 또는 증뢰 죄, 재물손괴 죄, 부정경쟁방지법상의 일정 범죄행위, 특허법상의 일정 범죄행위, 실용신안법·반도체보호법·실용신안법·상표법·의장법·저작권법상의 일정 범죄행위 등이다. 사인소추인은 변호사와 함께 출석하거나 위임장을 가진

---

220) Hans-Heiner Kühne, 최인섭 (역), *Systems of Public Compensation of Crime Victims in Europe*, 피해자학연구 제2호, 1993. pp. 27-28.

변호사로 하여금 대리하도록 할 수 있으며 절차에 참여하여 의견을 진술하고 변호사를 통해 개록을 열람할 권리가 부여되어 있다(StPO 제385조 제1,2항).

실제에 있어 독일의 사인소추제도의 이용률은 극히 저조한 수준이라고 한다. 검사가 사인소추에 의하도록 지적하고 불기소로 종결한 사건의 10% 정도만이 실제로 소가 제기되었다고 하며, 실제로 제기된 사인소추 중에서 약 6% 정도가 유죄판결을 받는다고 한다.221) 그 이유는 사인소추자에게 입법자들이 현저한 소송부담을 안겨주었기 때문이라고 한다. 사인소추절차에서 피해자에게는 강제수사권이 인정되지 않고, 소송비용을 예납할 의무를 부여하고(StPO 제379조), 피고인이 무죄판결을 받거나 소송절차가 중단된 경우 피고인에게 발생한 소송비용까지 피해자에게 부담시키고 있는 것이다. 이에 따라 사인소추절차의 개혁에 관한 논의가 활발히 전개되고 있는 실정이다.222)

## 다. 가해자-피해자 화해제도

1977년 Albert Eglash가 '회복적 사법(Restorative Justice)'이라는 용어를 처음 사용한 이래로223) 그러한 회복적 사법실무의 한 유형으로 등장한 것이 '가해자-피해자 조정제도(Täter-Opfer Ausgleich, Victim-Offender Mediation)'이다. 이러한 가해자-피해자 중재·화해 프로그램의 시초는 1974년 캐나다 온타리오주 Kitchener에서 시행된 프로그램이라고 알려지고 있고 이러한 프로그램은 현재 미국 300여 개, 캐나다 26개, 유럽 600개(독일 368개, 영국 43개) 등 전 세계적으로 확산되고 있으며 범죄로 인해 피해를 입은 당사자들의 피해회복에 많은 기여를 하고 있는 것으로 입증되고 있다.224)

독일은 1994년 10월 28일 '범죄방지를 위한 법률(Verbrechensbekämpfungs-gesetz)'를 제정하면서 형법의 일부개정이 이루어져 행위자와 피해자간의 화해에 관한 조항이 신설되어 시행되고 있다. 독일 형법 제46조의 a(행위자와 피해자간의 화해, 손

---

221) 형사정책연구원, "고소제도에 관한 연구", 1998. p. 82.
222) Grebing, *Abschaffung oder Reform der Privatklage,* GA 1984, 1.
223) A. Eglash, *Beyond Restitution : Creative Restitution,* Restitution in Criminal Justice, 1977, p. 92
224) 경찰대학, 피해자학, 2001. p. 29.

해의 배상) 규정에 아래의 내용에 해당할 경우 형법 제49조 제1항에 의하여 그 형을 감경할 수 있고, 1년 이하의 자유형 또는 360일 이하의 벌금형에 처할 경우에는 그 형을 면제할 수 있다고 규정하고 있는 것이다. 즉, "① 행위자가 피해자와 화해하기 위하여 노력하여 그 행위의 전부 또는 주요 부분을 배상하거나 또는 배상을 위하여 진지하게 노력한 경우(행위자와 피해자의 화해), ② 손해의 배상이 행위자의 상당한 개인적 급부 또는 개인적 권리포기를 요하는 경우로서 행위자가 피해의 전부 또는 주요 부분을 배상한 경우"가 그에 해당한다.[225] 이 규정은 실무에서 범죄의 종류에 관계없이 모든 범죄에 적용되고 있으며, 자유형에 처해지는 자의 약 95%가 1년 이내의 형기를 선고받기 때문에 당사자 간의 화해가 성립하여 형법 제46조 a를 적용하는 경우에는 형이 면제되는 경우가 많다고 한다.[226]

독일의 형사화해제도는 사인소추제도 및 공동원고의 소송참가제도와 밀접하게 관련된다. 주거침입·모욕·서신비밀침해·상해(형법 제223조와 229조) 등의 범죄로 인한 사인소추는 민사상 화해시도가 실패로 돌아간 다음에만 가능하도록 함으로써 가해자와 피해자에게 형사화해를 간접적으로 강제하고 있다. 또 독일 형사소송법은 형사화해제도의 실효성을 제고하기 위하여 벌금형의 납입부담을 경감하는 제도를 도입하는 등 그 집행을 완화하는 제도를 통해 충실한 손해배상을 도모하고 있다.[227]

### 라. 원상회복

독일 형사소송법은 1975년 제153(A)조 제1항 제1호에서 검사는 법원과 피의자의 동의를 받아 원상회복을 조건으로 기소를 중지하는 조건부 기소제도를 도입하였다. 이는 공소제기 전 단계에서 원상회복을 조건으로 기소중지 및 가벌성을 조각하는 조건부 기소제도라고 볼 수가 있다. 또 독일 형법 제56(b)조에는 공소제기 후 원상회복제도에 대하여 규정하고 있는 바, 법원이 원상회복을 조건으로 집행유예를 선고할 수 있

---


225) Schönke/Schröder/Stree, *Strafgesetzbuch*, Kommentar 25. Auf., 1997, S. 659-661.; 류병관, 전게논문, p. 85에서 재인용; 김용세, 전게서, p. 216.

226) Kilchling. M., *Aktuelle Perspektiven für Täter-Opfer Ausgleich und Wiedergutmachung im Erwachsenstrafrecht*, NStZ 1996, S. 311.; 김용세, 전게서, p. 217.

227) 김용세, 상게서, p. 217.

고, 이를 가석방에 준용하도록 하고 있다. 위 양 제도는 실무에 있어서 활용도가 그리 높지 않다고 한다.[228]

## 마. 범죄피해자 지원제도

독일에서의피해자 원조활동은 백색 고리(Weißer Ring)라는 민간단체와 범죄피해자 보호협회(Arbeitskreis der Opferhilfe in der Bundesrepublik Deutschland)의 활동에 크게 힘입고 있다. Weißer Ring은 1976년 Eduard Zimmermann 등에 의하여 마인츠 에 설립된 전국규모의 피해자 원호조직으로서 현재 약 2,300여명의 자원봉사자가 활동 을 하고 있는 공익법인단체이다. 활동내용을 보면, 국가기관에의 동행 또는 보좌, 상담 프로그램의 운영, 피해자 관련기관의 소개 및 중재, 가해자와 피해자와의 중재기관으 로서의 역할 수행, 피해자 및 그 가족의 휴양조치, 범죄행위의 결과와 관련해 당자에 필요한 금전적 지출원조 등이다. 이 단체의 운영재원은 약 7만 명에 달하는 회원의 회비, 각종 기부금과 헌금, 유증 및 과징금(Geldbuße)로부터의 할당금 등에 의해 조달 된다.

독일 범죄피해자보호협회는 1988년 창설되어 2001년에는 전국 각지에 산재한 26개 의 전문적 피해자지원조직을 거느린 전국적 네크워크 조직으로 성장하였다.[229] 여기 서는 피해자보호를 위한 정보교류와 토론, 피해자를 위한 지원기준의 작성을 위해 노 력하고 있으며, 운영재원은 회부와 기부금 그리고 각 지역조직이 속한 州 법무성의 보조금 등으로 조성되고 있다고 한다.[230]

## 바. 증인보호 프로그램

증인이 피해자이거나 아동인 경우에는 그들이 신뢰할 수 있는 분위기에서 증언할 수 있도록 '증인 후견적 프로그램'을 독일의 여러 주에서 운영하고 있다.[231] 이러한

---

228) Sessar, *Schadenwiedergutmachung in einer künftigen Kriminalpolitik,* in FS-Referenz, 1983, S. 148ff.; 류병관, 전게논문, p. 86. 재인용.
229) 김용세, 전게서, p. 290.
230) 宮澤浩一, ドイシ被害者支援活動グループ(ado)について、産大法學34卷3號, 2000. p. 355.

증인들은 반복적 증인신문을 통하여 2차 피해자화가 우려되기 때문이다. 피고인이나 변호인에 의해서 공격적 증인신문이 이뤄질 때 피해자의 정신적 부담은 커질 수 있기 때문이다. 이러한 프로그램의 내용으로는 신문환경 개선, 법정 증언절차와 소송의 진행과정에 대한 안내 및 정보제공, 피해자의 권리와 의무에 대한 정보제공, 신뢰할 수 있는 자와의 동석 등이다.232)

그 밖에 형사소송법상의 증인보호제도로서 인적사항의 은폐, 신변위협을 받고 있는 증인에 대한 출석·증언의무의 면제와 소송의 중지제도, 증인신문의 비공개, 피고인의 퇴정, 비디오 등의 녹화·활용을 통한 반복신문의 방지, 변호인의 조력을 받을 권리 등을 규정하고 있다.

## 3. 경찰의 피해자대책

독일에서 범죄피해자대책 일반의 수립과 집행은 연방과 각 주의 법무성의 주도하에 추진되어 왔다. 그러나 독일 경찰도 1970년대 중반 이래 경찰활동 과정에서 피해자보호를 위한 각종 시책을 강구해 왔다. 특히 독일 연방형사국(BKA)의 범죄연구소에 1976년도부터 피해자학 연구 분야를 설치한 후 지금까지 약 25년간을 다양한 피해자문제를 다루어 옴으로써 독일 피해자보호정책 개발에 기여를 해왔다.

Bauermann과 Schädler는 연방형사국의 요청에 의하여 독일에서는 처음으로 경찰이나 사법기관에서 다룬 사건의 피해자들을 상대로 범죄피해에 대한 설문조사를 통한 경험적 연구를 수행하여 외국의 연구결과와 비교하는 작업을 수행하였다.233) 이러한 연구들이 수행된 이후에 연방형사국의 많은 전문가들이 의회의 청문회에 참석하거나 강연회 등을 개최하여 범죄피해자(특히 성폭력 피해자) 보호를 위한 입법의 필요성을 주장하였다. 이러한 노력의 결과 연방형사국은 Hessen州의 법무부와 공동협력 하에

---

231) Stratmann, *keine Lobby für Zeugen*, Kriminalistik, 1995. 743. 744f.
232) 안경옥, "독일의 형사절차상의 증인 및 피해자보호", 형사정책 제11호, 1999. p. 343.
233) Michael C. Baurmann und Wolfram Schädler, Das Opfer nach der Straftat-seine Erwartungen und Perspektiven. Eine Befragung vom Betroffenen zu Opferschutz und Opferunterstüzung sowie ein Bericht über vergleichbare Untersuchen.; Rudolf Balß, Michael C. Baurmann, *Opfer und Zeugen bei der Polizei,* Luchterhand, 2001. S. 5.

국립으로 '범죄충격-위기관리센터(Trauma und Krisenzentrum)'를 건립을 추진하기로 뜻을 모으기에 이르렀다.234)

1995년 독일 연방형사국은 그 해를 '범죄피해자보호 및 범죄와의 전쟁(Opfer und die Kriminalitätsbekämpfung)'의 元年으로 기치를 내걸고 범죄피해자를 수사하거나 기타 형사절차를 진행하는데 있어서 피해자보호를 강화하기 위하여 준수해야 할 원칙들로서 다음과 같은 것들을 제시한 바 있다.235)

『① 피해자의 권리는 헌법상 인간이 향유하여야 할 기본권으로 재평가 되어야 한다. 또 피해자의 요구사항이 과연 피해자의 권리로 인정되어질 수 있는지 알려줄 수 있어야 한다.

② 범죄행위에 대한 효과적 예방책은 무엇보다도 피해자보호를 효율적으로 하는데 있다. 그러므로 독일의 범죄예방 수준이 외국과 비교하여 타당한 수준까지 이르도록 노력하여야 한다.

③ 경찰과 사법기관은 범죄피해자, 피해자로서의 증인, 그 외의 일반 증인 등에 대한 보호나 지원활동을 지속적으로 개선해야 한다. 예컨대 그들과 전문가로서의 식견을 가지고 의사소통을 할 수 있어야 하고, 감수성을 가지고 대하여야 하며, 관련 정보를 잘 제공해주어야 하고, 신뢰를 심어주어 좋은 인상을 갖도록 노력해야 한다.

④ 경찰과 사법기관은 사건진행과정에서는 물론, 사무실의 구조나 설비도 피해자나 증인의 대리인에게 편안한 기분을 줄 수 있도록 배려해야 한다.

⑤ 경찰과 사법기관은 사후에 진행되는 형사절차에 관하여 각 단계별로 적정 시점에 피해자가 관련 정보를 알 수 있도록 배려해 주어야 한다.

⑥ 심각한 상해 등을 입은 피해자에 대해서는 전문 피해자지원 의료기관으로부터 치료를 받을 수 있도록 하여야 한다. 중상을 입은 범죄피해자에 대해서는 전문성이 높은 좋은 의료시설이 요망된다.

---

234) Michael C. Baurmann und Wolfram Schädler, *Ein Trauma- und Krisenzentrum. Konzept für eine Bund-Einrichtung yur Betreuung von traumatisierten Oprerm und Verletzten. In : Kriminalistik,* 1998, 52, 3, S. 154-161.

235) Michael C. Baurmann und Wolfram Schädler, *Opferbedürfnisse und Opfererwartungen,* 1996, S. 87-89. ; Rudolf Balß, Michael C. Baurmann, *Opfer und Zeugen bei der Polizei,* Luchterhand, 2001. S. 6-7.

⑦ 가해자-피해자 화해절차를 밟더라도 피해를 당한 피해자의 분명한 의사를 물어서 요구가 있으면 그 절차진행에 들어가야지 그 의사에 반해서는 수행해서는 안 된다.』

1998년 독일 Hessen주의 수도인 Darmstadt 경찰본부(Polizeipräsidium)에서는 범죄피해자의 철저한 보호를 위한 'Pro-Opfer' 프로젝트를 추진하였다. 이는 경찰이 수사를 하는 과정에서 피해자보호에 전문성을 보여줌으로써 주민들로부터 수사에 대한 신뢰를 확보하는 한편 범죄통제 및 범죄예방에도 기여하게 하자는 취지였다. 이를 위하여 연구 집단(Arbeitgruppen)과 통제집단(Kontrollgruppe)을 선정하여 설문조사를 실시하였는가 하면, 이 프로젝트의 수행을 위하여 피해자보호를 위한 로고(Logo) 및 표어를 제작하고 피해보상 법률에 관한 안내서를 만들었으며 피해자가 편안한 마음을 가질 수 있도록 경찰서 구조를 변화시키는 노력을 추진하였고, 피해자에게 형사절차진행에 관한 정보를 제공하였다. 뿐만 아니라 경찰의 내부와 외부에 이 프로젝트에 관한 설명을 위하여 강연과 인터뷰를 하였으며, 피해자지원을 위한 민간단체와도 협력을 추진하였고, 인터넷 홈페이지나 언론에 대대적인 홍보활동도 전개하였다. 그 결과 언론에서는 경찰의 피해자보호활동의 전문성이 크게 향상되었고 주민의 신뢰도 강화되었다고 잇달아 보도하였다.[236] 또 이러한 피해자보호활동의 성공적 수행은 피해자의 범죄 신고를 촉진함과 아울러 종국적으로 '경찰행정의 협력자(Verwaltungsnähe)'로 만들어 줄 수 있다고 보았다.[237]

독일의 노르트라인-베스트팔렌주 산하 50개 지역경찰서는 독일에서 처음으로 피해자보호위원(Opferschutzbeauftragte)제도를 시행하였는데, 민간자원봉사자인 피해자보호위원은 경찰이 전문적 피해자보호활동을 전개하는데 있어서 중요한 도움을 주고 있는 한편, 쾰른대학과의 공동작 업을 통해 'Victim'이라는 특수 컴퓨터 소프트웨어를 개발하여 모든 경찰관이 범죄피해신고를 받는 즉시 피해자에 대해 적절한 지원을 제

---

236) *"Polizei verbessert professionelle Umgang im Präsidiumbereich mit Opfern und Zeugen"*, Main-Echo 25. 8. 1998.; *"Project : Besserer Umgang mit Opfern und Zeugen - Vertrauen der Bevölkerung in die Polizei soll gestärkt werden"*, Offenbach Post 26. 8. 1998.; Rudolf Balß, Michael C. Baurmann, *Opfer und Zeugen bei der Polizei*, Luchterhand, 2001. p. 138.

237) Hans-Georg W. Voß, *Professioneller Umgang der Polizei mit Opfern und Zeugen*, Luchterhand, 2001.p. 23.

공할 수 있는 시스템을 구축하고 있다. 이와 함께 민간단체와의 긴밀한 협력 체제를 구축하여 공동으로 피해자에게 대응하고 있으며, 성범죄 피해자나 폭력범죄 피해자 보호조직 설립에도 경찰이 적극 관여하였다. 대부분의 경찰서는 동영상 및 음향송수신장치에 의한 신문 실을 따로 마련해 두고 있으며, 어린이 피해자 또는 증인을 위해 놀이방처럼 꾸며진 조사실도 설치되어 있다고 한다.238)

독일의 경우 경찰의 증인보호프로그램과 관련하여서는 각 주간의 '공동지침'으로 각 기관의 권한의 분담과 협력을 규정하고 있다. 그 중에는 주거의 안전 확보나 이사 등과 같은 생활환경 변경에 따른 부조 등을 규정하고 있으며 경우에 따라서는 효과적인 증인보호를 위하여 개명과 같은 인적사항 변경까지를 지원하도록 하는 내용이 있다.239) 위와 같은 조치를 취하기 위해서 독일 경찰과 검찰은 범죄발생 시나 범죄신고 접수 시에 피해자에 대한 보복위험성을 예측하여 확정하는 활동을 중시한다. 구체적인 위험상태의 평가에 고려하고 있는 요소로는 범죄행위의 종류와 경중·행위자의 위험성·행위자의 환경·증인의 인적사항·소송절차의 진행상황 등이라고 한다.240)

한편, 독일 경찰은 일반적으로 피해자보호와 지원을 위해 피해자 접촉 시 수행해야 할 임무와 활동 목표로서 다음과 같은 것들을 규정하고 있다.241)

『① 피해자와 가해자의 처우에 있어 상호 공평하고 동등한 지위의 보장, ② 적정하고도 전문적인 개입, ③ 투명한 사건처리, ④ 피해자로 하여금 경찰활동에 우호적으로 협력할 수 있도록 동기를 부여함으로서 그를 통한 사건의 실체 및 피의자 파악, ⑤ 방범계획 및 방범조치의 기초로서 피해자로부터 피해에 대한 자세한 정보를 입수하여 일반인에 대한 피해예방정보로 제공, ⑥ 피해자지원을 통한 국민경제적 손실의 감소, ⑦ 범죄를 통하여 야기된 피해와 악영향을 최소화할 수 있도록 조치, ⑧ 사건처리 등에 있어서 2차적 피해를 입히지 않도록 주의, ⑨ 이해심과 감수성을 가지고 도움의 필요성을 판단하여 개개인의 위기상황 극복에 도움을 줄 것, ⑩ 상담을 통하여 다른 전문적인 피해자

---

238) Innenministerium des Landes Nordrhein-Westfalen, *Opferschutz/ Opferhilfe in Nordrhein-Westfalen*, 1999.
239) 안경옥, "독일의 형사절차상의 증인 및 피해자보호", 형사정책 제11호, 1999. pp. 341-342.
240) 하태훈, "증인 또는 범죄피해자 보호제도", 피해자학연구, 1995, 한국피해자학회, p. 115.
241) 경찰대학, 피해자학. pp. 168-169.

지원 전담기관이나 시민단체 등에 적절하게 안내 및 연계를 시켜 줄 것, ⑪ 형사소송법
이나 피해자보호법 등에 의한 제반 권리나 형사절차 진행 등에 관한 정보를 고지하고
안내할 것』

# 제4절 일본

## 1. 범죄피해자대책의 연혁

일본의 범죄피해자대책은 1970년대 일어났던 피해자보상제도 입법운동으로부터 시
작되었다. 그러던 중 1974년에 발생한 '미츠비시(三稜) 중공업 빌딩 폭파사건'을 계기
로 무고한 피해자에 대한 국가적 지원이 필요하다는 여론이 형성되었고, 1980년대에
드디어 '범죄피해자등급부금지급법'이 제정되어 시행되었다.

1990년대에 들어서 일본도 북미와 유럽 선진국의 영향 아래 범죄피해자 대책이 적
극적으로 모색되기 시작하였다. 1991년 전국 교통사고 유가족 모임의 결성, 1992년 동
경의과치과대학에 범죄피해자 상담실 개설, 1995년 '미토(水戶) 피해자구조센터'와 '오
사카 YWCA 피해자 상담실'과 같은 민간 피해자지원조직이 결성되었다. 동경의과치
과대학에 개설된 피해자 상담실에서는 범죄 및 교통사고 피해자를 대상으로 전화상담,
면접상담, 법정이나 병원의 동행, 자원봉사자육성을 위한 세미나 개최, 대시만 홍보 및
관계기관과의 연대 강화 등을 추진하고 있다.

일본 최초의 체계적인 범죄피해자 조사연구는 피해자학·범죄사회학·형사법학 연
구자들이 모여 결성한 '범죄피해자 실태조사연구회'가 1992년부터 3년에 걸쳐 행한 피
해자 조사활동이었다. 이에 부응하여 경찰청은 1995년 '범죄피해자대책요강'을 제정하
고 경찰청과 지방청에 피해자대책실을 설치하는 한편 범죄수사규범을 개정하여 보다
체계적인 범죄피해자대책을 수립하였고, 성범죄피해자보호를 위한 전담 여성경찰관을
배치함과 동시에 피해자에 대해 수사진행상황을 통지해주는 피해자연락제도를 실시하
였으며, 1996년에는 전국 민간단체와 연대할 수 있는 '피해자지원 포럼'울 창설하여 매

년 전국 규모의 발표회를 개최하고 있다.

일본의 경우는 이와 같이 경찰의 주도적으로 다수의 기관·단체 및 기업과 협력하여 피해자지원활동을 전개하고 있다는 특성이 있다. 보다 충실한 피해자보호활동 추진을 위하여 2002년에는 국가공안위원회규칙 제1호로 '범죄피해자등조기원조단체에 관한 규칙'을 제정하여 4월부터 시행하였고, 역시 2002년 국가공안위원회고시 제5호로 '경찰본부장등에의한범죄피해자등에대한원조실시에관한지침'을 공포, 시행하였는데 이는 '범죄피해자등급부금의지급등에 관한법률(昭和 55년 법률 제36호)'를 기초로 한 것이었다.[242]

검찰도 1991년 후쿠오카 지검에서 시작된 '피해자등 통지제도'를 1999년부터 전국에 확대 실시함으로써 검찰의 사건처리 결과 또는 재판결과를 피해자에게 통지 하는 등, 피해자보호대책을 모색하기 시작했다. 일본변호사협회에서는 1997년 '범죄피해자 회복제도 검토협의회'를 발족시킨 후 1999년 5월 '범죄피해자기본법요강안'을 만들었고 이어 1999년 10월에 최종안을 완성한 후 이 요강안을 기초로 1999년 말에 '범죄피해자기본법안'을 국회에 제출한 바 있었다. 이후 2000년 5월 19일 서구 여러 나라의 입법례를 본받아 '형사소송법 및 검찰심사회법의 일부를 개정하는 법률(平成 12년 법률 제74호)'과 '범죄피해자등의 보호를 위한 형사절차상 부수조치에 관한 법률(平成 12년 법률 제75호)'의 제정을 거쳐,[243] 마침내 2004년 12월 8일 법률 제161호로 범죄피해자기본법을 제정 공포하게 되었다.[244]

## 2. 일반적 범죄피해자대책

### 가. 범죄피해자 보상제도

일본에서는 각종 범죄에 대한 보상제도 및 구제제도가 개별법규에 의해 이루어지고 있는 바, 교통범죄피해자를 위하여 '자동차손해배상보장법(1955년 법률 제97호)'이

---

242) 警察公論, "警察本部長による犯罪被害者に對する援助の實施に關する指針の槪要", 2002. 5月號, p. 10. ; 警察公論, "犯罪被害者等早期援助團體に關する規則", 2002. 5月號 , p. 20.
243) 김용세, "일본 범죄피해자보호법의 피해자보호시책", 피해자학연구 제9권 제1호, p. 113.
244) 본서 말미 부록 '일본의 범죄피해자등기본법' 참조

제정되어 있고, 공해범죄에 대한 피해자에 대해서는 '공해건강피해자보상제도'를 통하여 도움을 주고 있고, 폭력범죄피해자를 위하여 '범죄피해자등급 부금지급법(1980년 법률 제36호)'을 제정하여 운용하고 있다. 범죄급부금지급제도는 폭력범죄에 의하여 사망 또는 중장해를 입은 경우를 그 보상대상으로 하고 있고, 1981년 창설된 재단법인 범죄피해구원기금은 범죄피해자의 자녀에 대한 학자금 지급사업을 벌이고 있다.

## 나. 증인보호와 관련된 제도

일본 형사소송법 제157조의 2에 제1항에는 증인의 보좌인제도를 두고서 증인이 현저하게 불안이나 긴장을 느낄 우려가 있는 때에는 검사, 피고인, 변호인의 의견을 들어 그 불안 또는 긴장을 완화하기에 적절하다고 인정되는 자를 보좌인으로 동석시킬 수 있도록 하고 있다.[245]

또 형사소송법 제157조의 3에는 증인의 Privacy나 명예가 침해되지 않도록 증인과 피고인 또는 방청석 사이에 차폐조치를 하도록 규정하고 있다. 즉, 피해자가 피고인의 면전에서 진술하면 심리적 압박 때문에 정신적 평온이 현저히 침해될 우려가 있는 경우로서 상당하다고 인정되는 때에는 검사·피고인 또는 변호인의 의견을 들어 피고인과 증인사이에 혹은 방청객과 증인사이에 상대방의 상태를 인식하지 못하도록 하는 차폐조치를 취할 수 있게 하고 있는 것이다. 그러나 이 제도는 칸막이와 같은 차폐장치를 취할 뿐 증인은 피고인과 같은 법정에 재석하고 있다는 점에서 비디오링크 방식에 의한 증인신문제도와 구별된다. 피고인이 증인을 알 수 없도록 하는 조치는 변호인이 법정에 출두해 있는 경우로 한하고 있다. 피고인의 방어권 보호를 하기 위함이다.

형사소송법 제157조의 4에서, 법원이 상당하다고 인정하는 때에는 검사·피고인 또는 는 변호인의 의견을 들어 법관 및 소송관계인이 증인을 신문하기 위해 재석(在席)하

---

245) 독일의 경우에는 피해자인 증인에게 변호사인 보좌인을 선임하게 하고 있는 것이 특징이다. 우리나라의 경우에도 특정범죄신고자등보호법 제6조에 범죄신고 등 보좌인제를 두고서 범죄신고자등을 위하여 당해 사건의 수사, 공판과정에 동행하거나 조언할 수 있게 하고 있으나 독일처럼 변호사로 못 박고 있지는 않다. 성폭력범죄의 처벌 및 피해자보호에 관한법률 제22조의 2조에서는 범죄의 피해자를 증인으로 신문하는 경우 검사 또는 피해자의 신청에 의하여 피해자와 신뢰관계에 있는 자를 동석하게 할 수 있도록 하고 있고 수사기관이 피해자를 조사하는 경우에는 피해자가 지정한 자를 동석하게 할 수 있도록 하고 있다.

는 곳 이외의 장소에 그 증인을 재석시키고 영상 및 음성 송수신에 의하여 서로 상대의 상태를 살피면서 통화하는 방식으로 신문할 수 있다고 규정하고 있다.[246] 이를 비디오링크 방식에 의한 증인신문 이라고 하는데 검사 또는 변호인이 증인을 신문하는 경우에는 TV모니터를 이용하도록 하고 있다. 이 때 증인이 동의하는 경우 법원은 검사와 피고인 또는 변호인의 의견을 들어 그 신문과 증언의 상황 등을 영상과 음성을 동시에 수록할 수 있는 기록매체에 기록할 수 있도록 하고 있다. 이에 해당하는 경우로는, ① 강간죄를 비롯한 성범죄의 피해자인 증인, ② 아동에 대한 죄의 피해자인 증인, ③ 범죄의 성질, 증인의 연령, 심신상태, 피고인과의 관계 기타 사정에 의하여 정신의 평온을 현저히 해칠 우려가 있다고 인정되는 경우 등이다.

비디오링크 방식에 의하여 증인을 신문하는 경우에 그 이후의 형사절차에서 동일한 사실에 관하여 다시 증언하게 될 가능성이 있고 증인이 동의하는 때에는 법원은 검사·피고인 또는 변호인의 의견을 들어 그 신문과 증언의 상황 등을 영상과 음성으로 동시에 수록할 수 있는 기록매체에 기록할 수 있게 하고 있다. 그 기록매체는 소송기록에 첨부하여 조서의 일부로 하게 되며 증거보전절차 또는 공판기일 외의 증인신문(형사소송법 제179조, 제226조, 제227조)을 실시하는 때에도 비디오링크방식으로 증인신문을 행하고 이를 녹화할 수 있다.

## 다. 성범죄 고소기간의 철폐

일본에서도 친고죄의 고소기간은 범인을 안 날로부터 6개월 이내로 되어 있으나(형사소송법 제235조 제1항), 강간·강제추행 등 성범죄에 관하여는 그 예외를 인정하여 고소기간 제한 규정을 적용하지 않기로 하였다(동조 제1항 제1호). 피해자가 가해자와 서로 알고 지내는 사이라든지 피해자가 정신적 충격으로 인해 6개월 이내에 고소를 하지 못한 경우 등과 같이 단기간 내에 고소여부를 결정짓는 일이 어려운 경우 있다는 점에 착안하여 2000년 5월 형사소송법 개정 시에 반영한 것이다.[247]

---

246) 椎橋隆幸·高橋則夫·川出敏裕, 犯罪被害者保護制度, 有斐閣, 2001. pp. 39-42.
247) 椎橋隆幸·高橋則夫·川出敏裕, 상게서, p. 24.

## 라. 피해자의 의견진술권

일본 형사소송법 제292조의 2에는 피해자의 의견진술권을 규정하고 있다. 법원은 피해자 또는 피해자의 법정대리인이 피해에 관한 심정 기타 피고사건에 관한 의견진술을 신청한 때에는 공판기일에 그 의견을 진술하게 해야 하는 바(제1항), 의견진술의 신청은 검사에게 하고, 이 때에는 피해자에 대한 보좌인제도, 증인을 위한 차폐조치, 비디오링크 방식에 의한 증인신문 등의 규정이 준용된다(동법 동조 제6항).

## 마. 범죄피해자보호법상의 피해자보호제도

일본 '범죄피해자등의 보호를 위한 형사절차상 부수조치에 관한 법률(平成 12년 법률 제75호)' 제2조에는 형사피고인에 대한 피해자가 당해 공판사건에 대하여 방청을 신청한 때에는 재판장은 제반 사정을 고려하여 방청이 가능하도록 배려하여야 함을 규정하고 있다. 또 동법 제3조 제1항에서는 제1회 공판기일 후 당해 피고사건 종결 전에 피해자 또는 그 위탁을 받은 변호사가 당해 피고사건 소송기록 열람·등사를 신청한 경우에 법원은 검사 피고인 또는 변호인의 의견을 들어 피해자 등이 손해배상청구권 행사를 위해 필요하거나 정당한 이유가 있는 경우에는 그 열람 등사를 허가할 수 있도록 하고 있다.

동법 제4조 제1항에서는 가해자와 피해자간에 성립한 형사상 화해에 집행력을 부여하는 규정을 두고 있다. 즉 형사피고사건의 피고인과 피해자 사이에 민사상의 쟁송에 관한 합의가 성립한 경우에 양자는 당해 피고사건이 계속하는 제1심 법원 또는 항소법원에 대하여 공동하여 그 합의 내용을 공판조서에 기재해 줄 것을 신청할 수 있고 이 신청에 의하여 합의 내용이 공판조서에 기재된 때에는 재판상 화해와 동일한 효력을 가지도록 하고 있다.[248]

---

[248] 우리나라의 경우 형사피고인과 피해자간에 범죄피해에 따른 손해배상에 관하여 합의한 후 합의서를 법원에 제출하는 경우가 많으나 그 합의서는 집행력이 인정되지 않기 때문에 형사소송이 종결된 후 가해자가 합의내용을 이행하지 않으면 피해자가 새로이 민사소송을 제기할 수 밖에 없는 실정이다. 일본의 범죄피해자보호법은 이러한 난점을 극복하고자 성립한 것으로서 형사피고인이 합의된 내용을 이행하지 않으면 공판조서에 기재된 내용대로 강제집행을 할 수 있다는 데 의의가 있다. 독일의 경우에는 가해자-피해자간 합의가 성립하면 양형상의 배려를 할 수 있

## 3. 경찰의 피해자보호대책

일본 경찰청에서는 평성8년(1996년) 2월, 피해자 대책에 관한 기본방침을 토대로 '피해자대책요강'을 제정하여 각 도도부현 경찰에서 적용토록 하는 등 지속적 노력을 기하고 있다. 같은 해 5월에는 경찰청에 '범죄피해자대책 실'을 설치하고 각종 정책의 기획·조사 외에, 피해자 대책 전반의 활동을 하고 있다.

일본 경찰은 피해자보호를 위한 기본적 시책으로, ① 피해자에 대한 정보제공, ② 상담 및 카운슬링 체제의 정비, ③ 수사과정에서의 피해자의 부담 경감, ④ 피해자의 안전 확보 등을 설정하고서 피해자 특성에 부응하는 피해자보호시책을 펴고 있으며, 피해자들을 성범죄피해자, 소년범죄피해자, 악질상법 피해자, 폭력단범죄 피해자, 교통사고 피해자, 배우자의 폭력사안이나 스토킹 범죄피해자 등으로 유형화하여 대처하고 있는 바,249) 그 구체적인 활동상을 살펴본다.

## 가. 피해자에 대한 정보제공

각 도도부현 경찰에서는 범죄의 피해자에게 형사절차·법률상 구제절차·피해자연락제도·범죄피해급부제도·각종 상담창구 등에 관한 정보를 담은 '피해자 안내서'를 제작하여 배포하고 있다. 이러한 정보제공을 원활히 하기 위해 운영하고 있는 것이 '피해자연락제도'인데 이 제도를 통하여 제공되는 주요 정보는 구체적인 수사 진행상황에 관한 것으로서 피의자를 검거한 장소·피의자의 성명·연령·기소 및 불기소 등의 처분결과·기소된 재판소 등에 관한 사항이 해당된다.250) 피의자가 검거되지 않은 상황이라 하더라도 신체의 상해를 입은 피해자는 피해신고접수 후 약 2개월, 뺑소니사건의 피해자 등에 대해서는 약 3주 후에 수사 진행상황 등에 대해 연락을 행하도록 하고 있다. 이러한 정보제공 및 피해자상담은 '교번'이나 '주재소'에 근무하는 경찰관이

---

다고 명시적으로 규정하고 있다 (椎橋隆幸·高橋則夫·川出敏裕, 犯罪被害者保護制度, 有斐閣, 2001. p.85).
249) 警察廳編, 警察白書, 平成14年(2002), pp. 339-341.
250) 新屋達之, "刑事手續における情報提供", 法律時報, 1999年 第71卷 10號, p. 24.

피해자의 요청에 따라 수행되는 경우도 있다.[251]

피해자에 대한 정보제공 및 피해자지원을 원활하게 하기 위해 '피해자지원요원 지정제도'를 두고 있는 것도 하나의 특징이다. 수사경찰관이 아닌 다른 지정된 경찰직원이 전문적인 피해자지원을 해야 할 사항 이 발생했을 경우에 각종 지원활동을 수행하도록 하고 있는 것이다.[252]

## 나. 일반적인 피해자 상담활동

중대사건의 발생 직후에 피해자에 대한 전문가의 적절한 대응은 피해자의 피해회복에 크게 기여하는 것으로 나타나고 있다. 일본 경찰은 심리학 등 전문지식과 상담기술을 가지고 있는 전문 심리상담자를 배치하여 활용하기도 하고 정신과의사와 민간상담자를 연결하기도 한다. 특히 1989년부터는 도도부현 경찰에 경찰종합상담실을 설치하여 전국적으로 통일된 상담전용전화(#9110)를 설치하고 전화에 의한 종합적 상담을 접수하고 있는 바, 주요 상담내용으로는 성범죄피해·소년문제·악질 상법범죄에 의한 피해·폭력단에 관한 피해·교통사고 피해 등에 관한 상담 등이다.[253]

일반적으로 경찰서 상담실의 경우 피해자의 Privacy를 보호하면서 사정을 청취할 수 있도록 응접세트를 갖추거나 조명이나 내부시설을 개조하는 등 피해자가 편안한 마음으로 진술할 수 있는 환경을 조성해주고 있다. 한편 피해자가 경찰서·파출소 등의 경찰시설에 들어가는 것 자체에 저항을 느끼는 경우에는 '이동식 피해자 진술청취실' 이라고 할 수 있는 피해자대책용 차량을 활용해서, 피해자가 있는 곳까지 이동하여 그들이 원하는 편한 시간대에 상담을 하거나 피해신고를 수리하도록 하고 있다.

---

251) 최선우, "일본경찰의 범죄피해자 대책", 사회과학연구 제11집, 2001. p. 151.; 이 교번이나 주재소에 근무하고 있는 지역경찰관들도 피해의 회복이나 피해의 확대방지등에 관한 정보의 제공, 방범상의 지도연락, 경찰에 대한 요망사항의 청취, 피해자등으로부터의 상담대응 등을 실시하고 있다.

252) 柑本美和. 小西聖子, "效果的な 被害者援助の提供をめがして", 法律時報, 1999年 第71卷 10號,  p.53.

253) 최선우, 전게논문, p. 152.

## 다. 여성 수사경찰관의 배치 활용

성범죄의 피해자가 수사의 과정에서 받는 정신적 부담을 조금이라도 완화하기 위해서는 피해자가 희망하는 성별의 경찰관에 의해 수사가 진행되는 것이 바람직하다. 이 때문에 도도부현 경찰에서는 경찰본부의 성범죄 수사지도계나 경찰서의 성범죄 수사담당부서에는 여성경찰관들을 배치하여 수사에 임하도록 해오고 있다. 특히 도도부현 경찰본부에 '성범죄수사 지도관' 및 '성범죄수사 지도계'를 설치해서 성범죄 수사의 지도·조정을 하고 있다. 이러한 여성 수사관들의 주요 임무로는, 피해자로부터의 사정청취, 증거채취, 증거품의 수령, 병원 진료 등에의 보조, 수사상황의 연락 등이다.

성범죄의 피해를 당한 경우에는 각 도도부현 경찰에서는 '성범죄 피해신고 110'의 전화를 활용하여 상담을 하거나 '성범죄 피해자 상담코너'를 마련하여 여성경찰관들이 상담에 응하고 있다. 특히 전국에 428개의 파출소를 여성상담 파출소로 지정하여 여성경찰관이 성범죄 피해여성을 상대로 상담을 진행하고 있으며 내담자의 요망에 따라 가정방문도 실시하고 주거지 주변 순찰도 돌아주는 등의 서비스를 실시하고 있다.

또한 철도경찰대에 '여성피해상담소'를 두고 치한 등의 성범죄에 의해 피해를 당한 여성을 상담하고 그 피해신고에 적절히 대응하도록 하고 있다. 이러한 철도경찰대의 여성피해상담소는 전국에 80개소가 설치되어 있다.254)

## 라. 소년 피해자에 대한 지원활동

피해자가 소년인 경우에 각 도도부현 경찰본부 및 각 경찰서에 피해 소년의 상담을 위한 전용 창구가 설치되어 있어 전화 상담이나 면접상담을 하고 있다. 이 때 면접 장소는 소년상담 실이라는 명칭으로 따로 마련하고 있으며 타인의 접촉과 소음을 차단할 수 있는 안정된 장소를 제공하고 있다. 상담 후 계속적인 지원이 필요하면 소년보도업무 담당자인 직원에게, 유관기관에 인계가 필요하면 유관기관에 각각 인계하여 보호활동을 펼칠 수 있도록 되어 있다.

---

254) 柑本美和. 小西聖子, 전게논문, p.53.

특히 일본은 피해 소년의 보호를 위해서 '소년 Support Center'를 운영하고 있는데 이 제도는 범죄로 인해 정신적 타격을 입은 소년에 대해 계속적인 지원이 필요하게 된 경우 보호자와 협조하여 소년의 피해회복을 돕기 위한 시스템으로서 가정을 포함한 주위환경을 조정해주고 적절한 지도나 조언, 카운슬링을 해주는 제도이다. 이러한 '소년 서포트 센터'가 전국 도도부현 경찰에 설치되어 소년 보도직원이나 소년 상담 전문 직원을 중심으로 피해 소년 지원활동을 벌이고 있다.[255]

## 마. 악질 상법범죄 피해자의 보호 활동

각 도도부현 경찰에서는 상거래 사기에 의한 피해자에 대해 신속하고 정확한 조언과 지도를 실시하고자 노력하고 있으며, 경찰본부에 '악질 상법범죄 피해신고 110번' 등의 전용 상담전화나 상담 창구를 설치해, 피해자로부터 상담을 받고 있다. 상담내용으로는 해약제도에 관한 지도, 피해회복에 관한 지도, 피해방지 대책의 지도 등이다. 경찰은 일반 행정기관의 소비자행정 담당과나 소비생활 센터 등의 관계기관과 제휴를 하면서 소비자 피해실태를 조기 파악하여 수사 활동에 반영하고 있다. 컴퓨터를 이용한 전자상거래 사기의 경우는 경시청 인터넷 홈페이지를 통해 소비자에게 주의를 환기시키거나 정보제공을 적극적으로 추진하는 한편 이메일 등으로 피해자 상담을 행하고 있다.

## 바. 교통사고 피해자의 보호활동

교통사고로 인해서 종래에는 생명·신체·재산상의 피해 및 경제적의 피해가 주로 문제가 되었으나 근래에는 정신적 피해에 대해서도 관심이 높아지고 있다고 한다. 도도부현 경찰본부 및 경찰서에서는 '교통상담 계'를 설치하고 교통사고 당사자에 대한 상담에 응하고 있다. 상담내용으로는, 보험청구나 손해배상 청구제도의 개요 설명, 피해자 지원조직 및 카운슬링 기관의 소개, 소송의 기본적인 절차와 그 밖의 일반적인 사항 등이다.[256]

---

255) 일본 都道府懸 경찰에서는 임상심리사, 정신과 의사, 카운슬러 등의 전문가를 피해소년의 '카운슬링 어드바이저 (counseling adviser)'로 위촉하고 있고, 자원봉사자들을 '피해소년 서포터 (supporter)'로 지정 피해소년을 지원하고 있다.

또한 뺑소니 사건의 사망사고 피해자 유족에게는 사건 담당 수사관이 수사상황, 검거상황, 처분상황 등에 대해 연락을 하고 있으나 경찰서에 따라서는 그 통보대상을 중상자에게까지 확대하기도 한다.

또한 경시청 및 도부현 경찰본부의 교통수사 담당과 에서는 교통과에 수사 지도관을 배치해 경찰서에 대한 지도를 강화하고, 피해자가 사망하거나 중태 등으로 사정청취를 할 수 없는 사고나 당사자 간 상호 엇갈리는 진술이 있을 경우 진술의 정확성을 밝혀내기 위해 집중적 수사를 전개하기도 한다. 또 피해자나 유족으로부터 사정청취를 하는 경우 상대방의 의향을 충분히 배려하는 형태의 수사를 하고 있다.

## 사. 유관기관과의 네트워크 형성

피해자에 대한 종합적인 지원을 실시하기 위해 경찰 외에도 지방검찰청, 변호사회, 의사회, 임상심리사회, 일반 행정기관의 상담기구 등을 총괄하는 '피해자지원연락협의회'가 1999년 2월말까지 전 도도부현에 설립되기에 이르렀다. 이 연락 협의회의 구성으로 인해 각 기관, 단체 간 상호 제휴를 강화해, 피해자의 필요에 따라서 서로 적절한 기관 등을 소개하는 등 피해자의 요구에 답하는 체제를 정비하고 있다.[257]

한편 범죄피해자를 대상으로 경찰과 긴밀한 제휴를 하면서 피해자의 정신적 피해에 대한 회복을 돕기 위해 카운슬링을 실시하고 있는 민간 피해자원조단체가 전국에 2002년 현재 28개 단체가 활동하고 있으며 이 단체 상호간 혹은 경찰과 이 단체간의 협력을 강화하기 위해 1998년 '전국피해자 Network'가 구축되었다.

또한 각 도도부현 공안위원회가 범죄피해의 신속한 회복을 돕기 위하여 '범죄피해자 등 조기원조단체'를 선정하여 지정하는 '공적 인증제도'를 실시하고 있는 바, 경찰본부장등은 이렇게 지정된 단체에게 신속한 피해자 지원을 돕기 위하여 피해자의 동의를 얻게 되면, 피해자의 인적사항이나 범죄피해사실에 관한 정보를 해당 단체에 제공해주는 시스템을 운용하고 있다.[258]

---

256) 警察廳編, 警察白書, 平成14年(2002), p. 341.
257) 柑本美和. 小西聖子, "効果的な 被害者援助の提供をめがして", 法律時報, 1999. p.53.

# 제3장 우리나라의 범죄피해자대책

## 제1절 범죄피해자대책의 연혁

한국에서는 1980년대 말까지도 범죄피해자 문제의 사회적 중요성이 별로 인식되지 않고 있었다. 그러다가 1987년 헌법 개정을 통하여 '범죄피해자구조청구권'과 '형사절차에서의 피해자 의견진술권'을 범죄피해자의 헌법상 권리로 명시적 보장을 하게 됨으로써 피해자보호를 위한 획기적 전기를 마련하였다. 이 헌법규정을 기초로 1987년 11월 '범죄피해자구조법'이 제정되어 범죄피해자에 대한 구조금 지급이 시작되었다.

형사소송법의 경우 전통적인 피해자보호 관련된 규정으로는 고소제도·불기소처분에 대한 불복제도·불기소처분에 대한 통지제도·압수물 환부 및 가환부제도 등을 들 수가 있겠으나, 1987년 10월 공포된 헌법 개정에 따라 1988년 형사소송법 개정에 의하여 피해자의 의견진술권이 규정되었고[259] 1995년 12월에 공포되어 1997년 1월에 시행하게 된 제7차 형사소송법 개정법률에서는 피해자와 증인에 대한 보호규정이 신설되어 피해자보호를 강화하고 있다. 이후 '가정폭력방지및피해자보호에관한법률(1997.11)', '가정폭력범죄의처벌등에관한특례법(1997.12)', '성폭력범죄처벌및피해자보호등에 관한법률(1997.8)', '여성발전기본법(1998. 2)', '특정범죄신고자등보호법(1999.8)', '청소년보호법(1998.12)', '청소년의성보호에관한법률(2001.5)' 등의 법률이 차례로 제정됨으로써 여성과 청소년 범죄피해자에 대한 보호활동을 강화할 수 있는 토대를 마련하였다.

이하에서는 우리나라 범죄피해자대책의 수립과 시행에 큰 영향을 주었다고 평가되는 '가정폭력범죄의처벌등에관한특례법', '성폭력범죄처벌및피해자보호등에 관한법률', '특정범죄신고자등보호법' 등 피해자보호관련 특별법의 입법경위를 살펴보기로 한다.

---

258) 警察廳編, 警察白書, 平成14年(2002), p. 344.

259) 형사소송법 제294조의 2에 의하면 '법원은 범죄로 인한 피해자의 신청이 있는 경우에는 그 피해자를 증인으로 신문하여야 하며(제1항), 이 경우 그 증인에게 당해 사건에 관한 의견을 진술할 기회를 주어야 한다(제2항)'고 규정하고 있다.

# 1. '가정폭력범죄의처벌등에관한특례법' 입법경위

1998년 7월 1일 '가정폭력범죄의처벌등에관한특례법'과 '가정폭력방지및피해자보호
등에관한법률'의 두 가지 법률이 시행된 것은 가정폭력범죄의 처벌과 피해자보호에
관한 입법적 대응체계를 갖추었다는 데 큰 의미를 던져 주는 것이었다. 이 두 법률은
가정폭력의 문제를 더 이상 방치할 수 없다는 여성단체, 정치계, 학계, 사법실무계의
여론이 집약이 된 것으로서 가정폭력 피해자에 대한 인식을 새롭게 해주는 전기를 마
련해 주었다고도 볼 수 있다.

1997년 제185회 국회 법제사법위원회 제8차 회의에 상정되었던 가정폭력관련 특
별 법안은 3가지 안이었는데, 1996년 10월 30일에 발의되어 동년 12월 13일 제181회
정기국회 제13차 법제사법위원회에서 법안심사소위원회로 회부되었던, '가정폭력범
죄의처벌등에관한특례법안(신한국당)', '가정폭력방지법안(국민회의)', '가정폭력방지
법안(자민련)' 등이 그 것이었다. 이 때 1996년 11월 22일 신한국당 임진출 의원 등
149인이 발의한 '가정 폭력 방지 및 피해자 보호 등에 관한법률안'에 대해서는 '가
정폭력의처벌에관한특례법안'과 분리하여 심사하기로 하여 전자는 국회의장에게 반
려하고 후자에 관해서 소위원회에서 집중 심사하게 되었음을 당시 법제사법위원회
법안심사제1소위원회 위원장이었던 최연희 의원은 밝히고 있다.260) 이러한 연유로
1997년 12월 13일에 '가정폭력범죄의처벌등에관한특례법'이 먼저 제정·공포되었고
동년 동월 31일에 '가정폭력 방지 및 피해자 보호 등에 관한법률'이 뒤를 이어 제정
·공포되기에 이르렀던 것이다.

최연희 위원은 1997년 11월 17일 제185회 국회 본회의에 제출한 법제사법위원회의
'가정폭력범죄의처벌등에관한특례법안' 제안 설명에서, "각 당이 제출한 가정폭력관련
특별법안의 심사를 위하여 법원행정처, 법무부, 대한변호사협회, 여성단체 등 관계기관
의 의견을 수렴하는 한편 가정폭력방지에 관한 각국의 입법례를 수집하여 검토하기도
하였으나 각 당의 교섭단체안이 구체적 내용에 있어서 적지 않은 차이가 있고, 여성특

---

260) 국회사무처, 제185회 국회본회의회의록 제15호, 1997. pp. 7-8.

별위원회의 안에서도 합의가 되지 않는 등 많은 문제점이 있어 법제사법위원회 법안 심사제1소위원회 차원에서 대안을 마련하게 되었다"고 밝히고 있어서[261] 법안 마련이 쉽지 않았음을 설명하고 있다.

이러한 법률의 제정은 가정폭력의 문제가 더 이상 사생활 영역이 아닌 사회적인 문제이자 범죄행위라는 사회적 인식을 공적으로 확인한 것이었고, 가정폭력범죄의 특수성을 인식, 가정폭력범죄에 특별형사절차가나 사회 복지적 접근 등이 강조되었다는 특성을 지닌 것이었다.[262] 특히 가정폭력범죄의 처벌 등에 관한특례법에서 보호처분 제도를 도입함으로써 가정폭력범죄를 범한 자에 대하여 일방적인 형사처벌을 가하기 보다는 환경의 조정과 성행 교정을 통하여 가정을 유지시킬 수 있는 방안을 모색해보고자 하였다는 점에서 의의가 있는 것이었다. 가해자에 대한 무조건적인 형사처벌은 생계곤란 등 경제문제와 가정해체를 가져올 수 있기 때문이다.[263] 위 가정폭력범죄의 처벌 등에 관한특례법은 1997년 12월 법률 제5436호로 제정된 이래 6차례의 개정을 거쳐 오늘에 이르고 있다.

## 2. '성폭력범죄의처벌및피해자보호등에관한법률' 입법경위

이 성폭력범죄의처벌및피해자보호등에관한법률(이하 '성폭력특별법' 이라 한다)은 1992년도 7월에 법제사법위원회 강선영·주양자 위원 외 20인이 발의한 법률안(성폭력예방 및 규제 등에관한 법률), 동년 동월 박상천 위원 외 95인이 발의한 법률안(성폭력행위의처벌과피해자보호등에관한법률), 동년 8월 이우정 위원의 소개로 한국여성단체연합회 회장 조화순 외 13인이 제출한 성폭력 대책에 관한특별법 입법청원, 그리고 동년 10월에 변정일 위원 외 29인이 발의한 법률안(성폭력행위 처벌 등에 관한법률) 등이 각각 법제사법위원회에 회부되어 1992년 11월에 열린 제159회 정기회 제8차 및 제9차 위원회에 상정되는 등 각 정당과 여성단체에서 활발한 입법준비 및 입법 활동의 결과로 이루어진 것이었다.

---

261) 국회사무처, 제185회 국회 법제사법위원회회의록 제8호, 1997, pp. 10-11.
262) 한국형사정책연구원, "가정폭력범죄의 형사절차상 위기개입 방안연구", 2001. p. 97.
263) 김숙자, "가정폭력특별법안(시안)의 방향과 내용", 가칭 '가정폭력방지법' 시안 공청회 자료, 신한국당 정책위원회·여성위원회, 1996. p. 11.; 한국형사정책연구원, 전게논문, p. 98.

법제사법위원회에서는 각 당이 발의한 안을 토대로 1993년 5월 공청회를 개최하여 학계·법조계·여성단체 등의 의견을 수렴하였고 이러한 모든 결과를 토대로 1993년 12월 16일에 열린 제165회 국회 법제사법위원회 18차 회의에서 위의 3개의 법률안과 1개의 입법청원을 통합하여 '성폭력범죄의처벌및피해자보호등에관한법률'에 관한 1개 안을 만들기로 의결 한 후, 1993년 12월 17일 제165회 제22차 본회의에 상정, 만장일치로 성폭력특별법 대안이 가결되어 1994년 1월 5일 법률 제4702호로 공포, 시행되기에 이르렀던 것이다.264)

제정 당시 함석재 의원은 성폭력특별법의 제안이유를 다음과 같이 설명하였다.

『"새로운 유형의 성폭력범죄에의 대처하기 위함이며, 기존의 법체계로는 현재 발생하고 있는 성폭력범죄에 적절히 대처하기 어려우므로 수사나 재판에 있어 특례를 넓게 인정하며, 성폭력피해상담소와 성폭력피해자보호시설 운영함으로써 일반 국민은 물론이고 특히 여성과 미성년자를 성폭력범죄의 위협으로부터 보호하고 건전한 사회질서를 확립하고자 한다."265)』

이 성폭력특별법은 1995년, 1997년(4회에 걸쳐 일부개정), 1998년, 2001년, 2003년 등 총 8차례에 걸쳐 개정이 거듭되었다.

특히 2003년의 성폭력특별법 개정안은 2002년 5월 전재희 의원 외 27인이 발의한 뒤 2003년 11월 21일 제243회 국회 본회의에서 수정안이 통과된 것으로서, 수사기관이 성폭력피해자의 진술을 청취할 경우 진술과정을 영상물에 의하여 녹화하게 하는 등 현행 제도의 미비점을 보완하고 개선하고자 하는데 초점을 두고 있다. 최초 전재희 의원 등 28인이 제시한 개정법률 안의 주요 골자로는

『① 수사기관이 피해자로부터 진술을 청취할 때에는 비디오 등 영상물에 의하여 진술상황을 녹화하도록 하되 피해자의 명시적 의사에 반하지 않도록 할 것(안 제21조의 2 제1

---

264) 국회사무처, 제165회 국회 본회의회의록 제22호 pp. 3-4.
265) 국회사무처, 상게 회의록, p. 3.

항), 영상물에 수록된 피해자의 진술은 공판준비나 공판기일에서의 그 작성자 또는 진술자의 진술에 의하여 그 성립의 진정함이 증명된 때에는 증거로 할 수 있고(안 제21조의 2 제2항), 수사기관은 피해자의 청구가 있을 경우 영상물의 사본을 교부하여야 하며(안 제21조의 2 제3항), ② 법원은 전문가에게 피해자의 정신·심리상태에 대한 진단소견을 물어 심리 시 그 소견을 참작하여야 하고(안 제22조의 2), ③ 피해자가 13세 미만의 미성년자나 장애인인 경우 피해자와 신뢰관계에 있는 자와 반드시 동석하게 하고(안 제22조의 3 제3항), ④ 법원의 증인신문 시 13세 미만의 미성년자이거나 장애인인 경우 비디오 그 밖의 중계 장치에 의하여 신문할 수 있도록 하였으며(안 제22조의 4), ⑤ 피해자가 13세 미만이나 장애인인 경우 공판기일에 출석하여 진술하는 것이 현저히 곤란한 사정이 있는 것으로 간주한다.』

는 등의 내용이 제시될 수 있다(안 제22조의 6).[266)

이 개정 법률안에 대하여 여성위원회에 심사를 의뢰하였던 바, 여성위원회는 다음과 같은 의견을 제시하였다.

『이 개정 법률안의 일부규정들의 입법취지는 타당하다고 사료되나

첫째, 피해자 진술시 영상물촬영을 의무화하고 있는 안 제21조의2 제1항에 대하여는 수사기관으로 하여금 피해자에게 비디오테이프 등 영상물에 의하여 진술과정 녹화를 위한 신청권이 있음을 고지하는 것을 의무화하고 당사자의 신청이 있는 경우에만 녹화 하도록 하되, 13세 미만의 미성년자 및 장애인에 대해서는 신청여부에 무관하게 영상물로 녹화하도록 의무화하는 것이 필요한 것으로 보이고, 동조 제2항에서 피해자가 동의하지 아니하는 경우에도 작성자의 진술만으로 영상물의 증거능력을 인정할 수 있도록 하는 것은 신중을 기할 필요가 있다고 보임.

둘째, 수사 및 재판과정에서 성폭력범죄 피해자의 심리적·정신적 안정을 위하여 신뢰관계에 있는 자를 동석하게 하도록 의무화 하고 있는 안 제22조의 3 제1항 및 제2항은 현

---

266) 전재희 의원의 '성폭력범죄의처벌및피해자보호등에관한법률중개정법률안' 대표발의문, (의안번호 1560), 2002. 5. 3.

행의 규정에 의하여도 검사 또는 법원의 판단 하에 신뢰관계에 있는 자의 동석을 허용할 수 있다는 점에서 현행규정대로 유지하여도 무방한 것으로 보임.』[267]

결국 위 개정안은 여성위원회의 일부 의견을 받아들인 가운데 최초 발의 안을 수정한 안이 제243회 국회 본회의에서 의결이 되기에 이른다. 수정하여 의결된 개정안의 주요 내용은 다음과 같은 것이었다.

『① 수사기관은 성폭력피해자의 특성을 감안하여 피해자인권이 침해되지 않도록 수사를 함에 있어서 신중을 기해야 하며 소환조사는 필요최소한도의 범위 내에서만 하여야 한다(안 제21조의 2 제1항).

② 수사기관은 피해자로부터 진술을 청취함에 있어서 피해자 또는 피해자의 법정대리인의 신청이 있는 경우에(13세 미만이거나 심신장애자에 대한 성폭력범죄 수사 시에 중요) 비디오테이프 등 영상물에 의하여 그 진술과정을 녹화하여야 한다. 수사기관이 피해자의 진술을 청취하고자 할 경우에는 영상물에 의한 녹화를 신청할 수 있음을 그 신청권자에게 미리 고지하여야 한다(안 제21조의 2).

③ 신뢰 관계있는 자와의 동석 신청권자에 법정대리인을 포함한다(안 제2조의 3).

④ 비디오 등 중계 장치에 의하여 신문할 수 있는 증인의 범위를 13세 미만이나 장애인뿐만 아니라 동법 제2조 제1항 제3호 내지 제5호의 규정에 의한 성폭력범죄의 피해자도 (피해자 범위의 확대) 이에 해당한다(안 제22조의 4).

⑤ 피해자가 공판기일에 출석하여 증언하는 것이 현저히 곤란한 사정이 있는 때에는 그 사유를 소명하여 증거보전 청구를 할 수 있는 바, 피해자가 13세 미만이거나 대통령령이 정한 장애인인 때에는 공판기일에 출석하여 진술하는 것이 현저히 곤란한 사정이 있는 것으로 본다(안 제22조의 6).』[268]

이와 같이 성폭력범죄의처벌및피해자보호등에관한법률은 약 1년 6개월의 입법 준비

---

267) 여성위원회의 '성폭력범죄의처벌및피해자보호등에관한법률중개정법률안에 대한 심사경과 및 의견서', 2002. 10. 25.
268) 국회사무처, 제243회 국회본회의회의록 제18호, 2003. 11. p. 3.

기간을 거쳐 1994년 제정된 이후 총 8차례의 개정을 거치면서 오늘에 이르고 있다.

## 3. '특정범죄신고자등보호법' 입법경위

1990년대 중반에 각종 보복범죄로 사회에 충격을 주는 사건들이 발생하면서[269] 범죄신고자등의 보호문제에 각계의 관심이 모아지게 된 것이 이러한 특별법의 입법 계기가 되었다. 1995년 10월 법무부가 주축이 되어 가칭 '신고자등보호법'의 제정을 위한 공청회를 가진 바 있었고, 이러한 노력들이 이어져 1996년 11월 제15대 국회 법제사법위원회에 정부가 마련한 '범죄 신고자보호법안'이 상정되기에 이르게 된 것이다. 이때 안우만 법무부장관은 다음과 같이 이 법의 제안 설명을 하였다.

> 『최근 범죄가 흉포화, 조직화 되면서 범죄피해자 등이 보복범행을 우려하여 범죄 신고를 기피하는 현상이 심화되고 있고, 이는 형사사법제도의 운영에 중대한 장애가 되고 있으나 증인 등을 보호하기 위한 개별 법률의 규정들은 범죄 신고자나 증인 등을 체계적으로 보호하는데 충분하다고 할 수 없는 실정이므로 형사절차에서 국민들이 안심하고 자발적으로 협조를 할 수 있도록 범죄 신고자를 실질적으로 보호할 수 있는 제도적 장치를 마련하려는 것입니다.』[270]

이 제안에 대하여 15대 국회의 법제사법위원회 전문위원이었던 이문재 의원은 정부가 제출한 '범죄 신고자보호법안'에 대하여, ① 사법경찰관이 형사보좌인 지정 시 검사에게 승인을 받도록 할 것, ② 신원관리카드 열람요청 등에 대해 이의신청권을 규정해야 한다는 것, ③ 증인신문 시 피고인을 퇴정시킬 경우 방청인 퇴정도 포함해야 한다는 것으로 법안을 수정해야 한다고 발언하였다.

목요상 의원은 ① 악의적인 범죄신고 자가 이 제도를 악용할 가능성, ② 범죄신고자 등의 형의 감면규정이 악질적인 신고자에게 악용될 가능성 등을 지적하였

---

269) 서울동부지원 앞에서 범인에게 불리한 증언을 마치고 나오던 범죄피해자가 범인의 부하 조직원에게 보복 살해당한 사건(1990. 6. 13), 강간범 김경록에 의한 증인 가족 보복 살해사건(1994. 10) 등이 대표적이다.

270) 제181회 국회 법제사법위원회 회의록, 1996. p. 17.

다. 안상수의원은, ① 조서에 인적사항 기재를 생략하는 규정이 피의자의 합의노력을 어렵게 만든다는 점, ② 수사기관이 피해자의 형사보좌인에게 영향을 미치게 되면 피의자나 피고인의 방어력에 타격을 줄 수 있다는 점, ③ 이 법의 적용범위가 일반범죄 전체로 열려있어 악용될 소지가 있다는 점 등을 지적하였다. 결국 이 안은 본회의에 회부되지 못하고 법안심사 제1소위로 넘겨지게 되었다.

1999년 8월 6일에 열린 제206회 국회 법제사법위원회의에서 다시 이 범죄 신고자 보호법 안이 제1 의제로 다루어지게 되었다. 법안심사소위원회 제1소위원회 위원장 최연희는 소위원회의 해당 법안 심사결과를 다음과 같은 점을 지적하면서 최초 정부안을 수정하여 보고하였다. 즉, '① 범죄 신고자등을 보호하기 위한 각종 규정이 피의자·피고인의 방어권·변호인 변론 권과 상충될 소지가 있으므로 수사기관은 이러한 권한을 부당하게 침해하지 않도록 조항을 신설하라는 것, ② 수사기관 종사자는 형사보좌인으로 할 수 없도록 명문으로 규정하라는 것, 사법경찰관의 형사보좌인 지정과 관련해서는 검사에게 허가를 얻도록 하라는 것, ③ 피의자 등이 합의를 원하여 면담을 희망할 경우 범죄 신고자의 사전승낙 등을 얻어 면담이 가능하게 하는 조항을 두라는 것, ④ 면담 및 신원관리카드 열람 불허처분에 대해서 이의신청 권을 두라는 것' 등이었다. 이때에도 안상수 의원, 박찬주 의원 등은 적용범위를 조직범죄 등 특정범죄로 제한해야 한다는 것과 수사기관이 수사기록을 공개하지 않는 구실로 삼을 수 있는 위험성을 지적하였으며, 박헌기 의원은 범죄 신고자 등에 대한 형의 감면 규정이 형법총칙을 적용하면 당연한 것이기에 불필요하다고 발언하였다.[271]

1999년 8월 11일에 열린 206회 국회 법제사법위원회의에서는 안상수 의원이 법률의 명칭을 최초 '범죄 신고자등 보호법안'에서 '특정범죄신고자등 보호법안'으로 수정할 것과 이 법의 목적과 정의, 적용범위에 있어서 특정범죄의 보복행위로부터 피해자를 보호한다는 취지를 명백히 해야 한다는 주장, 그리고 범죄 신고자등의 자수 시 형의 감면조항이 악용이 되지 않도록 조항 문맥을 다듬은 것을 받아들여 소위원회 위원장 최연희 의원이 수정 보고한 안에 이를 반영, 본회의에 상정하기로 하였는 바, 1999년 8월 12일 206회 국회본회의에서 의원 만장일치로 통과되어

---

271) 국회사무처, 제206회 국회 법제사법위원회 회의록, 1999. pp. 3-28.

2000년 6월 1일 '특정범죄신고자등보호법'이 시행되기에 이르렀던 것이다.

## 제2절 범죄피해에 대한 물질적 보상을 위한 대책

### 1. 범죄피해구조제도

우리나라의 경우 범죄피해자구조청구권을 헌법상 기본권 중의 하나로 규정하고 있다(헌법 제30조). 이 제도는 범죄피해로 인하여 특정인이 지나친 타격을 받지 않도록 국가가 그 피해를 보상해 주기 위해 마련된 사회 보상적 성격을 갖는 구체적 청구권으로서, 사회 보험적 성격을 갖는 생활보장제도나 생활무능력자의 생계대책 적 성격을 갖는 생활보호제도와도 그 본질을 달리한다.272) 이 헌법 제30조의 규정을 기초로 1987년 11월 28일 범죄피해자구조법이 법률 제3969호로 제정, 공포되어 1988년부터 시행되고 있다.

범죄피해구조법상의 구조금 수급요건을 보면, 먼저 적극적 요건으로서 ① 타인의 범죄행위로 인한 손해가 발생해야 하고(동법 제1조 내지 3조), ② 가해자가 不明하거나 무자력(無資力)해야 하며(동법 시행령 제3조 내지 4조), ③피해자의 생계유지가 곤란하여야 한다(동법 시행령 제5조). 반면 소극적 요건으로는 ① 범죄가 일정한 친족간에 발생한 경우273) 범죄피해자구조금이 지급되지 않으며, ② 범죄피해를 유발하거나 귀책사유가 있는 경우에는 구조금의 전부 또는 일부를 지급하지 않을 수 있고(동법 제6조, 동법 시행령 제7조), ③ 사회통념상 구조금의 전부 또는 일부를 지급하지 아니함이 상당하다고 인정되는 경우에도 구조금 지급 거부가 가능하며(동법 제6조 제3호), ④ 범죄피해자나 유족에게 국가배상법 등 기타 법령의 규정에 의해 지급되는 금액이 범죄피해자 구조 액에 미치지 못할 경우에 그 차액만을 지급하도록 하고 있는

---

272) 이 입장에 서면 현행 헌법 제30조는 단순한 입법방침규정이 아니라 입법 권자를 기속하는 기본권형성적 법률유보에 해당한다고 한다.(허영, 한국 헌법론, 박영사, 2000. p.558)
273) 가해자와 피해자가 부부이거나 직계혈족, 4촌 이내의 친족, 동거친족 등의 관계에 있는 경우를 말한다.(범죄피해자구조법 제6조 제1호)

등(동법 제7조) 지급 제한 사유를 두고 있다.

구조금은 범죄피해자가 사망하였을 경우 유족이 받는 유족구조금과 피해자 본인이 받는 장해구조금으로 구분되는데 지급금액과 지급방법은 법률과 시행령에서 따로 정하고 있다(동법 제4조·제5조·제9조. 동법 시행령 제12조·제13조·제14조·제24조). 구조금 지급을 위하여 각 지방검찰청에 차장검사를 위원장으로 하는 범죄피해구조심의회가 구성되며 구조신청은 범죄피해해의 발생을 안 날로부터 1년, 범죄피해가 발생한 날로부터 5년 이내에 하도록 하고 있다.

## 2. 배상명령제도

독일에서는 행위자가 피해자와 화해하기 위해 노력하여 피해의 전부 또는 일부를 배상하게 되면 법원이 가해자의 형을 감경할 수 있고, 선고형이 경한 것인 때에는 그 형을 면제할 수도 있게 하고 있는 바, 이러한 피해자의 피해회복을 목적으로 한 '형사화해' 제도가 형법전에 도입이 되었으며,[274] 일본의 경우는 형사피고사건에 있어서 가해자와 피해자 사이에 민사상 합의가 성립한 후 공동의 요청에 의하여 공판조서에 그 합의 내용이 기재가 된 때에는 민사상 집행력을 부여하는 제도를 두게 되었다.[275]

우리나라에서는 형사절차에서 가해자와 피해자 사이의 화해가 성립한다고 하여도 독일이나 일본과 같은 특별한 형사법적 효력 발생을 가져오지는 않는다.[276] 다만 검사가 기소단계에서 양자의 합의를 기초로 기소재량을 행사한다든지, 법관이 판결을 함에 있어서 양형에 반영하는 것에 그치고 있을 뿐이다. 실제로 형사실무에 있어서 경미범죄에 있어서 가해자와 피해자간의 합의는 기소여부 및 판결에 상당한 영향을 미치고 있다. 반면 강력범죄와 같이 그 피해나 법익침해가 심각할 경우 상호 화해에 대한 아무런 형사법적 혜택을 보장하고 있지 않기 때문에 가해자가

---

274) 독일 형법 제46조 a
275) 일본 피해자보호법 제4조 제1항 내지 제2항 .
276) 물론 친고죄와 반의사불벌죄의 경우 상호간에 화해를 할 때에는 보통 처벌의사를 철회하는 내용을 합의서에 명시하기 때문에 형사절차의 종결이라는 법적 효과가 발생한다.

피해자와의 합의를 단념할 수 있고, 그 결과 피해자는 민사소송을 제기하여 승소하지 않으면 손해를 배상받지 못하게 되는 결과가 나올 수도 있는 것이다.

이러한 문제점을 보완하는 차원에서 등장한 것이 현행 형사절차상의 배상명령제도이다. 소송촉진 등에 관한특례법 제25조에는 배상명령을 할 수 있는 범죄의 유형의 제시되고 있는 바, 상해죄·중상해죄·상해치사와 폭행치사 상 및 과실치사상의 죄(형법 제26장), 절도와 강도의 죄(형법 제38장), 사기와 공갈의 죄(형법 제39장), 횡령과 배임의 죄(형법 제40장), 손괴의 죄(형법 제42장)에 한한다고 되어 있다(소송 촉진 등에 관한특례법 제25조 제2항). 또한 배상명령의 범위에 대해서는 피고사건의 범죄행위로 인하여 발생한 직접적인 물적 피해와 치료비의 배상에 제한된다(동법 제25조 제1항). 이 제도는 범죄피해자가 별도의 민사소송을 제기하지 않고도 형사절차에서 피고사건으로 인하여 발생한 손해를 배상하도록 가해자에게 명령할 수 있게 하다는 데 그 의의가 있다.

## 3. 무보험차량 교통사고 및 뺑소니 피해자 구조제도

자동차손해배상보장법상 무보험차량 교통사고 및 뺑소니 피해자 구조제도는 자동차 사고로 인한 피해자가 다른 수단으로는 전혀 보상을 받을 수 없는 경우에 피해자에 대한 최소한의 구제를 목적으로 국가에서 시행하고 있는 일종의 사회보장제도이다.

건설교통부·교통안전공단에서는 자동차손해배상보장법을 근거로 하는 교통사고 유자녀 지원 사업을 시행하고 있다. 교통사고 사망자나 중증후유장애자의 18세 미만 자녀에 대해서는 장학금 지원기준을 학업석차 상위 50% 이내에서 70% 이내로 확대해 2004년 7월 1일부터 시행하고 있다.[277]

## 4. 성폭력 피해자 의료비 지원제도

성폭력범죄의처벌및피해자보호등에관한법률 제33조(의료보호)를 근거로, 여성가족부

---

277) KBS 인터넷판 2004. 6. 6.

에서는 성폭력 피해자 의료비 지원제도를 운영하고 있는가 하면,278) 2004년 10월 12일 성폭력피해자에 대한 치료지원 활성화를 위하여 지급절차를 대폭 간소화하는 내용279)의「성폭력피해자 의료지원체계 개선을 위한 시행지침」을 마련하였다.

한편, 2005년 경찰청에서는 경찰병원 내 성폭력 의료지원센터를 '여성·학교폭력 지원센터'로 확대 개편하여 성폭력 피해자뿐만 아니라 학교·가정폭력·성매매 피해자에게도 무료로 산부인과 및 정신과 진료를 해주는 등 ONE-STOP서비스를 제공하는 피해자 통합지원센터 운영방안을 마련하였다. 이 방안에서는 병원에서 피해자수사를 위한 진술녹화 실을 설치하여 피해자 보호적 차원의 수사를 진행하고, 손해배상 청구 등 소송요청시 센타 자문변호인단과 연계하여 법률지원을 하며, 가해자 불명 시 범죄피해자구조금 관련 상담을 할 수 있도록 관계기관에 연계해주는 한편, NGO 전문 상담원의 지속적 상담을 받게 함으로써 후유장애가 조속히 치유되도록 노력을 기울이고 있다는 점도 성폭력 피해자 보호활동에 있어서 매우 밝은 전망을 보여주고 있는 점이라 하겠다.280)

---

278) 2002년 성폭력 의료비 예산 3억 5천 2백여만 원 중 실제로 쓰인 액수는 8천여만 원으로 집행비율은 23%에 불과하고, 수혜자도 8백 6명에 그쳤고, 2002년부터 응급키트 3천 9백여 개를 배포했지만 19%만 사용되는 등 성폭력 응급의료 시스템이 미흡하다는 지적이 있다. 여성가족부에서는 의료비 지원과정에서 피해자들이 신분노출을 우려해 자비로 해결하는 일이 많아 예산이 남은 것으로 파악하고 있다(중앙일보 2003, 9월 29일 ; KBS 인터넷판 2003, 9월 26일).)

279) 개선된 내용은 첫째, 치료비 지급창구가 상담소에서 시·군·구까지 확대되었으며, 지급을 위한 입증 및 확인절차를 대폭 간소화하였다. 성폭력 피해자가 상담소를 거치지 아니하고 전국 각지의 성폭력 전담 지정병원에서 직접 치료를 받은 경우, 병원은 관할 시·군·구에 그 치료비를 청구하면 지급 받을 수 있도록 하였다. 그리고 종전에는 상담소 및 보호시설에서 '성폭력 피해사실 확인서'를 발행하여 사실 확인을 했던 것을 개선하여 피해자가 수사기관에 사건을 고소하고 받은 접수증만으로도 가능하게 하였다. 둘째, 성폭력 전담 지정병원에서 성폭력 증거채취용 도구인 '성폭력응급키트'를 사용한 경우에 최초치료를 보상(종전에는 무상 처치)토록 하여 의료기관의 '성폭력응급키트'를 활성화될 수 있도록 하였다. 성폭력 피해자 진료 시 사용한 경우 해당 의료기관에 1개당 75,000원씩 지급한다. '성폭력응급키트'는 2002년부터 여성가족부에서 무료로 의료기관에 보급하기 시작한 성폭력 증거 채취용 의료용품으로서 성폭력범죄 수사에의 기여도는 매우 큰 것으로 평가되어 왔지만, 키트를 사용한 진료에 많은 시간과 세심한 주의를 필요로 하여 별도의 보상이 필요하다는 의견이 제기되어 온 바 있다.

280) 경찰청 생활안전국 보고서, "성폭력 의료지원센터 확대개편 방안", 2005.

## 5. 국민건강보험제도를 이용한 피해자 구조제도

국민건강보험법 제48조의 고의·중대과실에 의한 범죄행위 등의 급여제한사유에 해당하는지 여부는 병원 등 의료기관이 판단할 수 없고, 우선적으로 국민건강보험에 따른 요양급여를 실시하고, 지체 없이 국민건강보험공단 지부에 급여제한 여부 조회서에 따라 조회하여 그 결과에 따라 이후 급여제한여부를 결정하게 되어 있으므로, 가해자를 알 수 없는 노상강도·폭행치상 등 피해자는 국민건강보험에 따라 치료를 받을 수 있다고 할 것이다

## 제3절 형사절차 진행과정에서의 범죄피해자대책

실체법으로서의 형법규정은 범인을 검거하여 그에 상응한 벌을 가하는 근거로서 중요한 역할을 담당함과 동시에 형벌예고 기능을 통하여 범죄행위로부터 피해자를 간접적으로 보호하는 역할을 하고 있다고 할 것이다. 그러나 이러한 실체법적 피해자보호규정은 소극적이고 간접적인 보호규정에 불과한 것이어서 보다 적극적인 의미에서 피해자가 형사절차 참여를 통해서 보호받을 수 있는 방안도 필요하다.

현행법상 피해자의 형사절차 참여를 인정하고 있는 대표적인 규정들로서는 형사피해자의 법정진술권, 고소·고소취소권, 불기소처분에 불복할 수 있는 권리 등을 들 수가 있다. 과연 이러한 것들이 피해자보호를 위해 충분한가에 대해서는 피해자수사의 문제점 부분에서 다루기로 하고 여기서는 그 제도만을 소개하기로 한다.

## 1. 고소권 · 고소취소권

친고죄·반 의사불벌 죄와 같이 피해자가 형사절차의 진행에 간여하게 하고, 그 처벌의사가 형사절차 진행에 영향을 줄 수 있도록 하는 범죄유형은 상호간의 합의를 촉진시키게 되어 피해자의 피해 회복에 도움을 줄 수 있고, 형법 제51조(양형의 조건)

규정은 피해자와의 관계, 범행 후의 정황 등을 고찰하여 양형을 참작한다는 것으로서 이 또한 상호 화해를 유도할 수 있는 것으로서 간접적으로 피해자보호에 기여할 수 있는 규정이 될 수가 있는 것이다. 한편 친고죄·반 의사불벌 죄가 현 수사실무에서 피해자보호에 충분히 기여하고 있는 것인가에 대해서 의문이 있을 수 있으나 이 사항은 후술하기로 한다.

범죄로 인한 피해자는 고소할 수 있다(형사소송법 제223조). 고소는 검사나 사법경찰관에게 하여야 하지만 그 방법은 서면 혹은 구술로 할 수 있다(동법 제237조).[281] 형사소송법에서는 자기 또는 배우자의 직계존속에 대해서는 고소하지 못하도록 하고 있고 친고죄의 고소기간도 범인을 알게 된 날로부터 6개월로 제한하고 있으나 최근 가정폭력범죄나 성폭력범죄의 경우 친족관계에 의해 피해자가 많이 발생하고 있고, 피해자 사정으로 인하여 고소의 기회를 놓치는 경우가 발생함에 따라 특별법상에서 예외규정을 두어 보호하고 있다(성폭력범죄의처벌및피해자보호에관한특례법 제18조, 가정폭력범죄의 처벌에 관한특례법 제6조). 또 현행법은 피해자보호의 충실을 기하기 위해서 피해자의 법정대리인·친족 등 피해자 외의 자에게도 고소권을 인정하고 있고, 일정한 경우 검사가 지정한 자가 고소권자가 될 수도 있으며 이 고소권을 양도의 대상으로 삼을 수 없게 하고 있다(동법 제225조 내지 228조).

형사소송법 제232조는 범죄피해자에게 제1심 판결 선고 전까지 고소를 취소할 수 있는 권한을 부여하고 있다. 이러한 고소취소제도는 실무적으로 범인과 피해자사이의 사적 분쟁해결을 촉진하여 피해자가 피해보상을 받게 하는 기능을 수행하고 있다. 즉 고소취소로 말미암아 친고죄의 경우 수사단계에서 사건을 불기소처분 형태로 종결을 할 수 있게 되고, 공판단계에서 공소기각 형태로 공판절차를 끝낼 수 있게 되는 바, 피해자는 피의자 또는 피고인으로부터 손해배상·위자료 등의 합의금을 받을 수 있게 되는 것이다. 비친고죄의 경우도 고소취소를 하게 되면 기소재량권 행사에 영향을 미치게 되고 판결 시 양형참작 사유로 되기 때문에 상당한 효과를 발휘하게 된다.

---

281) 따라서 일선 실무에서 구두로 고소를 하여오는 경우 고소장을 작성하여 제출하도록 요구하는 것은 적합한 업무처리 방식이 아니며, 처벌의사가 명확할 때는 구술조서를 받는 형태로 즉시 수사를 개시하여야 할 것이다(형사소송법 제237조 내지 제238조).

## 2. 불기소처분의 불복제도

고소·고발한 사건에 대하여 검사가 불기소처분을 한 때에는 고소·고발인은 불기소의 이유를 고지할 것을 청구할 수 있다(형사소송법 제259조). 또 고소·고발인은 검사의 불기소처분에 대하여 검찰항고·재정신청·헌법소원을 제기할 수 있는데 이는 검사의 기소편의주의에 대한 중요한 통제수단으로서의 의미를 지닌다.

### 가. 검찰항고권

고소를 한 피해자가 검사의 불기소처분에 불복하는 경우에는 그 검사가 속하는 지방검찰청 또는 지청을 거쳐 서면으로 관할 고등검찰청 검사장에게 항고할 수 있다(검찰청법 제10조 제1항). 검사의 불기소처분에는 협의의 불기소처분뿐만 아니라 기소유예 및 기소중지 그리고 참고인 중지와 같은 처분도 포함된다. 또한 검찰항고를 기각하는 처분에 불복이 있는 항고인은 그 검사가 속하는 고등검찰청을 거쳐 서면으로 검찰총장에게 재항고할 수 있다(동법 제10조 제2항). 검찰항고 및 검찰재항고는 고소인 또는 고발인에 대한 통지(형사소송법 제258조 제1항) 또는 항고기각결정의 통지를 받은 날로부터 30일 이내에 하여야 한다(검찰청법 제10조 3항). 고소인이 재정신청을 한 때에는 검찰항고를 하지 못하며 재정결정 전에 그 신청을 취소한 때에는 검찰항고 제기기간 내에 다시 항고 할 수 있다(동법 제10조). 검찰 항고인이 재정신청을 한 때에는 그 항고는 취소한 것으로 본다(동법 제10조 제6항).

이러한 검찰항고제도는 검사의 불법·부당한 불기소처분의 견제장치로 기능하고 있고 부당한 불기소처분에 대한 사전 통제적 작용을 할 수 있겠지만 검찰조직 내부의 자체통제라는 한계를 지닌다.[282]

---

282) 박광섭, "피해자의 권리", 충남대학교 법학연구소 법학연구 제11권 제1호, 2000. p. 9.

## 나. 재정신청권

고소를 한 피해자는 고등법원에 불기소처분의 당부에 관한 재정을 신청할 수 있다(형사소송법 제260조 제1항). 재정신청이 대상은 검사의 불기소처분인 바, 여기에는 기소유예도 포함된다. 재정신청 대상 범죄는 공무원의 직권남용(형법 제123조), 불법체포·불법감금(동법 제124조), 폭행·가혹행위(동법 제125조)에 제한된다.[283] 위의 범죄행위의 피해자는 검사의 불기소처분 통지가 있는 때로부터 10일 이내에 서면으로 불기소처분을 한 검사 소속의 지방검찰청 검사장을 경유하여 그 검사 소속의 고등검찰청에 대응하는 고등법원에 재정신청을 할 수가 있다.

재정 신청서를 수리한 지방검찰청 검사장 도는 지청장은 그 신청이 이유 있는 것으로 인정한 때에는 즉시 공소를 제기하고 그 취지를 소속 고등법원과 재정신청 인에게 통지하여야 한다. 신청이 이유 없는 것으로 인정한 때에는 그 기록에 의견서를 첨부하여 7일 이내에 소할 고등검찰청 검사장에게 송치한다(형사소송법 제261조 제1항). 재정신청기록을 수리한 고등검찰청 검사장은 신청이 이유 있는 것으로 인정한 때에는 그 기록에 공소제기명령서를 첨부하여 소할 지방검찰청 검사장 또는 지청장에게 송치하고 그 취지를 소할 고등법원과 재정신청 인에게 통지하여야 한다. 신청이 이유 없는 것으로 인정한 때에는 30일 이내에 그 기록을 소할 고등법원에 송치한다(동법 제261조 제2항)

재정신청서와 그 기록을 수리한 고등법원은 재정신청이 이유 없다고 인정하는 때에는 결정으로 재정신청을 기각하는 결정을 하여야 하며, 그 신청이 이유 있다고 인정되는 때에는 사건을 관할지방법원의 심판에 부한다는 취지의 결정을 하여야 한다(동법 제262조). 고등법원이 부심판결정을 한 때에는 공소제기가 의제된다(동법 제263조). 이러한 재정신청제도는 대상 범죄를 엄격히 제한하고 있고 부심판결정율이 저조하여 공소권의 적정한 행사를 위한 효율적 통제수단은 되고 있지 못하고 있다는 비판이 있다.[284]

---

283) 그러나 공직선거 및 선거부정방지법, 헌정질서파괴범죄의공소시효등에관한특례법, 5·18민주화운동등에관한특별법 등에서는 주요 선거범죄와 내란·외환·반란·이적 등의 헌정질서파괴범죄를 재정신청의 대상에 포함시키고 있고, 군사법원법은 군사법원의 재판이 미치는 모든 범죄에 대하여 재정신청을 허용하고 있다.

284) 박광섭, 전게논문, p. 9.

## 다. 헌법소원제도

1987년 헌법 개정을 통하여 헌법소원제도를 두게 되었는 바, 이에 따르면 공권력의 행사 또는 불행사로 인하여 헌법상 보장된 기본권을 침해받은 자는 헌법재판소에 헌법소원심판을 청구 할 수 있다(헌법재판소법 제68조 제1항). 검사의 불기소처분에 대해서 헌법소원을 제기할 수 있는가에 대해서 긍정설과 부정설의 견해 대립이 있지만 헌법재판소는 피해자가 행한 고소에 대하여 검사가 내린 불기소처분은 헌법상 보장된 피해자의 법정진술권(헌법 제27조 제5항)과 평등권(제11조)을 침해할 수 있다고 봄으로써 헌법소원을 제기할 수 있다고 보고 있다.285) 헌법소원을 제기하려면 우선 다른 법률에 있는 구제절차를 거치지 않으면 안 되므로 검찰항고와 재정신청을 거친 다음 헌법소원을 제기하게 된다. 실제로 헌법재판소에 행하는 헌법소원심판 업무의 상당부분이 검사의 불기소처분에 관한 것이라고 하나 인용률은 낮다고 한다.286)

검사의 불기소처분이 위헌임이 확인되면 그 불기소처분을 취소하는데 그쳐야 하는가 아니면 새로운 처분을 명할 수 있는가에 대해서는 견해가 대립하고 있다.287) 검찰실무는 소극설의 입장에 서있다.288) 피해자보호에 충실하려면 적극설 입장의 채택이 필요하다고 보인다.


## 3. 피해자에 대한 정보제공

형사소송법에 의하면 고소, 고발사건에 관하여 검사가 공소제기 또는 불기소처분, 공소의 취소나 타관송치를 한 때에는 그 처분한 날로부터 7일 이내에 서면으로 고소

---

285) 1996. 11. 28, 95헌마162
286) 대한변호사협회, 인권보고서, 제11집, 1996. p. 239.
287) 기소독점주의의 폐해를 시정하고 피해자보호를 충실히 한다는 의미에서 불기소처분의 취소를 명하는 동시에 공소제기명령 등을 과할 수 있다고 보는 견해 (신동운, 전게서, p. 193), 공소제기명령까지를 의미하면 이는 공권력의 행사를 취소하는 범위를 벗어난다고 보기에 검사에게 공소제기가 강제되는 것이 아니라고 보는 견해(이재상, 전게서, 1999. p. 304.)가 대립한다.
288) 검찰은 검찰사건사무규칙 제156조 제2항 규정에 의거, 헌법재판소에서 검사의 불기소처분에 대한 헌법소원을 인용하여 불기소처분 취소결정을 내린 경우 지체없이 재기수사하는 것으로 충분하고 그 사건에 대하여 반드시 공소제기 해야 하는 것은 아니라고 보고 있다 (최병각, "피해자의 형사절차 활용방안", 피해자학연구 제8호, 1999. p. 142).

인 또는 고발인에게 그 취지를 통지하여야 하며(동법 제258조 제1항), 공소를 제기하지 아니하는 처분을 한 경우 검사는 고소인 또는 고발인의 청구가 있는 때에는 공소를 제기하지 아니한 이유를 서면으로 설명하도록 함으로써(동법 제259조), 수사진행 상황에 대한 정보를 제공하도록 하고 있다. 이러한 형사소송법의 통지제도는 그 대상이 고소인, 고발인에게 한정되고 있다는 점과 통지사유가 수사종결처분 내용에 제한되고 있다는 점에서 수사진행상황에 대한 정보제공제도로는 매우 미흡하다고 보인다.

특정범죄신고자등보호법 제15조에 의하면 경찰관은 특정범죄의 신고자인 피해자나 그 친족 등이 보복을 당할 우려가 있는 때에는 일정한 수사정보를 제공해주도록 하고 있다. 즉 피의자의 체포·구속·석방에 관한 사법경찰관·검사·법원의 처분내용 등을 사법경찰관·검사의 직권이나 피해자 등의 신청에 의하여 당사자들에게 통지를 해주도록 하고 있다.[289] 또한 가정폭 가정폭력 범죄의 처벌 등에 관한특례법 제5조 제4호에 따라 가정폭력범죄에 대하여 신고를 받은 경찰관은 폭력행위의 재발 시 제8조의 규정에 의하여 임시조치를 신청할 수 있음을 통보해주도록 하고 있다. 가정폭력 범죄의 처벌 등에 관한특례법에서는 이러한 검사 및 사법경찰관의 임시조치 청구나 신청에 대하여 피해자가 의견을 진술할 수 있다고 하여 피해자가 가정폭력관련 형사절차에 참여할 수 있는 길을 열어놓고 있다(동법 제8조 제3항). 경찰이 형사절차상 피해자를 위해 수행하는 정보제공에 대해서는 경찰의 범죄피해자대책 부분에서 보다 자세히 언급하기로 한다.

## 4. 증인·범죄 신고인 보호대책

### 가. 특정범죄신고자등보호법상의 신변보호

피해자에 대한 신변안전을 확보하고 사적 비밀을 유지하도록 해주는 것은 장차 피해자의 경찰에 대한 신뢰와 협력을 얻기 위해서도 매우 중요한 의미를 지니고 있다. 특히

---

[289] 이외에도 검사나 사법경찰관은 피고인에 관한 정보, 예컨대 재판 선고기일·선고내용·가석방·형집행정지·형기만료·보안처분종료 등으로 인한 교정시설 등에서의 출소사실이나 도주사실 등 재판 및 신병에 관련된 변동 상황도 범죄 신고자인 피해자나 피해자의 법정대리인 또는 친족 등에게 통지해 주도록 하고 있다.

신변안전조치는 강력범죄의 신고자에 있어서 그 의의가 크다. 강력범죄 피해자들 중 많은 이들이 보복이 두려워 신고를 하지 않기 때문이다. 따라서 경찰의 확실한 신변안전조치의 보장 등은 피해자의 적극적 협력을 얻을 수 있는 관건이 되는 것이다.[290]

대체로 수사기관이 범죄사실을 알게 되는 경로로는 현행범발견, 수사 활동에 의한 인지, 피해자 등 제3자에 의한 신고 등으로 나누어 볼 수 있다. 2003년 경찰청 통계에 따르면 형법범의 총 66.7% (503,416건)가 피해자 등의 신고에 의해 수사가 개시된 것으로 나타났다(제5장 제1절 참조). 이것은 시민들의 협조가 경찰수사에 매우 중요함을 의미하는 것이다. 그럼에도 불구하고 중요범죄의 신고율이 총 범죄 신고 율보다 낮게 나타나는 것은[291] 여러 가지 이유가 있겠지만 그 가운데 중요한 이유 중 하나가 보복위협인 것으로 조사되었다.[292] 특정범죄신고자등보호법은 이런 의미에서 주로 강력범죄에 속하는 특정범죄 피해자 등 신고인을 보복위협으로부터 보호함으로써 신고를 활성화시킴으로 인해 범죄에 대한 수사력을 강화해보겠다는 의지에 의해 제정된 법률이었다.

특정범죄 신고자 등 보호법에 있는 신변안전조치의 핵심적인 내용은, '범죄 신고자·그 법정대리인·친족 등은 보복을 당할 우려가 있는 경우에 일정기간 동안 당해 검찰청 또는 경찰서 소속 공무원으로 하여금 신변안전조치를 위하여 필요한 조치를 하게 하거나 그러한 조치를 취하도록 재판장, 검사 또는 주거지나 현재지를 관할하는 경찰서장에게 신청할 수 있다(법 제13조)'는 것이다. 경찰서장은 특별한 사유가 없는 한 신변안전조치 요청을 받은 즉시 그에 상응하는 조치를 취하도록 의무화하고 있다. 특히 전술한 바와 같이 특정범죄신고자등보호법 시행령 제7조에서는 특정시설에의 보호, 신변경호, 참고인·증인과의 동행, 주거지역 순찰과 같은 여러 가지 신변안전조치의 유형들을 제시하고 있다.

---

290) 경찰청 훈령 제269호로 제정된 범죄 신고자 보호 및 보상에 관한규칙 제3조에서도 경찰관의 범죄 신고자에 대한 신변안전조치의무를 규정하고 있으나 그 조치권 발동여부를 경찰의 재량에 맡기는 형식으로 규정하고 있다. 경찰이 사람의 생명·신체에 대한 위협행위에 대응해야 하는 경우 그 신변보호조치권 발동여부 판단을 자유재량행위 형태로 규정하거나 해석하는 것은 바람직하지 않다. 만일 사람의 생명·신체에 대한 중대한 위협이 있을 때에는 이러한 경찰 재량도 0으로 수축하여 반드시 보호적 조치를 취하지 않으면 안 된다고 보아야 한다.
291) 2003년도 경찰이 집계한 총 범죄 신고율은 51.9%였던 반면 강간죄의 신고율은 38.9% 에 불과하였다(경찰청, 경찰백서, 2003. p. 275).
292) 이기헌, "범죄 신고자등 보호방안", 한국형사정책연구원 공청회 자료, 1995. p. 4.

또 범죄 신고자등의 신변보호의 실효성을 담보하기 위하여 범죄 신고자 등이나 그 친족 등이 보복을 당할 우려가 있는 경우로서 그로 인하여 중대한 경제적 손실 또는 정신적 고통을 받았거나 이사·전직 등으로 비용을 지출하였거나 지출할 필요가 있는 때에는 범죄 신고자등, 그 법정대리인 또는 친족 등의 신청에 의하여 범죄 신고자등구조금을 지급하는 제도를 마련하고 구조금 심의를 위하여 지방검찰청에 범죄 신고자등구조금심의회를 두도록 하고 있다(특정범죄신고자등보호법 제14조).

## 나. 기타 특별법을 통한 신변보호

특정 강력범죄 처벌 등에 관한특례법(이하 특강법이라 한다)에는 특정강력범죄의 피고인이 피해자 또는 그 친족의 생명 신체 재산에 해를 가하거나 가할 염려가 있다고 믿을 만한 충분한 이유가 있는 때에는 직권 또는 검사의 청구에 의하여 결정으로 보석 또는 구속의 집행정지를 취소할 수 있게 하고 있고(특강법 제6조),[293] 피고인이 석방상태에서 증인에 대하여 막 위해를 가했거나 가하려고 할 때, 법원의 직권이나 검사의 청구, 그리고 증인인 피해자의 검사에 대한 청구 형식으로 경찰서장으로 하여금 신변안전조치를 취할 수 있게 하고 있다(특강법 제7조). 물론 검사는 관할 경찰서장에게 증인에 대한 신변보호요청을 하여야 한다. 이 때 경찰서장은 위해가 예상되는 경우의 사전보호조치는 물론 위해행위가 발생한 경우 위기개입차원의 신변보호조치에 이르기까지 신속히 현장에 임장하여 수사를 진행하도록 해야 할 것이다. 특신법이나 특강법에서 신변안전조치로서 보호받을 대상자가 특정이 되어 있는 만큼 앞으로는 이러한 현행법상 신변안전조치제도에 대해 보완작업을 거쳐 형사절차상 일반 참고인과 증인에 대해서도 신변안전조치가 확장될 수 있도록 입법적인 노력이 필요하다고 보겠다.[294]

성폭력범죄의처벌및피해자보호등에관한법률 제20조는 신변안전조치와 관련하여 특강법 제7조를 준용하도록 하고 있고, 가정폭력 범죄 처벌 등에 관한특례법 제5조에서

---

293) 법원의 직권이나 검사의 청구에 의할 뿐 범죄피해자에게는 보석취소 등에 관하여 직접적으로 청구권이 인정되지는 않는다.

294) 정영일, "개정형사소송법과 형벌권의 적정한 실현", 고시연구, 1996. 5. p. 29.

는 진행 중인 가정폭력범죄에 대하여 신고를 받은 사법경찰관리는 즉시 현장에 임하여, 폭력행위를 제지하고 수사를 하여야 하며, 피해자를 가정폭력 관련 상담소 또는 보호시설에 인도조치를 하여야 하고, 긴급치료가 필요한 피해자의 의료기관에 인도하여야 하며, 폭력행위의 재발 시 법원에 임시조치를 신청할 수 있음을 피해자에게 통보하여야 한다고 규정하고 있다.

## 다. 피해자의 법정진술권

### 1) 헌법상의 법정진술권

범죄로부터 국민을 보호해야 할 책무를 바탕으로 하여 우리 헌법은 형사피해자에게 당해 사건의 재판절차에서 진술할 수 있는 법정진술권을 헌법상 기본권으로 보장해 놓고 있다(헌법 제27조 제5항). 이러한 헌법상 피해자의 법정진술권은 범죄피해의 신속한 구제와 형사사법의 적정실현을 감시하기 위한 것으로서 피해자의 법적 지위를 향상시키는데 있어서 중요한 상징적인 의미가 있다고 본다.[295] 이것은 우리나라의 피해자보호를 위한 노력이 피해자의 인권향상을 위해 노력하고 있는 세계 각국의 새로운 형사사법의 흐름에 부응하고 있음을 나타내 준 의미도 있는 것이다.

1987년 8월 제135회 국회의 헌법개정특별위원회에 각 정당의 헌법개정안 시안이 제출되었던 바, 당시 민주정의당 헌법개정안 시안에 형사피해자에 대한 국가구호 등 보호조항을 신설한다는 내용에 피해자의 법정진술권 항목이 포함되어 있었다. 제안이유에 해당하는 헌법개정안 시안의 내용은 다음과 같다.

> 『국가소추기관인 검사에 의해 피해자의 의사가 형사재판절차에서 충분히 개진되나 현실적으로 사건의 폭주 등의 이유로 관점에 따라서는 피해자의 억울함이 충분히 반영되지 않는 것으로 보여 질 수 있으므로 피해자가 원하는 경우에는 법률의 규정에 따라 재판과정에서 자기의 의견을 개진할 수 있도록 하는 기회를 줌으로써 자칫 소홀히 되기 쉬운 피해자인권의 보장에 만전을 기할 수 있는 규정을 둠.』[296]

---

295) 신동운, 형사소송법, 1993. p. 472.
296) 국회사무처, 제135회 헌법개정특별위원회회의록 제7호 부록, p. 8.

위 시안이 마련된 데에는 현행 형사법체계의 현실상 형사절차에 피해자의 의사가 충분히 반영되기 어려워서 피해회복이 충분치 못할 수 있고, 그 결과 피해자들이 형사사법기관에 대해 불만을 가질 수 있다는 현실인식이 작용한 것으로 보인다. 그러나 이러한 헌법상의 피해자진술권에 대하여 비판적 견해들도 있다.297) 즉, 피해자의 다른 권리에 비해 헌법사항으로 하는 것은 형평성에 문제가 있다는 점, 우리 형사법체계가 피해자의 형사절차 참여부분에 있어서 아직 제도적으로 미흡하기에 앞으로 적절한 이론구성과 프로그램의 계속적 개발을 통하여 개선해 나가면 된다는 점 등을 감안한다면 헌법사항으로 하게 된 것이 반드시 적절한 입법이었다고 말할 수 없다는 견해가 그것이다.298)

생각건대 이러한 헌법상의 피해자의 법정진술권 규정은 피의자의 인권보장을 위한 많은 규정들에 비교하여 볼 때 결코 지나친 것이 아니며 오히려 피해자의 권익보호와 같은 시대의 법사상을 반영코자 하는 헌법제정권자의 특별한 의지의 표현으로 보아야 한다고 본다. 다만 하위 법령인 형사소송법상 제294조의 2의 '공판절차가 현저히 지연될 우려가 있는 경우' 와 같은 법정진술권의 예외규정에 대하여 균형 잡힌 해석을 내려야 한다는 것과 형사사법 운영자들이 이 제도의 중요성을 깊이 인식하고 운용해야 하는 것이 당면한 과제라고 하겠다.


## 2) 형사소송법상 피해자의 법정진술권

1988년 이전의 구 형사소송법에서는 피해자가 공판정에서 진술할 권한이 없었다. 그러던 것이 1987년 헌법 개정을 시발로 하여 그 이듬 해 형사소송법 개정에 의해 피해자의 공판정진술권이 보장되었다(형사소송법 제294조의 2). 이에 따라 피해자는 자신의 진술권 행사를 통하여 공판절차에 적극적으로 참여할 수 있는 기회를 갖게 되었으며 피해자 지위가 그 만큼 개선되기에 이른 것이다.

미국의 경우에도 양형절차에서 피해자가 범죄피해로 입은 결과에 대하여 진술할 수 있도록 피해영향진술(victim impact statement)을 행할 권리를 인정하고 있거나,

---

297) 이재상·이호중, "형사절차상 피해자보호방안", 형사정책연구원, 1993. p. 57.
298) 이재상·이호중, 상게논문, p. 57.

피해자가 범죄로 인하여 입게 된 피해결과에 대하여 판결 전 조사보고서(presentence report)에 기재하는 것을 강제하는 등의 방법으로 피해자의 범죄로 인한 피해영향을 반영하는 주가 많다고 한다.299)

이에 따르면 법원은 범죄피해자의 신청이 있는 경우에는 원칙적으로 피해자를 증인으로 신문하여야 한다(법 제294조의 2 제1항 본문). 다만 ① 피해자가 아닌 자가 신청한 경우, ② 신청인이 이미 당해 사건에 관하여 공판절차 또는 수사절차에서 충분히 진술하여 다시 진술할 필요가 없다고 인정되는 경우, ③ 신청인의 진술로 인하여 공판절차가 현저하게 지연될 우려가 있는 경우에는 예외적으로 범죄피해자의 진술신청을 기각할 수 있다고 규정 해놓고 있다. 피해자의 진술을 무제한으로 허용하게 되면 신속한 재판의 이념에 반할 우려가 있으며 개인의 감정에 의하여 재판이 좌우될 위험이 있기 때문으로 보인다. 이 때 피해자는 단순히 자신이 체험한 사실을 보고하는 증인의 지위를 넘어서서 당해 사건에 관한 의견진술권까지도 허용한 것이라고 보아야 한다.300)

### 3) 특별법상의 법정진술권

가정폭력범죄의 처벌 등에 관한특례법(이하 '가폭법' 이라 한다)과 소송 촉진 등에 관한특례법(이하 '소특법' 이라 한다)에도 피해자에게 법정진술권이 있음을 규정하고 있다. 가폭법 제33조에는 신청인이 이미 심리절차에서 충분히 진술하여 다시 진술할 필요가 없다고 인정되거나 신청인의 진술로 인하여 심리절차가 현저하게 지연될 우려가 있는 경우를 제외하고는 피해자의 신청이 있는 경우 그 피해자를 증인으로 신문하여야 한다(동조 제1항)고 하고 있고, 법원이 피해자를 신문하는 경우에는 당해 가정보호사건에 관한 의견을 진술할 기회를 주어야 한다(동조 제2항)고 함으로써 피해자의 법정진술권을 보장하고 있다. 소특법 제30조 제1항에서는 범죄피해자인 배상명령 신청인 및 그 대리인으로 하여금 재판장의 허가를 받아 소송기록을 열람할 수 있게 한다거나 공판기일에 피고인 또는 증인을 신문할 수 있도록 하고 있는 것도 법정진술권을

---

299) The 1996 Victims' Rights Sourcebook ; A Compilation and Comparison of Victims' Rights Laws, NCVC. p. 231-232.; 도중진, "형사절차에서 범죄피해자에 대한 재고찰", 피해자학연구 제10권 제1호, 한국피해자학회, 2002. pp. 193-194.
300) 신동운, 전게서, p. 473.

보장한 규정 중의 하나라고 볼 수 있다.

### 라. 형사보좌인제도를 통한 피해자보호301)

범죄 신고자등이나 그 친족 등이 보복을 당할 우려가 있는 경우에는 사법경찰관, 검사, 법원은 직권이나 범죄 신고자등의 신청에 의해서 범죄 신고자등의 보좌인을 둘 수 있다(특정범죄신고자등보호법 제6조 제1항). 이 때 보좌인은 수사과정에 피해자와 동행하거나 조언하는 등 필요한 조력을 할 수 있기 때문에 피해자를 보호하는 활동을 할 수가 있는 것이다(동법 제6조 제3항). 성폭력범죄의처벌및피해자보호등에관한법률에서는 수사기관이 피해자를 조사하는 경우 피해자의 신청에 의하여 피해자가 지정한 자를 조사현장에 참여시킬 수 있도록 하고 있다(구법 제22조의 2). 한편 2003년 11월 개정안에 따르면 피해자의 법정대리인도 신뢰관계에 있는 자와의 동석을 신청할 수 있는 자격을 부여하였다(개정 신법 제22조의 3).

### 마. 범죄 신고인의 사생활보호

수사관은 고소·고발범죄에 관한 신고 기타 범죄수사의 단서 또는 범죄수사 자료를 제공한 자의 명예나 신용을 해하는 일이 없도록 주의하는 동시에 피의자 기타의 관계자에게 정보제공자의 성명 또는 이들을 알게 될 만한 사항을 누설하지 않도록 주의해야 하고, 특히 필요가 있을 경우에는 적당한 보호를 하도록 하고 있다(형사소송법 제198조, 범죄수사규칙 제11조). 만일 성폭력범죄사건을 처리하면서 피해자의 사생활에 대한 비밀을 누설한 경우 2년 이하의 징역이나 500만 원이하의 벌금에 처해지게 되며(성폭력범죄의처벌및피해자보호등에관한법률 제35조 제2호), 가정폭력사건을 처리하면서 알게 된 피해자의 사생활을 누설하게 되면 민사상 손해배상 책임을 질 수 있다302).

---

301) 형사보좌인의 형태는 크게 옴부즈만(ombudsman)형과 후견인 또는 동반인(support attendant)형으로 나뉜다. 전자는 피해자의 권리사항에 대한 법률적 원조제공을 임무로 함에 반하여, 후자는 충고나 조언을 통한 심리적 안정 유지를 임무로 한다. 특정범죄신고자보호법이나 성폭력범죄의처벌및피해자보호등에관한법률상의 보좌인 및 신뢰관계에 있는 자의 경우는 후자에 해당한다.

302) 현행 가정폭력 범죄의 처벌등에 관한특례법 18조는 '가정폭력범죄의 수사 또는 가정보호사건의 조사·심리·집행을 담당하거나 관여하는 공무원 등은 그 직무상 알게 된 비밀을 누설하여서는

경찰관은 경찰은 신문 기타 보도매체에 수사에 관한 발표를 할 때에는 지방경찰청장·경찰서장 또는 지방경찰청장이지정한 자를 통하여 발표해야 하는 등(범죄수사규칙 제23조), 피해자의 사생활보호와 관련하여 특별히 언론기관의 대응에 신중해야 한다. 피의자 또는 피고인으로부터 위해를 당할 수 있는 특정범죄의 신고자에 대해서는 그 범죄신고자 등임을 미루어 알 수 있는 사실을 다른 사람에게 알려주거나 공개 또는 보도하게 해서는 안 되고(특정범죄신고자등보호법 제8조), 성폭력범죄의 소추에 필요한 범죄구성사실을 제외한 피해자의 사생활에 관한 비밀을 공개해서도 안 되며(성폭력범죄의처벌및피해자보호등에관한법률 제21조), 가정보호사건에 대하여 행위자나 피해자 등을 알 수 있는 인적사항이나 사진 등을 신문이나 출판물에 게재하거나 방송매체를 통한 방송을 하는 것을 금하고 있다(가정폭력범죄의 처벌 등에 관한특례법 제18조). 특정강력범죄 사건의 피해자나 신고·고발자 등의 경우에도 그들이 명시적으로 동의한 경우를 제외하고는 그들의 인적사항이나 사진 등을 방송매체에 방송하거나 출판물 등에 게재하지 못하게 하고 있다(특정강력범죄의 처벌에 관한특례법 제8조).

## 바. 심리의 비공개

우리 헌법 제109조는 재판공개의 원칙을 선언하고 있다. 다만 국가의 안전보장과 안녕질서 그리고 선량한 풍속을 해할 염려가 있는 때에는 법원의 결정으로 재판을 공개하지 않을 수 있다고 하고 있다. 만일 피해자가 공개된 법정에서 증언을 한다면 피고인으로부터의 보복위험은 물론, 개인의 사적 비밀이 방청객과 언론 앞에 낱낱이 드러날 수도 있다. 따라서 공개재판에서 피해자가 증언하는 것이 매우 큰 고통으로 작용할 수 있는 것이다.

이러한 이유로 우리나라 법체계에서도 심리를 비공개로 진행하는 예외를 두고 있다. 법원조직법 제57조(선량한 풍속을 해할 염려가 있을 경우), 성폭력범죄의처벌및피해자보호등에관한법률 제22조(성폭력을 당한 피해부녀의 사적 비밀을 유지하기 위한

---

아니된다'라고 규정은 하고 있으나 벌칙조항인 동법 제64조(비밀엄수 등 의무위반죄)에서는 객관적 구성요건 요소인 행위주체로서 공무원과 변호사 등은 제외되고 보조인, 상담소등의 상담원 또는 그의 長들만을 규정하고 있다. 따라서 수사공무원인 경찰관은 징계책임과 민사책임만이 문제될 수 있다.

경우) 등에서 심리의 비공개제도를 채택하고 있다.

## 사. 공판정에서의 피해자인 증인 보호

형사소송법에서는 법원의 소송지휘권에 의거하여 증인 신문시 증인의 인격권 침해와 관련된 신문을 제한 할 수 있고(동법 제279조, 제299조), 특정범죄신고자등보호법상의 범죄 신고자등에 대하여 형사소송법 제184조 또는 제221조의 2에 의거한 증인신문이 있을 경우 판사의 직권이나 검사의 신청에 의하여 증인신문과정을 비디오테이프 등 영상물로 촬영할 수 있으며, 이 영상물에 촬영된 범죄 신고자인 피해자의 진술은 증거로 할 수가 있도록 하고 있고(특정범죄신고자등보호법 제10조), 증인으로 소환 받은 범죄 신고자등이 보복을 당할 우려가 있는 때에는 피고인이나 방청인을 퇴정하여 줄 것을 법원에 요청하거나 증인신문을 공개법정 외에서 하여 줄 것을 요청할 수도 있다(동법 제11조 제5항, 제6항).

형사소송법 제297조에서도 재판장은 증인이 피고인 또는 어떤 재정인의 면전에서 충분한 진술을 할 수 없다고 인정한 때에는 그를 퇴정하게 하고 진술하게 할 수 있다고 하여 특정범죄신고자등보호법과 같은 취지로 피해자인 증인을 보호하고자 하는 규정을 두고 있다.

성폭력범죄의처벌및피해자보호등에관한법률 개정안(2003년 11월 21일 제243회 국회에서 개정안 의결)에 따르면 피해자가 13세 미만의 미성년자이거나 장애인인 때에는 비디오 등 중계장치에 의한 중계를 통하여 신문을 할 수 있도록 하는 한편(동법 제22조의 4), 피해자가 공판정에 출석하여 증언하는 것이 곤란할 사정이 있는 때에는 사유를 소명하여야 하는 바, 그 피해자가 13세 미만의 미성년자이거나 대통령령이 정한 장애인인 때에는 공판기일에 출석하여 진술하는 것이 현저히 곤란한 사정이 있는 것으로 간주한다(동법 제22조의 6)고 하여 공판정에서 2차 피해자화를 예방하기 위한 규정들을 새로 도입하였다.

## 5. 법률구조제도

법률구조제도는 경제적으로 어렵거나 법을 모르기 때문에 법의 보호를 충분히 받지 못하는 자에게 법률구조를 하여 줌으로써 기본적 인권을 옹호하고 나아가 법률복지의 증진에 이바지하게 함을 목적으로 하는 제도이다(법률구조법 제1조).

이 법률구조의 대상에 범죄피해자가 포함될 수 있음은 물론이다. 이 제도의 주관부서는 법무부 대한법률구조공단인데(동법 제8조), 이는 1987년 9월 법률구조법에 의하여 설립된 비영리 공익법인이며 서울에 본부가 있고, 13개의 지부와 42개의 출장소가 법원과 검찰청에 대응하여 설치되어 있다.

이 법률구조공단에서는 형사사건을 포함한 다양한 법률문제 전반에 대하여 무료로 법률상담을 하여주는 한편, 일정 범위내의 대상자를 상대로 소송대리·형사변호·기타 법률적 지원을 해주고 있는 바, 공단소속 변호사나 공익법무관이 변호활동을 하게 된다.303)

## 6. 정부차원의 범죄피해자대책

우리나라에서 범죄피해자 보호 관련 국가기관은 국가인권위원회·법무부·보건복지부·여성 가족부·경찰청·검찰청·청소년보호위원회 등으로서 다수가 존재하고 있으며 각 기관들은 직간접으로 피해자보호활동에 간여하고 있다. 경찰의 피해자보호 업무는 그동안 조직적으로 체계화되어 있지 못하다가 2004년도 경찰청 수사국 산하에 범죄피해자대책실이 만들어지면서 범죄피해자 보호업무를 총괄하기에 이르렀고, 2005년도 이 피해자대책실이 인권보호센터로 확대·개편되면서 그 업무추진 역량이 확대되고 있다.

---

303) 법률구조를 받을 수 있는 대상자들로는, ① 농·어민, ② 근로자 및 영세상인, ③ 국가 및 지방공무원, ④ 국가보훈대상자, ⑤ 물품의 사용 및 용역의 이용으로 피해를 입은 소비자, ⑥ 헌법재판소가 공익법무관을 국선대리인으로 선정한 사건의 청구인, ⑦ 법원이 공익법무관을 국선변호인으로 선정한 사건의 피의자 또는 피고인, ⑧ 국내거주 외국인, ⑨ 국민기초생활보장법에 의한 수급자, ⑩ 장애인 그 밖에 생활이 어렵고 법을 몰라 스스로 법적 수단을 강구하지 못하는 국민 등이 이에 해당한다(법률구조법 제6조 제1항). 위 항목에 해당하는 대상자의 구체적 범위는 법무부장관이 정하도록 되어 있다(동법 동조 제2항).

최근, 법무부나 검찰청에서도 범죄피해자 보호업무에 많은 관심을 기울이고 있다.304) 특히 법무부에서는 2004년도 말에 범죄피해자보호를 위한 기본 법안을 입법예고한 바 있었으며,305) 이에 따라 2005년 12월 법률 제7731호로 범죄피해자보호법을 제정, 공포하기에 이르렀다. 이와 아울러 형사화해제도 실시를 위한 소송촉진 등에 관한특례법 개정의사도 표명하였으며, 범죄피해자구조법이나 배상명령제도의 개선도 추진할 뜻임을 밝힌 바 있었다.

사법부인 대법원 사법개혁위원회(제2분과)에서도 2004년 7월경 '범죄피해자의 보호방안'에 관해 심도 깊게 논의를 진행한 바 있다.306) 주요 논의 내용으로는, ① 피해자의 적극적 지위 강화(피해자의 절차 참여권), ② 소극적·방어적 측면에서의 피해자

---

304) 검찰의 경우에도 범죄피해자 보호를 위한 여러 가지 시책들이 시도 되어 왔다. 1999년 2월 대검찰청에서는 범죄현장에서의 피해자 보호, 피해자 소환절차상의 피해자 보호에 관련된 내용을 포함하는 '성범죄수사및공판관여시피해자보호에관한지침'을 발표한 바 있고, 2003년 8월 대구지방검찰청 김천지청에서는 ① 피해자전담검사 및 전담관 지정, ② 피해자상담실 설치 및 피해자 핫라인 개설, ③ 피해자통지 확대, ④ 수사·공판절차에서의 피해자보호 강화에 관한 것을 내용으로 하는 '범죄피해자보호강화지침'을 마련하였다. 2003년 11월 대전지방검찰청에서도 '범죄피해자보호지침'을 수립하여 시행하게 되었는데, 특히 이 지침 제3장의 범죄피해자지원과 관련해서는, ① 범죄피해자지원센터 설치, ② 총괄위원회, ③ 상담위원회, ④화해중재위원회, ⑤ 사법보좌인, ⑥ 집단피해자지원위원회 등을 주요 내용으로 하고 있는 바, 이 중 화해중재위원회 운영과 관련하여서는 대전지방검찰청에서 수사 중인 사건 중 검사가 당사자 간에 원만한 화해가 필요하다고 판단하여 의뢰한 소년사건, 의료사건, 일반형사사건을 화해중재대상으로 삼고서 화해중재가 성립한 경우 이를 당사자간의 합의로 간주하여 처리하도록 하는 안을 마련하게 되었다. 대검찰청에서도 2004. 9. 24. 범죄피해자에 대한 보호·지원 강화 방안을 수립함과 동시에, 2004. 9. 30. '인권존중을 위한 수사제도·관행 개선위원회'의 건의에 따라 '특별조사실'을 별도로 설치해 성폭력사건 등에 대한 조사가 이뤄지도록 하고 참고인이나 피의자 등의 조사도 피해자와 분리해 실시될 수 있도록 한다는 계획을 발표하였다(세계일보 2004, 10월 1일)

305) 법무부에서 2004. 9. 1. 발표한 '범죄피해자 보호·지원 강화를 위한 종합대책'의 주요 내용으로는, ① 종합적인 피해자 보호·지원대책, ② 형사사법절차에의 피해자 참여 확대 방안, ③ 2차적 피해의 예방대책, ④ 원상회복제도 개선방안 등이 제시되었다. 구체적으로는 범죄피해자기본법을 제정하고, 범죄피해자지원센터의 설립을 적극 지원하며, 법률구조공단의 피해자에 대한 법률지원 업무를 강화한다는 내용 등을 포함하고 있었다. 형사사법절차에의 피해자 참여 확대 방안은 범죄피해자에 대한 통지를 확대하고, 각 검찰청에 피해자지원과를 신설하고, 불기소통제제도를 정비하고, 피해자 진술권을 강화하고, 피해자에 대한 권리를 고지한다는 것을 주요 내용으로 담고 있었고, 2차적 피해의 예방대책으로, 참고인 내지 증인 신문과정에서의 보호, 피해자 신변안전조치, 피해자 보호를 위한 재판 비공개 인정을 제시하고 있었으며 원상회복제도 개선방안으로 범죄피해자구조제도의 확대, 피해자구조기금의 설립, 배상명령제도의 활성화, 형사재판상 화해제도의 도입 등이 제시되었다.

306) 한국일보 인터넷판 2004, 7월 27일.

보호(2차적 피해 방지), ③재정신청의 확대 문제, ④범죄피해자 지원을 위한 공익단체의 육성 등이었다.

대법원은 2004. 10. 1.부터 성폭력범죄 피해자들이 피고인과 직접 대면하지 않고서도 화상시스템을 통해 증언할 수 있는 전자법정을 서울중앙지법과 부산, 대전, 광주, 대구 등 전국 5개 법원에서 본격 운영키로 밝혔는데,307) 전자법정이 설치될 법원에서는 성폭력범죄 전담재판부를 지정해 운영하고, 2005년부터는 전국 각급 법원에 전자법정을 확대 시행할 계획임을 밝혔다308).

하지만 피해자 보호 관련단체에 대한 지원 및 협조가 가장 체계적으로 이뤄지고 있는 부처는 여성 가족부라고 할 수 있다. 여성가족부가 우리나라 공적 피해자지원체제의 모범적 역할을 수행하고 있는 것이다.309) 여성 가족부 권익증진국 인권복지과에서 가정폭력 및 성폭력예방과 피해자보호계획을 수립하고 피해자보호시설 및 여성 긴급전화 '1366'310) 운영 등 여성상담소의 지원·육성,311) 상담원 및 관계기관 담당자의 교육·훈련, 피해예방교육 및 홍보 등의 업무를 수행하는 한편 각 시도의 여성복지과 또는 가정복지과에서는 성폭력 및 가정폭력 관련 피해자보호시설의 설립신고를 수리하고 시설운영을 지도·감독하고 있다.

2005년 12월 공포된 범죄피해자보호법 제17조에는 일정한 범죄피해자지원단체가 법무부장관에게 신청하여 범죄피해자 지원 법인으로 등록되게 되면 예산의 범위 내에서 정부 보조금을 교부받을 수 있게 함으로써 민간단체의 피해자 보호활동을 지원하는 시책을 규정하고 있다.

---

307) 중앙일보 2004, 9월 30일.

308) 조선일보 2004, 9월 21일.

309) 김용세, 피해자학, p. 300.

310) 피해자지원 및 폭력예방활동을 목적으로 24시간 운영되는 긴급전화이다. 피해자의 1차 상담에 응하고, 의료기관·법률기관·형사사법기관 기타 보호시설 등과의 협조체제 구축을 통해 피해자를 보호하거나 종합적인 정보를 제공하는 것을 주목적으로 한다.

311) 2004년 현재 여성가족부의 지원대상 상담소는 가정폭력상담소가 182개소, 성폭력(장애인성폭력 포함)상담소가 124개소이며, 보호시설은 가정폭력피해자 보호시설 48개소, 성폭력피해자보호시설 15개소이다(여성가족부, '02-'04 가정폭력·성폭력 피해자보호 운영실적 보고서, pp. 6-9., http://www.mogef.go.kr/참조)

## 7. 민간단체 차원의 범죄피해자대책

국가나 지방자치단체와 같은 공공기관의 피해자보호정책 추진과는 별도로 민간단체에서도 피해자보호를 위한 각종 시책이 추진되었다. 1991년 4월에 범죄피해자 보호를 위한 민간조직인 한국성폭력상담소가 출범하였는데 이 단체는 성폭력 피해여성에 대한 심리적·법적·의료적 상담을 통한 재활지원, 성폭력의 원인과 예방대책 연구, 여권신장을 위한 활동 등을 목적으로 설립되어 여성피해자의 권익을 위해 활동하였다.

이 후에는 여성의 전화, 여성의 집, 사랑의 전화와 같은 주로 여성과 청소년의 권익 옹호를 위한 민간조직들이 생성되었고 생명의 전화, 청소년종합상담실, 십대들의 쪽지와 같은 민간조직들도 생겨나는데 이러한 단체들은 범죄피해자보호만을 추구하는 것이 아니라 여성 또는 청소년에 대한 일반적 보호를 표방하고 있다.

그 밖에 여성 및 청소년보호 및 수용시설로서 YWCA청소년쉼터, 한국여성의 집, 베데스다쉼터 등의 보호 및 수용시설이 창설되었고 법률관련자문 및 상담기관인 법률구조공단이나 한국가정법률상담소 등이 새로이 등장하여 범죄피해자의 피해회복을 돕는 활동을 전개하여 왔다. 아래의 표는 여성가족부가 집계한 여성 긴급전화 1366 운영현황과 우리나라 가정폭력상담소의 운영현황을 보여주고 있다.312)

**(표 7) 여성긴급전화 1366 운영 현황**　　　　　　　　　　　　　　　(연도말 기준)

| 연 도 | 운영 주체 (개소) | | 종사자 수 (명) | | | 비 고 |
|---|---|---|---|---|---|---|
| | 위 탁 | 직 영 | 계 | 상 담 원 | 자 원 봉 사 | |
| 2002 | 9 | 7 | 175 | 136 | 39 | |
| 2003 | 10 | 6 | 179 | 135 | 44 | |
| 2004 | 12 | 4 | 358 | 144 | 214 | |

---

312) 여성 가족부, '02-'04 운영실적 보고서, p. 9.(http://www.mogef.go.kr/참조).

**(표 8) 가정폭력상담소 운영 실적**  (단위 : 개소, 건, 명)

| 연 도 | 개소 수 | 종사자 수 | | | 상 담 실 적 | | | 비 고 |
|---|---|---|---|---|---|---|---|---|
| | | 계 | 상 담 원 | 자 원 봉사자 | 계 | 가 정 폭 력 | 기 타 | |
| 2003 | 177 | 398 | 398 | 7 | 195,286 | 99,376 | 95,910 | |
| 2004 | 182 | 1398 | 398 | 6 | 193,439 | 90,497 | 102,942 | |

## 제4절 경찰의 범죄피해자대책

지금까지 살펴본 우리나라의 일반적 범죄피해자대책 가운데는 경찰과 직간접으로 관련되는 내용들이 산재되어 있다. 여기서는 우선 경찰이 국민으로부터 신뢰를 얻는데 매우 중요하다고 여겨지는 내용들 중 앞서서 언급한 형사절차 참여를 위한 범죄피해자대책과 중복이 되지 않는 범위 내에서 경찰의 수사 활동과 직접적으로 연계되어 실행되고 있는 범죄피해자대책을 중심으로 정리해보고자 한다.

### 1. 종래의 범죄피해자대책

#### 가. 수사정보의 제공

경찰수사관서에 고소·고발·진정·탄원을 하는 것은 일종의 형사민원에 해당한다. 따라서 이러한 민원사무의 처리에 관한 절차적 규정은 민원사무처리에 관한법령의 적용을 받게 된다. 민원사무처리에 관한법률시행령 제33조에 의하면 행정기관의 장은 처리결과의 통지를 필요로 하는 민원사무의 처리를 완결한 때에는 처리담당자를 명시하여(동 시행령 제34조), 그 결과를 지체 없이 민원인에게 통지 하도록 하고 있고(동 시행령 제33조 제1항), 다른 법령 등에 특별한 규정이 있는 경우를 제외하고는 문서로서 이를 하도록 하고 있다(동 시행령 동조 제2항). 이때에도 신속을 요하거나 사안이 경미한 경우는 구술·전화·모사전송·인터넷 그 밖의 방법이 가능하며 민원인이 요청하는 때에는 지체 없이 문서를 교부해 주어야 한다고 규정하고 있다(제2항 후단).

또한 민원사건처리가 지연될 경우에는 범죄수사규칙 제66조 및 민원사무처리에 관한 법률시행령 제32조에 의거하여 처리진행상황을 통지해 주어야 한다. 예컨대 고소, 고발 사건을 접수한 후 1개월이 경과하여도 수사를 완료하지 못하였을 때 우선 관서장의 기간연장 허가를 받아 수사를 계속하도록 하고 있는데 이러한 중간처리 상황에 대해서 민원인에게 통지해주도록 하고 있고, 2개월이 경과하여도 수사를 마치지 못하게 되면 검사의 승인을 통해 기간연장을 받아 수사를 진행하여야 하는 바, 이때에도 중간처리 상황을 통지해주어야 함은 물론313) 사건을 이송하였을 경우에도 그 이송상황을 민원인에게 알려주도록 하고 있다(범죄수사규칙 제67조 제4항).314)

2002년 12월 경찰청 방범국 여성 청소년과에서 제작, 배포한 대여성·아동범죄 실무매뉴얼에서는 성폭력·아동학대·가정폭력 현장에 출동한 경찰관으로 하여금 피해자에게 일정한 정보를 제공할 수 있도록 행동지침을 마련해놓고 있다.315) 경찰관이 현장에서 제공해주어야 할 정보의 내용으로, ① 법정에서 심리비공개 신청권 보유(성폭력범죄의처벌및피해자보호등에관한법률 제22조), ② 신뢰관계에 있는 자와의 동석권(동법 제22조의 2), ③ 특정범죄의 경우 '특정강력범죄의 처벌에 관한특례법'상의 피해자인 증인보호를 위한 신변안전조치의 청구권(동법 제20조), ④ 피해자의 신원과 사생활 비밀누설은 법으로 금지하고 있어서 이에 대해 안심하라는 내용(동법 제21조), ⑤ 가정폭력의 경우 향후 가정보호사건 처리과정과 처리절차 설명, ⑥ 가정폭력범죄가 재발할 우려가 있다고 인정하는 때에는 임시조치를 신청할 수 있음을 통보하고 그 내용을 설명(가정폭력범죄의 처벌 등에 관한특례법 제29조), ⑦ 피해자에게 '1366', '1391'과 같은 긴급전화활용에 관한 내용과 상담소나 피해자보호시설에 관한 안내, ⑧ 향후 사건 진행절차 및 소요 예상시간 등을 설명할 것 등에 관한 것들이다.

---

313) 민원사항은 이를 접수한 후 30일이 경과할 때마다 민원인에게 서면으로 통지함을 원칙으로 한다(민원사무처리에 관한법률시행령 제32조)

314) 이러한 근거를 토대로 조사계·형사계·수사2계 등에서 근무하는 경찰서 형사민원 처리 담당자들은 사건처리 진행에 관하여 치리결과 및 사건처리에 관한 중간통지를 해주고 있으며 이 사항에 대해서는 경찰청의 수사기관에 대한 행정사무감사를 통하여 확인·점검을 하고 있다(민원사무처리에 관한법률시행령 제37조).

315) 경찰청, 대여성·아동범죄 실무 매뉴얼, 2002. 12. pp.138-139

## 나. 피해자인 참고인 조사시 편의제공

범죄수사규칙(경찰청 훈령제384호) 제102조에는 참고인에 대한 출석요구의 절차와 방법 등이 비교적 상세히 규정되어 있다. 이 참고인에 피해자가 포함됨은 물론이다. 수사경찰관은 참고인을 조사하고자 할 경우 사법경찰관 명의로 출석 요구서를 발부하여야 하며, 출석요구 시 출석요구의 취지를 명백히 하여야 하고, 출석한 참고인에게는 지체 없이 진술을 들어 장시간 대기하지 않도록 하여야 한다고 규정하고 있다.

또 사법경찰관리집무규칙(법무부령 제507호) 제18조에서는 참고인에게 진술을 강요해서는 안 되고, 진술은 조서에 기재해야 하되, 진술이 복잡하거나 진술인이 서면으로 진술을 원할 때에는 이를 작성하여 제출할 수 있게 하고 있으며(동조 제1항 내지 제3항), 참고인이 기거하고 있는 병원이나 자택 등에서 임상조사를 할 때에는 상대방의 건강상태를 충분히 고려하도록 하면서 가족이나 의사 등을 입회시켜 조사하도록 하고 있다(동 규칙 제19조).

경찰서 민원실에 찾아와 고소·고발과 같은 형사민원을 제기할 때에는 민원 접수 단계에서 친절하고 신속한 안내로 피해자가 고충을 겪지 않도록 해야 하는 바, 현재 각 경찰서에서는 수사민원 상담관을 배치하여 활용하고 있다.316) 또한 형사민원인이 민원을 제기한 당일 바로 조사를 받을 수 있도록 '고소·고발인 즉일조사제(즉시민원)'를 실시하고 있으며, 조사를 위해 출석한 피해자를 마냥 기다리게 하지 않기 위하여 '조사예약제'를 시행하고 있고, 조사관에 대한 사후 문의를 명확히 하기 위하여 사건 담당 조사관의 인적사항을 알 수 있도록 하는 '수사실명제'를 추진하고 있다. 뿐만 아니라 피해자의 건강악화나 비밀보장을 위해서 피해자가 있는 곳으로 진출하여 조사하는 '출장조사' 혹은 '임상조사'도 활용하고 있다. 또 피해자가 서면으로 진술서를 작성하여 제출하고자 할 경우 E-mail이나 우편, FAX등을 활용케 하는 '비대면 조사방법'

---

316) 현재 경찰은 수사업무에 정통한 퇴직한 수사요원을 민원상담관으로 위촉하여 각 경찰서 민원실에 배치한 후 형사민원 접수단계에서 자세한 상담을 하여주도록 하고 있다. 이러한 민원상담관의 상담실적은 2002년도 한 해 동안 235,773건에 이르렀다. 이 중 민사사건이 명백하여 민사적 방법으로 해결을 유도한 것이 34,063건, 다른 해결 방법을 권유한 것이 56,708건 등으로서 총 90,771건이 반려되고 145,002건이 정식 접수되어 무분별한 형사민원제기를 바로 잡아주는 역할과 함께 신속한 해결방법에 대한 안내를 해 주어 소기의 성과를 얻고 있는 것으로 평가하고 있다 (경찰청, 경찰백서, 2003. p. 272).

등을 활용하는 사례도 있다.[317]

## 다. 수사이의사건 처리제도

고소·고발인이나 교통사고 피해자의 경우 경찰의 수사결과에 대하여 이의가 있으면 해당 경찰서 민원실이나 지방경찰청 민원실, 지방경찰청 감찰기능, 관할 지방검찰청, 청와대비서실 등에 진정·탄원서를 제출할 수가 있다.

검찰청이나 청와대비서실 등 타 기관에 최초 접수되어 관할 경찰서로 이첩된 진정·탄원사건 중 중요한 사건은 지방경찰청 수사과나 관할 경찰서 조사계 혹은 수사2계에서 재수사를 진행하게 되는 바, 범죄혐의가 발견되면 피진정인·피탄원인을 형사입건한 후 해당 수사서류를 검찰에 송치하고 그 결과를 검찰청에 송치하거나 청와대비서실 등 관련기관에 통지를 하여주는 형태로 업무를 처리하게 된다. 관할 지방검찰청으로 경찰 수사결과에 대한 진정·탄원서가 접수되었을 경우 통상적으로 관할 경찰서 수사기능에 검사가 수사지휘 사항을 명시하여 송부하게 되고(검찰사건사무규칙 제143조 제2항 제2호) 경찰은 검사로부터 송부 받은 이 사건에 대하여 수사를 진행하여 그 수사사항에 대한 결과를 집약한 후 다시 검찰로 송치를 하게 된다.

경찰서나 지방경찰청 감찰기능에 수사이의를 제기했을 때에는 지방경찰청 수사과 수사1계에서 이의사건을 다시 조사하는 한편, 해당 경찰관서의 청문감사관 혹은 감찰 담당 경찰관이 해당 수사경찰관을 상대로 업무처리의 공정성과 인권침해 여부에 대한 조사를 벌이게 된다. 불공정하거나 위법한 수사절차가 있다고 판단되면 해당 경찰관을 징계조치하고, 그 사건에 대한 재수사를 진행할 수 있도록 하며, 불법체포 등의 위법행위로 국가가 손해배상을 한 경우 구상권 행사 등의 조치를 취하게 된다.[318]

---

317) 경찰청 통계자료에 의하면 2002년 한 해 동안 우편, 팩스, 이메일 등 비대면 방법에 의한 조사실적은 총 20,019건이었으며 그 중 E-mail에 의한 조사건수가 6,180건이었다 (경찰청, 상게서, p. 272).

318) 2002년도 수사이의사건은 총 1,176건이 접수되었는데 그 내용은, ① 편파수사(308건), ② 수사결과 불만(277건), ③ 처리지연(234건), ④ 기타(357건) 등이다. 처리결과를 보면, 수사이의사건 중 수사상 과오가 인정된 것은 전체 수사이의사건의 12.4%에 해당하는 146건 이었다. 수사상 과오의 내용으로는, ① 수사미진(58건, 39%), ② 수사지연(67건, 45%), ③ 수사미숙(17건, 12%), ④ 불법체포감금(2건, 1.3%), ⑤ 가혹행위(2건, 1.3%) 등이다.(경찰청, 상게서, 2003. p. 273)

## 라. 여성·아동관련 범죄피해자대책

성폭력, 가정폭력, 아동학대 등 대여성·아동범죄가 증가함에 따라 이런 유형의 범죄에 효율적으로 대처하기 위하여 1994년 4월부터 '가정폭력범죄수사요령'과 같은 업무처리지침을 규정하였고, 일선 경찰관들에게 가정폭력관련 특별법의 내용과 현장조치 요령에 관하여 '가정폭력범죄대응교육프로그램'을 개발하여 1998년에 444,327명, 1999년에 931,877명, 2000년에 584,797명에 대하여 교육을 실시하였으며, 2001년 4월에는 '여성범죄 수사요원 길잡이'라는 수사지침을 책자로 발간하여 일선에 하달하기도 하였다. 또 2001년부터 '가정폭력관련 모범경찰관에 대한 포상제도'와 더불어 '여성경찰관 수사전문화 계획'을 수립하고, '여성조사관 지정신청제'를 도입하는 등 여러 제도적 장치를 추진하기에 이르렀다. 그 결과 가정폭력관련 특별법이 1997년 제정되어 시행된 지 3년 만에 가정폭력에 대한 초기 대응력이 2배 이상 증가하였고, 가정폭력의 '보호사건화'와 응급조치 및 임시조치 신청율도 향상되어 그 활용도가 증가되었다고 평가되었다.[319]

또한 주목할 점은 2002년 1월 경찰청 방범국에 여성청소년과를 설치하였고, 각 지방경찰청 방범부(과)에 여성 청소년계를 신설하였다는 점이다. 현재 경찰청 여성청소년과를 중심으로 다양한 피해자보호정책을 추진하고 있는 바, 가정폭력 피해발생시 상담소의 전화번호가 적힌 '가정폭력 피해자 안내카드'를 명함크기로 제작하여 현장출동 경찰관이 피해여성에게 교부할 수 있도록 하고 있고, 성폭력이나 가정폭력 현장의 피해자보호를 철저히 하기 위하여 현장출동 경찰관의 구체적 행동지침이 제시된 '대여성·아동범죄 실무매뉴얼'이라는 책자를 제작하여 일선 경찰관서에 배포하였으며, 국립보건원의 '성폭력·아동학대·가정폭력 전문 상담원과정'에 담당 경찰관에 대하여 위탁교육을 실시하기도 하였다.

이 외에도 각 지방경찰청에는 여경기동수사반이라는 대여성·아동범죄 전담수사부서를 조직하여 운영 중에 있고, 전국 246개 경찰관서에 여성상담실을 설치하여 여경으로 하여금 피해자인 여성이나 아동에 대해 상담을 실시하게 하고 있으며, 전국 각

---

319) 형사정책연구원, "가정폭력범죄의 형사절차상 위기개입 방안 연구", 2001. pp. 173-174.

수사부서에 여경수사관을 배치하여 대여성·아동범죄에 대한 수사의 일부분을 담당하게 하고 있다.[320]

## 마. 유관기관과의 협력

경찰청과 지방경찰청 여성청소년과(계)에서는 피해여성과 아동의 인권보호를 위하여 각계 전문가로 구성된 '여성대책자문위원회'를 조직·운영하고 있으며, 성폭력 피해자를 위하여 전국에 여성폭력긴급의료지원센터 7개소와 연계 시스템을 가동하여 운영하고 있으며, 235개 의료기관에 성폭력 증거수집키트를 비치하여 피해자에 대한 치료 및 증거수집 업무의 원활을 도모하고 있다.[321] 또한 각 시도별로 성폭력 상담소가 2002년 12월 현재 총 25개소가 설치되어 있는 바, 그 연락처를 확보하여 피해자에게 안내를 해주도록 하고 있다.

성폭력뿐만 아니라 가정폭력의 피해자를 발견하거나 관련사건을 취급하는 경우 경찰은 각 시도별 여성 긴급전화 '1366' 과 연계하여 피해자 발생 시 연결을 해주도록 하고 있다. 이 '1366' 여성 긴급전화제도는 여성가족부에서 주관하고 있으며, 가정폭력·성폭력·성매매 피해여성 등에 대하여 24시간 상담을 하고 있는 제도이다.

아동보호를 위하여서는 아동보호전문기관의 상담 및 보호조치를 받을 수 있음을 통보하도록 하고 있고 피해아동 또는 보호자가 희망하는 경우 '1391'로 연락하여 적절한 조치를 받도록 하고 있다. 이 '1391' 제도는 보건복지부에서 주관하는 아동학대 긴급전화제도로서 보호를 필요로 하는 아동을 보호전문기관에 인계하기 위한 상담을 24시간 제공해주는 시스템이다.

---

320) 2002년 경찰청 수사국 통계에 따르면 전국여경 3,181명 중 수사·형사 기능에 근무하는 여직원은 486명(전체 여경의 15.3%)이며 이 중 일선 경찰서 수사부서에서 직접 활동하고 있는 인원은 450명이다(전 수사부서 여경의 96.2%).

321) 성폭력피해자 전담의료기관인 235개소의 지역별 분포현황을 보면, 2002년 12월 현재 서울 22개소, 부산 13개소, 대구 4개소, 인천 9개소, 울산 6개소, 경기 49개소, 강원 29개소, 충북 8개소, 충남 23개소, 전북 23개소, 전남 7개소, 경북 13개소, 경남 27개소, 제주 2개소 등이다(경찰청, 대여성·아동범죄 실무매뉴얼, 2003. pp. 108-116).

## 2. 최근 경찰의 범죄피해자대책 동향

우리나라 경찰은 2004년도 이전까지는 일반 국민들의 범죄로 인한 두려움을 감소시키고, 범죄사건 해결력을 높이어 범죄피해자인 국민의 불만을 신속히 해소시킨다는 일반적 차원에서 지극히 산발적으로 피해자 문제를 접근했을 뿐 범죄피해자 보호를 위한 구체적 전략이 수립되어 있지 않았고, 이 전략을 수행할 전담기구도 구성되어 있지 못하였다.

그러다가 김용세 교수를 비롯한 피해자학 전공 학자들이 경찰의 범죄피해자 보호대책 수립을 촉구하면서 2004년 2월 경찰청 혁신기획단 내에 범죄피해자보호를 위한 Task Force팀이 구성되었고, 곧 이어 경찰청장·실국장·계장간의 혁신토론회에 범죄피해자 보호문제를 공식 의제로 다루어 활발한 토론이 진행되기에 이르렀으며, 그 해 5월에는 일본의 저명한 피해자학자인 미야자와 고이치(宮澤浩一)를 초빙하여 경찰 수뇌부가 경찰의 범죄피해자대책 추진방향에 대한 강의를 듣는 등 경찰지휘관들이 범죄피해자 보호문제에 점차 관심을 기울이게 되었다.

그 결과 2004년 5월에는 범죄수사규칙 제10조의 3을 신설하여 피해자가 필요한 정보에 대한 통지지침을 명시하였으며, 동년 6월에는 경찰청 수사국에 '범죄피해자 대책실'을 설치하여 경찰 최초로 범죄피해자 보호를 위한 전담기구를 출범시키게 되었다. 뒤이어 전국 지방경찰청 및 각 경찰서 수사1계장을 범죄피해자 대책관으로 임명하여 전국 범죄피해자 대책관 워크샵을 실시하였고, 동년 8월에는 경찰청 훈령으로 범죄피해자 보호의 기본방향과 지침을 담은 '범죄피해자보호규칙'을 제정하여 시행하도록 하였으며, 동년 9월에는 일선에서 피해자보호업무를 일관성 있게 추진하기 위하여 '피해자서포터'제도를 출범시키게 되었다. 더 나아가 2005년 1월에는 범죄피해자 보호업무를 인권적인 시각에서 보다 충실히 추진한다는 것을 목표로 피해자대책실을 인권보호센터로 확대 개편한 뒤 오늘에 이르고 있다.

# 제5절 소결

위에서 본 바와 같이 세계 선진국들은 법률적·제도적으로 피해자보호를 위한 각종 노력들을 지속적으로 기울여 왔음을 알 수가 있다. 1980년대 중반부터 UN과 유럽평의회가 각종 국제회의와 정부 간 협의를 거쳐 피해자지원에 관한 국제적 기준을 제시하고 회원국에 대하여 국가적 차원의 피해자 지원체제를 갖추도록 권고하는 등 범죄피해자대책의 개발이 세계적인 이슈로 등장하면서 앞으로 이러한 피해자보호를 위한 각종 노력은 지속될 전망이다.

영국은 1970년대 들어서면서 앞서 진행된 범죄피해조사를 통하여 범죄피해자보호의 중요성을 인식한 이후 1973년 사회공동체적 피해자보호기구인 '브리스톨 피해자지원협의체'를 결성한 것을 시발로 하여, 1980년 '전국 피해자지원협의체 연합(NAVSS)'을 탄생시키는 등 피해자의 기본적 욕구에 부응하는 시스템을 갖추고자 노력하였고 그 노력이 결집되어 1990년 범죄피해자의 권리와 법집행기관인 경찰이 준수해야 할 바람직한 행태상의 기준을 제시한 '피해자헌장(Victim's Charter)'을 제정하기에 이르렀다. 이 피해자헌장에는 경찰의 피해자에 대한 정보제공의무·아동피해자수사시의 진술녹화·피해자신변보호 등을 담고 있다.

미국은 1975년 범국가적 피해자보호 조직인 '피해자지원조직(NOVA)'이 결성되어 피해자보호와 관련한 학술활동지원, 피해자보호업무 종사자에 대한 교육훈련 등이 진행되었고, 1982년 레이건 대통령 시절에 '범죄피해자를 위한 대통령 특별위원회'가 조직되어 광범위한 여론조사를 통하여 피해자보호를 위한 60여개의 행동지침 개발을 추진하였으며, 그 외에도 1982년 '범죄피해자 및 증인보호법(VWPL)', '범죄 피해자 법(VOCA)', '아동에 대한 형사사법 및 지원법(CJA)', '교통사고 및 폭력범죄피해자보호법(VTA)' 등과 같은 입법 활동을 벌여왔다. 특히 2001년 현재 30개 이상의 주정부가 피해자의 '권리의 장전(Bills of Rights)'을 마련하거나 이와 유사한 피해자보호조항을 가진 주헌법 수정안에 비준함으로써 피해자보호에 대한 높은 관심을 보이고 있다. 미국의 각 주법에는 피해자권리 규정과 함께 경찰의 피해자보호의무 규정도 함께 두고 있으며 각 경찰청별로 피해자보호와 관련된 지침을 마련해 놓고 있다.

독일은 1976년 피해자보호를 위한 민간단체인 '백색고리(Weißer Ring)'가 결성되어 산발적인 피해자보호활동이 보다 체계적으로 운용되기 시작하였고, 1986년 '피해자보호법'의 제정이 이루어졌으며, 1994년 일반 성인범죄자들에게도 행위자-피해자간 화해·조정제도가 본격적으로 도입되어 활용되기 시작하였고, 아동피해자에 대한 분리 신문실 설치, 증인신문의 녹음·녹화제도와 같은 증인보호프로그램을 운영하고 있다. 특히 독일 연방형사국은 1995년을 '범죄피해자보호 및 범죄와의 전쟁' 원년으로 기치를 내걸고 범죄피해자보호 프로젝트를 추진하는 등 피해자보호를 위한 노력을 한층 강화하고 있다.

일본의 경우, 1992년부터 3년간에 걸친 범죄피해조사를 통하여 범죄피해자 문제의 심각성을 인식하게 된 이후 주로 경찰청이 주축이 되어 피해자보호 운동을 꾸준히 전개하여 오고 있다. 1995년 경찰청의 '범죄피해자대책요강'의 제정, 민간단체와 연대할 수 있는 '피해자지원 포럼'의 창설 등과 함께 2000년에 피해자보호를 강화하는 내용의 형사소송법 개정을 추진하였으며, 2002년 '범죄피해자등 조기원조 단체에 관한규칙'을 제정하여 피해자지원 단체와의 효과적 연대를 추진하는 한편, '경찰본부장등에의한범죄피해자등에대한원조실시에관한지침'을 개발하여 각급 경찰의 피해자보호활동의 지침으로 활용하도록 하고 있다. 특히 일본경찰은 피해자에 대한 정보제공을 위한 피해자 연락제도 운영, 범죄피해자대책실의 설치, 철저한 피해자상담활동, 여성 수사경찰관의 배치활용, 소년피해자에 대한 지원활동, 악질 상법범죄에 대한 보호활동, 교통사고피해자 보호활동 등을 활발히 전개함으로써 국민들의 신뢰와 지지를 얻고 있다.

우리나라의 경우도 산발적이긴 하지만 피해자보호를 위한 각종 노력들이 전개되어 왔다. 1987년 헌법에 '형사절차에서의 피해자 의견진술권' 규정을 두게 된 것은 피해자 보호정책에 있어서 매우 중요한 의미를 갖는 것이었다. 이후 '범죄피해자구조법'을 비롯하여 피해자보호를 위한 각종 특별법이 제정되기 시작 하였는바, '가정폭력범죄의 처벌 등에 관한특례법', '성폭력범죄 처벌 및 피해자보호등에 관한법률', '특정범죄신고자등보호법'과 같은 특별법들은 피해자보호를 위한 대표적인 법률이라 할 것이다. 최근에도 성범죄 피해자와 그 증인보호를 위한 관련 특별법의 개정을 비롯하여 피해자보호를 위한 꾸준한 노력이 추진되고 있다.

우리나라 경찰은 물론이고 검찰과 법무부에서 피해자 보호 및 지원을 위한 활동이 점점 활발해지고 있다. 특히 경찰의 경우 종래 각종 내부규칙이나 예규 등에 피해자보호를 위한 일부 선언적인 행동기준을 마련하였는가 하면, 우편 진술제·즉시 민원제·수사민원 상담활동·도난사건 3회 방문처리제도 등 피해자보호를 위한 각종 시책을 전개하였었고, 수사실무가들의 피해자보호를 위한 제반 행동지침을 매뉴얼 책자나 공문서 형태로 하달하여 이를 준수하도록 하는 정책을 추진하는 등 나름대로 피해자보호에 도움이 되는 사항을 추진하기도 하였으나 이러한 것들은 지극히 산발적이면서도 통일성이 결여된 것이었기에 2004년도 미국이나 일본과 같이 피해자보호를 위한 시책 개발을 전담하는 '범죄피해자 대책실'을 경찰청에 설치하고, 범죄피해자에 대한 일관성 있는 보호업무 집행을 위하여 경찰청 훈령으로 범죄피해자보호규칙을 제정하는 한편, 일선에서 범죄피해자 보호를 전담하여 수행할 수 있도록 피해자서포터 제도를 만들어 시행하는 등 피해자보호업무에 상당한 발전을 보이고 있는 중이다.

하지만 경찰의 경우에는 아직도 수사과정에서 피해자와 가해자간 합리적인 화해·조정제도의 부재로 수사경찰이 형사민원처리과정에 있어서 부담을 안고 있으며, 피해자보호를 위한 유관단체와의 유기적 협력에 미흡한 점이 있고, 피해자수사를 위한 물리적 환경조성 면에서 개선해야 할 점이 많은 실정이다. 이처럼 불합리하고 미진한 수사환경을 개선하는 일은 우리나라 수사기관의 피해자수사의 발전방안을 논함에 있어서 매우 중요한 일이라고 여겨진다.

# 제3편

# 범죄피해자 인권론

# 제3편 범죄피해자 인권론

# 제1장 서설

　범죄피해자보호의 문제는 곧 국가가 국민의 천부적 인권을 확인하고 이를 보장하기 위해 노력해야 한다는 국가의 국민에 대한 헌법상의 의무를 충실히 이행하는 문제로 귀결된다. 우리 헌법에 '국가는 개인이 가지는 불가침의 기본적 인권을 확인하고 이를 보장할 의무를 진다'라고 명시하고 있기 때문이다(헌법 제10조 후단). 따라서 국가나 지방자치단체가 범죄피해자의 인권보호를 위해서 노력해야 한다는 것은 헌법에 근거를 둔 당위적 과제인 것이다.

　종래에 범죄피해자는 형사절차에서 수사 및 심리의 객체로 취급을 한 나머지 형사절차의 변방에 있는 협조자로만 인식을 해왔고 그들의 인권 및 기본권 보호에 소홀했던 것이 사실이다. 하지만 최근에 와서 범죄피해자보호를 위한 각종 법령을 제정하고 제도를 구비하는 등 세계 각국에서 피해자보호를 위한 많은 노력들이 전개되고 있다. 피해자보호의 법령이나 제도는 나라마다 각각의 차이가 존재하고 있으나 피해자의 인권을 충실히 보장해야 한다는 이념만은 어느 나라나 공통적인 현상이 되고 있다.

　이제 이들 피해자에게 헌법상 기본권 보장 이념에 상응하는 정당한 법적 지위를 부여해주기 위하여 미비한 관계 법률을 보완하고 피해자의 인격권을 충실히 보장할 수 있는 효율적인 피해자보호 시스템을 갖추는 것을 비롯해 우리 실정에 맞는 피해자보호정책을 개발하고 시행하는 것이 필요한 시점이 되었다. 이것은 형사사법기관이 피의자의 인권보호뿐만 아니라 범죄피해자의 인권보호도 동시에 아우를 수 있는 균형 잡힌 법집행 의식·태도·행태를 갖추어야 하고 관련 제도 및 법률을 이에 적합하도록 정비해 가야 함을 의미한다고 보겠다.

이에 제3편에서는 제4편의 범죄피해자 보호방법론의 기본적 바탕이 되고 있는 범죄피해자의 인권문제를 헌법상의 기본권 이론을 통해서 살펴보고자 한다. 이러한 작업은 범죄피해자의 인권보장을 충실히 할 수 있는 기초이론을 구축하는 것으로서의 의미를 갖게 될 것이다.

# 제2장 범죄피해자의 법적 지위

형사사법기관이 피해자 관련 업무를 취급함에 있어서는 피해자에게 법적으로 보장된 권리가 어떤 것들이 있으며 범죄피해자 보호정책은 어떻게 수립되어 있는지를 숙지할 필요가 있다. 후자의 경우에는 사법기관의 피해자 업무와 관련하여 환경적 요소로서 매우 중요한 의미가 있기 때문에 제4편의 범죄피해자 보호방법론에서 보다 자세히 설명하기로 한다.

피해자보호를 위한 국가의 정책적 노력들은 피해자가 현행 사법제도상에서 자신의 권익을 적절히 보호받을 수 있게끔 일정한 법적 지위를 확보해주려는 형태로도 나타난다. 법률적인 측면에서 피해자보호대책을 추진한다는 것은 곧 피해자의 법적 지위의 향상을 도모한다는 의미이다.

피해자의 법적 지위를 논함에 있어서는 두 가지 방법이 존재한다. 그 하나는 피해자의 권리보호 방법에 따라 피해자의 지위를 설정하는 방법이며 다른 하나는 형사절차의 진행순서에 피해자의 지위를 설정하는 방법이다. 전자의 경우는 소극적·방어적 지위, 적극적·공격적 지위 형태로 분류하여 피해자 지위를 고찰해보는 방법이며 후자의 경우는 수사절차, 공소제기절차, 공판진행절차에서의 피해자 지위를 고찰해보는 방법이다. 본서에서는 이 두 가지 기준을 적용하여 피해자의 법적 지위를 설명하기로 한다.

# 제1절 피해자 보호방법에 따른 구분

## 1. 소극적 · 방어적 지위

　피해자의 소극적 · 방어적 지위란 피해자가 형사절차에 본인의 자발적 의사와 상관없이 수동적으로 관여하게 될 수 있는데 그 과정에서 여러 형태의 육체적 · 정신적 · 경제적 피해를 입을 수 있게 되는 바, 그 피해로부터 보호되어야 한다는 측면에서 생기는 지위를 말한다. 이는 국가가 피해자의 의사와 상관없이 일방적으로 형사절차에 편입됨으로 인해 발생하는 각종 침해로부터 피해자의 인격권 · 행복추구권 · 자유권 등과 같은 인권 및 기본권을 보장할 수 있도록 노력해야 한다는 관점에서 출발한다. 따라서 이 소극적 지위는 "모든 국민은 인간의 존엄과 가치를 가지며, 행복을 추구할 권리를 가진다."는 헌법 제10조 규정에 그 근거를 두고 있으며 헌법 제10조 후단에서는 이러한 피해자의 지위를 보장해주기 위하여 국가가 노력해야 할 의무가 있음을 천명하고 있다.[322]

　국가가 선량한 시민을 법익침해로부터 보호해야 하는 것은 국가가 수행해야 하는 매우 중요한 과업이기 때문에 각종 법익침해의 유형을 범죄행위 혹은 위법행위로 실정법화 하여 규율하는 것은 피해자의 권익보호를 위한 첫 걸음이 된다. 그런 의미에서 피해자보호를 위한 적실성 있는 형사법의 마련은 매우 중요한 작업이 될 수 있다. 즉 범죄피해자가 모든 형사절차에 있어서 '인간으로서 존엄과 가치를 존중받아야 할 인격주체'임을 전제로, 인간생존에 있어서 불가결한 피해자의 '인격권'을 비롯한 각종 기본권을 보장하기 위하여 이러한 인권 및 기본권을 침해하는 위해행위에 대해서는 헌법 제10조 후단을 근거로 국가가 형사법상에 처벌규정을 두는 것은 소극적 · 방어적 의미에서 피해자 지위를 충실히 할 수 있는 방안이 되는 것이다. 이하에서 소극적 · 방어적

---

[322] 헌법 제10조 후단에서는 "국가는 개인이 가지는 불가침의 기본적인 인권을 확인하고 이를 보장할 의무를 진다."고 규정하고 있다. 우리 헌법 제10조의 규정은 다른 모든 기본권의 전제가 되는 기본원리로서의 성격을 지님과 동시에, 국민의 인격권 보호를 위한 국가권력의 실천기준의 성격을 지닌 것으로서 범죄피해자에게도 당연히 적용될 수 있는 것이다.

성격을 지니고 있는 형사법상 피해자보호 규정들의 현황을 살펴보고자 한다.

## 가. 형사소송법상의 피해자보호 규정

종래 형사소송법상 피해자가 보유하는 피해자보호를 위한 규정들로서는 ① 고소권·고소취소권(법 제223조), ② 검사의 수사종결처분 통지(법 제258조 제1항)와 불기소이유를 고지받을 권리(법 제259조), ③ 불기소처분에 대한 불복의 권리(법 제260조 제1항, 검찰청법 제12조 제1항 검찰항고, 헌법소원), ④ 공판정에서 진술할 수 있는 권리(법 제294조의 2 제1항 본문) 등이 존재하고 있다.[323] 피해자가 범죄피해에 대하여 배상을 받도록 하는 배상명령제도는 소송촉진 등에 관한특례법 제25조 제1항에서 자세히 규정하고 있는 피해자보호규정이다.

이러한 형사소송법상 피해자보호규정을 소극적 지위와 적극적 지위로 나누었을 때 소극적 지위로 분류해 볼 수 있는 것은 수사절차에 있어서 피해자나 증인에게 위해를 가할 염려가 있다고 믿을 만한 이유가 있을 때 피해자보호를 위하여 피의자의 필요적 보석을 허용하지 않거나 또는 보석 및 구속집행정지 취소사유로 삼도록 하는 형사소송법상 규정들이라고 볼 것이다. 따라서 피해자의 적극적 지위 부분인 ① 고소권·고소취소권 ② 검사의 수사종결처분 통지와 불기소 이유를 고지받을 권리, ③ 불기소처분에 대한 불복의 권리, ④ 공판정에서 진술할 수 있는 권리, ⑤ 배상명령 신청권 등에 관해서는 적극적·공격적 지위부분에서 후술하기로 하겠는바 이는 주로 형사법상의 절차적 권리나 제도로서 보장되고 있기 때문에 '형사절차 진행에 따른 피해자 지위' 부분에서 고찰하기로 한다.

1995년 개정된 형사소송법은 피해자보호규정을 신설하여 범죄피해자나 증인에게 해를 가하거나 가할 염려가 있는 경우에는 수사 및 공판상 보석제한이나 보석, 구속집행정지 등의 취소사유로 하고 있다. 즉, 피고인이 피해자, 당해 사건의 재판에 필요한 사실을 알고 있다고 인정되는 자 또는 그 친족의 생명·신체나 재산에 해를 가하거나 가할 염려가 있다고 믿을 만한 충분한 이유가 있는 때(형사소송법 제95조 제6호, 제

---

323) 이재상, "피해자의 소송법상 지위", 고시연구, 1988년 8월호. p. 33.

102조 제4호, 제214조의 2 제4항 제2호)에는 수사상 및 공판상 필요적 보석의 예외사유 또는 보석 및 구속집행정지 취소사유로 함으로써 범죄피해자를 보호하고 증거인멸을 방지하도록 하고 있다.

이러한 일련의 신설규정들은 범죄인의 보복이나 보복의 위험으로 인하여 피해자 등이 수사나 공판에 협조하지 않는 것을 막아 실체적 진실의 규명을 올바르게 하여 형벌권을 적정하게 실현한다는 취지를 갖고 있다. 이 중 특히 필요적 보석의 예외사유 가운데 하나로 되어 있는 제102조 제1항 4호 (피해자, 당해 사건의 재판에 필요한 사실을 알고 있다고 인정되는 자 또는 그 친족의 생명·신체나 재산에 해를 가하거나 가할 염려가 있다고 믿을 만한 충분한 이유가 있는 때)는 이미 특정강력범죄의 처벌에 관한특례법 제6조에 마련되어 있는 것을 형사소송법체계에 도입한 것으로서 입법적으로는 일본 형사소송법 제89조를 참조한 것이라고 볼 수 있다.[324]

## 나. 특정범죄가중처벌등에관한법률상의 피해자보호 규정

특정범죄가중처벌 등에 관한법률에 있는 소극적 의미의 피해자보호 규정으로는 다음과 같은 것들을 들 수 있다. 동법 제5조의9에서 규정한 바와 같이 형법 제250조 제1항(살인죄),  제257조 제1항(상해죄), 제260조 제1항(폭행죄), 제276조 제1항(체포·감금죄) 또는 제283조 제1항(협박죄)의 죄를 범한 자가 자기 또는 타인의 형사사건의 수사 또는 재판과 관련하여 고소·고발 등 수사단서의 제공, 진술, 증언 또는 자료제출에 대한 보복목적이거나 고소·고발 등 수사단서의 제공, 진술, 증언 또는 자료제출을 하지 못하게 하거나 고소·고발을 취소하게 하거나 허위의 진술, 증언, 자료제출을 하게 할 목적이 있는 경우에는 형법 각 조의 범죄보다 가중처벌하고 있다(동법 제5조의9 제1항 내지 제2항).

동법 동조 제3항에서는 '상해, 폭행, 체포·감금의 죄를 범한 자가 사람을 치사하게 한 경우, 그 목적이 피해자 보복 목적일 때'에는 가중처벌을 하는 규정을 두고 있으며, 동조 제4항에서는 '자기 또는 타인의 형사사건의 수사 또는 재판과 관련하여 필요한

---

324) 정영일, "개정 형사소송법과 형벌권의 적정한 실현", 고시연구, 1996년 5월호. p. 28.

사실을 알고 있는 자 또는 그 친족에게 정당한 사유 없이 면담을 강요하거나 위력을 보이는 행위'도 피해자에 대한 위해행위로서 처벌하는 규정을 두고 있다.

## 다. 성폭력범죄의처벌및피해자보호등에관한법률상의 피해자보호 규정

성폭력특별법 제21조 제1항에서는 '성폭력범죄의 수사 또는 재판을 담당하거나 이에 관여하는 공무원은 피해자의 주소·성명·연령·직업·용모 기타 피해자를 특정하여 파악할 수 있게 하는 인적사항과 사진 등을 공개하거나 타인에게 누설하여서는 아니 된다'라고 규정하고 있다. 또한 동법 동조 제2항에는 '동법 동조 제1항에 규정된 공무원들이 성폭력범죄의 소추에 필요한 범죄구성사실을 제외한 피해자의 사생활에 관한 비밀을 공개하거나 타인에게 누설하여서는 아니 된다'고 규정하여 범죄피해자가 2차적 피해를 입지 않도록 보호하는 규정을 두고 있다. 이외에도 별도의 벌칙은 없으나 성폭력피해자에 대한 불이익처분을 금지하는 규정(동법 제4조 피해자에 대한 불이익처분의 금지)이 존재한다.

## 라. 가정폭력범죄의처벌등에관한특례법상의 피해자보호 규정

가정폭력범죄가 발생할 경우 아동의 교육과 보호를 담당하는 기관의 종사자와 그 長, 아동이나 60세 이상의 노인 기타 정상적인 판단능력이 결여된 자의 치료 등을 담당하는 의료인 및 의료기관의 장, 노인복지법에 따른 노인복지시설, 아동복지법에 따른 아동복지시설, 장애인복지법에 따른 장애인복지시설의 종사자와 그 장 등이 직무수행 과정에서 가정폭력범죄를 알게 되는 경우 즉시 수사기관에 신고하도록 하는 규정을 두고 있다(동법 제4조 제2항). 또한 '가정폭력범죄의 수사 또는 가정보호사건의 조사·심리 및 그 집행을 담당하거나 이에 관여하는 공무원, 보조인 또는 상담소 등에 근무하는 상담원과 그 장 및 제4조 제2항에 규정된 자는 그 직무상 알게된 비밀을 누설하여서는 아니된다'고 규정하고 있고(동법 제18조 제1항), '가정보호사건에 대하여는 행위자, 피해자, 고소인·고발인 또는 신고인의 주거·성명·연령·직업·용모 기타 이들을 특정하여 파악할 수 있는 인적 사항이나 사진 등을 신문 등 출판물에 게재하거나 방송매체를 통하여 방송할 수 없다'고 규정하고 있으며(동법 제18조 제2항), '피해자의 보호하에 있는 아동이나 피해자인 아동의 교육 또는 보육을 담당하는 학교의 교직원 또는 보육시설의 종사자는 정당한 사유가 없는 한 해당 아동의 취학·진학·전학 또는 입소의 사실을 행위자인 친권자를 포함하여 누구에게든지 누설하여서는 아니된다'(동법 제18조 제3항)고 규정하여 피해자의 사적비밀의 침해행위를 규제하고 있다.

### 마. 특정범죄신고자등보호법상의 피해자보호 규정

특정범죄신고자등보호법의 자세한 입법경위에 대해서는 이미 제3장 제1절 우리나라의 피해자대책에서 상세히 논하였거니와 여기서는 소극적 의미의 피해자보호를 위한 규정들만을 살펴보기로 한다. 물론 적극적 의미의 피해자보호규정도 담고 있으므로 그 내용에 관해서는 해당 항목에서 언급하고자 한다.

특정범죄신고자등보호법에서는 국가가 범죄 신고자등을 보호하고 보복범죄를 예방하기 위한 법적·제도적 장치를 마련하고 필요한 재원을 조달할 것을 규정하고 있다. 또 범죄 신고자등을 고용한 고용주는 피고용자가 범죄 신고를 하였다는 이유로 불이익한 처우를 하여서는 아니 된다고 하고 있으며(동법 제6조), 범죄 신고자등이 보복을 당할 우려가 있는 경우에는 수사서류 등에 범죄 신고인등의 인적사항 기재를 생략할 수 있게 하고 있고(동법 제7조), 그들의 인적사항의 공개도 금지하고 있다(동법 제8조).

## 2. 적극적·공격적 지위

피해자의 적극적 지위라 함은 피해자가 형사절차에 능동적으로 참여하여 자신의 권익보호와 피해회복을 위하여 그 절차 진행에 영향을 미칠 수 있는 지위, 곧 '절차형성력'을 갖는 지위를 말한다. 이는 피해자가 소추의 의사를 가지고 형사절차구성에 적극적으로 관여함을 의미한다. 이러한 적극적 지위에 기초하여 피해자가 능동적으로 형사절차에 관여할 수 있게 하는 현행 제도로서는, 수사단계의 고소 및 고소취소제도·형사보좌인제도·신변보호요청제도·고소, 고발사건 처리 통지제도 등이 있고 공소제기단계의 경우 불기소처분 불복제도로서 검찰항고·재정신청·헌법소원 등의 제도가 있으며, 공판진행단계에서는 증거제출권·공판참여 및 공판정 진술권의 보장과·배상명령절차 등이 있다. 이 밖에 우리나라에서 명시적으로 인정되고 있지 않는 사인소추제도·피해자의 형사기록열람권·피해자의 변호인선임제도 등도 피해자의 적극적 지위를 보강해주는 것들이다.

형사절차의 목적이 가해자와 피해자간에 발생하는 충돌이나 갈등을 조정·화해·중재하여 피해자의 피해가 실질적으로 회복될 수 있도록 도움으로써 법적 평화를 회복하는데 있는 것으로 보는 이른바 '회복적 사법(restorative justice)'의 입장에서는 이러한 피해자의 적극적인 절차참여가 필연적인 것으로 보고 있다.

피해자가 수동적이고 소극적인 입장에서 국가로부터 보호를 받는다고 하는 소극적 지위개념에 의하더라도 헌법상 인권 및 기본권 보장에 대한 기본원칙을 토대로 피해자보호를 위한 각종 적실성 있는 실체법상의 규정들을 만들어야 하는 바, 피해자의 적극적 지위를 보장해주기 위해서는 한층 더 밀도 있는 법률적·제도적 이론구성의 노력이 필요하다.325) 전통적 형사사법 구조 하에서는 형벌권을 행사하는 국가가 범죄자와 중요한 양 당사자로 대립되어 있다고 이해하였기 때문에 피해자가 소송절차에 적극적으로 관여한다는 것은 형사절차 외적인 요소의 개입으로 해석되었고 그 것은 곧 절차의 지연이나 장애를 초래하는 것으로 인식되었다. 따라서 이러한 종래의 사고의 틀을 깨면서 피해자보호활동을 전개하기 위해서는 보다 정치하고 설득력 있는 이론을 정립하는 것이 필요한 것이다.

피해자의 형사절차의 관여의 길을 확장하고 형사절차에 자신의 이익이 투영되도록 배려하려는 제반 노력은 최근 피해자의 피해회복이나 피해자 보호적 관점에서 형사절차를 이해하고자 하는 오늘날의 형사사법제도의 흐름과 무관하지 않다. 그러나 피해자에게 적극적이고 공격적인 방법으로 형사절차에 참여하는 길을 열어 놓게 되면 자칫 실체적 진실발견이나 신속한 형사절차의 진행 그리고 피의자·피고인의 방어권 보장에 장애를 가져올 수도 있다. 따라서 이러한 적극적·공격적인 피해자 지위의 보장이 실체적 진실발견·피의자 및 피고인의 인권보장·신속한 형사절차의 진행과 갈등을

---

325) 박광민, "피해자보호에 관한 외국의 입법동향", 피해자학연구 제6호, 1998. p. 209.

빚을 때에는 비례성의 원칙 및 이익형량의 원리에 따라 보다 중요하고 본질적인 가치가 우선 보장될 수 있도록 하여야 할 것이다. 오늘날 피해자의 법적 지위는 피해자의 권익을 보다 충실히 보호하는 방향으로 개선해 나가야 하겠지만 이처럼 피해자보호를 위한 제반 노력들은 형사사법 이념이나 본질을 훼손하지 않는 범위 내에서 추진되어야 한다는 일정한 한계를 지니고 있는 것이다.[326]

피해자의 적극적·공격적 지위에 관한 상세한 내용은 주로 형사법상의 절차적 권리나 제도로서 보장되고 있기 때문에 '형사절차 진행에 따른 피해자 지위' 부분에서 다시 고찰하기로 한다.


## 제2절 형사절차 진행에 따른 구분

형사소송의 목적은 적법한 절차에 따라 신속한 방법으로 실체적 진실을 밝혀내고 그렇게 밝혀낸 진실을 기초로 공정한 판결을 받아 내는데 있다고 할 수 있다. 형사소송의 최고이념이 실체진실의 발견이긴 하지만 여기에 적정절차의 원리가 준수되지 않으면 피의자 인권은 물론 피해자 인권까지 제대로 보장되기가 어려워진다.

종래의 적정절차의 원리나 신속한 재판의 원칙과 같은 형사소송의 원리들은 주로 피의자·피고인의 인권을 보장하고 방어권을 확충하는데 그 초점이 있었다. 그러나 형사사법의 목적을 '피해자의 실질적 피해회복'으로 보는 입장에서는 실체진실의 발견에 지나치게 무게중심을 두는 국가기관의 각종 행위들은 피해자에게도 법익침해를 가한다고 보고 있다. 따라서 피의자뿐만 아니라 피해자의 권익을 보호하기 위해서도 실체진실발견을 위한 국가기관의 일방적 독주를 막을 수 있도록 형사절차에 있어서 일정한 통제수단이 가미되어야 한다고 보고 있다.

형사절차에서는 피의자뿐만 아니라 피해자의 이익도 충분히 고려되어야 한다. 생각건

---

[326] 이와 관련하여 피해자의 소추권을 인정하고 있는 영국에서는, 소추결정에 있어서 피해자의 희망을 고려할 것을 시인하면서도 공익과 갈등이 빚어질 경우에는 피해자의 이익이 공익을 뛰어넘어 존재해야 하는 가장 중요한 사항은 아니다 라고 하여 일정한 해석의 기준을 정해 놓았다고 한다 (김환수, "피해자의 수사절차 참여권", 서울대학교대학원 법학석사 학위논문, 1995. p. 16. 참조).

대 형사사법에 있어서 범죄피해자의 적극적인 협력이 있을 때 범죄행위에 대한 보다 정확한 진실을 발견할 수 있는 것이고 그에 따른 정당한 책임을 가해자에게 물을 수 있는 것이므로 그 동안 소홀히 다루어왔던 피해자에 대해서는 그 형사절차상 지위를 보다 강화해 줄 필요가 있다고 본다.327) 이하에서는 우리나라 현행법에 있어서 형사절차상 피해자 지위와 관련된 내용들을 간추려보기로 한다.

## 1. 수사절차에서의 피해자 지위

### 가. 수사단서 제공자로서의 지위

수사기관은 범죄혐의가 있다고 판단될 때에는 언제든지 수사를 개시할 수 있다. 범죄를 저질렀으리라는 의심을 가지게 된 원인은 가리지 않는다. 이와 같이 범죄의 혐의를 두게 된 원인을 수사의 단서라 한다. 수사의 단서는 현행범의 체포, 고소와 고발, 자수, 변사자의 검시와 같이 형사소송법에서 규정하고 있는 유형뿐만 아니라 불심검문, 자동차검문, 범죄신고, 투서, 진정, 수사기관의 인지 등 그 형태가 매우 다양하다.

범죄피해자는 그 피해사실을 수사기관에 신고하여 범죄자의 처벌을 구하는 의사표시를 할 수 있다. 이와 같은 범죄피해자의 수사기관에 대한 의사표시를 고소라고 한다. 이러한 고소는 수사기관으로 하여금 수사를 개시 하게하는 원인이 된다. 즉 고소인은 수사단서 제공자로서의 지위를 갖는 것이다. 그러나 범죄피해자가 처벌의사를 밝히지 않은 채 단순히 피해사실을 수사기관에 신고하는데 그치는 경우는 범죄피해신고에 해당하며 이는 법률 행위적 소송행위인 고소와는 구별된다.328) 이러한 범죄피해신고도 수사단서이기 때문에 이를 접수한 수사기관은 고소의 경우와 마찬가지로 수사에 착수할 수 있으나, 피해신고에 따른 수사절차는 고소사건 수사절차와는 여러 가지 면에서 구별된다.329)

---

327) 물론 피해자의 형사절차상 지위 강화는 자칫하면 피해자의 응보감정이 소송에 개입될 우려가 있고 재판지연과 소송비용부담 증가도 예상되므로 일정한 한계설정이 불가피한 것이다 (송광섭, "형사절차에 있어서 피해자의 지위 강화", 피해자학연구 제8호, p. 101).

328) 이재상, 전게서, 1999, p. 187.

329) 경찰서에 고소장을 제출하는 형식으로 고소를 한 경우 보통 민원실의 민원서류 접수대장에 등재 절차를 거친 다음 수사과 조사계 등 주무부서로 고소사건이 인계된다. 고소사건을 인수한 조사

## 나. 소송관계인으로서의 지위

소송은 절차이므로 일정한 주체를 전제로 하여 그 주체의 활동에 의하여 비로소 성립하고 발전하게 된다. 소송을 성립시키고 발전하게 하는 데 필요한 최소한의 주체를 '소송의 주체'라고 한다. 소송행위의 주체가 되기 위해서는 일반적으로 '소송능력'을 가져야 할 뿐만 아니라 '소송행위능력'도 있어야 한다.[330] 피해자는 소송능력과 소송행위능력을 갖추고 있다하더라도 소송주체로서의 자격을 가지지 못하고 소송관계인이 될 따름이라고 보는 것이 지금까지의 형사법학계의 전통적인 입장이다.[331]

피해자는 고유의 고소권자로서 소송에 관여한다. 피해자가 사망한 경우에는 그 배우자·직계친족 또는 형제자매가 고소권자가 되고(형사소송법 제225조), 피해자의 법정대리인이 피의자이거나 법정대리인의 친족이 피의자인 때(형사소송법 제226조)에는 피의자의 친족이 고소권자가 되는 바, 이들이 소송을 수행할 수 있는 능력이 있는 자라면 역시 피해자를 대신하여 고소할 수 있으므로 이들도 소송관계인이 될 수 있다.

---

부서에서는 고소보충조서 작성을 시작으로 참고인 및 피의자 수사를 차례로 전개해 나가게 된다. 고소사건은 고소권의 유무·친고죄에 있어서 고소기간의 경과 유무·간통죄에 있어서 고소조건의 구비여부·반의사불벌죄에 있어서 처벌희망 여부 등을 필수적으로 조사하여야 하며, 상당한 이유가 없는 한 접수일로부터 1개월 이내에 완결처리 하여야 한다. 또 사건을 완결하였을 때에는 즉시 그 결과를 민원인에게 통지하여야 하고 처리 기일을 연장할 경우 1개월경과 시마다 중간통지를 해주어야 한다. 반면 경찰서나 파출소에 단순한 피해신고만을 할 경우 수사에 착수한 담당자는 피해 신고서를 제출케 하거나 피해자를 상대로 피해 진술조서를 작성하여야 한다. 이 때 피해통보 표와 발생사건표도 함께 작성하게 되며 범죄현장이 있을 경우 현장에 임장하여 임장보고서와 실황조사서 등도 아울러 구비하는 절차를 밟게 된다. 이 때 피해물품이 있으면 장물수배 등의 조치를 취하게 된다. (경찰청, 경찰업무편람, p. 340).

330) 소송행위능력이란 소송을 수행하면서 자신의 이익과 권리를 방어할 수 있는 사실상의 능력을 의미한다 (이재상, 전게서, p. 147).

331) 소송의 주체이자 재판을 받는 주체인 검사나 피고인을 소송당사자라고 하고 소송주체를 보조해주는 변호인이나 사법경찰관리를 보조자라고 보는 한편, 이 소송당사자와 보조자를 합한 것을 소송관계인(Verfahrensbeteiligten) 이라고 보는 입장이 있다. 이 견해에 따르면 피해자는 소송관계인에도 해당하지 아니하고 단순한 소송관여자라고 한다. 소송에 대한 적극적인 형성력이 없다는 것을 그 이유로 들고 있다 (이재상, 상게서, p. 59). 그러나 고소인은 제1심판결선고전까지 고소를 취소하여 형사절차를 종결시킬 수 있을 뿐만 아니라 적극적으로 재판절차에서 진술할 수 있는 권리도 행사할 수 있으므로 피해자를 소송관여자라고 보는 것은 적합지 못하고 피해자도 소송관계인에 포함시켜야 된다고 생각한다. (신동운, 형사소송법1, 법문사, 1997. p. 505. 참조).

친고죄에 대하여 피해자를 비롯하여 고소할 자가 없을 경우에는 이해관계인의 신청에 의하여 검사가 고소할 수 있는 자를 지정하는데 이 경우 지정고소권자가 고소인이 되므로 이들도 소송관계인이 된다(형사소송법 제228조).

피해자인 고소인은 소송관계인으로서 각종 소송법적 효과를 가져 오는 의사표시를 통해 수사절차의 형성이나 수사종결에 영향을 미치게 된다. 친고죄나 반 의사불벌 죄의 피해자의 경우에는 자신의 처벌의사표시의 유무를 통해 수사절차의 종결여부에 영향을 줄 수 있는 것이다.332) 따라서 친고죄나 반 의사불벌 죄의 경우에 수사관은 먼저 피해자의 처벌의사를 정확히 확인하는 것이 필요하다. 친고죄의 경우 처음부터 피해자의 처벌의사가 없다는 것이 명백하다면 더 이상의 추가적인 수사 활동을 전개해서는 안 될 것이다.333) 반 의사불벌 죄의 경우에도 마찬가지다.

## 다. 수사자료 및 증거 제공자로서의 지위

수사 자료라 함은 범죄의 존재를 명백히 하고 범죄와 범인과의 결부를 추리·판단·단정하기 위하여 수집되는 유형·무형의 증거가치 있는 자료, 그 밖에 수사 활동에 도움이나 뒷받침이 되는 모든 자료를 말한다. 이 수사 자료는 소송절차에서 범인 및 범죄사실을 명백히 할 목적으로 증거방법을 조사하여 얻어지는 결과로서 직접 특정 범행에 대한 증거자료(증언 및 증거물)로써 이용되기도 한다. 그러나 수사 자료라는

---

332) 친고죄나 반의사불벌죄에 있어서 피해자의 고소는 단순히 수사의 단서일 뿐만 아니라 소송조건도 되기 때문에 피해자에게 처벌의사가 없다면 소송조건이 결여되어 수사를 계속해야할 실익이 없으므로 수사를 종결하게 될 것이다.

333) 실무상으로 비친고죄로 알고 범죄를 인지한 후 수사를 진행하는 과정에서 친고죄임이 드러났을 경우에는, 피해자의 처벌의사가 없음이 확인되면 경찰은 '공소권 없음' 의견으로 검찰에 송치하고, 검찰에서는 같은 취지로 불기소처분을 하게 된다. 당초에는 처벌의사가 있어서 고소장을 제출하였으나 수사과정에서 고소를 취소하는 경우에도 수사기관의 사건처리에 대한 결론은 같아진다. 친고죄에 있어서 고소가 없는 경우 수사를 개시할 수 있느냐에 관해서는 원칙적 허용설(신동운, 상게서. p. 76), 전면부정설(강구진, 형사소송법원론, 1982. p. 150), 예외적 허용설(이재상, 전게서, p. 177) 등이 대립하고 있다. 친고죄에 관하여 고소가 없는 때에도 고소의 가능성이 있는 때에는 임의수사나 강제수사가 허용될 수 있지만 고소의 가능성이 전혀 없는 때에는 친고죄 규정을 둔 취지에 비추어 보아 수사가 허용되지 않는다고 보는 제한적 허용설이 다수설과 판례가 취하고 있는 입장이다 (대법원 1995. 2. 24. 94도 252(공보 95, 1512); 이재상, 상게서, pp. 176-177).

개념은 어떤 특정한 사건의 구체적 증거자료만을 의미하지는 않는다. 증거자료는 어떤 시점의 특정 형사소송사건에 활용하기 위하여 이 사건처리에 이용되는 자료로 범위가 국한되지만 수사 자료는 과거사건은 물론 장래에 일어날 사건까지를 대비하여 평소에 수집하는 기초자료까지를 포함하는 넓은 개념이기 때문이다.[334]

범죄의 피해자는 이미 발생한 사건에 관하여 어느 누구보다도 많은 정보를 수사기관에 제공해줄 수가 있는 지위에 있다. 범인과 직접 접촉을 했을 경우에는 범인의 인상착의·말투·범행경위·범행방법·도주방법 등에 관해서 매우 중요한 수사 자료를 제공해 줄 수가 있는 것이다. 또 범인과 직접 접촉을 하지 못했을 경우라 하더라도 범행현장에서 발견되는 비 진술증거 등의 수집에 피해자의 협조를 받을 수 있으며 범인의 행동경로를 추정할 수 있는 중요한 단서들을 또한 피해자로부터 제공받을 수가 있게 된다. 이와 같이 실제진실의 발견을 위해서는 중요한 수사 자료의 제공자인 피해자의 협조가 불가결한 것이며 사건 해결에 매우 중대한 역할을 하게 된다.

수사기관은 필요한 때에는 피의자 아닌 자의 출석을 요구하여 진술을 들을 수 있기 때문에(형사소송법 제221조) 피해자를 참고인 자격으로 조사할 수 있는 권한이 있다. 그러나 참고인 조사는 어디까지나 임의수사이기 때문에 강제적 수단을 사용해서는 안 되며[335] 적정절차를 준수하는 가운데 수사를 진행하여야 한다.[336] 다시 말하면 수사기관이 범행현장에 있는 참고인을 강제로 연행할 수는 없는 것이며,[337] 조사 중인

---

334) 경찰대학, 경찰수사론, 2003. p. 120.

335) 다만 '죄의 수사에 없어서는 아니 될 사실을 안다고 명백히 인정되는 사람이 참고인조사에 응하지 아니하는 경우(형사소송법 제221조의2 제1항)'에는 검사는 판사에게 증거보전절차를 청구할 수가 있고, 이때는 참고인이 증인자격으로 판사에 의해 소환되어 증인신문의 대상이 되기 때문에 법원에 의해 강제력이 행사될 수 있게 된다. 한편 동법 동조 제2항의 '임의의 진술을 한 참고인이 그 진술과 다른 진술을 공판기일에 할 염려가 있고, 그 진술이 범죄증명에 없어서는 안될 것으로 인정되는 경우에도 검사가 증인신문을 청구할 수 있다'고 한 규정은 1996년 헌법재판소에서 위헌 결정이 내려져 효력을 상실하게 되었다 (헌결 1996. 12. 26. 94헌바).

336) 사법경찰관이 참고인에 대하여 출석을 요구하는 때에는 출석요구서를 발부하여야 하며, 참고인이 출석한 때에는 지체 없이 진술을 들어야 하고, 장시간 대기시키지 말아야 하며, 진술이 복잡하거나 또는 진술인이 서면진술을 원할 때에는 이를 작성 제출하게 할 수 있다 (사법경찰관리집무규칙, 제16조, 제18조).

337) 프랑스의 경우 우리와 달리 참고인 및 증인에 대한 수사기관의 강제처분권한이 보장되어 있다. 프랑스 형사소송법은 사법경찰이 범죄현장에서 수사를 진행할 때에는 그 조사활동의 종결

사건에 대하여 수사기관으로부터 출석요구가 있더라도 직접적인 출석의무를 부담하는 것도 아니고, 출석요구를 통해 출석하였다 하더라고 본인의 의사에 따라 자유로이 퇴거할 수 있는 것이다.338)

피해자는 수사기관의 중요한 증거방법 중의 하나가 된다. 이 경우 피해자로부터 받은 진술증거는 전문법칙의 예외로서 일정 조건을 충족할 경우 증거능력이 인정되어 유죄의 증거로 할 수가 있다(형사소송법 제313조). 피해자로부터 진술증거를 확보하는 것과 관련하여 문제가 되고 있는 몇 가지 점들을 살펴본다면, 첫째 수사관이 피해자에게 심리적 고통을 가하는 잘못된 조사방법을 사용할 수 있다는 점, 둘째 피해자가 경험한 내용을 잘 기억하지 못하거나 부정확하게 기억할 경우 진술증거 확보가 곤란하거나 정확한 진술을 받아내기 어렵다는 점, 셋째 피해자가 고의로 허위진술을 할 수 있는데 이에 대한 검증이 어렵다는 점 등이 될 것이다. 이러한 문제들과 관련하여서는 장을 달리하여 언급하기로 한다.

## 라. 신변보호 청구권자로서의 지위

특정범죄신고자등보호법(이하 특신법이라 한다) 제13조 제1항에 '검사 또는 경찰서장은 범죄 신고자 등이나 그 친족 등이 보복을 당할 우려가 있는 경우에는 일정 기간 동안 당해 검찰청 또는 경찰서 소속 공무원으로 하여금 신변안전을 위하여 필요한 조치(이하 '신변안전조치'라 한다)를 하게 하거나 대상자의 주거지 또는 현재지

---

할 때까지는 누구도 그 장소를 이탈하지 못하도록 억류할 수 있는 권한을 부여하고 있을 뿐만 아니라, 모든 사람에 대해 신원확인을 할 수 있게 하는 등 필요한 참고인의 신병을 효율적으로 확보할 수 있는 권한을 주고 있다. 이것을 보호유치(garde à vue)라고 하는 바, 보호유치는 24시간의 범위 내에서 가능하나 수사상 필요하면 수사 또는 수사판사의 허가를 받아 보호유치기간을 1회에 한하여 연장할 수 있게 하고 있다 (사법연수원, 수사절차론, 2001. p. 226).

338) 2002. 12. 법무부에서는 수사에 필요한 중요 사실을 안다고 인정되는 참고인이 2회 이상 출석에 불응할 경우 법원의 영장을 받아 강제구인해 조사한 뒤 24시간 이내에 석방하는 '참고인 강제구인제'를 도입하는 것을 취지로 하는 '형사소송법 개정 초안'을 마련하였다고 발표하였다. 또 수사기관에 나온 참고인이 허위진술을 하거나 법원에 허위자료를 냈을 때, 수사·재판방해 목적으로 참고인이나 증인의 출석, 진술, 자료제출을 방해한 경우 3년 이하의 징역이나 500만원 이하의 벌금형에 처할 수 있도록 하는 사법방해죄도 신설하는 방안도 추진한다고 밝혔다. 이러한 법무부의 견해에 대하여 대법원과 대한변협, 민변 등은 인권침해의 소지가 있다며 공식적으로 반대 견을 표명 하였다 (법률신문, "검찰구속기간 최장 6월로 연장", 2002년 12월 23일자 5면 기사).

를 관할하는 경찰서장에게 신변안전조치를 취하도록 요청할 수 있고 이 경우 요청을 받은 경찰서장은 특별한 사유가 없는 한 즉시 신변안전조치를 취하여야 한다'고 규정하고 있다.

특신법 제13조 제1항의 규정은 검사나 경찰서장의 판단을 통해 직권으로 신변안전조치를 취할 수 있는 근거규정이다. 반면, 동법 동조 제2항에서는 범죄 신고자에게 신변안전조치 신청권이 있음을 규정하고 있다. 즉 '범죄 신고자와 그 법정대리인 또는 친족 등은 재판장·검사 또는 주거지나 현재지를 관할하는 경찰서장에게 제1항의 규정에 의한 조치를 취하여 줄 것을 신청할 수 있다'고 천명하고 있는 것이다. 이 때 범죄 신고자의 범위에는 피해자도 포함될 수 있기 때문에 범죄 신고자인 피해자는 당연히 이러한 신변안전조치신청권이 있다고 해석할 수 있다.

특정강력범죄의 처벌에 관한특례법(이하 '특강법'이라 한다) 제7조에 제1항에 의하면 '검사는 특정강력범죄사건의 증인이 피고인 기타의 사람으로부터 생명·신체에 해를 받거나 받을 염려가 있다고 인정되는 때에는 관할경찰서장에게 증인의 신변안전을 위하여 필요한 조치를 할 것을 요청하여야 한다.'고 규정하고 있고 제2항에 의하면 증인이 검사에게 제1항의 조치를 취하여 줄 것을 청구할 수 있는 권한이 있음을 밝히고 있다. 그런데 이 특강법의 신변안전조치 규정은 신변보호조치 청구권자를 증인의 지위에 있는 자로 한정하고 있고 그 증인도 특정강력범죄사건에 관계된 증인이어야 한다는 제한이 따르고 있다. 따라서 수사단계에서는 검사가 판사에 대하여 피해자를 상대로 증인신문(형사소송법 제221조의 2)을 청구하지 않는 한 특강법상 범죄피해자의 신변안전조치 근거로는 사용될 수가 없게 된다는 문제점이 있다.

이러한 신변안전조치의 내용으로는 신분노출금지, 피의자와의 대면차단, 사생활 노출차단, 신분변경, 피해자에게 위해를 가할 가능성 있는 자의 접근차단 등이 있는 바, 이에 대해서는 후술하기로 한다.

## 2. 공소제기절차에서의 피해자 지위

수사결과 범죄의 객관적 혐의가 충분하고 소송조건을 구비하여 유죄의 판결을 받을 수 있다고 인정될 때에 검사는 공소를 제기하게 된다(형사소송법 제246조). 현행법은 공소제기와 관련하여 국가소추주의·기소독점주의를 택하고 있기 때문에 원칙적으로 범죄피해자가 공소의 판단에 관여하는 것은 인정되지 않는다.339)

그러나 기소독점주의는 공소권행사의 공정을 기하기 위한 합리적인 측면이 있음에도 불구하고 공소권 행사가 검사의 자의와 독선에 흐를 위험을 안고 있다. 따라서 이러한 검사의 기소독점주의에 대해서는 일정한 법적 규제가 필요하게 되는데, 그 중 대표적인 것을 들면 검찰항고(검찰청법 제10조), 재판상의 준기소절차(형사소송법 제260조, 재정신청제도라고도 함), 헌법소원(헌법재판소법 제68조 제1항) 등을 들 수가 있다. 범죄의 피해자는 검사의 이러한 불기소처분과 관련하여 검찰항고, 재정신청, 헌법소원을 활용할 수 있는 지위에 있는 것이다.

검찰항고는 고소사건의 불기소처분에 대하여 불복이 있는 고소인이 상급검찰청 검사장에게 항고 또는 재항고하여 검사 자체에 의하여 부당한 불기소처분을 시정하고자 하는 제도이다. 피해자는 이러한 항고권자로서 불이익한 불기소처분의의 부당함을 주장할 수 있는 것이다.

재판상의 준기소절차는 공무원의 직권남용죄에 대하여 불기소처분이 있는 경우, 고소인은 관할 고등법원에 재정신청을 할 권한이 있는 것으로서, 이러한 신청이 있을 경우 법원이 재판에 의해 직권으로 그 사건을 심판에 회부하는 절차이다.

헌법소원은 공권력의 행사 또는 불행사로 인하여 헌법상 보장된 기본권을 침해당

---

339) 비교법적으로 볼 때 영국·프랑스·독일과 같은 나라들에서는 범죄피해자가 직접 가해자를 기소할 수 있는 권한이 인정되고 있다. 영국은 전통적으로 사인소추가 인정되어 온 대표적인 국가로서 1985년 국립기소청(Crown Procecution Service)이 설립되기 전까지는 경찰이 대부분의 소추를 담당하여 왔었으나 1985년 이후에는 그 역할이 국립기소청의 검사에게로 넘어가게 되었으며, 순수한 개인에 의한 기소는 매우 낮은 것으로 보고되고 있다 (Davis, Croall and Tyrer, *Criminal Justice : an Introduction to the Criminal Justice System in England and Wales,* Pearson Education Limited Edinburgh Gate, Harlow, United Kingdom. 1998, pp. 136-137). 독일의 경우에는 고도로 개인적인 범죄행위인 '주거침입·모욕·서신비밀침해·상해·협박·재물손괴' 등의 범죄에 대해서 피해자는 직접 법원에 형사소송을 제기하게 하고 있다. 그러나 독일의 경우에도 사인소추 이용률이 낮고 매년 감소추세에 있다고 한다. 프랑스에서도 사소제도(action civile)가 있는데 이 제도는 민사적 성격의 손행배상청구권을 피해자의 형사소추권과 긴밀히 결합하고 있으며 피해자가 사소를 제기한 경우에도 검사가 그것을 인수함으로 인해 수사나 증거확보의 부담이 없다는 특징을 가지고 있다 (김영문, "형사절차에서의 범죄피해자 보호", 해외연수검사 연구논문집(1) 제17집, pp. 93-94).

한 자가 헌법재판소에 당해 공권력의 위헌여부의 심사를 청구하여 기본권을 구제받는 제도이다(헌법 제111조 제1항 제5호, 헌법재판소법 제68조). 범죄피해자는 검사의 불기소처분에 대해서 재정신청이나 검찰항고를 하였음에도 그 결과가 시정되지 않음으로 인해 기본권의 침해를 받을 때에는 그 최종결정을 통지받은 날로부터 30일 이내에 헌법소원을 청구할 수 있다(헌법재판소법 제69조 제1항 단서). 헌법재판소는 피해자의 청구를 인용할 경우 기본권침해의 원인이 된 공권력의 행사를 취소하거나 그 불행사가 위법임을 확인할 수 있는 것이다(동법 동조 제3항).

## 3. 공판절차에서의 피해자 지위

검사의 공소제기에 의하여 소송계속이 발생하면 수소법원은 피고사건의 심리와 재판을 행하게 된다. 이 때 법원이 피고사건을 심리하고 재판하는 절차를 공판절차라고 한다. 넓은 의미의 공판절차는 공판준비절차, 법정 외의 증인신문 및 검증절차 등을 포함하여 공소제기 후 소송계속이 종료할 때까지 법원이 행하는 심리와 재판의 전 과정을 가리키나, 좁은 의미의 공판절차는 공판기일에 공판정에서 행하는 심리와 재판만을 의미한다. 피해자의 지위를 논함에 있어서는 넓은 의미의 공판절차를 생각해보기로 한다.

### 가. 증인으로서의 지위

증인이란 법원이나 법관에 대하여 자기가 과거에 체험한 사실을 진술하는 제3자이다. 증인은 법원 또는 법관에 대하여 진술하는 제3자란 점에서 수사기관에 대하여 진술하는 참고인과 구별된다. 또 증인은 자신이 체험한 사실을 진술하는 자라는 점에서 법원이 재판상 필요로 하는 전문지식이나 경험을 보충하기 위하여 법원이 지시하는 사실판단의 지식이나 경험을 보충하기 위하여 법원이 지시하는 사실판단의 지식이나 구체적 결과를 보고하는 감정인과 구별된다.

범죄의 피해자가 법정에서 증언을 하게 될 경우 이러한 증인의 지위에 서게 된다. 수사상 참고인은 수사기관이 증거보전절차를 통해 증인신문[340]을 신청하지 않는 이상 강제수사의 대상이 되지 않는다는 것은 전술한 바와 같다. 반면 증인으로서의 피해자는 증언의무가 있어서 법원의 소환을 받으면 출석의무를 지기 때문에 출석을 하지 않게 되면 과태료나 비용배상 혹은 구인을 통한 제재가 가해진다.341) 피해자인 증인에게는 일정한 경우 증언거부권이 인정되고 있다.342)

## 나. 공판정진술권 보유자로서의 지위

헌법 제27조 제5항과343) 형사소송법 제294조의 2 제1항에서는344) 형사피해자의 공판정진술권을 보장하고 있다. 1987년 제9차 헌법 개정을 통하여 헌법상 기본권으로 새롭게 규정된 이 공판정진술권은 법원이 피해자의 증언을 직접 청취함으로써 실체진실 발견에 도움을 얻을 수가 있고, 피해자의 피해상황의 진위를 직접 확인할 수 있으며, 국가가 피해구조를 하여야 하는 지를 판단할 수 있는 자료로 활용하며, 또한 당해 사건에 관한 피해자의 의견을 들음으로서 유·무죄 및 양형판단에 참고할 수 있도록 하기 위하여 마련된 제도이다.345) 이러한 공판정진술권이 헌법에 규정되었다는 것은 우리 형사사법체계가 피해자의 보호와 참여의 중요성을 인식하고 있음을 의미하는 것으로서 매우 중요한 의미를 지닌다. 그러나 다른 한편으로 이러한 피해자의 진술이 무한정 보장된다면 신속한 재판의 이념을 손상할 수가 있고 공판이 피해자 개인의 보복감정에 휘말릴 가능성이 있다고 보아 우리 형사소송법에서는 공판정진술권의 예외사유를 규정하고 있다.346)

---

340) 우리나라 형사소송법에서는 '범죄의 수사에 없어서는 아니 될 사실을 안다고 명백히 인정되는 자가 전조의 규정에 의한 출석 또는 진술을 거부한 경우에는 검사는 제1회 공판기일 전에 한하여 판사에게 그에 대한 증인신문을 청구할 수 있다(형사소송법 제221조의 2 제1항)'고 하고 있다.

341) 형사소송법 제151조, 벌금 등 임시조치법 제4조 제5항

342) 자기가 형사소추 또는 공소제기를 당하거나 유죄판결을 받을 사실이 발로될 염려가 있는 증언을 거부할 수 있고(형사소송법 제148조 전단), 근친자의 형사책임에 대해서도 증언을 거부할 수 있으며, 변호사·변리사·공증인 등 법률에 규정된 일정한 업무에 종사하는 자는 업무상 위탁을 받은 관계로 알게 된 사실로써 타인의 비밀에 관한 것은 증언을 거부할 수 있다(동법 제148조 후단).

343) '형사피해자는 법률이 정하는 바에 의하여 당해 사건의 재판절차에서 진술할 수 있다.'

344) '법원은 범죄로 인한 피해자의 신청이 있는 경우에는 그 피해자를 증인으로 신문하여야 한다.'

345) 장규원, "수사경찰의 피해자대책의 현황과 과제", 한국형사정책연구원, p. 33.; 권영성, 헌법학원론, 법문사, 2002. p. 563.

346) 다음과 같은 예외사유를 동법 동조 제1항 단서에서 규정하고 있다.

## 4. 기타 피해자의 지위

### 가. 수사진행에 관한 통지 수령권자로서의 지위

현행 형사소송법에서는 고소·고발사건에 관하여 검사가 공소제기 또는 불기소처분, 공소의 취소, 타관송치를 한 때에는 그 처분한 날로부터 7일 이내에 서면으로 고소인 또는 고발인에게 그 취지를 통지하여야 하며(형사소송법 제258조 제1항) 공소를 제기하지 아니하는 처분을 한 경우에 고소인 또는 고발인의 청구가 있는 경우에는 7일 이내에 고소인 또는 고발인에게 그 이유를 서면으로 설명하여야 한다(동법 제259조)라고 하여 일정한 수사상 정보를 피해자에게 제공해줄 것을 규정하고 있다.

특정범죄신고자등보호법 제15조의 규정에 의하면 특정범죄의 피해자가 고소·범죄신고·진정·수사단서제공·증언·기타 자료제출을 하였을 때에는 일정한 수사상·재판상 정보를 제공받을 수 있도록 하고 있다.[347]

가정폭력범죄의 처벌 등에 관한특례법 제5조에 의하면 가정폭력범죄에 대하여 신고를 받은 사법경찰관리는 즉시 현장에 임하여 폭력행위를 제지하고 행위자와 피해자를 분리시키며 수사에 착수해야 하는데(동법 동조 제1호), 이 때 피해자에게 폭력행위 재발 시 가해자를 일정 범위에서 격리시키는 것과 같은 내용의 임시조치를 신청할 수 있음을 통지해주어야 함을 명시하고 있다(동법 동조 제4호).[348]

---

    1. 피해자가 아닌 자가 신청한 경우
    2. 신청인이 이미 당해 사건에 관하여 공판절차 또는 수사절차에서 충분히 진술하여 다시 진술할 필요가 없다고 인정되는 경우
    3. 신청인의 진술로 인하여 공판절차가 현저하게 지연될 우려가 있는 경우'

[347] 동 규정에 의하면 '범죄 신고자 등이나 그 친족 등이 보복을 당할 우려가 있는 경우에는 검사 또는 사법경찰관은 직권 또는 범죄 신고자 등의 신청에 의하여 피의자 또는 피고인의 체포·구속 및 석방에 관련된 사법경찰관·검사 및 법원의 처분내용, 재판 선고기일이나 선고내용 및 가석방·형집행정지·형기만료나 보안처분종료 등으로 인한 교정시설 등에서의 출소사실이나 도주사실 등 재판 및 신병에 관련된 변동 상황을 범죄 신고자나 그 법정대리인 또는 친족 등에게 통지할 수 있다'라고 하고 있어서 일정한 정보제공을 받을 수 있음을 명시하고 있다. 그러나 동 규정의 입법형식은 수사기관이나 재판기관의 정보제공 의무를 기속규정이 아닌 재량규정 형태이기 때문에 피해자보호를 위한 규정으로는 여전히 미약하다고 보인다.
[348] 이 경우는 사법경찰관의 정보제공의무가 기속규정 형식으로 제정되어 있다.

## 나. 형사보좌인 신청권자로서의 지위

특정범죄신고자보호법 제6조는 사법경찰관·검사 또는 법원은 범죄 신고자등이나 그 친족 등이 보복을 당할 우려가 있는 경우에는 직권 또는 범죄 신고자의 법정대리인이나 친족 등의 신청에 의하여 '범죄 신고자등보좌인'을 지정할 수 있게 하고 있다. 이 보좌인의 역할은 범죄 신고자 등을 위하여 당해 형사사건의 수사·공판과정에 동행하거나 조언하는 등 필요한 조력을 행하는 것이다(동법 동조 제3항). 한편, 성폭력범죄의처벌및피해자보호등에관한법률 제22조의 2에서는 수사기관이 피해자를 조사하는 경우 피해자의 신청이 있으면 피해자가 지정하는 자를 조사과정에 동석하게 하여 피해자에게 필요한 조력을 할 수 있도록 하고 있다.

## 다. 형사절차상 배상명령 청구권자로서의 지위

형사배상명령이란 형사소송절차에서 유죄판결을 선고하면서 동시에 피고사건의 범죄행위로 인하여 발생한 손해와 피고인과 피해자 사이에 합의된 배상액에 대해 피고인에게 배상을 명하는 것을 말한다. 우리나라 소송촉진 등에 관한특례법 제25조에서는 이러한 형사절차에서 법원의 직권 또는 피해자의 신청에 의하여 형사절차에서 피해자가 당한 손해에 대하여 가해자에게 배상명령(Compensation Order)을 신청할 수 있는 제도를 두고 있다.349) 이러한 배상명령절차를 두고 있는 주된 취지는 피해자의 신속한 구제에 있다. 범죄행위로 인하여 손해배상청구권이 발생한 경우에 형사절차에서 민사상 손해배상까지 판단하게 함으로써 피해자가 민사소송에 의한 번잡과 위험을 부담하지 않고 신속히 피해를 변상 받게 하는 것이 피해자에게 이익이 될 분만 아니라 소송경제를 도모하고 판결의 모순을 피할 수 있는 결과가 되기에 도입한 제도이다. 이러한 배상명령제도는 피해자의 손해를 원상회복(Wiedergutmachung)하게 하는 제도의 일종이라고 보고 있다.350)

---

349) 배상명령 신청은 피해자 또는 그 상속인이 할 수 있다(동법 제25조 제1항). 또 피해자는 법원의 허가를 받아 그 배우자·직계혈족·형제자매 또는 호주에게 배상신청에 관하여 소송행위를 대리하게 할 수도 있다(동법 제27조 제1항).

350) 이재상, 전게서, p. 745.

배상명령의 대상이 되는 범죄의 유형은 상해죄·중상해죄·상해치사와 폭행 치사상 및 과실치사상의 죄(형법 제26장), 절도와 강도의 죄(형법 제38장), 사기와 공갈의 죄(형법 제39장), 횡령과 배임의 죄(형법 제40장), 손괴의 죄(형법 제42장)에 한한다고 되어 있다(소송촉진 등에 관한특례법 제25조 제2항). 배상명령의 범위에 대해서는 피고사건의 범죄행위로 인하여 발생한 직접적인 물적 피해와 치료비의 배상에 제한된다(동법 제25조 제1항).

우리나라의 형사상 배상명령제도는 1981년 소송촉진 등에 관한특례법 제정에 의하여 도입되어 오늘에 이르고 있지만 배상명령을 발할 수 있는 요건을 충족하더라도 법원의 이 절차를 활용할 것인지의 여부는 법원의 재량에 달린 선택 사항이다. 오늘날의 제도는 법관에게 지나친 부담을 줄 뿐만 아니라 재판의 지연이 초래됨으로 인하여 실무상으로 잘 활용되지 못하고 있는 실정이다.[351]

## 라. 범죄피해자구조금 청구권자로서의 지위

헌법 제30조에는 '타인의 범죄행위로 인하여 생명·신체에 대한 피해를 입은 국민은 법률이 정하는 바에 의하여 국가로부터 구조를 받을 수 있다.'고 규정하고 있어서 피해자에게 범죄피해자구조금 지급 청구권이 있음을 천명하고 있다. 이에 근거하여 범죄피해자구조법이 제정되었다. 이 범죄피해자구조제도는 사람의 생명·신체를 해하는 범죄로 인하여 야기된 피해에 대해서 가해자가 무자력인 때에 형사소추권을 독점하고 있는 국가가 이를 구조할 최종적 책임이 있다는 점에 근거하고 있다.

---

351) 이재상, 상게서, p. 746.

# 제3장 인권문제에 대한 피해자학적 접근

## 제1절 범죄피해자의 인권 및 기본권의 문제

인권(人權, human rights)이라함은 인간이라면 누구나 향유할 수 있는 권리를 말한다. 즉 인권향유에 있어서는 그 향유의 주체는 모든 인간으로서 차별이 인정될 수 없으며, 인권규정은 장소를 달리하더라도 그 효력의 보편성이 인정된다는 것이다. 인권에 대한 보편적 승인은 공동체의 평화와 정의의 토대가 된다. 인류가 자유롭고 평화로운 삶을 영유하려면 인권존중이 전제되지 않고서는 불가능하기 때문이다. 인권은 국가의 실정법적 승인에 관계없이 존중되어야 하는 것으로서 초실정법적, 전국가적 자연권으로서의 성격을 가지고 있다고 이해된다. 민주적 사회질서가 되기 위한 최소한의 전제조건은 인간을 책임 있는 인격으로 승인하는 것이다. 책임 있는 인격으로 승인한다함은 인간이 인과적 힘의 작용을 받는 단순한 객체나 사물들 중의 하나가 아니라 자신의 현재의 삶에 대한 형성의 주체로서 역할을 한다는 것을 의미한다. 이러한 책임있는 인격의 승인은 곧 인권존중을 의미하며, 민주주의 사회에서 이러한 인권존중은 실정법적인 여건을 초월하는 당위(當爲)이자 의미 있는 인간 실존의 가능조건인 것이다352)

근대 입헌주의 헌법에 기본권이 성문화되고 그 기본권을 보다 충실히 보장하기 위한 방법으로 법치주의를 표방한 것은 인권발전에 있어서 큰 의미를 갖는다. 국가가 법의 형식으로 국민의 자유와 평등을 보장하고, 모든 국가행위를 법으로 미리 규정하여 국가의 법집행이 예측가능하게 하는 한편, 그러한 법집행도 정당한 법적절차와 한계가 준수되도록 하였던 기본 목적도 개인의 인권을 철저히 보장하기 위함이었다. 다만 현대 민주주의 국가가 지향하는 법치주의는 '실질적 법치주의'이기 때문에 국민의 인권이 바르게 보장될 수 있으려면 국가가 법적 절차를 철저히 준수하는 것만으로는 부족

---

352) Hans Welzel, 박은정 (역), 자연법과 실질적 정의, 삼영사, pp. 335-337.

하고, 그 법률의 내용이 인권보호와 정의의 요청에 부합하는 것이어야 한다. 이것을 가능케 하려면 모든 국가공동체의 구성원이 법의 형성과정에 참여할 수 있는 민주주의가 전제되어야 할 것이다. 따라서 입헌주의 국가에서의 인권보장은 법치주의 및 민주주의와 불가분의 관계에 있다고 한다.[353] 이와 같이 헌법에 기본권을 규정하게 됨으로서 국가는 개인권리의 보호자로서 기능하게 되었고, 국가존립과 정당성의 근거를 인권보호에 두게 되는 계기를 마련하였다.

인권개념이 천부인권사상에 기초하여 다소 추상적이고 이념적인 성격이 있는데 반하여, 기본권은 헌법에 실정화 된 권리로서 구체적이고 현실적인 법이자 권리의 형태로서 나타난다. 따라서 기본권은 각 국가의 역사적 경험을 반영하게 되고 그 결과 기본권의 모습은 국가마다 다르게 나타날 수 있다. 그러나 인간의 삶에서 요청되는 근본적인 요구나 경험은 대체로 공통적이기 때문에 인권과 기본권은 별도의 것으로 이해될 수 없으며 인권의 발전과 기본권의 발전은 상호영향을 미치며 발전하는 관계로 보아야 할 것이다.

범죄피해자의 인권개념이 일반 국민의 인권개념과 본질적으로 차이가 있는 것은 아니다. 그러므로 범죄피해자도 일반 국민에게 인정되는 기본권을 모두 향유할 수 있다고 볼 것이다. 그럼에도 불구하고 인권문제에 대하여 새삼 피해자학적 접근을 시도하는 이유는 잠재적인 범죄피해자라고 할 수 있는 모든 국민에 대하여 장차 그 국민들이 현실적 범죄피해자가 되었을 경우 그 피해회복을 위하여 어떠한 권리를 주장하고 향유할 수 있는지에 관해 선명한 시야를 제공하기 위함이며, 범죄피해자를 접촉하며 법을 집행하는 공무원에 대하여는 범죄피해자 인권보호의 정당성과 당위성을 인식시킴으로써 범죄피해자 보호정책을 보다 충실히 수행하도록 하는데 도움을 주기 위함이다.

하지만 범죄피해자에 대해서는 범죄피해자만이 갖는 특수한 법적 지위로 인하여 일반 국민과는 다른 헌법 및 법률상의 권리도 인정된다고 할 것인 바, 이하에서는 범죄피해자의 이러한 특수한 법적지위로 인하여 인정되고 있는 인권관련 규정에는 어떠한 것들이 있는지 살펴봄과 동시에 제반 헌법상의 기본권 규정들에 대해서도 피해자

---

353) 장영수, "헌법의 기본원리로서의 법치주의", 안암법학 제2집, 1994, pp. 133-180.

학적 시각을 가지고 접근하면서 살펴보고자 한다.

## 제2절 범죄피해자 인권보호의 필요성

모든 국민은 인간으로서 존엄과 가치를 지니며, 행복을 추구할 권리를 가지고 있고, 국가는 개인이 가지는 불가침의 기본적 인권을 확인하고 이를 보장할 의무를 진다고 헌법은 선언하고 있다(헌법 제10조). 인간(Mensch)은 시민적 사회에서 이러한 인간 존엄성에 기초한 자신의 권리를 영유할 수 있을 때 비로소 인격(Person)으로 불리어질 수 있는 것이다. 자유민주주의 사회의 법질서는 어느 인간이건 타인에 의해 조정되며 이용당하는 존재가 아닌 각자의 자주성을 가지고 스스로 발전하는 고유가치를 지니는 존재로 파악되어야 하기에[354] 국가는 범죄로 인해 그 존엄성이 훼손되고 행복추구권이 침해된 범죄피해자에 대해서 다시금 그 인격체로서의 가치를 회복할 수 있도록 노력해야 하는 것이다.

이렇듯 우리 헌법에서 찾아볼 수 있는 범죄피해자 인권보호의 정신은 1948년 12월 UN총회에서 채택된 세계 인권선언(Universal Declaration of Human Rights)의 내용에서도 잘 나타나 있다. 보편적인 국제기구에 의해서 주창된 최초의 포괄적인 인권문서라고 볼 수 있는 세계 인권선언 제1조에서는, '모든 인간은 자유롭게 태어났으며, 동등한 존엄성과 권리를 가지고 있다'고 선언하면서, 구체적으로 비인간적인 혹은 인격을 손상시키는 대우의 금지를 규정하는 한편, 민 형사 사건에서 공정한 재판을 받을 권리, 사생활의 비밀과 자유를 보장받을 권리, 자기와 그 가족이 인간의 존엄성을 지키며 살 수 있게끔 필요한 경우 사회보장제도에 의해서 생활보조를 받을 수 있는 권리, 시민이 건강과 의식주를 유지하기 위하여 적절한 생활수준을 향유할 권리, 실직·배우자의 상실·기타 불가항력적인 사정에 의하여 생활이 어려움에 처한 경우에 국가로부터 사회보장을 받을 권리가 있음을 천명하고 있는 것이다.[355] 대부분의 국제법률

---

354) 김철수, "인권과 기본권의 근본으로서의 인간존엄성(상)", 사법행정 (98년 4월호), p. 32.
355) 정인섭 편역, 국제인권 조약집, 사람생각, 2000. pp. 14-18.; 양건·김재원 역, 국제인권법, 교육과학사, 1992. pp. 29-35.

가들이 이러한 세계인권선언에 대하여 국제관습법과 같은 규범적 효력을 인정하고 있는 것을 볼 때,356) 범죄피해자의 인권보호 문제는 이미 인권국가를 지향하고 있는 나라들이 추구해야 할 당위적 이슈가 되고도 남음이 있다고 할 것이다.

참고로 유엔의 '법집행공무원이 준수해야 할 행동규범(UN Code of Conduct for Law Enforcement Officials)'에서는 수사관의 업무수행 표준과 관련하여 ① 법에 의해 부과된 의무를 이행할 것(제1조), ② 인간의 존엄성을 보장하고 인권을 수호할 것(제2조), ③ 성실함(integrity)과 품위 있는 자세(dignity)로 공정하게 법집행을 할 것이며, 공권력은 반드시 필요성이 있을 때에 한하여 비례의 원칙을 준수하여 사용할 것(제3조), ④ 신뢰성 있는 법집행 활동을 할 것(제4조), ⑤ 상대방에게 고문이라든가 법에 위반하는 모든 형태의 탈법행동을 하지 말 것(제5조), ⑥ 법집행 대상자를 보호하고 있을 때에는 그들의 건강상태에 유의하여 법집행을 할 것(제6조), ⑦ 어떤 유형의 부패행동도 하지 말 것(제7조), ⑧ 법과 규정을 존중하고 이를 준수하고자 노력하여야 하며, 자신들의 법집행 결과에 대해서 각 개개인이 책임을 질 것(제8조) 등이 제시되고 있는 바,357) 이 행동규범은 범죄수사의 경우 법집행공무원의 피의자에 대한 인권 보장적 측면만을 강조한 것이 아니라 범죄피해자에 대한 인권 보장적 측면도 포함하고 있는 것이다.

한편, 범죄피해자에 대한 인권보호 활동은 법집행작용에 부담을 준다거나 법집행 과정에서 법집행기관과 피해자 사이에 갈등을 초래할 수 있다고 보는 것은 적절치 않다. 법집행 과정에서 범죄피해자의 인권을 보호하고자 하는 활동은 오히려 법집행 작용을 원활하게 하고 그 목적달성을 촉진하는 측면이 강하다고 보는 것이 옳다. 즉, 법을 집행함에 있어서 법집행공무원이 범죄피해자의 인권을 보호하고자 노력하게 되면 피해자의 협력을 얻을 수 있어서 종국적으로 법집행 작용이 보다 원활하게 될 수 있는 것이다.

범죄피해자에게 앞으로 진행되는 형사절차에 대하여 안내를 해주고 피해의 구제방법 등에 관해서 적절한 정보를 제공 하는 등 피해자의 필요가 무엇인지 파악하고

---

356) 양건·김재원 역, 상게서, pp. 32, 34.
357) Peter Neyroud and Alan Beckley, Policing, Ethics and Human Rights, Willan Pub.2001. p. .62.

이에 부응하려는 노력을 기울이게 되면 수사관과 피해자 사이에 신뢰관계가 구축될 수 있고 그렇게 되면 이전보다 훨씬 정확하고도 풍부한 양질의 수사관련 자료를 제공받을 수도 있다. 따라서 형사절차 속에서 피해자 인권보호를 위하여 노력하는 것은 수사의 효과성과 효율성을 증가시키는 측면이 있는 것이며, 이는 궁극적으로 피해자의 피해회복과 범인검거에 기여함으로써 형사정의를 달성하는데 도움을 주게 되는 것이다.

## 제3절 범죄피해자 인권의 유형별 고찰

헌법상 기본권의 주체는 피의자·피고인 만에 국한 될 수 없고 모든 국민이어야 하기에 피해자도 당연히 기본권을 향유할 주체가 된다. 피해자가 향유할 수 있는 헌법상 기본권의 내용으로서는 인간의 존엄성과 행복추구권 및 평등권(헌법 제10조)과 같은 일반적 기본권, 생명·신체의 자유(동법 제12조), 주거의 자유(동법 제16조), 사생활의 비밀과 자유(동법 제17조), 재산권의 보장(동법 제23조)과 같은 자유권적 기본권, 교육을 받을 권리(동법 제31조), 근로의 권리(동법 제32조)와 같은 생존권적 기본권, 재판청구권(동법 제27조), 국가에 대한 손해배상청구권(동법 제29조), 범죄피해자구조청구권(동법 제30조)과 같은 청구권적 기본권 등을 들 수 있다.

헌법의 하위 규범이라고 할 수 있는 제반 법령들은 헌법의 기본권 보장을 위한 이념을 구체적으로 실현할 수 있는 내용을 담고 있어야 하는 바, 그러한 법령의 체계 속에 피의자의 인권보장 규정뿐만 아니라 피해자의 기본권도 아울러 보장할 수 있는 규정을 두도록 하는 것은 매우 당연한 일일 것인바 헌법과 함께 이러한 개별 법령 속에서 범죄피해자 인권보호를 위한 노력들이 어떻게 구현되고 있는지에 관해서도 살펴보고자 한다.

## 1. 일반적 기본권으로서의 범죄피해자 인권

모든 국민은 인간으로서 존엄과 가치를 지니며, 행복을 추구할 권리를 가지고 있고,

국가는 개인이 가지는 불가침의 기본적 인권을 확인하고 이를 보장할 의무를 진다고 헌법은 선언하고 있다(헌법 제10조). 자유민주주의 사회의 법질서는 어느 인간이건 타인에 의해 조정되며 이용당하는 존재가 아닌 각자의 자주성을 가지고 스스로 발전하는 고유 가치를 지니는 존재로 파악하여야 한다는 것은 전술한 바와 같다.358)　이 중에 피해자가 향유해야 할 일반적 기본권으로서 인간의 존엄 권과 행복추구권, 그리고 평등권을 살펴보기로 한다.

## 가. 인간의 존엄권 및 행복추구권 침해와 범죄피해자

인간은 본래 이성적인 동물로서 인격체로 인정되어야 함에도 고대의 노예제도 · 중세의 농노제도 등을 통하여 인격자로 인정받지 못한 시대가 있었으며 1차 세계대전을 전후하여 독일의 나치즘 · 이탈리아의 파시즘 · 일본의 군국주의 등의 전체주의가 발호하면서 대량학살 · 강제노종 · 테러 · 인간실험 등을 통하여 개인을 국가를 위한 하나의 도구로 취급하는 시대도 있었다. 이에 제2차 대전 이후의 헌법들은 인간의 존엄을 해치는 모든 해악을 금지하고 개인의 가치를 무시하는 전체주의 · 군국주의의 발호를 금지하기 위하여 인간의 존엄과 개인의 가치의 존중을 규정하게 되었다. 이에 우리나라도 1962년 제3공화국 헌법 제8조에 "모든 국민은 인간으로서의 존엄과 가치를 가지며 이를 위하여 국가는 국민의 기본적 인권을 최대한으로 보장할 의무를 진다"고 규정하게 되었다. 1980년 제5공화국 헌법은 여기에 행복추구권을 추가하여 규정하였던 바, 오늘날 헌법 제10조에 위와 같은 인간 존엄 권 규정과 행복추구권에 관한 내용을 모두 반영하기에 이른 것이다.

범죄피해자도 이성적인 존재로서 인격의 주체가 될 수 있다는 데에는 의문의 여지가 없다. 범죄피해자도 이러한 인격주체성을 가지고 있기에 각자가 인간으로서 존엄과 가치를 지니는 것이다. 그리고 그들은 또한 각자가 자유의지에 따라 스스로 운명을 개척하고 자신의 인격을 자유롭게 발현하여 행복을 추구할 수 있는 것이다. 이 때문에 여성 · 노인 · 아동 · 장애인과 같은 사회적인 약자도 존엄한 인간으로서 행복을 추구할

---

358) 김철수, "인권과 기본권의 근본으로서의 인간존엄성(상)", 사법행정 (98년 4월호), p. 32.

권리가 있으며 이러한 행복추구를 위하여 일반적인 행동자유권과 개성의 자유로운 발현에 관한 권리를 향유할 수 있도록 정상인에 상응한 대우를 받아야 하는 것은 물론이며 이들이 입은 범죄피해에 대해서도 국가가 관심을 갖고 보호와 지원을 해주어야 하는 것이다. 헌법재판소에서는 "헌법상의 인간상은 자기결정권을 지닌 창의적이고 성숙한 개체로서의 국민이다. 우리 국민은 자신이 스스로 선택한 인생관·사회관을 바탕으로 사회공동체 안에서 각자의 생활을 자신의 책임 하에 스스로 결정하고 형성하는 민주적 시민이다"라고 밝히고 있는 바, 이러한 인간이 가지는 천부적이면서도 불가침의 인권을 국가는 확인하고 이를 보장할 의무를 지닌다고 볼 수 있으므로 국가가 범죄피해자를 보호하고자 하는 것은 헌법적 의무를 이행하는 것이 된다.359)

좁은 의미의 인간의 존엄권의 내용에는 생명권·자기결정권·일반적 인격권·알권리 등을 포괄하는 인격형성권이 포함된다고 한다.360) 범죄피해로 인하여 한 인간의 생존이 위협받는 경우 국가로 하여금 사회적·경제적 여건을 마련하여 줄 것을 요구할 수 있는 것은 바로 범죄피해자인 국민 각자가 생존권적 측면으로서 이러한 생명권을 향유하기 때문이라고 할 수 있다.

범죄피해자는 범죄피해 과정에서 노출이 될 수 있는 자기 정보에 대하여 통제를 할 수 있는 권리 곧 자기정보통제에 대한 자기결정권을 가진다고 보아야 한다. 이는 자유권적인 성격을 가질 뿐만 아니라 청구권적 기본권으로서의 성질도 포함한다고 볼 수 있는데 이러한 자기결정권은 인격권의 내용이 될 수 있다고 헌법재판소도 해석하고 있다.361)

범죄피해자의 일반적 인격권과 관련하여서는 범죄피해자의 명예권과 초상권 그리고 프라이버시권을 생각할 수 있다. 범죄피해자는 범죄피해 사실의 노출이나 신상공개로 말미암아 명예를 훼손당할 수 있고 피해자의 동의 없이 신문·잡지·TV등에 사진이 실림으로 말미암아 초상권이 침해될 수도 있으며 사생활에 관한 비밀 등이 일반 사회에 노출됨으로 인한 2차적 피해도 야기될 수 있는 것이다. 이에 덧 붙여 알 권리는 개인의 자아실현을 가능하게 하기 위한 개인적인 권리로 인간 존엄권의 전제가 되

---

359) 김철수, 헌법학개론, 박영사, 2004. p. 391.
360) 김철수, 상게서, p. 395.; 헌재 1995. 7. 21 선고, 93 헌가 14, 헌재판례집 제7권 2집, p. 1.이하, p. 32.
361) 헌재 1990. 9. 10 선고, 89 헌마 82, 헌재판례집 제2권 p. 306 이하.

는 것이다. 범죄피해자가 자기 자신의 존엄성을 유지하고 회복하기 위하여 범죄피해에 대응하기 위한 제반 조치를 강구하고자 한다면 형사절차 진행에 대한 제반 상황을 알 필요가 있으며 이를 위해서는 자기 사건과 관련되는 형사기록에 대한 공개를 청구할 수도 있을 것이다. 우리 헌법재판소도 이러한 국민의 알 권리를 인정하고 있으며, 형사기록공개청구를 거부한 국가기관의 행위 등이 알 권리를 침해하고 있는 것이라고 인정한 바 있다.362)

2005년 12월에 제정·공포된 우리나라 범죄피해자보호법은 본문 제2조(기본이념)에서 범죄피해자가 인간의 존엄성을 보장받을 권리가 있고(제1항), 명예와 사생활의 평온이 보호되어야 하며(제2항), 피해 사건과 관련하여 각종 법적 절차에 참여할 권리가 있음(제3항)을 천명하고 있다.

## 나. 평등권 침해와 범죄피해자

평등권은 국가에 의하여 불평등한 취급을 받지 아니함과 동시에 국가에 대해서 평등한 취급을 요구할 수 있는 국가에 대한 개인의 '주관적 공권'이다. 따라서 불평등한 입법에 대해서는 헌법재판소에 위헌심사를 요청하고 불평등한 법집행 작용이나 행정처분 등에 대해서는 행정소송이나 민사상 손해배상 청구소송을 제기할 수 있을 것이다. 여기서는 특별히 남녀 간의 불평등의 문제와 계층 간의 불평등 문제를 살펴보기로 한다.

### 1) 남녀 불평등의 문제와 범죄피해자

성별에 의한 차별금지란 구체적으로 남녀가 평등하게 대우받아야 함을 의미하는데 1979년 유엔 제34차 총회에서 채택된 "여성에 대한 모든 차별철폐에 관한 협약"의 비준안이 1984년 12월 한국 국회본회의를 통과하여 1984년 12월 22일 동 협약의 정식가입국이 됨으로써 우리나라는 공법상의 영역에서는 물론 사법상의 영역에서도 남녀의 성에 관한 가치판단을 기초로 하여 차별대우를 하는 것을 허용하지 않고 있다. 이 "여

---

362) 헌재 2003. 1. 30 선고, 2001 헌가 4, 헌재판례집 제15권 1집, p. 19.

성에 대한 모든 차별철폐에 관한 협약"363)의 서문에서는 국가의 완전한 발전과 인류의 복지 및 평화를 위해서는 여성이 모든 분야에 남성과 평등한 조건으로 최대한 참여하는 것이 필요하다고 선언하면서 남성과 여성 사이에 완전한 평등을 달성하기 위하여서는 사회와 가정에서 여성의 역할 뿐만 아니라 남성의 전통적 역할에도 변화가 필요함을 인식하여야 한다고 하고 있다.364) 실제로 위 협약 제5조를 보면, "당사국은 다음을 위하여 모든 적절한 조치를 취하여야 한다. (a) 일방의 성이 열등 또는 우수하다는 관념 또는 남성과 여성의 고정적 역할에 근거한 편견, 관습 및 기타 모든 관행을 없앨 목적으로 남성과 여성의 사회적 및 문화적 행동양식을 수정할 것"이라고 규정하고 있는 것이다.365)

우리 헌법 제11조 제1항은 "모든 국민은 법 앞에서 평등하다. 누구든지 성별, 종교 또는 사회적 신분에 의하여 정치적, 경제적, 사회적, 문화적 생활의 모든 영역에 있어서 차별을 받지 아니한다."라고 규정함으로써 '평등의 원칙'을 명문화하고 있다. 또 헌법 제36조 제1항의 규정에서도 '혼인과 가족생활은 개인의 존엄과 양성평등을 기초로 성립되고 유지되어야 하며, 국가는 이를 보호하도록' 되어 있다.

그럼에도 불구하고 많은 수사관들이 범죄수사 과정에서 여성의 성에 관한 가치판단을 담은 내용의 대화를 함으로써 여성 범죄피해자에게 제2차적 피해를 안겨주는 사례가 있어 왔다. 예컨대 가정폭력 피해자인 여성에게, "여자가 남자에게 대드니 안 맞을 수 있나?", "남자가 그럴 수도 있지!"와 같은 발언을 한다든지, 성폭행 피해자에게, "당신이 아무런 저항을 하지 않고 순순히 따라간 것을 보니 당신이 더 문제가 많아!"와 같은 언행이 그 것이다. 수사관을 비롯한 법집행 공무원들이 업무집행과정에서 행하는 이러한 성차별적인 언행은 여성에 대한 인격권에 대한 침해행위요, 사법절차에서 남성과 동등하게 대우받지 못함에 따른 평등권 침해행위로써 우리 헌법정신에 반하는 행동이라고 볼 수 있다. 이러한 수사관의 언행은 다분히 여성에 대한 고정관념에 기초한 성차별적인 언행으로서 속히 바로잡아야 할 부분이라고 할 수 있다.

---

363) 위 협약은 1979년 12월에 유엔에서 채택되었으며, 1981년 8월에 발효되었다. 2000년 현재 당사국 수는 166개국이었고, 우리나라에 적용된 것은 1985년 1월부터였다.
364) 정인섭 편역, 국제인권 조약집, 사람생각, 2000. p. 189.
365) 정인섭 편역, 상게서, p. 190.

## 2) 사회계층간의 불평등 문제와 범죄피해자

우리나라에서는 헌법 제11조 제2항에 의거 특수계급제도가 존재하지 않는다. 특수계급이란 봉건주의 시대의 귀족제도, 양반제도 등을 의미하는데 오늘날 우리 사회에서는 이러한 특수계급에 대한 차별적 대우를 인정하지 않는다는 뜻이다. 그러나 자본주의 사회에서 빈부격차에 따른 사실상의 불평등 현상이 존재한다. 따라서 국가는 평균적 정의의 이념에 근거한 절대적 평등의 실현에 머무르지 않고 분배적 정의이념에 기초한 상대적 평등의 실현에도 노력하여야 한다. 따라서 경제적으로 궁핍한 범죄피해자가 그 범죄피해로 말미암아 생계유지에 곤란을 겪게 되었다면 국가가 적극적으로 개입하여 그 생활이 유지되도록 도와주어야 할 것이다.366)

또 형사사법기관은 범죄피해자의 경제·사회적 능력의 유무에 관계없이 공명정대한 태도로 형사절차를 진행하도록 노력하여야 하며, 특히 경제적·사회적·신체적 약자인 범죄피해자의 경우 그 실질적 피해회복이 더 취약한 상태에 놓일 수 있으므로 국가는 이들에 대한 보호에 보다 더 큰 노력을 기울여야 할 것이다.

이러한 취약계층에 있는 피해자의 이익보호를 위해서 피해자를 위한 변호인제도의 확립이 필요하고, 피의자·피고인을 위한 국선변호인제도에 대응하여 피해자를 위한 국선변호인제도의 도입도 필요하다. 현재 형사소송법에는 피해자에 대한 변호인 선임을 불허하는 규정도 없지만 그렇다고 피해자를 위한 변호활동을 실질화 할 수 있는 상세한 규정들이 있는 것도 아니다. 그러나 심리적으로 위축되어 있는 상태로 진행되는 형사절차 속에서 피해를 구제받기는커녕 역으로 2차적 피해를 당하기 쉬운 피해자지위의 특성을 고려해 볼 때 피해자의 권익을 법률적·사실적 측면에서 보호해 줄 피해자 변호인제도의 도입은 불가결하다고 할 것이다. 따라서 피해자가 변호인의 도움을 실질적으로 받을 수 있도록 피해자 변호인의 권리와 의무에 대한 상세한 규정과 함께 피해자를 위한 국선변호인제도를 형사소송법에 반영하는 것이 적극 검토되어야 할 것

---

366) 범죄피해자구조법에 의한 범죄피해자구조금지급제도는 이러한 취지에서 유래된 제도이다. 2005년 12월, 정부가 제256회 국회 17차 법제사법위원회에 제출한 범죄피해자구조법 일부 개정 법률안 제3조에 따르면, 범죄피해자에 대한 구조요건 중 '가해자 불명 또는 무자력' 요건 외에 '피해자의 생계유지 곤란'을 요구하였던 종래의 규정에서 후자를 삭제하도록 하고 있어서 피해자를 더욱 두텁게 보호하고자 하고 있다.

이다.367) 가정폭력범죄의 처벌 등에 관한특례법 제28조 제4항에서는 형사소송법 제33조 각호의 사유가 있는 경우 법원이 직권으로 변호사를 선임하여 피해자의 보조인이 되게 하는 제도를 둠으로써 범죄피해자에 대한 국선변호인제도 도입의 가능성을 보여주고 있다.

## 2. 신체에 관한 자유권과 범죄피해자의 인권

### 가. 생명권 침해와 범죄피해자

생명권이라 함은 기본적으로 인간의 육체적 존재형태에 대하여 국가나 다른 개인으로부터 침해를 받지 않을 권리를 말한다. 인간의 생명은 국가나 다른 제3자로부터 작위 혹은 부작위의 형태로 침해를 당할 수가 있는데 이러한 침해가 허용되거나 방치된다면 국민의 기본적 인권은 보장될 수 없을 것이다.

범죄에 의해서 살해된 피해자는 이미 생명권이 침해된 경우라고 볼 것이다. 생명권이 침해당한 경우 그 유족들은 가해자에 대하여 형사처벌을 구하는 것과 함께 불법행위에 대한 손해배상을 청구할 수 있을 것이다. 그러나 가해자가 무자력하거나 검거가 되지 않아 피해를 보상받을 길이 없는 경우, 범죄피해자구조법에 의거 국가가 일정한 요건심사를 통하여 피해자에게 구조금을 지급하도록 되어 있다.

---

367) 독일의 경우 1987년 피해자보호법을 입법하면서 형사소송법 제406f에 피해자변호인제도를 규정하게 되었다. 동조 제1항에서는 피해자가 형사절차에서 변호인의 조력을 받을 권리가 있음을 천명하고 있고, 동조 제2항에서는 법원 혹은 검찰에서 피해자를 신문할 경우 변호인의 참석을 허가하도록 하고 있는 것이다(김성돈, 피해자변호인제도의 도입방안, 피해자연구 제10권 제2호, pp. 137-138. 참조). 학력수준이 낮고 빈곤한 계층에 있는 자들은 법률이나 형사사법체계에 대한 지식이 부족할 가능성이 있을 뿐만 아니라 피해자변호인제도가 도입된다 하더라도 경제적 사정을 이유로 변호인 선임을 하지 못할 수도 있다. 이들이 법률전문가들의 도움을 받지 못하면 자신들의 피해회복에 필요한 각종 정보에 대하여 접근할 수 있는 기회가 차단될 수도 있는데 그렇게 되면 새로운 차원의 불평등이 조장될 수도 있는 것이다. 또 장애인이나 아동 피해자의 경우에 자신의 사회적 활동반경에 많은 제약이 따름으로서 그로 인한 불이익을 받을 수도 있다. 이런 점을 고려해 볼 때 범죄피해자에게도 국선변호인 선임이 검토되어야 한다. 형사피고인의 경우 피고인이 미성년자이거나 70세 이상의 자일 때, 농아자이거나 심신장애의 의심이 있는 때, 피고인이 빈곤 기타 사유로 변호인을 선임할 수 없는 경우 등에는 법원이 직권으로 변호인을 선정하도록 하는 국선변호인제를 운용하고 있는 것과 비교해 보면(형사소송법 제33조), 이러한 국선변호인제도를 무자력하거나 빈곤하거나 기타 사회적으로 취약한 입장에 처해 있는 범죄피해자에게도 적용하지 못할 이유는 없다고 본다. (김성돈, 상게논문, p. 141. 참조).

한편, 생명권이 침해당한 경우 국가가 과연 한 시민의 생명권이 침해되지 않도록 의무를 다했는가가 문제될 수 있을 것이다. 즉, 국가가 생명에 대한 위협을 방치한 위법이 있었는가 하는 문제로 다루어 질 수 있다는 뜻이다. 2005년 12월 제정 공포된 범죄피해자보호법에서는 피해자의 범위를 범죄로 인한 직접적 피해자에 한하지 않고, 그 범죄피해로 말미암아 법률상 불이익을 받게 되는 부모, 형제 등도 범죄피해자로 보기 때문에 국가기관의 부작위로 말미암아 가족의 생명권이 침해당한 유족들은 국가를 상대로 손해배상을 청구할 수 있는 자로서 청구인 적격이 인정된다고 볼 것이다.[368] 아래의 표는 형법범죄에 의해 생명권이 침해당한 예를 보여주고 있다.[369]

**(표 9) 형법범에 의한 사망자 부상자 현황**  (단위 : 명)

|  | 2001년도 | 2002년도 | 2003년도 |
|---|---|---|---|
| 사 망 자 | 1,191 | 1,281 | 1,337 |
| 부 상 자 | 221,895 | 190,170 | 154,383 |

이 문제와 직접적으로 관련되는 것이 생명의 위협을 받고 있던 피해자에게 국가가 정당한 신변안전조치를 취했느냐 하는 문제이다. 국가는 헌법 제10조에 의거 개인이 가지는 불가침의 기본적 인권을 확인하고 이를 보장할 의무를 지기 때문에 생명에 대한 위협이 현실화 되었을 경우, 이에 대해 개입하지 않으면 안 되며 개인의 생명보호를 위하여 적절한 조치를 취하여야만 하는 것이다. 이러한 내용은 경찰관직무집행법 제5조(위험발생의 방지조치), 특정강력범죄처벌에 관한특례법 제7조(증인에 대한 신변안전조치), 특정범죄신고자등보호법 제13조(신변안전조치)와 동 시행령 제7조 등 관련 법령에서도 잘 나타나 있다.

위 시행령에서 규정하고 있는 신변안전조치의 내용으로는 증인이나 범죄 신고자 등이 피고인 기타 사람으로부터 생명·신체에 해를 받거나 받을 염려가 있다고 인정

---

368) 헌법재판소도 같은 취지이다 (2002. 10. 31. 2002 헌마 453).
369) 경찰청, 경찰백서, 2004. p. 113.

되는 때에 혹은 보복을 당할 우려가 있는 경우에 일정기간동안 특정시설 내에서 보호해 주도록 하거나 신변경호를 해주도록 하거나 참고인·증인으로 출석 혹은 귀가 시 동행해 주도록 하거나 대상자의 주거지에 대한 주기적 순찰 등의 행위를 국가에 요구하는 것을 의미하고 있다.

경찰권 행사의 편의주의 원칙상 경찰기관이 현존하는 위험에 대하여 개입하지 않더라도 반드시 위법한 것은 아니나 생명을 위협하는 것과 같은 목전의 급박한 예외적인 상황에서는 오직 하나의 결정만이 의무에 합당한 재량권행사로 인정된다고 보고 있다. 이를 재량권의 0으로의 수축이론으로 설명하고 있는 바, 범죄피해자가 신변의 위협을 느낌으로 신변안전조치를 요구한 경우에는 경찰이 개입하지 않으면 안 되는 기속행위로서의 성질을 띠게 된다.370) 따라서 이러한 위험한 상황 하에서도 경찰의 개입이 없을 경우 당사자는 부작위위법확인소송을 제기할 수 있고 이로 인하여 손해가 발생한 경우에는 손해배상소송을 제기할 수 있을 것이며 해당 법집행 공무원에 대해서는 직무유기를 이유로 형사고소를 할 수도 있을 것이다. 개인의 신변보호요청에 대하여 이를 게을리 한 국가에 대하여 배상책임을 인정한 판례들이 존재한다.371)

시민들의 신변안전요청이 많아질 경우 경찰이 한정된 자원을 가지고 기본적 임무를 수행하면서 어떻게 이러한 시민의 요구에 일일이 대응할 것인가 하는 것은 쉬운 문제가 아니다. 한정된 경찰자원을 유효적절하게 배분할 수 있기 위해서는 경찰이 자원배분의 우선순위를 판단할 수 있는 능력이 필요함을 의미하며 이와 함께 위기관리능력 및 위기개입을 위한 위험성 판단(risk assessment) 능력도 배양되어야 함을 시사하고 있는 것이다.

## 나. 신체의 자유 침해와 범죄피해자

신체의 자유란 자기가 원하는 바대로 일정지역에서 활동할 수 있는 자유를 말한다. 자기가 원하는 곳을 방문하는 것이 거부되거나 일정한 장소에 강제로 억류된 경우에는 당연히 신체의 자유가 침해되는 것이다. 즉 신체의 자유란 적법절차에 의하지 아니

---

370) 김남진, 경찰행정법, 경세원, 2004. 144-145면.; 홍정선, 행정법원론(하), 박영사, 1995. p. 1429.
371) 대법원 1998. 5. 26. 선고 98다 11635 판결

하고는 신체의 자유의 제한과 박탈이 금지되는 것을 말하는 것이다.

우리 헌법상 신체의 자유에 관한 기본권 규정은 대개 형사피의자와 형사피고인에게 특별히 중요한 의미를 가져 왔다고 볼 수 있다. 그러나 이 규정이 범죄피해자와 전혀 무관한 것만은 아니다. 경찰관직무집행법상의 불심검문 및 임의동행에 관한 규정들은 범죄피해자에 대한 신체의 자유제한 가능성이 있는 것들로서 주의를 요하는 것들이기 때문이다.

수사관이 행하는 임의동행(任意同行)은 직접적으로는 경찰관직무집행법 제3조에, 간접적으로는 형사소송법 제199에 그 근거를 두고 있다.372) 종래 경찰관의 임의동행과 관련하여 주로 문제가 되어 온 것은 피의자·피내사자·용의자 등에 대해서 임의동행이라는 이름의 사실상의 강제수사를 행해온 관행에 관한 것이었다. 불구속 피의자에 대한 조사목적이나 구속영장 발부를 위한 신병확보 목적으로 임의동행을 남용해온 사례들이 종종 있었던 것이다. 이러한 이유로 임의동행을 전형적인 임의수사라고 보는 입장,373) 임의성을 인정할 수 있는 객관적 상황에서만 임의수사라고 보는 입장,374) 강제수사로 해석하는 입장 등으로 견해가 나누이고 있다.375)

이렇듯 수사관, 특히 경찰수사관의 임의동행이 주로 피의자·피내사자·용의자와 관련해서 문제가 제기되어 왔기에 피해자에 대한 임의동행에 대해서는 별다른 문제의식을 갖지 못하였다. 경찰관직무집행법 제3조에는, '경찰관은 이미 행하여진 범죄에 대하여 그 사실을 안다고 인정되는 자를 정지시켜 질문할 수 있고(동법 제1항), 도로상에서 질문을 받는 것이 본인에게 불리하거나 교통에 방해가 된다고 인정되는 때에는 경찰관서로 임의동행을 할 수 있다(동법 제2항)'고 규정하고 있기에 이 부분이 피해자에 대한 임의동행과 관련이 있다고 보인다. 이미 행하여진 범죄에 대하여 그 사실을

---

372) 경찰관직무집행법 제3조 제1항에는 '경찰관은 수상한 거동 기타 주위의 사정을 합리적으로 판단하여 어떠한 죄를 범하였거나 범하려 하고 있다고 의심할 만한 상당한 이유가 있는 자 또는 이미 행하여진 범죄나 행하여지려고 하는 범죄행위에 관하여 그 사실을 안다고 인정되는 자를 정시키켜 질문할 수 있다'고 하고 있다. 또한 형사소송법 제199조 제1항 본문의 '수사에 관하여는 그 목적을 달성하기 위하여 필요한 조사를 할 수 있다'라는 규정도 수사상 임의동행의 근거로 볼 수 있을 것이다.

373) 백형구, 형사소송법강의, 박영사, 1996. p. 414.

374) 이재상, 형사소송법, 박영사, 1999. p. 204.

375) 신동운, 형사소송법, 박영사, 1993. p. 128.

안다고 인정되는 자 중에는 용의자로 보이는 자도 해당할 수 있겠으나 목격자나 그 사건의 범죄피해자도 해당할 수가 있는 것이다.

따라서 이러한 범죄피해자에 대한 불심검문과 임의동행에 있어서 피해자의 신체의 자유권을 침해하지 않기 위해서는 경찰관직무집행법에 규정하고 있는 적법절차를 충실히 준수하여야만 한다. 예컨대 동법 제3조 제4항의 증표제시, 동행의 이유와 동행장소에 대한 설명, 동법 동조 제5항의 가족 등에게의 통지 및 연락기회 부여, 변호인 조력을 받을 권리의 고지, 6시간을 초과한 대기의 금지 등과 같은 절차 등을 지켜야만 피해자의 인권침해를 사전에 예방할 수 있는 것이다.

그런데 이러한 범죄수사과정에서 수사기관에 대하여 전혀 협조를 하지 않는 피해자인 참고인에 대하여는 형사소송법상 증거보전을 위한 증인신문방법(형사소송법 제184조, 제221조의 2) 외에는 별다른 수단이 없는 실정이어서 문제로 되고 있다. 피해자가 수사관서에 출석하여 진술하게 될 경우 자기의 범행도 드러날 수 있는 경우이거나 다수의 피해자 중 일부 피해자가 전체의 범행을 은폐할 의도로 출석을 기피하면서 조사를 받지 않으려 하는 경우가 있을 수 있는 바, 이러한 경우에는 법원의 엄격한 통제를 전제로 일정한 범위에서 강제력을 행사할 수 있는 방안의 검토 필요성이 제기되었었다.376) 이와 관련하여 법무부에서 참고인 강제구인제를 도입하자는 형사소송법 개정안을 제기하였는데, 대법원에서는 법정공방이 극도로 위축될 우려가 있다는 점과 핵심참고인을 조사하지 못해 미제에 빠진 참고인중지사건이 비중이 미미하다는 점을 들어 반대의견을 분명히 한 바 있었다.377)

이러한 문제는 피해자의 헌법상 기본권으로서의 신체의 자유권에 대한 한계 문제로 검토될 수 있을 것이다. 즉 헌법 제37조 제2항에서 규정한 바와 같이 피해자의 신체의 자유권이 국가의 질서유지 또는 공공복리의 증진을 위해 과연 어느 정도 제한 받을 수 있는가의 문제로 귀착될 수 있을 것인 바, 기본권의 본질적 내용을 침해하지

---

376) 독일에서는 수사기관의 출석요구에 불응하는 참고인(피해자)을 질서벌로 처벌하거나 구금하여 협력을 강제할 수 있도록 하고 있으며, 프랑스에서는 수사단계에서 범행현장에 있는 사람들의 이탈을 금하고, 일정시간 보호유치를 할 수 있으며, 사후 수사과정에서 출석을 강제할 수 있는 권한을 법률에 규정하고 있다 (사법연수원, 수사절차론, 2001. p. 148).

377) 법률신문, "검찰 구속기간 최장 6월로 연장", 2002년 12월 23일자 5면 기사.

않는 범위 내에서 침해되는 개인의 인권과 수호하고자 하는 공익을 서로 비교하여 보아 입법여부를 결정하여야 할 문제이나 피해자 대책이 충분치 못한 상황 하에서 수사목적달성만을 의식한 나머지 피해자에 대한 이러한 강제구인제가 실시된다면 피해자에 대한 인권침해의 가능성은 매우 높아진다고 볼 것이어서 바람직한 것이 못된다. 다만 피해자 이외의 참고인은 적극적으로 사법방해를 도모하는 경우도 있기 때문에 적정한 통제장치를 두는 것을 전제로 독일, 프랑스와 같은 수준의 참고인 구인정책을 전향적으로 검토할 수 있다고 생각한다.

## 3. 사생활에 관한 자유권과 범죄피해자 인권

### 가. 거주·이전의 자유 침해와 범죄피해자

거주·이전의 자유란 국민이 자기가 원하는 곳에 주소나 거소를 설정하고 또 그것을 이전할 자유 및 일단 정한 주소·거소를 그의 의사에 반하여 옮기지 아니할 자유를 말한다. 이러한 거주·이전의 자유는 자본주의경제체제하에서 재산권보장이나 직업선택의 자유와도 긴밀한 연관성을 갖지만 인간 활동의 범위를 확대시켜 줌으로서 인간 사이의 교통을 촉진할 뿐만 아니라 개인의 인격의 형성과 성장에도 영향을 미침으로써 인간의 존엄성을 구현하는 기본권으로서의 측면도 가지고 있다. 이러한 거주·이전의 자유는 국가에 대한 자유로서 대국가적 효력을 가짐과 동시에 개인 간에 있어서도 대사인적 효력을 가진다고 하겠다. 여기서는 후자가 문제된다.

범죄피해자 보호와 관련하여 이 거주·이전의 자유에 대해 특별히 고찰할 필요가 있는 것은 가정폭력사건의 피해자에 대한 경우이다. 가정폭력 피해자는 거주·이전의 자유가 사인에 의해서 방해받게 되는 전형적인 예에 속한다고 할 것이다. 가정 내에서 배우자의 우월적인 영향력이나 폭력으로 인해 피해자가 범죄피해를 입고 있다하더라도 심리적·사회적·경제적으로 배우자에 의해서 통제되고 있거나 사실상 그 영향력에 의해 지배당하고 있을 경우 그 영향력으로부터 벗어나기를 희망하여도 피해자의 자율성이 극도로 위축되어 있는 심리적 상황 하에서는 피해자의 주소나 거소를 이전하기라는 것은 쉽지 않은 것이다. 대부분의 가정폭력 피해자들은 심리적 충격과 혼란으로 인하여 이러한 거주·이전의 자유권을 행사하는데 상당한 곤란을 겪고 있는 것이다.

이에 대하여 가해자의 폭행행위가 범죄를 구성할 경우에는 가해자에게 형사처벌을 가할 수 있고, 가정보호사건으로 처리하는 것이 상당하다고 판단되면 가정폭력범죄의 처벌 등에 관한특례법 제40조에 의거 각종 보호처분 등을 내릴 수 있겠으나 이러한 조치만으로 가해자로부터의 보복위협이나 폭행의 재발위험을 근원적으로 차단할 수는 없다. 이에 피해자가 주소나 거소를 이전함으로써 새로운 생활을 설계하도록 도와줄 필요가 있다고 본다. 미국 미시간(Michigan) 주의 경우에는 경찰서 내에 가정폭력 피해자 지원을 위하여 민간봉사요원으로 구성된 C.A.R.E 팀을 두고 가해자가 체포된 이후부터 개입하여 피해자에 대한 '신변안전설계서(personalized safety plan)'를 작성하면서 이 과정에서 피해자의 거소의 변동을 위한 이사계획을 구체적으로 수립해주는 등 적극적인 도움을 제공하고 있다.378) 사인의 다른 사인에 대한 거주·이전의 자유 침해 행위에 대하여 국가가 개입하여 피해자의 권익을 보호해주는 좋은 사례라고 볼 것이다. 우리나라 특별법에서는 가정폭력 피해자에 대한 지원서비스 제공에 대한 근거규정을 두고는 있지만379) 피해자 보호를 위한 거주이전의 문제에 대해서는 구체화된 지침이나 정책을 갖고 있지는 못하다.

## 나. 주거의 자유 침해와 범죄피해자

주거의 자유는 개인의 사생활을 국가의 공권력으로부터 보호하며 개인의 공간적인 사생활의 프라이버시를 보호하기 위한 것이다. 원칙적으로 국가에 대해서만 효력을 갖는 소극적 방어권으로서의 자유권이라고 하겠으나 이 역시 사인 간에도 적용된다고 볼 수 있다. 주거란 사생활의 중심이 되는 장소이다. 따라서 주거의 안전이 보장되지 않고는 사생활의 안전은 기대될 수가 없다. 주거의 자유가 침해된다는 의미는 거주자의 의사에 반하여 주거에 들어가거나 수색을 하는 경우를 그 예로 들 수 있다. 국가

---

378) 김재민, "미국 미시간 주 경찰의 가정폭력사건수사와 피해자보호", 단기 해외연수 연구결과보고서, 2004. p. 35.
379) 가정폭력방지 및 피해자 보호에 관한법률 제4조 (국가의 책무) 제3호, 제5호 참조

로부터 주거의 자유가 침해되는 예로서는 영장 없이 함부로 사인의 주거에 침입해 들어와 주거지를 수색하는 행위를 함으로써 주거의 평온을 해하는 경우를 들 수 있을 것이며, 사인에 의해서 주거의 자유가 침해되는 예로서는 가정폭력의 가해자인 남편이 법원으로부터 접근금지 명령을 받았음에도[380] 이에 위반하여 배우자가 거주하는 주거지에 침입하는 경우를 한 예로 들 수 있을 것이다.

이처럼 범죄피해자가 향유하여야 하는 주거의 자유권 역시 가정폭력사건 처리과정에서 문제될 소지가 많다. 가정폭력 당사자 이외의 제3자가 가정폭력에 관한 신고를 하여 올 경우 경찰은 사건현장에 도착하여 수사 활동을 전개하면서 그 폭력현장에 개입할 수 있게 된다. 전통적으로 경찰은 개인의 사생활에 대해서는 원칙적으로 경찰권이 발동될 수 없다는 사생활불가침의 원칙과 일반사회와 직접적 접촉이 없는 개인의 거주 장소에 대해서는 경찰권이 개입할 수 없다는 사주소 불가침의 원칙을 경찰권발동의 한계로 삼아왔다.[381]

그러나 오늘날 가정폭력 행위는 더 이상 국가가 개입해서는 안 되는 사생활 영역이라고 볼 수 없게 되었다. 가정폭력행위는 인간의 존엄성을 해치고 개인의 생명·신체에 위협을 가하는 일종의 범죄행위라고 간주되기 때문에 이제는 국가가 개인의 생명과 신체에 대한 위해행위를 배제하기 위하여 개입이 필요한 영역으로 평가받게 된 것이다.[382] 따라서 국가가 가정폭력 현장에 개입하고자 개인의 주거에 동의없이 들어가는 것은 범죄행위에 대한 수사착수의 의미를 지닌 것으로서 비록 피해자의 명시적 동의를 못 얻었다할지라도 형법상 정당행위에 해당되어 위법한 행위가 되지 않는다고 보아야 할 것이다. 뿐만 아니라 장차 발생할지도 모를 더 큰 위험을 예방하기 위해 현존하고 있는 위험요인을 실력으로 제거하기 위한 경찰상 즉시강제로서의 성질도 가지고 있다고 볼 것이다.[383]

---

380) 가정폭력범죄의처벌에관한특례법 제29조 (임시조치)
381) 이를 경찰공공의 원칙이라 한다 (김남진, 경찰행정법, 경세원, 2004. p. 135).
382) 미국에서도 70년대 초까지만 해도 가정폭력을 단순히 한 가정의 사적인 문제로 취급한 나머지 경찰의 개입을 꺼리는 경향이 강하였다. 그러나 가족 구성원의 생명과 신체에 대한 위협이 심각해지면서 가정폭력을 전형적인 범죄행위로 평가하게 되었으며 현재 많은 주들이 체포선호정책(pro-arrest policy) 내지는 체포 강행정책(mandatory arrest policy)을 채택하기에 이르렀다(Eve S. Buzawa & Carl G. Buzawa, *Domestic Violence*, 2nd edition, p. 153).
383) 경찰관직무집행법 제7조 (위험방지를 위한 출입)

따라서 가정에서 가족구성원 간에 폭력행위가 발생했다고 판단되는 때에는 수사활동 차원에서 형사소송법 제216에 근거한 주거수색이 이뤄질 수 있을 것이며 이는 법령에 의한 행위로서 위법성이 조각되는 경우라고 할 것이다. 설사 범죄가 행해지지 않았다 하더라도 특정 상황이 개인의 생명, 신체에 대한 위험성이 있다고 여겨질 경우에도 경찰관직무집행법 제5조와 제7조를 근거로 사인의 주거에 출입할 수 있다고 여겨지는 바, 이들 모두가 기본권 제한에 대한 규정인 헌법 제37조 제2항을 근거로 법률에 따라 특별히 주거의 자유에 대한 최소한의 침해가 허용되는 경우라 할 것이다.

한편, 가정폭력에 있어서 주거의 자유권이 피해자 중심으로 논의될 필요도 있다. 경우에 따라 피해자를 타 시설이나 주거지로 이전시키는 것 보다 가해자를 주거에서 퇴거시켜 피해자를 비롯한 가족구성원을 보호할 필요성도 있기 때문이다. 현실적으로 가정폭력이 발생한 경우 대개 피해자가 이주하여 가해자로부터 벗어나는 형태를 취하고 있지만 자녀의 학습과 양육과 관련하여 피해자에게 주거에 대한 '우선적 사용권'을 보장해주는 방안도 검토되어야 할 것이다.384)

## 다. 사생활의 비밀과 자유에 대한 침해와 범죄피해자

헌법 제17조는 "모든 국민은 사생활의 비밀과 자유를 침해받지 아니한다."라고 규정하고 있다. 현대의 정보화 사회에 있어서는 개인의 사생활이 공개되는 경향이 많아지고 있어 사생활의 비밀보장이 요구되고 있다. 인간은 자기만의 사고와 활동의 생활영역을 확보하고자 하는 욕망이 있음과 동시에 인간으로서의 존엄성을 유지하고자 하는 기본적인 욕구가 있다. 이를 위해서는 자신의 사생활이 남에게 함부로 공개되거나 남에 의해서 함부로 침해되어져서는 안 되는 것이다. 사생활의 비밀과 자유에 관한 권리는 이러한 소극적인 자유권적 성질만을 가지고 있는 것이 아니며 자기와 관련된 정보의 전파를 제어할 수 있는 권리까지를 포함하는 개념으로 보아야 한다.385)

범죄피해자 보호를 위한 우리나라의 여러 특별법에서는 피해자 사생활의 비밀을

---

384) 김은경, "피해자 관점에서 본 가정폭력특례법의 실효성과 한계", 피해자학연구 제10권 제1호, 한국피해자학회, pp. 97-98.
385) 김철수, 헌법학개론, 박영사, 2004. p. 599.

보장해주기 위한 규정들을 두고 있다. 성폭력범죄의처벌및피해자보호등에관한법률 제 21조에서는 성폭력범죄의 수사 또는 재판을 담당하거나 이에 관여하는 공무원은 피해자를 특정하여 파악할 수 있게 하는 인적사항과 사진 등을 공개하거나 타인에게 누설하지 못하도록 의무지우고 있으며, 특정범죄신고자등보호법 제8조에서는 범죄 신고자 등임을 미루어 알 수 있는 사실을 다른 사람에게 알려주거나 공개 또는 보도해서는 안 된다고 규정하고 있고, 가정폭력방지 및 피해자보호등에 관한법률 제16조, 가정폭력범죄의 처벌 등에 관한특례법 제18조에서의 비밀엄수 등의 의무 규정을 통하여 피해자등에 관한 신상의 내용과 관련하여 직무상 알게 된 비밀을 누설해서는 안 된다고 하고 있다.

그런데 이러한 권리는 대부분 소극적인 자유권으로서의 프라이버시권을 의미하고 있는 것으로, 적극적인 자기정보 통제권의 성격을 가진 규정은 찾아보기가 힘들다. 예를 들면 가정폭력상담소는 가정폭력을 신고 받고 피해자를 상담하게 되는데 이 과정에서 상담원은 여러 형태의 피해자 관련정보를 입수하게 된다. 그런데 효과적인 피해자보호를 위해서는 수사기관과 피해자 지원단체간에 피해자에 관한 신상정보를 공유할 필요성이 있게 된다. 하지만 이 경우 피해자의 동의 없이 피해자의 신상정보를 수사관을 비롯한 타 기관에게 제공하는 행위를 하게 되면 피해자의 사적 비밀에 관한 자유권을 침해할 소지가 있으며 이는 현행법에 저촉되는 것이기도 하다(가정폭력범죄의 처벌 등에 관한특례법 제18조 제1항, 동법 제64조). 보다 총체적인 측면에서 피해자보호를 하기 위해서라면 피해자 관련 신상정보나 피해와 관련된 사실정보를 유관기관 간에 공유가 가능하도록 할 필요가 있다. 하지만 이 제도를 시행하기 위해서는 그 전제조건으로서 피해자의 동의를 구하도록 하여 피해자로 하여금 자기정보에 대하여 통제권을 부여할 수 있도록 해야 할 것이다.


## 4. 경제생활에 관한 자유권과 범죄피해자 인권

헌법 제23조 제1항은 "모든 국민의 재산권은 보장된다. 그 내용과 한계는 법률로 정한다."라고 규정함으로써 재산권은 사유재산제도를 뒷받침하는 자유권적 기본권으로서의 성질을 가짐과 동시에 그 내용과 한계를 법률로써 정한다고 함으로써 재산권의 행사가 공공복리에 적합하게 행사되어야 함과 동시에 구체적 재산권 행사에 있어서는 입법권에 의해서 제한될 수 있음을 밝히고 있다.386)

범죄피해자 재산권 보호와 관련된 주요 문제로서 범죄피해자 소유의 압수물에 관한 것을 들 수 있다. 증거로 사용할 목적으로 피해자 소유의 물건을 압수하는 행위는 피해자의 재산권 행사에 대한 제약을 가하는 행위이다. 이는 헌법 제23조 제1항과 헌법 제37조 제2항 및 형사소송법 제133조 내지 134조에 근거하여 국민의 기본권인 재산권 행사를 국가 질서유지를 위한 사법권 행사를 위하여 법률로서 제약한 경우에 해당한다고 볼 것이다.

이렇게 법률로서 피해자인 국민의 재산권을 제약한다하더라도 압수행위와 같은 수사기관의 처분에 있어서도 비례의 원칙이 적용되어져야 할 것이다. 즉 수사기관의 압수처분이 수사목적을 달성하는데 적합하여야 하며(적합성의 원칙), 압수의 필요성이 있어야 하고(필요성의 원칙), 압수처분을 하더라도 압수처분으로 인한 공익상의 이익이 피해자의 재산권에 대한 침해로 인한 불이익보다는 커야 한다는 것이다(상당성의 원칙, 협의의 비례원칙).

이 때문에 압수를 계속할 필요가 없다고 인정되는 압수물은 피고사건 종결전이라도 피해자에게 환부되어져야 하고(형사소송법 제133조 제1항), 증거에만 제공되어질 압수물로서 피해자가 계속 사용하여야 할 물건의 경우에는 소유자인 피해자의 청구에 의하여 가환부 되어져서(형사소송법 제133조 제2항) 그 압수물에 대한 재산권 행사가 이루어지도록 해야 할 것이다. 물론 가환부의 경우에는 압수의 효력이 지속되기 때문에 이를 임의로 처분하지 못하는 제약이 따를 것이다.387) 아울러 압수한 장물 중에 피해자에게 환부할 이유가 명백한 것이 있는 때에는 피고사건 종결전이라도 피해자에게 환부를 하도록 함으로써(형사소송법 제134조) 피해자에 대한 재산권 보장을 충실히 하도록 하여야 할 것이다.

미국 법무성에서도 범죄피해자 보호를 위한 법집행공무원의 행동지침을 마련해 놓고 있는데 그 중에 하나로서 신속한 재물반환 책임이 명시되고 있다. 즉, 법집행공무

---

386) 박일경, 제6공화국신헌법, 법경출판사, pp. 299면~300.; 김철수, 전게서, p. 620.
387) 이재상, 형사소송법, 박영사, 1999년, pp. 282-284.

원이 소지하게 된 피해자 물품은 그 물품의 입수경위를 구두나 문서로 밝힌 가운데 신속히 피해자에게 반환하여야 하며, 피해자의 물품은 무료로 보관해주어야 하고, 망실되거나 훼손된 피해자 물품은 실비로 보상을 해주어야 한다는 등의 지침이 그것이다.[388]

## 5. 생존권적 기본권과 범죄피해자의 인권

생존권적 기본권은 국민의 생존 및 생활에 필요한 제반조건의 확보를 요구하는 권리로서 그 실현이 적극적인 국가의 정책에 달려 있다는 점에서 자유권적 기본권과 현저한 차이가 있다. 자유권적 기본권이 국가권력으로부터의 침해를 배제하는 소극적인 권리인데 비하여 생존권적 기본권은 개인의 생활에 필요한 모든 조건들을 확보하기 위하여 국가에 대하여 개입을 요청하는 적극적인 권리라는 면에서 구별된다. 이러한 생존권적 기본권은 범죄피해로 말미암아 생활여건이 취약해진 범죄피해자에게는 매우 중요한 의미가 있는 기본권이라고 볼 것이다.

### 가. 인간다운 생활을 할 권리와 범죄피해자

인간다운 생활을 할 권리란 생존권적 기본권 중 가장 핵심적인 권리로서 건강하고 문화적인 최저한도의 생활을 권리를 말한다. 이것은 국민의 문화적인 최저한도의 생활을 보장할 의무를 국가가 지는 것을 말하며 국가는 이러한 목적을 위하여 필요한 조치를 취할 책임을 진다는 의미를 가지고 있다. 문화적인 최소한도의 생활의 구체적 수준은 그 사회의 전통 및 경제적인 수준과 개개인의 교육수준에 따라 서로 상이하기 때문에 일률적으로 규정하기는 어려울 것이나 다만 '문화적인 최소한도의 생활'에는 적어도 물질적인 생활의 충족 이상의 '상당한 생활조건(adequate standard)'이어야 할 것이다.

인간다운 생활을 할 권리의 구체적인 내용으로는 사회보장을 받을 권리와 사회복지 서비스를 받을 권리로 크게 나누어 볼 수 있겠다. 세계 인권선언 제25조에서는 '모

---

388) Laura J. Moriarty, *Policing and Victims*, Prentice Hall, 2002. p. 20.

든 사람이 자신이 통제할 수 없는 상황에서의 다른 생계결핍의 경우 사회보장을 누릴 권리를 가진다.'고 하고 있다. 자신의 의사와는 전혀 상관없이 범죄자로부터 공격을 당하여 생계유지가 곤란할 정도의 상태에 이르렀다면 국가가 이들의 생계유지를 위한 각종 지원을 하여야 한다는 것이 세계적인 인권정신인 것이다. 범죄행위로 인하여 인간다운 생활을 할 권리가 심각한 침해를 받았다면 우리 헌법 제10조에 따라 국가가 이 불가침의 기본적 인권을 확인하고 보장할 의무를 지고 있기에 사전에 법률로 범죄피해자의 생존권을 확보하기 위한 각종 지원책을 수립해 놓아야 할 것이다. 우리 헌법 제30조의 범죄피해자구조에 관한 규정은 바로 이와 같은 취지에서 도입된 것이다.

범죄피해자구조금은 현재 최고 상한지급액이 1000만원 정도에 불과하고 구조금 지급실적도 매우 저조한 까닭에 범죄피해자에 대한 실질적 보호책으로 미흡하다고 할 것이다.389) 따라서 범죄피해로 인하여 생활이 곤궁해진 피해자를 실질적으로 도울 수 있는 각종 시책을 보다 확대하고 강화시킬 필요가 있다고 할 것이다.

이러한 피해자의 생존권 보장에 도움을 주는 법률로서는 사회보장기본법과 국민기초생활보장법, 그리고 2005년 법률 제7739호로 제정·공포된 '위기상황에 처한 자에 대한 긴급복지지원법(이하 '위기상황지원법'이라 한다)'을 들 수 있다. 이 외에 간접적으로 의료급여 법, 사회복지 사업법, 가정폭력방지 및 피해자보호등에 관한법률, 성폭력범죄의 처벌및피해자보호등에관한법률 등과 같은 특별법 규정들도 범죄피해자의 생존권 보호에 도움을 주는 법률들이라고 말할 수 있겠다.

사회보장기본법(법률 제7378호) 제9조에서는 모든 국민이 관계법령이 정하는 바에 의하여 사회보장의 급여를 받을 권리 곧 '사회보장수급권'을 가지고 있음을 천명하고 있고390) 국민기초생활보장법(법률 제7181호)에서는 생활이 어려운 자에게 최저생활을

---

389) 2003년의 범죄피해자구조금 지급실적은 57명에 5억 1천만 원 정도로써 1인당 평균 1천만원에도 미치지 못하였다.

390) 현행 사회보장법기본법에서는 사회보장의 개념은 '질병·장애·노령·실업·사망 등의 사회적 위험으로부터 모든 국민을 보호하고 빈곤을 해소하며 국민생활의 질을 향상시키기 위하여 제공되는 사회보험·공공부조·사회복지서비스 및 관련 복지제도'라고 정의하고 있다(동법 제3조 제1호). 헌법재판소는 이러한 사회보장수급권이 헌법 제34조 제1항 및 제2항 등으로부터 개인에게 직접 주어지는 헌법적 차원의 권리라고는 볼 수 없고 입법자가 입법재량권을 행사하여 제정하는 사회보장입법에 그 수급요건, 수급자의 범위, 수급액 등 구체적인 사항이 규정될 때 비로소 형성되는 법률적 차원의 권리에 불과하다고 하였다(헌재 2003. 5. 15. 선고, 2002 헌마90, 헌재판

보장하고 자활을 조성하기 위해 필요한 급여를 행하도록 하고 있다. 위기상황지원법은 국민에게 갑작스런 위기상황이 발생한 경우 누구든지 손쉽게 도움을 청하고 필요한 지원을 받을 수 있도록 하기 위하여 마련된 제도로서 이 대상자에 범죄피해자가 포함됨은 물론이다.[391]

범죄피해를 통하여 생활이 곤궁하게 된 피해자는 이 사회보장기본법과 국민기초생활보장법, 위기상황지원법에 의거하여 기초생활을 보장받기 위한 수급권을 갖게 된다고 보아야 한다. 이러한 수급권의 내용으로 국민기초생활보장법 제7조에 의한 생계급여·주거급여·의료급여·교육급여·해산급여·장제급여·자활급여 등을 들 수 있고, 위기상황지원법 제9조상의 생계지원·의료지원·주거지원·사회복지시설 이용지원·그 밖의 현물지원·민간기관이나 단체에의 연계지원 등이 있겠는 바, 전자의 경우 시도지사가 사회복지담당공무원으로 하여금 급여의 결정 및 급여의 적정성 확인을 위하여 필요한 조사를 하도록 하고 있고, 후자의 경우 시장·군수·구청장이 긴급지원심의위원회를 구성하고 이 기구의 심사를 거쳐 지원결정을 하도록 하고 있다. 단, 위기상황지원법 제3조에서는 재해구호법·국민기초생활보장법·의료급여 법·사회복지 사업법·가정폭력방지 및 피해자보호등에 관한법률·성폭력범죄의처벌및피해자보호등에관한법률 등 다른 법률에 의한 구호나 지원을 받고 있는 경우 위기상황지원법에 의해 중복 지원을 받지 못하도록 하고 있다.

범죄피해로 인하여 생활무능력자가 될 경우 피해자는 국가로부터 인간다운 생활을 보장받을 권리가 있는 것이므로 위 법률 등에 근거하여 국가에 대해 쾌적하고 문화적인 최저한도의 생활을 보장해 줄 것을 청구할 수 있는 구체적 청구권을 갖게 된다고 보아야 할 것이다.[392]

---

례집 제15권 1집, p. 581 이하, p. 596).

391) 위기상황지원법 제2조의 '위기상황'에 관한 정의에는 범죄피해로 인한 위기상황을 추리할 수 있는 용어들을 발견할 수 있다. 예컨대, 다음과 같은 사유로 대상자가 생계유지 또는 의료비의 감당이나 그 밖의 기초적인 생활이 어렵게 된 때를 위기상황이라고 부르고 있다. 즉, ① 가구구성원이 사망한 때, ② 주 소득원인 자가 소득을 상실하고 가구구성원 중 다른 소득원이 없는 때, ③ 본인 또는 가구구성원이 부상을 당한 때, ④ 부모 등으로부터 방임·유기되거나 학대 등을 당한 때, ⑤ 가정폭력 또는 성폭력을 당한 때, ⑥ 화재 등으로 인하여 거주하는 주택 또는 건물이 소실된 때 등과 같은 것이다. 이 모두가 범죄로 인해 초래될 수 있는 결과들인 것이다.

392) 김철수, 전게서, 박영사, 2004. p. 785.

## 나. 교육을 받을 권리와 범죄피해자

초기의 입헌국가에서는 교육에 대해서 방임주의를 취하였던 까닭에 교육의 기회는 특권계급에만 부여되었었다. 그러나 오늘날은 일정한 교육을 통해서 소득능력을 갖추게 되고 적정한 경제활동을 수행하게 되므로 일정한 수준의 교육을 받는 것이야말로 '인간다운 생활'을 하기 위한 전제조건이 되는 것이다. 우리 헌법 제31조 제1항에서는 "모든 국민은 능력에 따라 균등하게 교육을 받을 권리를 가진다."라고 규정함으로써 교육을 위한 기회균등의 실현을 선언하고 있다.

범죄피해로 말미암아 생활능력을 상실하거나 생활에 큰 장애가 초래될 때에는 피해자 본인은 물론 피해자 자녀에 대하여 교육을 받을 권리가 침해되거나 방해받을 수 있다고 볼 것이다. 자본주의 경제하에서 피해자나 피해자 자녀들이 범죄로 인하여 생활능력을 상실하게 되면 경제적인 문제를 이유로 교육받을 기회를 박탈당할 수 있는 것이다. 이를 위하여 정부는 국민기초생활보장법 제7조에 근거하여 교육급여를 시행한다든지 자동차손해배상보장법 제26조 제2항 및 동시행령 제17조 내지 18조에 근거하여 교통사고 사망자나 중증후유장해인의 유자녀 및 피 부양가족에게 생계곤란 및 학업중단 등의 문제를 해결할 수 있도록 생활자금을 대출해준다든가 장학금을 지급해주는 정책을 펴고 있다. 이러한 것들이 모두 범죄피해자의 생존권적 기본권을 확보하는 차원에서 시행되는 제도라고 볼 것이다.

## 다. 근로의 권리와 범죄피해자

근로의 권리의 의미에 관해서는 취업의 자유를 의미한다고 보는 자유권설과 국민의 균등한 생활을 보장하고 경제적 약자인 근로자의 인간다운 생활보장을 위한 것이라고 보는 생존권설이 대립되고 있다. 우리 헌법재판소는 "근로의 권리는 사회적 기본권으로서 국가에 대하여 직접 일자리를 청구하거나 생계비의 지급청구권을 의미하는 것이 아니라, 고용증진을 위한 사회적·경제적 정책을 요구할 수 있는 권리에 그친다."고 하여 생존권적 기본권 보장을 위한 입법방침으로서의 성질을 갖는 것으로 해석하고 있다.393) 그러나 많은 노동법 학자들의 견해에 따르면, 국가는 국민의 고용의 촉진과 근로자의 근로능력의 개발·향상을 위해 노력하여야 하고, 근로조건이 인간의 존엄성에 적합하도록 최저기준을 법률로 정하여 근로자를 보호해야 하는 등의 의무를 지기 때문에 헌법 제32조의 근로의 권리가 단순한 입법방침으로서의 성질을 갖는 것이 아니라 그 권리를 구체적인 법적권리로 보장해주어야 한다는 의미에서 직접적 효력규정으로서의 성질을 갖는다고 보고 있다.[394]

이러한 의미에서 국가는 범죄피해로 말미암아 생계를 위협받고 있는 자의 자활을 위해 국민기초생활보장법 제15조에 의거, 피해자의 자활에 필요한 기능습득을 지원하고, 취업알선 등 정보를 제공하며, 공공근로 등 근로기회를 제공해주고, 자활후견기관을 두고서 자활을 위한 상담·직업교육·취업알선을 하는 등의 노력을 기울이도록 하고 있다. 근로기준법위반 이외의 범죄행위로 인한 범죄피해자가 근로의 권리 보장이 취약해질 것을 대비한 피해자보호 규정도 존재한다. 성폭력범죄의처벌및피해자보호등에관한법률 제4조에는 성폭력범죄의 피해자를 고용하고 있는 고용주가 성폭력범죄와 관련하여 피해자를 해고하거나 기타 불이익을 주지 못하도록 하고 있는 것이다. 이 규정은 피해자의 근로의 권리와 관련하여 생존권 보장적 성질을 지님과 동시에 행복추구권 및 평등권의 보장적 성질도 아울러 갖는 것으로 해석할 수 있을 것이다.

## 라. 환경권과 범죄피해자

환경권은 인간다운 환경 속에서 생존할 수 있는 권리로서 1960년대 이후 경제발전에 따른 공해에 의해서 인간의 자연환경이 파괴되고 문화적·사회적 생활환경이 악화되면서 문제되기 시작하였다. 이러한 환경권은 헌법 제10조 인간의 존엄과 가치·행복추구권과 동법 제34조 인간다운 생활을 할 권리에서 파생된 기본권으로서 자유권적 기본권과 생존권적 기본권으로서의 성질을 동시에 가진다고 보아야 한다.

오늘날 환경오염이 심화되면서 환경오염물질 등의 불법배출을 막고 환경악화를 차단하기 위하여 대기환경보전법, 수질환경보전법 등 환경보전 관련 법률을 제정하여 환경을 오염시키는 행위를 범죄행위로 처벌하도록 하고 있다.

---

393) 헌재 2002. 11. 28. 선고, 2001 헌바 50, 헌재판례집 제14권 2집 p. 668 이하.
394) 김철수, 헌법학개론, 박영사, 2004. p. 821.

일반 국민이 환경범죄로 인하여 피해를 입는 경우 범죄피해자는 해당 개인이나 기업체에 대해서 형사고발을 하거나 그들을 상대로 손해배상청구소송 및 공해업소의 조업금지소송 등을 제기할 수 있을 것이고, 국가에 대하여는 공공단체나 사인의 환경침해에 대하여 환경파괴나 오염의 원인이 되는 사업 활동에 대한 인허가의 취소소송 및 무효 확인을 구하는 행정소송을 제기할 수 있을 것이다.

## 6. 청구권적 기본권으로서의 범죄피해자의 인권

청구권적 기본권이란 국가에 대하여 특정한 행위를 요구한다든가 국가의 보호를 요청하는 등 일정한 행위를 적극적으로 청구할 수 있는 국민의 주관적 공권을 말한다. 헌법의 청구권적 기본권은 이를 구체화시키는 법률이 없다고 하더라도 소송 등을 통해 직접 그 권리를 요구할 수 있다는 점에서 주로 입법행위에 의하여 권리가 구체화되어지는 생존권적 기본권과 구별된다. 범죄피해자와 관련성이 많은 청구권적 기본권에는 청원(헌법 제26조 제2항), 재판청구권(동법 제27조), 국가에 대한 손해배상청구권(동법 제29조), 범죄피해자구조청구권(동법 제30조), 헌법소원심판청구권(동법 제111조 제1항 5호) 등이 있다.

### 가. 청원권의 행사와 범죄피해자

청원권(right to petition)이란 국민이 국가기관에 대하여 의견이나 희망을 진술할 수 있는 권리이다. 헌법 제26조 제1항은 '모든 국민은 법률이 정하는 바에 의하여 국가기관에 문서로 청원할 권리를 가진다.'라고 함으로서 청원권을 명문화하고 있다. 청원제도는 국가기관에 대한 의견 내지 희망의 개진에 불과하기 때문에 법원에 대한 심리판단의 청구와는 성격이 달라서 국가작용에 의해 그 권리 이익이 반드시 침해될 필요가 없고, 적법·부당여부를 불문하며, 제기기간의 제한 없이 언제든지 할 수 있고, 국가의 재결이나 결정이 필수적인 것이 아니며 국가기관은 그 결과에 기속되지 않는다.

따라서 범죄피해자는 범죄피해의 구제, 공무원의 비위의 시정, 공무원의 징계나 처벌의 요구 기타 공공기관의 권한에 속한 사항에 대하여 국가기관이나 지방자치단체의 기관에 청원할 수 있다. 국가는 이 청원을 심사할 의무를 부담하고 그 처리결과를 통지해 주어야 하지만 그 처리내용이 청원인의 기대에 미치지 못한다 하더라도 헌법소원의 대상이 되는 공권력의 행사 내지 불행사 라고는 볼 수 없다는 것이 헌법재판소 판례의 태도이다.395)

## 나. 재판청구권의 행사와 범죄피해자

재판을 받을 권리는 국가에 대하여 재판을 청구할 수 있는 기본권으로서 이는 행정부의 자의적인 판단을 배제하고 사법권의 독립이 보장된 법원에서 신분이 보장된 자격 있는 법관에 의하여 재판을 받을 권리 및 적법한 절차에 따라 공정한 심판을 받을 권리를 포함하는 개념으로 볼 수 있다. 재판청구권의 주체는 모든 국민이기에 당연히 범죄피해자도 이에 포함된다고 볼 것이다. 재판청구권은 사인의 국가에 대한 공권이므로 당사자의 합의로써 국가에 대한 공권인 재판청구권을 포기할 수 없다. 따라서 가해자와 합의하여 범죄피해자가 재판청구권을 포기하는 것은 있을 수 없는 것이다. 그러나 이러한 가해자와 피해자간의 합의로 항소하지 않기로 한 것은 재판청구권의 포기와는 성격이 다른 것이므로 이에 위반하여 제기한 소는 소의 이익이 없다고 한다.396)

헌법과 법률이 정한 자격 있는 법관에 의해 재판을 받아야 하므로 범죄피해자는 제척 기타의 사유에 의하여 법률상 그 재판에 관여하는 것이 금지되어 있는 법관이 재판에 관여할 경우 항소할 수 있고(형사소송법 제361조의 5), 검사가 자의적으로 고소사건을 불기소처분 할 경우, 이는 공권력의 불행사에 해당한다 할 것이므로 범죄피해자는 작게는 피해자의 법정진술권 침해를 이유로, 크게는 재판청구권의 침해를 이유로 헌법소원을 제기할 수 있다. 헌법재판소도 검사의 자의적인 불기소처분에 대하여 위헌선언을 하고 있다.397) 또 범죄피해자는 형법 제123조 내지 제125조의 죄에 대한

---

395) 헌재 1994. 2. 24 선고, 93 헌마 213·214·215(병합), 헌재판례집 제6권 1집, p. 183.
396) 대판 1968. 11. 5, 68다 1955.
397) 헌재 1990. 12. 26 선고, 90 헌마 45, 헌재판례집 제2권, p. 491.

고소, 고발에 대하여 검사가 불기소처분을 한 경우에는 그 당부에 관한 재정신청을 그 검사소속의 고등검찰청에 대응하는 고등법원에 낼 수 있는데 이러한 고소, 고발인의 재정 신청권은 일종의 재판청구권으로서의 성질을 지닌다고 보겠다.

범죄피해자도 형사피고인과 마찬가지로 공정하고 신속한 재판을 받을 권리를 향유한다고 보아야 한다. 소송촉진 등에 관한 특례법에 의거, 형사절차 진행 중에 피해자에게 물적 피해나 치료비 등을 배상하도록 하는 배상명령제도는 이러한 신속한 재판이념을 구현하고자 하는데 그 취지가 있다고 보아야 한다. 또 피해자가 자신의 권리를 방어하고 주장하기 위하여 법률이 정하는 바에 의하여 당해 사건의 재판절차에서 진술할 권리를 보유하고 있는바(헌법 제27조 제5항, 형사소송법 제294조의 2), 이 또한 피해자에게 보장되어 있는 재판청구권의 행사를 전제로 한 내용이라고 볼 것이다.

## 다. 국가배상청구권의 행사와 범죄피해자

우리 헌법 제29조 제1항에서는 '공무원의 직무상 불법행위로 손해를 받은 국민은 법률이 정하는 바에 의하여 국가 또는 공공단체에 정당한 배상을 청구할 수 있다. 이 경우 공무원 자신의 책임은 면제되지 아니한다.' 라고 규정함으로써 공무원의 불법행위에 대한 국민의 국가배상청구권을 인정하고 있다. 국가배상법 제2조에도 이와 같은 취지의 규정을 두고 있다. 이는 우리 헌법이 보장하고 있는 청구권적 기본권 중의 하나로써 공무원의 직무상 불법행위로 인해 피해를 입은 자면 누구든지 가질 수 있는 권리라고 볼 것이다. 따라서 범죄피해자, 예컨대 수사기관의 불법체포 및 불법감금으로 고통을 겪은 범죄피해자는 그 피해의 회복을 위하여 국가를 상대로 그 피해에 상응하는 액수의 손해배상을 청구할 수 있다고 볼 것이다. 이러한 국가배상의 내용과 절차를 규정하기 위하여 국가배상법이 제정되어 있다.

다만, 국가배상법 제2조 단서에는 '군인·군무원·경찰공무원 또는 향토예비군대원이 전투·훈련 등 직무집행과 관련하여 전사·순직 또는 공상을 입은 경우에 본인 또는 그 유족이 다른 법령의 규정에 의하여 재해보상연금·유족연금·상이연금 등의 보상을 지급받을 수 있을 때에는 이 법 및 민법의 규정에 의한 손해배상을 청구할 수 없다'고 하여 전투나 훈련 중이던 군인이나 경찰관이 동료나 민간인과의 공동불법행위로 사망하거나 공상을 입는다 하더라도 국가배상법에 의한 배상을 받지 못하도록 하고 있다. 하지만 전투나 훈련 이외의 직무집행과 관련하여 입은 불법의 손해에 대해서 2005년 국가배상법 개정에 의해 경찰공무원 등이 비로소 배상을 받을 길이 열린 것은 참으로 다행스런 일이라 하겠다.398)

개정 전 국가배상법 제2조 단서의 규정은, "...다만 군인·군무원·경찰공무원·향토예비군대원이 전투·훈련·기타 직무집행과 관련하거나 국방 또는 치안유지의 목적상 사용하는 시설 및 자동차·선박·항공기 기타 운반기구 안에서 전사·순직 또는 공상을 입은 경우에 본인 또는 그 유족이 다른 법령의 규정에 의하여 재해보상금·유족연금....등의 보상을 받을 수 있는 때에는 이 법 및 민법의 규정에 의한 손해배상을 청구할 수 없다"라고 규정하고 있었다. 다시 말하면, 군인이나 경찰 등은 전투·훈련과정은 물론이고 모든 직무집행 행위 과정에서 입은 손해, 그리고 국방 또는 치안유지의 목적상 사용하는 시설 및 자동차·선박·항공기 기타 운반기구 안에서 전사·순직 또는 공상을 입은 경우에는, 동료나 민간인과의 공동불법행위에 의해 손해를 입었더라도 국가배상법에 의거한 배상청구를 할 수 없었던 것이다.

국가공무원의 직무상의 불법행위로 인하여 생명을 잃은 사람의 유가족은 국가배상법 제3조 제1항의 규정에 따라 ① 생명의 해를 입은 때의 월급액이나 월실수입액 또는 평균 임금에 장래의 취업가능기간을 곱한 액과 ② 대통령령으로 정한 장례비를 청

---

398) 위 국가배상법 개정 법률안은 2004년 11월 이인기 의원 외 18인이 발의하여 2005년 6월 국회 법제사법위원회에서 수정의결 된 후 국회 본회의를 통과하였던 바, 국회 법안심사소위원회 위원장이었던 최재천 의원은 다음과 같이 심사보고를 하고 있다. 즉, "이 법안은 그 동안 배상대상에서 제외되어 불합리한 차별을 받아오던 경찰공무원 등의 보상체계를 부분적으로 개선하고자 하는 것으로서, 국가배상법상의 직무관련 규정을 헌법과 동일하게 개정하는 것이 적절하지 못한 입법방식이 아닌가 하는 논란이 있었지만, 경찰공무원 등이 공무수행 중에 발생한 손해에 대하여 전투·훈련 등 직무집행과 관련한 경우에만 국가나 지방자치단체를 상대로 한 손해배상청구를 제한하고, 그 이외의 경우에는 배상청구를 할 수 있도록 하는 것이 현실적으로 필요하다는 점에 대하여 인정하고, 헌법규정에 최대한 근접되게 개정하기로 하였음. 따라서 "전투·훈련 기타 직무집행과 관련하거나"를 "전투·훈련 등 직무집행과 관련하여"로 변경하고, 헌법규정에 없는 "국방 또는 치안유지의 목적상 사용하는 시설 및 자동차·함선·항공기·기타 운반기구 안에서" 부분을 삭제함으로써 전투·훈련 등 직무집행과 관련된 경우가 아닌 경우에 있어서는 법 해석상 실질적인 배상이 가능하도록 하였음"(국회 법제사법위원회, 국가 배상법 중 개정 법률안 심사보고서, 2005. 6. pp. 5-6).

구할 수 있다.

국가공무원의 직무상의 불법행위로 인하여 신체에 해를 입은 사람은 국가배상법 제3조 제2항의 규정에 따라 ① 필요한 의료를 행하거나 이에 갈음할 요양비와 ② 그 요양으로 인하여 월급액이나 월실수입액 또는 평균임금의 수입에 손실이 있는 때에는 그 요양기간 중 그 손실액의 휴업배상, 그리고 ③ 피해자가 완치된 후 신체의 장해가 있는 때에는 그 장해로 인한 노동력 상실의 정도에 따라 피해를 입은 때의 월급액이나 월실수입액 또는 평균임금에 장래의 취업가능기간을 곱한 액의 장해배상을 청구할 수 있다.

국가공무원의 직무상 불법행위로 인하여 물건이 멸실되거나 훼손된 사람은 동법 동조 제3항의 규정에 따라 ① 피해를 입은 때의 그 물건의 교환가액 또는 그 물건에 대하여 필요한 수리를 하거나 그 수리를 갈음할 정도의 수리비, 그리고 ② 그 수리로 인하여 수입에 손실이 있는 때에는 그 수리기간 중 그 손실액의 휴업배상을 청구할 수 있다.

범죄피해자는 국가배상을 청구함에 있어서 국가 또는 공공단체에 대해서만 배상을 청구할 수 있는가 아니면 공무원 개인에게까지 양쪽에 대하여 선택적으로 청구할 수 있는 것인가에 관하여는 견해가 대립되고 있으나 선택적으로 청구가 가능하다고 보아야 한다.399) 만일 국가가 피해자에게 손해를 배상한 경우에 고의나 중과실이 있는 공무원에게 구상권을 행사할 수 있을 것이다.

## 라. 범죄피해자구조청구권의 행사와 범죄피해자

만일에 범죄피해를 입힌 가해자가 누구인지 알 수 없거나 가해자가 검거되었다고 할지라도 피해를 배상할 자력이 없는 경우에는 금전적 구제를 받을 수 없는 것이 현실이다. 이러한 경우 범죄피해자가 입은 손해에 대하여 국가가 이를 도와주어야 한다는 주장이 있어 왔다. 이에 우리나라는 제6공화국 헌법 제30조에서 '타인의 범죄행위로 인하여 피해를 받은 국민은 법률이 정하는 바에 의하여 국가로부터 구조를 받을

---

399) 대판 1997. 2. 11. 95 다 5110, 공1997 상, 722.

수 있다'라고 규정함으로써 범죄피해자의 피해회복에 도움이 되는 제도를 도입하였다.

이 권리를 향유하는 주체는 생명 또는 신체를 해하는 범죄행위로 인하여 사망한 자의 유족이나 중장해를 당한 자, 그리고 '자기 또는 타인의 형사사건의 수사 또는 재판에 있어서 고소·고발 등 수사단서의 제공, 진술, 증언 또는 자료제출과 관련하여 피해자로 된 때'의 그 피해자 또는 유족이며 이들에게는 구조금을 지급하도록 하고 있다.

피해구조금의 금액은 범죄피해자 또는 유족의 생계유지상황을 참작하여 대통령령으로 정하는데, '유족구조금'과 '장해구조금'으로 구분되며 일시금으로 지불되어진다. 피해자구조금을 지급받으려면 가해자가 불명하거나 무자력하여야 하며 또한 피해자가 생계곤란의 사정이 있어야 한다.[400]

이 구조금지급 신청은 그 주소지·거소지 또는 범죄발생지를 관할하는 지방검찰청의 범죄피해자구조심의회에 하여야 한다. 구조금 신청기간에 대하여 범죄피해자구조법 제12조 제2항은 '당해범죄피해의 발생을 안 날로부터 1년 또는 당해범죄가 발생한 날로부터 5년이 경과하지 아니한 기간 내에' 행하도록 규정하고 있다.[401]

범죄피해자구조법 제6조에서는 ① 피해자와 가해자가 친족관계나 사실혼관계에 있는 경우나 ② 피해자에게 귀책사유가 있는 경우 그리고 ③ 기타 사회통념상 구조금의 전부 또는 일부를 지급하지 아니함이 상당하다고 인정되는 경우에는 대통령령이 정하는 바에 의하여 그 피해구조금의 전부 또는 일부를 지급하지 아니할 수 있도록 하고 있다.

## 마. 헌법소원과 범죄피해자

1987년 헌법 개정을 통하여 우리나라에 헌법소원제도를 두게 되었던 바, 이에 따르면 공권력의 행사 또는 불행사로 인하여 헌법상 보장된 기본권을 침해받은 자는 헌법

---

400) 2005년 12월 제256회 국회 제17차 법제사법위원회에서 수정 의결된 범죄피해자구조법 일부개정 법률안의 내용에는 구조금 지급요건 중 '피해자의 생계유지 곤란'조항을 삭제하고, 구조금을 받을 수 있는 유족의 범위를 확대하며, 구조금 지급신청기간을 범죄피해 발생을 안 날로부터 2년으로 함으로써 그 신청 유효기간을 연장하는 등 범죄피해자 보호를 강화하는 내용을 담고 있다.
401) 2005년 12월 제256회 국회 제17차 법제사법위원회에서 수정 의결된 범죄피해자구조법 일부개정 법률안은 구조금의 지급신청기간을 범죄피해의 발생을 안 날부터 1년에서 2년으로 연장하는 내용을 담고 있다.

재판소에 헌법소원심판을 청구 할 수 있도록 하고 있다(헌법재판소법 제68조 제1항, 헌법 제111조 제1항 제5호). 검사의 불기소처분에 대해서 헌법소원을 제기할 수 있는가에 대해서 긍정설과 부정설의 견해 대립이 있지만 우리나라 헌법재판소 판례에 의하면 피해자가 행한 고소에 대하여 검사가 내린 불기소처분은 헌법상 보장된 피해자의 법정진술권(헌법 제27조 제5항)과 평등권(제11조)을 침해할 수 있다고 봄으로써 헌법소원을 제기할 수 있다고 보고 있다.402) 헌법소원을 제기하려면 우선 다른 법률에 있는 구제절차를 거치지 않으면 안 되므로 검찰항고와 재정신청을 거친 다음 헌법소원을 제기하게 된다. 실제로 헌법재판소에 행하는 헌법소원심판 업무의 상당부분이 검사의 불기소처분에 관한 것이라고 하나 그 인용률은 낮다.403)

검사의 불기소처분이 위헌임이 확인되면 그 불기소처분을 취소하는데 그쳐야 하는가 아니면 새로운 처분을 명할 수 있는가에 대해서 견해가 역시 대립하고 있다.404) 검찰실무는 소극설의 입장에 서있다.405) 그러나 피해자보호에 충실하려면 적극설 입장의 채택이 필요하다고 보인다.

---

402) 1996. 11. 28, 95 헌마 162
403) 대한변호사협회, 인권보고서, 제11집, 1996. p. 239.
404) 기소독점주의의 폐해를 시정하고 피해자보호를 충실히 한다는 의미에서 불기소처분의 취소를 명하는 동시에 공소제기명령 등을 과할 수 있다고 보는 견해 (신동운, 형사소송법, 1993. 193면), 공소제기명령까지를 의미하면 이는 공권력의 행사를 취소하는 범위를 벗어난다고 보기에 검사에게 공소제기가 강제되는 것이 아니라고 보는 견해(이재상, 앞의 책, 1999. p. 304)가 대립한다.
405) 검찰은 검찰사건사무규칙 제156조 제2항 규정에 의거, 헌법재판소에서 검사의 불기소처분에 대한 헌법소원을 인용하여 불기소처분 취소결정을 내린 경우 지체없이 재기수사하는 것으로 충분하고 그 사건에 대하여 반드시 공소제기 해야 하는 것은 아니라고 보고 있다 (최병각, "피해자의 형사절차 활용방안", 피해자학연구 제8호, 1999. p. 142).

# 제4장 국가권력과 범죄피해자

## 제1절 서설

범죄피해자의 인권을 침해하는 주체는 국가가 될 수도 있고 일반 사인이 될 수도 있다. 일반 사인에 의한 인권침해가 범죄를 구성하게 되면 해당 가해자에 대하여 피해자는 형사고소·고발을 하거나 민사상 손해배상으로 이 문제를 다툴 수 있을 것이다. 이러한 일반 사인에 의한 피해자의 인권침해 행위는 대체로 가해자가 누구인지 드러나는 경우가 많고 민형사 재판절차와 같은 구제수단의 강구를 통해 피해회복을 추구하는 것이 국가에 의한 인권침해의 경우보다 비교적 선명하다고 볼 수 있다. 또한 대부분의 범죄피해자 보호정책이 일반 사인에 의한 범죄피해 발생을 전제로 하여 국가나 지방자치단체가 어떠한 활동을 전개할 것인가에 관한 내용으로 구성되었다고 해도 과언이 아니다.[406]

그러나 국가기관의 권력남용이나 위법행위로 인한 피해도 만만치 않다. 특별히 그 권력남용이 범죄를 구성할 경우 그 것은 국가기관에 의한 범죄로 범죄피해가 발생한 경우라 할 것이며, 일반 사인에 의해 범죄피해를 당한 경우와 비교해 볼 때 그 피해회복과 구제가 사인에 의한 범죄피해의 경우처럼 원활히 잘 진행될 것인지 여부가 의문으로 남는다. 검사의 불기소처분에 대하여 관할 고등법원에 재정신청을 할 수 있는 범죄의 유형에 공무원의 직무범죄(형법 제123조 내지 125조)만을 두게 된 것도[407] 일반 범죄피해자의 경우보다 공무원의 직무범죄로 인한 범죄피해자가 그 피해구제 면에서 취약하다고 보아 입법 정책적으로 취해진 조치라고 여겨진다.

국가는 국가권력의 행사라는 방법을 통해 국가구성원 전체의 생명과 재산을 보호하고 사회공공의 안녕과 질서를 확보하는 활동을 하게 된다. 국가가 국민에 대하여 행

---

406) 가정폭력방지 및 피해자보호 등에 관한법률 제3조, 제4조; 특정신고자등보호법 제4조; 성폭력범죄의처벌및피해자보호등에관한법률 제3조 참조
407) 형사소송법 제260조

사하는 국가권력은 법적 효과를 발생시키는 법률상의 강제력이 있는가 하면 물리적으로 실력행사를 통해 의도된 상태를 실현하는 사실상의 강제력도 있다. 그러나 법집행공무원 개인의 부도덕성과 부패, 법집행과정에의 외부 권력의 개입, 법집행공무원의 불성실한 직무태도 등으로 인해 국민들의 생명, 신체, 재산과 같은 권익은 언제든지 침해될 수 있는 것이다.

국가권력에 의한 인권침해는 사인에 의한 인권침해와 달리 인권침해의 형태가 일반 사인의 경우보다 훨씬 광범위 할 수 있고 우월적인 실력행사를 통해 그 피해사실이 드러나지 않고 숨겨질 수도 있으며 때로는 가해자나 책임을 져야 할 자가 누구인지 분명하지 않을 경우도 있어서 문제이다.

요컨대, 국가기관에 의한 인권침해의 유형은 크게 두 가지 유형으로 나누어 볼 수 있다. 첫째는 국가기관의 범죄행위로 인해 국민이 범죄피해자로 되는 형태이고, 둘째는 이미 범죄피해를 당한 자에 대하여 국가기관이 피해자보호업무를 소홀히 하거나 게을리 한 나머지, 범죄피해자가 2차 피해를 당하는 형태이다. 첫째 유형은 형법 제122조(직무유기), 123조(직권남용), 124조(불법체포·감금)와 같이 실정법상 범죄행위로 규정이 되어 있는 것으로서 대체로 개별 법집행공무원이 그 행위자로 드러나기 때문에 이러한 행위로 인해 인권을 침해당한 자는 일반적인 피해자 보호정책에 준하여 해당 공무원에 대한 형사고소, 국가에 대한 손해배상 청구, 범죄피해자구조금 지급청구, 배상명령제도 활용 등 각종 구제수단을 활용하여 대응하면 될 것이다.

그러나 두 번째의 경우는 법집행 책임자가 누구인지 가려내기 어려운 경우가 많고, 해당 공무원의 고의·과실을 입증하는 일이 용이하지 않을뿐더러, 인권침해 행위에 대한 고의·과실이 없다 하더라도 법집행공무원 자신의 선입견이나 고정관념에 의해 차별적이고 불친절한 법집행활동을 할 수 있기 때문에 큰 문제의식 없이 습관적이고 반복적인 인권침해가 가해질 수 있다. 따라서 여기서는 국가기관의 명시적인 범죄행위로 인한 인권침해 문제보다는 합법적인 국가 활동을 가장한 피해자의 인권침해행위에 대해서 보다 중점을 두고 살펴보고자 한다.

# 제2절 국가권력 작용에 의한 인권침해의 양상과 구제

국가권력 작용을 크게 입법, 사법, 행정 3분야로 구분하여 볼 때 이 각 분야별로 범죄피해자에 대한 인권침해가 있을 수 있다. 이하 각 분야별 인권침해의 양상과 이러한 인권침해의 통제와 구제방법 등에 관해서 살펴보기로 한다.

## 1. 입법기관의 범죄피해자에 대한 인권침해와 그 구제

입법기관인 국회가 헌법 제10조의 취지에 따라 범죄피해자가 가지는 기본적 인권을 확인하고 이를 잘 보장하기 위하여 구체적인 입법 활동을 해야 할 의무를 지고 있음에도 불구하고 이러한 입법행위를 하지 않거나 불충분한 입법을 함으로써 범죄피해자의 기본권을 침해할 수 있을 것이다.

예컨대 현 가정폭력범죄의 처벌 등에 관한특례법 제2조에서 범죄피해자의 범위와 가정폭력특례법의 적용을 받는 가정구성원의 범위를 너무 좁게 규정하고 있다는 점을 들 수 있겠다. 즉, 가정폭력피해자를 '가정폭력범죄로 인하여 직접적으로 피해를 입은 자'로 규정하고 있는가 하면(동법 제2조 5호), 가정구성원을 과거나 현재의 배우자·자기 또는 배우자의 직계존비속·계부모와 자 또는 적모서자의 관계에 있는 자, 동거하는 친족관계에 있는 자 등으로 규정함으로써 혼인은 하지 않았지만 상호 교제를 하면서 동거관계에 있는 남녀사이(dating relationship)와 같은 경우는 가정폭력의 범주에서 제외하고 있다. 이러한 동거관계에 있는 남녀사이에 폭행이 일어났을 경우 일반 형사사건과 동일한 절차로 처리할 수밖에 없기 때문에 위 특례법 제40조의 보호처분과 같은 형사 정책적 고려를 반영하기가 어려워져 결과적으로 피해자에게는 의외의 고통이 가해질 수도 있다.[408]

---

[408] 우리나라 가정폭력범죄의 처벌 등에 관한특례법 제2조에서는 가족구성원의 개념을 '① 배우자 또는 배우자 관계에 있었던 자, ② 자기 또는 배우자와 직계존비속 관계에 있거나 있었던 자, ③ 계부모와 자의 관계 또는 적모와 서자의 관계에 있거나 있었던 자, ④ 동거하는 친족 관계에 있었던 자' 등으로 규정하고 있다. 반면 미국 미시간 주의 가정폭력법상 가족구성원 범위를 보면, '가족이나 동일 세대 구성원에는 다음과 같은 자가 포함된다. a. 현재 배우자 혹은 과거의 배우자, b. 함께 주거를 같이 하고 있거나 주거를 같이 해왔던 자, c. 애정에 기초한 교제관계를 갖게 되었거나 그 관계가 지속되어 온 자, d. 성관계를 가졌거나 성관계를 지속해오고 있는 자, e. 혼인관계에 있거나 그러한 관계를 가졌던 자, f. 서로 공동의 책임 하에

예를 들면 가정폭력특례법상 보호관찰처분(동법 제40조 4호) 혹은 피해자 주거지에 대한 가해자의 접근제한 조치(동법 제40조 1호) 등은 가해자에 대한 일정한 통제를 전제하고 있지만 가해자를 단지 일반 형사절차로만 다룰 때에는 불구속으로 풀려나온 가해자를 통제할 다른 수단을 갖고 있지 못하기에 이러한 점을 악용하여 가해자가 법망을 교묘하게 피하면서 스토킹 형태로 피해자를 계속 괴롭힐 수 있는 것이다.

일반적으로 우리나라 법학자들도 범죄피해자의 개념을 정의함에 있어서 '특정 범죄행위로 인해 직접적으로 피해를 입은 자'만을 범죄피해자라고 하여 좁게 해석하는 것이 보통이다.409) 이는 우리나라 형사소송법 제223조(고소권자)와 제225조(비피해자인 고소권자)와 앞서 살펴 본 가정폭력범죄의 처벌 등에 관한특례법 제2조 5호 등을 비교하여 살펴보더라도 알 수 있다.

그러나 범죄피해자의 범위를 보다 확장시킬 필요가 있다. 범죄피해로 인한 충격은 간접적인 피해자에게도 심각할 수 있어서 그들에 대한 보호활동도 필요한 것이며, 사안에 따라 중요한 증거를 수사관에게 제공 하는 등 수사에 협력을 해 줄 수도 있기 때문이다.410) 헌법재판소도 교통사고로 사망한 사람의 부모를 형사피해자의 범주에 속한다고 해석하여 피해자의 범주를 넓게 보고 있다.411) 미국 법령의 경우도 직접적인 범

---

부양해야할 아이를 가지고 있는 자, g. a나 f에 속한 자가 부양하고 있는 미성년자인 아동' 등과 같이 함께 주거를 같이 해오고 있는 자, 상호간에 교제하면서 동거하고 있는 관계 등도 포함함으로써 우리보다 넓은 것을 알 수 있다(Michigan, DVA, 400.1501 Sec. 1. (e)).

409) 법학자들은 '피해자'를 다음과 같이 정의하고 있다. '피해자란 범죄로 인하여 침해된 법익의 귀속주체를 말하며 자연인에 한하지 않고 법인은 물론 법인격 없는 사단·재단도 포함한다. 보호법익의 주체뿐만 아니라 행위의 객체나 범죄의 수단이 된 자도 피해자가 될 수 있는데 다만 여기의 피해자는 범죄로 인한 직접적 피해자에 제한되며 간접적으로 피해를 입은 자는 일반적으로 여기에 포함되지 않는다. 피해를 입은 범죄도 개인적 법익에 한하지 않고 국가적·사회적 법익에 관한 죄도 포함 한다'(신동운, 형사소송법1, 법문사, 1997. p. 93.; 이재상, "피해자의 소송법상 지위", 고시연구, 1988년 8월호. p. 33.)

410) 그러므로 가정폭력범죄의 처벌 등에 관한특례법에서 피해자의 범위를 '직접적 피해자'로만 한정하고 있는 것이 배상명령 신청의 자격이나 정보제공 그리고 피해자진술권 등에 있어서 그 범위를 명확히 하는 장점은 있으나 보호처분의 범위를 지나치게 축소하게 됨으로 말미암아 실질적으로 피해를 입을 수 있는 피해자(피해자의 자녀, 친정식구)가 충분한 보호를 받지 못하는 부당한 결과가 초래될 수 있는 것이다 (한국형사정책연구원, "가정폭력범죄의 형사절차상 위기개입 방안연구", 2001. p. 136. 참조).

411) "교통사고로 사망한 사람의 부모는 형사소송법상 고소권자의 지위에 있을 뿐만 아니라, 비록 교통사고처리 특례법의 보호법익인 생명의 주체는 아니라고 하더라도, 그 교통사고로 자녀가 사망함으로 인하여 극심한 정신적 고통을 받은 법률상 불이익을 입게 된 자임이 명백하므로

죄피해자 뿐만 아니라 간접적인 피해를 당한 자까지를 포함하여 '피해자'로 정의하고 있다고 보인다.412) 따라서 피해자의 개념을 확장해서 규정할 필요가 있다고 본다.

이 외에도 범죄피해자 보호적 차원에서 입법 활동이 미진한 영역은 더 있다. 예컨대 통합적 범죄피해자기본법의 제정, 피해자에 대한 변호인선임권의 도입, 재정신청 대상범죄의 확대, 형사화해제도의 도입 등이 그것이다.

한편, 국회의 불완전한 입법 활동을 통제하기란 쉽지 않다. 헌법재판소 판례에 따르면 국회의 입법부작위에 대하여는 아무런 입법을 하지 않은 채 방치하는 입법부작위(진정입법부작위)와 입법은 하였으나 문언상 명백하지 않거나 불완전한 입법부작위(부진정위법부작위, 불완전입법)의 2가지 형태로 나누고 본래 의미의 헌법소원은 진정위법부작위에 한함과 동시에 그 대상성도 지극히 제한하고 있다.413) 따라서 이와 같은 경우에는 헌법 제26조 제1항에 의거 해당 법률의 제정·개정을 국회에 청원하는 방법을 취한다든가, 선거에 의해서 정치적 책임추궁을 할 수 있을 것이다. 범죄피해자의 충실한 인권보호를 위해서는 미국이나 일본과 같이 '범죄피해자보호기본법'을 제정하는 것을 비롯하여 형사화해제도의 도입, 피해자의 법정진술권의 실질적 보장, 피해자 변호인제도의 도입, 재정신청 대상범죄의 확대 등 피해자 인권보호를 위한  각종 입법적 노력이 활성화 되어야 할 것이다.

## 2. 사법기관의 범죄피해자에 대한 인권침해와 그 구제

사법기관에 의한 피해자 인권침해의 경우로는 피해자의 법정진술권을 충분히 보장해주지 않는 경우, 증인 신문 시에 피해자를 법정에 소환하여 피고인과 대면하도록 한

---

헌법상 재판절차진술권이 보장되는 형사피해자의 범주에 속한다"(2002. 10. 31. 2002헌마453).

412) 미국에서는 피해자에 관한 정의를 다음과 같이 내리고 있다. 즉, '피해자란 범죄행위로 인하여 직접적으로 신체적·정서적·재산적 피해를 입은 자와, 법인이나 법인의 대표, 그리고 직접적 피해자가 18세 이하에 해당하거나, 행위무능력자이거나, 자격상실을 당한 자이거나, 사망한 경우에 그 직접적 피해자의 배우자, 후견인, 부모, 자녀, 형제자매, 친족 또는 법원이 지정한 자를 포함하는 개념'이라는 것이다(42U.S.C.A. §10607(e) (West 1995) ; Peggy M. Tobolowsky, *Crime Victim Rights and Remedies,* Carolina Academic Press, 2001. p.14.)

413) 헌재 1998. 5. 28 선고, 96헌마 44, 헌재판례집 제10권 1집, 687면 이하. 따라서 위 가정폭력특별법의 불완전입법 혹은 입법미비에 관해서는 이를 직접 헌법소원의 대상으로 하기는 곤란하다고 보인다.

뒤 대질신문을 진행하게 함으로써 피해자에게 심리적 고통을 가하는 경우, 증인에 대한 보호가 불충분하여 증인이 피해를 입는 경우, 오판을 통하여 피해자의 피해회복이 지연되거나 방해되는 경우, 재판이 지연됨으로 말미암아 신속한 재판을 받을 수 있는 피해자의 권리가 침해되는 경우 등을 생각해 볼 수 있겠다.

우리 헌법 제27조 제5항과 형사소송법 제294조의 2에서는 피해자의 법정진술권을 보장하고 있는데 이는 피해자가 법정에서 자신의 피해 진술이 충분히 이뤄질 수 있도록 기회를 제공하여야 한다는 취지이다. 그러나 현재의 법정진술권 규정은 그 권한 행사에 상당한 제약을 가하고 있고 그 권한 행사를 위한 구체적 절차도 미흡하다.414) 따라서 피해자의 인권보호의 충실을 위해서 공판정 진술권에 대한 행사방법에 관하여 보다 구체적인 절차를 규정해 놓을 필요가 있을 것이다. 법무부는 2004년 12월 형사소송법 개정안 입법예고를 통해서 피해자의 법정진술권을 강화하겠다는 의지를 피력하였다. 입법 예고된 개정안에는 피해자가 증인의 자격으로 신문을 당하는 것이 아니라 피해자의 자격으로 자유롭고 독립적으로 의견진술을 할 기회를 반드시 부여하게 함으로써 피해자의 신청이 있는 경우 법정진술권 부여가 법원의 의무사항이 되도록 하였다.415)

법정에서 증언을 행하는 증인이 증언과정에서 심리적 고통을 겪게 되는 것도 피해자에게 인권침해를 가하는 것이 된다. 그러므로 국가기관은 국가형벌권 행사를 통해 달성하고자 하는 공익보다도 피해자가 감내해야 하는 불이익이 현저히 크고, 다른 수단으로 증언을 확보하거나 대질을 할 수 있는 방법이 있다면 비례의 원칙상 피해자의 불이익을 최소화하는 수단을 선택하여야 할 것인 바, 진술녹화제나 비디오 링크 방식에 의한 증인신문이 그 한 방법이 될 수 있을 것이다. 만일 이러한 아무런 조치를 취하지 않음으로 말미암아 피해자가 법정에서의 대질신문과정 중 충격을 받아 쓰러졌다

---

414) 현행 형사소송법 제294조의 2에 규정되어 있는 피해자의 법정진술권은 증인신문 절차의 일부로 규정되어 있을 뿐만 아니라 공판정진술의 예외사유를 제시하면서 '공판절차가 현저히 지연될 우려가 있는 경우' 등과 같은 불확정 개념을 사용함으로써 피해자의 법정진술권 보장이 충분치 못하다는 문제점을 안고 있다. 그 예외사유를 제시하면 다음과 같다. '① 피해자 아닌 자가 신청한 경우, ② 신청인이 이미 당해 사건에 관하여 공판절차 또는 수사절차에서 충분히 진술하여 다시 진술할 필요가 없다고 인정하는 경우, ③ 신청인의 진술로 인하여 공판절차가 현저하게 지연될 우려가 있는 경우' 등이 그 것이다.

415) 법무부, 보도자료, 2004. 12. 14. p. 2.

면 국가기관의 부작위에 의한 불법행위 성립여부를 검토해 보아야 하고, 국가기관의 부작위에 의한 불법행위가 인정된다면 국가를 상대로 손해배상을 청구할 수 있을 것이다.

다행히 성폭력범죄의처벌및피해자보호에관한법률이 개정되어 13세 미만의 아동과 장애인인 성폭행 피해자 조사 시 진술녹화제도가 도입되었고(동법 제21조의 2), 이 녹화물이 법정에서 일정한 요건 하에 증거로 채택될 수 있는 길이 열렸으며, 비디오 중계장치에 의한 증인신문제도가 도입됨으로 말미암아(동법 제22조의 4) 수사기관의 잦은 조사와 법정증인으로 활동하는데 따른 2차적 피해를 예방하는데 도움이 될 것으로 보인다.

위에서 언급한 바 있는 2004년 법무부가 입법예고한 형사소송법 개정안에는 현행 성폭력특별법에만 규정되어 있는 비디오링크 식 증인신문 방법을 아동학대나 성범죄, 인신매매관련 범죄 등의 피해자를 법원이 증인으로 신문하는 경우 적용할 수 있도록 동 법안에 반영한다는 것과 나아가 피해자가 피고인 등의 면전에서 증언하는데 심리적 부담을 느낄 우려가 있으면 범죄의 종류를 불문하고 중계방식에 의한 신문도 허용할 수 있도록 하는 내용을 담고 있다.416)

한편 재판관의 고의·중과실에 의해서 오판이 발생하고 이로 인해 피해자가 손해를 입었거나, 재판관의 고의·중과실에 의해서 재판이 현저히 지연되어 피해자가 손해를 입었다면 이 또한 국가에 대하여 손해배상을 청구할 수 있을 것이다.417)

## 3. 행정기관의 범죄피해자에 대한 인권침해와 그 구제

범죄피해자의 인권은 행정기관에 의해서도 침해당할 수 있다. 일반 조장행정기관의 경우 범죄피해자 지원이나 보호를 위한 예산지원·재정확보·보호시설 건립·전문가 양성·재활지원 등에 노력하여야 할 것인 바, 이를 게을리 하거나 적정한 피해자보호 대책을 수립하지 않음으로 인해 피해자의 인권이 침해당할 수 있다 할 것이다. 국가나 지방자치단체가 적정한 피해자보호대책을 수립하지 않거나, 정당한 피해자 보호요구를 거절하거나, 필요한 피해자 지원 대책을 시행하지 않음으로 인해서 손해를 본 국민은 행정청의 위법부당한 거부처분 혹은 부작위에 대해 부작위위법확인소송이나 거부처분

---

416) 법무부, 전게록, p. 3.
417) 김동희, 행정법 I, 박영사, 2000. pp. 473-474.

취소소송, 또는 의무이행심판 등을 제기할 수 있을 것이다(행정심판법 제4조, 행정소송법 제30조 제2항).

경찰의 경우 범죄피해가 최초로 발생했을 때 현장에 최초로 대응하는 사람은 생활안전과 소속의 순찰지구대에 근무하는 경찰관들이다. 이들은 전문수사관들이 아니기 때문에 현장에 대한 초동조치 후 수사부서에 근무하는 경찰관들에게 모든 사항을 인계하게 된다. 그러나 이러한 외근경찰관들이 범죄피해자에게 미치는 영향력은 전문수사관들보다 결코 덜하지 않다. 범죄피해자에 대한 인권존중(범죄피해자보호규칙 제3조), 피해자구호·관련기관에의 인계(경찰관직무집행법 제4조), 정보제공(범죄피해자보호규칙 제11조) 등은 현장에 출동하는 외근경찰관들의 범죄피해자에 대한 기본 행동지침이 되어야 하는 것이다.

이러한 행동지침을 개발하여 실무에 적용할 수 있도록 신고현장에 출동하는 외근요원에게 철저히 교육훈련을 시킬 필요가 있다. 경찰 수사관에게도 마찬가지지만 현장에 출동하는 경찰서 생활안전과 소속 외근요원의 경우도 피해자를 접촉하는데 있어서 선입견이나 고정관념에 사로잡히지 않도록 하여야 하고 가치판단 적 진술을 자제하는 등 현장에서의 피해자 면담기술을 훈련 받아야 한다. 현장에 출동한 수사관의 언행에 의한 2차적 피해가 범죄피해자에게 상당한 고통을 가하기 때문이다. 이러한 교육훈련은 외근요원의 감수성 개발을 위하여 '역할연습(role play)' 형태로 진행하는 것이 좋을 것이다.

피해자인 증인 및 범죄 신고자 등에 대한 보복 위협이 있음에도 불구하고 경찰서 순찰지구대 요원들이 신변안전조치를 제대로 취하지 못함으로 인해 그들의 생명, 신체, 재산에 대하여 심각한 타격을 입히는 수가 있다. 수사단계의 피해자, 재판단계에 있는 피해자인 증인에 대한 신변보호 문제는 순찰지구대 소속 경찰관과 수사부서 경찰관의 긴밀한 협력으로 특정강력범죄의 처벌에 관한특례법 제7조, 특정범죄신고자등보호법 제13조등을 토대로 피해자인 증인에 대한 신변안전을 확보하는 방안을 철저히 강구하여야 할 것이다. 이를 위해서는 범죄발생시 피해자의 안전에 대한 '위험성 평가(risk assessment)'가 행해져서 '치명적 위험성(lethality)'이 있는지 여부에 대한 판단이 내려져야 하고, 아울러 민간조직의 도움을 받아 신변안전을 위한 설계를 미리 구상한 다음 신변안전의 위협요소가 발생할 때 가장 적절한 조치를 선택할 수 있도록 하

여야 할 것이다.418)

　　현장 초동수사를 진행하는 수사관의 언행을 통하여 심각한 2차적 피해를 입었거나, 피해자의 신변보호조치 청구에 대하여 형사사법기관이 아무런 조치를 취하지 않아 생명·신체에 손해를 입었다면 이 역시 국가기관의 직무상 불법행위 성립여부를 검토하여 국가에 대하여 손해배상청구소송을 제기할 수 있을 것이다.

## 제3절 범죄피해자에 대한 기본권 제한과 그 한계

　　일반적으로 범죄피해자의 기본권도 일반 국민의 기본권에 대한 제한과 같이 무한정으로 보장되는 것이 아니고 타인의 권리나 도덕률을 침해해서는 안되는 '내재적 한계'가 있다고 보아야 한다.

　　세계 인권선언 제29조 제1항과 제2항에서도 이러한 점이 잘 나타나 있다. 동 선언 제1항에서는 '모든 사람은 그 안에서만 자신의 인격을 자유롭고 완전하게 발전시킬 수 있는 공동체에 대하여 의무를 부담한다.'라고 규정하고 있고, 제2항에서는 '모든 사람은 자신의 권리와 자유를 행사함에 있어서 타인의 권리와 자유에 대한 적절한 인정과 존중을 보장하고 민주사회에서의 도덕심, 공공질서, 일반의 복지를 위하여 정당한 필요를 충족시키기 위한 목적에서만 법률에 규정된 제한을 받는다.'고 규정하고 있다.419) 따라서 범죄피해자는 그가 속한 공동체의 존속을 위해 공공질서의 확보가 필요할 때, 그리고 다수의 복지를 충족시키기 위해 범죄피해자 개인에 대한 최소한의 희생이 불가피한 때에는 법률에 의거하여 그 기본권이 제한될 수 있는 것으로 볼 수 있는 것이다.

　　우리 헌법이나 각 개별법에서도 범죄피해자의 기본적 인권에 대하여 제한을 가

---

418) 특정범죄신고자등보호법시행령 제7조에 따르면 피해자의 신변안전을 위해 취할 수 있는 조치의 유형으로서 다음과 같은 것이 제시되고 있다. 즉, '① 일정기간 동안의 특정시설에서의 보호, ② 일정기간 동안의 신변경호, ③ 참고인 쪼는 증인으로 출석하거나 귀가시의 동행, ④ 대상자의 주거에 대한 주기적 순찰, ⑤ 기타 신변안전에 필요하다고 인정되는 조치' 등이다. 아울러 특정범죄의 경우 경찰의 현장 초동조치 후 전문가나 민간단체가 개입하여 피해자의 안전을 설계하는 일이 필요하다 (김은경, "피해자 관점에서 본 가정폭력특례법의 실효성과 한계", 피해자학연구 제10권 제1호, 한국피해자학회, p. 99. 참조).

419) 정인섭, 앞의 책, p. 18.

하는 규정을 찾아볼 수 있다. 예컨대 헌법 제76조 제1항의 규정에 의해 '내우, 외환, 천재, 지변 또는 중대한 재정, 경제상의 위기 등의 국가비상사태'가 있을 경우 범죄피해자의 자유권적 기본권의 제한이 있을 수 있으며, 헌법 제77조 제1항의 규정에 의해 '비상계엄'하에서도 또한 자유권적 기본권의 제한이 있을 수 있는 것이다. 각 개별 법령에 기본권 제한을 위한 이러한 구체적 규정이 없는 경우에도 헌법 제37조 제2항의 규정에 의하여 '국가 안전보장이나 질서유지 또는 공공복리'를 위하여 필요한 경우에 한해 법률로서 범죄피해자의 기본권을 제한할 수 있다 할 것이다.

그러나 이러한 제한을 하는 경우에도 헌법 제37조 제2항의 규정에 의하여 자유와 권리의 본질적인 내용을 침해할 수는 없다고 보아야 한다. 또 기본권을 제한함에 있어서도 그 제한은 최소한도에 그쳐야 한다. 이를 기본권 제한에 있어서의 과잉금지원칙이라고 한다. 이 과잉금지 원칙은 이익형량의 원리와 결부된 것이며, 여기에 비례성의 원칙과 보충성의 원칙이 적용되어져야 한다. 비례성의 원칙과 관련하여 기본권 제한 법률의 합헌성 여부를 결정하는 기준으로 ① 적격성(수단의 유용성, 합목적성), ② 필요성(목적달성을 위하여 반드시 그 정도의 강한 처분이 필요한가의 여부), ③ 기대가능성(수단의 도입으로 인한 침해가 의도하는 공익을 능가해서는 안 되고 적정한 비례관계가 있어야 한다는 것) 등이 제시된다.[420]

피해자의 기본권이 타 국민의 기본권과 충돌할 수도 있다. 예컨대, 피해자의 프라이버시의 권리와 명예권이 타 국민의 알권리나 보도의 자유 등과 충돌할 수도 있는 것이다. 이 경우에는 기본권 상호간에 이익을 형량하여 보다 큰 법익을 위하여 보다 작은 법익의 희생이 인정되어야 할 것이다. 따라서 범죄피해자에 대한 언론보도는 일반적으로 그 것이 진실인 사실로서 오로지 공익을 위한 때에는 허용될 수도 있을 것이나 피해자보호를 위한 특별법에 피해자의 이익을 위하여 언론보도를 특별히 제한함으로써 국민의 알권리와 언론보도의 기본권행사를 제약하는 규정이 있다면 이를 따라야 할 것이다.[421]

---

420) 김철수, 헌법학개론, 박영사, 2004. p. 341.
421) 성폭력범죄처벌 및 피해자보호 등에 관한법률 제21조, 특정범죄신고자등보호법 제8조, 가정폭력범죄처벌 등에 관한특례법 제18조 등이 그러한 규정이다.

# 제4편

# 범죄피해자 보호방법론

# 제4편 범죄피해자 보호방법론

## 제1장 범죄피해자 보호방법론의 성격과 유형

### 제1절 범죄피해자 보호방법론의 전략적 성격

형사절차에서 수사기관과 같은 법집행기관 종사자에 의해 범죄피해자의 인권이 존중되어지고, 국가·지방자치단체·민간단체가 피해자 보호를 위한 각종 대책 마련에 지속적 노력을 경주하며, 피해자와 가해자가 상호 화해를 통해 범죄피해가 회복되도록 하는 것은 피해자학이 추구하는 이상적 목표라고 할 수 있을 것이다.

이러한 이상적인 상태는 사회구성원 개개인의 범죄피해자 보호를 위한 노력과 함께 이들 범죄피해자들에 대한 보호가 효과적으로 이루어질 수 있도록 유도할 수 있는 법률적 제도적 장치의 구비가 이루어질 때 가능하다.

이와 같이 범죄피해의 실질적 회복을 형사사법기관이 추구해야 할 하나의 본질적인 목표로 본다면 이 목표에 성공적으로 도달하도록 하는 수단들을 일종의 '목표달성 전략'이라고 이름 할 수 있을 것이다. 가장 효율적으로 목표에 이르는 방법을 탐구하는 것, 곧 효과적인 목표달성 전략을 모색하는 것은 개인에게서 뿐만 아니라 어떤 국가나 조직체가 보다 발전된 단계로 나아가기 위해서는 반드시 필요한 일이다.

범죄피해자 보호방법론을 탐색하는 것은 범죄피해자 보호라고 하는 목표를 가장 효과적으로 달성할 수 있는 최적의 방안을 찾는 전략적 활동으로서의 의미를 지닌다. 따라서 범죄피해자 보호대책과 범죄피해자 보호방법론은 엄격한 의미에서 구별될 수 있다고 본다. 양자가 범죄피해자를 보호하기 위한 노력의 산물이라는 점에서는 공통점을 가지고 있지만 전자는 현상적(現象的)이며, 정적(靜的)인 개념임에 비하여, 후자는 미래지향적(未來指向的) 비전을 제시하는 것이며, 동적(動的)인 개념으로 파악할 수 있는 것이다. 즉, 범죄피해자 보호방법론은 가장 바람직한 피해자대책을 찾아내기 위해 현 피해자대책을 평가하고 분석하면서 최적의 대안을 모색하고 그 대안을 실현하기 위해 노력해 나가는 일종의 능동적인 목표달성 전략으로서의 성질을 지니고 있다고 보는 것이다.

## 제2절 범죄피해자 보호방법론의 유형

독일의 학자 Hans-Georg는 경찰활동을 수행함에 있어서 범죄피해자보호를 잘 하기 위해서는 피해자와 원활한 의사소통이 필요하고 그러기 위해서는 전문적 의사소통기술의 습득이 필요하다고 주장하였다.422) 그러나 그는 이러한 의사소통의 전문성을 확보하기 위해서는 단순한 개인적 의사표현 능력의 구비만으로는 부족하고 그 밖의 여러 가지 환경적 조건의 충족이 있어야 함을 강조하였다. 즉, 원활한 의사소통을 위해서는, ① 개개인의 순수한 의사소통기술의 개발 (Kommunikation)과, ② 수사관의 태도와 신념, 성격특성, 지식 등과 같은 개인역량(Person)의 개발 이외에도, ③ 개인을 둘러싼 조직문화, 조직구조, 조직이념, 조직의 개방성 개선(Organisation), ④ 사회문화, 정치적 환경, 가치관, 법률 등과 같은 복합적 사회 환경 개선(Kontext)과 같은 다방면의 조건이 갖추어져야 함을 설파한 것이다. 요컨대 그는 범죄피해자 보호를 위해서는 순수한 개인의 역량을 잘 발휘하는 것 외에도 그 개인을 둘러싼 환경적 요소들이 피해자보호의 이념을 구현할 수 있도록 조치하는 것이 매우 중요함을 강조하였던 것이다.423)

범죄피해자 보호방법론을 논함에 있어서는 위의 Hans-Georg의 주장과 같이 복합적이고 입체적인 접근을 시도하는 것이 타당하다고 본다. 즉, 범죄피해자보호를 위하여 수사기관에 종사하는 각 개인의 의식이나 태도, 행태와 같은 개인적인 요소만의 개선에 머물러서는 곤란하고 형사사법 활동의 환경적 요소라고 할 수 있는 범죄피해자 보호와 관련

---

422) Hans-Georg W. Voß, *Professioneller Umgang der Polizei mit Opfern und Zeugen,* Luchterhand, 2001. p. 19.
423) Hans-Georg W. Voß, *ibid,* p. 19.

된 법적·제도적 환경의 개선도 아우르는 종합적 접근이 필요하다는 것이다.

따라서 이상적인 범죄피해자 보호대책을 개발하기 위한 범죄피해자 보호방법론의 탐색은 크게, ① 의식과 행태의 개혁을 통한 범죄피해자 보호, ② 제도개선을 통한 범죄피해자 보호, ③ 법령정비를 통한 범죄피해자 보호 등 크게 3가지로 구분하여 유형화 할 수 있다. ①은 형사사법제도의 운영자인 각 개개인의 변화를 통한 범죄피해자 보호 방법론으로서 미시적 접근방법이며, ②·③은 그 개인을 둘러싼 환경적 요소의 개선과 관련된 거시적 접근방법이라고 할 수 있을 것이다.

범죄피해자 보호를 위한 여러 가지 대책에 대해서는 이미 제2편에서 언급한 바 있음에도 불구하고 제4편에서 범죄피해자 보호방법론이라는 이름으로 다시금 범죄피해자 대책을 숙고하고자 하는 이유는 효과적인 범죄피해자 대책 수립을 위해서는 좀 더 분석적이고 전략적인 접근이 필요한 까닭이다. 아무리 좋은 범죄피해자 보호를 위한 제도나 법령이 구비되었다 하더라도 그 제도와 법을 시행하는 사람들의  의식이 바뀌지 않는 한 범죄피해자 대책이 효과적으로 집행되기 어렵고, 이와 반대로 제도나 법을 시행하는 사람들의 범죄피해자 보호의식이 아무리 투철하다고 해도 범죄피해자 보호를 위한 제도적·법률적 환경이 합리적으로 조정되지 않는 한 법집행기관 종사자 개개인의 의지적인 노력은 한계에 부딪힐 수밖에 없는 것이다.

따라서 범죄피해자 보호를 위한 대책은 미시적, 거시적 방법이 병행되는 가운데 추진될 수 있어야 한다. 범죄피해자 보호방법론은 그런 의미에서 효과적 범죄피해자 대책 마련을 위한 길잡이 역할을 한다고 볼 수 있다. 이하에서는 미시적 차원의 피해자 보호방법론으로 의식·행태 개선방안을, 거시적 차원의 피해자 보호방법론으로 제도와 법률 개선방안을 각각 제시하고자 한다.

(그림 6) 범죄피해자 보호방법론의 유형

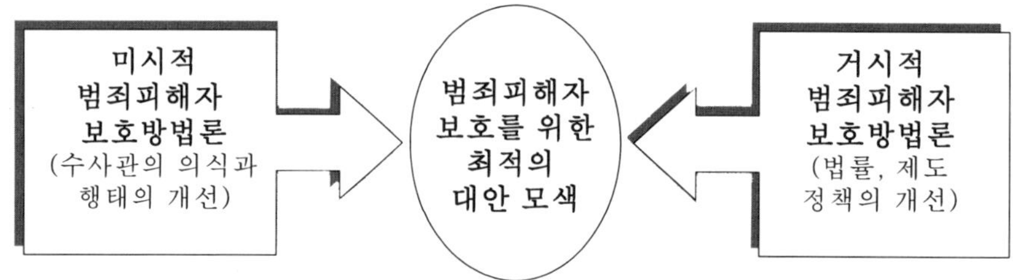

# 제2장 미시적 차원의 범죄피해자 보호방법론

범죄피해자 보호방법론 개발을 위한 미시적(微視的) 접근방법으로서 법집행기관 종사자들의 의식이나 행태의 개선을 들 수 있다. 여기서는 법집행기관 종사자들이 지니고 있었던 종래의 의식이나 행태의 문제점을 진단해보고 이를 개선할 수 있는 방안을 모색해보기로 하되 주로 수사경찰관의 의식과 행태 개선에 주안점을 두기로 한다.

## 제1절 범죄피해자에 대한 인식의 문제

### 1. 서설

전술한 바와 같이 최초의 범죄피해에 대하여 범죄사건을 처리하는 과정에서 파생적, 부수적으로 발생하는 피해자에 대한 고통을 제2차 피해자화라고 말할 수 있을 것이다. 이러한 2차 피해자화의 주요 원인은 주로 형사사법기관 종사자들이 사건을 처리해 나가는 과정에서 피해자의 고통에 대해 잘 공감(共感)하지 못하고 피해자의 필요에 대해 민감하지 못하며, 선입견과 고정관념을 가지고 안이하게 범죄피해자를 대하기 때문인 것으로 보인다. 피해자는 범죄로 인한 충격 속에서 당황하고 놀란 상황에 처해 있지만 형사사법기관의 종사원들이 이처럼 피해자의 심리적 상황에 무관심하거나 둔감하게 되면 2차 피해자화로 진행되기가 쉬운 것이다.

수사관이 범죄발생 후 피해자의 필요에 제대로 부응하지 못하는 것은 그들의 범죄피해자를 바라보는 시각이 전통적인 범죄 통제적 형사사법 모델에 기반을 두고 있기 때문이다. 전통적인 범죄 통제적 형사사법 모델에서는 범죄피해자는 단순한 증거방법의 일종으로서 범인의 검거와 공소유지 그리고 가해자에 대한 형사 처벌에 기여하는 자로서 단지 형사절차상의 객체에 불과한 것으로 인식하고 있기 때문이다. 이러한 모델 하에서는 형사사법기관 종사원들의 범죄피해자에 대한 인권의식이 약화되어 있을 것으로 추정할 수 있다.

형사사법기관 종사원들이 범죄피해자에 대하여 어떠한 인식을 하고 있는지에 관한 실증적 연구물로서는 경찰관에 관련된 내용 외에는 찾아보기 어렵다. 따라서 여기서는 수사경찰의 범죄피해자에 대한 인식에 중점을 두고 언급하고자 한다.

## 2. 수사관의 범죄피해자보호에 대한 의식과 태도

### 가. 의식과 태도의 개념

의식(意識, consciousness)이란 사물을 깨닫는 마음의 작용이자 사물을 분별하고 생각하는 마음을 뜻함과 동시에, 이지(理智)·감성(感性)·의지(意志)의 일체의 정신작용을 의미하기도 한다. 따라서 피해자보호에 대한 의식이 있다는 것은 종래 수사 활동에 있어서 다루어왔던 것처럼 피해자를 형사절차의 변방에 있는 단순한 객체로 취급하는 것이 아니라 범죄피해로 인하여 고통당하고 있는 구체적인 한 인격체이자 경찰의 적극적인 보호와 원조를 받아야 할 중요한 대상자로 볼 수 있는 이지·감성·의지를 갖추고 있음을 뜻한다. 한편, 태도(態度, attitude)라 함은 마음속의 뜻이 안정성과 지속성을 가지고 겉으로 나타나는 모양을 의미한다. 그러므로 피해자 보호적 태도를 지녔다는 것은 피해자의 인격을 존중하는 의식을 가지고 지속적으로 피해자를 배려하고자 하는 심적 성향을 보이고 있다는 것을 의미한다.

### 나. 범죄피해자 보호에 대한 의식·태도의 중요성

범죄피해자 보호의 문제는 우선 수사관의 범죄피해자에 대한 인권의식이 어떠한가 하는 것에서부터 출발한다. 전통적 형사사법모델의 영향 하에 있는 경찰이나 검찰은 범죄가 발생했을 때 범인검거와 공소유지에 주력하는 나머지 피해자가 겪고 있는 고통에 대해서 둔감하기 쉬웠다. 또 재판과정에서 판사들은 증인인 피해자의 심리적 상황과 처지에 둔감하여 증인신문을 전후해 범죄피해자에 대한 배려가 취약한 나머지 심리적 고통을 가중시키거나 증인의 신변에 위험을 초래하는 상황을 만들 수도 있었다. 형사절차 진행과정에서 범죄피해자들에 대한 2차적 피해를 야기 시키게 되는 근본 원인은 그들이 범죄피해자를 하나의 고유한 인격체로서 범죄충격으로부터 신속히 회복될 수 있도록 지원해주어야 할 목적적 존재로 인식하기보다는 범죄해결을 위한 수단적 존재로 취급하기가 쉬웠기 때문이다. 형사절차에 있어서 범죄피해자라는 존재를 범죄수사나 피고인의 유죄입증에 활용되는 보조수단으로만 의식하고 행동하게 되면 헌법상 범죄피해자에게 주어지고 있는 각종 기본적 인권들을 보장해 주는데 소홀할 가능성이 많다.

범죄피해자들은 형사목적달성을 위한 하나의 수단적 존재이기 이전에 인간의 존엄성과 행복추구권이 보장 되어야 하는 기본적 인권의 향유주체이다. 따라서 수사절차뿐만 아니라 재판절차에 있어서도 범죄피해자는 자율적인 인격의 주체로서 헌법상 제반 기본적 인권들을 보장 받을 수 있어야 하는 것이다.

범죄가 발생하였을 때 대부분 경우 경찰이 피해자와 최초로 접촉하게 된다. 따라서 현장에 임장하는 수사경찰이 어떤 의식과 태도를 가지고 피해자와 접촉하느냐 하는 것은 그 어느 형사사법기관 종사자들보다 중요한 것이다. 최초 대응시의 충실한 피해자보호활동은 범죄피해자의 정신적 피해회복에 중대한 영향을 미치게 되고 범죄 수사 시 적극적인 협력을 얻는 계기가 된다는 연구들이 있기 때문이다.[424] 이에 범죄수사를 담당하고 있는 수사경찰의 피해자에 대한 기본적 의식이 어떠한 가에 대하여 실증적 연구결과들을 인용하여 살펴보고자 한다.

## 다. 범죄피해자의 인권보호 의식에 관한 실증적 연구

### 1) 국민의 기본적 인권에 대한 인식

국가 형벌권 실현의 목표로서 객관적 진실규명을 꾀한다고 하더라도 그 수단과 절차는 법공동체의 기본적 법적 확신인 기본권존중과 공평성의 요청에서 벗어나지 않아야 한다.[425] 실체적 진실발견과 인권보장을 위한 적법절차의 요청이 대립하는 경우

---

424) Bree Cook, Fiona David and Anna Grant(eds), *Victims' Needs, Victims' Rights, Police and Programs for Victims of Crime in Austrailia*, pp. 46-47.
425) 신동운, 형사소송법1, 1997. p. 11.

어느 선에서 이를 조화시킬 것인가 하는 문제는 형사소송법이 안고 있는 중요한 과제라고 할 수 있을 것이다. '범인검거'와 '시민의 사생활보호'는 형사소송의 주요 이념이라고 할 수 있는 실체적 진실발견과 인권보장의 양대 이념의 표현인 바, 이 양대 이념이 충돌할 경우 과연 어느 쪽에 무게중심을 두고 수사 활동을 할 것인가와 관련하여 경찰관의 기본적인 의식을 알아볼 필요가 있다.

이와 관련하여 수사경찰관에게 '범인을 검거하지 못하는 한이 있더라도 시민의 사생활이 침해되어서는 안 된다.'라는 질문을 던진 후 그 질문에 대하여 어느 정도 동의하는지를 알아본 연구물이 있다.426) 아래 표에 의하면 전체 응답자(937명)의 66.7%(625명)가 '범인검거와 시민의 사생활 보호가 갈등할 때 시민의 사생활보호를 우선으로 한다.'는 견해에 '동의하는 편'이거나 '전적으로 동의한다.'고 응답함으로써 범죄통제를 위한 전통적 형사사법의 목적달성과  형사절차 속에서 개개인의 인권보장이 충돌할 때에는 개인의 인권보호 쪽에 보다 무게중심을 두겠다는 의지가 있는 것으로 분석되고 있는 것이다.

**(표 10) 시민 사생활보호를 우선할 것인가에 대한 의식**  (단위 : %)

| 구 분 | | 전혀 동의않음 | 동의 않는 편 | 그저 그렇다 | 동의 하는 편 | 전적으로 동의함 | 합 계 |
|---|---|---|---|---|---|---|---|
| 근속기간 | 5년 이하 | 3.3 | 13.3 | 30.0 | 32.2 | 21.1 | 9.6 |
| | 6 ~ 10년 | 2.4 | 10.8 | 23.4 | 46.1 | 17.4 | 17.8 |
| | 11 ~ 15년 | 2.0 | 12.5 | 22.2 | 39.5 | 23.8 | 26.5 |
| | 16 ~ 20년 | 2.4 | 8.8 | 17.1 | 46.5 | 25.3 | 18.1 |
| | 21년 이상 | 3.1 | 8.8 | 14.9 | 40.1 | 33.2 | 28.0 |
| 합 계 | | 2.6 | 10.6 | 20.2 | 41.4 | 25.3 | 100.0 |

---

426) 이정수, "수사경찰의 의식에 관한 연구", 형사정책연구 제2권 제1호, 1991. p. 47.

여기에서 시민의 개념 속에 범죄피해자가 포함될 것인가에 대해서는 논란의 여지가 있다. 그러나 수사를 함에 있어서 시민의 기본적 인권을 존중하는 자세는 피해자 수사 시 피해자보호활동에 긍정적인 영향을 주리라고 생각되기에 이러한 분석결과는 경찰의 피해자수사의 미래를 밝게 할 수 있는 긍정적 신호라고 보인다.

## 2) 범죄피해자의 처지에 대한 일반적 태도

이 항목은 수사경찰이 일반적으로 범죄수사를 함에 있어서 피해자의 입장을 얼마나 고려하는지를 알아볼 수 있는 항목이다. 여기서는 아래 표에서 보는 바와 같이 응답자(927명)의 90.1%(836명)가 '피해자의 처지'에 대하여 깊은 관심을 갖고 이를 고려하면서 업무수행을 하고 있다고 답변하였다.[427] 이는 일반적 수사 활동 시 수사경찰관이 피해자보호에 호의적인 태도를 갖고 있는 것으로 해석된다. 수사경찰관들은 수사를 진행할 때에 피의자의 처지에 대한 고려보다는 피해자에 대한 고려가 더 높은 것으로 나타나고 있다. 피해자의 처지에 신경을 쓴다고 답한 경찰관은 89.6% 이었는데 비해 피의자의 처지에 신경을 쓴다고 답한 경찰관은 67.2% 정도에 그쳤다.

**(표 11) 피해자에 대한 상대적 관심수준** (단위 %)

| 구 분 | 전혀 신경안씀 | 신경 안쓰는편 | 그저 그렇다 | 신경 쓰는편 | 많이 신경씀 | 합 계 |
|---|---|---|---|---|---|---|
| 피해자의 처지 | 0.7 | 1.7 | 8.0 | 57.4 | 32.2 | 100.0 |
| 피의자의 처지 | 2.7 | 7.0 | 23.1 | 52.9 | 14.3 | 100.0 |

그러나 이러한 피해자처지에 대한 깊은 관심이 곧 경찰수사에 대한 피해자만족도와 직결된다고 보기는 어렵다. 경찰의 피해자수사는 수사를 수행하는 경찰관의 의식이나 태도, 행태에만 영향을 받는 것이 아니라 오래된 수사관행, 법률, 제도와 같은 외부

---

427) 이정수,"수사경찰관의 의식에 관한 연구",형사정책연구 제2권 제1호, 1991. p. 50.

적 수사환경의 영향을 아울러 받기 때문이다.

### 3) 참고인 인권 보다는 범인검거를 우선하는 태도

수사경찰관의 참고인 등에 대한 인권의식을 '참고인 등이 받는 불이익'과 '범인검거'라고 하는 두개의 가치 중 어느 것을 우선순위에 두는가 하는 것을 비교하는 방법으로 조사한 한 연구결과에 따르면, '범인의 검거를 위하여 필요하다면 참고인 등이 다소 불이익을 당하더라도 어쩔 수 없는 일이다'라고 하는 설문에 응답한 수사경찰관(183명)이 53%(97명)에 이르렀다. 이들은 전통적인 범죄 통제적 형사사법의 중요한 목적 중의 하나인 범인검거라는 목적달성을 위하여 참고인의 이익을 희생하는 것에 '동의하는 편'이거나 '전적으로 동의한다.'고 답함으로써 이에 동의하지 않는다는 응답인 32.2%(59명)보다 19.8%나 높게 나타났다(아래 표 참조).[428]

### (표 12) 범인검거시 참고인 등이 받는 불이익에 대한 태도 ( 단위 : % )

| 구　　　분 | 전혀<br>동의않음 | 동의<br>않는 편 | 그저<br>그렇다 | 동의<br>하는 편 | 전적으로<br>동의함 | 합　　계 |
|---|---|---|---|---|---|---|
| 총　　　계 | 8.7 | 23.5 | 14.8 | 47.5 | 5.5 | 100.0 |

이 참고인의 범주에 피해자를 포함시킬 수 있다고 볼 때 수사경찰관이 피해자 인권보호보다는 여전히 범인검거라는 응보적 관점의 전통적 형사사법체계의 패러다임에 익숙해져 있다는 것을 보여주고 있다 하겠다. 즉, 수사경찰관은 범죄피해와는 무관한 일반 시민들에 대한 인권보장은 상당한 정도로 의식하면서도 피해자에 대해서는 '범인검거를 위하여 당연히 고통을 감수해야 할 자'라는 식의 '형사절차의 국외자' 관념을 지니고 있음을 암시하고 있는 것이다. 이러한 '응보적 관점'하에서는 경찰 수사 활동이

---

428) 박우현, "경제범죄에 대한 수사경찰의 의식에 관한 연구", 연세대학교 행정대학원 석사학위 논문, 1997. pp. 46-47.

범인검거와 처벌이라는 목적을 달성하기 위한 수단으로 간주되고 이에 따라 피해자도 이러한 작용에 기여하는 단순한 보조자로 평가될 뿐이어서 형사절차 속에서 제대로 보호받기가 어려워진다고 볼 것이다.

### 4) 피해자의 범죄유발에 관한 인식

피해자가 가해자의 범행을 유발할 가능성이 있는 것이 사실이지만 피해자가 범죄유발에 대하여 책임이 있다고 보는 수사경찰관들은 피해자수사에 있어서 선입견(prejudice)나 고정관념(stereotyping)을 가지기 쉽다. 이러한 선입견이나 고정관념은 수사에 있어서 제2차적 피해를 야기할 가능성이 있음을 시사한다. 그러므로 피해자의 범행결과에 대한 유책성 여부를 안일하게 파악해서는 안 될 것이다. 즉 범죄 종류별로 전통적으로 답습하여 내려온 '신화적 고정관념'을 버리고서,[429] 피해당시의 가해자와 피해자와의 관계, 범행당시의 상황과 여건, 범행의 동기 등을 토대로 종합적으로 판단하여 피해자의 범행 관련여부를 파악해야 하는 것이다.

설사 범행을 유발하는데 기여한 사실이 객관적으로 밝혀진다 하더라도 조사과정서 피해자의 행실을 비난하거나 인격을 모독하는 등 수치심을 유발하는 언행은 삼가야 피해자수사가 원활히 진행될 수 있다. 특히 사회적 약자인 아동·여성·노인을 상대로 피해자조사를 하는 경우에 수사관은 더욱 주의를 해야 한다.

경제범죄 수사를 담당하는 경찰관을 상대로 실시된 최근의 연구결과에서는 피해자유책성을 부정하는 답변이 28.2%인 반면, 이를 긍정하는 답변이 아래 표에서 보는 바와 같이 55.8%에 이르고 있다.[430] 이는 수사경찰관들의 거의 절반 정도가 범죄피해 결과에 있어서 피해자에게 무엇인가 문제가 있다고 생각하고 있다는 것으로써 조사과정에서 피해자를 비난하는 행태를 보일 가능성이 있다는 것을 암시해주고 있는 것이다.

---

429) 예컨대 강간죄의 피해자는 보통 행실이 나쁜 여성이라고 본다든지, 혹은 전혀 책임이 없는 부녀자라고 인식하는 것과 같은 것들로서 이와 같은 획일적 사고는 일종의 '강간신화'에 해당하므로 보다 객관적인 이해가 필요하다는 것이다.(M. Amir, *Patterns in Forcible Rape*, 1971.; 富澤浩一, 장규원 (역), "被害者學 硏究", 수사연구, 1997년. p. 79.; 장규원, "범죄피해자의 특성과 그 유책성", 형사정책연구 제9권 제2호 (통권 제34호), 1998, 여름호, p. 78.

430) 박우현, 전게논문, p. 45.

**(표 13) 피해자의 범죄유발에 대한 인식**　　　　　　　　　　　　　　　　（단위 : % ）

| 구　　분 | 전혀<br>동의않음 | 동의<br>않는 편 | 그저<br>그렇다 | 동의<br>하는 편 | 전적으로<br>동의함 | 합　　계 |
|---|---|---|---|---|---|---|
| 경제범죄피해자들은<br>스스로 피해를<br>자초한 자이다 | 5.0 | 23.2 | 16.0 | 48.6 | 7.2 | 100 |

　　이러한 범죄피해에 대한 피해자 유책성 인식은 강간사건 수사를 담당한 수사경찰관에 대한 조사에 있어서도 유사한 결론이 도출되고 있다. 이정수의 1991년 연구결과에 따르면 범죄결과에 대하여 피해자의 유책성을 긍정하는 답변이 강력사건의 경우에는 전체응답자(934명)의 23%, 강간사건의 경우에는 57.8%에 이르렀다고 한다.[431]

　　생각건대 이러한 수사경찰관들의 의식이 피해자에 대하여 2차적 피해를 야기 시키고 있는 것으로 단정하기는 어렵지만, 적어도 수사경찰관이 성폭력사범 수사 시에 선입견을 가지고서 피해자에 대해 유책성 발언을 할 가능성이 높은 것으로 추정할 수는 있을 것이다. 수사경찰의 현장수사실태를 조사한 연구결과에 의하면 이러한 추정에 신빙성을 더해 준다. 피해자 조사과정에서 수사경찰이 다음과 같이 행동한 것을 그 예로 들어볼 수 있다. 즉, 피해자가 여관에 따라간 경우에는 사정이 어떠하건 간에 피해자가 강간을 유발한 것으로 의심하며 질문하는 사례, 피해자가 가출한 상태에서 강간당하였으므로 피해자의 행실에 대하여 부정적 시각을 가진 나머지, "혹 범인이 강간을 할 때 피해자가 좋아서 응한 것 아닌가요?"라고 묻는 사례, 현장에서 소리를 지르지 않았으므로 화간일 가능성으로 보고 조사하는 사례 등과 같은 것이다.[432]

---

431) 이정수, "수사경찰관의 의식에 관한 연구", 형사정책연구 제2권 제1호, 1991. p. 60.
432) 정현미, "성폭력범죄 형사절차상 2차적 피해", 한국피해자학회 제8호, 1999. pp. 180-182.

## 제2절 수사관의 의식개혁 추진

수사관이 국민의 전폭적 신뢰를 얻으려면 제반 형사사법제도의 환경을 개선함과 동시에 그 내부에서 근무하고 있는 각 개개인의 의식과 태도가 개선되어야 한다. 이를 위해서는 국민을 고객으로 간주하여 고객만족(CS: customer satisfaction)을 지향한다는 차원에서 형사사법 활동을 전개하려는 자세가 필요하다. 과거 형사사법 기관이 '수동적 법집행자'나 '범죄투사'로서의 역할을 수행해 왔다면 오늘날에는 '문제해결 자' 혹은 '사회봉사자'로서의 태도가 요청되고 있다.[433]

이것은 시민과의 활발한 사회적 관계형성 즉 교감을 전제로 한다. 형사사법기관은 피의자의 인권을 존중하는 수사를 하면서도 사건해결을 위해 피해자를 포함한 일반 시민과 활발히 교감하는 가운데 적극적인 협력을 얻어내야 하는 것이다.[434] 이를 위해서 수사관의 고질적인 병폐로 지적되고 있는 위압적인 형사절차 관행·불친절·피해자에 대한 무관심 등과 같은 업무행태를 개선하여야 하는데 이러한 행태개선의 출발점이 바로 수사관으로서 바른 의식과 태도를 갖는 일일 것이다. 이러한 바른 의식과 태도를 갖기 위해서는 선입견이나 고정관념을 버릴 수 있어야 하며, 범죄피해자 인권보호의 중요성을 깊이 되새겨야만 한다.

## 1. 선입견 · 고정관념의 배제

수사관은 무엇보다도 피해자에 대한 선입견(prejudice)이나 고정관념(stereotyping)을 버릴 수 있어야 한다. 예컨대 강력사건 발생현장에 출동하는 수사관이 고정관념에

---

433) 경찰대학, 지역사회경찰론, 2003. p. 2.

434) 수사관이 익혀야 할 이러한 '상호교감'의 기술은 경찰관의 전문성을 높여주며, 각종 우발적인 위해행위를 미리 차단하는 효과를 가져온다.. 이러한 교감을 통한 수사권 행사는 communicating authority로 표현할 수 있다. Jean Reynolds는 효과적인 교감형성을 위해서는, ① 말의 위력에 대한 철저한 이해, ② 공포, 분노, 열등감을 자극하는 언행의 자제가 필요하고, ③ body language 와 같은 비언어적 행동으로도 교감할 줄 알아야 하며, ④ 긴장상황에서는 물리력을 사용하기 전에 상대방의 자발적 협력을 먼저 구해야 하고, ⑤ 문제해결 수단으로 적정한 언어를 구사할 수 있는 훈련과, ⑥ 수사진행절차에 관해서 시민에게 정보를 제공해주는 성의가 필요하며, ⑦ 경찰관으로서 성급한 행동이나 과잉반응이 없었는지 스스로를 반성하면서 역지사지할 수 있는 감수성을 길러야 한다고 주장한다. (Jean Reynolds & Mary Mariani, *Police Talk*, Prentice Hall, 2002. pp. 4-7).

사로잡힐 경우 매우 위험한 상황이 벌어질 수 있다.435) 현장에 출동한 경찰관의 고정관념은  수사관으로 하여금 행태적 오류를 유발시키는 것이다. Charles R. Swanson 등은 출동하는 경찰관의 전형적 고정관념으로 인해 피해자가 경찰로부터 2차 피해를 당하거나 범인 검거에 실패함으로써 피해상황을 바로 단절 시키지 못하는 경우를 3가지 유형으로 나누어 제시하고 있는 바, 신체적(physical), 행위적(actional), 상황적(situational) 고정관념 등이 그것이다.436) 행위적 고정관념(actional stereotyping)에 관한 예에 따르면 출동하는 경찰관은 통상 범죄현장에서 급히 뛰어나오거나 도망하는 자는 모두 범인이라고 보기 쉬워서 이때는 피해자가 2차 피해를 당할 수도 있다는 것이다. 미국 어느 경찰서에서, 편의점 강도가 검거된 후 자백하였던 내용에 따르면, 자신이 범행을 하였을 때 현장에 경찰이 출동하였으나 서두르지 않고 평범한 태도로 유유히 걸어 나가자 전혀 자신을 검문하지 않았다는 것이다. 다른 사례에서는 강도신고를 받고 출동한 경찰관이 업소에서 뛰어나오고 있는 이들에게 정지명령을 내렸으나 계속 도망하자 범인으로 알고 발포하였는데 이들은 범인이 아니라 목격자나 범죄피해자였다는 것이다.437)

이와 같이 신고를 받고 출동한 경찰관이 이러한 전형적 고정관념 때문에 범인을 검거 못하거나 잘못 대응함으로써 피해가 악화되거나 경찰관에 의한 2차 피해자화가 진행될 수 있는 것이다.  우리나라에서도 모 지방경찰청 소속 파출소 직원이 범죄 신고를 받고 현장에 출동하는 과정에서 범인에게 대항하기 위해 각목을 들고 있었던 한 시민을 범인으로 잘못알고 총격을 가하여 사망케 한 사건이 발생하였다.438)

이러한 2차 피해자화 현상은 진술증거를 수집하는 수사기관 종사자들의 고정관념으로 인해서도 발생할 수 있다. 예를 들면 다음과 같은 그릇된 '피해자 신화(myths about victims)'를 가지고서 피해자를 대하는 경우이다. 즉, "폭행당한 부녀자는 반드시 상대방을 처벌하기를 원한다, 남자라면 매력적인 여성에게 이끌리기 마련이어서 이

---

435) Charles R. Swanson, Neil C. Chamelin and Leonard Rerrito, *Criminal Investigation,* McGraw Hill, 2000, p. 377.
436) Charles R. Swanson, Neil C. Chamelin and Leonard Rerrito, *ibid.,* pp. 377-378.
437) Charles R. Swanson, Neil C. Chamelin and Leonard Rerrito, *ibid.*
438) "시민을 범인으로 오인하여 총격", 인터넷 경향신문, 2002. 11. 4. 일자.

는 어찌할 수 없는 것이다, 여성이 순순히 응했다면 이것은 강간이 아니다, 여성은 은근히 얻어맞는 것을 즐긴다, 가정 내에서의 폭행은 사랑싸움이다, 오직 저소득층에서만 가정폭력이 존재한다." 등과 같은 것들이다.[439]

이를 토대로 살피건대 2차적 피해자화로의 진행을 예방하기 위해서는 수사관에 대한 사전 교육훈련을 통하여 고정관념이나 선입견에 의하여 피해자가 고통을 겪은 사례 등을 많이 발굴하여 그 해악 성을 충분히 주지시킬 필요가 있다고 본다.

## 2. 범죄피해자 인권보호에 대한 중요성의 재인식

1985년 유엔총회에서는 "범죄와 권력남용 피해자를 위한 정의구형에 대한 기본원칙 선언"이 채택되었다.[440] 이러한 선언이 나온 것은, 전 세계 수백만의 사람들이 범죄와 권력남용이 결과로 해를 입었음에도 불구하고 이러한 피해자들의 권리가 제대로 인식되지 못하고 있으며, 범죄 및 권력남용의 피해자들과 그들의 가족, 목격자들이 부당한 손해나 피해 및 신체적 부상을 당하고 있으며 더 나아가 가해자에 대한 수사와 기소에 협조하는 과정에서 고초를 당하고 있다는 현실인식에서 비롯된 것이었다.

이 선언의 주요한 내용으로는 범죄와 권력남용의 피해자의 권리들에 대한 광범위하고 효과적인 인식과 존중을 공고히 하기 위해 국가적 국제적 조치들을 채택하여야 할 필요성이 절실하다는 것이며, 모든 국가들이 이러한 피해자의 권리신장을 위해 노력하되, 피의자나 피고인의 권리가 침해당하지 않도록 해야 하고, 피해자를 보호하는 수단과 방법의 향상을 위한 국가적·국제적 차원의 노력을 기울이는 회원국에 대하여 필요할 때마다 지원을 할 수 있도록 한다는 내용 등을 담고 있다.

이 선언의 세부추진 사항으로는, ① 피해자화를 줄이고 실의에 빠진 피해자들에 대한 지원을 진작시키기 위한 사회정책, 보건정책, 교육정책, 경제정책 및 구체적인 범죄예방 정책들을 입안할 것, ② 범죄예방에 대한 지역공동체의 노력과 주민의 참여를 진흥시킬 것, ③ 피해자화 감소와 피해자 지원을 지향하는 협력적 활동과 연구를 지원하

---

439) Jean Reynolds & Jajor Mary Mariani, *Police Talk,* Prentice Hall, 2002. pp. 48-50.
440) UN Declaration of Basic Principles of Justice for Victims of Crime and Abuse of Power(GA/RES/40/34), November 29. 1985.

고, 가장 효과적인 방안강구를 위한 정보의 교류를 진흥시킬 것, ④ 피해자화를 줄이고 피해자의 고통을 경감시켜 주는 조치를 취하기 위해 지원을 요청하는 정부에 직접적인 원조를 제공할 것 등이 제시되었다. 이처럼 피해자 인권보호를 위한 움직임은 이제 거부할 수 없는 국제적 흐름이 되기에 이른 것이다.

미국 학자 Sampson과 Scott는 시민의 삶의 질을 향상시키기 위한 지역사회 경찰활동이 지향하는 주요한 3가지 특징으로, ① 경찰과 대중간의 협력의식(creating police-public partnerships), ② 경찰과 피해자지원 단체와의 긴밀한 협력 하에 피해자를 지역공동체의 여러 지원시설에 연계시켜 줌으로써 피해자에 대한 서비스를 강화하는 것(enhancing services to victims), ③ 지역공동체의 범죄를 감소시키기 위해 특정지역에 대한 범죄분석을 통한 문제해결기법(problem solving technique)을 활용하는 것 등을 제시하고 있다. 여기에서 보는 것처럼 지역주민을 위한 경찰활동은 이제 피해자보호 지향적 경찰활동(victim-oriented policing)이어야 한다고 말하고 있다.441)

위에서 살펴본 바와 같이 민주주의가 발전하고 시민의 인권이 어느 시대보다도 존중되어야 하는 오늘날에 와서는 형사사법기관의 제반 활동도 범인검거와 증거수집을 통한 범법자 처벌이라는 범죄통제적인 시각만을 가지고 범죄발생 상황에 수동적으로만 대응(reactive response) 하는 형태가 되어서는 곤란한 시대가 되었다. 이미 발생한 범죄에 단순히 대응하는 수준에 머물러서는 안 되고, 추가적인 범죄발생이나 피해발생을 막고자 하는 사전적 대응(proactive response)이나 예방적 차원의 대응(preventive response)을 통한 피해자 보호적 접근(victim-oriented approach)이 필요한 시대에 접어든 것이다. 이러한 경찰활동의 이면에는 범죄피해를 당한 피해자의 인권에 대한 배려가 깃들어 있는 것이다. 따라서 앞으로의 경찰활동은 피의자의 인권을 존중하여야 한다는 전통적인 원칙에 덧붙여서 피해자의 인권 또한 소중히 여기는 방향으로 전개되어야 한다고 할 것이다.

---

441) Merry Morash, *The Move to Community Policing*, Sage, 2002. p. 182.

# 제3절 범죄피해자에 대한 대응 행태의 문제

## 1. 행태의 개념

행태(behavioral patterns)라 함은 일정하게 지속되는 특정한 행동의 성향을 말한다. 태도(Attitude)와 행태와의 차이점은 전자가 일정하게 지속되는 심적 성향임에 비하여 후자는 일상생활에 일정한 경향을 가지고 나타나는 개인의 구체적 행동방식이라는 점에서 차이가 있다. 예컨대 범죄 신고에의 대응, 정보제공, 현장보존, 현장에서의 위기 개입, 신변보호조치, 압수수색 행위, 피해자로부터의 진술청취와 조서작성 등의 행위 등이 모두 하나의 행태를 이루고 있다고 보는 것이다.

수사관의 범죄피해자 업무처리 행태를 여러 가지로 나누어 볼 수 있겠으나 여기서는 형사사법기관의 각 유형별 업무처리 행태를 살펴보기로 한다. 즉, 경찰·검찰·법원과 같은 기관들이 각각 어떠한 행태로 범죄피해자보호업무에 임하고 있는가를 살펴보는 것이다.

## 2. 수사기관의 수사행태

### 가. 범죄신고에의 대응

미국 미시간 대학에서 수행 된 한 연구결과에 의하면 수사경찰의 대응에 대한 범죄피해자의 만족도(victim satisfaction) 결정 변수로는 경찰대응의 신속성 여부(expectation of response time), 현장임장 경찰관의 의지와 노력정도(investigative effort), 경찰의 전문성(professionalism) 등인 것으로 조사되었다.442) 즉 범죄발생시 이에 대응하는 경찰관의 자세와 전문성이 피해자인 시민들의 수사서비스 만족도와 상관

---

442) Steven G. Brandl and Frank Horvath, "Crime-Victim Evaluation of Police Investigation Performance", *Journal of Criminal Justice* Vol. 19, pp. 109-115.; 이 연구결과에 따르면, 피해자의 교육수준·성별·피해자의 소득수준 등은 범죄피해자의 만족도와 별 상관관계가 없는 것으로 나타났다.

관계가 있는 것으로 나타났다는 것이다. 미국 미시간 주립대학의 Steven G. Brandl 과 Frank Horvath는 경찰관의 출동이 피해자가 예상한 시간보다 빨랐을 때는 피해자 만족도가 100%였던 반면, 출동시간이 피해자 예상시간과 같거나 느렸을 경우에는 각각 만족도가 63%, 22%로 나타났다는 연구결과를 제시했다.443) 이것은 경찰이 무엇보다도 범죄현장에 신속히 출동하는 것이 피해자 보호에 기여하는 것이며 또한 경찰에 대한 신뢰형성에 크게 기여한다는 것을 의미하고 있는 것이다.

최인섭 등이 실시한 경찰활동에 대한 시민의 태도조사에서도 '범죄사건이 발생하여 신고한다면 경찰은 즉시 출동할 것이다'라는 설문에 대하여 긍정적인 답변(그런 편이다, 매우 그렇다)의 비율이 67.3%에 이르러, 부정적인 답변 28.7%와 대조를 이루고 있는 것을 볼 때에, 범죄신고 시 신속 대응이라는 측면에서는 범죄피해자를 포함한 시민들이 비교적 긍정적 반응을 나타내고 있는 것으로 보인다.444)

그러나 일정한 준비 없이 현장에 신속한 접근을 하는 것만이 항상 최선의 결과를 가져온 것은 아니기에 현장분석을 통한 전략적 접근이 필요하며 현장임장시 발생할 수 있는 각종 고정관념에 따른 각종 오판에도 유념하는 자세가 요청되고 있다. 이러한 사전 분석과 전략이 없으면 신속한 현장임장이 오히려 더 큰 문제를 유발시킬 수 있기 때문이다. 아울러 이와 같은 초동수사를 전개할 경우에 범죄피해자를 배려하는 수사 활동을 전개하여야만 신속한 현장대응으로 인하여 얻은 국민의 신뢰를 지속시키고 강화시켜 나갈 수 있을 것이다.

## 나. 범죄피해자에 대한 정보제공

앞서 살핀 바와 같이 현행 형사소송법(제258조, 제259조)·특정범죄신고자등보호법(제15조)·가정폭력범죄의 처벌 등에 관한특례법(제5조 4호)·민원사무처리에 관한법률(제10조) 등에서와 민원사무처리에 관한법률시행령(제33조)·범죄수사규칙(제66조)과 같은 법률·법규명령·행정규칙 등에서 수사기관의 피해자에 대한 정보제공의 근거나 지침을 마련해 놓고 있다.

---

443) Steven G. Brandl and Frank Horvath, *ibid.* p. 115.
444) 최인섭 외 2, 전게논문. p. 112.

그러나 민원을 제기한 피해자를 비롯한 많은 시민들이 실제로 이러한 구제수단을 활용하는 것을 보기 어려운데 그 것은 민원인들이 수사기관에게 이러한 민원처리사항에 대하여 통보해줄 의무가 있는 것인지 여부를 잘 모를뿐더러 적절한 정보제공이 이루어지지 않을 때 어떠한 구제방법이 있는지에 대해서도 잘 알지 못하고 있는 까닭이다. 가정폭력범죄의 처벌 등에 관한특례법 제5조 제4호에는 가정폭력범죄에 대하여 신고를 받은 경찰관이 폭력행위의 재발 시 제8조의 규정에 의하여 피해자에게 임시조치 신청권이 있음을 통보할 의무가 규정되어 있다. 하지만 이에 대하여 아무런 절차규정이 없어 결국 수사경찰관에게 직권발동을 촉구하는 정도의 의미를 가지는 것으로 밖에 해석할 수 있기에,445) 결국 경찰관들이 이러한 통보의무를 잘 숙지하지 못하여 정보제공이 이루어지지 못한다면 피해자들은 자신들의 권리조차도 잘 인식하지 못한 경우가 발생할 것이다.

피해자 물건을 압수한 경우 그 압수물에 대한 환부·가환부 신청권(형사소송법 제133 내지 134조, 제333조)이 있다는 것도 피해자가 알아야 할 정보 중의 하나라고 보이지만 형사소송법이나 범죄수사규칙 등의 규정에는 압수증명서 등을 교부해주어야 한다는 것 외에 피해자가 압수물에 대해서 갖는 이러한 권리에 대해서 사진 고지하도록 하는 규정이 없어서 압수과정에서 피해자가 자신의 권리를 충분히 숙지하지 못할 가능성이 많다.

피해자의 신원·사생활의 비밀보장(성폭력범죄의처벌및피해자보호등에관한법률 제21조 제1항, 가정폭력범죄의 처벌 등에 관한특례법 제18조 제1항, 제2항), 수사 및 재판 시 필요한 경우 신뢰관계에 있는 자 등의 동석이 가능하다는 내용(특정범죄신고자등보호법 제6조 제1항, 성폭력범죄의처벌및피해자보호등에관한법률 제22조의 2, 아동복지법 제28조), 재판 시 증인신문의 비공개를 신청할 수 있다는 내용(성폭력범죄의처벌및피해자보호등에관한법률 제22조) 등에 대해서도 정보제공에 대한 의무조항이 없기 때문에 각 수사경찰관들의 피해자보호를 위한 자발적인 노력이 없을 경우 제대로 권리고지나 정보제공이 이루어지지 못하고 있다고 볼 수 있다.

우리나라의 형사절차상 배상명령제도, 범죄피해자구조제도, 민사상 손해배상청구제

---

445) 한국형사정책연구원, "가정폭력범죄의 형사절차상 위기개입 방안 연구", 2001. p. 153.

도와 같은 범죄피해보상을 위한 제반 제도의 운영도 수사절차에서 정확한 정보제공이 이루어질 때 피해자에게는 큰 도움이 될 수 있다. 수사에 임하는 수사관들은 이러한 제도의 취지와 보상의 요건, 내용, 한계에 관해서 충분히 숙지를 하고 충분히 안내를 해주어야 함에도 피해자들의 입장에서 보면 불충분하다고 느끼고 있어서 이에 대한 개선이 요구된다고 하겠다.[446]

## 다. 현장 위기개입

최근 절도나 단순강도 범죄의 경우 인질강도로 변할 수 있는 가능성이 많고, 검거 과정에서 인질범을 효과적으로 분리시켜 검거하지 못함으로 말미암아 피해자가 사망하거나 중상을 입는 사례도 있어 피해자보호에 있어 취약점으로 간주되고 있다.

근래의 인질강도 사건의 발생추세를 보면, 2001년을 기준으로 지난 4년간 꾸준히 증가하고 있는데, 그 증가율이 연평균 74.4%라고 한다.[447] 근래에는 히로뽕 등 마약중독자나 정신병자, 경제파탄이나 인간관계파탄에 의한 우발적 인질사건의 발생가능성이 점점 높아지고 있기 때문에 이로 인한 범죄피해의 가능성이 더 커지고 있다고 보인다.[448] 미국 CIA에서는 인질범에 대처하기 위하여 인질협상 팀을 구성하고 전문요원을 양성하고 있다고 하는데 이러한 전문협상 팀의 양성도 중요하지만 처음 현장에 임하는 수사관이 현장상황분석을 정확히 하면서 전략적으로 접근하는 교육훈련이 우선 요청된다고 보인다.

한편, 범죄현장에서 범인을 격리·체포함으로써 지속적·추가적인 피해를 예방할 수 있는 것 중 대표적인 것으로 가정폭력범죄(domestic violence)를 들 수 있다. 가정폭력에서 주로 문제가 되는 것은 배우자 폭행이나 아동학대의 경우인데 이 중에서 경찰에 대한 보호요청과 관련하여 미묘한 입장에 있는 것이 배우자 폭행에 의한 가정폭력사건이다. 우리나라의 경우도 이러한 가정폭력범죄에 대처하기 위하여 앞서 본 바와 같이 1997년에 가정폭력방지 및 피해자보호 등에 관한법률(법률 제5487호)과 가정폭

---

446) 한국형사정책연구원, 상게논문, p. 153.
447) 2000년 한 해 동안 인질강도 사건은 총 73건이 발생했으며, 그 중 74명이 검거되었고, 약취유인사범은 352건이 발생해서 368명이 검거되었다 (경찰청, 인질범죄 대응요령, 2001. p.5).
448) 경찰청, 상게서, p.3-6.

력범죄의 처벌 등에 관한특례법(법률 제5436호)을 제정함으로써 현장에 출동한 경찰관으로 하여금 폭력행위의 제지·격리조치, 관련보호시설에 인도, 임시조치신청 권고 등의 초동조치를 취하게 하는 법적 근거를 마련하였다.

경찰권발동의 한계이론과 관련된 전통적인 입장에 따르면 시민들의 사적인 영역에는 국가권력이 개입하지 않음을 원칙으로 하고 있었고 위와 같은 가정폭력에 관한 특별법이 제정되기 이전의 사회분위기는 어느 정도의 가정폭력은 순수한 가정문제로서 국가가 개입할 성질의 것이 아닌 것이라는 사회분위기가 있었다. 심지어 미국의 결혼과 가정문제에 관한 전문적 간행물에서조차 1971년까지 배우자 폭행문제를 다루지 않았다.[449] 이후 미국에서 가정폭력에 따른 피해자 보호입법이 추진되었으나 많은 경찰기관은 가정폭력에 따른 신고를 받게 되면 출동 및 개입에 신중을 기하였는데 그 이유 중의 하나는 상대방 배우자의 체포로 인해 가정경제가 어려움에 빠질 수 있기 때문이었다. 이에 경찰은 신고를 면밀히 검토하고 비교적 가정폭력을 경미한 범죄로 분류하는 경향을 보였던 것이다. 우리나라 일선 수사현장에서도 가정폭력사건을 수사하는 과정에서 피해자가 경찰에 신고한 것을 후회하거나 수사를 중단해주기를 바라는 사례가 있었으며,[450] 그 밖의 여러 가지 이유로 가정폭력사건에 비교적 안일하게 대처하는 행태가 있어왔다. 그러나 가정폭력의 경우 경찰관이 신속히 개입하여야 할 일종의 위기상황의 한 유형이라고 보고, 이러한 위기에 효과적으로 개입할 수 있는 방안의 모색이 적극 검토되어야 할 것이다.

---

449) 미국의 가정문제에 관한 간행물인 Journal of Marriage and the Familiy 등에서는 1971년 까지 공식적으로 이러한 배우자 폭행을 다루지 않아왔으나 1970년대 중반에 페미니스트 그룹을 비롯한 다수의 학자들이 이 분야에 지대한 관심을 보이면서 피해자보호대책을 주장하고 입법을 추진하기에 이르렀다고 한다 (Harvey Wallace, *Victimolgy*, Califonia State University, 1998, p. 157. ; John E. O'Brien, *Wemen Abuse: Facts Replacing Myths,* 33 Journal of Marriage and the Family, pp. 362-398).

450) 2000년도에, 전남지방경찰청 산하 모 경찰서 형사계에서 피해자인 부인에 의해 가정폭력사건을 접수하고 수사를 진행하던 중 피해자가 폭행한 남편에 대한 수사를 중단해줄 것을 요청하였으나 거부당하자 이에 대해 거칠게 항의한 사례가 있었다.

## 라. 범죄피해자 신변보호

1999년 서울시에 거주하는 20세 이상의 성인 남녀 1000명을 대상으로 형사정책연구원이 실시한 설문조사와 그 분석결과에 따르면 범죄 신고자의 신변보호조치가 범죄 신고자들에게 매우 중요한 관심사임을 시사해주고 있는 것을 볼 수 있다.451) 이 범죄 신고자에는 범죄피해자가 포함되기 때문에 이 연구결과들을 토대로 피해자신변보호조치와 관련된 문제들을 살펴보기로 한다.

위 연구조사의 설문에 응했던 시민의 83.4%가 '범죄 신고자들에 대한 보호조치가 미흡하면 보상금을 아무리 많이 지급해도 범죄 신고율은 높아지지 않을 것이다'라는 설문에 긍정적으로 답하였으며,452) 범죄 신고자가 보호를 받아야 할 여러 가지 영역이 있다면 그 중에 무엇보다도 보복행위로부터 보호받는 것이 무엇보다 중요하다고 인식하고 있었다. 즉, 명예나 사생활 보호(18.0%), 생계 보장(5.7%), 직장 문제(5.5%)보다도 보복피해를 당할 가능성으로부터의 보호(66.5%)가 압도적인 관심사인 것으로 나타났다.453)

한편, '현재 수사기관에서 범죄 신고자를 보호하는 문제에 많은 관심을 기울이고 있다'라는 설문에는 응답자의 20.7%가 긍정적으로 답한 반면, 응답자의 51.8%는 부정적으로 답하였으며454) '범죄 신고자가 보복의 위협을 느낄 경우 수사기관에 신고하면 관심을 갖고 보호해 줄 거라고 믿는가?'라는 설문에 긍정적 답변을 한 응답자는 38%인데 비하여, 부정적 답변을 한 응답자는 58.9%에 달하였다.455)

이를 토대로 볼 때 범죄피해를 당하고도 보복이 두렵거나 수사기관에 대한 신뢰가 부족함으로 말미암아 수사기관에 신고를 하지 않을 가능성이 많다는 것을 짐작할 수가 있다. 우리나라의 경우 특정강력범죄사건이나 성폭력범죄사건의 증인(피해자를 포함한 것으로 한다)이 피고인 기타의 사람으로부터 생명·신체에 해를 받거나 받을 염

---

451) 형사정책연구원, "범죄신고 보상제도에 관한 연구", 1999. p. 170.
452) 형사정책연구원, 상게논문, 1999. p. 170.
453) 형사정책연구원, 상게논문, p. 173.
454) 형사정책연구원, 상게논문, pp. 170-171.
455) 위 설문에 부정적으로 응답한 답변의 유형은 다음과 같은 것이었다. ① 적당히 보호해 주는 시늉만 할 것이다(38.3%), ② 업무가 바쁘다며 관심을 두지 않을 것이다(13.7%). ③ 도리어 짜증을 내며 신고자를 원망할 것이다(6.9%) (형사정책연구원, 상게논문, p. 177).

려가 있다고 인정될 때 신변안전조치를 청구할 수 있도록 하고 있고, 특정범죄에 대하여 신고·진정·고소·고발 등 수사의 단서를 제공하거나 기타 자료제출행위 및 범인검거를 위한 제보나 검거활동을 한 범죄신고자 및 그 친족 등이 보복당할 우려가 있는 경우에도 범죄 신고자등이 신변보호조치를 신청할 수 있도록 하고 있다(특정범죄신고자등보호법 제13조).

그러나 장기간에 걸쳐서 협박이나 위협을 받는다고 했을 때 그 신변보호조치를 현재의 경찰인력을 가지고 어떻게 수행할 수 있을 것인지, 그 보다 중요한 사건이 빈발할 때 경찰력 투입의 우선순위를 어떻게 배분할 것인지 상당히 어려운 문제가 발생한다. 협박사건의 경우 위해를 가할 것을 예고하는 경우가 많은데 아직 위해가 발생한 것은 아니므로 경찰관이 소홀히 생각하기 쉽고 우선 당면한 일에 집착하기 쉽고 결국 늑장대응으로 이어져 적정한 보호의시기를 놓치므로 말미암아 피해자가 치명적인 해를 입을 수 있는 것이다. 이렇게 피해자들의 신변안전 확보와 관련하여 경찰의 신뢰도가 낮게 나타나고 있는 것은 법집행 담당자 개개인의 안일한 수사행태 때문이라고 보여 진다.

## 마. 압수수색

피해자가 소유·소지·보관하는 물건이라도 범죄의 증거물로 될 경우에는 압수의 대상이 된다. 예를 들면 강도강간의 피해를 당한 피해자가 있을 경우 피해자의 집에서 범인이 유류한 증거물을 찾기 위한 수색을 할 수가 있고, 절도 피해를 당한 피해자의 경우에는 그가 소유한 물건이 증거물로 압수될 수 있는 것이다. 이 때 수사기관은 수사상 목적만을 의식한 채 압수수색이 끝난 후 현장 정리도 하지 않고 철수할 수 있는데 이럴 경우에는 피해자에게 상당한 불쾌감을 줄 수가 있다.

또한 압수물의 경우 압수를 계속할 필요가 없거나 환부할 이유가 명백한 압수물에 대해서는 피고사건 종결전이라도 환부할 수 있고, 증거에만 제공할 목적으로 압수한 물건으로서 그 소유자 또는 소지자가 계속 사용하여야 할 물건은 가환부하여야 하는데(형사소송법 제133조, 제134조), 이러한 결정을 하기 전 미리 피해자에게 알려 줄 필요성이 있으나 이러한 것이 그리 철저히 이행되고 있는 것 같지는 않다.

## 바. 진술증거 수집

범죄현장에서 별다른 증거를 발견하지 못했을 때 피해자의 범행 목격진술이 범죄수사에 있어서 매우 큰 가치를 지니고 있음은 두말할 나위가 없을 것이다. 진술증거의 수집은 면담 후 진술조서작성을 위한 조사 등으로 이어지는데 이 두 단계 모두 나름대로의 어려운 문제들을 가지고 있다.

면담과정에서는 피해자의 심리상태 파악의 어려움, 피해자의 방어적 자세, 기억의 상실, 부정확한 진술, 허위 진술 등과 같은 문제에 부딪힐 수 있으며, 조사과정에서는 수사관의 고정관념이나 선입견, 불친절한 태도 등으로 피해자가 다시금 심리적 고통을 겪을 수 있다는 문제에 직면할 수 있는 것이다.

수사기관이 피해자로부터 진술을 확보하는 과정에서의 제2차 피해자화가 진행될 수 있는데, 첫째 피해자에 대한 잦은 소환, 둘째 조사과정에서 중복질문이나 부적절한 질문 혹은 필요이상의 지나친 조사방법의 사용이나 범죄사실 증명과 무관한 조사방식의 활용, 셋째 피해자의 성경험에 대한 구체적 질문, 넷째 피해자의 범죄유발행위 등에 대한 질문, 다섯째 공개된 장소에서의 피의자 지목행위, 여섯째 지나친 비속어의 사용 등이 그 것이다.456)

앞서 수사기관의 의식·태도의 문제점으로도 지적되었지만 이러한 그릇된 수사관의 의식·태도는 부정적 수사행태로 표출되기 마련이다. 이와 관련하여 성폭행 피해자를 수사하는 과정에서 피해자가 수사경찰로부터 비인격적인 대우를 받았다면서 국가인권위원회에 진정을 한 사례가 있었던 바, 국가인권위원회는 수사경찰관이 진정인에게 모멸감, 불안감, 자괴감, 성적 수치심 등 정신적 고통을 안겨주어 헌법 제10조가 보장하는 기본권을 침해했음을 인정하면서 피진정인인 수사경찰관에게 인권교육을 수강할 것을 권고한 바가 있다.457) 이렇듯 피해자의 감정과 구체적 상황을 배려하지 못하는 가운데 수행되는 진술증거 수집의 수사행태는 피해자에게 제2차적 피해를 야기함은 물론 피해자로 하여금 수사기관에 대하여 반감과 불신을 갖게 만든다. 그 결과 수사가 실패로 끝날 수도 있다. 실제로 많은 수의 폭력범죄 피해자들은 수사기관에 대해

---

456) 형사정책연구원, 상게논문, pp. 182-185
457) 국가인권위원회공보 제3호, 2003. 6. 16. pp. 111-117.

불신을 가지고 있기 때문에 신고를 회피하여 그러한 사건들이 암수범죄로 되는 것이다.458)

# 제4절 범죄피해자 보호 행태의 개선 추진

## 1. 서설

최초 범죄피해자를 접촉하게 되는 형사사법기관이 어떠한 행태로 피해자에게 대응을 했느냐에 따라 범죄피해자의 피해회복의 속도가 달라지고 차후 형사사법기관에 협력하는 태도에도 영향을 미치게 된다. 범죄가 발생했을 때, 그 발생현장에 있는 피해자에게 출동한 수사관이 취하는 하나하나의 행동들과 그들이 던지는 말 한마디가 심각한 정신적·신체적 피해를 당한 후 충격 속에 있는 피해자에게 큰 영향을 줄 수 있는 것이다.459) 따라서 수사를 행하는 경찰관이 바람직한 수사행태를 갖추도록 하게 하는 일은 매우 중요한 과업이 될 수 있다. 이러한 사항은 수사업무를 수행하는 검찰에도 동일하게 적용된다. 이 때문에 검찰에서도 범죄피해자 조사시 피해자의 불편을 해소할 수 있는 방안을 강구하고자 범죄피해자 보호·지원 시스템을 정비하기 시작하고 있다.460) 법원의 경우에는 판결과정을 통하여 범죄피해자에게 2차적 피해를 입히는 경우는 수사기관보다는 상대적으로 덜하다고 보여 지지만 재판과정을 통하여 피해자에게 심리적 고통을 가할 여지가 있으므로 이러한 제2차 피해자화에서 온전히 자유로울 수는 없다.

업무처리 행태로 인하여 피해자에게 고통을 가하는 일을 불식시키려면 우선 수사경찰은 형사사건 취급과 관련하여 피의자나 피해자를 상대로 적절한 대화를 구사할 수 있도록 전문적 의사소통기술(communication skill)을 갖출 필요가 있다. 특히 피해

---

458) Jean Reynolds & Jajor Mary Mariani, *Police Talk*, Prentice Hall, 2002. p. 47.

459) 최초 출동한 경찰관이 어떤 자세로 긴급조치를 취했느냐하는 것, 곧 초동조치의 질(quality)의 정도가 사후 피해자의 피해회복의 속도에 영향을 주고, 외부 도움에 대해 수용하는 정도를 결정하며, 수사기관에 협조하는 정도를 결정짓는다고 한다 (Bree Cook, *Victims' Needs, Victims' Rights*, Australian Institute of Criminology Research and Public Policy Series, No. 19. 1999. p. 46).

460) 경인현, "검찰의 범죄피해자 보호대책", 피해자학연구 제13권 제1호, 한국피해자학회, pp. 264-265.

자를 상대로 수사나 재판을 진행함에 있어서는 범죄피해자의 필요에 민감하게 반응할 줄 아는 감수성과 감정이입능력 그리고 상대방에 대한 배려의 정신을 갖는 것이 무엇보다도 중요한 것이다. 또 피해자보호에 적합한 행태형성을 유도할 수 있는 법률적, 제도적 보완이 병행되어야 할 것이다. 그런 의미에서 최근 경찰, 검찰, 법원 등에서 추진되고 있는 범죄피해자 보호를 위한 법률적, 제도적 개선의 노력들은 고무적인 현상이라고 보인다. 이하에서는 차례대로 범죄피해자 보호를 위한 행태적 개선방안에 관하여 차례대로 살펴보기로 한다.

## 2. 행태변화를 위한 교육훈련

모든 사람들은 성장하면서 그 성장배경과 경험에 따라 어느 정도의 선입견과 고정관념을 갖게 된다. 이러한 선입견과 고정관념은 사람의 모든 생활영역에 영향을 끼칠 수 있다. 수사관도 특정 상황에 준비 없이 맞닥치면 당황하는 가운데 합리적인 행동을 하기보다 개인의 습성과 고정관념에 사로잡힌 행위를 하기 쉽다.[461] Kimberly Ann Lonsway의 연구결과에 의하면 훈련과정에서 강간 피해자의 역할연기를 해본 신임경찰관은 그렇지 않은 경찰관보다 강간 피해자에 대한 인터뷰에 있어서 그 내용이나 태도가 매우 뛰어났다고 한다.[462] 이와 같이 피해자 보호적 차원의 형사사법업무를 잘 처리하기 위해서는 업무처리에 관한 사전의 철저한 훈련과 교육이 필요하며 이러한 과정을 통해 수사관의 업무행태를 합리적 방향으로 개선시켜 줄 수 있는 것이다.

요컨대, 수사관이 범죄피해자 보호업무를 수행함에 있어서 행태상의 변화를 일으킬 수 있으려면 제반 형사사법 환경의 개선과 함께, 현장에서 적절하게 대응할 수 있는 바람직한 수사행태를 위한 훈련프로그램이나 행동모형을 개발하여 그들에게 적극적인 학습 및 훈련을 시켜야 할 것이다. 일반적으로 인정되고 있는 초동수사 현장에서의 바람직한 행동모형의 예를 들어 보면 다음과 같은 것들이 있을 것이다.

---

461) 강도사건이 발생한 범죄현장에 경찰이 출동했을 때, 각목을 들고 있는 시민을 강도로 오인하여 발포함으로 말미암아 무고한 시민이 사망한 사건은, 초동수사에 있어서 수사경찰관의 고정관념이 얼마나 치명적인 결과를 가져올 수 있는가를 말해준다.

462) Kimberly Ann Lonsway, *"Police Training in Sexual Assault Response : Comparison of Approaches"*, Urbana, Illinois, 1996.

『① 피해현장에서 침착하면서도 전문성을 가지고 확신 있게 일처리를 하는 모습을 보여야 한다.

② 피해자는 정신적 충격을 받은 상황이므로 피해자의 정서나 정신적 상황을 최대로 고려하면서 쓸데없는 질문과 동일한 질문을 반복하지 말아야 하고, 피해자가 원하면 면담을 멈추어야 한다. 특히 어린이들의 성폭행 사건에 있어서 던지는 쓸데없는 질문은 엄청난 고통을 주게 되므로 삼가야 한다. 또 피해자를 면전에서 비난하는 행동은 금물이다.

③ 피해자의 진술은 인내심과 동정심을 가지고 들어주어야 하며, 놀란 피해자에게 여러 가지 방법으로 안정감을 갖도록 조치를 해주어야 한다.

④ 피해자들은 절망감을 떨쳐버리는데 곤란을 겪는다. 따라서 수사관은 그들에게 '범죄피해로부터 회복하려면 상당 시간이 필요하고, 전문가의 도움이 필요하다.'는 것을 알려주어야 한다.

⑤ 피해자의 질문에 수사관은 친절히 답해주어야 하고, 앞으로 전개될 형사절차에 관하여 알기 쉽게 알려주도록 해야 한다.』

이러한 행동모형의 개발을 위해서 홍콩경찰은 위기개입을 해야 하는 경찰을 대상으로 아래 표와 같이 심리학적 유능성(psychological competency) 향상을 위한 훈련프로그램을 운영하고 있다.463)

범죄현장에 임장하는 경찰관에 대하여 범죄피해자를 위한 대응 능력을 고양시키기 위해서실시하고 있는 홍콩경찰의 '심리학적 유능성(psychological competency)' 개발 프로그램은 ICP(Interpersonal Communication Skills for Police Officers under Stress and Emotional Situations)라고 칭하고 있는데 크게 8가지 영역으로 구분되어지고 있다.464) 즉, ① 경찰업무 수행과정에서의 스트레스 관리, ② 건강한 생활방식, ③ 감정의 조절, ④ 갈등관리, ⑤ 감독자 또는 동료로서의 상담기술, ⑥ 대인간 의사소통기술, ⑦ 피해자 심리학, ⑧ 피의자 신문에서의 심리학적 기술 등이다.465)

---

463) Gracemary Leung, "'Training of Psychological Competency for Police Officers; The Preliminary Evaluation", the paper collection of the 6th Annual Conference of AAPS 2005. p. 197.

464) Gracemary Leung, *ibid.*, pp. 194-206.

465) Gracemary Leung, *ibid.*, p. 195.

## (그림 7) 홍콩 경찰의 심리학적 유능성 개발을 위한 교과목 편성

| 주 | 강 의 내 용 |
|---|---|
| 1 | Self Awareness Training for Police Officers<br>자기인식 훈련 |
| 2 | Communication Skills<br>의사소통 기술에 관한 훈련 |
| 3-4 | Handling Situations in Breaking Bad News<br>나쁜 소식을 접할 때의 상황을 다루는 훈련 |
| 5 | Awareness and Communicating with psychiatric patients<br>정신병 환자의 실체를 인식하고 의사소통하는 훈련 |
| 6-7 | Anger Management<br>분노관리에 관한 훈련 |
| 8 | Critical Incidence & Negotiating Skills<br>중요사건 발생시 중재 및 협상기술 훈련 |
| 9 | Debriefing and Support Systems in Life<br>외상에 대처하기 위한 훈련 및 희망적 인생설계 지원 |
| 10 | Recapitulation<br>나쁜 소식을 접한 자와 의사소통을 하기 위한 시나리오 훈련 |
| 11 | Follow-up Session (after three months)<br>학습결과 및 이를 응용한 3개월간의 경험에 대한 토론 |

    이를 볼 때 거의 모든 교과과정이 감수성이나 감정이입 능력 개발 및 의사소통능력 개발에 집중되어 있다.

    이에 비하여 우리나라 경찰수사보안연수소의 피해자서포터 양성과정의 커리큘럼은, ① 피해자학, ② 외국의 피해자 보호실태, ③ 우리나라 피해자 보호제도, ④ 감수성 훈련, ⑤ 상담이론, ⑥ 피해자 상담 원리와 기법, ⑦ 상담실습, ⑧ 범죄별 피해자 보호(사례연구) 등의 교과목이 편성되어 있고 그 중 심리학적 유능성 개발과 관련된 교과목은 ④,⑤,⑥,⑦,⑧ 등으로서 총 21시간만 배정되어 있을 뿐이다.

    위 내용을 보면 알 수 있는 바와 같이 상담원리 및 기법에 집중되어 있는 우리 나라와는 달리 홍콩경찰은 경찰관 자신의 감정인식과 스트레스 관리, 일반적 의사소통 기술까지도 망라하고 있어서 보다 전문성이 강화된 교육이라고 할 수 있다. 이 ICP교육의 주요 토픽과 교육 초점은 다시 아래 표에서 살펴 볼 수 있다.

홍콩 경찰이 이 훈련에 사용하고 있는 교육기법으로는 교육보조자료 활용, 역할연기, 훈련용 비디오 시청, 신문기사 수집, 사례의 제시와 토론 등으로서 범죄현장에 임장시 대응능력을 강화할 수 있는 현장감 있는 교육을 실시하고 있는 것이다.466) 따라서 이러한 홍콩경찰의 심리학적 유능성 개발을 위한 커리큘럼을 적극적으로 벤치마킹할 필요가 있다고 할 것이다.

## 3. 신고접수 및 처리방법의 개선

범죄 신고자는 신고 당시 당황하거나 놀란 상태가 대부분이므로 냉정하고 침착하게 대응하여야 하며, 허위신고나 그릇된 신고여부를 분별해야 한다. 진정한 신고를 허위신고로 오판하거나 중대한 사건 신고를 경미한 신고로 오판하여 늑장대처 하는 경우 심각한 피해가 야기될 수 있기 때문이다. 이른 바, 신고의 묵살(unfounding)과 신고의 중대성 판단의 하자(defounding)로 인해 피해를 야기한다는 것이다. 미국 경찰의 경우 일부 형사들이 업무과중으로 인한 압박 때문에 철저히 확인을 못한 채, 진실한 신고임에도 허위신고로 판단하거나 중요한 사건 신고임에도 경미한 사건으로 해석하여 적시에 요청되는 도움을 무시하는 수가 있다고 Karmen은 지적하고 있다.

신고접수자는 범죄행위의 급박성 판단, 가족상황·피해상황에 대한 판단을 위해 적합한 질문을 할 수 있는 능력을 가져야 하고, 신고접수 중이라도 1차 출동지령을 내리도록 하여 피해의 확산을 조속히 차단하도록 할 수 있는 뛰어난 판단력을 지니고 있어야 한다. 또 신고를 접수한 경우 신고자의 인적사항과 사건현장의 위치를 정확히 파악하여야 함은 물론, 현장의 안전한 접근을 위해서 현장상황과 가해자에 관한 부수적 정보도 사전에 확보할 수 있도록 하는 것이 필요하다.467)

---

466) Gracemary Leung, *ibid.*
467) 가해자의 흉기소지여부, 음주 및 약물복용여부, 공범여부 등에 관한 정보를 들 수 있다.

## 4. 현장출동 행태의 개선

현장에 출동하는 수사요원은 사전에 발생이 예상되는 사건 유형별로 현장 대응훈련을 충실시할 필요가 있다. 현장상황에 따라서 경찰차량이 경광등과 경적을 울리면서 접근하는 것이 적합한 경우가 있는가 하면 정복경찰관보다는 사복경찰관이 자가용으로 은밀하게 출동하는 것이 적합한 경우도 있는 것이다. 따라서 경찰관 자신과 현장에 있는 범죄피해자의 안전을 위해서 신중한 접근방법을 선택하여야 한다.468) 이러한 제반 상황을 고려하지 않는 획일적인 출동방식은 범죄피해자들이나 주변에 있는 다른 시민들에게 제2차적 피해를 입힐 수 있기 때문이다.

현장에 출동할 때는 그 지역 지리에 밝은 자를 동행하도록 하고, 현장으로 가는 중에 불심검문을 실시하도록 하여야 한다. 또 범죄 신고자나 범죄피해자의 신변보호 요청으로 현장에 출동할 수도 있는데 이 경우는 아직 범죄발생이 이루어지지 안 았다 하더라도 즉시 수사에 착수하여 사안의 경중에 따라 그에 맞는 대응조치를 취해야 한다.

## 5. 위기개입 훈련의 실시

범죄현장에 도착하였지만 범인이 피해자와 함께 있으면서 문을 열어주지 않거나 문이 잠겨있는 경우에는 일종의 위기상황으로 보아 사전 위기관리 및 위기개입 훈련(crisis intervention training)을 통하여 치밀하게 상황을 전개시켜 나가야 한다.469)

이러한 수사관의 치밀하고도 전략적인 대응이 필요한 위기상황에는 인질사건 현

---

468) 현장분석을 하지 않고 주의 깊게 접근하지 못함으로 말미암아 경찰관과 시민들이 피해를 당하는 예가 종종 있어왔다.

469) 먼저 이러한 상황이 벌어지면 수사관은 범인과 협상을 전개해야 할 것인지 아니면 강제로 문을 열고 진입을 해야 할 것인지를 판단하여야 한다. 이 때 범인을 자극하면 돌발 상황이 발생하거나 인질극을 벌일 수 있기 때문에 주의를 해야 하는 것이다. 만일 안에 있는 범인과 협상을 해야 하는 상황이라면 즉시 협상 팀을 구성하여 협상을 진행함과 동시에 일부 수사관들은 방안 내부의 상황에 대해서 최대한 정확한 정보를 확보하여 적합한 실력행사의 방법과 시기를 선택하도록 해야 할 것이다. 상황을 종합적으로 판단해 보아 만일 신속한 조치가 필요한 상황이라고 판단되면 강제진입을 시도하되 이때는 수사관의 안전에도 유의하여야 한다. 강제력을 행사하여 가택에 진입할 수 있는 법적 근거로는 형사소송법 제216조, 경찰관직무집행법 제6조 내지 7조 등이 제시된다.

장, 가정폭력 현장 등이 있을 수 있는 바, 유형별로 각각의 특수한 상황 등을 고려하여 사건 발생 시나리오를 미리 구성해 놓고 이를 토대로 법집행 공무원들을 대상으로 '위기관리기법(the techniques of crisis management)' 내지는 '위기개입훈련(crisis intervention training)'을 실시할 필요가 있다. 예컨대 인질강도 사건이 발생한 경우 범죄피해자 가옥에 감청장비나 통신내용의 녹음을 위한 장비를 설치함에 있어서 녹음·녹취를 성공적으로 하기 위하여 가족이 협조할 사항이나 주의해야 할 점 등을 충분히 설명해주어야 하는 점, 인질과 협상과정에서 가족이 직접 참여할 경우에 흥분하여 돌발적인 행동을 하지 않도록 가족들을 관리하는 요령 등에 대한 훈련이 필요한 것이다.

이러한 현장대응 형 교육에는 역할연기와 같은 감정이입 훈련이 효과적인 것으로 알려져 있으며,[470] 사건현장과 동일한 시설을 갖춘 곳에서 상황을 재현해 보는 것이 필요하다.[471]

## 6. 피해자에 대한 신변안전조치 강화

이미 발생된 범죄의 증인으로 출석했던 피해자나 고소장을 제출한 피해자 기타 범죄 신고에 간여했던 피해자가 범인으로부터 신변위협이 있음을 경찰기관에 직접 신고하거나 검찰, 법원을 통하여 호소해올 때 수사경찰은 제반 정보를 통하여 생명·신체에 대한 위해를 가할 것이 명백한지 여부를 정확하고 신속하게 분석을 할 수 있어야 한다. 즉 피해를 입었던 범죄의 종류와 경중, 행위자의 전과관계, 행위자의 위험성 정도, 행위자의 환경, 수사 및 공판의 진행상황 등을 토대로 신변위협에 강도를 객관적으로 평가 할 수 있도록 노력하여야 하는 것이다.[472] 이를 위해서는 객관적인 위험성

---

470) Kimberly Ann Lonsway, *Police Rraining in Sexual Assault Response Comparison of Approaches*, Thesis submitted in fulfillment of the requirements for the degree of Doctor of Philosophy in Psychology in the Graduate College of the University of Illinois at Urbana-Champaign, 1996. p. 62.
471) 미국 Michigan 주의 Police Academy에서도 가정집 모형을 교육장 내에 건축하여 놓고 가정폭력에 대한 위기개입 상황을 연출하여 이에 대응하는 훈련을 실시하고 있다.
472) 하태훈,"증인 또는 범죄피해자 보호제도", 피해자학연구, 1995. p. 115. ; 안경옥, "독일 형사절차상의 증인 및 피해자보호", 형사정책 제11호, 1999. p. 342.

분석 표지를 개발하는 것이 매우 필요하다.

수사관은 신변보호요청을 과소평가하여 피해자가 위해를 당하지 않도록 하여야 하는 한편, 과대평가하여 수사력의 낭비를 초래하는 것도 예방하여야 한다. 피해자의 신변안전을 위해서는 최초 신고내용을 분석함에 있어서 위험성이 낮게 평가된다 하더라도 협박신고가 접수되면 즉시 출동하여 피해자로부터 진술을 청취한 다음 사태의 심각성을 판단하여 그에 상응한 조치를 취할 필요가 있다.

범죄피해자에게 보복차원의 위해를 가할 가능성이 높은 경우에는, ① 범죄피해자를 일정기간 특정시설에 보호하는 조치를 취하여야 하는지, ② 일정기간 동안 신변경호를 해주어야 하는지, ③ 참고인 또는 증인으로 출석하거나 귀가하는 때에 동행해 주어야 하는지, ④ 범죄피해자 주거지에 대해 주기적인 순찰을 돌아야 하는지, ⑤ 기타 어떤 다른 방법의 신변안전 조치가 필요한 지에 대해서 판단을 내릴 수 있어야 한다.473)

참고로 미국 미시간 주에서는 가정폭력이 발생했을 때 가해자가 경찰에 의해 체포된 직후 민간피해자 지원단체인 C.A.R.E팀이 개입하여 그 폭력이 재발될 위험성이 있는지, 차후 피해자가 신변이 위험에 처할 수 있는지에 관한 조사를 하기 위해 피해자에 대한 '신변안전설계서(personalized safety plan)'를 작성하고 있다. 이 자료를 토대로 가해자의 피해자에 대한 '치명적 위험성(lethality)'을 판단할 수 있고 이러한 정보를 경찰과 공유함으로써 효과적인 신변안전조치를 취할 수 있게 되는 것이다.474)

신변보호요청과 관련하여 생명·신체에 대한 위해를 가할 것이 명백한 경우에도 이를 소홀히 한 나머지 신변보호요청을 한 피해자가 사망하여 피해자 가족이 국가를 상대로 손해배상을 청구하는 사례들이 발생하고 있다.475) 이와 같은 사례들은 신변보호요청을 받은 경찰관이 해당 범죄의 종류와 경중, 행위자의 전과관계, 행위자의 위험성 정도, 행위자의 환경, 수사 및 공판의 진행상황 등을 토대로 사태의 심각성을 간파하여 그에 상응하는 조치를 취해야 했음에도 그에 상응한 조치를 하지 못하고 안일하게 대처하는데 따른 것이다.

---

473) 특정범죄신고자보호법시행령 제7조
474) 김재민, "미국 미시간 주경찰의 가정폭력사건수사와 피해자보호", 경찰대학 단기해외연수결과보고서, 2004, p. 23·35.
475) 대법원 1998. 5. 26. 98다11635 참조

범죄피해자에 대한 신변안전조치를 보다 강화할 수 있으려면 경찰과 같은 어느 특정한 국가기관의 역할만으로는 부족하고 타 형사사법기관이나 관련단체 및 전문가 등 지역공동체와의 긴밀한 협력이 필요하다. 미국에서는 이러한 대응형태를 '지역공동체에 의한 협력대응(coordinate community response)'이라 명명하면서 현행 지역의 범죄문제에 대처하는 형사사법의 새로운 대응방식으로 채택, 다방면에서 이를 적극 활용하고 있다.476)

## 7. 피해자 면담방법의 개선

수사관이 현장수사를 함에 있어서 증거가 빈약한 경우에는 피해자의 진술에 의존해야 할 경우가 많다. 수사관이 효과적으로 피해자의 진술을 청취할 수 있으려면 상대방의 감정과 정서변화를 감지할 수 있는 감수성이 있어야 하며, 그 정서적 상황에 맞는 면담기술을 발휘해야만 한다.477) 비협조적인 피해자를 잘 설득하여 필요한 진술을 확보할 수 있는 것도 수사관에게 필요한 전문적 역량인 것이다.478) 특히 초동수사 현장에서 피해자를 상대로 적정한 면담을 행하는 것은 피해자가 재차 피해를 입지 않도록 하는데 매우 중요하다고 볼 수 있다.

피해의 신속한 회복과 범인검거를 위해서는 피해자, 범행목격자, 사건관계자 기타의 참고인을 신속히 확보하여 사건 직후에 그들의 진술을 청취해두는 것이 또한 요청된다. 범죄 통제적 관점에서 진행되었던 종래의 수사 활동은 피해자를 범인검거에 협조하는 객체로만 인식하였기에 피해자의 정신적·신체적 상황에 대한 고려가 매

---

476) Merry Morash, "The Nexus of Community Policing and Domestic Violence", *The Move to Community Policing,* Sage, 2002. p. 195.
477) 피해자에 대한 탐문수사 중 직접 진술을 청취하는 활동을 이른 바, 면담(interview)이라고 할 수 있다. 피해자에 대한 탐문수사라 함은 대부분 면담을 통한 진술청취를 의미하기에 본서에서는 '피해자에 대한 탐문수사'와 '피해자 면담'을 같은 의미로 쓰기로 한다. 수사관은 다양한 피해자를 접촉하면서 그 대상자의 성격·심리적 상황·지능·연령·성별 등을 고려하면서 그 구체적 상황에 타당한 면담기법을 구사하는 것이 필요하다. 피해자의 그러한 구체적 사정을 고려하지 않는 천편일률적인 수사방법으로는 피해자의 협조를 얻기도 어려울 뿐더러 정확하고 진실한 진술을 확보하기도 어려운 것이다. 여기에 경찰 피해자수사에 있어서 심리학을 접목시켜야 할 이유가 있다.
478) Evans는 "오늘날 경찰활동의 핵심이 수사라면 수사의 핵심요소로 떠오르고 있는 것이 수사관의 면담능력이다."라고 하였다 (Evans G. & Webb, *Aspects of Police Interviewing.* Leicester : Britich Psychological Society, 1993. p. 37).

우 부족하여 수사기관에 의한 소위 '2차 피해자화' 사례를 많이 발생시켰다. 그러나 오늘날은 피해자에 대한 면담을 진행함에 있어서 면담방법의 선택·면담시간과 장소의 결정 등에 있어 피해자의 연령·현재의 심리적·신체적 상황 등을 고려해주어야 하고,[479] 피해자가 피해회복을 위해 취할 수 있는 제반 조치에 관한 정보들을 제공해 주는 등 담당 수사관의 피해자에 대한 배려가 매우 중요하게 여겨지고 있다.

어떤 유형의 사건현장에 임장을 하건, 최초로 출동한 수사관이 어떤 태도를 취하고 어떤 언어를 구사하느냐가 피해자의 심리적 안정감 형성에 지대한 영향을 끼치고, 범인검거에 도움이 될 만한 진술을 획득하는 데에도 많은 도움을 주게 된다고 한다.[480] 따라서 신임 수사관 혹은 재직하고 있는 수사관의 보수 교육을 실시함에 있어서 사건현장 임장 시에 피해자에 대한 면담을 효과적으로 할 수 있도록 '화법 구사 훈련'이나 피해자에 대한 '감정이입 훈련'을 충분히 실시할 필요가 있다.

수사관은 수사상 불가피한 조사내용이 아니라면 피해자에게 상처를 줄 만한 질문이나 언행은 절대 금하여야 하며 조사과정에서 피해자의 신원과 사생활이 누설되지 않도록 주의해야만 할 것이다 (성폭력범죄의 처벌 및 피해자 보호에 관한법률 제21조). 수사업무에 오래 종사하다보면 자신의 수사행태가 피해자에게 얼마나 고통을 주고 있는지 잘 깨닫지 못한다. 따라서 감수성을 개발하기 위한 역할연기나 워크샵 등 수사관을 상대로 한 특별 교육과정을 개설, 훈련을 시킬 필요가 있다.

피해자가 보복을 두려워하여 진술을 꺼려하는 수도 있다. 이러한 문제는 근본적인 피해자정책의 수립이 선행되어야 하겠지만 경찰의 경우 일단 관할 파출소와 협조하여 피해자를 안전하게 보호할 수 있는 제반 조치를 취한 다음 그 내용을 설명해주어 피해자를 안심시켜줄 필요가 있다. 피해사실을 밝히기 꺼려하는 피해자에 대해서는 그 원인이 피해자의 명예감정 때문인지, 성적 수치심 때문인지, 아니면 자신의 범행을 은폐하기 위함인지를 잘 분석한 후에 꾸준한 설득, 여경수사관의 투입, 범인과의 관계

---

479) 경찰은 현재 참고인 등 사건관계자가 경찰관서에 출석하여 조사를 받을 경우 생업에 차질이 있는 자에 대하여 E-mail이나 Fax, 우편조사 등 각종 통신수단을 이용한 비대면 수사기법을 활용하고 있으며, 필요할 경우 사건 관계자가 원하는 시간에 원하는 장소로 방문하여 조사를 하는 등 편의를 제공하고 있다.

480) Bree Cook, Fiona David and Anna Grant(eds),*Victims' Needs, Victims' Rights, Policies and Programs for Victims of Crime in Australia,* Australian Institute of Criminology Research and Public Policy Series No. 19. 1999. pp. 46-47.

청산 유도 등을 통하여 조사에 응하도록 해야 한다.

수사관이 피해자와의 면담을 성공적으로 이끌려면 전문적인 면담기술을 습득할 수 있도록 훈련을 받는 것이 필요하다. 이러한 훈련에는 일반적 대화기술, 청취기술, 비언어적 행동에 대한 감수성 강화를 위한 훈련 등이 포함된다. 이에 대하여는 제6편에서 다시 상술하기로 한다.

## 8. 정보제공 행태의 개선

피해자의 보호를 두텁게 하기 위해서는 기존의 법령에 정보제공 의무가 있는 사항은 물론이고, 비록 정보제공 의무가 없는 경우라 할지라도 그 정보제공 행위가 타인의 법익을 침해하지 않고 공익에 반하지 않는 한, 피해자의 권익보장을 위해서 필요한 정보를 잘 알려 줄 필요가 있다. 형사사법 정의의 실현을 위해 피의자 인권보호를 위한 적정절차의 보장도 필요하지만 이와 마찬가지로 피해자 인권도 형사절차의 진행과정에서 적정하게 보장되어야 하기 때문이다.

범죄피해자들은 자신의 피해회복을 위하여 현재 어떠한 피해보상제도가 존재하고 있으며, 청구의 요건과 그 한계는 무엇인지에 대한 최소한의 지식이 필요한데도 불구하고 이러한 제도가 존재하고 있는지조차 모르는 경우가 많다. 형사절차상 배상명령을 통해 손해배상을 받은 사례나 범죄피해자구조제도를 통해 구조금을 수령하는 실적이 매우 낮은 것은 그러한 제도자체가 갖는 구조적 결함에서 기인하는 측면도 있지만 수사관이 이러한 제도를 정확히 파악하고 있지 못하거나 알고 있으면서도 이를 제대로 안내하지 못한 데도 원인이 있을 것이다.

따라서 초동수사에 임하는 수사관의 경우 수사초기에 피해자에게 형사절차상의 배상명령제도(소송촉진 등에 관한법률 제25조 제1항), 범죄피해자구조제도(헌법 제30조, 범죄피해자구조법), 민사절차상 손해배상 제도(국가배상법 제2조, 민법 제750-751조, 민사소송법 제18조), 친고죄나 반 의사불벌 죄의 성격(형법 제308·제311조, 307조·309조), 비친고죄의 경우라도 위와 같은 형사화해가 검사의 기소유예나 법관의 양형판단에 영향을 준다는 사실(형법 제51조) 등을 피해자에게 자세히 설명해 줄 수 있어야 할 것이다.[481]

예를 들면 소송촉진 등에 관한특별법(이하 '소촉법'이라 한다)상의 배상명령제도는 형법상 특정범죄에 한하고 있고, 피고인에 대하여 유죄판결을 선고한 때에만 가능하여 무죄·면소·공소기각의 재판을 하는 때에는 배상명령을 할 수 없다는 점, 또 배상명령의 범위와 관련해서는 소촉법상 범죄행위로 인하여 직접적으로 발생한 물적 피해와 치료비의 배상에 제한하고 있어서 위자료나 간접적 피해로 인한 손해에 대해서는 배상을 명령할 수가 없다는 점 등을 명확하게 설명해 주어야 하며, 범죄피해자구조법의 경우에도 그 대상자가 사람의 신체나 생명을 해하는 범죄행위로 인하여 사망한 자의 유족이나 중상해를 당한 자에 한정된다는 사실, 가해자가 불명하거나 무자력할 경우에 한한다는 점, 생계유지가 곤란할 경우에 한정된다는 사실, 피해자에게 귀책사유가 없어야 한다는 사실, 가해자와 친족관계 등이 없어야 한다는 사실 등에 관해서 알려주어야 할 것이다.

사건 현장에서 혹은 수사진행 중에 피해회복에 도움을 주기위하여 피해자에게 적시에 제공하는 적절한 정보들은 그 적절한 시기를 놓친 뒤 기울이는 막대한 노력보다 훨씬 더 큰 효과를 발휘한다.[482] 또 피해자들은 사건 초기에 당황하기 때문에 자신이 입은 피해에 대하여 어떻게 대처를 하고, 어디에서 도움을 받아야 할지 잘 모르고 있는 것이 대부분이다. 따라서 형사사법기관은 수사나 재판업무에 현저한 곤란을 초래하거나 공정한 재판을 받을 권리를 침해한다고 여겨지지 않는 한 원칙적으로 피해자의 권리구제에 필요한 모든 정보를 제공할 수 있도록 하여야 할 것이다. 이는 범죄피해자가 인간으로서 존엄성을 회복하고 행복한 생활을 재개하는데 필요한 것이기 때문이며 국가는 범죄피해자에게 이러한 행복한 생활을 보장할 헌법적 의무가 있기 때문이다.

2004년도 범죄수사규칙의 개정과 함께 경찰의 범죄피해자에 대한 통지실무지침이

---

481) 그러나 수사경찰은 피해자에게 다른 국가기관의 지원에 관한 정보제공을 함에 있어서 그 국가기관의 전문적 판단영역에 관한 사항까지 임의로 다루어서는 안된다. 다시 말하면 배상범위 및 구조금 지급범위와 관련하여 법원이나 범죄피해구조심의회의 전문적인 판단이 필요한 사항에 대해서는 수사경찰관이 피해자를 접촉할 시에 임의로 판정을 하지 않도록 주의해야 하는 것이다. 전문적 판단사항이라 함은 예컨대 배상명령 예외사유인, ① 피해금액의 불특정, ② 배상책임의 유무 불확실, ③ 배상명령 절차의 불합리성(소촉법 제25조 제3항)에 관한 법원의 판단과 같은 것을 말한다.

482) Bree Cook, Fiona David and Anna Grant(eds),*Victims' Needs, Victims' Rights, Policies and Programs for Victims of Crime in Australia*, Australian Institute of Criminology Research and Public Policy Series No. 19. 1999. pp. 46-47.

확립되어 일선에서 시행하도록 하고 있다.[483] 수사가 진행되는 각 단계에 있어서 피해자에게 필요한 정보가 적절하게 제공될 수 있도록 일선 업무감독자는 감독을 강화해야 하고, 실무자들은 그러한 정보제공이 범죄피해자에게 얼마나 큰 유익을 주고 있는지를 깨달아 충실한 통지를 할 수 있도록 노력하여야 할 것이다.

## 9. 피해품 회수를 위한 노력

미국의 '범죄피해자 보호를 위한 대통령직속 특별위원회(President's Task Force on Victims of Crime )'에서 경찰 측에 제시한 4가지 항목의 권고안 중에는 피해품 환부와 관련된 항목이 있다. 즉, '경찰관서는 검사의 승인을 받아 피해자에게 그들의 물품을 환부할 수 있는 일련의 절차를 마련해야 한다.'라는 내용을 두고 있는 것이다.[484] 미국 법무성 피해자 대책실(OVC)에서 발간한 '법집행 공무원들의 법집행 활동에 대한 새로운 방향'이라는 책에서도, '경찰관은 법집행과정에서 취득한 피해자의 물품에 대해서 그 취득과정에 관하여 구술 혹은 문서의 형태로 설명을 해주면서 신속하게 환부해주어야 한다.', '피해품의 보관비용은 무료로 해주어야 한다.', '만일 피해품이 망실되거나 매각되거나 손상되었으면 그 가액에 해당하는 만큼의 손실을 보상해주어야 한다.'라는 권고사항을 제시하고 있다.[485]

우리나라 형사법에서도 피해품에 대한 피해자 환부에 대한 규정을 볼 수가 있다. 즉, 압수물의 경우 압수를 계속할 필요가 없거나 환부할 이유가 명백한 압수물에 대해서는 피고사건 종결전이라도 환부할 수 있고, 증거에만 제공할 목적으로 압수한 물건으로서 그 소유자 또는 소지자가 계속 사용하여야 할 물건은 가환부하여야 한다는 규정이 있는가 하면(형사소송법 제133조), 압수한 장물이 피해자에게 환부할 이유가 명백한 때에는 피고사건 종결전이라도 결정으로 피해자에게 환부할 수 있도록 하고 있는 것이다(동법 제134조). 아울러 압수물이 상실 또는 파손의 위험이 있을 때에는 그 위험방지를 위하여 상당한 조치를 취하여야 하고, 압수물의 파손·멸실·부패의 염려가 있

---

483) 범죄수사규칙 제10조의 3 참조
484) Peggy M. Tobolowsky, *Crime Victim Rights and Remedies,* Carloina Academic Press, 2001. p. 195.
485) Laura Moriarity, *Policing and Victims,* Prentice Hall, 2002. p. 20.

거나 보관이 불편한 경우에는 이를 매각하여 그 대가를 보관하다가(동법 제131조, 132조) 제133조, 제134조의 사정이 발생하면 피해자에게 환부 해주어야 할 것이다. 이러한 압수물 처분과 관련된 내용은 피해자에게 통지를 해주도록 하고 있다(제135조).

아울러 우리나라 형사소송법에는 미국과는 달리 피해 보관비용의 면제라든가 망실시 보상에 관한 규정이 없기 때문에 이러한 규정을 명확히 규정하는 것도 피해자 보호에 도움이 된다고 본다.

2004년도 경찰통계에 의하면 범죄로 인한 범죄 피해품 회수율이 사기피해자의 경우 8%에 불과하고 가장 회수율이 높다고 하는 배임죄의 경우에도 23%에 지나지 않는다. 사기나 횡령범죄와 같은 경우는 지능 범죄이기 때문에 범죄성립 여부를 수사하는 것이 용이하지 않는데다가 민사사안을 형사고소 형태로 하는 경우가 많아 기소율이 그다지 높지 않은 탓도 있겠지만 강도, 절도 피해의 경우 피해품 회수율이 약 15% 내외에서 머물고 있다는 것은 범죄피해자에게 형사사법 시스템에 대한 불만요인으로 작용할 수 있다.486)

따라서 피해품 회수를 위해 수사력을 강화해야 함과 동시에 피해품이 회수되면 신속한 반환절차를 밟아야 하고, 해당 범죄의 수사와 관련하여 그 진행상황에 관한 정보제공을 수시로 하는 등의 노력을 기울임으로써 피해자의 불만을 최소화 하도록 노력해야 할 것이다.

## 10. 범죄현장의 청소

강력범죄 현장은 범죄를 해결할 수 있는 증거와 수사의 단서가 집적되어 있는 보고(寶庫)이다. 따라서 그 현장을 아무나 함부로 변경하거나 현장에 있는 물건을 처분하지 못한다. 우리 형법 제155조 증거인멸죄나 제163조 변사체검시방해죄 등은 수사기관의 수사 활동을 방해할 수 있는 그러한 범죄현장의 변경행위나 증거인멸 행위를 처벌할 수 있도록 하는 규정인 것이다.

그러나 범죄현장에서 수사관이 증거수집활동을 완료하였다면 그 현장은 피해자나 그 가족이 일상생활로 복귀하는데 지장이 없도록 신속히 정리되고 청소되어야 한다. 특히 강력사건 현장은 피해자 가족이 다시금 현장에 들어가기 싫을 정도로 참혹한 상

---

486) 경찰청, 『경찰통계연보』, 2004. pp. 146-147.

황인 경우가 많다. 이러한 현장을 피해자나 피해자 가족이 청소하기는 어려울 것이다. 따라서 피해자 이외의 자가 현장을 청소해주는 것이 바람직하다고 할 것이다.

그렇다면 수사를 행한 모든 사건에 있어서 수사관이 증거수집활동을 마친 다음 현장을 정리하고 청소하는 것이 언제나 가능할 것인가? 절도사건과 같은 경미한 범죄현장의 경우에는 지문채취를 위해 분말을 바른다든지, 족적을 채취하기 위해 사진촬영이나 석고를 뜬다든지 하는 작업이 진행될 수 있다. 이러한 경미한 범죄현장에서 증거수집 활동을 한 수사관이 직접 청소를 하고 뒷정리를 하는 것은 어려운 일이 아닐 것이다. 그러나 선혈이 낭자한 살인사건 현장은 단순히 물청소 한번만으로 끝나지 않는 수가 많다. 피 묻은 벽지라든가 파괴된 가구를 보수하거나 교체해야 하는 경우도 있기 때문이다. 더구나 방화 현장의 청소는 더욱 어렵다고 할 수 있다.

증거수집 활동을 벌인 수사관이나 해당 경찰서가 강력사건 현장을 청소하고 관련시설이나 부품을 교체해주면 피해자 가족에게는 더 없는 서비스가 되겠으나, 경찰이 아무런 예산이나 인력의 지원 없이 이러한 강력범죄의 현장을 청소하는 것은 현실적으로 어려움이 많다고 보인다. 경찰은 치안을 확보하기 위한 경찰고유의 영역에 예산과 자원과 시간을 배분하고 투입되어야 하기 때문이다. 따라서 이러한 일은 경찰과 피해자 이외의 제3의 기관에서 수행하는 것이 좋다고 보이는데 이를 위해서는 범죄피해에 대응하기 위한 보험 상품의 개발, 피해자 지원을 하는 민간단체와의 연계망 구축, 범죄현장 청소지원을 위한 법적 근거를 마련 등의 조치가 필요할 것이다.

## 11. 사망사실 통지방법의 개선

살아남은 자의 인생에서 가장 충격적인 순간 중의 하나는 사랑하는 사람의 죽음을 통지받는 것이다. 그 통지 자체도 참혹한 일이지만 그것이 무감각하고 무책임한 방법으로 전해진다면 더욱 충격적인 것이 될 수 있다. 따라서 수사관들은 피해자의 유족에게 적합한 방법으로 사망사실을 통지하는 법을 훈련하지 않으면 안 된다.

지금까지 우리나라의 수사관을 대상으로 하는 많은 수사교육 내용에 사망사실 통지방법을 훈련시킨 예는 찾아보기 드물다. 그러나 사망사실 통지방법이 어떠하냐에 따라 피해자의 피해회복이 영향 받는다고 한다면 이 부분에 대해 많은 관심을 기울일 필요가 있다. 그렇다면 여기서는 사망사실을 통지함에 있어서 유의해야 할 사항을 정리해 보기로 하겠는바, 향후 수사관들에게 이러한 내용을 교육 자료로 활용할 수 있을 것이다.

통지를 하는 사람은 누구든 간에 죽음에 관한 가능한 한 많은 정보를 가지고 있어야 한다. 그는 어떤 일이 일어났는지, 언제 일어났는지, 피해자가 어떻게 죽었는지, 그리고 피해자의 신원을 알아낸 방법이 무엇인지를 생존자에게 말해 줄 수 있어야 한다. 통지 팀은 가능하다면 절대로 죽음의 통지를 전화로 해서는 안 되며 절대로 개인적인 사항을 전화로 얘기해서도 안 된다. 이러한 사항은 피해자의 고통을 가중시킬 뿐이기 때문이다. 그러나 피해자 지원 단체(victim service providers)에서는 죽은 가족의 유산 상속에 대해서는 나중에 알려주도록 하는 것이 좋다.

통지를 할 때 통지 팀은 집안에 들어가도 되는지 물어보아야 하며, 그들이 의학적으로 중요한 정보를 가지고 있는데 집안에서 얘기하는 것이 좋겠다는 식으로 말해야 한다. 일단 집에 들어가면 통지 팀은 그들이 사망사실을 통지할 수 있는 적절한 대상이 있는지를 확인해 보아야 한다. 만약 자녀가 살해된 경우에는, 가능하다면 양쪽 부모 모두에게 동시에 그 사실을 알려주어야 한다. 팀의 멤버들은 유족에게 앉아도 되는지 물어보고 유족의 옆에 앉도록 하며, 그 통지 메시지는 명료하고 직접적이며 단순해야 한다. 예를 들면, "나쁜 소식이 있습니다. 당신의 아들 ○○○이가 강도의 칼에 맞아 사망을 했습니다."와 같은 형식으로 말을 해야 한다는 것이다. 애매하게 말할 경우 유족들은 메시지를 혼동하여 의심이나 잘못된 희망을 가질 수 있기 때문이다.

통지팀원은 유족들의 다양한 반응에 충격을 받아서는 안 된다. 생존자들은 울거나, 졸도하거나, 웃거나 또는 단순히 물러설지도 모르는바 이에 당황하지 않도록 하여야 하는 것이다. 통지팀은 생존자들의 즉각적인 요구에 초점을 맞추어야하고 그들이 도움을 요청할 경우 가까운 친구나 친척에게 연락을 해 주어야 하는 등 모든 가능한 정보를 유족에게 제공하도록 노력해야 한다. 이러한 단순한 것이 유족들의 고통을 덜어주고 그들로 하여금 죽음이 어떻게, 왜 발생했는지 이해하게 해주기 때문이다. 적절한 사망사실 통지는 생존자들에게 피해회복에 필요한 적절하고 필요한 정보를 제공해 줄 수 있기 때문에 수사관들이 각별히 유념할 사항 중 하나이다.

# 제3장 거시적 차원의 범죄피해자 보호방법론

　범죄피해자 보호방법론 개발을 위한 거시적(巨視的) 접근방법은 범죄피해자와 법집행기관 종사자들을 둘러싸고 있는 형사사법 환경, 곧 피해자 보호관련 제도나 법률을 검토하고 개선방안을 제시하는 방법이 될 것이다. 있다. 이 또한 수사실무와 관련된 피해자 보호적 제도나 법령에 한정하여 살펴보기로 한다.


## 제1절　서설

　수사과정에서 범죄피해자 보호에 직간접으로 영향을 미치고 있는 외계(外界)를 '수사환경'이라고 정의할 수 있다. 한 나라의 범죄피해자대책이 수사기관에게 있어서 범죄피해자 보호활동을 촉진하게 되는 하나의 중요한 수사환경이 된다는 것은 명확한 사실이다. 이러한 수사환경을 크게 2가지로 대별한다면 제도적 수사환경과 법률적 수사환경으로 구분할 수 있을 것이다.

　형사사건을 진행함에 있어 피해자 보호를 위한 적정한 제도와 법률이 사전에 정비되어 있지 못하면 일상적인 수사업무를 다루는 수사관은 범죄피해자들의 인권을 효율적으로 보장 해주기 어렵게 된다. 이로 인해 수사관으로부터 적정한 보호와 지원을 받지 못하게 된 피해자들은 수사관을 불신하게 되고 수사관의 협력요구에 부정적 태도를 갖기 쉬운 것이다. 따라서 피해자의 기본적 인권을 보호해 주는 수사 활동이 되려면 피해자의 기본적 필요에 부응해 줄 수 있는 제도적·법률적 장치를 사전에 마련해 놓고 그 내용에 부합하는 수사 활동을 전개하는 것이 필요한 것이다.

## 제2절 제도적 수사환경 개선을 통한 범죄피해자 보호

제도적 개선을 통한 범죄피해자 보호는 범죄피해자 보호방법론의 거시적 접근방법에 속한다. 형사사법기관 종사자, 특히 수사관이 의식전환을 통해 형사절차 진행 중 범죄피해자 보호활동을 전개한다고 했을 때 그러한 활동이 소기의 성과를 거둘 수 있기 위해서는 그 의식과 행태를 일관성 있게 지지해 줄 제도적 환경이 구비되어야 하는 것이다.

### 1. 피해자 서포터 제도

2004년 9월, 우리나라 경찰청에서는 살인·강도·강간 등 특정 강력범죄가 발생할 경우 초기에 피해자를 전담하여 보호한다는 취지에서 '피해자 서포터' 제도를 전국적으로 운영하기로 하였다. 이 제도는 강력범죄 피해자를 보호하고 지원하는데 있어 접촉 창구를 단일화하고 정보제공에서부터 친족연락, 신변보호에 이르기까지 종합적인 서비스를 효과적으로 제공하기 위해 만들어져 동년 7월 8일부터 한 달간 전국 14개 지방청 26개 경찰서에서 시범운영을 해온 뒤 내려진 결정이었다.[487]

경찰의 피해자 서포터 자격요건으로는 다음 몇 가지가 제시되고 있는데, ① 순찰지구대의 사무소장이나 수석경사, 형사(수사)부서의 형사(강력)반장의 직위에 있는 자 또는 경찰경력 10년 이상이거나 수사경력이 1년 이상인 자, ② 피해자 보호에 열의가 있고 지속적인 활동이 가능한 자, ③ 직원간의 신망이 두텁고 희생과 봉사정신이 투철한 자, ④ 언행이 예의바르고 외모가 거부감을 주지 않는 자 등이 그 것이다. 특히 상담사 자격증 소지자나 봉사단체 활동경력이 있는 자들을 우대하되, 2·3급서 형사계의 경우 인원부족으로 자격요건 해당자가 없을 경우 경찰서장이 판단하여 적임자를 선발하도록 하고 있으며 순찰지구대의 경우 각 팀별 1명씩, 수사(형사)과의 경우 각 반별 1명씩 선임하도록 하고 있다. 경찰관 중에 감봉이상의 징계처분을 받았거나 징계계류 중인 자, 직원 간 융화에 어려움이 있는 자, 채무가 과다하거나 음주습벽이 있는 자 등은 피해자 서포터 선발에서 제외된다. 선발을 위한 심의위원회는 수사과장을 위원장

---

487) 전라남도지방경찰청, "피해자 서포터 제도 운영 종합계획 시달", 2004. 8.

으로 생활안전계장과 형사계장 지구대장 등이 위원으로 참여하게 된다.

경찰의 피해자 서포터가 하는 일은 우선 평소 피해자 대책관(수사지원 팀장)과 협력하여 관내의 피해자 지원기관·단체·시설 등과 연락망을 구축해 놓는 것이다. 사건 발생 시에는 신속히 현장에 임장하여 피해자에 대한 안전을 최우선적으로 확보하며 피해자가 위태로운 상황에 있을 경우에는 응급조치를 취함과 동시에 제2차 피해자화를 방지하기 위한 상황통제를 하여야 한다. 즉, 피해자에 대한 중복조사나 유책성 발언, 차별대우, 인격을 훼손하는 언행 등이 행해지지 않도록 통제를 하면서 피해자에게 상담기관이나 의료기관에 대한 정보 및 형사절차에 관한 정보를 제공 해주는  역할을 수행하여야 하며 이 때 자신의 명함이나 피해자안내서 등도 함께 교부하도록 한다. 이와 함께 귀가 시 편의를 제공해 주거나 피해자의 각종 문의나 요청에 대해서도 친절하게 대응해주어야 한다.

피해자 서포터에게 있어서는 초동수사시의 지원활동도 중요하지만 사후 지원활동도 매우 긴요한 업무로 되어 있다. 특히 수사진행 상황에 대한 통지는 피해자가 자기 생활에 대한 통제력을 회복하는데 있어서 큰 도움이 되므로 이 부분의 정보제공이 원활히 이뤄지도록 노력해야 한다. 단, 피해자가 서포터의 보호나 지원을 원하지 않는 경우에는 피해자와의 직접적 접촉을 피하도록 한다. 범죄피해자가 보복위협을 받고 있는 상황에서 신변보호 요청을 하는 경우에는 특정범죄신고자등보호법시행령 제7조에 규정된 바와 같이 여러 유형의 신변안전조치의 선택에 관한 판단을 적극적으로 도모하여야 한다.488)

성폭력사건 수사에 있어서 순찰지구대 서포터는 최단시간 내에 경찰서 수사부서로 인계하여 피해자의 성적 수치심을 최소화 시켜야 하고, 수사부서 서포터는 피해자 접촉 시 여경조사관 신청이 가능함을 알려 주어야 하는데 여경 조사관을 희망할 경우 해당 여경이 자동으로 서포터로 지정된다. 혹 관할 외의 사건 피해자를 접촉하게 된 경우 관할 경찰서에 인계할 때까지 피해자보호에 충실을 기하여야 한다. 아울러 대형 강력사건이 발

---

488) 동 시행령 제7조에서는 신변안전조치의 종류로서 다음과 같은 것들을 열거하고 있다. 즉, '① 일정기간동안의 특정시설에의 보호, ② 일정기간동안의 신변경호, ③ 참고인 또는 증인으로 출석하거나 귀가시의 동행, ④ 대상자 주거에 대한 주기적 순찰, ⑤ 기타 신변안전에 필요하다고 인정되는 조치' 등이 그 것이다.

생할 경우 지방경찰청장 또는 경찰서장은 피해자지원 전담반을 편성하여 다수의 피해자에 대한 지원이 실질적으로 이뤄질 수 있도록 노력하도록 하고 있다. 아래의 그림은 경찰관서 상호간의 피해자보호 네트워크를 도형화한 것이다.489)

**(그림 8) 경찰관서 상호간의 피해자 보호 네트워크**

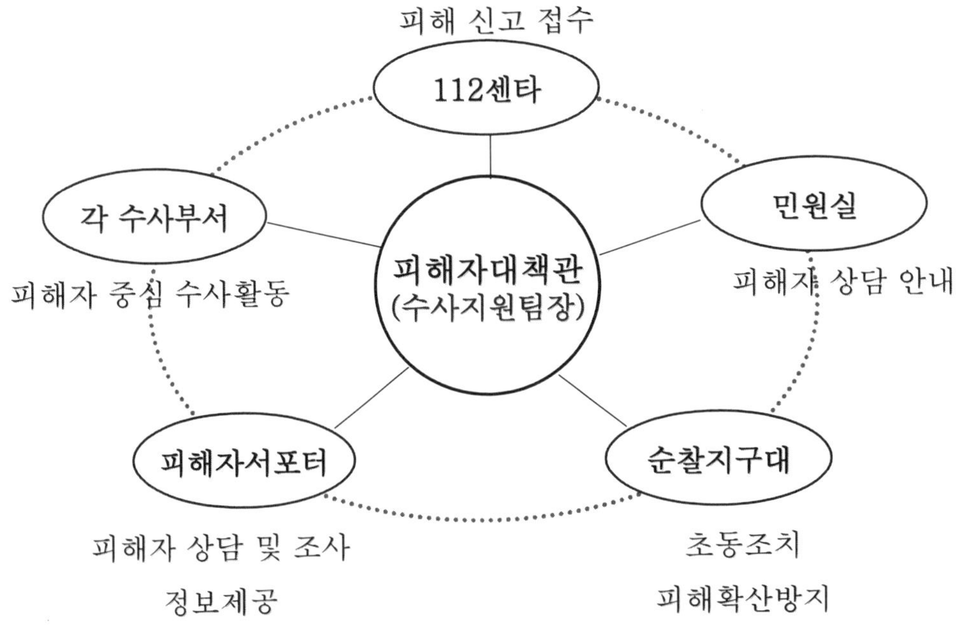


그러나 이러한 경찰의 피해자 서포터 제도의 운용이 용이한 것만은 아니다. 시행 초기인 탓도 있겠지만 일선 수사부서 근무자들은 수사 인력이 부족한 가운데 운용되는 이러한 피해자 지원제도에는 나름의 한계가 있다고 말한다.

2004년 7월 유영철 연쇄 살인사건 발생 시 수사과정에서 피해자에 대한 보호·지원이 제대로 이뤄지지 않았다며 언론으로부터 피해자 서포터 제도의 효과성에 의문이 있다는 비판을 받은 적도 있다. 수사 인력 보강과 함께 일선 수사부서 및 순찰지구대

---

489) 경찰청 수사국 범죄피해자 대책실 홍보자료(2005)에서 인용

근무자들의 인식전환을 위해 꾸준한 교육훈련이 필요하다 하겠다. 다행히 2005년도부터 경찰수사보안 연수소에 '피해자 서포터 전문 과정'이 개설되어 피해자보호 및 지원을 위한 전문요원이 양성될 수 있는 길이 열리게 되었다. 결국 피해자서포터 교육을 충실하게 받은 경찰관들이 피해자에 대한 인권의식을 새롭게 하여 피해자 보호와 지원을 충실히 행하고자 할 때 이 제도의 존재의의가 있을 것이다.

## 2. 여성 및 아동전담 수사관 양성을 위한 교육체제

성폭력, 가정폭력, 아동학대 등 대여성·아동범죄가 증가하면서 이런 유형의 범죄에 효율적으로 대처하기 위하여 경찰청에서는 1994년 4월부터 '가정폭력범죄수사요령'과 같은 업무처리지침을 규정하였고, 일선 경찰관들에게 가정폭력관련 특별법의 내용과 현장조치 요령에 관하여 '가정폭력범죄대응교육프로그램'을 개발하였으며, 2001년부터 '가정폭력관련 모범경찰관에 대한 포상제도'와 더불어 '여성경찰관 수사전문화 계획'을 수립하고, '여성조사관 지정신청제'를 도입하는 등 여러 제도적 장치를 추진하기에 이르렀다.

2002년 1월 경찰청 방범국(생활안전국)에 여성청소년과를, 각 지방경찰청 방범부 혹은 방법과(생활안전부 혹은 생활안전과)에 여성청소년 계를, 각 경찰서 방범과(생활안전과)에 여성청소년 계를 신설한 뒤 다양한 여성 피해자보호정책을 추진하고 있는바, 가정폭력 피해발생시 상담소의 전화번호가 적힌 '가정폭력 피해자 안내카드'를 피해여성에게 교부하고 있는 점, 각 지방경찰청에는 여경기동수사반이라는 대여성·아동범죄 전담수사 부서를 조직하여 운영 중에 있다는 점,[490] 전국 경찰관서에 여성 상담실을 설치하여 피해자인 여성이나 아동에 대해 상담을 실시하게 하고 있다는 점, 전국 각 수사부서에 여경수사관을 배치하여 대여성·아동범죄에 대한 수사의 일부분을 담당하게 하고 있다는 점 등은 경찰의 여성 피해자 보호대책의 성과라고 할 것이다.

그러나 여성이나 아동 피해자에 대하여 전문적인 조사능력을 갖추고 있는 여경수

---

490) 여경기동수사반은 주로 여성·아동범죄에 대처하기 위해 조직되었는데, 지난 2003년 한 해 동안 대여성·아동범죄사범 1,122건을 단속하여 2,031명을 검거하였고, 이 중 334명을 구속하는 등의 실적을 나타냈다(경찰청, 경찰백서, 2004. p. 97).

사관은 그리 많지 않고, 특별법 규정에 따라 장애인이나 아동에 대하여 진술녹화를 실시해야 하는 바, 진술녹화 실을 이용하여 면담을 진행하는데 있어서 전문적인 면담기술을 체득하고 있는 여경수사관도 드문 실정이다. 예컨대 아동 피해자의 경우에는 성인 피해자를 조사하는 때와는 달리 인형을 활용하거나 그림을 그리는 방법을 통하여 아동의 진술을 확보하는 기술을 체득해야 하는 것이다.

이를 위해 경찰청의 2006년도 수사교육계획에는 진술녹화조사기법에 관한 교과과정이 개설되어 교육이 추진될 전망이다. 이처럼 일반 수사관은 물론 아동이나 여성 피해자를 상대로 수사를 진행해야 할 여경 수사관들에게도 면담기술 및 조사기법 체득을 위해 많은 교육기회가 부여되도록 해야 할 것이다.

## 3. 유관기관 및 전문가와의 협력체제

미국의 경우에는 최근 효과적인 범죄예방과 범죄피해자 보호를 위해서는 '지역공동체의 협력대응(coordinated community response)'이 필요하다는 점이 강하게 부각되면서 경찰과 지역공동체 구성원, 자원봉사자, 피해자보호단체, 인권단체, 타 형사사법기관 간의 활발한 정보교류를 위한 주기적인 만남이 이뤄지고 있고, 피해자를 위한 서비스나 지원을 위한 긴밀한 상호협력이 추진되고 있다. 미국 Michigan주 랜싱지역의 경우 경찰과 피해자지원 단체 구성원들이 매월 정기적인 모임을 통해 정보교환을 하고 있으며, 민간봉사단체인 CARE팀은 랜싱(Lansing) 경찰서 안에 상주하면서 가정폭력 피해자에 대하여 신변안전설계를 해 주는 등 경찰과의 공동협력 하에 피해자에 대한 위기개입 업무를 수행하고 있다.

우리나라 경우에도 여성 및 아동범죄 피해자 보호를 위한 경찰과 민간조직과의 연계가 어느 정도 구축되어 가고 있는 상황이라고 할 수 있다. 경찰청과 지방경찰청 여성청소년과(계)에서는 피해여성과 아동의 인권보호를 위하여 각계 전문가로 구성된 '여성대책자문위원회'를 조직·운영하고 있으며, 성폭력 피해자를 위하여 전국에 여성폭력긴급의료지원센터와 연계 시스템을 가동하고 있고, 전담의료기관에 성폭력 증거수집키트를 비치, 피해자에 대한 치료 및 증거수집 업무의 원활을 도모하고 있다.[491] 현재 각 시도별로 성폭력 상담소가 2004년 12월 현재 총 124개소, 가정폭력상담소가 182

개소 설치되어 있어 그 연락처를 확보하여 피해자에게 안내를 해주도록 하고 있다.492)

성폭력뿐만 아니라 가정폭력의 피해자를 발견하거나 관련사건을 취급하는 경우 경찰은 각 시도별 여성 긴급전화 '1366'과 연계하여 피해자 발생 시 연결을 해주도록 하고 있다. 이 '1366' 여성 긴급전화제도는 여성가족부에서 주관하고 있으며, 가정폭력·성폭력·성매매 피해여성 등에 대하여 24시간 상담을 하고 있는 제도로서 유관기관과 유기적으로 협력을 진행할 수 있는 제도로서 기능하고 있다. 아래 그림은 1366 여성 긴급전화를 통한 상담을 토대로 각 유관단체가 피해자 보호를 위하여 유기적 활동을 벌이는 모습을 그림으로 나타낸 것이다.493)

(그림 9) 여성긴급전화 1366 접수를 통한 유관기관 협력체계도

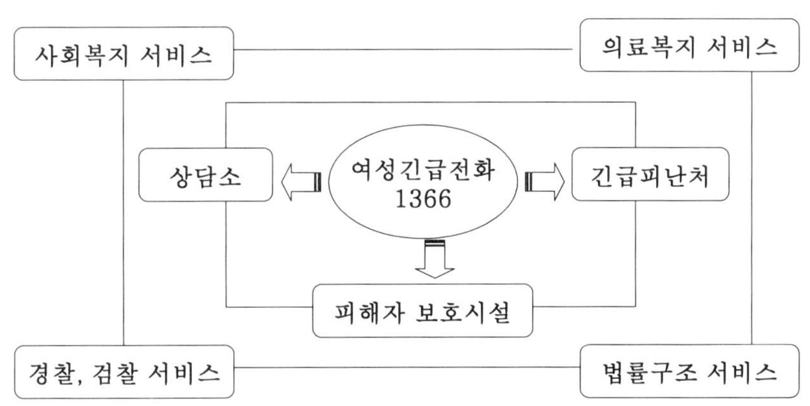


아동보호를 위하여서는 아동보호전문기관의 상담 및 보호조치를 받을 수 있음을 통보하도록 하고 있고 피해아동 또는 보호자가 희망하는 경우 '1391'로 연락하여 적절

---

491) 성폭력피해자 전담의료기관인 235개소의 지역별 분포현황을 보면, 2002년 12월 현재 서울 22개소, 부산 13개소, 대구 4개소, 인천 9개소, 울산 6개소, 경기 49개소, 강원 29개소, 충북 8개소, 충남 23개소, 전북 23개소, 전남 7개소, 경북 13개소, 경남 27개소, 제주 2개소 등이다(경찰청, 대여성·아동범죄 실무매뉴얼, 2003. pp. 108-116).

492) 여성 가족부, '02-'04년 성폭력·가정폭력·성폭력 피해자보호 운영실적보고서, pp. 6-9.(http://www.mogef.go.kr/참조).

493) http://www.mogef.go.kr/참조

한 조치를 받도록 하고 있다. 이 '1391' 제도는 보건복지부에서 주관하는 아동학대 긴급전화제도로서 보호를 필요로 하는 아동을 보호전문기관에 인계하기 위한 상담을 24시간 제공해주는 시스템이다.

2004년 9월, 법무부에서는 공익적 민간법인 형태의 '피해자 지원센터' 설립을 적극 지원하고 육성하겠다고 밝혔다.494) 이러한 피해자 지원센터는 미국의 NOVA, 영국의 VS, 일본의 피해자구조센터 등과 같이 공익적, 비영리 민간법인 형태가 될 것인 바, 여기서는 피해자에 대한 상담은 물론이고 피해자가 경찰서·검찰청·법원에 출석하게 될 때 동행하여 줌으로써 정신적 지원을 해주게 되며, 사건발생 직후 미국 미시간 주의 CARE팀과 같이 위기에 개입하여 피해자를 적극 지원하여 주며, 형사화해를 위하여 중재역할을 하여줌과 동시에 경제적 지원이나 의료적 지원방안을 강구하여 주고, 법집행기관이 피해자를 잘 보호하고 지원하는지 감시하고 비판하는 기능을 수행하도록 한다는 것이다.

앞서 살핀 바와 같이 현재 피해자 지원을 위한 사회적 네트워크가 이나마 조성되어 있는 것은 다행이라고 하겠지만 앞으로도 지역공동체 구성원들의 활발한 참여와 협조를 이끌어 내어 범죄피해자 보호를 위한 사회적 네트워크를 체계적으로 더욱 발전시켜 나가야 할 것이다.495)

이를 위해서는 범죄발생으로 인한 피해자의 고통과 어려움을 일종의 지역사회 문제로 파악하고 경찰이 이를 혼자서 해결하는 것이 아니라 지역구성원의 참여와 협력 속에 공동의 노력으로 해결하고자 하는 노력이 요청되고 있다 하겠다.496)

---

494) 법무부, "법무부, '범죄피해자 보호·지원 강화를 위한 종합대책' 추진키로", 보도자료, 법무부정책기획단, 2004. 9, pp. 2-3.

495) 미국 미시간 주에 위치한 랜싱(Lansing)의 경우 가정폭력 및 성폭력 문제에 대하여 지역공동체 구성원들이 공동으로 대처하자는 차원에서 '미시간가정폭력 및 성폭력대응협의체(MCADSV)'를 만든 가운데 70여개 이상의 가정폭력 및 성폭력 예방·피해자재활·기타 서비스 제공 프로그램을 운영하고 있으며, 인근의 잉햄(Ingham) 카운티에서는 가정폭력에 대한 효과적 대응을 위하여 DART프로그램을 운영하고 있는데 여기에는 검찰·경찰·인권보호단체·가정폭력 피해자지원 단체·보호관찰소·법원 관계자 등이 참여하여 그 지역의 가정폭력 문제에 공동으로 대처하고 있다. 위 피해자 보호활동을 수행하는 공공기관 및 민간단체 대표와 자원봉사자 등은 매월 주기적으로 만나면서 상호간에 정보교환과 업무 조정 및 상호 협의를 진행하고 있다.

496) 이를 problem solving approach에 의한 community policing, 혹은 problem oriented policing이라고 칭할 수 있을 것이다(Wesley Skogan & Kathleen Frydl (ed.), *Fairness and Effectiveness in Policing*, National Research Council, The National Academies Press, pp. 243-246).

아래의 그림은 피해자 지원을 위한 바람직한 사회적 네트워크를 도형화 한 것이다.[497]

(그림 10) 피해자지원을 위한 사회적 네트워크

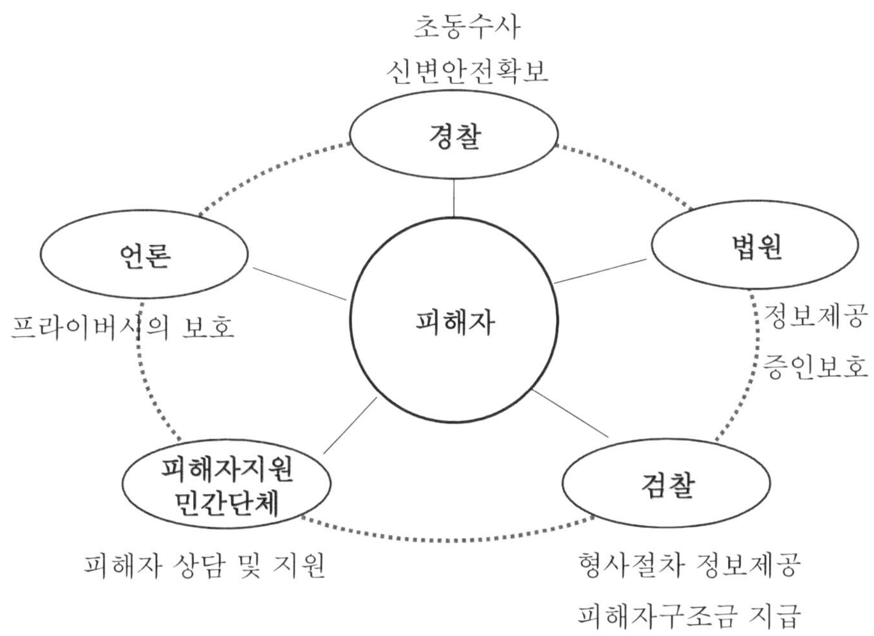


## 4. 2차 피해자화 방지를 위한 물리적 환경 조성

피해자에 따라서는 자신의 피해사실이나 경찰서 출두사실을 타인에게 알리고 싶어 하지 않는 경우가 있다. 이때에는 피해자를 조사하게 되는 경찰서 조사실의 구조는 다른 일반 조사실과는 달리 조성해 줄 필요가 있다. 즉 피해자가 다른 사람들을 의식하지 않고 진술할 수 있도록 환경조성을 해 주는 것이 필요한 것이다. 특히 성범죄 피해자의 경우에는 심리적 안정을 취할 수 있는 편안한 대기실이 필요하고 어떤 경우에

---

497) 경찰청 수사국 피해자 대책실 홍보자료(2005)에서 인용

는 간단한 의료적 조치도 가능한 의무실이 위치하도록 할 필요가 있음에도 이러한 여건을 갖춘 시설이 미비했던 것이다.

그런데 2004년 7월부터 개정된 성폭력범죄의처벌및피해자보호등에관한법률이 시행되면서 일부 시범 경찰서 생활안전과 여성청소년 계 사무실에 성폭행 피해자 전용조사실을 마련하기 시작하여 2005년 현재 전국 경찰관서에 이러한 피해자 조사실이 구비되기에 이르렀다. 현재 모든 피해자에게 이러한 피해자 전용조사실이 활용되는 것은 아니다. 그렇지만 특정범죄로 인하여 심리적 충격 속에 있는 일부 범죄피해자들의 경우에는 여성청소년 계에 구비된 이러한 피해자 전용조사실을 적극 활용하여 수사를 진행하는 것이 좋을 것이다.

현재 일선 수사과나 형사과의 경우에는 사무실 환경이 많이 개선되어 가고 있지만 피해자의 명예감정과 사생활이 보호될 수 있도록 피해자만을 위한 특별한 공간을 마련해 놓은 곳은 드문 실정이다. 과도기 적으로 전술한 여성청소년계의 피해자 조사실을 활용할 수 있겠지만 수사과나 형사과 조사실로부터 근접한 위치에 피해자 전용조사실을 확보하는 것이 필요하다고 본다. 바람직한 수사과 피해자 조사실의 물리적 구조를 생각해 볼 때 일본 사이타마현 소가(草加) 경찰서의 경우처럼 의무실도 구비해 놓은 것이 바람직하다고 보인다.498) 일본 소가(草加) 경찰서의 조사실은 약 10평(30㎡) 정도의 원룸 주택 형 구조라고 하며 성범죄 피해자등을 위하여 준비된 의무실은 학교 양호실과 같은 분위기로 간단한 진료설비를 갖추고 있으며, 조사실 벽에는 일반 주택처럼 그림이 걸려있고 채광과 조명은 물론 냉난방 및 환기시설도 완벽하게 설치하여 밝고 편안한 분위기를 조성하고 있는 것이 특징이라고 한다. 피해자로부터 충실한 수사상의 협력을 얻기 위해서도 심리적·신체적 충격 속에 있는 피해자를 편안한 분위기속에서 조사할 수 있는 물리적 환경을 확보할 필요가 있다고 하겠다.

다행히 2005년 우리나라 경찰청 생활안전국에서는 경찰병원 내 성폭력 의료지원센터를 '여성·학교폭력 지원센터로'로 확대 개편하면서 피해자가 의료적 지원을 받음과 동시에 병원에서 진술녹화 장비를 사용하여 피해자 수사를 진행할 수 있도록 하는 방안을 추진하게 되어 피해자 수사의 새로운 장을 열어 나가게 되었다.499)

---

498) 김용세, "경찰의 범죄피해자 보호대책", 치안연구소 연구보고서, 2002. p. 254.

이와 같이 피해자 조사실에는 특수한 녹화장비를 설치하여 조사 전 과정을 녹취·녹화하여 피해자의 법정증언 시 활용하도록 해야 할 것이다. 성폭력범죄의처벌및피해자보호등에관한법률의 개정에 따라 수사기관은 13세 미만의 아동과 장애인 피해자를 조사하는 경우 피해자 또는 법정대리인이 반대하지 않는 한 진술과정을 녹화하도록 의무화하고 있기 때문이다(법 제21조의 2).

공판단계에서는 증인의 프라이버시나 명예감정 기타 피고인과의 대면에서 오는 심리적 압박감을 덜어주기 위하여 법정에서 증인과 피고인 사이 또는 증인과 방청석사이에 차폐조치를 취하는 시설이 고려되어야 한다. 일본에서는 일정 요건이 충족되는 경우 증인과 피고인 또는 방청인과의 사이에 스크린을 설치하는 등 차폐조치를 취할 수 있도록 형사소송법에 규정하고 있다(형사소송법 제157조의 3).[500] 우리나라에서도 성폭행 피해자를 증인으로 신문할 경우에 '비디오 링크 방식에 의한 증인신문'을 할 수 있도록 규정을 신설하였고(성폭력범죄의처벌및피해자보호등에관한법률 제22조의 4), 2004년 12월 법무부에서 입법예고한 형사소송법 개정안에는 피해자가 피고인의 면전에서 증언하는데 심리적 부담을 느낄 우려가 있으면 범죄의 종류를 불문하고 비디오 중계방식에 의한 증인신문을 허용하는 내용을 담고 있어서 법정에의 이러한 장치의 설비는 향후 불가피하다고 여겨진다.


## 제3절 법률적 수사환경 개선을 통한 범죄피해자 보호

범죄피해자 대책에 있어서 피해자 보호를 위한 각종 법령의 제정, 곧 피해자 보호

---

499) 경찰청 생활안전국 보고서, "성폭력 의료지원센터 확대개편 방안", 2005.

500) 일본의 경우 이러한 비디오 링크방식에 의한 증인신문 시 증언의 반복이 예상되는 경우 피해자가 겪을 괴로움을 고려하여 증언과정을 녹화한 다음 이를 소송기록에 첨부해 조서의 일부로서 인정해 줌으로써 일정 요건 하에 증거능력을 인정받도록 하고 있다(형사소송법 제157조의 4, 제321조의 2). 우리나라의 경우에는 형사소송법이나 성폭력특별법에 이러한 것이 규정되어 있지 않고 '성폭력범죄처벌및피해자보호등에관한법률제22조의4제1항의 증인신문 에 관한규칙'이라는 대법원 규칙에 위임하고 있다(법 제22조의 4 제2항). 이 규칙 제6조에는 증인이 동의할 경우 검사 및 피고인 또는 변호인의 의견을 들어 증인에 대한 신문과 증인의 진술, 그리고 그 상황을 녹화할 수 있으며(규칙 제6조), 이 녹화된 영상물은 소송기록에 첨부하여 공판조서의 일부로 한다 라고 하고 있다(규칙 제6조 제2항).

를 위한 입법 활동의 중요성은 실로 큰 것이다. 피해자 보호를 위한 입법은 피해자 보호대책의 확립과 제도화로 이어지기 때문이다. 피해자 보호를 위한 각종 법령이 제정되기 이전에도 피해자 보호를 위한 여러 가지 제도가 수립되고 시행될 수 있지만 그것은 피해자의 인권보호라는 측면에서 결코 온전한 것이 못된다. 예산상의 문제가 수반될 때 재원확보에 어려움이 있음은 물론, 피해자의 인권보호가 효과적으로 이루어지지 못할 때 사법심사를 통해 피해자 보호를 위한 국가기관의 명확한 법적 의무를 판별해 내기가 쉽지 않은 까닭이다.

따라서 피해자 보호를 위한 적정한 법령의 마련은 범죄피해자 보호대책 수립에 있어서 매우 중요한 사안이 아닐 수 없다. 형사사법 기관이 범죄피해자 보호적 활동을 전개하고자 할 때 이에 적합한 법령을 구비하는 것은 그러한 형사사법 기관의 의식과 행태를 강화해 주고 지지해주게 되는 긍정적인 형사사법 환경으로 작용하게 될 것이다. 이하에서는 먼저 피해자 보호에 있어서 우리나라 법령체계가 갖고 있는 문제점을 우선 고찰해 본 후에 법률적 범죄피해자 보호를 위한 거시적 방법론으로서 법률적 환경개선의 내용에 어떠한 것들이 있는지 살펴보고자 한다.

## 1. 피해자대책으로서의 법률적 수사환경

범죄피해자 인권보호를 위한 수사기관의 법률적 수사환경의 조성 노력은 수사기관의 '피해자대책'으로서의 의미를 가진다. '피해자대책'이라 함은 범죄피해자보호와 피해자화방지를 위한 시책 또는 정책 일반 등을 총칭하는 의미로서 여기에는 피해자의 법적 지위를 확립하고 피해자에게 필요한 지원을 제공하기 위한 노력을 뜻하는 '피해자보호'와 민간 자원봉사조직에 의해 시작되었던 피난처 제공, 정신적 부조, 재활지원, 기타 법률적 조언과 구조 등을 포괄하는 '피해자지원', 그리고 국가나 시민단체에 의해서 추진되는 '피해자화 방지'활동이 포함된다.501)

피해자대책에 담겨있는 기본 정신은 피해자에 대한 헌법상 기본권 보호의 충실이라고 할 수 있다. 국가는 범죄발생에 대하여 별다른 책임이 없는 국민이 범죄행위로부

---

501) 장규원, "수사경찰의 피해자대책의 현황과 과제", 한국형사정책연구원, 2002. pp. 50–51.; 김용세·류병관, "피해자학의 발전과 피해자보호의 최신 동향", 피해자학연구 제10권 제1호, 2002, pp. 165–172.

터 침해를 받은 후 이로 인하여 고통을 겪고 있을 때 그러한 고통의 원인을 제거해 줌으로써 인간다운 생활을 할 수 있도록 보장하여줄 의무가 있다(헌법 제10조 후단). 피해자가 수사절차에서 2차적 피해를 겪는 이유 중 많은 부분이 피해자보호대책의 부재에서 비롯된다. 그 피해자보호대책에는 수사관의 수사행태 문제를 개선하고자 하는 내용도 있지만 피해자 인권보호를 공고히 하기 위해 각종 관계 법령을 개선하고자 하는 내용도 포함하고 있다. 따라서 이러한 2차 피해자화를 막기 위해서라도 수사관의 행태개선과 함께 바람직한 행태변화를 유도할 수 있는 기반으로서 피해자인권을 충실히 보호할 수 있는 제반 법령의 정비가 필수적인 것이다.

## 2. 범죄피해자 보호관련 법령의 문제점

### 가. 친고죄 · 반의사불벌죄와 관련된 문제

피해자의 고소여부가 소송조건으로 되는 친고죄와 반 의사불벌 죄가 피해자보호에 얼마나 기여하고 있는가의 문제이다. 친고죄와 반 의사불벌 죄는 피해자가 고소취소나 처벌의 철회의사표시를 하면 수사단계에서는 소송조건의 결여를 이유로 수사종결을 강제하는 효과를, 공판단계에서는 역시 같은 이유로 공소기각 판결을 강제하는 효과를 각각 발생시키는 것이다. 이러한 소송법적 효과의 인정은 가해자와 피해자간 사적 분쟁해결을 촉진하여 피해자의 피해회복을 용이하게 하는 측면이 있다. 또 강간죄나 모욕죄와 같이 절대적 친고죄의 경우 수사기관의 일방적 수사에 의해서 개인의 명예와 프라이버시가 훼손될 수 있는 가능성을 사전에 차단해 준다는 의미도 있으며 절도죄와 같은 상대적 친고죄의 경우 개인 간의 사적 신분관계에 의해 발생하는 사회 윤리적 감정을 존중하는 효과도 있다.

그러나 친고죄가 피해자보호 기능을 효율적으로 수행하는가와 관련하여 몇 가지 문제점도 지적되고 있다. 첫째는 고소기간의 문제이다. 친고죄의 피해자는 범인을 알게 된 날로부터 6월을 경과하면 고소하지 못하도록 되어 있다. 친고죄의 고소기간을 한정하고 있는 취지는 국가형벌권의 발동여부를 사인인 고소권자의 의사에 맡긴 채 필요이상으로 장기간 방치하는 것은 적당하지 않다고 여긴데 따른 것이다. 하지만 피해자의 명예감정을 보호한다는 본래의 취지와는 달리, 성범죄의 경우 6개월을 경과하면 아예 고소할 수 있는 길이 봉쇄되어 범인에게 부당한 특권을 부여하는 결과를 가져오게 되었던 것이다.

이러한 문제점 때문에 우리나라의 성폭력범죄의처벌및피해자보호등에관한법률에서는 성폭력범죄에 대한 고소기간을 1년으로 연장한다는 규정을 두고 있다(동법 제19조). 독일의 경우 성적 자기결정의 자유를 침해하는 범죄(독일형법 제174조 이하)는 친고죄로 정하고 있지 아니하고 있고, 일본의 경우도 2000년 5월 형사소송법 제235조 제1항 제1호에서 일본형법 제176조(강제추행) 내지 제178조(준 강제추행ㆍ준 강간), 제225조(영리ㆍ추행 또는 결혼을 위한 약취ㆍ유인), 제227조(약취ㆍ유인된 자의 수수), 제3항(영리ㆍ추행을 위해 약취ㆍ유인된 자의 수수) 또는 이러한 죄의 미수에 대한 고소에 관하여는 고소기간의 제한규정을 철폐하였다.502)

성적 수치심과 정신적인 충격에 휩싸인 성범죄 피해자들은 피해를 당한 후 정상적인 사회생활로 복귀하기 까지는 상당한 시간이 소요되며 심리적 안정을 되찾았다 하더라도 고소를 해야 하는 가에 대해 확신을 하지 못하고 망설이는 사례가 많다. 1993년 한 범죄피해통계조사에서 강간죄 피해자의 범죄신고 율이 0% 였다는 연구결과는 이러한 심각성을 대변해준다.503) 따라서 성범죄 피해자들의 경우에까지 고소기간을 제한하는 것은 문제가 있다고 보인다.

둘째 과연 친고죄의 피해자에게 실제적인 피해회복이 이루어지고 있는가의 문제이다. 이것은 수사기관이 수사미진으로 인하여 피해사실을 제대로 구증하지 못함으로 인한 문제도 있지만 검사가 불기소처분을 내림으로 인해 피해회복이 방해될 경우 이에 대응할 마땅한 수단이 없다는 것이 문제이다. 검사의 불기소처분에 대한 불복수단으로 검찰항고, 재정신청, 헌법소원 등이 제시되고 있으나 전자의 경우 검찰기관 내부통제수단이라는 점, 재정신청의 경우 적용범위가 매우 제한되어 있어 실효성이 적다는 점, 헌법소원의 경우 시일이 오래 걸리고 검사의 기소를 강제를 하는 소송법적 효과가 발

---

502) 三井誠/酒券匡, 신동운 (역), 일본 형사수속법, 법문사, 2003. p. 15.; 도중진, "형사절차에서 범죄피해자에 대한 재고찰", 피해자학연구 제10권 제1호, 한국피해자학회, 2002. pp. 179-180.
503) 최인섭, 박순진, "한국의 범죄피해에 대한 조사연구", 한국형사정책연구원, 1993.; 이기현, "범죄신고자등 보호방안", 한국형사정책연구원 공청회 자료집, 1995. p. 3.

생하는지에 대해서 이견이 있다는 점 등이 문제로 되고 있다.

## 나. 범죄피해자구조법의 문제

우리나라 범죄피해자구조법은 국민을 상대로 범죄피해자구조제도 정보제공 및 홍보가 부족하다는 점, 구조금 지급액 및 관련예산이 부족하다는 점,[504] 구조대상 범죄가 생명, 신체를 해하는 범죄로 제한되어 있어 재산에 손실을 가하는 범죄는 보상이 어렵고, 과실범에 의해 타격을 입은 피해자도 보상범위에서 제외하고 있다는 점, 가해자가 불명하거나 무자력임이 입증되지 않으면 지급이 곤란하다는 점, 가해자에 대한 유죄선고를 요건으로 하고 있어 판결을 기다리다가 구조의 적기를 놓치기 쉽다는 점 등이 문제로 지적되고 있다. 실제로 범죄피해자구조금은 아래 표에서 보는 바와 같이 2004년 74명에 대해서 6억 4천여만 원이 지급되었을 뿐이다.[505]

**(표 14) 범죄피해자 구조금 지급**                    **(단위: 천원, 명)**

| 구분 \ 연도 | 1995 | 1996 | 1997 | 1998 | 1999 | 2000 | 2001 | 2002 | 2003 | 2004 |
|---|---|---|---|---|---|---|---|---|---|---|
| 예 산 액 | 510,000 | 510,000 | 530,000 | 556,000 | 493,000 | 542,000 | 542,000 | 542,000 | 542,000 | 750,000 |
| 보 상 인 원 | 49 | 43 | 50 | 85 | 102 | 81 | 67 | 50 | 57 | 74 |
| 지 급 금 액 | 423,000 | 376,000 | 472,000 | 772,000 | 920,500 | 736,500 | 620,100 | 472,500 | 517,000 | 641,836 |

## 다. 소송촉진등에관한법률상의 배상명령 문제

현행 소송촉진 등에 관한법률에 규정되어 있는 형사절차상 배상명령제도는 배상

---

504) 현행법상 유족구조금이 경우에는 1,000만원이, 장해구조금의 경우에는 600만원부터 300만원까지
  3단계로 지급하고 있는 등 피해자의 생계유지 상황을 고려하지 않은 채 획일적으로
  규정하고 있고, 구조금 예산도 1997년 5억 3천만 원으로서 충분한 구조를 기대하기가 어려
  운 수준이다.(조균석, "피해자구조제도의 운용상황", 피해자학연구, 창간호, 1992. p. 104)
505) 법무부, 법무연감, 2005. p. 352.

명령에 의해 손해를 받을 수 있는 범죄의 종류와 배상범위가 매우 제한적이고,[506] 제1심 또는 제2심의 형사공판절차에서 피고인에게 유죄판결을 선고할 경우에 한하고 있으며, 피고사건 범죄행위로 발생한 직접적 물적 피해 및 치료비의 배상에 한정하고 있다는 것과,[507] 가해자가 체포·기소된 후 재판을 받는 경우에 활용될 수 있는 점, 가해자가 무자력한 경우에는 큰 효용이 없다는 점, 형사소송절차 속에서 민사상 손해배상의 내용을 철저히 파악하여 배상액을 산정하는 것은 법원의 업무를 크게 증가시키기 때문에 실무적으로 잘 활용이 되고 있지 않다는 점이 문제로 되고 있다.[508]

이러한 문제점은 아래 (표)의 2004년도 제1심에서의 배상명령 신청 및 처리현황을 보면 더 잘 파악할 수 있을 것이다. 2004년도 형사사건 중 제1심에서 배상명령을 신청한 건수는 총 4,061건이었으며 이 중 인용된 건수는 불과 661건에 불과하였다.[509] 제2심에서의 배상명령 신청 및 인용건수는 더욱 낮아져 총 634건이 접수되어 인용결정을 받은 사건은 95건에 지나지 않았다.[510]

**(표 15) 2004년도 제1심 배상명령 청구 및 처리현황**      (단위 : 건수)

| 구분 | 접 수 | 직 권 | 미 제 | 처 리 합 계 | 결 정 인용 | 결 정 기각 | 결 정 기타 |
|---|---|---|---|---|---|---|---|
| 합 계 | 4,061 | 4 | 798 | 3,263 | 661 | 1381 | 513 |

---

506) 현행법상 배상명령을 할 수 있는 범죄의 유형으로는 형법 제26장 상해죄·중상해죄·상해치사죄·폭행치사 상 및 과실치사상의 죄, 제38장 절도와 강도의 죄, 제39장 사기와 공갈의 죄, 제40장 횡령과 배임의 죄, 제42장 손괴 죄 등이다 (소송촉진 등에 관한법률 제25조 제1항).

507) 따라서 간접적인 손해나 정신적 고통에 대한 위자료는 배상받지 못한다.

508) 신동운, 형사소송법, 1993. p. 938 ; 이재상, 형사소송법, 1999. p.746.

509) 대법원, 사법연감, 2004. p. 61.

510) 대법원, 전게서, p. 70.

## 라. 증인보호와 관련된 법적 문제

우리나라의 경우 헌법과 형사소송법상에 피해자의 법정진술권을 보장하고 있는 점이라든가 특정범죄신고자등보호법이나 특정강력범죄처벌에 관한 특례법에 피해자인 증인에 대한 신변안전조치 규정을 두고 있는 점, 성폭력범죄의처벌및피해자보호등에관한법률이나 가정폭력범죄의 처벌 등에 관한특례법 등에서 피해자보호를 위한 각종 규정을 둔 점 등은 피해자 인권보호를 위하여 매우 고무적인 일로 평가될 수 있을 것이다. 그러나 피해자 인권의 보다 충실한 보호를 위하여 몇 가지 법률적 측면에서의 미흡한 점을 적시해보고자 한다.

먼저 현행 형사소송법에는 피해자가 변호사의 조력을 받을 권리가 있는가의 여부와 관련해서는 별도의 규정을 두고 있지 않고 있다는 점을 들 수 있다. 피해자는 수사절차 뿐만 아니라 공판절차에서도 피고인이나 피고인 측 변호인에 의하여 부당한 공격을 받거나 인격적인 모욕을 받을 수 있으며, 법리문제가 개입되는 복잡한 사건의 경우에는 제대로 자신의 입장을 전달하기 어려운 경우도 많이 있을 것이다. 따라서 피해자에게도 변호인 선임권을 인정해주는 것이 검토되어야 한다고 본다. 그러나 수사절차 및 공판절차의 원활한 진행과 피해자의 인권보장을 위한 변호인의 참여가 조화될 수 있도록 하는 입법상의 기술이 필요하다고 보인다.

다음은 범죄피해자중 범인으로부터 신변에 위협을 받고 있는 자가 있을 경우 신변안전조치 청구권의 범위와 관련된 문제가 있을 수 있다. 특강법 제7조에 제2항에 따르면 피해자인 증인은 '자신이 피고인 기타의 사람으로부터 생명·신체에 해를 받거나 받을 염려가 있다고 인정되는 때에 검사에게 자신의 신변안전을 위하여 필요한 조치를 할 것을 청구할 권한이 있다'고 하고 있다. 그런데 이 특강법의 신변안전조치 규정은 신변보호조치 청구권 자를 증인의 지위에 있는 자로 한정하고 있다는 문제점이 있어서 피해자가 수사단계의 단순한 참고인에 불과하면 보호받기가 어렵다는 점과 그 것도 특정강력범죄사건에 관계된 증인이어야 한다는 점 등이 문제로 되고 있다. 특강법의 범주에 들지 아니한 범죄의 증인에 대한 신변보호조치는 '특정범죄신고자등 보호법'의 의해 더 확장되고 있으나 그 것도 중복되는 특정범죄를 제외하면 마약류 불법거래방지에 관한특례법 제2조 제2항에 규정된 범죄의 범죄 신고자 정도로 한정되고 있는 문제점이 있다.

한편 피해자에게 인정되는 형사소송법상의 법정진술권(동법 제294조의 2)의 경우에는 공판정진술권에 대한 예외 사유에 있어서 동법 동조 제3호가 불확정개념을 사용함으로 인하여 그 폐단이 우려되고,[511] 진술권의 구체적인 행사방법에 대한 절차적 보장이 미흡하며, 피해자의 진술권이 증인신문 절차의 일부로 규정되어 있어 피해자의 진술이 가지는 소송법적 효과 등이 확실하지 않다는 점이 문제로 지적되고 있다.[512]

## 마. 정보제공과 관련된 법적 문제

현행 형사소송법에서는 고소·고발사건에 관하여 검사가 공소제기 또는 불기소처분, 공소의 취소, 타관송치를 한 때에는 그 처분한 날로부터 7일 이내에 서면으로 고소인 또는 고발인에게 그 취지를 통지하여야 하며(형사소송법 제258조 제1항) 공소를 제기하지 아니하는 처분을 한 경우에 고소인 또는 고발인의 청구가 있는 경우에는 7일 이내에 고소인 또는 고발인에게 그 이유를 서면으로 설명하여야 한다(동법 제259조)라고 하여 일정한 수사상 정보를 피해자에게 제공해줄 것을 규정하고 있으나 이러한 형사소송법의 규정은 피해자인 고소인에게만 한정하고 있을 뿐만 아니라 해당 정보의 내용도 수사종결처분에 국한되고 있는 등 피해자 보호적 측면에서 불충분한 규정이라고 볼 수 있다.[513] 범죄피해자에 대한 보다 충실한 보호를 위하여 이러한 수사상 정보뿐만 아니라 공판절차 진행에 관한 정보의 제공도 필요하다.[514] 또 정보제공을 받을 수 있는 대상자도 피해자뿐만 아니라 신고자나 제보자 등을 포함한 참고인이나

---

511) 법원은 범죄로 인한 피해자의 신청이 있는 경우에는 그 피해자를 증인으로 신문하여야 하나 다음과 같은 예외사유가 있다(형사소송법 제294조의 2).
 1. 피해자가 아닌 자가 신청한 경우
 2. 신청인이 이미 당해 사건에 관하여 충분히 진술하여 다시 진술할 필요가 없다고 인정되는 경우
 3. 신청인의 진술로 인하여 공판절차가 현저하게 지연될 우려가 있는 경우
512) 장규원, "수사경찰의 피해자대책의 현황과 과제", p. 34.; 이재상·이호중, "형사절차상 피해자보호방안", 한국형사정책연구원, 1993. p. 58, p. 189이하.
513) 피해자에게 통지해주어야 할 수사정보의 내용은 이러한 수사종결 처분에 관한 정보뿐만 아니고 피의자의 체포, 구속, 석방에 관한 사항 (피의자의 구속취소·구속집행정지·체포구속적부심사 인용결정에 의한 석방·보증금납입조건부 석방을 포함) 등까지를 포함하여야 한다.
514) 피고인의 보석여부, 재판 선고 기일·판결 및 상소 시 판결의 내용·가석방·사면·형기만료 출소사실 등이 이에 해당한다.

증인으로서 범인으로부터 보복을 받을 수 있는 대상자에게로 확대되어야 하는 것이다.

한편, 특정범죄신고자등보호법 제15조에 의하면 범죄 신고자, 그 법정대리인, 친족 등이 보복을 당할 우려가 있는 때에 검사나 사법경찰관은 직권 또는 범죄 신고인 등의 신청에 의하여 피의자의 체포·구속·석방에 관한 사항, 재판 선고기일이나 선고내용 및 가석방·형집행정지·형기만료사실이나 보안처분종료 등으로 인한 교정시설 등에서의 출소사실, 도주사실 등 재판 및 신병에 관련된 변동 상황을 범죄 신고자 등 그 법정대리인 또는 친족 등에게 통지할 수 있도록 하고 있다.

여기서 동법 제15조 규정 중 '보복을 당할 우려가 있는 경우에는' 과 '통지할 수 있다' 는 규정이 수사기관의 재량적 판단을 허용하는 것인가 하는 점이 문제로 될 수 있다. 전자의 경우 수사관의 가치판단을 요구하고 있고 후자의 경우 임의규정의 형식을 빌고 있기 때문이다.

행정법이론에 의하면 어떤 행정행위의 요건이 불확정개념으로 되어 있더라도 그 개념에 대한 판단이 당해 행정기관의 전문적 지식에 의한 판단사항이 아니라면 그 행정청의 요건에 관한 재량행사도 사법통제를 받아야 한다는 주장이 있으며515) 효과규정이라고 할 수 있는 '통지할 수 있다'라는 규정도 보호법익의 성격상 일정 요건이 존재하면 반드시 일정한 행위를 하지 않으면 안 되는 기속행위 적 성격이 내포되어 있다고 해석할 수 있을 것인 바516) 이 특별법상의 검사나 사법경찰관의 정보제공 의무는 일정사유가 있으면 반드시 통보를 해주어야 하는 법률상의 의무라고 해석하는 것이 타당하다. 그러나 현행 행정기관의 각종 처분절차를 규율하고 있는 행정절차법은 형사사법업무에 관해서는 적용되지 않으므로(행정절차법 제3조 제2항 제6호) 이러한 행정법이론을 토대로 한 해석은 무리가 뒤따르고 있다. 따라서 피해자등의 신변보호의 충실을 위해서는 이러한 정보제공에 관한 규정은 강행규정으로 입법을 하는 것이 좋을 것이다.

---

515) 김동희, 행정법, 박영사, 2000. p. 244.
516) 그러나 독일의 Bachof등이 주장하는 바와 같이 이 경우 법원의 재판통제에서 배제되는 독자적 판단의 여지가 행정청에게 인정된다고 볼 여지가 전혀 없는 것도 아니다(김동희, 상게서, pp. 244-245)

## 3. 범죄피해자 보호를 위한 법령의 개선 방향

### 가. 범죄피해자보호법 제정에 따른 후속법령의 정비

우리나라의 경우 헌법, 형사소송법 등 일부 규정을 제외하면 범죄피해자 보호를 위한 구체적 규정들이 대부분 특별법에 산재해 있다. 이처럼 범죄피해자 보호를 위한 규정들이 특별법에 산재해 있으면 피해자는 물론이고 법집행기관 종사자들도 그 내용을 일목요연하게 파악하기가 어렵기 때문에, 결과적으로 피해자의 권익보호에 불리하게 작용한다. 따라서 보다 효과적으로 범죄피해자를 보호하기 위해서는 통합적인 범죄피해자기본법의 제정이 필요한 것이다.

이웃나라 일본의 경우에는 2004년 12월 이와 같은 문제점을 극복하기 위해 통합적인 범죄피해자기본법을 제정하여 시행하게 되었다. 미국의 경우에도 '피해자권리 및 원상회복 법(victims' Rights and Restitution Act of 1990)'을 제정하여 피해자의 권리를 종합적이고 체계적으로 규정해 놓고 있다. 여기에 명시하고 있는 중요한 피해자의 권리로는, ① 피해자의 명예와 사생활을 존중받을 권리, ② 기소된 범죄인으로부터 합리적인 보호를 받을 권리, ③ 재판절차를 통지받을 권리, ④ 당해 범죄에 관한 모든 재판에 참석할 권리, ⑤ 당해 사건 담당 검사와 상담할 권리, ⑥ 원상회복을 받을 권리, ⑦ 범죄인의 평결, 양형, 수감 및 석방에 대하여 통지받을 권리 등이 제시되고 있다.

우리나라의 범죄피해자대책 추진 노력과 관련하여 획기적인 일이라고 보이는 것은 2005년 12월 마침내 범죄피해자 보호를 위한 기본법이라고 할 수 있는 범죄피해자보호법이 제정되었다는 사실이다. 2004년 9월 우리나라 법무부는 범죄피해자 보호·지원을 강화하기 위한 종합대책을 발표하면서 피해자의 권리를 종합적·체계적으로 규정한 범죄피해자기본법을 마련해 2005년도부터 시행할 방침임을 밝힌 뒤517) 같은 해 11월 이를 입법예고 한 바 있었다. 이 입법예고안에서는 범죄피해자의 보호·지원을 위한 기본이념과 시책을 규정하고 민간차원의 범죄피해자 보호 활성화를 위한 지원근

---

517) 인터넷법률일보, "법무부, 범죄피해자 보호·지원 강화 종합대책", 2004. 9. 2.

거규정을 담고 있는 바, 그 주요 내용으로 다음과 같은 사항을 담고 있었다.[518)]

즉, 이 법안의 체계를 보면 총칙, 범죄피해자 보호와 지원을 위한 기본 시책, 범죄피해자 보호와 지원을 위한 기본계획, 범죄피해자지원 법인 설립, 벌칙 등 총 5개 장 27개 조문으로 구성되어 있다.

총칙에서는 범죄피해로부터의 조속한 회복, 범죄피해자의 명예와 사생활 보호, 당해 사건 등 각종 법적 절차에 참여할 권리 보장 등을 기본이념으로 규정하고 있는 바, 범죄피해자를 타인의 범죄로 인하여 생명을 잃거나 직접 정신적, 신체적, 재산적 피해를 입은 사람과 그 배우자(사실혼 배우자 포함), 직계친족 및 형제자매로 정의하고 범죄피해자방지 및 범죄피해자 구조 활동으로 인해 피해를 입은 사람도 범죄피해자로 간주하는 등 피해자의 범위를 확장시키고 있으며, 범죄피해자 보호를 위한 지원 체제의 구축, 연구·홍보 및 관계자 교육, 법령 정비 등을 국가 등의 책무로 규정함으로써 범죄피해자 보호에 대한 적극적 의지를 표방하고 있다.

범죄피해자 보호·지원을 위한 기본 시책과 관련해서는, ① 상담, 의료제공, 구조금 지급, 법률구조, 취업관련 지원 등을 통한 범죄피해자의 피해회복 지원, ② 수사결과 등 형사절차 관련정보 제공, ③ 보복당할 우려가 있는 경우 범죄피해자 보호를 위한 적절한 조치 강구 등을 범죄피해자 보호·지원의 기본시책으로 명시하고 있다. 아울러 범죄 수사에 종사하는 자 등에 대한 국가의 교육·훈련 실시, 범죄피해자에 대한 홍보, 실태조사 등을 국가 및 지방자치단체의 의무로 규정함으로써 국가가 범죄피해에 대한 체계적으로 대응을 해야 함을 명시하고 있다. 또한 범죄피해자에 대한 국민적 이해와 관심을 고취하기 위해 1년 중 1주간을 범죄피해자 주간으로 설정하도록 함으로써 범죄피해자 보호에 대한 국민적 관심을 유도하는 정책을 펴도록 하고 있다.

범죄피해자 보호·지원 기본계획과 관련해서는 법무부장관으로 하여금 범죄피해자 보호위원회의 심의를 거쳐 5년 단위로 범죄피해자보호를 위한 기본계획을 수립하도록 하고, 관계중앙행정기관·지방자치단체는 이에 따라 연도별 시행계획을 수립·추진하도록 규정하고 있으며, 범죄피해자 보호를 위한 기본계획 및 기타 중요정책을 심의하기 위하여 법무부장관 산하에 범죄피해자보호위원회를 설치·운영하도록 하고 있다.

---

518) 법무부, 범죄피해자기본법제정(안)입법예고, 법무부공고 제2004-63호(http://www.moleg.go.kr).

범죄피해자지원 단체를 법인형태로 설립·운영하고자 하는 경우에는 일정한 요건을 갖추어 법무부장관에게 등록을 하도록 하면서 범죄피해자지원 법인에게는 예산의 범위 내에서 보조금 지급 및 조세감면의 혜택 등을 줄 수 있도록 하되, 그 근거 및 범죄피해자지원 법인에 대한 법무부장관의 감독권에 관한 사항을 규정하고 있으며, 이 법에 의하여 등록된 법인이 아니면서 등록된 법인으로 표시하거나 등록된 법인으로 오인하게 할 수 있는 명칭 사용을 금지하고 있고, 범죄피해자 지원업무 종사자의 수수료 징수 행위를 금지하고 비밀 준수의무를 부과하고 하는 규정들을 두고 있다.

이렇게 정부(법무부)가 입안했던 범죄피해자보호 법안은 2005년 9월 국회 법제사법위원회에 회부되고 동년 11월 30일 수정가결 된 다음 동년 12월 1일에 국회 본회의에서 수정가결 됨으로써 법률 제7731호로 범죄피해자보호법이 탄생하기에 이른 것이다.[519]

그러나 이 범죄피해자보호법은 범죄피해자 대책수립에 대한 지침적 역할을 하는 것에 불과하므로 이 법률의 기본정신을 살릴 수 있도록 후속법령의 정비작업이 뒤따라야 한다. 예컨대, 형사소송법상에 피해자 변호인제도 도입·재정신청 대상의 확대·신뢰관계 있는 자와의 동석권 명시·피해자 보호를 위한 진술녹화제도 도입·피해자인 증인보호를 위한 비디오 링크식 증인 신문제 도입·피해자인 증인을 신문하는 경우 피해자 진술의 비공개·형사절차상 피해자에 대한 정보제공 의무 명시 등의 규정을 두어야 한다는 것과, 가해자와 피해자간에 형사화해를 촉진하는 특별 입법을 해야 한다는 것, 다양한 범죄피해자에 대한 실질적 신변안전보호를 위해 특정범죄 신고자에 대하여만 신변안전조치를 예정하고 있는 특정범죄신고자등보호법을 보완해야 한다는 것, 범죄피해자에 대한 실질적 구조를 위하여 범죄피해자구조법상 구조금 지급요건 완화 조치가 필요하다는 것 등을 들 수 있겠다. 위와 같은 점에 대해서는 상당 부분 이미 정부 측에서 개정 법률안을 준비하여 입법예고를 한 바 있다.[520]

---

519) 국회에서 최종 의결된 범죄피해자보호법은 최초 정부가 제안한 법률안과 비교해 볼 때, 피해자에 대한 정보제공 세부절차 마련 문제와 피해회복이라는 용어의 재검토 문제만을 제외하고는 정부안이 대부분 수용되었다. 정부안에 대한 수정요지는 다음과 같다. "…범죄피해자가 형사절차에서 범죄피해자의 요청이 있는 경우 가해자에 대한 수사결과, 공판기일 등 형사절차 관련 정보를 대통령령에서 정하는 바에 따라 제공할 수 있도록 하여 범죄피해자가 형사절차와 관련된 정보를 받을 수 있는 방법을 보다 구체화하는 등 일부내용을 수정하고, 이 법안이 제정안임을 감안하여 국립국어원에 법문표현의 타당성을 의뢰하여 '피해회복'을 '손실 복구'로 바꾸는 등 일부 표현을 반영함"(국회 법제사법위원회, 범죄피해자보호법안 심사보고서, 2005. 11. p. 27.)

그동안 범죄피해자에 대한 사회적 관심부족과 특정범죄 피해자로 한정된 개별적 법률만으로는 범죄피해자에 대한 체계적인 보호·지원이 충분하지 못하다는 반성적 고려에서 범죄예방의 책무를 지고 있는 국가가 총괄적이고 체계적인 범죄피해자보호·지원을 위하여 노력하여야 한다는 지적이 있어 왔기에 이와 같은 범죄피해자보호법의 제정·시행은 우리나라 범죄피해자대책 발전에 큰 기여를 할 것으로 보인다.

## 나. 형사절차 참여권 강화

### 1) 피해자의 형사절차 참여에 대한 논거

피해자가 형사절차에 어떤 형태로건 참여할 수 있어야 한다는 가장 중요한 법적 근거가 있다면, 피해자가 한 인간으로서 존엄성과 고유의 가치를 지니고 있고 행복을 추구할 권한을 가지고 있기 때문에 국가가 이러한 피해자의 기본권을 확인하고 잘 보장할 수 있도록 노력해야 한다는 헌법 제10조 규정이라고 볼 수 있다. 즉, 피해자가 수사절차를 포함한 모든 형사절차에서 인간으로서 존엄성을 지니고서, 행복추구의 권리를 실현할 수 있도록 공정한 대우와 존중의 이념이 반영된 제반 법적·제도적 장치를 국가가 마련해야 한다는 것이다.

피해자의 형사절차 참여에 대한 법적 근거를 헌법 제27조 제1항의 재판청구권이나 동법 동조 제5항의 공판정진술권에서 찾을 수도 있을 것이다. 피해자도 헌법과 법률이 정한 법관에 의하여 형사재판을 받을 권리를 갖고 있는 것이며 자신의 피해사실과 불만사항에 대하여 법관 앞에서 진술할 수 있는 권한이 있는 것이기에 정당한 이유 없이 이러한 기회를 봉쇄하거나 차단하는 것은 기본권 침해라고 볼 수 있기 때문이다. 이와 같이 재판청구권과 공판정진술권의 실질적 보장을 위해서 피해자에게 수사단계에서부터 수사를 공정하고 철저하게 수행하도록 요구할 수 있는 권리가 도출된다는 논리이다. 이에 따르면 검사도 헌법상 기본권인 국민의 재판청구권이나 법정진술권을

---

520) 2005년 9월 정부는 배상명령에 정신적 위자료를 포함하고 형사화해 제도도입을 골자로 하는 소송촉진 등에 관한특례법 일부개정 법안을 국회에 제출한 바 있고, 동년 10월에는 범죄피해자구조법 일부 개정법률 안을, 동년 11월에는 범죄피해자 보호 및 지원을 강화하는 취지가 담긴 법률구조법 일부 개정법률 안을 제출하였다. 이와 함께 위에서 예시한 내용을 일부 포함하는 형사소송법 개정안도 입법예고를 거쳐 2006년 1월 국회에 제출되어 있는 상태이다.

침해하지 않기 위해서 기소여부 판단에 있어서 의무에 합당한 재량을 행사하여야 한다고 해석할 수 있다. 이처럼 헌법 제27조의 재판청구권과 법정진술권은 법관으로 하여금 적절한 형벌권을 행사하여 줄 것을 청구할 수 있는 권리이자 피해자 자신에게 이익 되는 진술을 할 수 있는 권리로서 모든 국민이 갖는 사법 절차적 기본권으로 해석하고 이해하는 것이 바람직할 것이다.521)

피해자의 형사절차 참여를 보장하는 제반 법적·제도적 장치들은 '절차적 정의 (procedural justice)'를 달성하는데 기여하는 것을 목표로 한다. '절차적 정의'라는 것은 본래 제반 사회절차 속에서 내려지는 판단이 공정함을 의미한다.522) 형사절차가 과연 공정하느냐 하는 것의 여부는 경찰을 비롯한 형사사법기관에 대한 피해자의 태도 및 행태의 형성에 영향을 미치게 된다.523) Shapland 등의 범죄피해자에 관한 연구에 따르면, 피해자가 경찰로부터 어떻게 취급받고 경찰이 어떻게 응대를 받았느냐의 여부가 경찰이 수사절차를 통하여 피해자에게 어떤 유익한 수사결과를 안겨주었느냐 보다 피해자에게는 더 중요하다는 결론을 얻었다고 한다.524) 즉, 피해자들은 비록 수사결과가 만족스럽지 못한다하더라도 그 수사절차의 진행이 공정하게 이뤄지고 있다는 확신을 갖게 되면 만족감을 갖게 된다는 것으로, 수사결과물의 산출이 어떤 것이냐 하는 것보다는 수사과정에서 자신의 입장과 의견이 존중되고 반영되는데서 정의감을 느낀다는 것이다.525) 이는 경찰이 아무리 범인을 잘 잡는다 하여도 수사절차 속에서 피해자의 입장을 반영해주지 못하거나 의견을 존중해주지 않고 소외시킨다면 수사절차에 대하여 신뢰를 갖기 어렵다는 것을 암시해주고 있다.526)

---

521) 신동운, "검사의 불기소처분에 대한 헌법소원", 헌법재판의 전개 (헌법재판자료 제4집), 1991.
522) Jo-Anne M. Wemmers, *Victims in the Criminal Justice System*, Kugler Publications, 1996. p. 54.
523) Jo-Anne M. Wemmers, *ibid.*
524) 이는 시민이 수사의 공정성을 판단함에 있어서는 결과적 공정함(outcome fairness)보다는 절차적 공정함(process fairness)가 더 중요하게 작용하고 있음을 말해준다(Shapland, J., J. Willmore, P. Duff, *Victims in the Criminal Justice System*, Aldershot GB, Gower Punlishing Company Liminted, 1985.; Jo-Anne M. Wemmers,*op. cit.* p. 54.)
525) Jo-Anne M. Wemmers, *ibid.*
526) 이와 관련하여 Tyler와 Lind는 정의를 달성하기 위하여 필요한 '절차의 공정성 확보 모델'로서 '관계 모델(relational model)'을 제시하였는데 여기에는 3가지 중요한 요소가 있다고 보았다. 즉, ① 신뢰(trust), ② 상대방을 대하는 태도(standing), ③ 중립적 일처리(neutrality)가 그것인데, 피해자로부터 신뢰를 얻기 위해서는 피해자의 필요에 대한 관심을 기울이고 피해자의 입장

따라서 실체법적으로 피해자의 권익을 보장하기 위한 노력도 필요하지만, 피해자가 형사절차 속에서 자신의 입장을 반영할 수 있도록 절차법 규정을 마련하기 위해 노력하는 것도 형사정의를 이루기 위한 중요한 일 중의 하나라고 볼 것이다. 이하에서는 피해자의 형사절차 참여를 촉진시킬 수 있는 법률적·제도적·정책적 사안에는 어떠한 것들이 있는지에 관해 살펴보고 아울러 피해자의 형사절차 참여를 촉진시킬 수 있는 방안에 대해서도 검토해 보고자 한다.

## 2) 수사관에 대한 제척·기피의 신청제도 마련

법관에 대한 제척, 기피(형사소송법 제17조, 제18조)의 경우와 같이 사법경찰관리인 수사관에 대하여도 이를 인정하여야 할 것인가 하는 문제이다. 하지만 현행법상 불공정한 수사를 할 가능성이 있는 사법경찰관에 대해서 제척, 기피를 신청할 수 있는 근거가 없다. 다만 사법경찰관리집무규칙 제9조에는 피의자, 피해자 기타 관계인과 친족 기타 특별한 관계로 인하여 수사에 공정성을 잃을 염려가 있다고 인정되는 사건에 대하여는 소속관서의 장의 허가를 받아 수사관 본인이 수사를 회피할 수 있다고 하여 '회피'제도만을 두고 있다. 따라서 수사담당자에게도 제척이나 기피신청을 할 수 있는 방안도 입법론적으로 검토될 필요가 있다.527)

## 3) 피해자의 변호인 선임권 인정

피해자의 경우 형사절차에서 피의자로부터 부당한 공격을 받거나, 전문적인 사항에 관해서는 제대로 자신에게 이익 된 진술을 하기 어려운 경우가 많고, 수사관으로부터

---

을 형사절차에 반영할 수 있어야 한다는 것, 피해자를 대하는 태도에 있어서는 상대방의 권리 존중과 친절함이 중요하다는 것, 중립성을 지키기 위하여 의사결정이 정확해야 하고, 정직해야 하며, 편견을 극복해야 한다는 것 등을 강조하고 있다 ( Jo-Anne M. Wemmers, *ibid.* pp. 58-59. ; Tyler. T.R., E.A. Lind, *A Relation Model of Authority in Groups.* In: M.P.Zanna, (ed.), Advances in San Diego, Academic Press, 1992. pp. 115-191.)

527) 경찰실무에서는 현재 수사경찰관이 불공정한 수사를 할 염려가 있는 경우 수사관 본인이 직속 상관에게 회피를 신청하는 예가 많으며, 그 이외에 민원인이 청문감사관실을 통하여 수사경 찰관 교체신청을 하거나, 진정·탄원이 접수되면 직속상관의 판단 하에 수사관을 교체하는 방법을 취하고 있다.

유도질문을 받을 수 있는 등 조사가 왜곡될 가능성이 있기 때문에 변호인의 조력을 받을 필요가 있다. 이는 피해자의 기본권을 충실히 보장하기 위해서도 필요하다.

현행 형사소송법상에는 피해자가 변호사의 조력을 받을 권리에 관하여는 명백히 규정을 하지 않고 있으나 아동복지법(전문개정 2000.1.12. 법률 제6151호, 개정 2002.12.18 법률 제6801) 제28조에서는 변호사가 피해자의 보조인으로 활동할 수 있는 근거를 두고 있으며 성폭력범죄의처벌및피해자보호등에관한법률 제22조의 2 제3항에서도 피해자가 지정한 자를 경찰 조사 시에 동석할 수 있도록 하여 변호인의 조력을 받을 수 있는 여지를 두고 있다.

형사피의자 또는 피고인이 체포·구속되었을 때 변호인의 조력을 받을 수 있도록 우리 헌법이 명문의 규정을 두게 된 것은(헌법 제12조 제4항), 법률전문가인 변호인의 도움을 통해 당사자 대등의 원칙을 실질적으로 확보하여 공정한 재판을 실현하고자 함에 그 목적이 있다.528)

그렇다면 범죄피해자가 변호인의 조력을 받을 수 있는 근거는 어디에 있는가를 생각해 볼 필요가 있다. 그것은 앞서 범죄피해자의 형사절차 참여에 관한 논거에서 밝혔듯이 국가는 개인이 가지는 불가침의 기본적 인권인 인간의 존엄성과 행복추구권을 확인하고 이를 보장할 의무를 지고 있고(헌법 제10조), 피해자를 포함한 모든 국민에 대하여 헌법과 법률이 정한 법관에 의하여 법률에 의한 재판을 받을 권리를 또한 보장해주어야 하며(헌법 제27조 제1항), 또한 형사피해자로 하여금 법률이 정하는 바에 의하여 당해 사건의 재판절차에서 진술할 권리를 보장해주어야 하는데서(헌법 제27조 제5항, 형사소송법 제294조의 2) 찾을 수 있다.529) 따라서 헌법상 보장된 행복추구권의 향유를 위하여 피해자가 자신의 권익보호와 피해회복을 위해 일정 범위 내에서 주체적으로 형사절차에 참여할 수 있도록 국가가 배려 해주어야 하는 것인 바, 형사절차에 관해서 문외한인 피해자가 법률전문가인 변호사의 도움을 얻도록 하는 것은 지극히 타당성이 있어 보인다.

피의자·피고인이 형사절차에서 자신들에 대한 검사의 유죄추궁에 대하여 효과

---

528) 헌법재판소 1992. 1. 28. 선고, 91헌마111 결정 참조
529) 헌법과 형사소송법이 피해자의 법정진술권을 보장하게 됨으로써 피해자도 일정 범위 내에서는
    형사절차에 주체적으로 관여할 수 있게 되었다고 볼 수 있다.

적인 방어를 하는데 변호인의 조력이 필요하다면, 범죄피해자의 경우에는 범죄피해의 해악을 신속히 제거하는데 필요한 여러 가지 법률적 조치에 관하여 조언을 하여 주고, 형사절차 속에서 추가적으로 2차적 피해를 당하지 않도록 하는 등 신속한 피해회복과 효과적인 피해자보호를 위하여 변호인의 도움이 필요하며 실체적 진실 발견에도 도움을 줄 수 있다.[530) 범죄피해자는 범죄로 인하여 일상의 행복이 파괴되고 인격의 자율성이 훼손되며 특정한 경우 자신에 대한 존중감 마저 상실할 수가 있다. 이에 형사절차 진행과정에서 법률전문가인 변호사가 무기력해진 피해자를 대신하여 피해자의 형사절차상 권한을 행사할 필요가 있는 것이다. 예컨대 피해를 당한 후 고소를 하였으나 검사가 불기소처분을 하였을 때 불복할 수 있는 수단이 무엇인지 피해자는 모르는 경우가 많고 검찰항고로 불복을 할 수 있다는 사실을 알고 있다 하더라도 불기소사건기록 등에 대해서 본인의 진술이 기재된 서류에 대하여 열람을 할 수 있다거나 본인이 제출한 증거서류에 대하여 열람·등사를 청구할 수 있다는 사실(검찰보존사무규칙 제20조의 2)을 제대로 알고 있는 피해자가 드물기에 법률전문가인 변호사의 도움을 받아야 하는 것이다.

국가의 공형벌 체계를 신뢰하는 입장에서는 형사사법기관이 범인을 검거하여 처벌하는 것만으로도 충분히 피해자보호에 기여하고 있지 않은가 반문할 수 있다. 그러나 범인이 검거되어 처벌받는다 하더라도 피해자의 피해회복에 별 도움이 안 되는 수가 많고, 형사절차 속에서 피의자나 그 변호인의 일방적 공격에 피해자가 무력하게 당하는 경우도 있을 뿐만 아니라, 수사기관이 불기소로 수사종결을 하거나 수사가 미진한 가운데 방치가 될 때에는 법률의 문외한인 피해자로서는 피해회복이 영원히 난망해질 수도 있는 것이다.

위와 같은 이유로 범죄의 피해자에게도 변호인의 조력을 받을 수 있는 권리를 보장해주는 것이 타당하다고 여겨지는 바, 범죄피해자들이 자신의 권리사항을 쉽게 알아볼 수 있도록 이를 형사소송법에 명문화하는 것이 필요할 것이다. 해석론 적으로는 성폭력범죄의처벌및피해자보호등에관한법률 제22조의 3 제3항도 변호인의 조력을 받을 수 있는 근거로 삼을 수 있다고 보지만 누구나 쉽게 알 수 있도록 변호인

---

530) 이은모, "형사절차에서의 피해자의 지위 및 보호방안", 교정연구, 한국교정학회, 2000. p. 197.

조력을 받을 권리에 관한 규정을 형사소송법에 보다 명백히 할 필요가 있다. 다만 피해자에 대한 증인신문 내지 피해자조사 과정에 변호인의 참여권을 인정하기 위해서는 그 전제로서 피의자신문시의 변호인참여권을 먼저 법제화하는 것이 좋을 것이다.531)

아울러 빈곤 등을 이유로 하여 변호인 선임을 할 만한 능력이 되지 못하는 범죄피해자에 대하여 국선변호인 선임이 검토되어야 한다는 것은 앞서 살핀 바와 같다. 형사피고인의 경우 피고인이 미성년자이거나 70세 이상의 자일 때, 농아자이거나 심신장애의 의심이 있는 때, 피고인이 빈곤 기타 사유로 변호인을 선임할 수 없는 경우 등에는 법원이 직권으로 변호인을 선정하도록 하는 국선변호인 제를 운용하고 있는 것과 비교해 보면(형사소송법 제33조), 이러한 국선변호인제도를 무자력하거나 빈곤하거나 기타 사회적으로 취약한 입장에 처해 있는 범죄피해자에게 원용하지 못할 이유가 없다고 보기 때문이다.532)

독일에서는 과거 연방헌법재판소 판례에 따라 증인에 한하여 명문규정 없이 인정되었던 변호인 선임권을 1986년 법 개정을 통하여 모든 피해자에게 보장하도록 하는 규정을 신설하였다(StPO 제406조의 f). 다만 독일의 경우 경찰의 피해자진술조서 작성 과정에는 변호인이 참석할 권한을 주고 있지 않으며533) 오로지 검사에 의한 피해자진술조서 작성 및 법원에 의한 피해자인 증인에 대한 신문절차에만 허용하고 있다.

2004년 9월 법무부에서는 범죄피해자 지원 강화대책의 하나로서 피해자 조사 시 신뢰할만한 자 또는 변호인의 동석을 허용하는 입법을 추진할 필요가 있음을 밝힌 바 있다.534) 특히 신뢰관계 있는 자와의 동석권을 형사소송법에 도입하여 모든 피해자에게 그 혜택이 돌아가게 하겠다는 것이다.

## 4) 수사상 정보요구권과 수사기록열람권 인정

### 가) 수사상 정보요구권

---

531) 이은모, 상게논문, p. 198.; 박광민, "형사절차상의 피해자의 지위강화", 형사법연구 제10호, 한국형사법학회, 1998. p. 219.

532) 김성돈, 피해자변호인제도의 도입방안, 피해자연구 제10권 제2호, p. 141. 참조.

533) 기록열람권은 모든 피해자에게 인정되는 바 이를 변호사를 통해서 하도록 하고 있다 (김환수, "피해자의 수사절차 참여권", 서울대학교 대학원 석사학위논문, 1995. p. 68).

534) 법무부, "범죄피해자 보호·지원 강화를 위한 종합대책 설명자료", 2004년 9월 p. 11.

경찰이 피해자에게 사건 진행에 관한 정보제공을 하게 될 경우 최초 경찰과의 접촉에서 생긴 불만에서 벗어나 경찰행정에 대한 만족도가 증가할 수 있으리라는 연구결과가 있다.535) 1985년 국제피해자학회에서는 국제연합에 피해자의 정보권과 관련하여 다음과 같은 제안을 하였다고 한다. "형사절차의 전 과정에 걸쳐 중요한 단계에 있어서는 그 의미를 통지하여야 한다. 그러한 절차에 관하여는 평이한 용어를 사용하여야 한다." 또 1985년 제7회 국제연합범죄방지회의에서는 '범죄의 피해자에 관한 사법의 기본원칙'을 채택하면서 "각국은 피해자가 공평·저비용·신속·용이하게 ① 사안의 개요, ② 사안의 처리방법, ③ 형사절차의 개요, ④ 형사절차에서의 피해자의 역할 등에 관한 정보를 얻을 수 있도록 하여야 한다."라고 하여 피해자의 정보요구권을 우회적으로 인정하기도 하였다.536)

이와 같이 수사절차에 있어서 피해자가 필요한 정보에 접근할 수 있는 권리를 인정하자는 주장이 제기되어 온 것은 피해자로 하여금 자기의 기본권 침해에 대하여 미리 예방적 조치를 취할 수 있게 하고, 적절한 시기에 수사절차에 참여함으로써 피해회복에 효과적으로 대응을 할 수 있도록 하자는 취지 때문이다. 이러한 피해자의 정보요구권이 인정되면 경찰의 각종 정보제공서비스는 해도 좋고 안 해도 좋은 활동이 아니라 반드시 수행하지 않으면 안 되는 일종의 의무가 된다. 이러한 정보요구권은 헌법 제10조와 공공기관의 정보공개에 관한법률 제5조 및 제9조에 근거를 둔 국민의 정보공개청구권에 근거를 둔 것이라고 볼 수 있다.

전술한 바와 같이 고소·고발인 등 민원인에게 수사기관이 사건처리의 중간통지·처리결과의 통지를 비롯하여 검사가 불기소처분의 이유에 관하여 통지하는 제도 등이 현행법상 인정되고 있으나 이러한 정보제공만으로는 피해자의 보호가 취약하다는 것이다. 따라서 이러한 것 외에도 피의자의 체포·구속, 기소 전 보석, 구속적부심에 의한 석방, 피의자의 구속집행정지 사실, 검찰에서의 기소여부, 기소된 법원의 명칭과 주소 등의 정보에 대한 제공을 수사기관이 필수적으로 고지할 수 있도록 명문화해야 할 필요가 있는 것이다. 아울러 피의자에 대한 신병처리 후에 피해자의 신청이 있는 경우

---

535) M. Hough and P. Mayhew, *The British Crime Survey* ; first report(1983 Home Office Research Study, pp.79-80.; 김환수, 전게논문, p. 71.
536) 김환수, 상게논문, p. 72.

신병처리 판단기준에 관한 정보를 제공해주는 방안도 검토해 볼 수 있다. 피의자 구속 여부 판단은 수사기관에게 주어진 고유의 전문영역이기 때문에 제3자가 영향을 미친다고 해서 그 결론이 수시로 달라져서는 안 된다. 따라서 소위 '의무에 합당한 재량'을 통하여 가장 합리적이고 이성적으로 판단하여 구속요건 존재여부를 심사한 후 구속영장의 신청 혹은 구속영장의 청구를 결정해야 하는 것이다. 하지만 피해자 입장에서는 당연히 구속되리라고 믿었던 피의자가 불구속되었을 경우 당황하고 억울할 수 있다. 그렇다고 그러한 불구속 조치에 대해서 불복할 수 있는 수단이 있는 것도 아니다. 따라서 피해자가 납득하기 어려운 피의자의 신병처리에 결과에 대해서는 그 결정을 한 수사기관이 어떤 기준으로 신병처리 결정을 내렸는지 설명을 해 줄 의무가 있다고 본다. 이러한 경우에도 공공기관의 정보공개에 관한법률의 예외사유에 해당하지 않는 한 수사기관이 피해자에게 관련 정보를 공개할 수 있어야 한다고 본다.

이와 같이 형사사법기관에 피해자에 대한 정보제공업무가 추가될 경우 기존의 조직 및 인력구조로서는 이를 감당하기 어려운 측면도 있다 할 것이므로 각 형사사법기관에서는 전담인력 증원 및 사무분장 조정 작업 등을 선행시켜야 할 것이다. 경찰의 경우 현재 시행중인 피해자 서포터 제도를 적극 활용하도록 하는 것도 좋을 것이고 검찰의 경우 '피해자 지원과' 혹은 '피해자지원 담당관' 등 피해자 지원업무 전담요원을 적극 양성하여 이 업무에 전종토록 하여야 할 것이다.

### 나) 수사기록열람권

현행 형사소송법 제35조는 '소송계속중의 관계서류 또는 증거물'에 대하여 변호인에게 열람·등사 권을 인정하고 있다.[537] 그런데 이 '소송계속 중'이라는 문구가 구체적으로 무엇을 의미하는 가에 대해서는 변호인 측과 검사 측의 견해가 다르다. 즉, 변호인 측은 소송계속중이라 함은 '법원에 사건이 계류되어 있는 중'이라는 의미로서 '공소가 제기된 이후의 시점'을 뜻한다고 보아 형사사건이 기소가 된 이상 검사가 보유하고 있는 수사기록도 열람·등사의 대상이 된다고 주장한다. 이에 반하여 검찰 측

---

[537] 형사소송법 제35조의 문맥상 피해자의 변호인도 포함할 수 있다고 본다.

은 '공소장일본주의' 등을 이유로 동조의 '소송계속중인 서류'는 법관의 예단을 배제하는 차원에서 '공소제기를 받은 법원이 보유하거나 보관하고 있는 서류'만을 의미한다고 보아 아직 법원에 제출하지 않은 수사기록은 소송계속중의 수사서류가 아니라고 주장한다. 그러면서 변호사가 검사작성의 피의자신문조서를 열람·등사하려면 증거조사단계까지 기다려야 한다는 것이다.538)

현재 우리나라에서는 변호인에게 이러한 수사기록열람권이 인정되지 않는다고 해석하고 있다.539) 하지만 연혁 적으로 보면 1954년 우리나라 형사소송법이 제정될 당시에는 수사단계에서 변호인에게 수사기록에 대한 열람·등사 권을 인정하고 있었다.540) 그러던 것이 1961년 국가재건최고회의가 형사소송법 개정을 통해 현행과 같이 변호인의 소송서류 열람·등사 권을 대폭 제한해 버렸던 것이고 위에서 설명한 바와 같은 이유로 수사실무에서는 검사가 보유하고 있는 수사기록에 대한 열람·등사 권을 인정하지 않아 왔던 것이다.541)

이와 같은 검찰의 수사기록 열람·등사 거부처분에 대하여 1997년 변호인 측이 헌법소원심판을 제기 하였던바 헌법재판소는, "검사가 그 거부에 대한 정당한 사유를 밝히지 아니한 채 수사기록 열람·등사에 관한 신청을 전부 거부한 것은 청구인의 신속하고 공정한 재판을 받을 권리와 변호인의 조력을 받을 권리를 침해한 것으로서 위헌임을 확인한다." 라는 요지의 결정을 내렸다.542)

이 헌법재판소의 결정은 피고인의 방어권 보장이라는 측면에서 획기적인 의미를 가진 것이긴 하지만 헌법재판소가 수사서류 열람·등사의 제한사유로 제시한 국가기밀누설이나 증거인멸, 증인협박, 사생활침해, 관련사건 수사의 현저한 지장 등 폐해를 초래할 우려와 같은 사유들이 법률에 근거를 두고 있는 것이 아니라 법무부령에 불과한 '검찰보존사무규칙(법무부령 제534호 일부개정 2003. 7. 28)'에 근거를 두고 있다는 점과543) 수사기록에 대한 열람·등사의 신청을 검사에게 하도록 하면서 그 허용여부

---

538) 신동운, "공판절차에 있어서 피고인의 방어권 보장", 서울대학교 법학 제44권 제1호, 2003. p. 154.
539) 신동운, 상게논문, p. 619. ; 이재상, 형사소송법, p. 148.
540) 신동운, 전게논문, p. 156.
541) 신동운, 상게논문, pp. 161-162.
542) 1997. 11. 27. 94헌마60, 헌판집 9권 2집, p. 675 이하.; 신동운, 전게논문, pp. 166-167.
543) 더구나 수사기록 열람·등사에 관해서 보다 구체적으로 규율하고 있는 것은 '검찰보존사무규

판단 및 열람·등사의 제한을 법률이 아닌 동 규칙 제21조 내지 제22조를 근거로 검사가 하고 있으며 그 제한 사유 중에서도 '기타 기록을 공개함이 적합하지 아니하다고 인정되는 현저한 사유가 있는 경우(동 규칙 제22조 제8호 신설, 93. 12. 10)'라는 불확정 개념을 사용하고 있다는 점이 문제로 지적되고 있다.544)

경찰이 보관하고 있는 수사서류인 고소장과 피의자신문조서 대한 피의자 측 변호인의 열람·등사신청 불허처분에 대해서도 헌법재판소는 변호인이 피구속자를 조력할 권리와 알권리를 침해하였다는 것을 이유로 위헌 결정을 내린 바 있다.545) 형사소송법 제47조의 소송관계서류 비공개의 본래 취지가 피의자의 방어권을 제한하려는데 그 목적이 있는 것이 아닐 뿐더러 구속적부심에서 변호인이 미리 고소장 등 관계서류를 열람하지 못한다면 이 제도가 피구속자의 인권보호기능을 제대로 하지 못함으로써 방어권 행사에 장애가 초래됨을 그 이유로 하였다.

이와 같이 헌법재판소의 결정의 논지들을 종합해 볼 때 수사기록에 대한 열람·등사청구권은 신속하고 공정한 재판을 받을 권리(헌법 제27조 제1항·제3항) 및 변호인의 조력을 받을 권리(헌법 제12조 제4항)에서 유래되고 있음을 인정하고 있음을 알 수 있다. 따라서 입법론적으로 변호인의 수사기록의 열람·등사에 관한 권한을 형사소송법에 명문의 규정으로 두는 것이 필요하다고 보며, 열람·등사의 신청도 이해관계가 대립되는 검사에게 신청하기보다는 법원에 신청하는 것이 바람직하다고 본다.546)

형사소송법 제35조는 특별히 피의자·피고인의 변호인 만에 한정을 하고 있는 것은 아니므로 수사기록 열람·등사에 관한 헌법재판소의 결정들은 피해자 측 변호인에게도 해당된다고 본다. 다만 현재 피의자에게도 인정되지 않는 권리를 피해자에게 인정해 준다면 피고인의 방어권에 침해를 가할 수 있고, 수사목적의 달성을 저해할 것이라는 우려가 제기될 수 있다. 따라서 피해자 측의 수사기록 열람·등사 권에 대한 보장은 피의

---

칙' 보다 더 하위 단계의 규범인 '사건기록열람·등사에관한 업무처리(대검예규 기획 제296호, 1999. 8. 23)'에 의해서다. 이는 헌법 제37조 제2항에서 보는 바와 같이 국민의 기본권 제한은 법률로서만이 할 수 있다는 '기본권제한의 법률유보 원칙' 에 어긋나는 것이고 헌법 제12조 제1항의 형사절차법정주의에도 반하는 것이다 (신동운, 상게논문, p. 174).

544) 신동운, 상게논문, p. 173.
545) 2003. 3. 27. 2000헌마474
546) 신동운, 상게논문, p. 178.

자에게 수사기록열람을 허용하는 수준에 균형을 맞추어 나가는 것이 필요하며, 피해자에 대한 수사기록열람을 허용하는 경우라 하더라도 엄격한 이익형량 과정을 거쳐야 하리라고 본다. 이러한 이익형량의 기준으로는 독일 형사소송법 제406조의e 가 규정하고 있는 피해자의 기록열람에 대한 제한사유를 참고할 수 있을 것이다.[547]

### 5) 재정신청 범위의 확대

현행 재정신청제도는 검사의 기소편의주의에 대한 통제장치로서의 의미도 있는 가하면 피해자에 의한 검사의 공소권 통제라는 의미도 있어서 결국 피해자 보호에도 기여하는 제도이다. 헌법재판소는 피해자가 검사의 불기소처분에 대하여 헌법소원을 청구할 수 있는 근거로서 헌법상 기본권인 평등권(헌법 제11조)과 재판절차에서의 법정진술권(헌법 제27조 제5항)의 침해를 제시하고 있다.[548] 따라서 검사의 불기소처분의 통제에 피해자가 형사절차 속에서 관여할 길을 마련해 놓는 일은 피해자의 권익을 그만큼 철저히 보장할 수 있는 방안이 될 수 있다. 그러나 현행 재정신청제도는 앞서 살핀 바와 같이 공무원의 직권남용죄(형법 제123조 내지 제125조)만을 재정신청 대상범죄로 정하고 있기 때문에 일반 범죄피해자에 대한 보호를 기대하기 어려운 것이 현실이다.

아래의 표를 보면 2004년도 재정신청사건 신청건수는 전년도 미제사건을 합쳐서 총 1,340건 이었으며 이 중 기소에 부하는 결정(부심판 결정)은 오직 1건에 불과하였음을 알 수 있다.[549]

---

547) 독일 형사소송법 제406조의 e에서는 피해자의 기록열람 신청을 기각할 수 있는 사유로서 다음 3 가지를 제시하고 있다. ① 피고인이나 기타 타인의 부다 우월한 보호가치 있는 이익이 대립되는 한도 내에서는 피해자의 기록열람을 기각하여야 한다. 즉 피해자가 기록내용을 인지하고자 하는 이익보다 피고인이나 증인이 그 정보의 비밀을 유지하고자 하는 이익이 클 경우 피해자의 기록열람이 허용되지 않는 것이다. ② 수사와 심리목적이 위태롭게 될 가능성이 있는 한도 내에서 피해자의 기록열람을 기각할 수 있다. 이는 재량에 의한 기각사유이며 피고인의 기록열람권에도 적용된다. ③ 피해자의 기록열람이 절차를 현저히 지연시키는 한도에서 그것을 기각할 수 있다. 이것도 재량에 의한 기각사유에 속하며 기록의 범위가 방대하거나 피해자가 다수인 경우가 여기에 해당한다. 다수의 피해자가 기록열람을 신청한 때에는 어느 한 변호사에게 기록열람을 위임하도록 함으로써 그로 인한 소송지연을 방지할 수 있다.(김환수, 전게논문, pp. 82-83.)

548) 헌재결 1992. 2. 25. 90마 91; 1992. 7. 23. 91헌마 142.

549) 대법원, 사법연감, 2004. p. 81.

**(표 16) 2004년도 재정신청사건 처리 현황**                           (단위 : 건)

| 합    계 | 접 수 | | | 처 리 | | | | 미 제 |
|---|---|---|---|---|---|---|---|---|
| | 합 계 | 전년미제 | 금 년 | 합 계 | 부 심 판 | 기 각 | 신청취소 | |
| | 1,340 | 261 | 1,079 | 747 | 1 | 675 | 71 | 593 |

불기소처분에 대한 불복제도로서 검찰항고제도와 헌법소원이 있으나 전자는 검찰 내부통제제도로서 한계가 있다는 점, 후자는 사후 통제제도로서 신속한 구제가 어렵고 헌법재판소의 불기소처분 취소결정이 있다하더라도 기소명령에 해당하는 새로운 처분을 내릴 수 있는가에 대해서 견해가 나뉘고 있고 현실적으로 기소강제의 구속력을 발휘하고 있지 못하다는 점이 문제이다.550) 검사의 불기소처분에 대해서 헌법소원이 제기되어 인용결정이 있게 되면 형사소송법상 부심판결정(付審判決定(법 제262조 제1항, 제2항))과 같이 공소제기의 효과를 의제되도록 입법론적으로 개선하는 것이 바람직하겠으나 현재 헌법재판소는 검사의 불기소처분에 대한 헌법소원사건의 폭주 때문에 본래의 기능을 발휘하기 어려운 상태에 처해 있기 때문에 재정신청 대상범죄의 범위를 확대하여 고등법원을 검사의 불기소처분에 대한 통제기관으로 활용하는 방안이 피해자들의 정당한 욕구를 보다 신속하게 충족시켜 줄 수 있는 수단이 된다고 보겠다. 다행히 법무부에서는 2004년 12월 형사소송법 개정안을 입법예고하면서 현행 일부범죄에 대하여서만 허용되고 있는 재정신청 범위를 확대하겠다고 밝힌 바 있으며,551) 2006년 1월 6일 국회에 제출한 형사소송법 일부개정 법률안 제260조 내지 제262조에는 재정신청 대상범죄를 전 범죄에로 확대한다는 내용을 담고 있다.

---

550) 헌법재판소의 불기소처분 취소청구 인용결정에 대해서는 새로운 처분의 명령을 과할 수 없다고 보는 견해(이재상, 형사소송법, p. 304)와 재기수사명령이나 공소제기명령을 과할 수 있다고 보는 견해로 나뉘고 있다 (신동운, 형사소송법1, 1997. p. 333.; 배종대·이상돈, 형사소송법, 1997. p. 370.)

551) 법무부, "법무부, 범죄피해자 보호 및 장애인 등 사회적 약자 보호 특칙을 추가한 형사소송법 개정안 입법예고", 보도자료, 2004년 12월, p. 18.

한편, 일본에서는 검찰의 기소재량권 통제를 위해 검찰심사회제도(檢察審査會制度)[552]라는 것이 있으나 이 제도 역시 직접 기소강제의 효과를 가져오는 것이 아니라 검찰의 불기소처분을 사후적으로 심사하는데 불과하며, 여기서 결정된 사항의 효력도 구속력이 없는 기소권고에 불과하여 피해자보호를 위해 충분치 못한 것으로 알려지고 있다.[553]

## 6) 법정(공판정)진술권

### 가) 현황

범죄로부터 국민을 보호해야 할 책무를 바탕으로 하여 우리 헌법은 형사피해자에게 당해 사건의 재판절차에서 진술할 수 있는 법정진술권을 헌법상 기본권으로 보장해 놓고 있다(헌법 제27조 제5항). 1988년 이전의 구 형사소송법에서는 피해자가 공판정에서 진술할 권한이 없었다. 그러던 것이 1987년 헌법 개정을 통하여 피해자의 법정진술권이 보장된 것을 시발로 하여 그 이듬 해 형사소송법 개정에 의해 피해자의 공판정진술권이 보장되었다

이러한 헌법상 피해자의 법정진술권은 범죄피해의 신속한 구제와 형사사법의 적정 실현을 감시하기 위한 것으로서 피해자의 법적 지위를 향상시키는데 있어서 중요한 상징적인 의미가 있음은 물론[554] 피해자의 형사절차 참여를 위한 권리보장으로서의 성격도 지닌다고 본다. 이 것은 우리나라의 피해자보호를 위한 노력이 피해자의 인권 향상을 위해 노력하고 있는 세계 각국의 새로운 형사사법의 흐름에 부응하고 있음을 나타내 준 의미도 있는 것이다.

---

552) 일본의 검찰심사 회는 공소권의 실행에 관해 민의를 반영시켜 그의 적정을 도모하기 위한 것으로서 검사의 불기소처분의 타당성을 검토하는 기구이다. 검찰심사회의 의결의 유형으로는, ① 불기소 상당, ② 불기소 부당, ③ 기소 상당 이 있는 바, 기소상당과 불기소부당의 의결이 있게 되면 지방검찰청 검사정(檢事正)에게 송부되어 검토를 거쳐 기소수속이 취해지게 된다. 제도 실시 후 1998년까지 누계에 의하면 검찰심사회의 기소상당·불기소부당의 비율은 12.3%이고 이에 따라 검찰에서 검찰심사회의 기소상당·불기소부당의 의결을 참고로 하여 기소수속을 취한 것은 6.7%에 불과하다고 한다. (三井誠/酒券匡, 신동운 (역), 일본 형사수속법, 법문사, pp. 122-123).
553) 박광섭, "피해자의 권리", 충남대학교 법학연구소 법학연구 제11권 제1호, 2000. p. 74.
554) 신동운, 형사소송법, 1993. p. 472.

이러한 피해자의 법정진술권은 피해자의 의사가 검사에 의해서 형사재판절차에서 충분히 개진된다고도 볼 수 있지만 현실적으로 사건의 폭주 등의 이유로 관점에 따라서는 피해자의 억울함이 충분히 반영되지 않는 것으로 보여 질 수 있으므로 피해자가 원하는 경우에는 법률의 규정에 따라 재판과정에서 자기의 의견을 개진할 수 있도록 하는 기회를 준다는데 그 의의를 두고 있다.555)

피해자의 법정진술권은 특별법에 의해서도 보장되고 있다. 가정폭력범죄의 처벌 등에 관한특례법(이하 '가폭법'이라 한다)과 소송촉진 등에 관한특례법(이하 '소특법'이라 한다)에는 피해자의 법정진술권을 규정하고 있다. 가폭법 제33조에는 신청인이 이미 심리절차에서 충분히 진술하여 다시 진술할 필요가 없다고 인정되거나 신청인의 진술로 인하여 심리절차가 현저하게 지연될 우려가 있는 경우를 제외하고는 피해자의 신청이 있는 경우 그 피해자를 증인으로 신문하여야 한다(동조 제1항)고 하고 있고, 법원이 피해자를 신문하는 경우에는 당해 가정보호사건에 관한 의견을 진술할 기회를 주어야 한다(동조 제2항)고 함으로써 피해자의 법정진술권을 보장하고 있다. 소특법 제30조 제1항에서는 범죄피해자인 배상명령 신청인 및 그 대리인으로 하여금 재판장의 허가를 받아 소송기록을 열람할 수 있게 한다거나 공판기일에 피고인 또는 증인을 신문할 수 있도록 하고 있는 것도 법정진술권을 보장한 규정 중의 하나라고 볼 수 있다.

### 나) 문제점 및 대책

우리 헌법은 피해자가 '재판절차에서 진술할 수 있다'고 규정하고 있는 반면 형사소송법 제294조의2에서는 '피해자의 신청이 있는 경우 증인으로 신문'하도록 되어 있어 그 성격이 불분명하다. 또 수사절차에서 충분히 진술하였다는 이유만으로 피해자의법정진술권을 배제할 수 있게 한 동조 제2호의 규정은 헌법상 보장된 피해자의 법정진술권을 침해할 우려가 있는 것이다. 이러한 까닭에 재판실무상 공소사실 입증과 무관하게 피해자에게 진술기회를 부여하는 사례는 드문 편이라고 한다. 이 점은

---

555) 국회사무처, 제135회 헌법개정특별위원회회의록 제7호 부록, p. 8.

미국에서 피해자가 양형절차에서 피해내용과 양형에 대한 의견진술을 할 수 있는 것과 대조를 이루는 것이다. 또 형사소송법상 제294조의 2의 제3호에서 사용하고 있는 개념 즉, '공판절차가 현저히 지연될 우려가 있는 경우'와 같은 것은 추상적 불확정개념으로서 그 개념이 불분명하여 피해자의 권리보장에 어려움을 끼칠 수 있는 요소라고 보인다.[556]

이에 2004년 9월 법무부에서는 이러한 피해자 진술권의 문제점을 개선하기 위하여 피해자에 대한 공판정진술권 관련 정보제공을 강화하고, 형사소송법 제294조의2에 규정된 진술권 배제사유를 축소하며, 진술권 행사에 대한 구체적인 절차규정을 신설하겠다고 밝혔다.[557]

## 다. 고소인의 피해회복 촉진을 위한 법령 개선

### 1) 성범죄에 대한 고소기간의 철폐

고소제도가 피해자를 국가의 형사사법 활동에 동참시키는 것으로서 피해자보호를 위한 국가의 의지가 분명히 표명된 제도임에도 현행법 체계에서 그 기능을 제대로 발휘하지 못한 점이 노정되어 그 개선이 요구되고 있다.

먼저 성범죄 피해자보호를 위한 고소제도의 개선을 들 수가 있다. 친고죄 중 성범죄 피해자들은 PTSD(심리적 외상 후 스트레스 장애)와 같은 특유의 고통을 겪음으로 인하여 피해회복에 시간이 오래 걸리고 사회적인 생활관계 때문에 고소자체를 주저하거나 기피하는 경향이 있다. 따라서 입법론적으로는 성범죄를 비친고죄화하는 방안과 성범죄에 한해 고소기간을 철폐하는 방안을 제시할 수 있다. 하지만 전자의 경우에는 수사기관의 일방적 수사진행에 의한 개인의 프라이버시 침해가 우려되므로 수사기관의 피해자  호적 의식과 행태가 성숙해지기 전까지는 무리라고 생각되나 후

---

556) 동법 제294조의 2 제1항에 따르면, "법원은 범죄피해자의 신청이 있는 경우에는 원칙적으로 피해자를 증인으로 신문하여야 한다. 다만 ① 피해자가 아닌 자가 신청한 경우, ② 신청인이 이미 당해 사건에 관하여 공판절차 또는 수사절차에서 충분히 진술하여 다시 진술할 필요가 없다고 인정되는 경우, ③ 신청인의 진술로 인하여 공판절차가 현저하게 지연될 우려가 있는 경우에는 예외적으로 범죄피해자의 진술신청을 기각할 수 있다"고 하고 있다.
557) 법무부, "범죄피해자 보호·지원강화를 위한 종합대책 설명자료", 2004년 9월, p. 9.

자의 경우에는 일본이 성범죄에 대한 고소기간을 철폐한 바도 있기 때문에558) 이를 긍정적으로 검토할 필요가 있다. 현행 성폭력범죄의처벌및피해자보호등에관한법률에는 성범죄 피해자의 이러한 특유한 처지를 반영하여 고소기간을 1년으로 연장하여 규정하고 있다.

### 2) 형사화해제도의 법적 근거 마련

우리나라에서는 가해자-피해자간에 화해나 조정을 하는 제도가 없기 때문에 민사사안에 속할 수 있는 많은 사안들이 고소를 통하여 형사절차에 편입되고 있다. 일선 경찰서에서는 민원 상담관제도를 두고 있어서 상담을 통하여 민사사안이 명백하면 형사고소를 철회하도록 권고를 하는 방법으로 어느 정도 민사사건의 형사 화 경향을 줄이고자 노력하고 있지만 사안에 따라서는 조사를 진행해 보아야 할 성격의 것도 있기에 고소사건의 폭증에 따른 형사절차의 부하를 줄이기 위해서는 특별한 대책 마련이 필요하다. 이런 경우 상호간에 가해자-피해자간 화해를 통하여 형사절차로부터 빨리 해방시켜 주는 방안이 검토되어야 하고, 이러한 화해를 하였을 경우 실질적으로 피해 회복을 담보할 수 있는 제도적 장치와 법적 근거의 마련이 필요하다.

그런데 현재 경찰 수사단계에서는 가해자-피해자 양 당사자 간에 공식적인 중재자가 없기에 비공식적인 방법으로 합의를 하고 있을 뿐만 아니라, 이러한 합의결과에 의해 피해를 어느 정도 회복하는 피해자도 있지만 합의가 있다고 해서 반드시 피해회복이 담보되는 것은 아니다. 즉 민사재판상 화해와 같은 효력을 인정할 수 없기 때문에 합의를 하고서도 가해자가 손해배상의 의지가 없을 경우에는 피해자는 여전히 피해를 회복하지 못한 상태에 놓일 수 있게 되는 것이다. 우리나라에서는 형사절차에서 가해자와 피해자 사이에서 합의가 성립한다고 하여도 독일이나 일본과 같은 특별한 형사법적 효력 발생을 가져오지는 않는 것이다.559)

---

558) 三井誠/酒券匡, 전게서, p. 15.

559) 독일에서는 행위자가 피해자와 화해하기 위해 노력하여 피해의 전부 또는 일부를 배상하게 되면 법원이 가해자의 형을 감경할 수 있고, 선고형이 경한 것인 때에는 그 형을 면제할 수도 있게 하고 있는 바, 이러한 피해자의 피해회복을 목적으로 한 '형사화해' 제도가 형법 전에 도입이 되었으며(독일 형법 제46조 a), 일본의 경우는 형사피고사건에 있어서 가해자와 피해자 사이에 민사상 합의가 성립한 후 공동의 요청에 의하여 공판조서에 그 합의 내용이 기재가 된

물론 친고죄와 반 의사불벌 죄의 경우 상호간에 화해를 할 때에는 보통 처벌의사를 철회하는 내용을 합의서에 명시하기 때문에 형사절차의 종결이라는 법적 효과가 발생한다. 실제로 경미범죄에 있어서 가해자와 피해자간의 합의는 기소여부 및 판결에 상당한 영향을 미치고 있는 것이 사실이다. 하지만 현행법상 가해자-피해자간 합의의 효력은 검사가 기소단계에서 양자의 합의를 기초로 기소재량을 행사한다든지, 법관이 판결을 함에 있어서 양형에 반영하는 것에 그치고 있는가 하면, 강력범죄와 같이 그 피해나 법익침해가 심각할 경우 상호 화해에 대한 아무런 형사법적 혜택을 보장하고 있지 않기 때문에 가해자가 피해자와의 합의를 단념할 수 있고, 그 결과 피해자는 민사소송을 제기하여 승소하지 않으면 손해를 배상받지 못하게 되는 결과가 나올 수도 있는 것이다.

이러한 형사화해제도의 도입방향은 2가지 유형으로 생각해 볼 수 있겠다.

첫째 경찰수사단계에서 경미범죄나 친고죄, 반 의사불벌 죄에 해당하는 사안의 당사자가 상호 합의의사가 있다면 경찰수사관이 양 당사자가 합의를 용이하게 진행할 수 있도록 합의절차를 양성화 시켜주는 방안이다. 이 제도는 현행 특정범죄신고자 등 보호법상 검사에게만 인정되고 있는 피의자-피해자 면담기회제공 규정을 준용하는 방법이 좋다고 본다(동법 제9조 제3항).560) 친고죄나 반 의사불벌 죄의 피해자 보호를 위하여 경찰에게도 이러한 피의자-피해자 면담 기회제공 및 면담주선을 공식화·양성화 하는 방안이 적극 검토되어야 할 것이다.

둘째 강력범죄 피해자의 경우 독일이나 일본과 같이 피해회복에 실질적 도움을 줄 수 있도록 민사상의 재판상 화해와 같은 효력을 가질 수 있는 형사절차상의 화해제도를 도입할 필요가 있다.

다행스러운 것은, 2004년 9월 법무부에서는 이러한 단점을 시정하기 위하여 형사재

---

때에는 민사상 집행력을 부여하는 제도를 두게 되었다(일본 피해자보호법 제4조 제1항 내지 제2항).

560) 동 법에 의하면 피의자 또는 피의자의 변호인 또는 법정대리인, 배우자, 직계친족, 형제자매와 호주가 피해자와의 합의를 위하여 필요한 경우에는 검사에게 범죄 신고자등(고소인을 포함한 개념임)과의 면담을 신청할 수 있다고 하고 있고(동법 제9조 제3항), 면담신청이 있는 경우 검사는 그 사실을 범죄 신고자등에게 통지하고, 범죄 신고자등이 이를 승낙한 경우에는 검사실 등 적당한 장소에서 범죄 신고자등이나 그 대리인과 면담할 수 있도록 조치할 수 있다고 규정하고 있다(동법 동조 제4항).

판에 화해제도를 도입하겠다고 밝혔다는 점이다.561) 이것은 피해자와 피고인이 형사 재판 진행 중에 상호 합의를 하게 되면 그 합의 내용을 당사자 신청에 의하여 공판조서에 기재하도록 한다는 것이다. 이처럼 민사 분쟁에 관한 상호 합의사항이 공판조서에 기재되면 '재판상 화해'와 동일한 효력을 갖게끔 하고, 차후 재판이 확정되면 별도의 민사소송을 제기함이 없이 강제집행을 할 수 있도록 함으로써 피해자의 물질적 피해회복을 보다 용이하게 하는데 도움을 주게 된다.

## 라. 범죄신고 활성화를 위한 관련 법령의 개선

특정범죄신고자등보호법 제14조의 범죄 신고자등구조금지급제도는 범죄 신고자등이나 그 친족 등이 보복을 당할 우려가 있는 경우로서 그로 인하여 중대한 경제적 손실 또는 정신적 고통을 받았거나 이사·전직 등으로 비용을 지출하였거나 지출할 필요가 있는 때에는 범죄 신고자, 그 법정대리인 또는 친족 등의 신청에 의하여 관할 지방검찰청 범죄 신고자등구조심의회에서 심사 결정하여 구조금을 지급하는 제도이다. 또한 성매매알선등행위의처벌에 관한법률 제28조는 성매매 목적의 인신매매 등의 범죄를 수사기관에 신고한 자에 대하여는 보상금을 지급할 수 있도록 규정하고 있고, 범죄 신고자보호 및 보상에 관한규칙 제2조 및 제5조에서는 범인검거공로자와 경찰공무원의 비리를 신고한 신고자에게 일정한 액수의 보상금을 지급하도록 규정하고 있다. 특정범죄신고자등보호법상의 범죄 신고자등구조금은 범죄 신고로 말미암아 범죄 신고자가 겪게 되는 정신적·경제적 고통에 대하여 국가가 이를 보상해주는 성격을 띠는 것이고, 성매매알선등행위의처벌에 관한법률이나 범죄 신고자보호 및 보상에 관한규칙에 의한 범죄 신고인에 대한 보상금 지급은 범죄수사에 협력한 시민에 대한 보로금(報勞金)으로서의 성격을 띠고 있다고 볼 것이다.

현재 경찰이 일반 시민의 수사협력을 유지·강화하기 위하여 물질적 보상을 해주고 있는 대표적인 제도 둘을 든다면 범죄 신고자에게 보상금을 지급해 주는 방법과 수사에 협력한 참고인에게 여비를 지급하는 방법이다. 전자는 '범죄 신고자보호 및 보

---

561) 법무부, "법무부, '범죄피해자 보호·지원강화를 위한 종합대책' 추진키로", 보도자료, 법무부정책기획단, 2004. 9. 2면.

상에 관한규칙(2004. 9. 21. 경찰청훈령 제150호)'에 근거를 두고, 후자는 '참고인등비용 지급규칙(2000. 4. 1. 경찰청훈령 제301호)'에 근거를 두고 시행되고 있다.

그러나 위 규칙들은 몇 가지 미비점을 안고 있다. 먼저 공통적인 사항으로서 위 규칙들에 사용하고 있는 용어인 '범죄 신고자'나 '참고인'의 범위에 범죄피해자가 포함되는지 여부가 명시적으로 나타나 있지 않고 있다는 사실이다. 경우에 따라서는 범죄피해자도 위 규칙상의 범죄 신고자나 참고인의 범주에 포함시켜 그에 타당한 보상을 할 필요가 있다고 보는 바, 그 개념의 범위가 모호한 것이 문제이다.

특히 범죄 신고자보호 및 보상에 관한규칙의 경우 피해자가 직접 범인을 검거하였다면 동 규칙상의 '범죄 신고자'의 범위에서 제외할 이유가 없어 보인다.[562] 피해자를 동 규칙 제5조상의 법령상 신고의무자로 보아 보상금 지급대상에서 제외하는 것은 타당한 해석이 아니라고 생각한다. 범죄의 피해자·피해자의 직계가족도 법령상 신고의무자의 범위에 속할 여지가 있다고 해석하는 입장도 있으나 피해자로 하여금 신고의무를 법적으로 명백히 강제하고 있지 않음에도 위 규칙에서 말하는 법령상 신고의무자의 범위에 포함시키는 것은 무리가 있다고 본다. 피해자가 자신의 범죄피해 사실을 신고하는 것은 지극히 당연한 것이긴 하지만 별다른 법적 근거 없이 신고행위 자체를 의무로 비약시키는 것은 옳지 못하다. 또한 범죄피해자라 하더라도 격투 끝에 범인을 검거하였다면 범죄피해에 대한 보상과는 별도로 그 검거의 공적을 인정하여 일정한 보상을 하여주는 것이 합리적이라고 여겨진다. 일선 실무에서는 범인을 검거하여 인도한 피해자에게도 보상금을 지급하는 사례가 있다고 한다.[563] 그러므로 이러한 개념상의 혼돈을 막기 위해서 피해자와 관련하여 범죄 신고자의 범위를 좀 더 명백하게 밝히는 입법이 요청된다.[564]

---

562) 이 규칙에서 범죄 신고자라 함은 제5조에 규정한 범죄를 범한 범인이 검거되기 전에 경찰공무원에게 범인 또는 범인의 소재를 신고하여 범인을 검거하게 한 자 및 범인을 검거하여 경찰공무원에게 인도한 자를 말한다. (범죄 신고자보호 및 보상에 관한규칙 제2조).

563) 충북지방경찰청 산하 수사부서에 근무하는 경찰관과 인터뷰한 결과 확인된 내용이다.

564) 범죄 신고자의 의미와 그 범위에 관련하여 개정 전 위 규칙 제2조에서 '범죄 신고자는 범인이 검거되기 전 경찰에게 신고하여 범인이 검거되게 한 자 및 범인을 검거하여 경찰공무원에게 인도한 자'로 한정하고 있었다. 이에 따르면 범죄자가 현실적으로 검거되어야 보상금을 받을 수 있기 때문에 범죄 신고자가 검거를 위하여 격투를 벌였으나 놓친 경우 혹은 경찰이 검거에 실패해 버린 경우에는 보상을 전혀 받지 못하게 된다. 또 동 규칙 제5조에 따르면 법령상

'범죄 신고자보호 및 보상에 관한규칙'과 관련하여 추가적인 문제점을 지적하여 본다면 그 모법(母法)에 해당하는 법령이 따로 없다는 점이다.[565] 경찰청훈령에 불과한 동 규칙은 범죄신고 보상에 관한 법률을 근거로 보상금 지급에 필요한 기준과 절차를 정하여야 함에도 국민의 권리·의무의 발생과 관련된 내용을 직접 경찰청 훈령만으로 다룬다는 것은 입법체계상 문제가 있는 것이어서 개선이 요청된다.[566]

## 마. 피해자 및 증인의 신변안전보호를 위한 관련 법령의 개선

우리나라의 경우 헌법과 형사소송법상에 피해자의 법정진술권을 보장하고 있는 점이라든가 특정범죄신고자등보호법이나 특정강력범죄처벌에 관한특례법에 피해자인 증인에 대한 신변안전조치 규정을 두고 있는 점, 성폭력범죄의처벌및피해자보호등에관한법률이나 가정폭력범죄의 처벌 등에 관한특례법 등에서 피해자보호를 위한 각종 규정을 둔 점 등은 피해자 인권보호를 위하여 매우 고무적인 일로 평가될 수 있을 것이다. 그러나 피해자 인권의 보다 충실한 보호를 위하여 몇 가지 법률적 측면에서의 미흡한 점을 적시해보고자 한다.

---

신고의무자인 경우에는 보상을 청구할 수 있는 범죄 신고자의 범위에서 제외하고 있는데 그 신고의무자가 구체적으로 누구를 의미하는지 명확하지가 않다. 명백히 법률상으로 신고의무가 규정되어 있는 경우는 형사소송법 제234조 제2항의 직무담당 공무원의 고발의무, 성폭력범죄의 처벌및피해자보호등에관한법률 제22조의 3에서의 신고의무, 가정폭력범죄의 처벌 등에 관한법률 제4조의 신고의무, 국가보안법 제10조상의 수사기관에의 고지의무 등을 들 수 있을 것인 바, 실무상의 혼선을 방지하기 위해서라도 개념규정을 좀 더 명백히 다듬을 필요가 있다고 본다. 위 규칙은 2004년 9월 훈령 개정을 통해 범죄 신고자의 개념을 보다 명확히 하고자 하였다. 즉, 종래의 한 가지 형태의 범죄 신고자 개념을 ① 범죄 신고자(범죄의 사실관계와 범죄혐의자를 경찰공무원에게 신고한 자), ② 범인검거공로자(개정 전 규칙 제2조의 범죄 신고인의 개념과 동일), ③ 범죄 신고자등 (범죄 신고자와 범인검거공로자를 합친 개념) 3가지 개념으로 분류하게 되었다.

565) 1994년 경찰청훈령으로 제정된 '범죄 신고자보호 및 보상에 관한규칙'은 범죄자를 신고하거나 직접 검거하여 경찰에 인도한 사람에 대하여 보상금을 지급하는 데 필요한 내용들을 규정하고 있다. 범죄 신고에 대하여 그에 상응한 보상을 하여주면 범죄 신고율이 증가할 것이라는 기대 속에서 이 규칙이 제정되었다고 본다. 형사정책연구원이 1999년도 서울 시민을 상대로 한 설문조사에서 '범죄 신고에 대하여 보상을 하여주면 범죄 신고율이 높아질 것이다'라는 응답자가 67.1%에 이른 것도 이러한 점을 반영하고 있다(형사정책연구원, "범죄 신고보상제도 연구", 1999. p. 148.)

566) 同旨, 형사정책연구원, "범죄 신고보상제도 연구", 1999. p. 61.

## 1) 신변안전조치 관련 법령의 정비

범죄피해자중 범인으로부터 신변에 위협을 받고 있는 자가 있을 경우 신변안전조치 청구권의 범위와 관련된 문제가 있을 수 있다. 특정강력범죄의 처벌에 관한특례법(이하 특강법이라 한다) 제7조에 제2항에 따르면 피해자인 증인은 '자신이 피고인 기타의 사람으로부터 생명·신체에 해를 받거나 받을 염려가 있다고 인정되는 때에 검사에게 자신의 신변안전을 위하여 필요한 조치를 할 것을 청구할 권한이 있다'고 하고 있다. 그런데 이 특강법의 신변안전조치 규정은 신변보호조치 청구권 자를 증인의 지위에 있는 자로 한정하고 있다는 문제점이 있어서 피해자가 수사단계의 단순한 참고인에 불과하면 보호받기가 어렵다는 점과 그 것도 특정강력범죄사건에 관계된 증인이어야 한다는 점 등이 문제로 되고 있다. 특강법의 범주에 들지 아니한 범죄의 증인에 대한 신변보호조치는 '특정범죄신고자등보호법'의 의해 더 확장되고 있으나 그것도 중복되는 특정범죄를 제외하면 마약류불법거래방지에 관한특례법 제2조 제2항에 규정된 범죄의 범죄 신고자 정도로 범위가 좁다는 문제점이 있다. 따라서 신변안전조치 청구권을 전 피해자로 확대하되 신변안전조치 권 발동의 요건, 신변안전조치의 유형의 선택, 현장 위험성 판단의 요소 등에 관한 상세한 절차규정을 마련하여 상황에 맞는 신변안전조치가 이루어지도록 하여야 할 것이다. 법무부에서는 2004년 9월, 특정강력범죄의 처벌에 관한특례법 제7조에 규정된 신변안전조치와 유사한 규정을 모든 범죄사건으로 확대할 필요성이 있음을 제기한 바 있다.567)

## 2) 비디오 중계방식에 의한 피해자 조사

현재 성폭력범죄의처벌및피해자보호등에관한법률 제22조의 4 제1항에 의해 성폭력 피해자가 13세 미만의 아동이나 장애인인 경우 검사와 피고인 또는 변호인의 의견을 들어 비디오 등 중계 장치에 의한 중계를 통하여 피해자를 증인으로 신문할 수 있도록 하고 있다. 그러나 성폭력특별법상의 특정 피해자 이외에도 피해자의 심리적 안정과 사후 보복의 두려움을 제거해 주기 위하여 이처럼 비디오 링크방식에 의한 증인신

---

567) 법무부, "범죄피해자 보호·지원강화를 위한 종합대책 설명자료", 2004년 9월, 12-13면.

문 방식을 활용할 필요가 있다. 많은 범죄피해자가 장시간 동안 법정의 방청석에서 피고인과 피고인 가족 그리고 피고인의 폭력조직원 등 피고인 주변 인물들에 휩싸여 대기해야만 하는 상황이 벌어지고 있기 때문이다. 따라서 특정 피해자를 증인으로 법정에서 신문할 경우 비디오링크 방식에 의한 신문을 할 수 있도록 근거규정을 형사소송법에 마련하는 방안이 강구되어야 하며 증언을 위해 피해자가 법정에 출석할 경우에도 피고인과 접촉하지 않도록 별도의 대기실을 마련하여 피고인과 차단하는 장치가 요구된다고 할 것이다. [568]

### 3). 피해자 진술의 비공개

피해자를 증인으로 신문하는 경우 사생활 보호를 위하여 비공개 심리를 할 필요가 있다. 현재 성폭력범죄의처벌및피해자보호등에관한법률 제22조에서는 피해자의 사생활 보호를 위하여 심리를 공개하지 않을 수 있다는 규정을 두고 있다. 그러나 이러한 성범죄뿐만 아니라 사기죄나 협박죄의 범죄피해자의 경우에도 비공개 증언을 원하는 경우가 많은 것이 현실이다. 따라서 형사소송법에 이러한 피해자를 증인으로 신문하는 경우 비공개심리를 허용하는 규정을 형사소송법에 신설할 필요가 있다. 이 역시 법무부에서 형사소송법 개정안에 반영하겠다는 취지로 입법예고한 바 있다.[569]

## 바. 물질적 피해회복을 위한 법령의 개선

### 1) 범죄피해자구조제도

우리나라 범죄피해자구조법은 국민을 상대로 범죄피해자구조제도 정보제공 및 홍보가 부족하다는 점, 구조금 지급액 및 관련예산이 부족하다는 점,[570] 구조대상 범죄

---

568) 법무부, 전게록, p. 12.
569) 법무부, "법무부, 범죄피해자 보호 및 장애인 등 사회적 약자 보호 특칙을 추가한 형사소송법 개정안 입법예고", 2004년 12월, p. 3.
570) 현행법상 유족구조금이 경우에는 1,000만원이, 장해구조금의 경우에는 600만원부터 300만원까지 3단계로 지급하고 있는 등 피해자의 생계유지 상황을 고려하지 않은 채 획일적으로  규정하고 있고, 구조금 예산도 1997년 5억 3천만 원으로서 충분한 구조를 기대하기가 어려운 수준이다.(조균석, "피해자구조제도의 운용상황", 피해자학연구, 창간호, 1992. p. 104)

가 생명, 신체를 해하는 범죄로 제한되어 있어 재산에 손실을 가하는 범죄는 보상이 어렵고, 과실범에 의해 타격을 입은 피해자도 보상범위에서 제외하고 있다는 점, 가해자가 불명하거나 무자력임이 입증되지 않으면 지급이 곤란하다는 점, 가해자에 대한 유죄선고를 요건으로 하고 있어 판결을 기다리다가 구조의 적기를 놓치기 쉽다는 점 등이 문제로 지적되고 있으며 실제로 범죄피해자구조금은 2003년 87명이 신청하여 57명만이 지급결정이 되는 등 그 실적이 매우 저조한 형편이어서 개선이 요망되고 있다.571)

이러한 문제점을 개선하기 위하여 2004년 9월 법무부에서는 현행 범죄피해자구조법을 개정하여 구조요건을 완화하고 지급금액을 확대하여 시행하기로 하였다.572) 아울러 범죄피해자구조기금을 설립함으로써 피해자구조범위 확대에 따른 대비책을 강구하겠다는 것과 안정적 재원확보를 위해 형사벌과금을 이 기금에 귀속시키거나, 기부금 수수를 허용하는 등 여러 가지 대안을 검토하고 있음을 밝혔다.573)

실제로 2005년 12월 국회 법제사법위원회에 제출되어 수정 의결된 범죄피해자구조법 일부개정 법률안에는 범죄피해자 구조금 지급요건에서 '피해자의 생계유지 곤란' 요건을 삭제하였고, 가정의 유지와 유족의 실질적 보호를 위해서 유족이 피해자에게 생계를 의존하지 아니하였더라도 구조금 지급대상자로 하여 구조금을 받을 수 있는 유족의 범위를 확대하였으며, 구조금 지급신청기간을 범죄피해의 발생을 안 날로부터 1년에서 2년으로 연장함으로써 제도를 알지 못하여 구조혜택을 받지 못하는 사례를 줄이고자 하는 뜻을 반영하였다.

또 피해자의 장해의 정도가 명확하지 않거나 기타 사유로 구조금 지급결정을 신속하게 할 수 없는 사정이 있는 때에는 당해 신청을 한 자에 대하여 대통령령이 정하는 금액의 범위 내에서 가구조금을 지급하는 결정을 할 수 있게 하였는바, 이 가구조금 지급신청권이 종래의 법에는 없었으나 개정 법안에는 피해자도 가구조금 지급신청 권을 가질 수 있도록 함으로서 이 제도의 활성화를 도모하고자 하는 점 등은 매우 고무적인 현상이라고 볼 수 있다.

---

571) 법무연수원, 범죄백서, 2002. p. 250.
572) 법무부, "법무부, '범죄피해자 보호·지원강화를 위한 종합대책' 추진키로", 보도자료, 법무부정책기획단, 2004. 9. p. 3.
573) 법무부, 상게록, p. 3.

그러나 여전히 구조대상 범죄를 생명·신체를 해하는 범죄로 제한하고 있다는 점, 과실범에 의해 타격을 입은 피해자를 보상범위에서 제외하고 있다는 점, 구조금액이 비교적 적다는 점 등은 이 법이 여전히 안고 있는 문제점으로 지적될 수 있겠다. 참고로 일본의 경우 범조피해자의 유족구조금액이 최고 1,573만엔, 장해구조금액이 최고 1,849만 엔에 달하고 있으며, 영국의 경우 범죄피해보상법(Crime Injuries Compensation Act 1995)에 의거 정신적 피해까지 보상하고 있으며 피해등급을 최고 25등급으로 나누어 최고 25만 파운드(한화 2억 5천만 원)까지 보상해주고 있다고 한다.574)

## 2) 배상명령 제도

형사절차상 배상명령제도가 위에서 언급한 바와 같은 제반 문제점이 있어서 활용도가 저조한 상황인 바, 범죄피해자에 대한 두터운 보호를 위해서는 배상명령의 범위에 정신적 위자료를 포함시키도록 조치를 하여야 하고, 배상명령신청절차와 관련하여 피해자 지원을 할 수 있는 시스템 구축의 법적근거를 마련하도록 국가가 적극 노력해야 할 것이다.

이에 2004년 9월, 법무부에서는 이러한 배상명령 제도를 활성화하기 위하여 법률상 광범위하게 인정되는 배척사유를 축소하는 한편 원칙적으로 형사소송절차 내에서 배상명령을 활용하는 것을 의무화하는 방안을 강구키로 하고, 이 제도에 대한 홍보와 피해자에 대한 정보제공을 강화하는 한편, 변호사의 소송대리행위도 허용하고, 법률구조공단으로 하여금 경제적으로 곤궁한 피해자들을 위한 배상명령 신청을 대행케 하는 방안도 적극 시행하겠다고 발표하였다.575) 아울러 피해자의 손해범위를 확대하여 피고사건의 범죄행위로 인하여 발생한 정신적 손해, 즉 위자료까지를 포함하도록 하는 소송촉진 등에 관한특례법 개정안을 입법예고 했다.576)

---

574) 국회 법제사법위원회, 범죄피해자구조법 일부개정 법률안 검토보고서, 2005. 11. p. 9.
575) 법무부, "범죄피해자 보호·지원강화를 위한 종합대책 설명자료", 2004년 9월, p. 17.
576) 법무부, "소송촉진 등에 관한특례법 일부개정법률 입법예고", 법무부 공고 제2005-13호, 2005. 3. 8. (http://www.moleg.go.kr/dev/common/).

# 제5편

# 미래지향적 범죄피해자대책

# 제5편 미래지향적 범죄피해자대책

　지금까지 필자는 우리나라 형사사법 체계 하에서 범죄피해자 보호의 중요성·필요성·정당성과 범죄피해자 대책 및 범죄피해자 인권보호의 현황 그리고 범죄피해자 보호방법론 등을 차례로 고찰해 보았다. 이러한 과정에서 이미 부분적으로 현행 형사사법 시스템이 피해자 보호적 측면에 있어서 여러 가지 취약점을 가지고 있음을 지적하였다. 그리고 이에 대한 대안으로서 피해자와 접촉하는 형사사법기관 종사자의 의식과 행태를 피해자 보호적 성향으로 변화시키는 한편, 피해자의 형사절차 참여를 강화시키고 피해자 자신에 대한 자기 통제력을 회복시켜주며 물질적 보상을 촉진시켜주는 제도적·법률적 환경을 마련해야 한다는 점을 강조하였다.

　그러나 위와 같은 범죄피해자 보호방법론으로서의 행태적·제도적·법률적 개선책의 제시만 가지고는 충분치 못한 감이 있다. 이에 편을 달리하여 피해자 보호를 보다 충실히 할 수 있는 형사사법 시스템의 마련에 대해서 보다 집중적으로 살펴보고자 하였다. 이러한 시도는 우리의 현행 형사사법 시스템이 피해자 보호의 충실을 위하여 어떠한 방향으로 발전되어 나가야 하는지를 보다 선명하게 내다볼 수 있게끔 도움을 줄 수 있을 것이다. 이를 미래지향적 범죄피해자 보호대책이라는 이름으로 아우를 수 있다면 여기에는 '회복적 사법(restorative justice)'의 정신을 구현한 형사사법 시스템의 마련이 가장 중요한 내용이 될 것이다. 이 밖에도 형사사법기관과 지역공동체와의 '협력대응(coordinated community response)'의 문제, 언론에 의한 제2차 피해자화 방지의 문제, 수사기관의 수사행태변화의 문제를 여기의 미래지향적 범죄피해자 보호대책의 내용에 포함시켜 함께 언급하고자 한다.

# 제1장 회복적 사법

　범죄피해자들은 매우 심각하고 중요한 요구사항을 갖는다. 범죄에 의한 충격에 의해 자신의 정체감이 흔들리고, 자신감이 상실되어 무력감을 갖게 되는 피해자들에게는 자기 통제력의 회복이 무엇보다도 필요하고, 퇴색해가는 자기존중 감을 신속히 복구시켜 주는 것이 필요하다. 이에 덧붙여 물질적으로 입은 손해를 보상하거나 배상해 줌을 통하여 범죄에 의해서 균형이 깨어져 버린 사회생활을 정상화 시키고 기초적 생존이 가능하도록 조치를 취해주어야 하는 것이다.

　그러나 응보형 사상에 입각한 전통적 형사사법 시스템에서는 피해자의 각종 필요나 요구가 무시되거나 제대로 반영되지 않았던 것이 문제가 되어 왔다. 그렇다고 종래의 형사사법 시스템이 범죄자에게 진정한 반성을 유도하고 그 행위를 정상화 시키는데 탁월하게 기여한 것도 아니다. 오히려 형벌과 수감의 경험은 범죄자들에게 깊은 상처를 입히고, 범행을 촉진시키는 역할까지 하고 있다. 범죄자로 하여금 자신의 행동을 이해하고 바르게 고칠 수 있도록 책임을 지우는 것이 아니라 벌을 피할 수 있는 가능성 등에만 초점을 맞춘 나머지 자신의 범행에 대한 의미를 이해하는데 실패하게 되는 것이다577).

　이렇듯 가해자의 진정한 반성과 자신의 범행이 가지는 의미에 대한 몰이해는 피해자의 심리적 상처 치유를 어렵게 만들고 있다. 이러한 이유들로 인해 피해자의 실질적 피해회복은 그만큼 멀어지게 되는 것이다.

　현재에는 피해자의 형사절차 참여를 어느 정도 인정하는 법령과 제도가 도입되고 있긴 하지만 우리나라의 경우 아직 충분하다고 볼 수 없다. 가해자-피해자 화해제도와 같은 회복적 사법의 내용이 사법실무에서 충분히 제도화 되어 있지 않기 때문이다. 따라서 여기서는 회복적 사법의 개념과 이념을 알아 본 뒤, 회복적 사법의 모델을 제시해 보고 우리나라 실무에서의 도입가능성을 검토해 보기로 한다.

---

577) Gerry Johnstone (ed.), *A Restorative Justice Reader*, Willan Publishing., 2003. pp. 69-70.

# 제1절 회복적 사법의 개념과 이념

## 1. 회복적 사법의 개념

'회복적 사법(restorative justice)'이란 피해자와 가해자 또는 지역사회 구성원 등 범죄사건 관련자들이 사건 해결과정에 능동적으로 참여하여 피해자 또는 지역사회의 손실을 복구하고 관련 당사자들의 재통합을 추구하는 일체의 범죄대응형식을 말하고 있는 바, 전통적인 형사사법의 효과와 정당성에 대한 반성에 기초하여 범죄문제 해결을 위한 새로운 방법을 실험하는 과정에서 고안된 새로운 사법모델이다.578) 다시 말하면 회복적 사법이란 범죄과정에서 이해관계를 가지고 있는 사람들, 가령 범죄자, 피해자 또는 관련 공동체 등이 대화를 통해서 범죄행위로 야기된 문제들을 함께 해결하고 특히 범죄행위로 인한 피해, 다시 말하면 피해자가 입은 피해, 사회가 입은 피해, 또는 가해자 자신이 입은 피해 등을 치유함으로써 정상적인 상태로 상황을 돌려놓으려는 노력의 총체라고도 할 수 있다.579) 따라서 회복적 사법모델에서는 범죄에 이해관계를 가진 사람들이 해악을 치유할 목적으로 함께 모여 논의를 하게 되며 이 과정

---

578) 이러한 회복적 사법의 개념을 처음 사용한 사람은 1977년 Albert Eglash였다고 한다. 그는 형사사법의 유형을 ① 범죄자 처벌에 중점을 두는 응보형 사법, ② 범죄자의 치료적 처우에 근거한 분배적 사법, ③ 원상회복에 근거한 회복적 사법 등으로 구분하였는데, 그의 견해에 따르면 전통적 형사사법 모델인 응보형 사법에서는 피해자의 형사절차 참여를 거부하면서 오로지 범죄자의 행동과 그 처벌에 초점을 맞추는 것이 그 특징인 반면, 회복적 사법에서는 범죄를 피해자·가해자·지역사회 속에서 일어나는 개인 간의 갈등으로 보고 그러한 갈등의 해소를 통한 통합의 중요성을 강조하게 된다. (박미숙, "회복적 사법과 피해자보호", 피해자학연구 제8호, pp. 206-207). 또한 회복적 사법모델의 중점은 형사사법절차를 통한 결과 산출보다 피해자와 범죄자 모두의 감정과 인간성을 존중하는 절차의 개발에 있으며, 당사자의 참여와 합의를 유도하여 이미 발생한 갈등상황에 대한 상호이해와 치료를 통해 완전하고 직접적인 책임추구를 하려는데 있다고 한다. 결과적으로 대립된 당사자를 재통합함으로써 평화와 인도주의를 실현할 수 있게 되며 또 그러한 결과들은 지역사회 유대강화와 향후의 범죄예방에도 기여하게 된다고 한다 (M. Wright, *Justice for Victims and Offenders,* 1991, p. 112.; B. D. Meier, *Restorative Justice - A New Paradigm in Criminal Law?,* European Journal of Crime, Criminal Law and Criminal Justice, Vol. 6. 1998, p.126.; 김용세, 전게서, p. 176.; 박미숙, 전게논문, p. 207).

579) George Mousourakis, *Restorative Justice Conferencing for Juvenile Offenders,* 2005년도 춘계 국제학술회의 자료집, p. 59.

에서 피해자의 역할과 경험에 대하여 더 많은 강조를 하게 되고, 모든 당사자들 사이에 많은 상호작용과 토론이 존재하는 상황이 전개되는 것이다.580) 이와 관련하여 Braithwaite는 회복적 사법을 정의하기를, "범죄로 인하여 영향을 받은 관련 당사자들이 한 곳에 모여서 범죄로 야기된 손해를 어떻게 회복할 것인가에 대한 합의를 도출해 나가는 과정"이라고 정의하고 있고,581) Marshall은 "당해 범죄에 관련된 모든 당사자가 범죄의 결과와 그 것이 장래에 미칠 의미를 어떻게 다룰 것인가를 공동으로 모여 해결하는 과정이다."라고 말하고 있다.582)

회복적 형사사법 모델은 다음과 같은 가정에 기초하고 있다. 즉, '① 범죄라는 것은 사회적 조건과 공동체내의 인간관계에 뿌리를 두고 있다. ② 범죄예방은 범죄발생의 원인이 되는 사회적 조건을 개선할 책임이 있는 지역공동체가 어느 정도 책임감을 갖고 임하느냐와 관련이 있다. ③ 범죄로 인한 부정적 결과는 가해자-피해자와 같은 당사자들의 참여 없이는 충분히 해결될 수 없다. ④ 사법적 조치나 수단들은 특정 기관이나 개인의 요구에 충분히 잘 대응할 수 있을 정도의 탄력성을 가지고 있어야 한다. ⑤ 사법기관 간 또는 사법기관과 지역공동체간에 협동정신과 공동의 목표의식을 갖는 것은 사법행정의 효과성이나 효율성을 높이기 위해서는 필수적인 사항이다. ⑥ 사법행정의 경우 어떤 단일한 목표가 다른 여러 목표들을 제압하는 것을 허용하지 않게끔 균형적 접근방법을 취해야 한다.'와 같은 내용들이다.583)

'회복적 사법'이라는 개념은 1977년 미국의 R. E. Barnett가 피해자와 가해자 사이를 조정하기 위한 제도를 활용하면서 여기에 쓰였던 여러 원칙들을 총괄적으로 지칭하는 의미로 사용되기 시작하였고584) Howard Zehr에 의해 회복적 사법이 체계적으로 이론화가 되기 시작 하였는데, Zehr는 회복적 사법이 가지고 있는 특성으로, "① 범죄

---

580) 김은경, "회복적 사법 원리에 대한 이해", 형사정책연구소식 제86호 (2004. 11/12호), p. 3.

581) Braithwaite, A Future Shere Punishment is Marginalized : Realistic or Utopian?, 46 UCLA Law Review, 1999, p. 1743.; 박상식, "범죄피해자와 회복적 사법의 모델", 피해자학연구 제13권 제1호, 한국피해자학회, 2005, p. 132.

582) Marshall, The Evolution of Restorative Justice in Britain, European Journal of Criminal Policy and Research, Vol. 4, 1996, 37면.; 박상식, 전게논문, p. 132.

583) Bree Cook, Fiona David and Anna Grant, *Victims' Needs, Victims' Rights,* Australian Institute of Criminology Research and Public Policy Series, No. 19. p. 86.

584) 김용세, 전게서, p. 176.

를 국가에 대한 위반으로서가 아니라 시민 상호간의 침해행위로 파악하고, ② 과거의 행위에 대한 비난보다도 미래지향적으로 문제를 해결하는 것에 초점을 맞추고 있으며, ③ 절차적 측면에서 대화와 교섭을 중요하게 여기고 있고, ④ 징계와 처벌보다는 양 당사자의 관계를 회복하는 수단으로서의 배상을 중시하면서 회복적 사법의 목표를 화해와 관계회복에 두며, ⑤ 사회적 손해의 회복은 가해자에 의해 이루어지고, ⑥ 지역사회는 방관자가 아니라 회복적 과정의 촉진자이며, ⑦ 절차의 주역은 국가와 범죄자가 아니라 피해자와 가해자이며, 이 과정에서 피해자의 권리가 존중되어야 함과 동시에 피해자의 필요가 충족되어야 하며, ⑧ 범죄에 대하여 책임을 지는 방법은 형벌을 받는 것에만 있는 것이 아니라 범죄의 영향을 이해하고 범죄로 인해 초래된 결과를 제거할 의무를 이행할 방법을 탐구, 실행하는데 있으며, ⑨ 범죄에 대한 의무와 책무는 국가에 대해서가 아니라 피해자에 대해서 발생하고, ⑩ 범죄에 의한 나쁜 결과는 회복적 행위에 의해 제거되며, ⑪ 전문가에 의한 대리가 아니라 피해자와 가해자의 직접 관여가 절차의 주요 부분이다." 등을 들고 있다.[585]

요컨대, 회복적 사법모델은 범죄를 국법질서를 침해하는 차원으로 보는 것이 아니라 범죄도 하나의 사회현상이라는 사실을 중시하고 가해자·피해자를 포함하여 지역사회 구성원 및 관련 기관이나 단체 등이 공동으로 참여한 가운데 이러한 사회적 관계 속에서 문제를 해결하고자 한다는 특성이 있다는 것이다. 이와 같이 회복적 사법은 범죄로 인하여 발생한 정신적·물질적 손해를 배상하게 하여 피해자가 입은 손해를 회복하는 것에만 머무르는 것이 아니라 가해자와 피해자가 서로 화해하여 '法的 平和'를 회복하는 것까지를 포함하는 개념이다. 따라서 궁극적으로 피해자와 가해자간에 화해를 하도록 돕는 것은 회복적 사법의 이념을 구현하기 위한 실천원리이며 본질적 요소가 된다고 볼 수 있다.

---

585) 前野育三, 강경래 (역), "수복적 사법이란", 2005년 춘계학술회의 자료집, p. 25.; 원문에서는 수복적 사법(收復的 司法)이라는 용어를 사용하였으나 여기서는 용어의 통일을 기하기 위하여 '회복적 사법'이란 용어로 통일하기로 한다.

## 2. 회복적 사법의 이념

회복적 사법은 범죄로 인해 발생한 정신적 물질적 피해를 복구함으로써 법적 평화를 회복하는 것을 이념으로 한다. 이것은 가해자가 피해자에게 피해를 입힌 부분에 대하여 물질적 배상을 완수하였다거나 피해자에게 사죄하고 용서를 구함으로써 피해자가 물질적, 정신적 피해로부터 회복되었다는 의미에 머무르지 않는다. 여기에서 더 나아가 가해자로 하여금 장래에 규범합치적으로 행동할 수 있도록 자신의 행동양식을 교정하여 사회 공동체에 복귀하게끔 하고(특별예방), 일반 시민에 대해서는 공동체의 존재기반인 사회의 공공질서가 실존하고 건재함을 확신시켜주고 증명하여 주는(일반예방) 것까지를 포함하는 것으로 이해하여야 한다. 이러한 이유로 회복적 사법은 '관계적 사법(relational justice)', '적극적 사법(positive justice)', '재통합적 사법(reintegrative justice)', '지역사회 사법(community justice)', '배상적 사법(reparative justice)', '법적 평화의 창조(peacemaking)' 등으로 표현할 수 있으나 '회복적 사법(restorative justice)'라는 용어가 보다 일반적인 용어라고 말할 수 있다.586)

특히 '지역사회 사법(community justice)'의 개념은 종래의 전통적인 범죄통제중심의 형사사법모델에 반성을 촉구하면서 범죄문제를 해결하기 위해서는 모름지기 형사사법기관이 시민의 소리를 듣는 법을 배워야 하고, 지역주민이나 지역단체로부터 협력의식(partnership)을 이끌어 내어 그들과 함께 일을 해야 하고, 문제해결 적 접근(problem solving approach)을 통해 총괄적인 공동대응(coordinated community response)을 하여야 한다는데 터 잡고 있다.587) 이렇듯 지역사회 사법과 회복적 사법은 지역주민이 범죄대응에 형사사법기관과 공동으로 참여하여 대응하게 되면 그 지역사회가 보다 견실해진다고 보고 있다. 현재 지역사회 사법실무의 대부분은 지역사회경찰활동(community policing)의 맥락에서 이루어지고 있지만 범죄문제에 대하여 형사사법기관이 지역사회와 연대하여 총괄적으로 대응하여야 한다는 것은 경찰영역에서뿐만 아니라 검찰과 법원 그리고 교정 분야 등에 이르기까지 총괄적 공동대응

---

586) 김용세, 상게서, p. 178.; Marshall. T.F., *Restorative Justice An Overview*, 1998.
587) Merry Morash (ed.), *The Move to Community Policing,* Sage, pp. 184-185.

(coordinated community response)의 개념이 확산되어 가고 있는 실정이다.588)

회복적 사법은 특정 프로그램의 유형이라기보다는 범죄에 대한 새로운 사유방식이자 지향을 의미한다. 즉, 정의가 무엇인가에 관한 일련의 가치 및 신념이며 범죄에 대한 새로운 대응원칙을 제시하고 있는 것이다. 그러한 회복적 사법이 지향하는 원칙들로서는, ① 충분한 참여와 합의의 독려, ② 깨어진 것의 치유, ③ 충분하고 직접적인 책임의 추구, ④ 분리된 것의 재결합, ⑤ 지역사회의 강화와 미래범죄의 예방 등을 든다.589)

## 제2절 회복적 사법의 역사

Howard Zehr는 형사사법의 역사가 공동체주도적인 형사사법(community justice)과 국가주도 적 형사사법(state justice)이 상호보완적으로 혹은 상호대립 적으로 공존해 왔다고 한다. 공동체 주도적 형사사법은 중재와 조정과 같은 비공식적인 절차를 통해 원상회복을 하는데 초점을 맞추는 경향이 있는 반면, 국가 주도적 형사사법의 경우에는 응보 적 이고 보다 공식적인 가운데 국가가 피해자라는 점에 초점을 맞추고 있다고 설명하면서 이 양 형사사법 시스템이 변증법적으로 발전해 나간다고 주장하고 있다.590) 이하에서는 회복적 사법의 역사를 살펴봄에 있어서 크게 이 두 가지 형사사법 시스템을 중심으로 설명해 보기로 한다.

## 1. 공동체 주도적 사법시대(배상형 시대)

서양의 역사를 살펴볼 때 고대의 공동체 주도적 사법시스템(community justice)이 가동되던 시기에는 비사법적이고 비법적인 논쟁과 합의가 주요한 판결의 기술이었다. 이때에는 국가가 기소자로 활동하는 것은 극히 작은 분야에 한정되었고 백성들끼리의

---

588) 미국의 경우 뉴욕시에 최초로 Midtown Community Court가 설립된 이래 점차 지역사회법원이 각주에 확산되어 가는 추세이고, 회복적 사법의 철학과 실천내용을 지역사회사법에 결합시키려는 노력이 나타나고 있다고 한다(김은경, 전게논문, p. 4).

589) 김은경, 상게논문, p. 6.

590) Howard Zehr, "Retributive Justice, Restorative Justice", *A Restorative Justice Reader*, Willan Publishing., 2003. pp. 74-76.

문제는 그 공동체에서 자체적으로 해결해야 할 몫이었다. 그리고 이 시대에는 피해자에 대한 손해배상이 표준이라고 할 정도로 일반화된 현상이었다.

우리나라 고조선 시대의 8조 금법을 보아도 '눈에는 눈' 차원의 대응적 형벌제도가 있긴 하였지만, 단순한 응보적 차원에만 머무르지 않고 손해배상제도가 함께 존재하고 있었음을 알 수 있다. 즉, 살인자는 사형에 처해졌으나, 사람의 신체를 상해한 자는 곡물로 그 손해를 배상해야 했으며, 물건을 훔친 자는 50만전을 갚아야 하되, 갚을 능력이 없으면 피해자의 노비가 되어 그 죄를 속해야 했던 것이다.

이보다 훨씬 이전이라고 보이는 바빌론의 함무라비 왕 시대(BC1792~1750)의 법전에서도 이러한 동해보복(同害報復)의 형벌규정과 함께 물질적 배상 형 제도도 널리 활용하고 있는 것으로 보인다. 예컨대 타인의 재물을 훔치거나 손상을 입히면 그 재화가치의 30배를 배상하도록 한다든가 신체상해에 있어서 일정한 기준의 속죄금을 지불하게 되면 동해보복의 형벌을 면하는 제도가 있었던 것이다.591)

이러한 배상 형 제도는 고대 로마에 있어서도 일반적인 범죄대응 방식이었던 것으로 추정된다. 예를 들면 손이나 곤봉으로 타인의 뼈를 부러뜨린 자에 대해서는 300개의 주화를 벌칙으로 지불하게 한다든지 절도범은 훔친 물건 가치의 2배를 배상하도록 하는 제도를 들 수 있다. 이는 BC450년에 성립한 12표 법에 의한 것인데 이 법의 제1문에서는 피해자와 가해자의 화해를 명문으로 규정하고 있는 점이 특색이다. 즉, '중상해의 피해자에게 가해자에 대하여 속죄금에 해당하는 채권을 인정하되, 그 배상액에 관한 합의가 성립하지 않는 경우 동해보복을 가하도록 하고 그 처벌방법을 피해자가 결정하는 일종의 사형(私刑)을 인정하고 있다는 점이다. 고대 영국에서도 가해자가 배상을 못한 경우 사적 복수가 허용되었다. 신분이 엄격히 구분되는 계층사회에서는 이 배상제도가 상위계층의 이익을 보호하는 제도로 기능하는 측면도 있었다.592)

이처럼 형사상 범죄행위와 민사상 불법행위가 분화되지 않은 채 개인적 법익에 대한 침해를 당사자 간의 채권채무관계로 해소함으로써 공형 벌과 사형벌이 병존하는 상황이 연출되었는데 중세 유럽에 강력한 중앙집권적 군주국가가 출현한 이후에도 이

---

591) 김용세, 피해자학, 형설출판사, 2003년, p. 183.
592) 경찰대학, 피해자학, 2003년, p. 60.

러한 현상은 한동안 지속되었다.593)

이 배상제도를 통하여 분쟁을 해결하는 방식은 고대 게르만 법제에도 활용되었다. 서로 다른 씨족 간에 분쟁이 발생한 경우 복수하는 방법과 배상금 지불을 통해 화해하는 방법 등을 사용하였다. 가해자는 속죄금 명목으로 가축, 곡물, 화폐 등을 피해자에게 지불하고 일종이 화해계약을 체결하였던 것이다.594)

그런데 국가 주도적 형사절차로 발전되기 이전 공동체 주도적 형사절차에서의 동해보복 행위는 국가 주도적 형사절차에서의 응보형 사법과 동일하게 간주될 수 없다고 Howard Zehr는 말한다. 공동체 주도적 형사절차에서 강조된 '눈에는 눈'의 원리는 무조건적인 응보를 의미했던 것이 아니라 응보적 폭력의 한계를 설정하거나 제한하고 피해자의 손실이나 타격에 따른 보상을 의미하는 양면성을 지녔다는 것이다.595) 그런 의미에서 전형적인 공동체 주도적 형사절차에서 더 발전된 제3의 모델이라고 할 수 있는 성약적 형사사법(covenant justice) 모델을 주장하게 되는 바, 이에 대해서는 후술하기로 한다.

## 2. 국가 주도적 사법시대(공형벌 시대)

12세기가 되자 중세 서구 유럽국가에서는 강력한 왕권을 배경으로 한 공적 제재가 일반화되면서 범죄는 개인에 대한 권리침해일 뿐만 아니라 국왕의 권리침해이기도 하다는 생각이 지배하게 되었다. 또 국가의 역할이 커지면서 국가가 몇몇의 소추제도를 시작하게 되고, 이에 따라 종래에 범법자가 피해자에 대한 속죄금을 지불함과 동시에 평화금 이라는 명목으로 국가에 대하여도 속죄금의 일부를 내던 전통이 프랑크 왕국 말기에는 속죄금 전액이 오직 국고에 귀속되는 벌금형으로 정착되기에 이르렀다. 결국 피해자는 그 피해의 배상을 보장받지 못한 채 오직 자력으로 피해를 회복하지 않으면 안 되는 처지에 이르고 말았다. 범죄행위로 인하여 개인이 피해를 입을 뿐만 아니라 법공동체도 피해를 당한 것이므로 형벌은 법공동체의 피해도 치유할 수 있어야 한다

---

593) 김용세, 전게서, p. 183.
594) 김용세, 상게서, p. 185.
595) Howard Zehr, *ibid.* p. 75.

는 사고방식이 강해짐으로 말미암아 13세기를 전후해서는 배상과 합의를 통한 사적인 범죄해결 방식이 사라지고 형벌위하를 통한 일반예방의 효과를 거두고자 형벌이 보다 가혹해지게 되었다.[596]

이러한 국가 주도적 형사사법 시대의 개막은 부분적으로 로마법의 부활과 관련이 되어 있다고 한다. 로마법은 강요적인 사법(imposed justice), 징벌적 사법(punitive justice), 계급에 기초한 사법(hierarchical justice)으로서 공식적인 합리주의를 표방하는 것이었다.[597] 이 로마법이 교회법에 영향을 미치게 되고 이렇게 만들어진 교회법에 의해 종교재판소 에서 교회가 기소를 유지하던 전통이 국가 주도적 사법시대를 열어 가는데 일종의 모델역할을 하였다는 것이다. 국가는 공격적이면서도 강력한 중앙집권을 성공시키기 위해 이런 교회의 기소전통을 본받아 국가 주도적 형사사법을 성립시켰던 것이다.

그러던 와중에 서구 유럽은 르네상스를 맞이하면서 계몽적 합리주의에 기초한 범죄이론이 홍행하여 18세기에 형법개혁운동이 촉발되었다. 이에 따라 국가형벌권 남용에 대한 비판이론이 제기되면서 형벌권 행사의 객체인 가해자 인권보호 사상이 강조되게 되었다. 이러한 공형벌 체제 하에서 피해자는 형사절차의 변방에 있는 자로서 그 법적지위가 매우 약화된 형태였다고 볼 수 있겠다.

## 3. 새로운 형사사법 모델로서의 회복적 사법의 등장

공형벌 체계의 확립에 따른 징벌적 형사사법제도에 대하여 19세기부터 서구 유럽의 형사법학계 내외에서 다양한 형태의 회의론이 제기되어 왔다. 이에 따라 19세기 말부터 몇몇 진보적 법학자들이 피해자에 대한 배상과 보상이 중요성이 강조되기 시작하였다. 이들은 유럽에서 개최된 여러 차례의 행형 및 형벌에 관한 회합에서 다양한 형태의 배상모델에 관하여 논의한 바 있었으나 거의 반향을 얻지 못하다가 1950년대 피해자학이 대두하고 여성단체를 중심으로 피해자운동이 활발하게 전개되면서 징벌적 형사사법 시스템을 대체할 새로운 패러다임으로서 회복적 사법모델이 관심을 끌게 되

---

596) 김용세, 전게서, p. 188.
597) Howard Zehr, *ibid.* p. 76.

었다.

　피해배상에 대한 새로운 모델로서의 회복적 사법은 1970년대와 1980년대 피해자를 형사절차 안으로 끌어들이는 프로그램 개발을 통해 나타나기 시작하였다. 그 첫 번째 피해자-가해자 화해 프로그램은 1974년 캐나다의 온타리오 주의 키치너(Kitchener, Ontario)에서 시작되었다. 이후 다양한 미국 공동체 프로그램들이 시도되었는데 이러한 시도들은 형사절차에서 법원이 판결을 내린 후에 이루어졌고 이 프로그램들은 피해자와 가해자의 개인적인 차원의 화해와 보상에 초점이 맞추어져 있었다. 청소년범죄자에 대한 보호관찰의 대안으로 시작한 이러한 시도들은 피해자와 가해자가 판사의 양형에 대해 건설적인 제안을 하는 것을 허용하는 형 선고전 프로그램으로 확대되어 갔다. 그런가 하면 이러한 회복적 원리들은 기존의 응보적 사고의 틀 속에서 일부 수용되기도 하였는데 형벌의 위하적 성질을 그대로 유지하면서 피해자를 위한 원상회복 제도를 형사제재 수단으로 도입하거나 양형참작의 사유로 삼으려는 것이 그 예에 해당한다.598)

　1980년대에는 제한적이긴 하지만 중립적인 조정자의 감독아래 피해자와 가해자간에 발생한 문제를 해결해 나가는 다양한 변형 프로그램들이 제시되어 활용되었다. 형 선고 전, 형선고 후 뿐만 아니라 구금 후에도 피해자와 가해자가 법원의 관여 없이 분쟁을 해결하는 수단으로 이러한 프로그램이 활용되는가 하면 형벌에 대한 직접적인 대안으로 제시되기도 하였다.

　이러한 회복적 사법은 지역경찰활동(community policing), 지역공동체적 대응(community response), 문제해결 차원의 경찰활동(problem solving policing), 피해자 보호 지향적 경찰활동(victim oriented policing), 지역공동체의 총괄적 대응(coordinated community response) 등의 개념과 결합하여 커뮤니티 내의 문제해결과 질서유지 및 안정성을 향상시키기 위한 프로그램으로 발전하게 되었다.

　1990년대부터는 John Braithwaite, Mark Umbright, Howard Zehr 등의 학문적 연구에 힙입어 많은 회복적 사법 프로그램들이 활성화 되었다. 1994년 미국 변호사협회

---

598) 김성돈, "우리나라 소년사법에 있어서 가족집단협의제도의 도입방안", 2005년도 춘계학술회의 학술자료집, 한국피해자학회, p. 86.

는 형사화해를 전적으로 수용한 가운데 전국적 차원에서 피해자-가해자 조정 실무를 발전시키기로 하였으며, 1996년에는 미국 연방법무성도 전국의 정책입안자들과 실무자들을 참가시킨 가운데 회복적 사법에 관한 최초의 전국적 회합을 개최하였고 피해자-가해자 조정 프로그램에 대한 전국규모의 조사연구를 실시하였다.

유럽에서도 1980년대 이후 형사화해에 대한 관심이 증대되어 영국, 독일, 프랑스, 벨기에 등에서 주로 소년사법의 영역을 중심으로 형사화해프로그램이 성립하였고, 1990년에는 회복적 사법에 관한 대규모 국제회의가 개최되었고, 1997년에 벨기에에서 유럽과 북미의 학자들이 함께 참여하는 국제회의가 개최되어 회복적 사법의 실무이론에 관해 토의가 진행되기도 하였다.[599]

UN에서도 피해자의 실질적 피해회복에 관하여 높은 관심을 나타냈는바, 1985년 12월 UN총회에서 '범죄와 권력남용 피해자에 관한 사법의 기본원칙 선언'을 채택한데 이어 1999년 7월에는 유엔경제사회위원회에서 '형사사법에 있어서 조정 및 회복적 사법의 실천과 발전방안'이라는 제목의 결의안을 통과시켰고 이어 2002년 7월에는 회복적 사법의 활용을 위한 기본원칙이 유엔의 경제사회이사회에 의해 승인되기에 이르렀던 것이다.[600]

## 4. Howard Zehr의 성약적 형사사법(covenant justice) 모델

Howard Zehr는 역사적으로 고찰해 본 공동체 주도적 형사사법과 국가 주도적 형사사법 외에 제3의 형사사법 시스템을 제시하고 있다. 그는 이 형사사법 시스템의 원리들을 성서(bible)에서 찾고 있다. 구약성서의 기본적 테마가 '눈에는 눈'이라고 하여 응보형을 생각하기 쉽지만 이것은 반드시 그렇게 보응을 해야 한다는 명령이 아니라 피해자 측에서 가하는 보응의 한계를 나타내는 것에 불과하며 오히려 중요한 사상은 응보보다는 원상회복, 용서, 화해의 개념이라는 것이다. 구약성서의 형사사법은 회복적 신학에 기초하고 있으며 관계의 회복이라는 측면에 중점이 있다는 것이다.[601]

---

599) 김용세, 전게서, p. 191.
600) 김성돈, 전게논문, p. 87.
601) Howard Zehr, *ibid.* p. 77.

구약시대에 범인을 체포하는 경찰도 없었고, 고소를 공식법정으로 가져가 기소를 하는 검사도 없었다. 다만 지역공동체 구성원들이 함께 만나는 공개된 장소로 분쟁이 일어난 당사자들을 데려가 민주적이면서도 비관료적인 방법으로 많은 협상과 토론을 통해 해결책을 찾고자 하였다. 성약적 형사사법의 목표는 모든 것을 바른 상태로 복구시켜 안녕(shalom)을 회복하는 것이라고 보고 있다.

신약성서에서 예수가 취했던 태도도 처벌보다는 용서와 사랑, 원상회복과 타인과의 관계회복이었다.602) 성약적 형사사법 시스템에서는 범죄자 행위에 대한 비난의 고착화보다는 가해자 피해자간의 문제해결에 보다 초점을 맞추고 있다. 따라서 형사정의의 초점은 추상적인 '형사절차상의 정의'가 아니라 관계회복이라는 '구체적 결과'의 산출에 있어야 한다고 주장한다.603)

결국 Howard Zehr는 피해자와 가해자간에 서로 갖는 감정의 문제는 주변적인 문제가 아니라 본질적인 것이며 상호간의 관계회복이야말로 형사사법의 정의를 이루어 나가는 방법이라는 것이다. 이는 회복적 형사사법의 한 프로그램이라고 할 수 있는 피해자와 가해자간의 화해 프로그램(VORP)이 표방하는 정신과 동일한 맥락에 서 있다고 한다.604)

# 제3절 응보형 사법과 회복적 사법

응보적 사법(retributive justice)은 범죄란 국가에 대한 침해라는 전제에서 출발하는 반면 회복적 사법(restorative justice)은 범죄란 사람들 및 관계에 대한 침해로 본다. 따라서 응보적 사법모델에서는 형사사법기관의 범죄투쟁자로서의 역할(crime fighter)

---

602) 성경 누가복음 제12장 58-59절, "네가 너를 고소할 자와 함께 법관에게 갈 때에 길에서 화해하기를 힘쓰라……호리라도 남김없이 갚지 아니하여서는 결단코 저기서 나오지 못하리라"., 누가복음 제17장 4절, "만일 하루 일곱 번이라도 네게 죄를 얻고 일곱 번 네게 돌아와 내가 회개하노라 하거든 너는 용서하라", 마태복음 제5장 23-24, "예물을 제단에 드리다가 거기서 네 형제에게 원망 들을만한 일이 생각나거든 예물을 제단 앞에 두고 먼저 가서 형제와 화목하고 그 후에 와서 예물을 드리라" 등이 바로 그러한 것들이다.

603) Howard Zehr, *op. cit.* p. 79.

604) Howard Zehr, *ibid.* p. 79.

이 강조되고 가해자의 처벌과 비난, 책임의 부과가 중요한 이슈(issue)로 등장하기에 피해자를 형사절차에 협력하는 증거방법 정도로 밖에 여기지 않는다. 그러나 회복적 사법모델에서는 피해자의 실질적 피해회복이 중시되면서 형사절차가 피해자 중심적이게 되고, 가해자-피해자의 상호간의 화해, 지역사회 구성원의 적극적 참여 등이 중시되면서 양 당사자는 물론 지역사회 구성원들의 참여와 협력이 강조된다.

Howard Zehr에 의하면 응보적 사법은 가해자가 결함이 있는 존재로 간주되고 처벌이 효과적이라고 보며, 과거 범법행위에 대한 비난이 초점이 되는데 반하여 회복적 사법은 가해자가 손해회복을 할 능력이 있는 존재로 간주되고, 처벌만으로는 행동을 변화시킬 수 있으며 단순한 처벌만으로는 지역사회의 조화를 깨뜨릴 수 있는 한편 지역사회가 원상회복 과정의 촉진자로 기능하여야 한다고 보고 있다.[605]

결국 이 두 사법모델의 핵심적 차이는 응보형 사법제도가 국가와 범죄자와의 대립구도를 통해서 복수, 제재, 처벌이라는 관점을 가지고 접근을 함과 동시에 범죄자의 개별적 처우에 관심을 가지고 있는 반면, 회복적 사법제도는 타협과 조정, 피해자의 권한강화, 피해자의 피해회복과 지역공동체의 안정감 회복 등에 관심을 가지고 접근한다는데 있다.[606]

회복적 사법의 지지자들은 대체로 기존의 응보형 형벌체계를 구시대적 형사사법체계(old paradigm)이라고 보고 새로운 형사사법체계(new paradigm)로서 회복적 사법을 제시하고 있다. 이들은 범죄로 인해 상처 입은 피해자 및 지역사회가 그 상처로부터 치유되기 위해서는 국가권력의 개입에 의한 응보보다는 지역사회의 중재에 의하여 피해자와 가해자가 합의하는 것이 최선의 방법이라고 한다. 그러나 회복적 사법에 주된 지위를 인정하고 응보형 사법의 무용론을 주장하는 것은 옳지 못하다. 전통적 형사사법 실무에 배어 있는 응보적 형사사법제도도 그 나름대로 존재의미가 있는 것이기에 회복적 사법과 응보형 사법의 상호 조화적 이해가 필요하다고 본다. 아래의 표는 형사사법의 구 패러다임이라고 할 수 있는 응보형 사법과 신 패러다임이라고 할 수 있는 회복적 사법의 내용을 상호 대비시킨 것으로서 양자의 성격을 보다 명확하게 파악할

---

605) 김은경, 전게논문, p. 5; Howard Zehr, *op. cit.* p. 81.
606) 김은경, 상게논문, p. 6.

수 있게 해 준다.[607]

**(표 17) 신구 형사사법의 패러다임 비교**

| 구 패러다임인 응보형 사법 | 신 패러다임인 회복적 사법 |
|---|---|
| 범죄는 국가에 대한 침해 | 범죄는 한 개인의 타인에 대한 침해 |
| 비난과 유죄선고, 과거 사실에 초점 | 문제 해결과 향후 책임과 의무에 대해 초점 |
| 적대적인 관계와 진행 규정 | 대화와 협상의 규정 |
| 범죄를 벌하고 방지하기 위해 고통을 부과 | 화해나 원상회복을 목표로 피해자와 가해자 모두를 원상태로 복원 |
| 정의란 의도나 절차를 통해서 정의되는 바 이를 위해 정당한 규정이 필요 | 정의란 결과를 통해 판단되는 것으로서 올바른 관계를 의미 |
| 범죄가 대인적 갈등이라는 성격을 덮어두고 개인과 국가 간의 갈등으로 봄 | 범죄는 사람들 상호간의 분쟁으로 봄 |
| 사회적 침해는 다른 것으로 보상됨 | 사회적 침해의 원상복원에 초점 |
| 국가에 의해 지역사회는 뒷전으로 밀려남 | 지역사회가 회복적 절차의 촉진제 역할 |
| 경쟁적이고 개인주의적 가치의 증대 | 상호성의 증대 |
| 국가로부터 가해자에게 직접적으로 조치가 가해짐<br>· 피해자 무시<br>· 수동적 가해자 | 피해자와 가해자의 역할이 모두 문제와 그 해결책으로 인식됨<br>· 피해자의 권리와 필요가 중요시<br>· 가해자가 책임을 갖도록 장려함 |
| 가해자의 책임은 형벌이라고 정의됨 | 가해자의 책임은 자신의 행위의 영향력을 이해하고 원상복구 시키는데 어떻게 해야할지 도와주는 것이라 정의됨 |
| 범행은 도덕적, 사회적, 경제적, 정치적 측면을 모두 배제하고 순수하게 법적인 언어로서 정의됨 | 범행은 모든 배경을 고려하여 도덕적, 사회적, 경제적, 정치적 상황을 포함시킴 |
| '빚'은 추상적으로 국가와 사회에 대한 것 | '빚, 책임'은 피해자에게 있음 |

---

607) Howard Zehr, *op. cit.,* pp. 81.

| | |
|---|---|
| 가해자의 과거의 범죄행위에 초점 | 가해자의 행위의 결과에 초점 |
| 범죄는 지울 수 없는 오점 | 원상회복 행위를 통해 범죄 오점을 지울 수 있음 |
| 회개와 용서가 없음 | 회개와 용서의 가능성이 있음 |
| 대리인인 전문가에게 의존 | 당사자들이 직접적으로 참여 |

## 제4절 회복적 사법실무의 내용

회복적 사법의 실무형태는 피해자-가해자 화해·조정(victim-offender meditation, victim-offender reconciliation), 양형 서클(sentencing circles), 사죄 제도(the role of apology), 가족간의 협의체(family group conference), 공동체 배상심의위원회(community reparation boards), 범죄충격에 대한 피해자진술 기회부여(victim impact statements) 등을 들 수 있다. 우리나라의 경우에는 형사절차에서 가해자와 피해자간의 '합의서 작성'이 비공식적으로 행해지고 있는데 이것도 엄격히 말하면 회복적 사법의 한 유형인 것이다.[608]

이러한 상호 화해절차를 통해 피해자는 가해자와 만나 서로 대화를 하게 된다. 이 과정에서 피해자는 범죄자에게 범죄로 인한 영향을 말하거나 감정을 표현함으로써 범죄로 인하여 상실되었던 자기 통제력을 회복 하게 되고, 그 결과 범죄로 인한 부정적 경험이 긍정적인 것으로 변화될 수 있게 되며, 범죄자는 진정으로 후회하거나 사과 또는 보상의 조치 등을 취함으로써 양자가 화해를 하고 상호 존중의 관계로 발전할 수 있는 전기를 맞이하게 된다는 것이다.[609]

---

608) 형사사건에서 이러한 가해자-피해자간 합의서가 작성되면 친고죄나 반 의사불벌 죄의 경우에는 수사단계에서 불기소의견으로 수사종결을 할 수 있는 계기가 되고, 제1심 판결전의 공판단계에 있어서는 공소기각판결의 사유가 된다. 비친고죄의 경우라 하더라도 검사의 기소유예 결정이나 판사의 양형에 영향을 주고 있다.

609) Bree Cook, Fiona David and Anna Grant, *ibid.*, p. 87.

회복적 사법모델의 실무적 활용 가능성에 대해 연구를 한 학자들은 피해자·범죄자·지역사회·경찰 등 절차에 참여하는 주체들의 만족도가 상당히 높게 나타나고 있다고 밝히고 있다.610) 그들은 전통적인 법원절차보다 협의회체계를 보다 선호하고 있었고, 피해자들의 경우 범죄자들과 대화함으로써 긍정적 결과를 얻을 수 있었으며, 음주운전자나 소년범죄자들의 경우에는 이러한 절차를 통하여 자신의 범행을 반성하는 태도를 보였다는 것이다.

그러나 회복적 사법의 운용에 있어서 항상 피해자, 가해자, 지역사회의 적극적인 참여가 전제되어야만 실질적인 피해회복이 있을 수 있다고 보는 것은 지나치게 이상적인 견해라고 보인다. 그러한 관련 당사자들의 참여가 바람직하기는 하지만 그들의 온전한 참여를 유도하기까지는 종종 현실적인 어려움이 뒤따르고 있고, 경우에 따라 지역사회 참여에 의해 부정적인 결과도 있을 수 있기 때문이다. 따라서 우리는 현재의 상태에서 실현 가능한 회복적 사법의 모델에 주목할 필요가 있다. 이러한 점에 착안하면서 이하에서는 회복적 사법의 이론적 모델을 살펴본 뒤, 회복적 사법에 관한 실천적 모델에는 어떤 유형들이 있는지를 살펴보고자 한다.

## 1. 회복적 사법의 이론적 모델

회복적 사법이 형사사법 시스템에서 차지하는 위치가 무엇인가에 관하여는 아직 이론적 일치를 보지 못하고 있다. 왜냐하면 회복적 사법의 정의가 아직 다양하고 그 정의의 향방에 따라 회복적 사법의 위치도 다르게 표현되고 있기 때문이다. 회복적 사법의 위치가 어디에 있는가를 정함에 있어서는 회복적 사법의 중점이 과정 중심적인가 아니면 결과 지향적인가, 강제적 요소가 전적으로 배제되는가 아니면 일부 회복적 억제작용을 포함하는가, 지역사회의 협력이 본질적 요소인가 아니면 반드시 포함할 필요는 없는가 하는 점들이 쟁점으로 부상한다. 여기서는 회복적 사법의 이론적 모델로서 Marshall 의 순수모델(purist model)과 Walgrave의 최대화 모델(maximalist model)을 개관해 본다.611)

---

610) J. Braithwaite, *A Future Where Punishment is marginalized : Realistic or Utopian?*, UCLA 46 Law Rev., 1999, p. 1744.; 박미숙, 전게논문, p. 222 에서 재인용

## 가. 순수모델(purist model)[612]

회복적 사법의 순수모델은 범죄와 직접 관련된 관계자들이 모여 서로 협력하여 그들의 욕구를 충족함으로써 피해자, 가해자 기타 사람들의 재통합이 가능하다고 보는 모델이다. 따라서 여기서는 관련 당사자의 적극적인 참가와 직접적인 대화가 필요하며 ① 피해자의 회복, ② 가해자의 행위에 대한 책임, ③ 양자에 대한 지역사회의 지원 등과 같은 3가지 요소를 절대적으로 필요로 한다. 가족집단회의(FGC), 지역사회회의, 평화서클(circle) 등이 이 모델의 실무형태라고 볼 수 있다.

그러나 이러한 순수모델은 범죄해결 당사자의 참가와 대화의 과정 자체 만에 집착한 나머지 피해회복이라는 결과적 성과물을 경시할 수 있어서 다음과 같은 비판을 받는다. 즉, ① 비강제적인 자발적 프로그램에만 한정되고, ② 경미한 범죄에만 주로 이용되며, ③ 제재를 요구하는 지역사회의 욕구를 만족시키지 못하고, ④ 다이버전(diversion)적 성격 때문에 현행 시스템에 도전할 수 없고, ⑤ 모든 범죄에 대하여 포괄적인 접근을 제공할 수 없다 등의 주장이 그 것이다.


## 나. 최대화 모델(maximalist model)[613]

최대화 모델은 순수모델을 포함하면서도 가해자에게 의무를 부과한 의도와 그 성과를 중시하여 회복적 목표달성에 집착하는 모델이다. 이러한 목표달성에 기여한다면 기존 형사사법체계가 추구하는 사회복귀와 응보의 개념까지도 포괄하고자 한다. 따라서 회복적 사법에 기여하기만 한다면 일정한 강제가 뒤따른다 하더라도 이를 허용하는 이른 바 회복적 강제(restorative coercion) 개념을 수용하게 되고, 지역사회의 참여를 이상적인 것으로 보면서도 순수모델과는 달리 이를 필수적인 것으로 파악하지는 않게 된다. 지역사회 참여행위가 부정적 영향을 끼칠 수 있다는 가능성을 인식하고 이를 통제할 수 있다고 보기 때문이다.

---

611) 박상식, "범죄피해자와 회복적 사법의 모델", 피해자학연구 제13권 제1호, 한국피해자학회, 2005. pp. 134-135.
612) 박상식, 상게서, p. 136.
613) 박상식, 상게서, p. 137.

이러한 최대화 모델은 ① 가해자에 대한 사회봉사명령도 회복적 사법의 유형이라고 파악하고 있지만 이는 가해자의 사회복귀와 회복적 사법을 혼동하는 것이며, ② 피해회복이라는 결과에만 집착함으로써 가해자의 자기 행위에 대한 진정한 책임의식의 결여, 피해자의 정서적 욕구의 미충족, 지역사회 관계회복의 소홀 등이 우려되고, ③ 형사사법 운용에 있어서 강제적인 시스템 운용을 회복적 사법에 포함시키는 것은 회복적 사법의 기초 원리에 반하는 것이어서 완전한 의미의 회복적 사법이라고 볼 수 없다는 등의 비판이 제기된다.

## 다. 소결

위에서 본 바와 같이 순수모델은 피해자에게 비중을 두는 반면, 최대화 모델은 피해자의 피해회복 여부에 관심을 두면서 가해자에게 더 큰 비중을 두고 있음을 알 수 있다. 회복적 사법의 기본 개념은 순수모델에 가깝다고 할 수 있지만 형사사법 실무에 이를 적용하고자 할 때 현실적으로 어려움이 많고 많은 장애에 부딪히게 된다.

따라서 사건 관련 당사자들의 자발적 참여와 지역사회의 중재가능성을 열어두면서도 이를 통해서 해결하지 못한다면 강제를 통한 피해회복의 추구도 있을 수 있다고 보는 것이 현실적인 처방이 될 것이다. 그러므로 순수모델에로 이행해 나가는 과정에서 과도기적으로 현행 형사사법제도에 회복적 사법프로그램을 연계시켜 피해자의 피해회복을 실질화 하는 것이 필요하다고 보인다. 즉, 형사절차에 피해자의 참여와 보호제도를 강화함으로써 피해자의 지위를 향상시키고, 손해배상명령이나 사회봉사명령과 같이 피해회복에 도움이 되는 회복적 제재를 회복적 사법의 개념으로 일응 포괄하여 이해하는 것이다.

이렇게 되면 피해자 관계적 형사사법이나 피해자지원과 같은 것들도 회복적 사법의 한 유형으로 인정할 수 있게 될 것이다. 그러나 회복적 사법을 논함에 있어서는 관련 당사자들의 참여가 차단되거나 사회재통합 기능을 수행하는 공동체의 역할이 배제 된다면 그 것은 온전한 회복적 사법이라고 말하기 힘들어진다. 그러기에 회복적 사법모델의 시행 초기에는 최대화 모델과 같은 회복적 사법의 유형을 채택할 수밖에 없다 하더라도 그 지향점은 순수 모델이 되어야 하며, 회복적 강제수단을 동원하기 이전에 가해자·피해자와 지역사회 공동체가 함께 참여하여 상호 화해로 나갈 수 있는 보다 진전된 프로그램을 개발하도록 노력하여야 할 것이다.

## 2. 회복적 사법의 실천적 모델

### 가. 서설

회복적 사법의 유형에 관해서는 어떤 형식으로 운용되는가, 참가자가 누구인가, 조정역할을 누가 담당하는가에 따라 피해자-가해자 조정(victim-orrender mediation program : VOMP), 가족집단회의(family group conferencing), 서클(circles) 등 다양한 모델이 제시될 수 있다. 대체적으로 이러한 모델의 참가자들은 각 지역의 방식에 따라 다르나 보통은 피해자, 가해자, 조정자 그리고 그 지역대표자로 구성되고 법률전문가는 예외적으로만 여기에 참여한다. 회복적 사법의 절차에 참여하는 관계자들의 대화의 장소, 시간 등은 자유롭게 선택되어져야 하고 대화에 있어서 이성적 논의와 모든 참가자의 감정표출이 허용되어야 하며, 대화과정에서 2차적 피해가 발생하지 않도록 노력하는 것이 중요하다.

각국의 사법제도와 사회현실이 다르기 때문에 회복적 사법도 동일한 방식으로 실천되기는 어렵다. 따라서 각국의 회복적 사법실무를 비교 연구하는 것은 매우 중요한 의미가 있다고 볼 것이며 이러한 탐색작업을 토대로 우리나라에서의 회복적 사법의 운용방향을 전망해보는 것도 좋을 것이다.

### 나. 가해자-피해자조정 모델

#### 1) 가해자-피해자 조정제도의 개념

전통적인 형사법체계에서는 범죄행위라는 것을 사회질서를 유지하는 규범에 대한 위반이자 그 사회질서를 유지하는 국가의 법체계 전체에 대한 도전으로 간주하였다. 따라서 궁극적 피해자는 구체적인 개인이라기보다는 법규범 자체가 된다고 보았고 분쟁해결의 주체도 피해자인 개인이 아니라 법질서를 유지하는 국가가 되어야 한다고 보았다. 이에 따라 피해자는 범죄문제 해결을 위한 형사절차 진행에 있어서 변방으로 밀려난 채 범죄로 인해 초래된 갈등관계는 국가 對 가해자 구도로 설정되게 되었다. 따라서 범죄피해자가 피해를 변상 받으려면 새로운 비용을 지출하면서 민사절차를 다시 거쳐야 했고, 가해자가 내는 벌금도 피해자가 아닌 국고로 귀속시키게 될 뿐 피해자에게는 아무런 혜택이 없었던 것이다.

이러한 전통적 형사법체계에 대한 반성으로 시작된 것이 이른 바, '회복적 사법(restorative justice)'이론이다. 이는 구체적 피해자의 이익을 배제한 형사사법체계가 도대체 누구의 편인가 하는 회의에서 출발한 이론이며 국가가 찬탈해간 갈등규율에 관한 권한을 갈등의 당사자에게로 돌려달라는 주장이기도 하다.614) 이러한 회복적 사법은 당사자의 참여와 합의를 유도하여 이미 발생한 갈등상황에 대한 상호이해와 치료를 통해 완전하고 직접적인 책임추구를 하고, 이를 통해 서로 대립된 당사자를 재통합함으로서 평화를 실현하고, 지역사회 강화를 통한 장래의 해악 예방에 그 목적이 있는 것으로서,615) 1940년대 후반부터 크게 발전한 피해자학으로부터 힘입은 바 크다.616)

이러한 회복적사법의 이론에서 조명을 받고 있는 것이 바로 '피해자-가해자 조정 프로그램(victim-offender mediation program)'이다. 여기서 조정이란 손해에 대한 단순한 전보가 아니라 가해자와의 사이에 파괴된 관계를 회복하고 장차 양자 간의 관계를 생산적이며 건설적으로 만들기 위한 중재(Vermittlung, Schlichtung)를 의미한다. 즉, 피해자에 대하여 범죄로 인하여 초래된 정신적·물질적 피해를 회복시켜 주는 것에만 머무르는 것이 아니라 가해자와의 화해를 통하여 상호 갈등을 해결하도록 도와주는 것이며, 아울러 가해자로 하여금 규범합치적 행동양식을 회복하고 다시 공동체에 복귀하도록 촉구하는 성격도 지님과 동시에, 일반시민에게는 공동체 질서의 실존을 증명하는 의미도 지니는 것이다.617) 조정절차에서 도출된 합의는 원상회복의 약속만을

---

614) 김성돈, "형사절차상 피해자-가해자 조정(Victim-Offender Mediation)제도의 도입방안", 피해자학연구 제9권 제1호, p. 153-156.

615) B. D. Meier, *Restorative Justice - A New Paradigm in Criminal Law and Criminal Justice*, Vol. 6. 1998. p.107.; 박미숙, "회복적 사법과 피해자보호", 피해자학연구 제8호, p. 215.

616) 김용세, "한국의 형사사법체제와 회복적 사법", 형사법연구 제20호 (겨울호), 2003. p. 349.

617) 김용세, 상게논문, p. 348.

내용으로 하는 것이 아니라 명예회복의 공개선언 및 일정한 작위 또는 부작위에 대한 약속을 포함하기도 한다.

1970년대 캐나다의 소년범죄사건에서 이러한 피해자-가해자 조정제도가 처음 활용이 된 이래 1980년대 이후 북미와 유럽 각지에서 널리 수용되기 시작하였으며, 1996년 현재 북미지역에서 315개, 유럽에서 712개에 달하는 화해·중재 프로그램이 운영되고 있다.[618]

### 2) 피해자-가해자 조정제도의 내용

이러한 피해자-가해자 조정제도는 제3자인 조정관의 주도하에 피해자와 가해자가 직접 대면하면서 이루어진다는 특징을 갖는다. 양자에게는 자신들의 감정과 느낌을 표현할 기회가 주어지나 조정관에게는 구체적인 법적 효과를 나타내는 행위를 할 권한이 없다. 다만 양자의 상호작용을 가능하게 하고, 모두가 공평한 것으로 여겨지는 결과가 도출될 경우 이를 확인하는 역할을 하는데 그치는 것이다.

이러한 조정절차에서 피해자는 자신의 이익을 주장하며 자신의 입장을 정리할 기회를 얻게 되고, 가해자는 원상회복의 의무는 지더라도 자신의 생각을 역시 표현할 수 있게 되어 상호간에 갈등을 해결할 여지를 높이게 된다. 이와 같이 피해자- 가해자 조정제도는 그야말로 피해자를 형사절차의 한 당사자이자 갈등해결의 주체로 등장시키도록 하는 이론인 것이다. 또 공식적인 형사절차를 개입시킴이 없이 형벌부과를 우회하여 범죄행위에 대응하려는 이른바 다이버전(diversion) 전략의 일환으로 볼 수도 있다.[619]

피해자-가해자 조정제도의 모델로서는 독일과 같이 당사자 간 화해절차가 사소제도(私訴制度)와 결합하는 형태가 있다. 이는 사소권자가 사소를 제기하기 전에는 반드시 화해절차를 밟도록 하는 이른 바, '화해전치주의제도'로서 주거침입·모욕·서신비밀침해·상해·협박 및 재물손괴를 이유로 한 사인소추는 화해담당관청(Vergleichsbehörde)

---

618) Umbreit. M.S. National Survey of Victim-Offender Mediation Programs in the United States. U.S. Depatrment of Justice Office for Victims of Crime (OVC), 2000. 4. S. 3. ; 김용세, 전게 논문, p. 348에서 재인용.

619) 김성돈, 전게논문, p. 162-163.

에 의한 민사상 화해시도가 실패로 돌아간 다음에만 가능하도록 하고 있는 제도인 것이다(StPO 제380조 제1항). 1999년 12월 독일은 '형사화해제도의 정착을 위한 법률'을 마련하였는데 StPO 제153조 a 제1항 5호에 따르면 경미범죄에 관하여 가해자와 피해자 사이의 화해를 조건으로 검사가 형사절차를 종료할 실질적인 권한을 갖게 되었고,[620] 화해조정기관의 기능이 강화되기에 이르렀다.

일본의 경우에는 형사피고사건의 피고인과 피해자 사이에서 당해 형사사건으로 인한 피해에 관하여 민사상의 합의가 성립한 때에는 공동으로 피고사건이 계속하는 제1심법원 또는 항소심법원에 대하여 그 합의 내용을 공판조서에 기재해 줄 것을 신청할 수 있도록 하고 있고(일본의 피해자보호법이라고 할 수 있는 '범죄피해자등의 보호를 도모하기 위한 형사절차에 부수하는 조치에 관한 법률' 제4조에 규정된 사항), 가해자와 피해자가 합의내용을 공판조서에 기재한 때에는 재판사의 화해와 동일한 효력이 있도록 하고 있다(동법 동조 제4항). 이렇게 공판조서에 기재된 민사적 화해에 관한 사항에 대하여 집행력을 부여함으로써 피해자보호의 충실을 꾀하고 있다. 이 제도는 민사상 손해배상청구권을 형사절차 진행과정에서 실현할 수 있는 길을 열었다는 점에서 회복적 사법모델을 부분적으로 수용한 것이라고 평가된다.

미국의 피해자-가해자 조정제도는 비공식제도로서 대부분의 프로그램은 법원과 협조체제를 갖춘 비영리조직에 의해 가동되고 있으나 요즘은 다른 공공기관들도 점차 이러한 프로그램을 전개하고 있으며 자원봉사자들이 조정관으로 봉사하고 있다. 이러한 조정프로그램에서는 '대화'가 강조되고 있고, 피해자치료·가해자의 책임감 부각·손해와 전보의 중요성에도 무게를 두고 있다.[621]

### 다. 가족단위협의체 모델(family group conference : FGC)

회복적 사법체계 중에 형사화해의 과정에 영향을 미칠 수 있는 유형으로서 가족 혹은 공동체의 구성원의 공동참여하에 피해자의 진정한 피해회복을 목표로 구성되고

---

620) 경죄와 1년 이하의 자유형 또는 360일 이하의 벌금형에 처할 사건에 관하여는 손해배상을 통한 화해가 있으면 그 형을 면제할 수 있도록 한 것이다(StGB 제46조 제1항).

621) 김성돈, 상게논문, pp. 174-175.

있는 '가족단위 협의체(family group conference)'를 들 수가 있다.

이 모델은 피해자와 가해자뿐만 아니라 피해자의 가족과 친구, 가해자의 가족과 친구등도 참가하는 점에서 피해자-가해자 조정(VOMP)과는 구별되고 있다.622) 프로그램에 따라서는 범죄자를 체포한 경찰관과 범죄자의 변호사 등도 참여할 수 있다. 이 협의체의 중재자는 이 회의를 통제하지만 실질적인 논의에 있어서 중요한 역할은 하지 않는다. 중재자는 우선 협의체의 성격과 목적에 대해서 설명함으로써 참가자들이 모임의 목적에 대해서 충분히 이해하도록 한다. 그 다음으로는 경찰의 사건설명이 뒤따르는 것이 보통이며, 가해자의 범행사실 시인 없이는 더 이상의 절차가 진행되지 않도록 되어 있다. 이 때 범행사실을 시인하고 나면 피해자로 하여금 피해체험과 피해당한 내용을 설명하도록 한다. 이 때 피해자는 가해자에게 질문을 할 수도 있다. 이와 같은 과정이 다 끝나고 나면 협의체에 참가한 모든 사람들의 토론이 시작된다. 그러고 나서 중재인이 범죄로 인한 피해를 보상하기 위해서 어떤 조치가 취해지기를 원하는지 참가자들의 의견을 묻고 피해자는 자기가 원하는 바를 말하게 된다. 그리고 가해자와 그 가족들만 따로 남아서 피해보상을 위해서 무엇을 할지에 대해 비공개로 의논을 하고 나면 모든 참가자들이 다시 모여 가해자 측의 제안에 대해서 토론한다. 만약 가해자의 제안에 대해 피해자 측이 동의하면 합의사항을 기록으로 남기고 형사사법기관에 합의내용을 서면으로 송부함으로써 이 협의체는 끝나게 되는 것이다.

이 가족단위 협의체 모델의 목적은 이와 같이 가해자를 화해의 절차에 참가시키고 여러 형태의 지원을 함으로 말미암아 가해자를 사회에 재통합시키는 한편, 피해자의 피해가 실질적으로 회복되도록 노력하는 것이라고 할 수 있다. 합의에 이르지 못할 경우 더 면밀한 사건검토를 위해 법원으로 이송되는데 합의를 이루어야 할 사항은 피해보상 뿐만 아니라 범죄행위가 일어난 이유에 대한 해명과 필요한 경우 재발방지를 위한 조치까지 포함한다. 구체적으로 가족단위협의체가 제안하는 사항은 사과와 보상, 사회봉사, 가해자의 학교출석 강제, 일탈행위의 금지, 더 나아가 형벌적 제재까지도 검토될 수 있다.623)

이러한 가족단위 협의체 모델은 1989년 뉴질랜드에서 청소년범죄를 다루기 위한

---

622) 박상식, 전게서, p. 152.

623) George Mousourakis, 김희균 (역), "*Restorative Justice Conferencing for Juvenile Offenders*", 2005년 춘계국제학술회의 자료집, 한국피해자학회, p. 50.

수단으로 도입되었지만 지금은 성인범죄에로까지 확대되어 시행되고 있다. 이러한 청소년사법모델이 성인범죄에도 적용될 수 있다고 믿었던 그룹들은[624] 1994년 중반 성인범죄에 대하여도 회복적 사법절차를 시험해보게 된다. 이를 계기로 뉴질랜드 정부가 회복적 사법에 관심을 갖고 뛰어들게 되었던 것이다. 2001년 뉴질랜드 정부는 4개의 지방법원별로 성인범죄에 대한 회복적 사법모델을 시험 운영하였는데, 유죄인정 후 최종판결이 내려지기까지 사이에 위의 협의체를 활용해 보는 형태였다. 직접적인 피해자가 존재하고, 2년 이상 7년 이하의 징역에 처해질 사건에 해당되며, 가해자가 유죄를 인정하고, 사건의 주요사실에 이견이 없다는 조건만 충족하면 이러한 형사사건에 연루된 사람은 누구나 회복적 사법절차를 활용할 수 있도록 하였다. 법원이 이 모든 조건의 충족여부를 심사한 후 중재절차에 들어가게 된다. 중재인은 이러한 협의체를 통해서 사건이 다루어지기를 당사자인 가해자와 피해자가 동의하는지 확인하고 나서 가해자·피해자·경찰·가석방심사관·변호사·가해자와 피해자의 후견인 등을 소집하게 된다. 이러한 협의체의 목적은 범죄행위에 대해서 토론하고 어떤 종류의 피해보상이 이루어질 수 있는지 확정하는데 있다. 중재인은 최종 결과보고서를 작성하고 합의내용을 문서화해서 법원에 제출하게 된다. 이 보고서의 결과가 판사를 구속하는 것은 아니지만 판사는 사건의 사실관계를 확정하고 가해자에게 부과할 형량을 정한 후에 협의체의 합의사항을 중요한 참고자료로 활용하도록 하고 있다.[625]

### 라. 서클(circles) 모델

이 모델은 뉴질랜드의 마오리족과 북아메리카 원주민들이 구두에 의해 분쟁을 해결하던 방식에 그 기원을 두고 있다. 이들은 범죄자와 피해자뿐만 아니라 두 지역사회의 일원들이 함께 모여 서클을 만들고 상호 협의를 하였는데 전형적으로 10명 이하의 인원이 모였지만 어떤 경우에는 30명 이상이 모여 협의를 진행하는 경우도 있었다.[626]

---

624) 1995년 창설된 회복적 사법의 주창자 그룹은 사회복지사, 변호사, 종교지도자, 교사, 기타 지역사회의 문제에 깊은 관심을 가진 사람들이었다.

625) George Mousourakis, 상게서, p. 51.

626) 박미숙, "회복적 사법과 피해자보호", 피해자학연구 제8호, 한국피해자학회, p. 208.

이러한 서클의 유형들로는 양형 서클(sentencing circles), 화해 서클(peacemaking circles), 지역사회 서클(community circles), 치료 서클(healing circles) 등이 있다. 북아메리카의 경우 이러한 서클이 1991년 캐나다 Yokon 주에서 실시된 것을 시발로 그 이후 미국에까지 확산되어 미국의 Minnesota, Alaska, Oregon, Texas, Massachusetts, Colorado 등지에서 소년범죄와 성인범죄에 적용되고 있다.[627]

이러한 서클에의 참가자는 가족단위 협의체와 유사하지만 형사사건에 관심이 있는 지역사회의 구성원들도 참가할 수 있다는 점에 그 특색이 있었고 대부분 마을의 연장자나 목사가 조정자 역할을 하였으며 피해자의 입장에서는 금전배상보다는 사과를 원하는 경우가 많았고, 피해자 가족의 용서도 중요한 의미를 가졌었다.[628] 이 서클에서는 모든 사람들과 대화할 기회가 주어지며, 이러한 자유로운 대화를 통하여 해결방법을 제안하게 된다. Braithwaite에 의하면 피해자 또는 피해자 가족들의 2/3가 서클에 가는 것을 좋아하지 않았지만 참가한 3/4이상이 서클에서 대화하는 것에 만족했고, 모든 피해자들은 서클의 운영이 공평했다는 평가를 했다고 한다.[629] 서클에 참가하기를 꺼려하는 이유로서는 해결기간이 지나치게 장기간이라는 점과 참가자들이 장황한 설명을 함으로써 심적 부담을 갖는 다는 점 등이 제시되었다.[630]


## 제5절 한국에서의 회복적 사법실무


### 1. 현행 회복적 사법실무의 검토

#### 가. 형사소송절차에서의 합의서 작성

2005년 3월, 법무부에서는 형사재판상 화해절차를 신설하겠다는 취지의 소송촉진 등에 관한특례법 일부 개정안을 입법예고 했다. 이 제도는 형사피고사건의 피고인과

---

627) 박상식, 상게서, pp. 153-154.
628) 박미숙, 전게논문, p. 208.
629) 박상식, 전게서, p. 156.
630) 박상식, 상게서, p. 156.

피해자가 민사상 분쟁과 관련하여 합의를 한 경우 당해 피고사건이 계속되어 있는 제1심 법원 또는 항소심법원에 대하여 공동으로 그 내용을 공판조서에 기재할 것을 구하는 신청이 가능하도록 한다는 것이었다. 이 합의사항이 공판조서에 기재되면 그 기재는 재판상 화해와 동일한 효력을 갖게 함으로써 피해자의 피해회복에 큰 힘을 실어주게 된다.

이러한 법무부의 움직임은 지금까지 우리나라 형사소송절차 속에서 가해자와 피해자 간에 이루어졌던 합의제도가 비공식적인 성격을 띤 것으로서 당사자 사이의 사적 계약에 불과하였고, 특별한 법적 효력이 인정되지 않았기에 가해자가 성실하게 합의사항을 이행하지 않을 경우에도 피해자는 그가 입은 손해를 배상받을 길이 없었던 것에 대한 반성에 기초한 것이다. 이에 형사화해제도의 법적 근거를 마련함으로써 이러한 취약점을 개선하여 피해자를 보다 두텁게 보호하자는 취지가 담겨있는 것이다. 위의 개정 법률이 시행되게 되면 상호간의 합의사항의 이행이 법적으로 강제될 수 있는 길이 열려 피해자의 피해회복에 유리하게 작용될 수 있을 것이다. 그런 의미에서 이 같은 형사재판상 화해제도의 도입은 현행 형사사법체계 내에서의 회복적 사법프로그램 도입을 위한 시도로 평가할 수 있을 것이다.

## 나. 형사절차상 배상명령제도

현행 형사절차에서의 배상명령제도는 형사재판 절차에서 법원이 직권 또는 피해자의 신청에 의하여 피고사건으로 인하여 발생한 손해의 배상을 명하는 제도를 말한다. 이 제도는 피해자가 별도의 민사소송을 제기하지 않고도 형사절차에서 신속히 피해를 배상받을 수 있게 함으로써 피해자의 이익을 보호하고 소송경제를 도모한다는 취지를 가진다.

그러나 현행 배상명령제도에서는 배상범위가 피고사건의 범죄행위로 인하여 발생한 직접적인 물적 피해와 치료비에 대해서만 배상을 명할 수 있게 한정함으로써(소송촉진 등에 관한법률 제25조 1항) 당사자 간 특별한 합의사항이 없는 한 범죄로 인한 간접손해나 위자료 등에 대해서는 배상받을 수 없도록 되어 있었다. 이 점에 대해서도 2005년 3월에 법무부에서 입법 예고된 소송촉진 등에 관한법률 개정안에서는 피해자를 보다 두텁게 보호하기 위하여 그 배상범위를 위자료까지 확장한다는 내용을 담고 있다. 피해자가 입은 피해에 상응한 물질적 배상을 함으로써 피해자의 원상회복을 돕고자 하는 취지에서 이 제도도 보다 발전적인 회복적 사법실무의 한 유형에 포함시킬 수 있을 것이다. 그러나 형사소송절차에서 배상액을 산정하여 피고인에게 배상을 명하는 것은 법원의 업무를 증가시키기에 실효를 거두기 어렵다는 비판이 제기되고 있으며 실무적으로도 활용도가 높지 않다는 비판이 있다.[631]

## 2. 새로운 회복적 사법모델의 도입 가능성

### 가. 서설

#### 1) 회복적 사법모델 도입의 타당성

오늘날 회복적 사법을 연구하는 대부분의 학자들은 회복적 사법의 유용성을 인정하고 있다. 회복적 사법모델 중의 하나인 회복적 사법협의체에 참가한 가해자들은 다른 범법행위를 저지를 유혹을 물리칠 수 있었다는 것이며, 그에 따라 재범율도 낮아졌다고 하고,[632] 가해자들도 이러한 회복적 사법체계가 종래의 형사사법체계보다 더 공정하다고 인식하고 있다는 것이다.[633] 이에 세계 각국에서 이러한 회복적 사법모델을 채택하고 있는데, 미국의 경우 분쟁해결을 비사법화하기 위한 흐름에 부응하고, 범죄피해자 보호를 충실히 하며, 교정기관의 과다수용문제를 해결하고, 범죄문제 해결에 비 징벌적인 수단을 강구해야 한다는 인도적 요구가 높아졌기에 이러한 회복적 사법모델을 수용하게 되었다고 한다. 이러한 취지는 우리나라에서도 타당하다고 볼 것이므로 우리 현실에 맞는 회복적 사법프로그램을 개발하여 활용하는 방책을 강구할 필요가 있을 것이다.

---

631) 김용세, 피해자학, 형설출판사, 2003. p. 229.
632) Braithwaite, "Restorative Justice : Assessing Optimistic and Pessimistic Accounts", in M. Tonry (ed), *Crime and Justice, A Review of Research,* vol. 25, Chicago. 1999.
633) George Mousourakis, 전게서, p. 55.

### 2) 도입을 위한 선결과제

회복적 사법모델을 도입한다고 하였을 때 현행 사법절차 속에서 이 제도의 실효성을 담보할 수 있도록 사전 준비가 요청된다.

먼저 중립적 지위에서 가해자와 피해자 사이를 합리적으로 조정할 화해중재기관을 확보하여야 한다. 북미나 유럽의 화해중재기관은 대부분 자원봉사자의 자발적인 참여에 크게 의존하고 있다. 이들은 보수를 받지 않고 봉사하기 때문에 화해절차에서 지역사회를 대표하는 역할을 맡을 수 있고,  당사자 일방의 이익에 치우치지 않고 중립적으로 중재업무를 수행할 수 있다는 장점이 있다. 우리나라의 경우 각종 시민단체나 피해자보호단체의 구성원이 화해중재를 담당하는 방안이 강구될 수 있을 것이다.634)

둘째, 형사화해가 원만하게 진행 되려면 화해절차에 참여하는 자들의 범위를 어떻게 정해야 하며 참여자들과 어떤 방식으로 대화를 진행하여야 할지에 대해서 가장 타당한 방식과 절차를 개발하여야 한다. 또 이러한 절차 속에서 중재자들이 어떤 방식으로 그 역할을 수행하여야 할지 중재기술을 개발해야만 한다. 이러한 중재기술을 개발하기 위해서는 정기적이고 전문적인 교육프로그램을 운영하는 것이 바람직하다 할 것이다.

## 나. 형사절차에 피해자-가해자 화해제도 도입

우리나라에서 피해자와 가해자가 수사절차에 있어서 합의서를 작성하는 경우 해당 범죄가 친고죄와 반 의사불벌 죄에 해당하면 불기소처분으로 수사를 종결할 수 있게 되어 있다. 이러한 합의는 이와 같은 수사단계는 물론 기소단계와 공판단계에 이르기까지 상당한 영향력을 끼치고 있는 것이 사실이다. 비친고죄 이거나 반 의사불벌 죄가 아니라 하더라도 일단 합의가 이뤄지면 검사는 형법 제51조의 사항을 참작하여 공소를 제기하지 아니할 수 있고, 법관도 양형에서 이러한 합의사실을 고려하게 되는 것이다.635)

이렇게 비공식적으로 행해지면서 상당한 영향력을 행사하고 있는 합의제도는 우리나라에서 일종의 피해자-가해자간 조정제도로서의 기능을 수행하고 있지만 법률상 명백한 근거를 가지고 있지는 못하다. 친고죄와 반 의사불벌 죄의 경우 고소를 취소하거

---

634) 김용세, 전게서, pp. 233-235.
635) 김용세, "한국의 형사사법체제와 회복적 사법", 형사법연구 제20호 (겨울호), 2003. p. 363.

나 처벌의사를 철회하면 수사를 종결하게 되므로 가해자 입장에서 보면 형사절차에서의 해방을 가져오게 되나 그 이외의 범죄의 경우에는 합의가 된다하더라고 그러한 혜택을 보장받지 못한다. 특히 상대적으로 중대한 범죄로 피해를 입은 사건과 같은 경우에는 피해자와 합의하더라도 처벌을 면한다는 보장이 없기 때문에 가해자가 합의에 노력을 기울이지 않을 수도 있는 것이어서 피해자보호에 취약할 수 있는 것이다.636) 뿐만 아니라 공식적인 조정기관도 존재하지 않는다. 때문에 이러한 비공식적이면서도 관행적 합의 제도를 형사사법기관이 운영하는 회복적 사법프로그램의 일종이라고 말하기는 곤란할 것이다.

따라서 화해·조정제도의 실질 화를 도모하기 위하여 형사소송법상 피해자-가해자 간 화해·조정을 할 수 있는 근거를 마련하는 것이 필요하다. 이를 위하여 입법론적으로 독일의 화해·조정제도를 벤치마킹 할 수 있다고 본다. 독일의 경우 1년 이하의 형에 처할 사건이나 일정액 이하의 벌금형에 처할 경미한 사건의 경우에는 당사자 화해를 조건으로 수사를 종결하거나 재판절차를 종결할 수 있는 제도를 운용하고 있다 (독일 형사소송법 제153(A)조 제1항 제1호).

이러한 화해·조정제도의 운영을 위해서는 전문화된 중립적 중재기관을 확보하는 것이 필요하다. 특히 초동수사를 담당하고 있는 경찰의 입장에서는 상호간의 형사화해를 통하여 빠른 시일 내에 당사자들이 형사절차에서 해방될 수 있도록 하는 제도의 마련이 절실하다. 하지만 우리나라의 경우에는 가해자와 피해자 그리고 지역사회가 모두 신뢰할 수 있는 합리적인 중재역을 담당할 전문가 집단이 매우 부족한 실정이다.637) 따라서 현행 특정범죄신고자등보호법 제9조 제3항 내지 제4항에서 검사에게 피해자를 포함한 범죄 신고자 등과 피의자간에 면담을 주선할 수 있도록 하고 있듯이, 사법경찰에게도 이러한 피의자-피해자 면담주선 권을 일정 범위 내에서 보장해주는 입법상의 조치가 강구될 필요가 있다. 경찰수사단계에서 합의 제도를 공식적으로 인정되지 않고 있음은 물론 합의 시에 조정관으로서의 역할도 공식적으로 인정해 주지 않고 있는 오늘날 경찰수사 현실에서는, 경찰이 합의에 일체 간여하지 않으면서 소극적

---

636) 김용세, 상게논문, p. 363.
637) 김용세, 상게논문, p. 369.

으로 대처할 경우 피해자가 충분히 피해회복을 받지 못할 가능성이 있는 반면, 수사경찰관이 지나치게 개입하여 음성적으로 합의를 종용하는 상황에서는 자칫하면 수사경찰관의 부패행위로 이어질 가능성이 있기 때문이다.

다행스러운 것은 전술한 바와 같이 우리나라 법무부가 형사화해를 촉진하고 그 법적 실효성을 담보하기 위하여 소송촉진 등에 관한특례법 개정안을 2005년 3월에 입법예고 하였다는 점이다. 이것은 피해자와 피고인 간에 피고사건과 관련된 민사 분쟁에 대한 합의가 성립된 경우 법원에 신청하여 이를 공판조서에 기재케 함으로써 '재판상 화해'와 동일한 효력을 갖게 하고 그 합의사항의 이행을 강제할 수 있다는 점에서 회복적 사법시스템에로의 진일보를 이룬 것이라고 평가할 만한 것이다.

## 다. 소년사범에 있어서의 가족단위 협의체 모델의 도입

### 1) 회복적 사법프로그램의 도입 방향

우리나라에서 위에서 살펴 본 바와 같은 형사화해·조정제도를 모든 범죄에 대해서 전면적으로 시행하는 것은 어렵기 때문에 우선 청소년범죄를 대상으로 이 제도를 운영하면서 형사화해 프로그램 운용의 경험을 축적해 나가는 것이 필요하다. 그러나 회복적 사법모델은 그 절차진행의 중심적 역할이 국가에서 이해관계자로 옮겨가기 때문에 많은 문제점과 부작용이 생겨날 가능성이 있다. 앞서 살핀 바와 같이 회복적 사법모델의 이상형이라고 할 수 있는 '순수모델'과 같은 경우 비공식적 절차로 형사화해를 진행하는 과정에서 피해자들이 2차 피해를 입을 수도 있고, 범죄자들은 무죄추정의 원리가 무시되어 인권침해가 이뤄질 수도 있는 것이다. 따라서 회복적 사법모델은 과도기적으로 공식적인 형사사법 시스템과 연계되어 운용될 필요가 있다. 이 때에 회복적 사법의 정신을 반영하는 프로그램들은 아래와 같이 3가지 단계에서 활용될 수 있을 것이다.638)

첫째, 피의자가 유죄를 부인하지 않거나 사건을 방어하지 않을 의도를 가지고 있음을 명시적으로나 묵시적으로 동의하는 경우 재판이전인 수사단계에서 회복적 프로그

---

638) 김성돈, "우리나라 소년사법에 있어서 가족집단협의제도의 도입방안", 2005년 춘계학술회의 자료집, 한국피해자학회, 2005. p. 100.

램을 운용할 수 있을 것이다. 이는 주로 경미한 사건이나 초범자에 대해서 활용될 수 있을 것인 바, 경찰단계나 검찰단계에서 이러한 프로그램을 활용하면 형사절차에로의 이행을 중지할 여지가 생기고 전과자의 양산을 막을 수 있음으로 인해 진정한 다이버전 효과를 만들어 낼 수 있을 것이다.

둘째, 기소이후 유죄판결 이전 단계에서도 피고인이 자백하거나 방어권의 행사를 포기할 의사를 명백히 밝힌 경우에도 회복적 사법프로그램이 활용될 수 있다. 이 경우 검사는 법원의 동의하에 형사절차를 중단하고 피고인으로 하여금 공소기각의 판결을 받게 할 수 있을 것이다.

셋째, 형선고 이후 단계에서는 형선고를 받는 범죄자들에 대하여 회복적 사법프로그램이 운용될 수 있다. 따라서 재소자와 재소자가 출소 후 속하게 될 공동체 사이에 적용될 수 있는 회복적 사법프로그램이 개발된다면 이러한 재소자의 사회복귀와 사회통합이 촉진될 수 있을 것이다.


### 2) 우리나라에서 가족집단협의체 모델의 도입방안

우리나라 소년법은 소년범죄사건 처리와 관련하여 보호와 형사처벌 이라는 두 가지 유형의 처리방식을 설정하고 있으므로 회복적 사법모델과의 접목이 가장 용이한 분야라고 할 것이다. 소년법상의 보호절차는 소년 범에 대한 일방적 형사처벌을 피하면서 소년의 보호와 육성이라는 사회 통합적 과제를 염두에 두고 있는 까닭에 회복적 사법의 목표와 일치점을 발견할 수 있기 때문이다.

그렇다면 우리나라에 도입하고자 하는 가족집단협의체 모델과 현행 소년법상의 보호절차가 어떻게 연계될 수 있는가 하는 것을 탐색하는 것이 과제라고 볼 수 있다. 이와 관련하여 세 가지 방향에서 가족집단 협의체모델의 활용가능성을 검토해 볼 수 있다.639)

첫째, 현행 소년법상 12세 이상 14세 미만의 촉법소년의 경우에는 경찰단계에서 곧바로 가정법원에 송치하도록 되어 있다. 이 단계에서 가정법원 소년부 송치를 하는 대신에 가족집단 협의체 프로그램을 활용할 수 있을 것이다. 이러한 방식을 취한다면 경

---

639) 김성돈, 상게논문, pp. 101-102.

찰단계에서 상호화해에 의한 피해회복이 신속히 해결될 수 있는 길이 열리게 될 것이다. 다만 여기에 참여하는 촉법소년은 범행을 인정함과 아울러, 중대범죄를 범하지 않은 경우라야 할 것이다.

둘째, 경찰에서 검찰로 송치된 14세 이상 19세 미만의 범죄소년에 대해서는 검찰단계에서 가족집단 협의체프로그램을 사용할 수 있을 것이다. 그러기 위해서는 피의자가 범행을 자백하고 있는 사건 중에 불구속 사안에 해당하거나 피해가 심각하지 않는 범죄유형이라면 검사가 기소하기 전에 위의 회복적 사법프로그램에 연계시킬 수 있도록 제도적 장치를 강구하는 방안이 검토되어야 할 것이다. 종래 검찰에서 활용해 왔던 선도조건부 기소유예 제도를 이 프로그램과 연결시킬 수 있을 것이다.

셋째, 소년부로 송치된 촉법소년 및 범죄소년에 대해서 소년부 판사는 심리 후 결정을 내리기 전에 가족집단협의체 모델을 거치게 할 수 있다. 이 단계의 협의에서 합의된 내용을 고려하여 소년부 판사가 적절한 처분의 종류를 결정할 수 있게 하는 것이다. 이를 위해서 우리나라 소년법상의 보호처분의 종류를 더욱 세분화하여야 할 것이다.


## 제6절 소결

위에서 여러 가지 유형의 회복적 사법실무를 살펴 보았는 바, 회복적 사법이 가지는 여러 가지 장점, 예컨대 ① 피해자가 심리적 또는 경제적으로 피해를 회복할 가능성이 높아진다는 점, ② 범죄자가 사회에 재통합됨으로써 범죄자의 사회복귀가 촉진된다는 점, ③ 지역사회의 평화와 안전성 확보에 기여한다는 점, ④ 형사사법기관의 부담을 감소시켜 사법운용의 비용을 절감시킬 수 있다는 점 등은 매우 높이 평가할 만하나 이러한 회복적 사법모델에 대한 비판도 제기된다. 즉, 피해자 없는 범죄에 대해서 회복적 사법모델의 효용성이 무엇인가에 대하여 의문이 있다는 점, 헌법·형사법 등 제반 법령에서 정하고 있는 당사자들의 절차적 권리보장의 담보가 미흡하다는 점, 당사자들의 이익조정 외에 지역사회나 공공의 이익에 기여하는 점이 불명확하다는 점, 현재의 응보형 사법을 전면적으로 대체할 수 없고, 모든 범죄에 대해서 회복적 사법모델을 적용하기에는 한계가 있다는 점,640) 무죄추정을 받아야 할 피의자가 압력에 의한 화해절차 참여로 인해 권리침해가 우려된다는 점, 화해가 실패할 경우 재피해자화가 우려된다는 점, 사회적 인프라가 갖추어져 있지 못할 경우 범죄처리비용이 증대될 수 있다는 점 등이 제시되고 있다.641)

George Mousourakis도 회복적 사법에 대한 문제점과 관련하여, ① 회복적 사법에 의한다면 같은 범죄를 저지르고도 다른 취급을 받을 수 있다는 점, ② 가해자 측의 변호사가 참여하지 않을 경우 적정절차의 원리가 훼손될 수 있다는 점, ③ 전문가의 참여가 요구되면서 절차 자체가 규제적이고 관료적 성격으로 변화할 위험성이 있고, 회복적 사법의 유형이 늘어날수록 국가의 개입이 증가할 가능성이 있다는 점, ④ 피해자의 제2차 피해자화의 가능성이 있다는 점 등을 지적하고 있다.642)

그러나 회복적 사법체계는 지금까지의 형사사법 체계가 수행하기 어렵던 피해자원조·피해자절차참여·지역사회의 재통합과 같은 기능을 수행할 수 있는 매우 효과적인 대안이라는 점은 부인할 수 없을 것이다. 또 회복적 사법절차에서 2차 피해자화를 예방하기 위한 방법을 미리 강구할 수 있을 것이다. 예컨대, ① 회복적 사법에 회부해도 좋은 사건인지 사전 면밀한 검토를 하는 것, ② 피해자를 설득하기 전에 가해자가 진정 회복적 사법절차에 참여하기를 원하는지 확인하는 것, ③ 회복적 사법에서 피해자가 요구하는 바가 무엇이고 어떤 부분의 보상을 필요로 하는지 미리 확정해 놓는 것, ④ 회복적 사법협의체의 구성과 운영에 피해자가 적극적으로 관여하도록 하는 것, ⑤ 피해자의 입장을 충분히 고려해서 언어를 구사하는 것, ⑥ 피해자가 가까운 사람의 도움을 충분히 받고 있다고 느끼도록 하는 것 등이다.643)

우리나라에서는 원상회복을 형벌체계로 편입시킬 것인가 하는 문제와 관련하여 학자들을 중심으로 논의가 되고 있지만644) 지역사회 통합을 추구하는 본격적 의미의 회복적 사법모델의 개발에 관하여는 연구가 미진할 뿐더러 실무적인 적용사례도 찾아보

---

640) B. D. Meier, *op. cit.,* p. 126. 이하 ; 박미숙, 전게논문, pp. 219-220.
641) 김용세, 전게서, pp. 202-203.
642) George Mousourakis, 전게서, pp. 56-57.
643) George Mousourakis, 상게서, p. 57.
644) 김일수, "형사상 원상회복제도의 형사정책적 기능과 효용에 관한 연구", 성곡논총 제21집, 1990 ; 김성돈, "원상회복의 형사제재로서의 적격성과 형법의 과제", 피해자학연구 제5호, 1997, p. 121. ; 이호중, "형법상 원상회복에 관한 연구", 서울대학교 박사학위논문, 1997.

기 어려운 실정이다. 따라서 앞으로 우리 현실에 적합한 실무모델의 개발을 위하여 노력해야 할 것인 바, 우선 청소년범죄를 대상으로 경찰단계, 검찰단계, 재판단계에서 전술한 가족집단 협의체프로그램을 적용시키는 방안이 강구될 수 있을 것이다. 더 나아가 피해가 경미한 범죄에 대해서도 비범죄화를 통한 사회통합의 촉진을 위해 피해자-가해자 화해 모델을 다양하게 개발할 수 있을 것이다.

특히 범죄자나 피해자와 최초로 조우할 가능성이 가장 높은 형사사법기관인 경찰이 회복적 사법의 영역에서도 매우 중요한 역할을 담당해야 할 것으로 보인다. 회복적 사법이 지향하고 있는 기본 사상이 범죄자의 처벌보다는 당사자 간의 화해와 재통합에 있기 때문에, 경찰은 수사의 진행단계에 있어서 당사자들의 범행 및 피해경위에 대하여 정확한 내용을 확보해야 하는 한편, 피해회복·화해·사죄의 가능성에 관한 상세 정보를 화해·조정 협의체에 제공하거나 적극적으로 협의체에 참여하는 것이 필요하다. 실제로 뉴질랜드의 가족단위 협의체에 경찰이 참여하여 사건설명을 하고 토론에 참여하는 등 적극적인 역할을 하고 있음은 앞서 살핀 바와 같다.

# 제2장 피해자보호를 위한 지역공동체와의 협력

## 제1절 서설

사회가 다양화되고 그 복잡성이 증가함에 따라 형사사법기관의 법집행 영역도 과거보다는 한층 복잡해지고 있다. 전통적인 형사사법 제도 하에서는 범죄와의 투쟁을 주요 목표로 삼았다. 그러나 현대 사회의 형사사법제도는 그러한 범죄와의 투쟁이라는 단순한 목표만을 지향하지 않는다. 물론 그러한 목표달성도 형사사법기관이 지향해야 할 부문의 하나이나 오히려 오늘날은 시민의 삶의 질을 높이고 각 개인의 권리와 의무가 적절히 조화되어 있는 안전하고도 정의로운 사회를 이루고자 형사사법기관이 다른 사회구성원과 활발한 협력을 해나가야 함이 강조되고 있다.[645] 다시 말하면 현대 사회가 전문화, 복잡화 되어 감에 따라 범죄문제 및 범죄피해문제를 다룸에 있어서 형사사법기관 단독으로 대처하기가 곤란하게 되었다는 것이다. 이는 소위 범죄문제 해결에 있어서 형사사법기관과 타 조직이나 기구와의 '상호의존성(interdependence)'이 증가하고 있다는 말과 일맥상통한다.[646] 이제 형사사법기관은 범죄를 통제함에 있어서 더 이상 최고권력적 지위를 향유하는 기관이 아니라 문제해결을 위하여 새롭게 부상하고 있는 다른 사회조직이나 단체들과 적극적 협력을 해나가야 한다는 의미에서 사회 안전 확보의 '공동창출자(co-producer)'라는 사고방식이 필요하다.

범죄피해자의 보호에 대해서는 전통적 형사사법체계에서는 큰 문제의식을 가지지 못하였다. 그러나 회복적 사법이라는 형사사법의 새로운 패러다임이 파급되고 있는 오늘날의 시각으로 보면 피해자보호 문제는 피해자의 인간으로서의 존엄성과 행복추구권의 보장과 연결되어지는 것으로서 국가나 지역사회단체가 적극적인 피해자보호활동으로 지역사회 전체의 삶의 질을 높이려는 노력의 일환으로 볼 수 있다. 그런데 이러

---

645) Peter Neyroud & Alan Beckley, *Policing, Ethics and Human Rights,* William Publishing, 2001. p. 26.
646) Peter Neyroud & Alan Beckley, *ibid.,* pp. 23-24.

한 삶의 질의 향상은 경찰, 검찰, 법원 어느 한 기관의 단독적인 노력으로는 부족하고 각 기관 간 그리고 기관과 시민간의 활발한 협력이 있을 때 비로소 가능하다는 것이다.

## 제2절 지역사회경찰활동과 범죄피해자 보호

### 1. 지역사회경찰활동의 개념과 발전

지난 30년간에 걸쳐서 미국에서는 경찰을 포함한 형사사법 시스템만의 작용으로는 범죄투쟁에 한계가 있다는 사실이 줄곧 지적되어 왔다. 그래서 미국의 많은 형사사법 기관 종사자들과 형사사법문제 연구가들은 종국적인 범죄통제의 책임을 지역공동체와 그 공동체 내의 문제해결 시스템이라고 볼 수 있는 사회과정(social process)에로 옮길 것을 주장하였다. 그 결과 나타난 것이 지역사회경찰활동(community policing)이다. 2000년에 시행된 연구결과를 보면 미국 자치도시 경찰기관의 50% 이상이 다양한 지역사회경찰활동 계획을 입안하고 발전시켜 왔으며 미 법무성이 이러한 경찰활동 변화의 주창자가 되어, 이 운동을 확산시키기 위한 지원을 하였던 바, 1999년 미 법무성의 통계자료는 지역사회경찰활동에 종사하는 경찰관의 비율이 90%에 육박한다는 결과가 제시되었다. 이것만 보아도 오늘날 지역사회경찰활동이 얼마나 중요한 비중을 차지하는지를 짐작할 수 있다647)

지역사회경찰활동(community policing)이라 함은 지역주민의 안전에 영향을 미치는 요인에 대해 경찰과 지역주민이 공동 파트너가 되어 기존의 방식보다는 좀 더 창의적으로 문제를 접근해 가는 경찰행정의 새로운 모형으로서, 인격적 봉사와 민경협력 그리고 지역사회의 문제해결 등이 강조되는 경찰활동을 말한다. 이러한 지역사회경찰활동의 개념은 1960년도 영국에서 시작하여 지난 20년간 미국, 캐나다 등 주요 선진국을 비롯한 세계 여러 나라에 확산되고 있는 경찰활동의 새로운 패러다임이다.

---

647) Sampson, R., & Scott, M. S. *Tackling Crime and other Public-Safety Problems,;Case Studies in Problem-Solving.* Washington, DC, 1999.

## 2. 지역사회 협력을 통한 범죄피해자 보호

지역사회경찰활동은 기본적으로 3가지 핵심요소로 구성된다. 고객중심체제로의 전환, 지역주민과의 협력의식(partnership)의 형성, 문제해결을 위한 일치된 노력 등이 그것이다.[648] 이 중에 범죄피해자 보호를 위해서 형사사법기관으로서의 경찰과 타 기관 및 단체와의 협력의식의 개발이 매우 중요시된다고 말할 수 있다. 다양하고 복잡한 사회 환경 속에서 범죄피해자 보호문제를 경찰 혼자만의 힘으로 감당하기에는 한계가 있기 때문이다.

지역사회경찰활동의 주요한 전제는 경찰이 질서유지 작용, 문제해결 작용, 시민에 대한 봉사활동 등을 통하여 지역공동체의 문제를 다루는 것이 경찰의 중요한 책임이 되어야 한다는 것이었으며 시민과 경찰이 지역사회문제를 해결하는데 함께 협력해야 한다는 점이 강조되었다.[649] 이로 인하여 지역공동체 문제가 무엇인지를 파악하고 이 문제를 다루기 위해 모든 관련기관들이 총체적으로 가동되어지는 형식의 경찰활동이 종래 형사사법기관 중심의 범인체포 지향적 경찰작용을 대체하기 시작하였고,[650] 경찰기관이 타 사회복지기관, 피해자보호단체, 인권운동가 기타 지역공동체에 기반을 둔 단체와 협력의식을 개발하고자 하는 노력이 시작되었던 것이다.

따라서 범죄피해자 보호문제에 접근함에 있어서는 경찰이 '법집행작용의 선도자'라는 전통적 역할모델은 수정되어야 한다. 오히려 시민과 지역공동체의 공통문제를 함께 해결하기 위해 협력의식을 갖는 '공공안전의 공동창출자(co-producer of public safety)'의 역할모델을 지향해야 할 것이다.[651] 즉, 지역공동체와의 협력 하에 피해자 보호문제를 원활하게 해결할 수 있으려면 경찰관 개개인이 공동체의 문제해결에 참여하고 있는 다른 단체나 개인과 대등한 입장에 서 있는 파트너(partner)라는 낮

---

648) Merry Morash & Ford, "Directing the Future of Community Policing", *The Move to Community Policing*, Sage, 2002. pp. 279-280.

649) Goldstein, H. *Problem-oriented Policing*. New York: McGraw-Hill. 1990.

650) Buzawa, E., & Buzawa, C.G. *Domestic Violence : The Criminal Justice Response*. Thousand Oaks, CA: Sage. 2003. p. 158.

651) Morash & Ford, *ibid.* p. 184.

아짐의 자세가 필요하고 이들과 긴밀한 협력의식을 개발하고자 하는 의지적인 노력이 필요하다. 경찰이 만일 '선도자(leader) 의식'을 갖게 되면 피해자보호문제에 대하여 누구보다도 더 잘 알고 있다고 생각하고 있는 인권단체나 상담전문가로부터 저항을 불러올 수 있음으로 인하여 원활한 협력에 장애를 가져올 수 있기 때문이다.652)

## 3. 피해자보호를 위한 공동체적 협력의 사례

위에서 살핀 바와 같이 미국에서는 범죄문제 및 범죄피해자 보호에 대하여 지역공동체가 상호 협력하는 가운데 대응을 하여야 한다는 이른바 '공동체의 협력대응(coordinated community response)' 개념이 형사사법시스템 전반에 확산되고 있다. 이러한 현상을 미국 미시간 주 경찰의 가정폭력사건 처리와 관련된 피해자 보호활동의 사례를 살펴봄으로써 확인해보고자 한다.

### 가. MCADSV의 활동

미시간 주에서는 가정폭력 문제를 이와 같이 지역공동체 구성원들의 협력 하에 문제를 해결해야 한다는 인식하에 1978년 미시간 가정폭력 및 성폭력 대응협의체(Michigan Coalition Against Domestic and Sexual Violence, MCADSV)를 창설하였다. 여기서는 70여개 이상의 가정폭력 및 성폭력 예방, 피해자 재활, 기타 서비스 제공을 위한 프로그램을 운영하고 있으며 200여 이상의 협력단체 나 개인을 회원으로 두고서 가정폭력 문제나 성폭력 문제에 있어서 적잖은 영향력을 행사하고 있다. 또 이곳에서 피해자보호를 위한 각 기관 종사자들이 모여 대책회의를 하곤 하는데 이 회의에는 경찰도 참가하고 있으며, 피해자지원 단체나 자원봉사자들을 상대로 피해자보호방안에 대한 훈련도 수행하고 있고, 가정폭력·성폭력의 현황과 피해자보호대책에 관한 각종 자료들을 소장하고 있는 '자료센터(Michigan Resource Center on Domestic and Sexual Violence)'를 두고서 이러한 문제에 대한 연구를 수행하고 있는 연구자들에게

---

652) Morash & Ford, *op. cit.* p. 184.

무료로 자료를 제공해주고 있다.653)

## 나. MCOLES의 활동

미시간 주의 가정폭력 대응전략과 관련하여 공동체적 협력대응의 또 다른 한 예로 미시간 법집행표준화위원회(Michigan Commission on Law Enforcement Standards, 이하 MCOLES라 한다)의 활동을 들 수 있다. 이 MCOLES의 정책조율을 위한 최근 모임 중의 하나가 2004년 7월 28일 랜싱 오케모스(Lansing Okemos)에서, 미시간 주 정부의 '가정폭력대응 5개년 계획'에 부응하기 위한 2005년도 가정폭력대응 훈련 프로그램 개발관련 회의였다. 이 회의는 기히 배정된 175,000달러에 해당하는 교육훈련 기금을 집행하기 위한 관계자 회의였는데 MCOLES 소속의 경찰관 2명, 주 정부 산하 가정폭력예방 및 처리위원회(DVPTB) 간부 1명, 미시간 가정폭력자료센터(Michigan Resource Center on Domestic Violence) 대표자 1명, 미시간 검사협회(Prosecutor's Association) 관계자 1명, 미시간 주 경찰청 범죄예방과(Michigan State Police Prevention Service Section) 소속 경찰관 1명 도합 6명이 참석하여 의견을 조율하며 토론을 진행한 바 있었다.

## 다. C.A.R.E. Team의 활동

미시간 랜싱지역에서 경찰과 긴밀한 관련을 지니고서 가정폭력이 발생할 때 피해자 보호 및 피해자 지원활동을 하는 중요한 조직 중의 하나가 C.A.R.E(Capital Area Response Effort)라는 기구이다. 이 C.A.R.E팀은 가정폭력문제를 다루기 위해 결성된 기관들의 연합체인 Capital Area Faily Violence Coordinating Council(CAFVCC)에 의해 설립된 조직으로서, Ingham County에 소재한 랜싱 경찰서 건물 내에 위치해 있으면서 가정폭력이 발생할 경우 경찰과의 유기적 협조를 통해 피해자를 접촉하여 적절한 지원을 해 주거나 지역공동체 내에서 활용 가능한 자원들과 연결을 지어주고 또 그들이 가지고 있는 자원을 끌어내어 피해자와 연결시켜 주는 역할을 하고 있다. 1996

---

653) http://www.mcadsv.org 및 http://www.mcadsv.org/mrcdsv/index.html 참조

년 이래 이들이 지원해 온 가정폭력 피해자들은 약 1,600명 정도에 이른다고 한다. C.A.R.E에서 근무하는 자들은 상근직 혹은 임시직 자원봉사자들로 구성되어 있는데 임시직 자원봉사자들은 가정폭력처벌법과 피해자의 권리 및 피해자 보호에 관한 교육을 약 40시간 정도 받은 후라야 근무를 할 수 있고 매달 C.A.R.E 활동에 관한 회의에 참석해야 하며, 대체로 자원봉사자 개개인은 약 6주에 한번 꼴로 가정폭력 현장에 출동하게 되는데 대체로 6개월에서 1년 동안 활약을 하게 된다.654)

C.A.R.E 팀이 준수하고 있는 대 원칙은 가해자가 경찰에 의해 체포된 이후에라야 비로소 C.A.R.E 팀이 개입할 수 있다는 것이다. C.A.R.E 팀은 가해자가 체포되었다는 연락을 받은 후 30분 이내에 피해자 집을 방문하여 그들이 집을 떠나는 것이 좋은지를 결정할 때까지 그 집에 머무르면서 피해자가 자신에게 닥쳐올 수도 있는 가해자에 의한 추가적 범죄의 위험성에 관한 판단을 하는 것을 돕는 역할을 수행한다. 이른바 '치명적 위험성에 관한 판단(the assessment of the lethality)'을 전문적인 시각에서 수행하는 것이다. 이를 위해서 C.A.R.E 팀은 위험성 판단표지를 항목화한 '위험수준 평가서(C.A.R.E assessment form)'를 개발하여 활용하고 있는데 주요 판단표지로는 가해자의 과거 폭행 전력·피해자의 치료경력·마약이나 알콜의 사용·무기사용·애완동물의 폭행·과거 경찰의 신고출동 횟수·과거 체포된 경력이나 기소된 횟수·가해자가 법원으로부터 가정폭력과 관련하여 일정한 조치를 받은 사실 등을 적시하고 있다.

C.A.R.E 팀은 이러한 위험성 판단과 병행하여 피해자에 대한 신변안전계획(safety plan)을 수립하고 이를 실행하는 것을 돕게 된다. 이들은 '피해자 신변안전계획서(personalized safety plan)' 양식을 개발하여 사용하고 있는데 주요 항목들로서는 ① 위기를 위한 대비사항들(being ready for a crisis), ② 떠나기 위한 계획(planning to leave), ③ 떠날 때 가져가야 할 것들(items to take when leaving), ④ 떠난 후 해야 할 것들(after I leave), ⑤ 직장에서와 공공장소에서의 문제들(at work and in public), ⑥ 신변안전보호조치(PPO)와 관련된 안전계획(safety with a personal protection order), ⑦ 알콜 또는 다른 약물 사용과 안전계획(safety and alcohol / other drug

---

654) http://www.lansingpolice.com/ 참조

use) 등이다. 이러한 신변안전계획서의 서식은 미시간에서 뿐만 아니라 캘리포니아 샌디애고 에서도 채택하고 있다. 이러한 신변안전계획서를 비롯해서 C.A.R.E 팀의 활동 과정에서 입수하게 된 피해자의 개인정보는 피해자의 동의 없이는 경찰을 비롯한 타 기관에 넘겨줄 수 없게 하고 있기에 경찰기관이 필요한 피해자 정보를 얻기 위해서는 C.A.R.E 팀에서 미리 준비해 놓은 '개인정보기관통보동의서(authorization for release / exchange of information)'에 피해자의 서명을 받아놓도록 해야만 한다.

이 C.A.R.E 팀의 운용을 위한 재정은 '미시간범죄피해자지원협의회(Michigan Victim Service Commission)'에서 랜싱 시에 지원하기로 결정한 범죄피해자지원 연구기금에서 일부 지원을 받고 있으며 미 법무성(U.S. Department of Justice)의 사법업무지원국(the Bureau of Justice Assistance)에서 하달한 연구기금으로부터도 지원을 받고 있다.

## 라. D.A.R.T. Team의 활동

미시간 잉햄 카운티에서는 2002년 2월, 가정폭력에 대한 효과적 대응을 위하여 D.A.R.T. 프로그램의 운영에 관한 논의를 시작하였다. CAFVCC(Capital Area Family Violence Coordinating Council)의 멤버들과 C.A.R.E. 팀의 팀장이 만나 D.A.R.T. 팀에 관한 기본 윤곽을 설정한 뒤 보다 구체적 논의를 위해 경찰서 수사부서, 검찰 관계자, 인권보호단체, 보호관찰소 관계자, 법원 관계자 등으로 부속 위원회를 조직하게 되었던 것이다. 그러던 중 미 연방으로부터 자금을 지원받아 2001년 11월 D.A.R.T. 프로젝트를 시범 운영하게 되었다. 따라서 이 D.A.R.T. 프로그램도 피해자 보호를 위해 각 분야의 공동체 구성원이 참여하는 지역사회의 공동대응 프로그램인 것이다.

이에 뒤이어 2002년 3월 25일 미시간의 잉햄 카운티의 검사 Stuart Dunnings Ⅲ와 랜싱 경찰서장 Mark Alley는 가정폭력 가해자의 기소를 강화하고 피해자 보호의 충실을 기하기 위한 목적으로 D.A.R.T. (Domestic Assault Response) Team의 지속적 운영에 관한 견해를 발표하였다. 이를 위하여 미 연방 법무성으로부터 180,000 달러의 기금이 지원되었는데 이는 연간 1,800건에 달하는 가정폭력사건을 처리하는 수사경찰관, PPO 관련 인권보호 종사자, 가정폭력 피해자 보호활동 종사자, 검사 등에게

제공되도록 한 것이었다.655)

D.A.R.T. 팀이 내세우고 있는 주요 목표중의 하나는 '추가적 피해를 창출하지 않는 기소(victimless prosecution)'였다. 피해자는 형사절차에 노출이 됨으로써 다시 심적 고통을 당하는 등 제2차적 피해를 입기 쉽고 가해자로부터 보복 위험에 처할 수도 있기에 법정에서 피해자의 증언이나 협조 없이도 기소할 수 있을 정도로 철저히 수사를 진행해야 한다는 것이 강조되었다. 이 D.A.R.T.의 출범에 관여하였던 미 연방 상원의원 Debbie Stabenow는 이러한 D.A.R.T.팀이 설정한 목표달성을 위해서는 검찰과 경찰의 긴밀한 협력이 필요하다는 것을 역설하였고, 이에 덧붙여 '가장 중요한 것은 기소하는 과정에서 피해자를 돕는 것인 바, 가해자가 자신의 행위에 대한 책임을 지게 하면서도 피해자의 안전을 잘 확보하는 것이 필요하다'고 하였다.656) 랜싱 경찰서에서 가정폭력수사를 전담하고 있는 Brian Bakos 형사는 필자와의 인터뷰에서 재범을 하게 되는 가정폭력 피의자에 대한 D.A.R.T.팀의 대응이 특히 중요하다는 것을 강조하였다.

D.A.R.T. 팀은 위에서 본 바와 같이 검찰, 경찰, 인권보호단체, 가정폭력 피해자 지원단체, PPO 사무소,657) 보호관찰소, 법원 등 지역사회 내의 민관조직(民官組織)이 공동으로 참여하고 있는데 각 구성단체나 조직별로 가해자 기소의 충실과 철저한 피해

---

655) State News, March 26, 2002. 1면 기사

656) State News, March 26, 2002. 1면 기사.

657) PPO(personal protection order)는 미시간 주에서 시행하고 있는 제도로서 가족구성원간 폭력, 교제관계에 있는 자 사이의 폭력(dating violence), 스토킹(stalking) 등으로 피해를 입게 되는 피해자를 보호하기 위하여 일정한 대상자에게 특정 행위를 하도록 하거나 또는 특정 행위를 금하도록 하는 법원의 명령을 말한다. 이러한 PPO는 이 명령의 수명자에게 ① 피해자의 주거지에 진입하는 것을 금하고, ② 피해자를 폭행하거나 공격하거나 때리는 등의 행위를 금하고, ③ 피해자에게 법적 감독권이 있음에도 아이를 데려가는 행위를 금하고, ④ 피해자의 직장에서의 방해 행위를 금하며, ⑤ 피해자의 아이나 사적 물건을 옮겨가는 것을 방해하는 행위를 금하고, ⑥ 전화로 피해자를 접촉하는 행위를 금하며, ⑦ 피해자에게 편지를 보내는 행위를 금하고, ⑧ 무기를 구입하거나 소지하는 행위를 금하는 등의 명령을 발하는 것이다. 이러한 PPO에 위반하면 93일 이하의 구금형과 500달러 이하의 벌금형에 처하게 된다. 이러한 PPO의 종류에는 제한명령으로서의 PPO(restrain PPO), 스토킹 PPO(stalking PPO), 외국인신변보호조치로서의 FPO 등이 있다(Revised Judicature Act of 1961, 600.2950a., 600.2950.h). 피해자가 PPO를 신청을 위한 문의를 하기 위해서는 PPO 조정관을 우선 접촉하여야 하고, 그 후 피해자진술서와 PPO 신청서식을 작성해야 하며, 여기에 사건일시·장소·사건개요·상해부위·목격자 등에 관한 정보를 첨부해야 한다. 이러한 것을 갖추게 되면 법원 사무실(순회재판소 사무실, circuit court clerk's office)에 제출을 하게 되고 이를 판사가 검토하여 서명을 하고 송달을 함으로써 발효가 된다. (http://www.meridian.mi.us/POLICE/p_ppo.htm 참조).

자 보호를 위해서 각기 기본 임무와 책임이 부여되어 있다. 예컨대 잉햄 카운티의 D.A.R.T. 구성멤버 중 하나인 랜싱 경찰서의 역할과 책임은 가정폭력 사건을 취급하는 형사들의 활동을 잘 감독하고, D.A.R.T.활동과 관련하여 해당 경찰관들이 이를 잘 숙지할 수 있도록 교육훈련을 철저히 하며, 그들에게 컴퓨터 기술지원을 하고, 관련 회의에 참석할 수 있도록 하며, 가정폭력처리반과 유기적인 협력을 할 수 있도록 하여야 한다고 규정하고 있다.

## 마. Service Provider Meeting의 정기적 개최

미시간 주는 가정폭력 문제에 지역공동체가 공동대응을 해야 한다는 원칙아래 매월 1회 가정폭력관련 관계자 모임(domestic violence service provider meeting)을 정기적으로 갖고 있다. 랜싱 지역의 경우 피해자 상담요원, 여성인권 보호단체 종사요원(advocates), 수사경찰관, 보호관찰 담당관, 검사(혹은 검사협의회 소속 직원), 판사(혹은 법원소속 직원) 등이 시내에 위치한 '심신건강교육센터(total health education center)'에서 함께 모여 피해자 보호 및 지원문제에 관하여 허심탄회하게 의견을 교환하곤 하는데 심리학자를 초빙하여 피해자에 대한 심리적 평가문제에 관한 의견을 듣고 실무진들이 이에 대해서 토론을 하기도 한다.

## 바. Workshop의 개최

미시간 주에서는 가정폭력문제를 지역공동체가 공동대응 하는 방식으로 해결해야 한다는 목표아래 각 기관 관계자들이 공동 참여하여 상호 이해를 높이고자 하는 프로그램을 시행하여 왔는데 1999년 미시간 지역사회경찰활동연구소(Michigan Regional Community Policing Institute)에서 지원을 받아 개최한 워크샵이 그 한 예이다. 여기에는 피해자보호단체 대표, 경찰관, 법원관계자, 범죄에 관심을 갖는 시민 등이 참여하여 각 기관 간 상호협력(partnership)의 증진이 어떻게 지역사회 내에서 범죄를 감소시켜 주는가 하는 것과 그러한 협력분위기를 어떻게 조성할 것인가에 관한 내용의 강의와 토론이 진행되었다. 즉, 가정폭력문제 해결에 있어서 지역사회경찰활동

(community policing)이 매우 필요하고, 피해자에 대하여 인권 옹호적 대응(the advocacy response to domestic violence)이 필요하다는 것을 강조하였고, 가정폭력의 역학관계와 가정폭력관련 법률 및 이에 대한 경찰의 정책에 대한 이해도 도모하고자 하였다. 이 워크샵 에서는 경찰이 가정폭력과 같은 범죄문제를 해결해 나가기 위해서는 전통적인 신고접수 후 현장출동방식의 수동적인 경찰활동형태에서 탈피하여 사회속의 문제를 정확히 인지하고자 정보를 수집하기 위한 조사를 행하고(Scanning), 이 문제의 성격과 한계를 판단하기 위하여 이 정보를 분석하고(Analysis), 그 문제를 해결하기 위하여 특수한 전략을 만들어 내도록 노력하고(Response), 이러한 대응이 그 문제를 어느 정도 해결할 수 있는지를 평가하는(Assessment) 방식의 '문제해결 형 경찰활동모델(problem solving model)', 이른바 SARA 모델을 활용하는 방안이 제시된 바 있다[658]

## 제3절 사회적 자본의 형성

사회적 자본(social capital)이라 함은 신뢰(trustworthiness)와 의무(obligations)를 기초로 한 사회적 관계형성을 의미하는 말로서 이러한 사회적 자본의 형성은 곧 경찰업무에의 협력을 촉진시킬 수 있는 것이기에 형사사법 활동에 있어서 중시되어야 할 영역으로 파악되고 있다.[659] 이러한 사회적 자본의 형성은 형사사법기관이 지역공동체의 협력을 얻어낼 수 있는 가능성과 관련이 되어 있다. 다시 말하면 사회적 자본형성이 양호하면 형사사법기관은 그 만큼 해당 지역사회와 더 잘 협력할 수 있는 것이다.

사회적 자본에는 크게 2가지로 나눌 수 있는데 지역사회에 기초한 사회자본(local social capital)과 공공영역에서의 사회자본(public social capital)이 그 것이다. 전자는 가족이나 친족구성원 사이와 작은 규모의 지역사회 공동체에서 발견되며 신뢰와 상호

---

658) Morash & Ford, _op. cit_. p. 185, 195.
659) Wesley Skogan & Kathleen Frydl(ed.), _Fairness and Effectiveness in Policing,_ The National Academies, 2003. p. 229.

이익(reciprocity)과 비공식적 책임감이 핵심요소이다. 후자는 보다 큰 규모의 공동체, 즉 다양한 정부조직이나 교회, 학교, 자원봉사조직과 개인 간에 형성되는 사회적 관계 형성을 의미한다. 이러한 공공영역에서의 사회적 자본은 한 개인이 관계를 맺고 있는 사회단체에 대하여 그 영향력과 접근성을 인식하고 그 구성원과 교류를 함에 있어서 신뢰와 친밀감을 형성하는 것과 관련된다.660)

이러한 지역사회에 기초한 사회자본과 공공영역에서의 사회 자본은 시민과 경찰사이의 협력에 영향을 끼친다. 따라서 피해자 보호활동을 위해 소규모 공동체 구성원 혹은 관련 시민단체와의 긴밀한 협력을 하고자 한다면 위 2가지 유형의 사회적 자본을 평소에 형성시켜 놓아야 한다. 미국의 Putnam이라는 학자는 사회적 자본이 하락하게 되면 많은 사회적 문제들이 초래된다고 말하였다.661) 특히 그는 1980년도에서 1995년도 사이의 기간 동안 높은 수준의 사회적 자본을 가진 주(州)들은 낮은 살인 율을 보였다는 연구결과를 제시하였다.662)

경찰이 위와 같은 사회적 자본형성에 성공하게 되면 경찰은 시민, 민간단체, 타 정부조직 등과의 원활한 협력 속에 피해자보호라는 중대업무를 잘 수행할 수 있을 것이다.

---

660) Wesley Skogan & Kathleen Frydl(ed.), *ibid.* p. 230.
661) Wesley Skogan & Kathleen Frydl(ed.), *op. cit.,* p. 230.
662) Wesley Skogan & Kathleen Frydl(ed.), *op. cit.,* p. 230.

# 제3장 언론에 의한 2차 피해자화의 예방

## 제1절 언론에 의한 2차적 피해의 심각성

20세기 들어와 언론 산업이 독점화·집중화 되면서 언론에 의해 피해를 당하는 국민이 많아지고 있다. 특히 범죄피해자의 사생활의 노출이나 사진의 무단게재로 인한 프라이버시권 및 초상권의 침해 그리고 오보로 인한 명예훼손 등은 범죄피해자에게 2차 피해를 주어 새로운 고통을 안겨주는 요인이 되고 있다.

일본의 한 언론인이 사원, 독자모니터, 일본 신문협회 가맹사 60사를 대상으로 행한 한 앙케이트 조사결과에 의하면 '매스컴이 범죄피해자의 인권을 고려하지 않고 보도한 적이 있다고 생각하십니까?'라는 질문에 '있다'라고 대답한 비율이 83%에 이르고 있었고, '범죄피해보도로 피해자가 2차 피해를 입은 일이 있다고 생각하십니까?"라는 질문에 '있다'라고 대답한 비율이 98%에 달했다고 한다.663) 이를 보더라도 언론에 의한 범죄피해자의 2차적 피해와 기본적 인권에 대한 침해는 매우 심각하다는 것을 알 수 있다.

특정강력범죄의 처벌에 관한특례법 제8조에 의하면 특정강력 범죄로 수사 또는 심리 중에 있는 사건의 피해자나 특정강력 범죄로 수사 또는 심리 중에 있는 사건을 신고하거나 고발한 자에 대하여 성명, 연령, 주소, 직업, 용모 등에 의하여 그가 피해자 또는 시고자 고발자임을 미루어 알 수 있는 정도의 사실이나 사진을 신문지 기타 출판물에 게재하거나 방송할 수 없다 라고 규정하고 있다.

그런데 1997년 2월 17일 한 일간신문이 '이한영씨 피살사건 이후 목격자 증언'이라며 목격자의 이름과 얼굴사진을 보도한 적이 있다. 이것은 수사나 심리 중에 있는 사건의 피해자나 사건을 신고하거나 고발한 자에 대한 신원공개를 금지하고 있는 조항

---

663) 경찰대학, 피해자학, 2001. p. 18.

을 명백히 위반한 것이었다.

이런 사건의 피해자나 신고자의 경우 관련범죄로 인해 보복의 대상이 될 수도 있기 때문에 법에 의해 신원공개를 막고 있음에도 불구하고 언론사들은 이윤추구와 타 신문사와의 경쟁 심리로 인해 자극적이고 흥미위주로 사건을 보도하다보니 피해자의 인격권에 대한 고려가 소홀해지는 것이다.

성폭행을 당한 피해자의 신원 공개는 원칙적으로 금지되어 있다(성폭력범죄의처벌 및피해자보호등에관한법률). 이러한 피해자에 대한 잘못된 보도라든가 피해자가 누구인지 추정할 수 있을 정도의 언론보도는 당사자의 인격권과 행복추구권과 같은 피해자가 향유해야 할 기본권에 대한 명백한 침해행위가 된다. 비록 특수처리를 하여 눈 부분을 가린다 할지라도 주변 사람들이 금방 누구인지를 알아볼 정도로 외모를 타나내는 사진을 보도하는 것은 금지되어야 한다.

실제로 1994년 9월 25일자 중앙일간지 1면에 '지존파 신고 이(李)양 공포의 10일'이라는 제목의 기사가 보도된 바 있었다. 보도 내용은 "살인조직 지존파에 납치됐다가 극적으로 탈출, 경찰에 신고, 범인들을 검거하는 데 결정적 기여를 한 李모양. 이양은 여전히 얼이 빠져 있다...' 식의 보도와 함께 이양의 인터뷰 기사가 게재되어 있었다. 그러나 이 기사 한 귀퉁이에는 이양의 상반신 사진이 함께 게재되었으며 이 사진은 눈을 검은 선으로 가렸지만 주변사람들은 금방 사진이 누구인지 알아볼 수 있을 정도였다고 한다.

이에 당시 언론중재위원회에서는 "위 보도사진은 연쇄살인범들에게 납치돼 성폭행당한 피해자이면서 범인들을 수사당국에 신고하여 보복당할 것을 우려하고 있는 여인의 눈을 가렸지만 본인이 누구인지 알 수 있도록 하여 명예를 훼손하고(헌법 제21조 제4항) 신고자를 보호하도록 하고 있는 특정강력범죄의 처벌에 관한 특례법 제8조 등을 위반했으므로 정기간행물의 등록 등에 관한 법률 제18조 제8항에 의하여 위 결정과 같이 시정을 권고합니다."라고 하여 해당언론사에 시정권고를 한 바가 있었다.664)

---

664) 언론피해구제길라잡이, "언론보도피해, 이렇게 대처합시다.", 언론개혁시민연대 언론피해법률지원
　　본부 (http://prome.snu.ac.kr).

언론이 정확한 사실보도를 하지 않음으로 인해 2차 피해가 발생할 수도 있다. 예를 들면 '모여고생이 성폭행 당할 위기를 모면하려고 옥상에서 뛰어내려 부상을 당해 ○○병원에 입원했다'와 '모여고생이 성폭행을 당해 비관 끝에 옥상에서 뛰어내려 부상을 당해 ○○병원에 입원했다'는 보도는 불과 글자 몇 자 차이지만 내용상 엄청난 차이가 있다. 실제로 몇 년 전 한 지방에서 이런 류의 잘못된 보도로 여고생이 자살소동을 벌이고 집안이 이사를 가는 등 큰 소란을 빚은 적이 있다. 사건기자는 이런 류의 사고를 자주 접하게 되는 만큼 피해를 당한 인권을 언론이 보호한다는 차원에서도 보도에 세심한 주의를 기울여야 하는 것이다.[665]

언론에 의한 피해유형에는 위의 사례를 포함하여 다양하게 나타날 수 있는 데 즉, ① 피해자의 성명, 나이, 직장명, 집주소 등 모든 인적사항을 공표하는 경우, ② 성은 밝히지 않고 이름과 나이만을 공표했으나 근무하는 직장주소, 직장명 등을 적시하여 누구인지 알 수 있게 하는 경우, ③ 목사에게 성폭행 당한 여신도의 성과 나이만을 밝혔으나 교회명, 교회주소, 영문이니셜, 가해자인 목사의 성명 등을 공표하여 본인을 추정하게 하는 경우, ④ 성폭행 당한 소녀의 성과 나이만을 공표했으나 가해자인 의붓아버지의 신원을 공개하여 본인을 알게 하는 경우, ⑤ 피해자의 성과 나이만을 공표했으나 근무하고 있는 업소 또는 기거하고 있는 보육원 등의 명칭과 위치 등을 구체적으로 적시하여 본인을 알게 하는 경우 등의 경우가 그것이다.[666] 따라서 언론사들은 피해자의 입장에 서서 보도를 위한 기사편집을 해야 하고, 피해자의 인적사항을 추정할 수 있는 어떠한 사항도 보도하지 않으려는 노력을 기울일 필요가 있다.


## 제2절 언론에 의한 2차 피해자화의 예방책

제1절에서 기술한 바 있는 일본의 언론피해에 대한 설문조사에 따르면 언론에 의한 2차 피해자화의 예방책으로서 '① 경미범죄에 대한 보도중지, ② 익명화를 포함한 대안적 표현의 강구, ③ 사안별로 신중 대응, ④ 경찰발표의 진위를 확인할 수 없으면

---

665) http://prome.snu.ac.kr.
666) http://prome.snu.ac.kr.

게재를 미룸, ⑤ 얼굴사진을 올리지 않음, ⑥ 지역적 특성에 따라 피해자가 누구인지 특정될 가능성이 있는 경우 게재하지 않음' 등이 제시되었다.667)

이러한 내용들을 검토해 볼 때 수사기관의 역할이 매우 중요함을 알 수 있다. 성폭력범죄처벌 및 피해자보호 등에 관한법률, 특정신고자등보호법, 특정강력범죄의 처벌에 관한특례법 등에 나타난 피해자 신원공개 및 비밀누설 금지조항을 철저히 준수하여 언론기관이 자료를 요구하는 경우에도 이러한 법적 제한을 충분히 설명해주면서 해당 사실에 대한 자료제공의 통제를 가할 필요가 있는 것이다.

언론에 의해 피해를 입은 피해자에 대한 기존의 피해구제책에 관한 정보제공을 잘 해주는 것이 필요하다. 여기에는 민사상 손해배상제도, 형사책임의 추궁, 반론보도의 청구, 언론중재위원회에의 중재신청 등이 포함될 것이다.

우선 언론기관의 사려 없는 보도행위로 고통을 겪은 피해자는 민법 제750조와 제751조에 근거하여 손해배상청구소송을 제기, 그에 대한 손해를 배상받을 수 있을 것이다.668) 이어 형법 제307조(명예훼손), 제309조(출판물에 의한 명예훼손), 제313조(신용훼손)에 의거 형사고소를 할 수 있을 것이다.

이외에도 전술한 특별법상의 피해자 신원공개 금지규정과 관련하여서도 형사처벌을 구하는 조치를 강구할 수 있을 것이다. 정기간행물에 공표된 사실적 주장에 의하여 피해를 받은 자(이하 ""피해자"라 한다)는 그 사실보도가 있음을 안 날로부터 1월 이내에 정기간행물을 발행하는 자(이하 "언론사"라 한다)에게 서면으로 반론보도문의 게재를 청구할 수 있으므로669) 적극적으로 이러한 제도도 활용함으로써 피해자의 명예를 회복하는 것이 필요하다.

이 경우 사실보도가 있은 후 6월이 경과하면 이러한 청구를 할 수 없으므로 시간적 제한이 있다는 것도 알려주어야 할 것이다. 또한 피해자는 언론중재위원회에 중재를 신청할 수도 있으므로 언론보도로 인한 반론보도청구권 또는 민법 제764조에 의해

---

667) 경찰대학, 전게서, p. 19.

668) 민법 제750조에서는 '고의 또는 과실로 인한 위법행위로 타인에게 손해를 가한 자는 그 손해를 배상할 책임이 있다.' 라고 규정하고 있으며, 제751조에서는 재산 이외의 손해의 배상과 관련하여 타인의 신체, 자유 또는 명예를 해하거나 기타 정신상 고통을 가한 자는 재산 이외의 손해에 대하여도 배상할 책임이 있다. 라고 규정하고 있다.

669) 정기간행물의등록 등에 관한법률 제16조〔반론보도청구권〕

정정보도 등을 구하는 권리에 관한 분쟁에 대하여 정기간행물의 등록에 관한법률 제16조 제1항이 정하는 기간(제16조 제1항의 절차를 거친 경우에는 피해자와 언론사간 협의 불성립된 날부터 14일)안에 서면으로 중재위원회에 중재를 신청할 수 있도록 도움을 주는 것이 필요하다.

위와 같이 사법기관이나 언론중재위원회와 같은 준사법 기구를 활용하는 것 이외에도 언론피해법률지원본부와 같은 언론개혁시민연대 산하 순수 민간시민단체의 도움을 얻을 수 있다는 사실도 알려주어야 한다. 언론중재위원회가 소송 전 단계에서 당사자 간 합의를 유도하는 일을 하고 있는 것과는 달리 민간단체인 언론피해법률지원본부는 민, 형사 소송의 대리를 통해 피해자의 권익을 보호하는 일을 중점적으로 하고 있다. 언론중재위원회는 중재, 타협을 주 업무로 하는 만큼 판사, 변호사, 학자 등 각계의 다양한 인사들로 중재위원이 구성돼 있으나 이 언론피해법률지원본부는 소송을 많이 다루는 만큼 서울과 지방 변호사들이 변호인단을 구성해 활동하고 있다.

한편, 국회 정치커뮤니케이션연구회와 언론개혁국민행동은 2004년 8월 10일 국회 의원회관 소회의실에서 열린 '언론피해구제법의 방향'이라는 토론회에서 징벌적 손해배상 제도의 도입을 거론하였다. 민사상 손해배상이 피해자의 피해회복을 위해서는 매우 적은 액수이므로 고액의 손해배상을 하게 하여 언론의 무분별한 보도를 막아보자는 것이었다.[670] 그러나 언론인들 입장에서는 국민의 알권리 침해우려가 있다면서 이에 반대하는 의견을 제시하여 이러한 제도의 도입이 그리 용이하지 않음을 보여주었다.[671]

이처럼 언론에 의한 피해를 줄이고자 하는 각계 각 층의 논의가 지속되던 중 언론

---

[670] 이 토론회에서 발제를 한 안상운 언론 인권센터 상임이사는 "언론사의 손해배상의 책임이 인정되는 경우라 하더라도 언론사의 배상금액이 평균 2천만 원이나 3천만 원에 그치는 경우가 대부분이어서 허위보도로 인한 피해 회복이 쉽지 않다"며 징벌적 손해배상 제도를 도입하여 고의적이나 악의적인 허위보도에 한해 고액의 손해배상을 물려 악의적 허위보도의 반복을 막자고 주장하였다(http://www.hani.co.kr).

[671] 이강택 한국 방송프로듀서연합회장은 "현실상 징벌적 손해배상제가 자신들의 치부와 비리를 가려보려는 기득권 세력의 위력적 무기로 악용될 가능성이 높고, 국민의 알권리를 심각하게 저해할 것"이라며 반대했으며 임병국 언론중재위원회 상담센터실장도 "징벌적 손해배상 제도를 활용하는 미국에서도 찬반 논의가 있는 것을 볼 때 성급하게 도입을 결정할 문제가 아니다"라고 말하였다(http://www.hani.co.kr).

에 의한 피해구제를 보다 실질화 하기 위하여 참여정부가 이른바 언론개혁 입법의 하나로 추진하여 온 "언론중재 및 피해구제 등에 관한법률"이 2005. 1. 27. 공포되어 7. 28.부터 시행되게 되었다. 그 중요 내용을 보면, ① 인격권을 명문화하여 그 보호를 강화하고, 사자의 인격권 보호 근거를 마련하였으며, ② 언론의 인격권 침해에 대한 각종의 구제제도를 함께 모아 명문화함과 동시에, ③ 언론중재위원회의 권한을 강화하여 손해배상에 관한 조정기능을 추가하고, 언론의 공익 침해 여부에 관한 심의 제재권한을 부여하는 것을 주요 내용으로 하고 있다. 언론이 개인의 인격권을 침해함에 다른 구제제도는 현행법상 다양한 모습으로 존재하여 왔다.

기존의 판례와 학설 상 인격권 침해에 대한 구제제도를 체계적으로 보자면, 명예를 포함하는 인격권에 있어서는 그 침해행위를 금지하는 부작위청구권이 인정되고, 나아가 그 침해가 이루어진 경우에는 기존의 사후적 구제제도로서 불법행위에 기한 손해배상청구권과 함께 그 원상회복을 구하는 권리가 민법상 인정되며, 이와는 별도로 언론법상의 특수소권으로서 반론권이 인정되고 있다.

언론중재 및 피해구제 등에 관한법률은 이러한 언론피해의 구제제도를 망라하여 부작위청구권, 불법행위에 기한 위자료청구권, 불법행위로 인한 원상회복청구권 등을 구체적으로 규정하고 있으므로 이에 대한 정보제공도 언론피해를 당하거나 당할 우려가 있는 범죄피해자에게 고지해 줄 필요가 있다 할 것이다.[672]

## 제3절 소결

범죄가 발생했을 때 지금까지의 언론보도의 초점은 주로 피의자에 관한 문제에 집중되었다. 따라서 피의자의 초상권, 명예권 침해여부 및 형법상 피의사실공표 죄와 헌법상 국민의 알권리와의 충돌 등이 주로 문제되었던 것이다. 그 과정에서 범죄피해자의 사진이나 영상 그리고 추정이 가능한 인적사항 등이 언론에 의해 노출되었지만 이

---

672) 그러나 동 법률에 규정된 각종 구제제도와 인격권의 내용에 관해서 비판이 제기되고 있다 (http://paper.cyworld.com/freespeech/; http://paper.cyworld.com/freespeech).

에 대한 일반인의 관심조차도 적었던 것이 사실이었다.

그러나 이러한 무분별한 언론보도로 피해자의 사생활이나 인적사항이 일반에 공개되면 피해자에게 엄청난 정신적 고통을 안겨줌은 물론 범죄자나 그 주변 인물들이 보복을 가할 수 있는 단서로도 작용하게 된다.

따라서 수사기관에서는 각 특별법이나 형사법 규정의 피해자보호를 위한 신원공개 금지규정을 철저히 숙지하여 언론보도에 노출이 되지 않도록 하고, 언론사도 방송내용이나 기사를 편집하는 단계에서 피해자의 제2차 피해자화 가능성을 철저히 검토 하여야 할 것이다.

아울러 간접적인 피해예방책으로서 언론에 의해 2차적 피해를 입은 범죄피해자가 현행법상 강구할 수 있는 각종 구제수단에 관하여 충분한 정보제공을 받을 수 있도록 형사사법기관의 노력도 필요하다 하겠다.

# 제4장 피해자 보호적 수사행태의 개발

살인·강도·강간 등과 같은 강력범죄와 가정폭력·상해와 같은 폭력범죄, 그리고 사기·절도·횡령과 같은 재산범죄를 통해서도 범죄피해자는 큰 고통을 겪게 된다. 신체적·경제적 고통은 물론이고 범죄에 대한 불안과 두려움, 사회와 형사사법기관에 대한 불신감과 같은 정신적 고통까지 겪게 되는 것이다.

이러한 이유 때문에 범죄현장에 출동하는 수사관들은 현장에 있는 피해자에게 어떻게 대응을 해야 할 것인가를 깊이 숙고할 필요가 있다. 무심한 수사관의 말 한마디나 피해자의 정서적 반응에 무감각한 수사관의 행동 하나 하나가 기존의 범죄피해에 따른 고통에 덧붙여서 피해자에게 2차적 고통을 가하기 때문이다.

따라서 수사관은 피해자수사를 함에 있어서 피해자의 심리적 불안을 해소 시키면서도 피해자의 자기 통제력을 회복시키는데 도움을 줄 수 있는 수사행태를 개발하지 않으면 안된다. 이러한 수사행태를 갖추는 것은 비단 피해자 인권보호에만 도움이 될 뿐만 아니라 수사관에 대한 신뢰를 향상시켜 종국적으로 수사협력을 증강시키는 긍정적 결과도 가져다주기 때문이다. 따라서 이러한 피해자 보호적 수사행태의 개발은 수사실무 영역에서의 보다 구체적인 범죄피해자대책의 개발이라는 의미를 지니게 된다.

이를 위해 제4장에서는 우선 경찰청의 매뉴얼을 토대로 바람직한 피해자수사를 위한 현행 권고안과 성공적인 피해자수사 사례에 관하여 살펴 본 다음, 이를 더욱 발전시킬 수 있는 방안으로서 수사관의 감수성 개발 및 피해자에 대한 면담기술 향상방안을 차례대로 고찰해 보기로 한다.

# 제1절 피해자수사 권고안 및 수사사례 검토

## 1. 물리적 증거 수집시의 권고안

살인사건을 비롯한 강력사건의 경우에는 피해자 신원확인 및 피해내역 등의 확인을 하기 위한 철저한 현장 감식활동이 진행되어야 한다. 따라서 현장관찰, 현장도면의 작성, 현장사진촬영, 현장기록의 작성, 사체부검, 현장 유류물에 대한 과학적 감정 등 체계적인 현장수사가 진행되어야 하는 것이다. 현장에서의 물리적 증거 수집활동을 '현장 감식수사'라고 이름 할 때, 이 현장 감식수사를 수행하면서 어떻게 피해자 보호적 활동을 전개할 수 있는 것인지에 관해서 살펴본다.673)

현장감식수사와 관련하여 초동 수사 시에 전개되는 현장감식의 과정은 대체로 현장보존 · 현장관찰 · 현장상황기록 · 증거물수집 · 감정의뢰 등의 절차로 진행이 되며, 넓은 의미의 감식수사에는 이러한 현장 감식활동 외에도 국과수 및 경찰청 과학수사과 등에서 기히 의뢰한 감정물을 분석하고 평가하는 과정까지를 모두 총괄하여 감식 수사 활동이라고 칭할 수 있는 것이다. 현재 지문 · 족흔적 감식 · 거짓말탐지기 검사 등은 경찰청 과학수사과를 비롯한 경찰기관에서 할 수 있지만, 사체부검 · 유전자감식 · 생물학적 감정 · 화학적 감정 · 약독물 감정 · 화재원인 판정을 위한 물리학적 검사 · 총기 감정 · 문서 감정 · 성문(聲紋) 감정 · 토양 검사 · 유류 감정 · 슈퍼 임포즈 기법 등은 국립과학수사연구소에서 감식업무를 수행하고 있다.

현장 감식수사에 있어서는 전통적으로 피해자수사와 긴밀한 관련을 맺은 가운데 중요시 되었던 증거수집 분야는 주로 살인사건과 관련하여 피해자 사체의 사후경과시간 추정자료 · 자타살 구별 판단자료 · 사망원인 추정자료 · 손상형태 감식에 따른 사용 흉기나 범행방법의 추정자료 등이었다.

그러나 성폭력이나 가정폭력 현장에 출동한 경우에도 피해자와 관련된 감식수사 활동의 전개는 매우 중시되어야 한다. 이는 종국적으로 피해자보호에 기여하는 수사 활동이 되는 까닭이다. 성폭력 및 가정폭력 현장에 출동한 수사관은 현장증거물을 채

---

673) 경찰청에서 2002년 발간한 [대여성 · 아동범죄 실무 매뉴얼]을 주로 참고하였다.

취하기에 앞서 증거물이 놓여있는 위치, 증거물의 상태(색·냄새·오염·부패 여부)를 상세하게 기록한 후 사진촬영을 하여야 한다. 즉 성폭력 범죄의 경우 흐트러진 이부자리, 깨진 물건, 두모(頭毛), 체모(體毛), 혈흔, 정액 등의 상황과 함께 폭행 및 항거를 반영하는 현장상황 등을 빠짐없이 기록하거나 사진촬영한 후 감식요원에 의한 증거물 채취 단계를 밟도록 해야 한다. 특히 성범죄 피해자의 경우 처녀막 파열 및 성기 등 은밀한 부분에 상해를 입었을 경우 그 상해 여부 확인 및 증거 수집을 위하여 성폭력 전담의료기관에 비치한 증거수집키트를 활용하도록 한다. 이 증거수집 키트를 활용하여 피해자의 신체에서 정액, 타액, 음모, 두 모 등의 유류물을 채취할 수 있고 손톱 밑에 남아있을 수 있는 가해자의 외피나 혈액을 채취할 수 있는 것이다.674) 성폭력 피해 시 피해자가 입었던 속옷 등 의복은 수사관이 도착 전까지 갈아입지 않도록 하고, 불가피하게 갈아입어야 하는 경우나 이미 갈아입은 경우에는 종이봉투를 이용하여 그 옷을 보존하도록 조치하여야 한다.

성폭력 피해자가 각종 검사를 받거나 진단서를 발부받은 경우 성폭력상담소에 비용을 청구할 수 있음을 알려주어야 하고, 피해자가 성폭력 전에 성관계를 제3자와 가졌다고 한다면 그 참고인에게서도 대조증거물을 채취하여야 한다.

피해자에 대한 현장 감식수사를 행할 때 주의해야 할 점은 현장자료가 훼손되지 않도록 출입자를 통제하는 등 우선적으로 현장보존조치를 취하여야 한다는 것과, 사후 입증을 위하여 제3자를 참여시킨 가운데 사진촬영을 하되 중요사건은 비디오까지 촬영을 해 두어야 한다는 것, 수집한 자료는 현장사진 현장도면 등에 명확히 기입하고 필요에 따라 증거물 채취보고서 등을 작성 그 채취 경위를 명확히 하여야 한다는 것 등이다.675)

## 2. 진술증거 수집시의 권고안

위에서 본 바와 같이 현장 감식수사를 통한 물리적 증거의 수집활동 외에도 피해

---

674) 경찰청, 대여성·아동범죄 실무 매뉴얼, pp. 86-87.
675) 지방경찰청 현장과학수사실시운영규칙(지방경찰청훈령 제83호); 중요사건 비디오촬영및보존
   에 관한규칙(경찰청예규 제248호); 현장사진작성 및 기록관리 규칙(경찰청훈령 제300호)

자와 피의자 그리고 목격자를 상대로 진술을 확보하는 활동 또한 중요한 증거수집활동의 일종임은 위에서 언급한 바와 같다. 특히 성폭력사건이나 가정폭력사건 그리고 아동학대사건과 같은 경우 물리적 현장증거 수집도 중요하지만 심리적 공황상태에 있거나 불안정한 정신 상태에 있는 피해자로부터 어떻게 진실하고 정확하며 일관된 진술을 받아 낼 것인가 하는 것이 수사관의 큰 과제가 아닐 수 없다.

진술증거 수집활동을 전개하기 전 현장에 임장하는 수사관의 태도도 중요하지만 현장 임장 후 본격적인 피해자조사가 진행될 때에는 적절한 대화기술 및 질문기법이 활용되어야 한다. 이하에서는 현장임장 시와 피해자조사시의 바람직한 수사행태로서 수사관들에게 어떤 점들이 권고되고 있는지 살펴보고자 한다.

## 가. 현장임장시 권고안

경찰청의 '범죄피해자 보호 매뉴얼'에서는 강력범죄 발생 시 현장임장을 다음과 같은 태도와 자세로 임해야 한다고 하고 있다. 즉, ① 범죄행위가 지속되고 있는 경우에는 현장접근을 위력적으로 하여 범인의 추가범행의지를 저지시키고 피해자로부터 분리될 수 있게 유도하여야 하고, ② 인질사건이 발생한 경우에는 피해확산 방지를 위하여 비노출 출동을 하여야 하므로 무전기, 순찰차 경광등 및 사이렌 취명을 금지하여야 하며, 피해자의 집에 진입할 때 가스검침원 등으로 가장하여 비노출 출입을 시도하고, ③ 피해자 서포터는 피해자에게 신분을 밝힌 후 서포터 명함을 교부하고 피해자가 심리적 안정을 취할 수 있도록 유도하며, ④ 피해자에게 수사절차라든가 피해자보호제도와 피해자보호단체 등을 안내하고, ⑤ 피해자가 부상을 당한 경우 신속히 병원에 후송 조치를 취해야 하며, ⑥ 피해자의 가족에게 피해사실을 알릴 경우 받아들이는 가족의 입장을 충분히 배려하여 연락을 취하도록 해야 한다고 적시하고 있다.[676]

한편, 경찰청의 '대여성·아동범죄 실무 매뉴얼'에서 경찰관은 성폭력 범죄의 현장임장 시 다음과 같은 조치를 취하여야 한다고 제시하고 있다.[677] 즉, ① 피해자가 안심할 수 있도록 현장에서 자신의 신분과 임무를 설명하고, 피해자를 도울 수 있는 사

---

676) 경찰청, 범죄피해자 보호 매뉴얼, 2005. pp. 36-37.
677) 경찰청, 대여성·아동범죄 실무 매뉴얼, 2002. pp. 82-83.

람이 있는지 여부를 확인하여 연락조치를 할 것, ② 피해자의 신원 및 사생활 보장, 신뢰관계 있는 자와의 동석권, 증인신문의 비공개, 성폭력 상담소의 이용과 같이 피해자에게 필요한 정보를 제공할 것, ③ 피해자는 우울증, 강간외상증후군 등의 정신적 피해를 당하는 경우가 많으므로 상담소, 보호시설의 도움을 받도록 적극 권유할 것, ④ 피해자 및 가족이 상담소나 보호시설의 도움을 희망하는 경우 긴급전화인 '1366'또는 성폭력상담소 등에 연락할 것, ⑤ 피해자가 신체나 정신에 장애가 있는 경우에 장애인 성폭력 상담소에 연락할 것, ⑥ 피해자가 초등학생 이하의 아동인 경우 아동학대 긴급전화인 '1391'에 연락할 것, ⑦ 현장에서 피해자의 심정을 이해한다는 표현을 할 수 있도록 하고, 개략적인 형사절차를 설명하여 주며, 피해자가 자유진술을 할 수 있도록 인내심을 가지고 경청을 하되 질문위주의 대화는 지양을 할 것, ⑧ 피해자가 아동인 경우 간단한 단일문장의 주관식 질문으로 육하원칙에 의거하여 범죄사실을 개략적으로 확인 할 것 등이 그것이다.

또한 위 매뉴얼에서는 가정폭력 현장에 임장하는 수사관의 바람직한 수사행태로서 다음과 같은 것을 제시하고 있다.678) 즉, ① 현장에 도착한 경찰관의 신분을 밝히고 수사활동 개시를 고지한다, ② 피해자 보호를 위해 최대한 피해자 상태나 가택 내부를 확인한다, ③ 폭력이 진행중에 있거나 그 직후라고 판단되는 경우 문을 열어주지 않더라도 경찰강제원리에 입각해서 엄중 경고 후, 유형력을 행사하여 강제 진입한다, ④ 가해자가 가정사 내부 문제라고 항의하더라도 가정폭력이 위법행위임을 고지하고 엄정한 자세를 견지할 것 등이 그것이다.

아울러 위 매뉴얼에서는 아동학대의 현장에 출동하는 수사관의 바람직한 수사행태로서 다음과 같은 것들을 제시하고 있다.679) 즉, ① 아동학대가 진행 중이거나 그 직후라고 판단되는 경우에는 문을 열어주지 않더라도 경찰강제원리에 입각해서 엄중 경고 후 유형력을 행사하여 가택에 강제 진입을 할 것, ② 학대 자가 가정 내 문제이니 상관하지 말라고 하더라도 아동학대사건은 위법행위임을 고지하고 엄정한 자세를 견지할 것, ③ 피해아동의 위치나 상태를 확인한 후 의료기관 등 필요한 응급조치를 실

---

678) 경찰청, 대여성·아동범죄 실무 매뉴얼, pp. 133-134.
679) 경찰청, 상게서, pp. 175-179.

시할 것, ④ 신속하고도 강력하게 학대행위를 제지하되 가족구성원과의 불필요한 마찰이나 오해의 소지가 없도록 유의할 것, ⑤ 피해아동 및 보호자에게 피해자의 권리를 고지할 것, ⑥ 아동보호를 위하여 아동보호전문기관의 상담 등 보호조치를 받을 수 있음을 통보할 것, ⑦ 피해아동 또는 보호자가 희망하는 경우 '1391'로 연락할 것, ⑧ 학대 자를 형사 처벌하는 것 외에 가정보호사건으로 처리할 수 있음을 설명할 것 등이 그것이다.

## 나. 현장에서 피해자 조사시 권고안

종래에 피해자를 상대로 한 진술증거 수집활동은 문답식으로 피해자진술조서를 작성하는 것이 전형적인 방법이었다. 따라서 범죄수사규칙(경찰청 훈령 제384호) 제10조(관계자에 대한 배려), 제11조(자료제공자의 보호) 규정에서 보는 바와 같이 피해자 조사를 함에 있어서 일반적이고 추상적인 원칙을 선언하는 것 이외에 피해자의 정신적·심리적 상황을 고려한 특별한 피해자 조사기법이 따로 있는 것이 아니었다.

범죄피해자에 대한 관심이 증폭되고 있는 오늘날에 있어서는 피해자를 수사함에 있어서 피해자에 대한 심리적 정황을 이해하는 가운데 그들로 하여금 심리적 안정감을 확보해 주면서, 현장에서의 긴급한 의료적·정서적 필요를 충족시켜주는 방향으로 조사가 진행되어야 한다.

최근에는 진술증거 수집을 위한 수사 활동에 있어서 심리학, 인체생리학 등과 같은 과학적 원리를 응용하여야 한다는 주장이 높아지면서 미국, 영국을 중심으로 각종 과학적 진술증거 수집을 위한 면담기법이 국내에 소개되고 있다. 피해자 조사 시 인지심리학 이론을 활용하여 대화를 이끌어야 한다는 인지심리학적 면담기법(cognitive interview), 피의자 조사 시 외표적 행동분석을 통해 피의자 진술의 진실성을 추궁해 들어가야 한다는 리드식 면담기법(Reid Interviewing Technique) 혹은 키네식 면담기법(Kinesic Interviewing Technique)등이 그러한 것들이다. 이들 모두 조사 대상자의 비언어적 행동(nonverbal behavior)을 중시하고 있다는 특성을 가진다.

이러한 신종 조사기법이 우리 수사현실에 전면적으로 도입되지는 못하고 있으나 최근 성폭력범죄의처벌및피해자보호등에관한법률이 개정되어 13세 미만의 아동과 장애인에 대해 진술녹화제가 도입되면서680) 적정한 대화기술의 활용 및 행동분석 면담 기법의 중요성이 강조되고 있다. 이에 따라 피해자의 심리적 정황을 고려한 일련의 조사방법이 실무 매뉴얼 형태로 개발되어 일선 수사관에게 적극적으로 권장되고 있다. 이하에서는 일선 수사관들이 활용하도록 제작된 범죄피해자 보호 매뉴얼을 참고로 하여 각종 중요범죄 피해자에 대한 수사 권고안을 소개해 보기로 한다.

## 1) 살인·강도 등 강력범죄 피해자 조사기법 관련

경찰청의 피해자수사 매뉴얼에 따르면681) 강력범죄의 피해자 진술조서는 가급적 피해자서포터가 작성하도록 하여 적절한 정보제공과 피해자지원을 하여줌과 동시에 반복조사를 피하도록 하고 있다. 피의자를 조사하고 있는 사건 담당 형사들이 필요할 때마다 피해자를 불러 조사하는 것이 아니라 피해자를 상대로 조사할 내용을 미리 확보하여 피해자서포터가 일괄적으로 피해자에게 질문하는 방식으로 피해자 조사를 한다는 뜻이다.

특히 조직폭력사건의 피해자와 같은 경우에는 보복의 두려움이 크기 때문에 피해자가 원하는 장소와 시간을 선정하여 조사를 진행하도록 하고, 신분이 노출되지 않도록 하며, 조사 종료 후에도 피해자와 계속 접촉하여 불안감을 해소해 주고, 필요할 경우 형사사법관서에의 동행, 주거지역 순찰과 같은 신변안전조치를 취하여 주도록 해야 한다.

조사 진행 중에는 범죄피해의 원인을 피해자에게 돌리는 발언을 한다거나 가해자를 두둔하는 행위를 삼가야 하고, 보복범죄가 있을 수 있으므로 피해자의 신원이 외부에 알려지지 않도록 유의하여야 하며, 피해자에게 피해자보호제도나 상담기관이나 의료기관 등에 관한 안내도 해주어야 한다. 아울러 조사 진행 중에 피해자에게 피의자 구속 및 석방과 같은 수사상황 및 사건진행 상황 등을 통지해주도록 하여야 한다.

언론사의 기자가 피해관련 사실을 취재할 경우 피해자와 가족들이 2차 피해를 입지 않도록 관련 법령에 근거하여 적절한 취재진 접근제한 조치를 취하도록 하고, 언론

---

680) 동법 제21조의 2, 제22조의 4 참조.
681) 경찰청, 범죄피해자 보호 매뉴얼, 2005. pp. 38-39.

보도 시 피해자신분이 노출되지 않도록 유의해야 할 것이다.

### 2) 성폭력 피해자 조사기법 관련

#### 가) 성인 피해자의 경우

경찰청의 '대여성·아동범죄 실무 매뉴얼'에서는 피해자가 제2의 상처를 입지 않도록 유의해야 할 사항들을 열거하고 있다. 즉, 피해자에게 상처를 줄 만한 언행을 하지 않도록 명시하고 있는 것이다. 예컨대,'증거가 없어 고소가 안 된다.', '여러 사람이 알아 창피를 당하느니 차라리 그만두는 것이 좋다','무죄가 나오면 피의자가 무고죄로 맞고소를 한다더라', '왜 소리를 지르지 않았느냐', '밤늦도록 같이 술 마셨으면 당신도 은근히 원한 것 아니냐?'등이 그 것이다. 이외에도 성폭력시 피해자가 쾌감을 느꼈는지 여부 등 범죄성립에 불필요한 질문이나 반복적 질문을 통하여 수치심을 느끼게 하는 행동을 하지 말도록 하고 있다.682)

아울러 피해자의 신원이나 사생활의 비밀이 보호되도록 노력해야 하는데 피해자를 소환하는 때에도 피해사실이 외부에 누출되지 않도록 가급적 전화 등으로 피해자에게 직접 연락하고, 타인을 통하여 연락을 할 경우 피해사실이 드러나지 않도록 소환이유 고지를 금해야 하며, 부득이 소환장을 발부하여야 하는 경우 봉함우편을 사용하도록 하고 있다.683) 이와 함께 가해자와 피해자의 대질조사는 최소화하도록 하고, 대질조사를 하더라도 피해자의 의사를 최대한 반영하며, 사전 기초조사를 철저히 하여 반복적 조사가 이뤄지지 않도록 노력하고, 피해자가 여성인 경우 여성 경찰관이 피해자를 조사하는 방법을 적극 강구하며, 피해자가 성폭력전문기관에 있을 경우 출장조사 조치를 강구하며, 피해자가 원하는 시간에 조사받을 수 있도록 배려하고, 피해자가 대답하기를 꺼려하는 질문이 있으면 그 입장을 존중하면서 조사를 진행할 것 등이 제시되고 있다.

---

682) 경찰청, 대여성·아동범죄 실무 매뉴얼, 2002. pp. 94-95.
683) 경찰청, 상게서, p. 95.

## 나) 13세 미만의 아동이나 장애인의 경우

### ① 진술녹화제 도입의 취지

서울지방경찰청에서 2004년 발간한 '아동성폭력 수사 매뉴얼'에서 제시한 피해자 조사방법은 종래의 문답식 피해자진술조서 작성방식에서 탈피하여 진술녹화제 및 행동분석 면담기법과 같은 새로운 과학적 진술증거 수집방법을 시도했다는 점에서 큰 의의가 있다고 본다. 즉, 피해아동의 진술을 녹화하는 시스템을 도입하게 된 취지를 '아동친화적인 환경 제공 및 반복조사의 억제로 아동의 인권보호를 강화하고, 실체적 진실에 부합하는 현장감 있는 영상정보를 법정에 제공하는데 있다'라고 설명하고 있는 것이다.684) 즉, 아동피해자의 진술을 녹화하여 증거로 활용하게 되면 수사나 재판 시에 반복조사나 반복심리를 하는 것을 피할 수 있고, 아동심리 전문가나 여경에 의한 별실조사로 아동의 심리적 충격이나 불편 감을 최소화 할 수 있다는 것이다.

또한 피해자의 진술내용 그 자체 외에도 진술 시에 보이는 표정, 자세, 몸짓 등 비언어적 의사표현도 생생히 녹화됨으로써 진술의 임의성과 신빙성을 확보할 수 있다는 것이다. 이렇듯 범죄발생에 근접한 시간대에 채취한 영상정보는 법정에 제시되게 되면 실체적 진실규명에 보다 용이하다는 것이다. 이에 성폭력범죄처벌및피해자보호등에관한법률을 개정하여 13세 미만의 아동 또는 장애인에 대해서는 진술내용과 조사과정을 의무적으로 녹화하여 그 촬영한 것을 보존하도록 하는 한편(동법 제21조의 2 제2항), 영상물에 수록된 아동의 진술은 피해아동 또는 조사과정에 동석하였던 신뢰관계에 있는 자의 진술에 의하여 성립의 진정함이 인정되는 때에는 증거능력을 인정해주도록 규정하기에 이르렀다(동법 제21조의 2 제3항). 이와 같이 피해자 인권보호의 충실과 행동분석을 통한 실체적 진실에로의 접근을 위해 진술녹화제가 도입 되었던 것이다.

### ② 진술녹화를 통한 조사의 진행

조사에 임하는 수사관의 자세로서 권고되고 있는 것은 수사관은 피해아동의 특수성에 대한 이해가 선행되어야 한다는 것과, 피해아동 가족에 대한 심정적 공감을 가져

---

684) 서울지방경찰청, 아동성폭력 수사 매뉴얼, 2004. p. 32.

야 한다는 것 등을 명시하고 있다. 기타 현장에 도착하거나 임장한 경우에 수사관의 행동요령·현장조사 시 조치사항 등에 있어서는 피해자가 성인인 경우와 유사하다. 그러면 피해아동이나 장애인에 대해 진술녹화를 통해 피해사실 조사 시 각 단계별로 새로운 조사기법을 위 매뉴얼 내용을 토대로 소개해 본다. [685]

첫째, 조사의 도입단계에서는 아동에게 조사관의 신분과 역할을 설명하고 친밀한 대화를 나눔으로써 신뢰관계를 형성하도록 한다.

둘째, 피해 아동을 심리적으로 지지해주는 발언을 해주고 그가 자유롭게 얘기를 할 수 있도록 유도해준다.

셋째, 구체적 조사단계에 들어가서는 간단한 단일문장으로 주관식 질문을 하여 조사를 진행하고, 아동이 이해할 수 있는 쉬운 용어를 사용하며, 단계별로 세밀한 조사를 하도록 한다.

넷째, 가해자의 유인상황에 대하여 총체적으로 조사한다.

다섯째, 성폭행의 단계에 있어서는 폭행이 구체적 내용, 공범여부, 감각적으로 지각한 사실, 피해아동이 취급한 물적 증거관계, 목격자 여부, 피해회수 여부 등을 조사하도록 한다.

여섯째, 가해자가 비밀유지를 강요했는가의 여부를 파악한다.

일곱째, 성폭행 사실이 외부에 노출되기에 이른 경위를 조사한다.

여덟째, 성폭행 사실을 진술하지 못하도록 한 사람이 있는지 여부와 아동을 비난한 사람이 있는지 여부를 조사한다.

아홉째, 진술을 요약하고 아동을 격려하도록 한다.

열째, 기타 관련문제로서 휴식문제와 보조도구 활용문제가 있다. 휴식과 관련해서는 부득이한 사유가 없는 한 중단 없이 녹화를 진행하고 불가피하게 휴식을 하여야 할 경우 녹화장소에서 계속 녹화를 진행하면서 휴식을 실시하도록 한다. 조사 시 해부학적 인형이나 인형놀이 도구 등을 사용할 경우에는 아동 전문가에 의해서만 활용하도록 하고, 인물그림 등을 활용하거나 아동에게 그림을 그려보도록 하는 방법은 아동이 성폭력을 당하였음을 개괄적으로 진술한 후 "신체 어느 부분에 그랬지?" 라는

---

685) 서울지방경찰청, 상게서, pp. 39-46.

질문과 함께 성폭력을 행사한 방법을 구체화 시키는 경우에 보조적으로 사용하도록 한다.

특히 피해자가 장애인인 경우는 먼저 피해 장애인의 등급, 종류, 상태에 대하여 면밀히 조사를 한 다음, 피해자가 신체·정신장애로 항거불능상태에 있었는지 여부에 대하여 감정을 실시하도록 하고, 피해자의 상담기록 및 치료기록을 확인하여야 하며, 피해자가 이해하기 쉬운 단어를 사용하도록 하고, 청각장애인인 경우에는 피해자가 어떠한 의사소통방법을 원하는지를 물어서 그 방법을 사용하도록 할 것이다.686)

### 3) 가정폭력 피해자 조사기법 관련

가정폭력은 주로 아내나 자녀 등 사회경제적 약자에 대하여 발생하고 있고, 가해자건 피해자건 가정폭력이 범죄행위라는 인식이 상당히 부족하며, 가해자의 통제력과 지배력 하에서 피해자가 그 폭력의 굴레를 벗어나는 것이 용이하지 않다는 특성이 있다. 특히 피해자는 장기간의 폭력행위 속에서 자존감이 저하되어 있고, 가해자에 의한 보복의 두려움으로 언행의 일관성과 독립심이 결여되어 있으며, 우울증 등으로 자해 가능성도 상존하고 있다.

이러한 이유로 가정폭력 피해자를 조사하는 조사관은 피해자를 접촉할 때 자신의 언행이나 태도가 피해자를 자극하거나 고통을 주지 않도록 각별히 주의를 하지 않으면 안 된다. 다음은 경찰청의 매뉴얼 상에 나타나 있는 가정폭력 현장 조사관의 행동요령 권고안인 바, 여러 가지 사항 중 중요한 사항만을 발췌하여 정리한 것이다.687) 즉, ① 피해자의 생활 및 태도에 대한 평가성 발언이나 피의자의 변명에 동조하는 발언 등 피해자를 자극할 수 있는 발언은 엄금할 것,688) ② 가해자와 피해자는 반드시 분리하여 조사할 것, ③ 피해자가 안심할 수 있는 분위기를 조성하고 사안이 경미하더라도 상습적으로 피해를 당하다가 신고하였을 가능성이 있으므로 철저히 조사할 것, ④ 피해내용을 개괄적으로 청취하고 질문위주의 대화를 지양할 것, ⑤ 피해자가 수사

---


686) 서울지방경찰청, 상게서, pp. 97-98.
687) 서울지방경찰청, 상게서, pp. 134-136.
688) 예컨대, "당신이 맞을 짓을 했다", "남자가 그럴 수도 있지", "형사처벌 해 봐야 벌금만 나올 뿐이다" 등의 발언이 그러한 것들이다.

를 원하지 않는다는 의사표시를 하더라도 진상을 명확히 파악하여 형사처벌 외에도 가정보호사건 처리절차가 있음을 설명할 것, ⑥ 가해자 자녀에 대한 폭력여부를 확인하고 폭력피해 확인 시 응급조치 등 적절한 조치를 할 것, ⑦ 피해자나 가해자의 즉흥적인 발언과 특이한 현장상황 등을 기록하고 이후 사건발생 보고 시 수사보고로 정리하여 첨부할 것 등이 그것이다.

### 4) 아동학대 피해자 조사기법 관련

아동학대란 보호자를 포함한 성인에 의하여 아동의 건강·복지를 해치거나 정상적 발달을 저해할 수 있는 신체적·정신적·성적 폭력 또는 가혹행위 및 아동의 보호자에 의하여 이루어지는 유기와 방임을 말한다(아동복지법 제2조). 아동학대는 아동을 대상으로 하는 성폭력행위도 포함하기에 성폭행 피해자 조사기법과 관련된 부분에서 내용의 일부를 언급하였으나 성폭행보다 더 확장된 범위의 범죄라고 할 수 있는 아동학대에 관해서 추가적으로 몇 가지를 언급하고자 한다.

아동학대 현장조사를 진행하게 될 때 피해아동이나 보호자에게 가정폭력범죄의 처벌 등에 관한특례법 제8조상의 임시조치를 신청할 수 있다는 것과[689] 아동보호전문기관의 상담 및 보호조치를 받을 수 있다는 것, 아동이나 보호자가 원할 경우 '1391'로 연락할 수 있다는 점 등을 통보해 준다.

피해아동을 상대로 조사를 할 때에는 진술녹화 실 등과 같은 공개되지 않는 조용한 장소를 택하도록 하고,[690] 아동 가까이에서 눈높이를 맞춘 가운데 조사를 진행하도록 한다. 이때 말씨는 부드럽게 하고, 아동발달단계에 적합한 단어나 용어를 사용하여야 한다. 아동과 대화를 하는 때에는 아동 자신이 죄의식을 느끼도록 하는 발언이나 아동이 행한 발언을 비판하는 행동, 아동의 행동에 대하여 놀라움이나 두려움을 보이는 행동, 아동에게 수사관이 원하는 대답을 유도하거나 암시하는 행동, 주도적 강압적 질문의 사용 등의 행위를 피하여야 한다.[691] 조사 진행 중에는 아동들이 저 연령

---

689) 아동학대가 가정폭력 사건일 경우 경찰서 여성청소년계의 가정폭력상담 관에게 환경조사서 부본 1부를 교부·통보한다.

690) 피해아동이 아동보호전문기관에 입소해 있을 경우에는 필요하다고 판단되면 출장조사를 하도록 한다.

·지적능력의 부족으로 일관성 없는 진술을 할 가능성이 있음을 유념해야 한다.

아동이 의사표현능력이 있는 경우 둘이서 얘기할 수 있는지 의향을 물은 후 배석자 없이 조사할 수도 있으나 정서적 충격으로 대화가 어려운 경우 또는 의사표현능력이 부족한 경우에는 신뢰할 수 있는 가족 등을 옆에 앉게 하여 조사를 진행하도록 한다. 아울러 학대 자와 피해아동간의 대질조사는 부득이한 경우가 아니면 피하도록 하는 것이 좋고, 학대 자와 피해아동은 분리조사를 하여야 하며, 학대 자를 두둔하거나 미화하는 행동을 하지 않아야 하고, 가능한 한 여성 수사관이 피해자를 조사하도록 해야 할 것이다. 피해자가 보호시설로 입소한 경우 피해자 연락처 등에 관해서는 비밀을 유지해야 한다.692)

### 5) 성매매 피해자 조사기법 관련

경찰청 피해자수사 권고안에는 성매매 피해자에 대한 것도 포함되어 있다. 여기에서는 주로 성매매 피해자 조사기법과 관련한 부분만 살펴본다.693)

성매매 피해자가 여성일 경우 기본적으로 조사는 여자 수사관이 담당하도록 하고 있다. 조사 전에 피해사실이 외부에 노출되지 않도록 가능한 한 피해자와 직접 연락을 하도록 하고 피해자 인권보호 등을 위하여 조사계획을 미리 수립하도록 한다. 성매매 피해여성의 경우에도 성폭력·가정폭력 피해자의 경우와 같이 진술녹화 실을 이용하도록 하고, 신뢰관계 있는 자와의 동석문제도 가능한 한 관철될 수 있도록 허용한다. 조사과정에서는 괜한 의혹을 사게 되므로 중립적·객관적 조사 자세를 견지하고 성경험 등 수치심을 유발할 수 있는 내용의 질문을 금지하는 한편 범죄피해자 신변보호 및 재활지원을 위하여 유관기관과 연계가 될 수 있도록 노력하여야 한다.

### 6) 지능범죄 피해자 조사기법 관련

지능범죄는 합법을 가장하여 계획적·조직적으로 은밀히 이루어지고, 계획적인 증

---

691) 경찰청, 대여성·아동범죄 실무 매뉴얼, 2002. pp. 179-181.
692) 경찰청, 범죄피해자 보호 매뉴얼, 2005. pp. 61-62.
693) 경찰청, 상게서, 2005. pp. 85-86.

거인멸이 이루어지므로 채증활동에 어려움이 있으며, 피해자와 피해지역 그리고 피해액이 매우 크다는 특성을 지니고 있다.

지능범죄 피해자를 수사함에 있어서 수사관은 민법·상법·어음법·수표법·저작권법 등 관계법령을 충분히 연구하고 사기업의 내부조직·부기·등기관계·회계 등에 대한 기초지식을 함양하여야 한다.

지능범죄 피해사건을 접수하면 수사관은 수사계획을 철저히 수립하여 반복적인 출석요구를 하지 않도록 유의해야 하고, 피해자를 불러 장시간 대기시키는 일이 없도록 하여야 하며, 피해자에게 담당 수사관의 성명과 연락처를 안내해 주며, 수사의 공정성에 의심을 받지 않도록 엄정하고도 공평한 조사태도를 유지하여야 한다. 대부분의 피해자들은 범인의 처벌보다는 피해회복을 기대하는 경우가 많으므로 법이 허용하는 범위 내에서 피해자의 욕구를 충족할 수 있도록 인내심을 가지고 노력하는 것이 필요하다. 이 때 검찰송치 시 배상명령제도나 범죄피해자구조금 지급제도, 불기소처분에 대한 불복제도 등에 관하여 안내를 해주도록 한다.[694]

수사진행사항에 대하여 피해자에게 그 때 그 때 통지를 해주도록 한다. 사건이 장기화 될 경우 중간통지를, 타 관서로 이송된 경우 이송통지를,[695] 사건이 종결되어 송치된 경우 처리결과통지를 하여주고, 피의자가 검거된 경우라든가 사건 담당자가 교체된 경우에도 피해자에게 즉시 통보해주도록 한다.

## 7) 절도범죄 피해자 조사기법 관련

절도범죄 피해자에 대해서는 우선 절도 피해를 입은 사실에 대해서 유감을 표시함과 동시에 사건해결 의지를 보여 주어 신뢰감을 얻도록 하는 것이 필요하다. 대개 피해자들은 예기치 않은 피해로 인해 당혹스러워하는 경우가 많으므로 피해자를 안심시키면서 친절히 응대하는 것이 필요하다. 이와 함께 사건담당자의 성명과 연락처를 알려주고, 피해자에게 도움이 되는 정보를 담은 안내서를 교부해주며, 수사진행 상황에

---

694) 경찰청, 상게서, pp. 66-67.
695) 수사관은 수사진행 중에 사건에 대한 부담을 덜고자 떠넘기기 식으로 무분별한 사건이송을 하지 않도록 하여야 한다.

대하여 비록 수사에 진전이 없더라도 주기적으로 통지하여 주는 것이 필요하다. 현재 경찰청에서는 도난사건 3회 방문처리제를 실시하고 있으므로 이 제도의 취지를 살려 해당 사건에 관심을 갖고 수사를 진행해야 함은 물론, 이러한 사실을 피해자가 알 수 있도록 하여 피해자의 불안감을 해소해주도록 해야 할 것이다.

수사관은 절도피해자에게 배상명령제도와 같은 물질적 피해배상제도의 존재사실이라든가 피해품의 신속한 회수에 관한 규정이라고 할 수 있는 형사소송법 제133조상의 압수물의 환부·가환부제도, 동법 제134조상의 압수장물의 피해자환부제도 등에 관해서도 안내를 해주어야 할 것이다.

## 3. 성공적인 피해자수사 사례

### 가. 피해자에 대한 보복 협박사건

이 사건은 2005년도 충북 ○○경찰서 관내에 거주하는 서○○(41세, 상업)를 비롯한 피해자 4명에게 과거 자신의 폭력행위에 대하여 연명 탄원서를 제출함으로써 자신이 과중한 처벌을 받았다는 것을 이유로 '출소하면 죽이겠다.'는 취지의 협박편지를 보내 피해자들로 하여금 불안감과 공포심을 유발하게 한 사안이었다.

이 지역 주민들의 제보로 피해자들이 협박을 받고 있다는 사실을 알게 된 경찰은 피해자서포터를 통해 피해자들을 상대로 면담을 실시하였으며 그 결과 범죄사실을 구성할 만한 내용을 구증하는데 성공하여 피의자가 교도소 출소하는 당일 즉시 검거·구속함으로써 피해자에 대한 사전 위해행위를 차단한 성공적 피해자보호 사례였다.696)

### 나. 외국인 유학생 강도상해사건

이 사건은 피의자 ○○○등 4명이 2004년 6월 12일 00:30경 서울 강남구 역삼동 749번지 노상에서 집으로 귀가하는 피해자 다나까 나나코(가명, 여, 29세, 일본인 어학

---

696) 경찰청, 범죄피해자 보호 매뉴얼, 2005. p. 109.

연수생)를 승용차에 강제로 태워 이에 반항하는 피해자를 폭행하고 납치하려다 피해자의 반항으로 미수에 그친 사안이었다.

현장에 출동한 경찰은 피해자를 병원으로 긴급 후송하여 응급치료를 받게 하였으며, 피해자의 심적 안정을 위해 보호자에게 즉시 연락을 취하였고, 언론에의 보도를 적절히 통제하는 한편, 사건 발생 5일 만에 피의자 4명을 전원 검거함으로써 후속적 피해를 예방하는 성과를 올리게 되었다. 이 사례에서 피해자는 다음과 같이 경찰에 대한 고마운 마음을 표현하였다.697)

『"...인터뷰 요청하려는 기자들도 다 차단해 주셨더군요. 사실 기억하고 싶지도 않은 일을 기자들 때문에 다시 떠올린다는 것은 정말 피해자를 두 번 죽이는 일이지요. 전혀 생각도 못했는데 경찰관들께서 주소, 전화번호 등을 철저히 통제해서 평온하게 지낼 수 있었습니다...."』

## 4. 문제점이 제기된 피해자수사 사례

### 가. 항의하는 피해자 모친에 대한 과잉대응 사례

이 사례는, 2004년 3월부터 7월 사이에 11명의 부녀자를 연쇄적으로 살인한 혐의로 체포되었던 피의자 유○○(34세, 특수절도 및 성폭력 등 14범)씨가 경찰조사를 마치고 검찰로 이송하기 위해 ○○○경찰서 유치장에서 나와 경찰서 현관을 내려가던 순간, 서울 이문동에 거주하는 피해자의 모친 정○○(51세)씨가 "경찰!, 너희가 빨리 잡았으면 안 죽었잖아!"라고 울부짖으며 경찰의 저지를 뚫고 피의자에게 돌진하자 경찰서 현관을 내려오던 형사가 이를 막기 위해 계단 위에서 발길질을 해 피해자 모친 정○○가 가슴부분을 얻어맞고 바닥으로 떨어졌던 사건이었다.

급작스런 상황으로 인해 당황한 형사가 피의자 보호차원에서 대처한 조치였으나 사전에 피해자 가족들에게 사건처리 및 수사진행상황에 대하여 충분한 이해를 하도록 도와주고 피해자와의 연락체계를 갖추었더라면 이와 같은 상황이 발생하지 않았을 수

---

697) 경찰청, 상게서, p. 111.

도 있을 것이다. 범인검거도 중요하지만 피해자에 대한 관심과 보호가 중요함을 일깨워주는 사례라고 볼 것이다.[698]

## 나. 성폭행수사시 2차적 피해 야기 사례

이 사례는 피의자 박○○(18세, 학생) 등 41명이 2004년 1월부터 9월 사이에 잘못 걸린 전화로 알게 된 피해자 최○○(14세, 여) 등 피해자 5명을 상대로 집단 성폭행을 하고 금품을 갈취한 사건이었던바, 경찰이 피해자를 조사하는 과정에서 혐의를 부인하는 피의자들 면전에서 피해자로 하여금 범인을 지목하게 하고, 성폭행 당한 피해자에게 "네가 고향물을 흐렸다"는 등의 발언을 함으로써 피해자에게 제 2차적 피해를 야기한 사안이었다.[699]

설사 범죄피해의 원인이 피해자에게 있다하더라도 수사관은 중립적인 견지에서 수사를 진행할 뿐 피해자의 윤리적 문제를 거론하거나 수사관의 가치판단을 표출해서는 안 됨에도 불구하고 피해자에게 유책성 발언을 함으로써 2차적 피해를 야기하였고, 불가피한 경우가 아니면 피해자와 가해자를 분리하여 조사하여야 하고 상호간의 대질도 최소화하여야 함에도 이러한 조치가 미흡했던 사례라고 할 수 있다.

## 5. 소결

지금까지 경찰청 매뉴얼을 통하여 현장 수사 시 수사관의 바람직한 수사행태 권고안을 살펴보았다.

범죄피해자는 여러 가지 이유로 자신의 피해사실을 경찰을 비롯한 형사사법기관에 신고하는 것을 꺼려한다. 이러한 현상이 나타나는 가장 중요한 요인 중의 하나가 앞서 누누이 강조하였듯이 수사관의 피해자에 대한 무감각한 대응행태 때문이다. 피해자의 고통에 공감하지 못하는 수사 활동은 피해자로 하여금 범죄로부터 받은 충격을 오래 지속하게 하고, 폭력의 악순환 속에 갇히게 만들 수도 있다. 이는 곧 암수범죄(暗數犯

---

698) 경찰청, 상게서, p. 114.
699) 경찰청, 상게서, p. 116.

罪)로 이어져 범죄피해자의 피해회복을 가로막는다.

각종 범죄의 결과가 범죄피해자에게 미치는 여파는 실로 큰 것임에도 이처럼 초동수사 시 이에 대응하는 수사관은 범인검거에 몰두한 나머지, 의외로 피해자의 심리적 상황파악에 둔감할 수가 있는 것이다. 이로 인한 2차적 피해의 발생은 피해자의 마음을 가로막아 수사기관에 대한 수사협력을 어렵게 하고 그가 기억하고 있는 범죄관련 기억마저 왜곡시킬 수도 있는 것이다. 초동수사 현장에서 수사관의 바람직한 대응행태의 개발은 그래서 중요한 것이다.

따라서 제2절과 제3절에서는 수사관의 바람직한 수사행태 개발을 위한 실천적 방안으로 감수성 개발지침과 면담기술 개발지침을 제시하고자 한다.


## 제2절 수사관의 감수성 개발


### 1. 감수성(sensitivity) 개발의 중요성

법을 집행하는 수사관으로서 성공하고자 한다면 인종, 사회적 지위, 윤리적 태도, 종교, 나이, 성별, 언어가 다른 많은 사람들에 대해서 감수성을 가지고 있어야 한다. 일반 시민 중에는 여성, 아동, 노인, 장애인, 특수한 질병을 앓고 있는 사람 등은 범죄수사 과정에서 특별한 보호나 관심을 필요로 하는 사람들이기에 더욱이 이들이 필요로 하고 있는 것에 대한 감수성이 뛰어나야 한다.

범죄피해자의 경우도 형사사법 제도에서 보다 많은 관심을 받아야 할 대상임과 동시에 법적 보호를 받아야 할 대상이므로 그들이 무엇을 필요로 하는지 민감하게 느낄 수 있어야 하는 것이다. 요컨대 시민에게 신뢰를 주는 수사 활동을 하고자 한다면 수사관은 피해자에 대해서 뿐만 아니라 모든 시민에 대해서 법집행 측면은 물론 사회심리적인 측면으로도 민감하게 반응할 수 있어야 하는 것이다. 여기에서는 특히 피해자의 언어적·비언어적·준언어적 감수성에 관한 부분과 피해자의 범죄충격에 대한 감수성 부분을 다루어보기로 한다.700)

## 2. 각 언어적 영역에 대한 감수성 개발

현장에 임장하는 수사관은 피해자를 접촉하면서 상호간에 의사표현을 하게 된다. 수사관은 자신의 의사를 전달하기 위해서 언어적·비언어적·준언어적 수단을 활용하게 된다. 언어적 수단이라 함은 말로써 의사전달을 하기 위해 의미가 담긴 구술언어(verbal language)를 사용함을 의미하고, 비언어적 수단이라 함은 의미 있는 단어의 사용이 없이 오직 몸짓만으로 상대방에게 의사를 전달하는 것으로서 소위 몸짓언어(body language)를 사용함을 의미하며, 준언어적 수단이라 함은 대화 시에 목소리의 톤·높낮이·길이 등을 활용함을 의미한다. 이하에서는 의사전달을 촉진하기 위해 개발해야 하는 각 의사전달 수단별 감수성에 관한 내용을 살펴본다.

### 가. '몸짓 언어'에 대한 감수성

우리가 어떤 말을 하기 전이라 할지라도 우리는 외표적 행동을 통하여 다른 사람에 대한 우리 마음속의 태도를 드러내게 된다. 이처럼 몸동작에 의해 전달되는 메시지를 '몸짓 언어' 곧 'body language'라고 한다. Watson 이나 Barker은 비언어적 의사전달이 언어적 의사전달보다 사람들의 감정을 훨씬 정확하게 전달해 줄 수 있다고 하였다.[701]

이 몸짓 언어(body language) 중에 중요한 것이 대화 상대방과의 시선접촉(eye contact)이다. 눈은 대화의 준비되었음을 알리기도 하고 대화를 평가하며 대화를 끝내는 역할도 한다.[702] 효과적인 시선접촉은 신뢰를 쌓는 첩경이 된다. 그렇다고 노려보는 것은 금물이다. 수사관은 피해자와 대화를 나누게 될 때에는 똑바로 그 상대방을 응시할 수 있어야 한다. 눈높이는 가능한 한 피해자의 눈높이에 맞추도록 하여야 한

---

700) Jean Reynolds, *Police Talk,* Prentice Hall, 2002, p. 40.

701) Watson, K. & Barker, L, *Interpersonal and Relational Communication.* Scottsdale, AZ ; Gorsuch Scarisbrick, 1990.; James E. Hendricks, *Crisis Intervention,* Charles C Thomas Publisher, LTD., 2003. p. 32.

702) James E. Hendricks, *ibid.* p. 32.

다. 침대에 누워있는 피해자와 대화를 하려면 서서 대화를 해서는 안 되고 의자를 끌어당기어 자리에 앉아 대화를 나누는 것이 좋다. 휠체어를 사용하고 있는 피해자와 대화를 하려면 앉거나 구부리거나 쪼그려 앉도록 하여야 한다. 특히 아동들에게 말을 건넬 때에는 무릎을 구부리고 그 아동의 눈높이로 시선을 낮추는 것이 필요하다.703)

몸 전체의 움직임(body movement)도 메시지가 담겨있다. 팔이나 다리를 꼬는 행동들은 방어성을 표현하는 반면, 손을 펴고 팔과 다리를 완화시키는 행동들은 개방성을 상징한다. 청취자가 좋아하는 화자의 몸통의 자세로는 대화중 몸을 앞으로 내미는 것, 몸통과 머리를 청취자를 향하여 똑바로 하는 것, 개방된 몸짓을 보이는 것, 긍정을 하면서 머리를 끄덕이는 것, 적당한 양으로 몸을 움직이면서 제스춰를 쓰는 것, 개인간격을 좁히는 것, 몸의 긴장이 풀어져 있는 것, 시선접촉을 유지하는 것, 미소 짓는 것 등이다.

반면 청취자가 싫어하는 몸통의 자세로서는 몸의 방향이 청취자를 향해 똑바르지 않는 것, 시선접촉이 짧은 것, 눈동자를 굴리는 것, 불쾌한 표정을 짓는 것, 너무 제스춰가 없는 것, 몸이 경직되어 있는 것, 시선의 초점이 없는 것, 폐쇄적인 몸통의 자세를 보이는 것, 긴장되어 있는 것 등이다.704)

## 나. '구술 언어' 에 대한 감수성705)

구술에 의한 언어(verbal language)는 우리 일상생활을 꾸려나가는 기본적 수단 중의 하나이다. 말은 힘이 있기 때문에 상대방과 대화를 함에 있어서 사려 깊고도 민감한 태도를 가지고 말을 구사하여야 한다.

수사관은 피해자가 가질 수 있는 감정에 민감해야 한다. 그들은 범죄충격으로 인하여 당황하여 있고 감정적으로 고통을 겪고 있다. 그런 상황에서 수사관이 무심코 던지는 말 한마디에 상처를 입을 수 있는 것이다. 따라서 항상 상대방의 인격을 존중하는 의미가 담긴 용어를 사용하여야 한다.

어린 시절 지역사회에서 자라나오면서 윤리적·종교적 단체라든가 수사관 자신과

---

703) Jean Reynolds, *Police Talk*, Prentice Hall, 2002, p. 41.
704) Leathers, D., *Successful Nonverbal Communication* : Principles and Applications (2nd ed.), New York, Macmillan. 1992.; James E. Hendricks, *ibid.* p. 33.
705) Jean Reynolds, *op. cit.* p. 42-44.

는 다른 가치관을 가지고 있는 어떤 사람에 대하여 어떤 말을 들었던지 간에 그들과 관련하여 피해자에게 비속어(slang)나 인격적 가치를 폄하하는 용어를 사용해서는 안 된다. 현대사회에서의 수사관은 언어사용에 있어서도 전문적 이미지를 갖출 것을 요구받고 있다.

따라서 상대방이 경멸(derogatory) 받고 있다고 느낄 수 있는 어떤 언어도 사용하지 말아야 하는 것이다. 구술언어에 대한 감수성은 이하에서 제시한 대화기술과 청취기술의 함양을 통하여도 기를 수 있다.

### 다. '준언어' 에 대한 감수성706)

준언어(paralanguage)는 의미를 표현하는 구술언어도 아니지만 그렇다고 몸짓 언어도 아닌 것을 말한다. 이를 '비언어적 음성(nonverbal vocal cues)'이라고도 한다. 이러한 준언어도 의사전달 기능, 특히 정서적 반응을 전달하는 기능을 한다. 예컨대 목소리의 크기, 속도, 높이, 장단, 목소리의 질, 규칙성, 발음, 침묵 등과 같은 것이다. 구술언어에 대한 감수성을 개발하면서 자신의 상대방에 대한 온정과 진실성을 표현할 수 있는 준언어 영역이 어떠한 것인지 훈련을 통하여 체득할 필요가 있다 할 것이다.

## 3. 피해자의 범죄충격에 대한 감수성 개발

범죄피해를 당한 피해자는 여러 가지 심리적 고통을 겪게 된다. 따라서 범죄현장에 임장하는 수사관은 피해자가 겪게 되는 이러한 고통을 이해할 수 있어야 한다. 여기서는 살인범죄 피해자와 성폭행 피해자의 예를 들어 피해자의 범죄충격으로 인한 고통에 대하여 살펴본다.

### 가. 살인범죄 피해자의 경우

살인사건의 피해자에 대한 위기개입은 피해자 유가족의 고통을 이해하는 것으로부

---

706)  James E. Hendricks, *op. cit.* p. 34.

터 시작해야 한다. 슬픔, 비애, 정신적 고통 등은 살인범죄 피해자의 유가족, 친지, 친구 및 지인들이 경험하는 고통의 특징이라고 할 수 있다. 피해자 유족이나 관계자들이 경험하는 슬픔의 정도는 일반적으로 피해자가 죽기 전 피해자와 유족 사이에 존재했던 관계의 밀접함에 따라 판단해볼 수 있다.

피해자 유족의 경우 비록 많은 가정들이 가족 구성원의 죽음에 대해 감정적인 반응을 공유하고 상대방에 대해서 상호 협력하고 보조하는 것처럼 보이지만, 각자의 가족에 대한 필요에 따라 그 반응도 다르므로 경찰이나 피해자지원 전문가들은 피해자 가족 각자의 특별한 필요를 인식해야 하며, 이에 적절히 대응해야 한다. 따라서 살인범죄의 유형에 따라 각 유족이나 관계자가 겪을 수 있는 심리적 고통을 충분히 이해할 필요가 있다. 그 고통을 이해하는 것이 위기개입의 시작인 것이며 피해자보호의 출발점인 것이다. 이하에서는 가족 단위 내에서의 여러 가족관계와 그러한 관계들이 가족들 중 한명이 살해됨에 의해 어떻게 심리적으로 영향을 받는지 살펴본다.

### 1) 자녀가 살해당한 경우

자녀가 살해당한 경우는 일상에서 가장 예상하기 어려운 사건 중 하나이다.[707] 상식적으로 보통의 부모들은 자식들이 죽기 전에 그들이 먼저 죽을 것이라고 기대한다. 또한 부모들은 아이들의 보호자·치료자·생명의 수여자로서의 의무·책임을 진다. 따라서 비록 아이가 살해될 당시에는 성인이었을지라도 이러한 의무·책임은 죽은 아이의 부모들로 하여금 죄책감을 느끼게 한다.

이런 죄책감은 일부분 부모들이 아이의 미래를 위한 계획에 투자한 시간의 양 때문이기도 하다. 부모들은 아이들이 부모 자신들보다 성공한 삶을 살기를 바란다. 많은 부모들은 그들 자신의 영속성을 아이를 통해 이어가며, 그들이 죽은 후라 할지라도 어떤 형태로든 계속해서 자식들을 통해 영속할 수 있고 그들이 자신들의 의지를 이어주리라 믿는다. 따라서 아이를 잃은 슬픔은 부모들 자신의 영속성과 의지를 이어줄 존재를 잃었다는 인식으로 인하여 더욱 증가된다.

오늘날 재혼 또는 삼혼에 의해 이루어지는 가정들이 많아지고 있는 결과로 인하여

---

707) T. A. Rando, *Parental Loss of a Child*, (Research Press Company, Champaign), 1986.

친부모관계가 아닌, 의붓 부모 및 의붓자식의 관계도 또한 늘어나고 있다. 그러나 많은 의붓 부모들이 그들의 의붓 아이들을 마치 그들의 친자식 못지않게 사랑하기 때문에 그들도 또한 아이를 잃은 죄책감으로 고통 받을 수 있고, 그들의 고통 역시 경찰이나 피해자지원 전문가(victim service providers)에 의해 간과되어서는 안 될 것이다.

부모들은 자신의 슬픔을 달래야 할 뿐 아니라, 동시에 아이를 잃은 고통을 느끼고 있는 다른 형제자매들이나 친척들을 위로해야 한다. 몇몇 부모들은 현실을 받아들이지 못하고 죽은 아이들을 이상화하는 피해자의 특성을 보이며, 그 때문에 슬픔을 더욱 증가되는 경향을 보이기도 한다.

부부의 자녀가 살해당했을 때 부부 관계가 붕괴되는 경우는 흔한 편이다. 각 배우자는 매우 슬퍼하며 자녀의 죽음에 대해 상대방을 비난할 수도 있다. 그들은 또한 배우자에 의해 떠오르는 자녀에 대한 기억들 때문에 그들의 배우자와 함께 있는 것이 고통스럽다는 것을 깨닫게 될 수도 있다. 몇몇 부모들은 그들 자신의 슬픔이 스스로도 어쩔 수 없을 정도로 심각해서 배우자를 도와줄 수 없는 경우도 있다.


## 2) 배우자가 살해당하는 경우

배우자 살해는 홀로 남은 남편이나 아내에게 여러 측면에서 영향을 끼친다. 배우자의 죽음에 대한 반응은 살인 전의 관계의 특징과 깊이에 의해 좌우된다. 결혼생활에 불화나 다툼 등이 있었다면, 홀로 남은 배우자는 죽은 배우자가 살아있는 동안 관계를 더욱 좋게 발전시키려고 노력하지 못했던 데에 대해서 강한 죄책감을 느낄 것이다. 관계가 애정 있고 친밀하고 상호보완·협조적인 것이었다면 상실감은 남겨진 자에게 굉장히 클 것이다.

남겨진 배우자의 나이도 또한 슬픔의 진행과정에서 결정적인 역할을 담당한다. 흔히 홀로 남은 배우자가 연상인 경우가 연하인 경우보다 슬픔에서 회복하는 것이 더디다.[708] 그들은 더 이상 혼자서는 생활할 수 없으며, 혹은 수입이나 부양금의 한 원천을 잃은 결과로 재정적인 상황이 변화되었기 때문에, 돈벌이를 위해서 사회로 뛰어들 수도 있다.

---

708) Harvey Wallace, *Victimology,* Allyn and Bacon, p. 115.

홀로 남은 배우자는 또한 나이가 어떻게 되든 간에 그 또는 그녀가 지금 홀로 직면해야 하는 의무 및 책임들에 남겨졌다는 상황에 분노와 고통의 감정을 느낄지도 모른다. 이러한 의무들은 홀로 아이들을 부양하고, 재정적으로 가정을 유지하며, 죽은 배우자의 친척들을 돌볼 의무를 포함한다.

### 3) 부모가 살해당한 경우

부모 살해는 남겨진 어린 아이들에게 그들 자신의 삶의 기반과 심적 안정감을 위태롭게 한다. 그들은 부모의 죽음을 부모에 의해 버림을 당했다는 식으로 인식하게 될 것이다. 또한 아이들은 부모를 비난하고, 왜 부모들은 반격을 하지 못했는지에 대해 의문을 품을지도 모른다. 아이들은 확실히 거대한 상실감과 그들의 남은 인생에 영향을 미칠 수 있는 유기(버려짐)의 감정을 느낄 수 있는 것이다. 어느 정도 철이 든 아이들은 그들이 부모가 죽기 전에 충분한 관심을 기울이지 못했기 때문에 죄책감을 느낄 수도 있고, 혹은 부모의 죽음 전에 부모·자식 관계가 틀어져 있었다면 그들 스스로를 비난할 수도 있을 것이다.

살인범죄 피해자의 유족인 아이들은 살인 그 자체의 영향을 강하게 받는다. 살인을 실제로 목격한 아이들은 특별한 정신적·감정적인 충격을 받게 되며 살인을 목격하지 못한 아이들도 그에 못지 않은 강한 영향을 받게 되는 것이다.

살인을 목격한 어린이들은 끔찍한 경험에 고통스러워한다. 그들 중 다수가 심적 외상 후 스트레스성 장애(PTSD)를 겪게 될 것이다. 살인을 목격한 어린이들은 112에 신고하고, 죽어가는 피해자의 구호를 시도하고, 수사관에 대하여 발생했던 일을 진술하고, 그리고 법정에서 증언하는 것과 같은 살인과 관련되어 진술하거나 증언하는 일들을 여러 번 수행해야 한다. 이러한 추가적인 일들은 아이들에게 극도의 갈등과 딜레마를 줄 수 있고 2차 피해자화를 초래할 수 있다. 그들은 자신이 보호할 능력이 되지 못함에도 불구하고 살인을 당한 피해자를 보호하지 못한 것이나 다른 적절한 방법으로 살인에 대응하지 못한 것에 대해서 그들 스스로를 비난할지도 모른다. 어린이의 나이와 살인을 둘러싼 상황에 의해서, 살인 목격은 아이에게 정신적 건강에 심각한 영향을 끼칠 수 있는 것이다.

## 4) 형제자매가 살해된 경우

형제자매 살해의 경우 살아남은 다른 형제자매들은 전문적인 보호기관에 의한 관심의 대상 밖에 있는 경우가 종종 있다. 많은 기관들은 살해된 아이들의 부모들을 지원하는 데 집중하며, 종종 소중한 형제자매를 잃었다는 상실감에 다른 아이들이 고통스러워하고 있다는 사실을 간과한다. 형제자매들은 또한 그들은 살아 있고 그들의 형제자매가 죽은 것에 대해서 극도의 죄책감을 느낄 수 있다. 그들은 부모들이 죽은 형제자매들에 몰두하고 걱정하는 것에 대해서 분노를 경험하게 될 수도 있다. 그들은 상처받기 쉽고 홀로 남겨짐에 대해 분노를 느낄지도 모른다.709)

형제자매가 어린 경우에 그들은 죽음을 처음 접할 것이고, 죽은 형제자매가 왜 집으로 돌아올 수 없는지에 대해서 이해하지 못할 것이다. 게다가 피해자는 살아남은 형제자매의 최고의 친구였기에 그들의 죽음은 살아남은 형제자매에게 고립감이나 외로움을 느끼게 할 수 있고, 그들의 슬픔 감정을 증가시킬 수 있다.

## 5) 기타 정서적 반응

살해된 아이들의 부모들은 이 사건으로 말미암아 수많은 정신적·감정적 문제 영역을 드러내게 된다. 장례식, 의료비 그리고 가족 구성원들의 정신과 치료에 따른 예상치 못했던 결과가 발생하는 것도 하나의 충격으로 가다온다. 유족들은 경찰과 같은 수사기관에서 범죄현장의 사진을 촬영하고, 부검을 행하며, 이후에 계속되는 사건 공판절차에서 증언을 해야 하는 등 다양한 스트레스 요인들에 적응해야 하는 것이다.710)

살인사건 현장에서 살아남은 목격자들, 특히 아이들은 다음에 다시 그들에게 살인

---

709) 살해된 피해자가 어린이였다면, 가족 내의 다른 아이들은 부모들이 그들 자신의 슬픔을 추스르기 위해 노력하는 동안, 부모들이 소홀히 할 수 있는 것이다.

710) 이 때 경찰과 같은 형사사법기관이나 피해자지원 단체 및 피해자보호전문가(victim service providers)가 살인범죄의 유족들을 도울 수 있는 일 중 가장 위안이 되는 활동은 살인을 둘러싼 사실들에 대하여 형사사법체계와 관련된 정보를 얻을 수 있다는 점이라고 한다( Harvey Wallace, *ibid.* p. 116.)

자가 보복할 것을 두려워하는 마음을 가질 수도 있다. 이것은 아이가 계속적으로 엄마를 학대하는 아버지로 인해 결국 그녀가 죽게 되는 사실을 목격한 경우에 특히 그러하다. 아이는 그 때 범인에게 상상 속의 초인의 힘을 부여하고 범인이 돌아와 자신을 죽일 것이라는 극도의 공포에 시달리게 될 것이다.

살인범죄의 유족들은 살인사건이 종종 그들의 직장에서의 업무수행 능력에 영향을 주고 있다고 보고되고 있다.711) 의욕이 떨어지고 직장에서 중요하게 여겨졌던 것이 더 이상 중요하게 보이지 않는다. 몇몇 유족들은 근무 중에 갑자기 감정에 복받쳐 울음이 터지거나 소리를 지른다. 그리고 그 후에 이러한 돌발행동들에 대해 동료들에게 사과해야하는 과정에서 다시 스트레스를 받게 되는 것이다.

많은 유족들은 살인의 결과로서 그들의 종교적인 믿음이 약하졌다고 말한다. 몇몇은 분노와 절망을 표출하거나, 또는 그들의 사랑하는 사람의 죽음의 이유에 대해서 그들의 신에게 묻기도 할 것이다. 다른 사람들은 영적인 조언자들과 같은 초자연적인 존재나 죽은 자에게 말을 거는 사람들로부터 답을 구하려 한다.

유족들은 종종 무신경한 언론기관의 감시를 받기도 한다. 그들의 흥미 있는 사건을 찾는 특성은 대중매체로 하여금 유족들의 괴로움을 방영하도록 한다. 유족들은 시청자들을 위해 살인사건을 재창조하려는 언론기관 때문에 살인사건 공판진행 중에 범죄현장을 다시보거나, 다시 고통스런 기억들을 떠올리게 되는 것이다.

마지막으로, 유족들은 수사기관과 같은 형사사법기관에 의해 2차 피해자화 될 수 있다. 많은 유족들은 종종 몇몇의 형사사법기관 종사원들이 유족들에게 있어서 살인에 의한 죽음의 충격이 어떠한 것인지에 대해 완전히 이해하지 못하고 있다고 말한다. 이러한 내용은 범죄피해자보호 전문가들이 형사사법기관 종사자에 대하여 피해자들이 겪는 범죄의 영향과 관련, 지속적으로 교육시킴으로써 해결할 수 있는 분야이다.

## 나. 성폭행 피해자의 경우

성폭력 피해자는 폭력에 의한 직접적인 신체피해 이외에도 깊은 인지적 · 사회적 ·

---

711) Harvey Wallace, *ibid.* p. 116.

정신적 영역에 있어서도 피해를 입는다. 성폭력 피해 직후 피해자는 신체 각 부위에 타박상이나 찰과상을 입을 수 있음은 물론 원하지 않는 임신, 성병감염, 하혈 등을 할 수 있고, 불면증과 악몽에 시달릴 수도 있다. 인지적으로는 사물을 바르게 인식을 하지 못하고 왜곡된 시각으로 바라보게 되고, 사회적으로는 직장이나 학교생활의 적응에 곤란을 겪게 되며 대인관계 기피증을 앓기도 한다.

정신적 피해는 더욱 심각하다. 이 정신적 피해가 극복되지 않는 경우 심각한 제2차, 제3차 피해가 예상되기 때문이다. 이러한 정신적 피해에는 외상 후 스트레스 장애(PTSD), 강간피해증후군(Rape Trauma Syndrome) 등이 있는데 성폭력 피해자가 겪는 대체적인 심리적 현상을 설명하면 다음과 같다.

먼저 첫 번째 단계로서 피해자는 피해 직후 심리적 충격과 혼란에 빠진다. 타인을 불신하게 되고 무력감에 빠지게 되며 수사기관에서 도덕적 비난을 받게 될 경우 이 상황은 악화된다. 두 번째 단계는 자신이 성폭행 당한 사실 자체를 부인하려고 노력한다. 세 번째 단계는 죄책감으로 인해 수치스러워하거나 스스로를 비난하며 자신에게 잘못된 분노감정을 표출하면서 절망감을 갖게 된다. 네 번째 단계는 수치심과 불안으로 악몽을 꾸며 두려운 마음으로 지내게 된다. 다섯 번째 단계는 자신은 물론 법집행기관, 가해자, 사회 등에 대하여 분노의 마음을 표출한다. 여섯 번째 단계는 자신을 다시 수용하는 단계로 성폭력이 자신의 잘못으로 인해 발생한 것이 아니라는 것을 인정하게 된다.

성폭력 피해자가 아동일 경우 그 아동은 보복에 대한 두려움으로 자신의 얘기를 타인이 믿지 않거나 비난받을 것을 두려워하여 성폭력 피해사실을 숨기는 경우가 많다. 특히 친족 간에 성폭력이 있을 경우 피해사실을 다른 사람에게 발설하지 못하도록 아동에게 협박하는 사례가 많고, 아동은 지속적으로 성폭력을 당함으로써 중대한 심리적 후유증을 초래할 가능성이 높다.

부녀간 근친상간에 있어서 아버지는 아내와 딸을 자신의 소유물로 간주하고 가족들에게 지배적이고 통제적인 행동을 하려는 경향이 강하고, 피해자의 어머니가 가정에서 어머니로서의 역할을 제대로 수행하지 못한 경우가 많으며, 모녀간의 관계가 자매관계와 유사한 현상이 나타나 보인다.

이러한 피해자 심리의 역동으로 말미암아 피해자를 대하는 수사관은 피해자의 심리를 제대로 이해하지 못한다면 성공적으로 피해자보호 활동 및 수사 활동을 하기 어려운 것이다.


## 제3절 수사관의 피해자 대응기술 개발

범죄현장에 임장하는 수사관은 일종의 위기개입 행동을 하는 자라고 할 수 있다. 피해자를 위한 성공적 위기개입을 위해서는 피해자 또는 현장 관계자와 효과적으로 대화를 나눌 수 있는 대화기술이 필요하고, 상대방의 발언을 인내심을 가지고 들을 수 있는 청취기술이 필요하며, 상호간에 친밀감을 형성할 수 있는 라포 형성기술 또한 있어야 한다. 또 이러한 모든 것을 종합한 기술로서 피해자의 반응에 적절히 대응할 수 있는 면접기술도 필요하다 할 것이다. 이를 종합하여 피해자 대응기술이라 할 때 이하에서 위와 관련된 내용을 차례대로 살펴보기로 한다.


### 1. 수사관의 대화기술 개발[712]

위기개입자로서의 수사관은 범죄현장에서 피해자와 접촉하면서 상호간에 대화를 하게 된다. 범죄현장에서의 대화는 피해자가 긴장과 스트레스를 느끼는 상황이기 때문에 특별히 이러한 상황을 타개해 나갈 수 있는 특별한 대화기술을 개발해 나가지 않으면 안 된다. 이 대화기술은 성공적 의사전달의 기본적 요소라고 할 수 있는 감정이입(empathy), 온정(warmth), 진실성(genuineness) 이 세 가지 요소를 적절히 통합할 수 있는 기술을 말한다. 이하에서 이러한 대화기술을 갖추기 위해 습득해야 하는 원리들을 살펴보기로 한다.[713]

---

712) Jean Reynolds, *Police Talk,* Prentice Hall, 2002, pp. 4-7.
713) James E. Hendricks, *Crisis Intervention,* Charles C Thomas Publisher, LTD., 2003. p. 30.

## 가. 말의 힘에 대한 인식

수사 활동은 종종 위기적 상황 하에서 전개되는 수가 있기 때문에 위험한 순간이 닥쳐올 수가 있고 수사관이 그 위험한 상황을 통제하고자 하는 데에는 불과 몇 초의 시간 밖에 허용되지 않을 수도 있다. 따라서 그러한 위험을 예방하기 위한 하나의 방법으로서 수사대상자에게 말을 거는데 있어서 주의를 하여야 한다. 피의자뿐만 아니라 피의자에게도 "○○씨", "○○군" 등과 같이 예의를 갖춘 언어를 사용하는 것이 중요하다. 이로 인해 공격적인 행동유발을 미리 예방할 수 있는 것이다. 이러한 단정하고 예의바른 언어 예절은 시민들로 하여금 수사 활동에 대한 협력의식을 촉발시켜 범죄 수사에 필요한 각종 정보를 제공하게 해 줌으로써 사건을 해결할 수 있는 계기를 만들어 줄 수 있는 것이다.

## 나. 상대방을 자극하는 언어사용 회피

두려움과 열등감 그리고 분노 등을 촉발시킴으로써 상대방을 자극하게 되는 언어의 사용은 수사대상자로 하여금 겁을 먹게 함으로써 방어적이면서도 비협조적으로 만들어 놓게 된다. 또한 윤리적·문화적·성적으로 모멸감을 느끼게 하는 언어의 사용은 피의자나 수사대상자의 감정을 자극하게 만들게 되고 수사관이 거짓말을 하거나 허세를 부리거나 협박하거나 권한을 과시하는 행위를 하게 되면 수사대상자를 격분시켜 지극히 평이한 사건을 처리하면서도 생명을 위협하는 상황으로 발전시킬 수도 있다. 거칠고 모독적인 언어의 사용은 이와 같이 법집행을 하는 수사관에게는 부적절하다. 따라서 수사관은 어느 상황에서든지 자기 자신을 통제할 수 있는 능력을 갖춘 가운데 적절하고 예의바른 언어를 사용할 필요가 있다.

## 다. 비언어적 의사소통의 중시

수사관이 수사대상자의 진술을 듣는 과정에서 시선접촉을 유지하고 고개를 끄덕거리면서 적극적으로 청취하는 모습을 보이는 것은 전문가다운 이미지를 풍기게 하기 때문에 이러한 비언어적 행동에 의한 의사소통 방법을 소중히 여겨야 한다. 비언어적 행동은 상대방의 감정을 보다 정확히 읽을 수 있는 매개체가 될 수 있다.714) 그리고 상대방과 신뢰관계를 형성하려면 우선 자신의 몸높이를 상대방과 같은 수준으로 맞추어 주어야 한다. 예를 들면 수사대상자가 앉아 있을 경우 수사관이 선 채로 말을 걸지 말고 그와 눈높이를 맞출 수 있도록 앉거나 아니면 상체를 구부린 채로 대화를 하여야 한다.

주의할 점은 대화의 상대방에게 편안한 마음을 심어주고자 한다면 수사관과 수사대상자와의 사이에 아무런 물리적 장애물을 두지 말아야 한다는 것이다. 다만 수사관의 좌석과 수사상대방의 좌석 간에 약간의 각도차이를 두는 것이 좋다. 만일 법집행기관으로서의 권위를 보여야 할 필요성이 있는 경우라면 수사대상자를 정면으로 응시하면서 최대한 그에게 접근하면서 대화를 시도하도록 하여야 한다. 이 때 뒤로 물러서는 동작은 두려워하는 감정을 수사대상자에게 심어줄 수 있다.

## 라. 긴장 및 갈등 국면에서의 대처 기술

수사관은 2명 이상의 사람들이 벌이고 있는 싸움과 같은 범죄행위나 논쟁 혹은 갈등상황에 개입해야 할 경우도 있다. 이 때 수사관이 보여주는 태도나 행동은 싸움을 하고 있는 당사자들 상호간에 뿐만 아니라 수사관 자신에게도 영향을 미칠 수 있다.

이러한 갈등 국면에 대처하는 방식에 관해서 몇 가지 갈등관리 유형이 제시되고 있다.715) 그 첫째가 통제 및 강압모델(control and suppression model)이다. 이는 권한과 힘을 활용해서 갈등을 강제적으로 해소시키려는 모델이다. 이 모델은 폭력현장에서 범인을 체포한다든가 위험요소를 제거하는 활동을 하는 데는 매우 필요한 형태라고 말할 수 있다. 그러나 체포를 하지 않아야 할 상황에서 체포를 하는 등의 강압적 상황이 벌어지면 상대방의 강력한 저항을 불러오게 되므로 유의를 해야 한다.

둘째는 갈등무시 모델(ignoring model)이다. 이 모델은 사람 사이의 관계를 중시한 나머지 그 안에 내재한 갈등을 가볍게 보고 무시하는 유형이다. 수사경찰이 가정폭력

---

714) James E. Hendricks, _ibid._ p. 32.; Leathers, D., _Successful Nonverbal Communication : Principles and applications_ (2nd ed.). New York, 1992.

715) James E. Hendricks, _ibid._ pp. 54-57.

을 사적 생활관계로 파악하고 무시하는 경우에서 볼 수 있는 형태인 것이다. 그러나 이렇게 갈등을 무시하게 되면 나중에는 통제 불가능할 정도로 갈등이 증폭될 수 있다.

셋째는 후퇴 모델(withdrawal model)이다. 이는 사람 사이의 관계에도 소극적이면서 갈등해결 자체에도 관심이 없는 형태이다. 가장 최악의 모델이라고 할 수 있을 것이다.

넷째는 문제해결 형 모델(problem solving model)이다. 이것은 갈등의 해결 자체에도 관심이 많은가 하면 사람의 관계형성에 대한 관심도 높은 유형이다.

현장에 임장한 수사관은 범죄현장에서 무조건 물리력을 사용하여 그 논쟁과 갈등을 종식시키려고 하는 것 보다는 인내와 관대함을 가지고 그 상황을 정확히 파악한 다음 그 상황에 알맞은 갈등관리 전략을 구사하여야 한다. 후퇴모델을 제외하면 나머지 세 가지 모델 중에 어느 한 가지가 항상 절대적으로 옳다고 말하기 어려울 것이다. 하지만 갈등해결 과정에서 당사자들을 설득하면서 협조를 구하는 것이 그 상황의 긴장을 해소시키는데 많은 도움을 주는 것만은 분명하다. 또 최근에는 보다 총체적이고 궁극적인 갈등해결을 위해 지역사회와 경찰이 상호 협력을 하는 가운데 범죄문제를 해결해 나가고자 하는 것이 주요 추세이므로 문제해결 형 모델이 중시될 필요가 있다고 할 것이다.716)

## 마. 문제해결도구로서 적절한 화법 구사

정신이 산만해 있고 비협조적인 수사대상자를 다룰 때에 수사관은 대화 도중에 "내 말의 의미를 이해하시겠어요?" 라고 질문을 던져보는 것이 좋다. 또 어떤 정보사항에 관하여 보다 단순하고 명쾌한 어조로 반복해서 말해주는 것도 사태를 진정시키는 효과가 있다. 어떤 상황 속에 존재하는 긴장을 해소하는 방법으로서 '기분전환의 대화기술'을 활용해 볼 수도 있다. 지금 문제되고 있는 사안과 직접적으로 관련된 질문을 피하고 몇 개의 일반적 질문, 예컨대 아이들의 이름과 나이 기타 가족들에 관련된 사항에 대한 질문을 해 보는 방법이 그런 것이다.

---

716) 범죄문제를 일종의 지역사회 문제로 바라보고 지역공동체가 이 범죄문제에 공동대응을 해 나가야 한다는 것으로서 이를 coordinated community response라고 한다.

## 바. 진행되고 있는 형사절차에 대한 설명

현재 진행되고 있거나 앞으로 진행될 수사절차에 관해서 간단하고도 사실적인 표현을 통하여 설명을 해 주는 것은 수사대상자의 신뢰감과 협력의식을 높여준다. 현재 수사관이 무엇을 왜 하고 있는지 수사대상자가 이해하게 된다면 이러한 내용을 이해하지 못하면서 어리둥절해하고 있는 사람보다 훨씬 자기행동에 대한 통제력을 갖기가 쉬워진다. 수사관이 행하고 있는 행동에 대한 설명은 복잡할 필요가 없다. "제가 사본을 하나 요청하고 있는 중입니다"라든가, "경찰서 압수물 창고에 보관하기 위해 이 압수물에 꼬리표를 붙이고 있습니다."와 같이 간단명료하게 표현할 수 있다. 특히 피해자를 조사함에 있어서 형사절차 진행의 개요라든가 각종 피해구제제도를 설명해주는 것이 필요한데 이는 피해자로 하여금 자기 통제력을 갖게 하여 범죄로 인한 피해회복을 도와줌은 물론 수사기관을 신뢰하게 됨으로 말미암아 예상하지 못했던 범죄관련 정보를 제공해 줄 수도 있기 때문이다.

## 사. 자신의 사고와 감정을 통제하기 위한 노력

수사관은 긴장된 상황이 전개되고 있는 곳에 접근할 때에 과거에 유사한 상황 속에서 일을 잘 처리했던 것을 마음속에 떠올리며 마음속으로 긍정적인 자기 독백(self-talk)을 할 필요가 있다. 예컨대 "나는 어떤 문제건 잘 해결할 수 있는 사람이야"라는 식으로 자기 자신에게 말해 보는 것이다. 그래도 불안과 염려가 다가오면 자기 자신의 사고를 제한하고 있는 선입견이나 고정관념이 있는지를 살펴보도록 한다.

두려움이나 분노 그리고 슬픔과 같은 것은 인간의 자연스런 반응들이다. 그러나 수사관이 이러한 것들에 사로잡혀 버리면 전문성을 발휘할 수 없게 된다. 이런 때에는 자기 마음을 다스리고 침착성을 회복하기 위하여 두세 차례 크게 심호흡을 한 후 임무를 수행하는 것이 효과적이다.

## 아. 입장전환을 통한 상대방 배려의 화법

대화를 함에 있어서 신경이 매우 예민한 상태에 놓여있는 사람에게 길고 복잡한 문장을 사용하여서는 안 된다. 평균지능 이상의 사람이라 할지라도 범죄현장에서는 혼란스러움과 기억상실 등을 경험할 수 있다. 따라서 수사관은 범죄현장에서는 가능한 한 분명하고도 단순한 표현의 문장을 구사하여 대화를 진행하여야 한다. 특히 어린이들과 청각능력이 떨어진 자들, 노약자들과 신체가 허약한 자들 그리고 외국인들에게 있어서는 이러한 어법이 더욱 중요하다.

피해자를 면담할 경우에 피해자의 프라이버시와 인격을 존중해주는 자세를 가져야 한다. 수사관들은 범죄수사를 진행하다 보면 자기 자신도 모르게 자주 공격적이고 적대적인 어조로 피해자를 조사하는 수가 많다. 피해자에게 공손하면서도 인격을 존중하는 태도를 가져야지 남의 애기를 엿듣는 듯 한 태도나 호기심 많은 구경꾼과 같은 자세를 취하는 것은 좋지 못하다. 당황하고 있고 심리적 상처를 입은 사람들에게 있어서 서두르는 수사관의 태도는 그들을 더욱 비참하게 만든다. 때로는 수사관이 피해자를 대함에 있어서 침묵할 수 있어야 한다. 침묵을 두려워하지 말고 피해자가 자신의 생각을 정리하고 생생한 정보를 떠올리도록 시간적 여유를 주는 것이 좋다.

## 자. 긍정적 이미지를 창출하는 화법

범죄 신고가 이루어 졌을 때 수사관이 현장에 출동하는 것을 일상적인 일로 치부되기 쉬우나 범죄피해자나 신고자들은 이를 매우 심각하게 생각하고 있다는 것을 알아야 한다. 따라서 혹 신고 된 사안이 범죄행위가 아닌 민사사안이거나 타 기관이 취급할 성격의 것이라 관여할 바가 못된다 라는 수동적인 자세로 나오게 되면 그들은 절망감을 맛보거나 심지어 분노의 감정까지 갖게 된다.

따라서 이러한 경우 그 일에 대해서 손을 떼겠다는 식으로 말하기 보다는 그 일을 처리하는 관련기관을 바로 안내해 주든지 아니면 차후에 알아보아 연락을 주겠다는 식으로 말한다든가, 이후 궁금한 점이 있으면 언제든지 연락을 주라고 하면서 자신의 연락처를 제공하는 형태의 화법을 구사하여야 한다. 그렇게 되면 수사관 자신은 물론 수사기관 전체에 대해서까지 이미지를 크게 개선시킬 수 있는 계기가 될 것이다.

## 2. 수사관의 청취기술 개발[717)

### 가. 청취의 중요성

　많은 수사관들이 대화청취(listening)의 중요성을 과소평가한다. 긴장된 상황 하에서는 말을 하고 있는 사람에게 모든 관심을 쏟으면서 침묵을 지킨다는 것이 수동적인 모습으로 비칠 수도 있다. 사실 침묵 속에서 청취하는 것보다 강력한 어조로 말을 하고 싶은 충동을 견디기가 훨씬 어렵다. 그러나 수사관에게 있어서 청취할 수 있는 능력은 매우 긴요한 것이다. 특히 정서적으로 어려움을 겪고 있는 피해자에게 접근하여 대화를 진행해야 하는 수사관에게 있어서는 두말할 필요가 없을 것이다.

　잘 듣는 수사관은 곧 정확하면서도 진실하다는 평판을 받게 된다. 피해자와의 대화청취를 통하여 얻어진 정보는 민사적 분쟁 해결과 복잡한 수사 활동에 도움을 주게 된다. 타인의 진술을 잘 듣는 기술은 대화의 상대방으로부터 정보를 수집하고 그 정보의 진실성을 확인하는 모든 절차에 있어서 유익함을 제공한다.

　이러한 기술을 개발하려면 부단히 스스로 연습해 보아야 하고, 집중력을 길러야 한다. 청취의 기술을 습득하는 것이 처음에는 더딜 수도 있다. 그러나 시간이 지날수록 반복된 훈련을 통하여 이 기술을 습득하게 되면 수사를 행함에 있어서 좋은 결과가 뒤따를 것이다. 효과적으로 청취기술을 발휘함을 통하여 수사관의 전문적 이미지가 고양될 것이며, 보다 탁월한 조서가 작성될 것이며, 수사대상자와의 사이에 놓인 문제가 보다 효율적으로 해결될 것이며, 상대방과 보다 효과적으로 의사소통을 할 수 있을 것이며, 수사를 행함에 있어서 상황을 보다 잘 통제할 수 있게 되는 것이다.

### 나. 성공적 청취기술

1) 준비(preparation)

---

717)　Jean Reynolds, *Police Talk,* Prentice Hall, 2002, pp. 31-39.

수사대상자와의 면담을 시작하기 전에 면담환경을 적절하게 설정하여야 한다. 수사관은 면담의 상대방이 되는 수사대상자가 심적으로 편안한 마음이 들게끔 눈높이가 같아질 수 있는 의자를 주어 앉게 하는 것이 필요하다. 수사를 함에 있어서는 수사대상자의 사생활에 대한 자유(privacy)를 존중해주는 것이 필수적인 것처럼, 수사의 상대방으로부터 신뢰를 얻어 내는 것도 필수적인 사항이다. 따라서 상대방과 신뢰관계(rapport)를 구축하고자 한다면 수사관과 수사대상자가 앉는 의자 사이에 다른 장애물이 없도록 조치하여야 한다. 예컨대 이 둘 사이에 꽃병이나 서류함이나 책상이 놓여 있다면 상호간의 대화에 방해요인으로 작용할 수 있는 것이다.

## 2) 집중(concentration)

수사관이 면담 시에 집중을 하지 않게 되면 중요한 사실이나 수사대상자가 표출하는 감정 기타 중요한 정보를 놓칠 수가 있다. 주의를 기울이지 않음으로 인해 발생하는 사실관계의 오류(factual errors)들은 특히 법정에서 당혹스런 결과가 나올 수 있다. 수사관이 평이한 일상생활의 문제를 수사대상자와 논의했다할지라도 주의해서 듣는 기술을 습득하지 않으면 낭패를 당할 수 있는 것이다.

대부분의 사람들은 자신의 내부에 자리한 청취의 잠재력을 결코 충분할 정도로 개발해 본 적이 없다. 다행스러운 점은 집중하는 습관은 연습에 의해서 증강시킬 수 있으며 집중력을 증진할 기회는 항상 우리에게 찾아오고 있다는 점이다. 영화를 보거나 TV쇼를 보거나 대화를 남의 대화를 엿들은 후에 무슨 말이 오갔는지를 충분히 파악할 수 있게끔 그 상황에 몰입하는 연습을 해보는 것이 필요하다. 무슨 말이 오갔는지 들은 그대로 옮기는 연습을 해보는 식의 '자기개발 프로그램(self-improvement program)'은 집중력 개발을 위해서 평생 계속되어야 할 성질의 것이다. 그러나 이러한 자기개발은 자기 자신에게 지속적으로 유익을 가져다 줄 것이다.

## 3) 초점 맞추기(focusing)

면담의 상대방이 두서없이 얘기를 늘어놓거나, 일관성이 없는 말을 하거나, 사건과 무관한 정보를 쏟아 놓을 때에 수사관은 대화의 청취에 어려움을 겪게 된다. 범죄현장에서 심리적으로 불안한 가운데 있는 상대를 면담하는 경우 그 상대방은 사건 및 사실관계를 뒤죽박죽으로 얘기 할 수 있기 때문에 수사관은 이를 정리하기가 곤란해질 수도 있다. 그럴 때는 면담대상자가 제공하는 정보와 현장에서 수사관이 관찰한 내용을 상호 연결 지음으로써 수사관은 듣고 이해하는 능력을 키울 수가 있다. 적절한 질문도 이러한 상황에서 역시 도움이 된다.

수사를 개시할 때 자신의 수사상황 기록노트를 피해자, 목격자, 피의자, 증거관계, 현장의 배치상황(disposition) 등 5개 항목으로 나누고 각 빈칸을 두어 현장에서 면담하고 관찰한 내용을 이 빈칸에 기입해보면 수집한 정보를 가지고 종합적으로 기록할 때 훨씬 혼란스럽지 않을 것이다.

## 4) 중립성(neutrality)

수사관은 자기가 가진 사전지식이 청취기술을 방해하지 않도록 해야 한다. 수사관이 상대방의 대화를 들음에 있어서 자신의 의견은 배제할 수 있도록 스스로 훈련하여야 한다. 화자(話者)가 수사관과 몇 가지 중대한 점에서 서로 의견 차이가 날 경우에는 이 점이 더욱 중요하다. 윤리적인 문제라든가 경제적·종교적·성적·교육적 측면에서의 차이가 장애물로 작용하지 않도록 해야만 하는 것이다. 환자라든가 실업자 혹은 장애인이라 할지라도 수사관에게 아주 유용한 정보를 제공해 줄 수 있는 것이다. 면담 대상자의 나이·생활방식·과거 전력에 대한 수사관의 선입견은 중요한 사실관계 파악을 방해할 수 있다.

또 수사관은 자신이 듣고 있는 사실에 대한 자신의 입장을 상대방에게 노출시켜서는 안 된다. 피해자를 수사할 때 적극적 청취를 위해서 고개를 끄덕거리는 방법으로 상대방의 진술을 격려하는 방법도 있겠으나 경우에 따라서는 그러한 고개의 끄덕거림이 면담 상대방의 진술에 영향을 끼칠 수도 있으므로 주의해야 하고, 유도질문을 통해서 면담 상대방의 진술을 유도하려 해서도 안 된다. 또 중요한 정보를 발견했다고 흥분하면서 이에 대한 내용을 상세히 적고자 하는 태도도 좋지 못하다. 방어적이고 논쟁을 즐겨하는 목격자는 수사관의 수사 활동을 쉽사리 도우려 하지 않는다. 면담대상자가 완전히 진술을 마쳤을 때 수사관은 거짓말을 했는지의 여부를 알아내기 위한 적절한 방법을 쓸 수 있다.

## 5) 정확성(accuracy)

수사상 면담을 크게 두 단계로 나눈다. 상대방이 사건과 관련한 이야기를 듣는 것이 첫 번째 단계라면 그러한 이야기의 진위여부를 가려내기 위한 면담이 그 두 번째 단계이다. 첫 번째 단계에서는 상대방이 자유롭게 진술하도록 내버려 두는 것이 좋다. 혹 질문이나 기록을 해야만 하더라도 이를 최소화 시켜서 가급적 간섭을 하지 말아야 한다.

두 번째 단계에서는 첫 번째 단계와는 달리 상대방의 이야기 속에 있는 모순이나 차이점과 관련하여 사실을 확인해보아야 하고, 질문을 해보아야 한다. 그리고 상대방의 성명이나 주소 기타 기본적인 정보에 대하여 기록을 해야 한다. 하지만 너무 이르게 또는 너무 과도하게 면담내용을 기록하고자 하면 상호 의사소통에 장애물이 될 수도 있으므로 유의하여야 한다. 면담의 종반부에 올수록 중간 중간 메모한 점을 수사서류에 포함되도록 기록화 하려는 노력들이 필요하다.

## 6) 혼합된 메시지의 해독(decoding mixed messages)

종종 수사대상자로서의 화자(話者)는 자신의 의사를 전달할 때 여러 단어를 사용하여 언어적 메시지를 전하는가 하면 동시에 그 언어적 메시지(verbal language)와 모순되어 보이는 비언어적인 신체적 행동(non-verbal language, body language)을 통한 메시지를 전할 수 있다. 예를 들면 수사대상이 피의자가 자신은 결코 화가 나지 않았고 타인을 해칠 생각도 없었다고 하면서도 언성을 높이면서 공격적인 몸짓과 함께 두 주먹을 불끈 쥐는 행동을 보일 수 있는데 이는 그의 언어적 진술과 비언어적 몸짓을 통한 메시지가 서로 다른 경우에 해당한다. 이와 마찬가지로 가정에서 폭행을 당한 여성의 경우 경찰이 출동하여 수사를 시작하면 사소한 가정불화로써 자신의 남편은 아무 문제가 없다며 처벌을 말아줄 것을 요구하면서도 그 여성의 시선을 보노라면 근심과 함께 두려움이 서려있는 것을 확인할 수도 있는 것이다. 따라서 어떠한 상황 속에서 수사대상자의 진술이 의심스럽다고 여겨지면 그들의 언어적 메시지를 신뢰하기 보다는 비언어적인 신체적 표징과 행동 속에서 표출되는 메시지를 더 신뢰하여야 한다.

### 7) 면담의 종료(closing the interview)

면담의 종결은 너무 갑작스럽게 하지 않아야 한다. 면담을 서서히 종결짓는 단계에서 추가적으로 수사관에게 제공할 수 있는 다른 정보가 있는지를 물어봄으로써 유용한 다른 정보를 획득할 수도 있다. 그리고 협조에 대한 감사인사를 꼭 잊지 않도록 한다. 차후에 추가적으로 면담이 필요하게 될 경우를 대비해서 수사관은 자신의 명함을 건네주는 것도 좋은 방법이다.

## 다. 재귀적 청취기술718)

재귀적 청취(再歸的 聽取, reflective listening)라 함은 수사관이 면담 대상자로부터 들은 사항을 반복해서 말을 할 경우 면담대상자가 그에 대한 반응으로 다시 진술을 하게 되면 수사관은 잠시 자신의 발언을 멈추고 상대방의 진술을 주의 깊게 청취하는 것으로서 적극적 청취(active listening)라고도 한다. 이 재귀적 청취기술은 수사관에게 있어서 매우 유용한 기술로 알려져 있고 이는 피해자와의 면담에서도 동일한 효과를 가져 올 수 있다.719) 예컨대 다음과 같은 대화의 예를 들 수 있는 것이다.

수사관 : 그러니까 당신이 작은 갈색 가방을 메고 가던 하얀 티셔츠와 청바지 차림의 젊은
　　　　남자를 보았다는 것이죠? (재귀적 청취)
목격자 : 네, 맞습니다. (대상자의 확인 진술)

범죄수사에 있어서 이러한 재귀적 청취기술이 중요함은 쉽게 알 수 있다. 수사관은 자신이 들었던 진술을 다시 한 번 확인함으로써 정확한 조사를 해 나갈 수 있기 때문이다. 이러한 청취기술은 다른 용도로도 사용될 수 있다. 즉, 면담 대상자의 부정적인 감정을 완화시키고, 대화의 출구를 마련하여 주며, 불일치가 있는 사항에 대하여 보다

---

718) Jean Reynolds, *Police Talk,* Prentice Hall, 2002, pp. 35-37.
719) Jean Reynolds, *ibid.* p. 35.

선명하게 이해할 수 있도록 도움을 주는 것이다. 재귀적 청취기술이 갖는 융통성(versatility)으로 인하여 이 면담기술은 강의, 업무감독, 지도력의 발휘 등에도 적용할 수 있는 것이다.

경험이 풍부한 수사관이라면 이 재귀적 청취기술을 통하여 네 가지의 중요한 유익을 얻을 수 있음을 알 수 있다.

첫째, 이 청취기술을 통하여 상대방으로 하여금 수사관이 주의를 기울여 본인의 진술을 듣고 있다는 것을 깨닫게 한다.

둘째, 화자(話者, speaker)로 하여금 자신의 생각과 감정을 선명하게 이해 할 수 있게 한다.

셋째, 신경이 날카로운 목격자의 정서 상태를 완화시킴으로 말미암아 보다 많은 내용을 기억할 수 있게끔 해 주고, 그들의 진술범위를 확장시켜 주는 효과를 가져 온다.

넷째, 가장 중요한 것으로서 수사관이 청취한 모든 문제에 대해 어떤 해결책을 제시해야 한다는 부담에서 자유롭다. 재귀적 청취는 그저 반복적인 청취를 의미할 뿐 그 이상도 이하도 아니다. 그러므로 수사관은 청취한 내용에서 비롯된 문제를 해결해야 할 의무를 느낄 필요가 없는 것이다.

재귀적 청취는 오늘날과 같이 복잡한 사회생활을 해 나가는 현대인에게 긴장을 감소시켜 줄 수 있는 강력한 수단이다. 현대 사회의 여러 가지 스트레스 요인으로 말미암아 사람은 고독해지고, 비인간화를 경험하며, 근심과 두려움 속에 살아가는 경우가 많다. 재귀적 청취는 인간으로서의 존엄성을 회복시켜 주고, 자신에 대한 통제를 상실할 가능성을 줄여준다. 대화를 함에 있어서 잠시 동안이나마 상대방을 존경하고 존중하는 자세로 상대방을 대해주면 그 상대방은 자신이 가지고 있었던 부정적 감정을 떨쳐버릴 수도 있는 것이다. 그 순간 당시에 존재하고 있던 문제가 평화적으로 해결되도록 하는데 있어서 수사관은 촉매제 역할을 하게 되는 것이다.

재귀적 청취는 수사관이 대화중에 오간 정보를 요약하여 제시하는 방법과 상대방이 어떤 감정을 가지고 있는지 수사관이 그 감정을 선명하게 해주는 방법이 있다. 전자의 예로써 다음과 같은 대화를 들 수 있다.

면담 대상자 : 폭행은 2달 전에 시작되었습니다. 처음에 우리는 무척 행복했죠. 그런데 차츰

제 남편이 주말에 술친구를 만나기 시작한 것입니다. 그때부터 그는 늘 나에게 폭력적인 태도로 나왔습니다. 그래서 그 때까지만 해도 우리 사이는 좋았기 때문에 술을 끊으라고 간청하였지요. 하지만 술을 끊는다고 약속해 놓고 끊지를 못했어요. 그래서 오늘 이런 일이 일어난 것입니다. 더 이상 제 남편을 참고 볼 수 없어요.

수사관 : 그럼 결국 술을 마신 것이 문제의 발단이군요. (요약)

면담 대상자 : 그렇다고 할 수 있지요. (확인)

재귀적 청취를 잘 하려면 다음과 같은 방법을 따르는 것이 좋다.

첫째, 수사관이 대화를 통하여 정보의 진위여부를 확인하고자 한다면, 화자(話者)가 정확히 어떤 단어를 사용하고 있는지에 그 단어의 정확성에 주목하여야 한다. 그러나 화자가 언급한 진술을 요약하거나 화자의 진술을 보다 선명하게 하고자 한다면 수사관은 의미가 일맥상통하도록 화자의 진술을 바꾸어 말할 수 있어야 한다.

둘째, 화자의 부정적 감정을 다룰 때 수사관은 화자가 가급적이면 좀 더 감정을 섬세하게 표현하도록 도와주어야 한다. 화자가 '기분이 잡쳤다'라는 표현을 사용할 수 있으나 이러한 표현은 나쁜 기분을 표현하는데 있어서 너무 일반적 성격을 가지고 있는 것이어서 유용하지 못하다. 따라서 그에게 구체적인 감정표현, 예컨대 '화가 났다', '두려웠다', '죄책감에 사로잡혔다', '수치심을 느꼈다', '절망했다'와 같이 보다 섬세한 표현을 사용하도록 촉구하는 것이 바람직하다.

셋째, 상대방의 대화를 청취함에 있어서 적절한 몸짓 언어(body language)를 활용하도록 하여야 한다. 대상자가 말을 할 때는 수사관이 온통 정신을 집중하고 있다는 인상을 주어야 한다. 그렇다고 안절부절 해서도 안 되고 대화를 듣는 중에 다른 일을 보는 것도 금물이다. 가볍게 면담대상자 쪽으로 몸을 기울이면서, 시선을 접촉하고, 고개를 가볍게 끄덕거리는 등의 동작을 취하는 것이 좋으나 팔짱은 끼지 않도록 한다.

## 3. 수사관의 라포 형성기술 개발

수사관이 위기에 처한 피해자와 효과적으로 의사소통을 하기 위해서는 상호간에 마음 문을 열고 대화할 수 있는 분위기 조성이 필요하다. 짧은 시간 내에 친밀한 관계를 형성한다는 것이 쉬운 일은 아니나 어느 정도의 훈련을 통해서 상대방의 마음 문을 열게 하는 수준의 친화는 가능하다고 본다. 이러한 기술을 라포(rapport)라고 하는데 이 라포의 정확한 의미는, '대화를 나누는 당사자 상호간에 신뢰와 조화, 친밀감과 일치의 관계를 형성하는 과정'이라고 할 수 있다.720)

DePanfilis와 Salus는 수사관이 피해자와 라포형성을 함에 있어서 고려해야 할 몇 가지 요소들을 다음과 같이 제시하고 있다.721) 즉, ① 피해자는 한 집단의 일원으로서 취급받기 보다는 구체적인 한 개인으로 대우받고 싶어 한다, ② 피해자는 부정적 감정뿐만 아니라 긍정적 감정까지도 개방적이고 솔직하게 얘기할 수 있을 정도의 편안한 분위기를 원한다, ③ 피해자들은 수사관이 감정이입을 통해 자신의 처지를 이해해주기를 바라고 있고, 자신들이 감정표현을 할 때 수사관이 반응해주기를 요망한다, ④ 피해자들은 자신의 개인적 문제와 과거의 실패에도 불구하고 가치 있는 존재로서, 그리고 고유의 존엄한 존재로서 수사관에게 받아들여지기를 요망한다, ⑤ 피해자들은 사사건건 가치판단을 하지 않는 사람들과 같이 일하게 되기를 요망한다, ⑥ 피해자들은 자신들 고유의 판단으로 선택하고 결정을 할 수 있기를 요망한다, ⑦ 피해자들은 비밀을 지켜줄 것을 요망한다.

추가적으로 DePanfilis와 Salus는 구체적인 라포형성 전략으로 다음과 같은 것을 제시하고 있는데 이를 피해자와의 관계형성에 적용할 수 있을 것이다.722) 즉, ① 피해자의 감정표현에 대하여 동감을 하고 온정을 보이며 상대방을 존중하고 진실성 있는 자세로 임해야 한다. ② 잦은 접촉을 유지해야 한다. ③ 일관성이 있어야 하고, 지속적이어야 하며, 끝까지 함께 하는 자세가 필요하다. ④ 피해자 가족이 필요로 하고 있는 구체적인 사항이 있으면 이를 충족시켜 주도록 한다. ⑤ 아무리 작은 것이라 할지라도 상대방의 기운을 북돋울 수 있도록 노력 하여야 한다. ⑥ 직접 나서서 피해자에게 다

---

720) James E. Hendricks, *Crisis Intervention*, Charles C Thomas Publisher, LTD., 2003. p. 39.

721) James E. Hendricks, *ibid.* p. 39.; DePanfilis, D. & Salus, M, *Child Protective Services : A Guide for Caseworkers.* Washington, DC: U.S. Department of Health and Human Services. 1992.

722) James E. Hendricks, *ibid.* p. 40

가가야 한다. ⑦ 융통성이 있어야 한다. ⑧ 대인관계를 촉진하는 대화기술 예컨대 몸짓언어(제스쳐), 구술언어(적절한 언어사용), 적절한 질문사용, 요약 등의 기술을 잘 활용하도록 한다. ⑨ 피해자에게 약속시간을 잡게 한다든지 어떤 형태로 진술을 하기 원하는지를 선택하게 하여 스스로 상황을 통제하고 있다 라는 감을 주는 것이 필요하다. ⑩ 피해자가 복잡하고 어려운 감정 상태에 있음을 인정해주고 그러한 감정을 솔직하고 정직하게 나눌 수 있도록 격려해준다. ⑪ 어떤 문제에 대하여 피해자가 어떤 생각이나 전망을 갖고 있는지를 물어본다. ⑫ 피해자에게 수사관의 위기개입의 의미를 설명해주고 향후의 절차 진행에 관한 정보 등을 제공해준다.

피해자와의 라포형성은 위기상황에 처한 피해자를 심리적으로 안정시키는데도 공헌할 수 있지만 결과적으로 피해자로부터 적극적인 수사상 협력을 얻는 계기로도 작용하는 까닭에 피해자를 상대로 진술증거를 수집하기 위한 면담을 진행함에 있어서 필요 불가결한 기술이라고 할 수 있다. 때문에 이러한 라포 형성의 기술은 수사관의 '심리학적 유능성(psychological competency)'개발훈련을 통하여 갖추어야 할 중요한 위기개입자의 소양중의 하나라고 할 수 있다.

## 4. 수사관의 범죄피해자 면접기술 개발723)

범죄피해자는 여러 가지 도움을 필요로 한다. 범죄가 처음 발생했을 때 수사관은 비상상황 속에서 여러 가지 유형의 지원활동을 해야 하는 독특한 기회를 맞게 된다. 상대방의 입장을 고려하여 신중하게 선택하여 표현한 말 몇 마디가 처참한 경험을 한 범죄피해자에게 얼마나 큰 위로를 주는지 모른다. 따라서 피해자를 접촉할 때마다 다음과 같은 행동지침을 따르도록 해야 할 것이다.

### 가. 전문적 권위의 발휘

범죄피해자에게 수사관은 안전과 정의 그리고 희망의 상징이다. 수사관이 침착하면서도 능숙 능란하게 일처리를 하는 모습을 보면 피해자는 그 수사관으로부터 힘과 자

---

723) Jean Reynolds, *Police Talk*, Prentice Hall, 2002, 51-53면.

신감을 얻을 수 있게 된다.

## 나. 불필요한 질문의 최소화

사실관계를 조사받기 위하여 면담을 한다는 것은 피해자에게는 고통스러운 것이다. 다른 사람들과 함께 사건수사를 진행 중이라면 피해자들이 여러 사람에게서 같은 질문을 받지 않도록 사전에 상호 조정이 있어야 한다. 수사관의 지극히 개인적인 호기심에 의한 질문은 억제되어야 하고, 오로지 수사보고서 작성에 필요한 질문에 집중하여야 한다. 만일 차후에 어떤 사실관계를 알고 싶으면 불필요하게 피해자를 접촉하기 전에 수사관이 작성한 수사보고서를 먼저 참조하여야 한다. 특히 아동 피해자들에게는 더욱 민감해야 한다. 육체적, 성적 학대행위에 대한 반복적이고도 불필요한 질문들은 아동들에게 고통을 안겨주는 반면 얻어지는 것은 적기 때문이다.

## 다. 비난행동 자제

수사관은 피해자가 그 범행을 촉발시켰다는 것을 암시하는 질문을 함으로써 피해자의 고통을 증대시켜서는 안 된다. 종종 피해자들은 수사관들이 마치 자기 자신들이 범법자나 되는 것처럼 적대적이고 의심스러운 눈초리로 질문을 한다고 불평을 한다. 강간죄의 피해자인 여성이 노출이 심한 옷을 입었다거나 술에 취했다거나 못된 남자를 믿었다고 해서 그녀를 비판하지 않도록 해야 한다. 강간이라는 것은 단순한 성행위가 아니라 힘을 과시하는 범죄인 까닭이다. 마찬가지로 절도피해를 당한 피해자에게 키 관리를 잘못했다고 비난하거나 교통사고의 피해자에게 더 주의 깊게 운전하지 않았다고 책망해서도 안 되며 가정폭력 피해자인 여성에게 왜 이런 관계를 청산하지 않고 있느냐는 식으로 묻지 말아야 한다. 수사관의 책무는 범법자를 기소하는 것이지 피해자를 기소하는 것은 아니기 때문이다.

아동이 전혀 혐의가 없음에도 범행에 연루되었을 경우에 이를 재확인하기 위해서는 차분히 시간을 갖고 기다릴 줄 알아야 한다. 아동들은 논리적으로 사고하기 보다 상상력을 동원한 추상적 사고를 하기 때문에 자신에게 책임을 지울 수 있는 이유들을 개발해 내기 때문이다. 어떤 아동에게든지 위험에 처한 그의 부모나 형제를 보호하지 못한 데 대하여 책임감을 느끼게 해서는 안 된다.

## 라. 인내와 동정심의 발휘

사람은 고통과 두려움에 빠지게 되면 그러한 감정을 표출하고 싶은 욕구가 생긴다. 수사관 입장에서는 이러한 감정 상태에 있는 피해자를 대할 때 말을 건넬 필요가 없는 것이다. 피해자의 감정표출을 받아 주면서 현장에 있어주는 것, 바로 그것이 고통 당하고 있는 자의 치유를 도와주는 첫 걸음이 된다. 면담을 진행하는 동안은 피해자가 안전하고 편안하게 그리고 사생활이 보장되는 곳에 앉아 면담에 임하도록 환경을 조성해주어야 한다. 면담을 서두르는 것은 금물이다. 수사관이 참을성 없이 행동하거나 피해자의 정서 상태에 무감각하게 반응하게 되면 피해자에게는 고통을 더해주게 된다.

## 마. 심리적 충격을 받은 피해자에 대한 배려

피해자들에게는 그들이 현재 안전하다는 사실을 확인시켜 줄 필요가 있다. 그들의 두려움이 매우 커서 진정되기가 어렵다고 여겨질 경우 현장을 떠나 며칠 동안이나마 친구나 친척집에 가 있도록 권고하는 것이 좋다. 수사관은 현장에서 추가적인 보호조치가 필요한지의 여부를 판단하여야 하고, 필요하다면 어떤 조치든 취해야 한다.

어떤 피해자들, 특히 성폭행을 당한 피해자들은 형사고소를 할 수 있도록 격려를 할 필요가 있다. 수사관은 그들에게 부끄러워 할 것 없다는 사실, 그들이 범죄를 촉발시킨 것은 아니라는 사실, 그리고 수사기관이 범인체포를 위해서 힘껏 노력하고 있다는 사실 등을 강조해주어야 한다. 아울러 의과적 치료를 받는 것이 매우 중요하다는 것과 추가적 범죄가 발생하지 않도록 미연에 예방조치를 취해야 함을 알려주도록 한다.

가정폭력 피해자들도 위에서 말한 바와 같은 격려나 일정한 조치를 필요로 한다. 가해자들은 종종 자신의 행동의 심각성을 최소화하려 한다. 이 때문에 상대방 배우자나 아이들이 경찰에 도움을 호소하고자 함에 있어서 죄책감이 들게 만드는 것이다. 수사관은 폭행을 당하고 있는 상대방 배우자나 아동들에게 그들이 죄책감을 갖건 갖지 않건 간에 폭력이나 학대행위가 가정에서 결코 용납되어서는 안 되는 것임을 주지시켜 줄 필요가 있다.

## 바. 전문가의 도움을 받도록 권면

피해자들은 범죄피해를 당한 후유증으로 인하여 수사관 이외의 전문가에게 도움을 받을 필요도 있다. 피해자들은 한 때는 안전하게 보였던 집이나 자동차가 고통스런 기억을 불러일으키는 요인으로 작용할 수도 있다. 그들은 일상의 삶으로 돌아오고자 함에 있어서 절망과 죄책감, 두려움 그리고 분노를 떨쳐버리는데 어려움을 겪을 수 있다. 이 때 피해자들로 하여금 상처나 고통의 치유가 1년 혹은 그 이상도 걸릴 만큼 천천히 진행된다는 사실을 알려주는 것도 좋을 것이다. 필요하다면 전문가의 도움을 받는 것도 가능하다는 것을 알려주고 그러한 전문가를 추천해주는 조치도 필요하다. 이러한 지원이 불충분하게 되면 범죄로 인한 고통은 우정이나 다른 인간관계를 파괴시킨다. 이러한 고통은 질병, 이혼, 심지어 자살행위로까지 이어질 수 있는 것이다. 전문가의 도움을 받으면 미리 막을 수 있는 위와 같은 비극이 발생하지 않도록 수사관은 피해자에 대한 도움을 아끼지 말아야 할 것이다.

## 사. 필요한 정보의 제공

어떤 수사관들은 경찰의 수사 활동이 은밀한 베일에 가려진 채로 수행되어야 제대로 수사업무가 진행될 수 있다고 생각한다. 그러나 피해자들은 형사절차가 진행되는 과정에서 자신이 형사절차의 중요한 당사자임을 확인받고 싶어 한다. 그들은 그들의 질문에 대하여 공손하게 답변을 들을 권리가 있으며, 명쾌하고도 쉬운 용어로 설명을 들을 권리도 있고 형사절차에 대한 소개를 받을 권리도 있다. 이에 덧붙여 피해자들이 위기에 처해 있을 때 지역사회의 의료기관, 경제적 지원을 해주는 기관, 정서적 지원을 해주는 기관으로부터 적절한 원조를 구할 권리가 있음도 확인시켜 주어야 한다.

## 5. 소결

범죄를 수사하는 과정에서 받는 스트레스 때문에 수사관들은 종종 범죄피해자가 무엇을 필요로 하고 그들은 어떤 권리를 향유해야 하는지에 대해서 소홀히 생각하게 된다. 그렇지만 정작 범죄피해자라고 하는 것은 형사사법시스템의 한 중앙에 위치해 있는 소중한 존재라는 사실을 알아야 한다. 만일 피해자가 수사관의 협력요청을 거부해 버리면 범죄수사와 기소는 대체로 실패할 가능성이 높아지는 것이다. 그렇게 되면 검거되지 않은 그 범죄자는 다른 사람을 상대로 범행을 계속하게 될 것이다.

피해자들은 종종 수사과정에서 자신들이 거칠게 다루어지는 것에 대해서 불만을 표시하고 있다. 불필요하고도 적대적인 질문들, 자신들이 겪고 있는 고통에 대해 무감각한 수사관의 행태들, 그리고 자신들을 보호할 책임 있는 기관들이 제대로 지원활동을 해 주지 않는 부분들이 바로 그러한 불만의 요인들이 되고 있다.

이러한 수사관의 행태는 피해자에 대한 감수성이 부족한데서 기인하고 있는 것으로 그 대가는 크다. 어떤 전문가들은 모든 폭력범죄의 대부분이 암수범죄 화 되는데 있어 그 중요한 이유가 바로 형사사법기관의 이러한 무감각한 행태로 인해 피해자들이 형사사법기관을 불신하기 때문이라고 주장한다. 따라서 지금부터라도 범죄피해자들에 대해서는 그들의 사회적 지위나 생활방식, 윤리적·종교적 배경이 어떠하든 간에 정중하고도 동정심어린 태도로 대해주어야만 할 것이다. 아울러 수사관들은 피해자를 대함에 있어서 법령에서 정하고 있는 표준지침을 따를 수 있도록 그 지침을 학습하여야 한다. 다른 많은 일반인들이 그러하는 것처럼 수사관도 범죄피해자에 대하여 잘못된 태도나 고정관념을 가지고 대하기가 쉽기 때문이다.

위에서 살펴 본 내용들은 피해자 면담에 임하는 수사관들에게 매우 유용한 것이다. 따라서 이 내용을 체질화 시키도록 각 수사관은 부단한 학습과 훈련을 하여야 한다. 이러한 기술을 피해자 수사 시에 철저히 적용한다면 경찰수사에 대한 국민의 신뢰는 크게 향상될 것이다.

# 부　　록

1. 범죄피해자보호법

2. 가정폭력범죄의처벌등에관한특례법

3. 성폭력범죄의처벌및피해자보호등에관한법률

4. 특정범죄신고자등보호법

5. 범죄피해자보호규칙

6. 일본 범죄피해자등기본법

## 부록 1

**범죄피해자보호법**

2005년 12월 23일 법률 제7731호

# 제1장 총 칙

**제1조(목적)** 이 법은 범죄피해자 보호·지원의 기본시책 등을 정하고 범죄피해자에 대한 국가 및 지방자치단체의 보호·지원과 국민의 범죄피해자 지원활동을 촉진함으로써 범죄피해자의 피해회복, 정당한 권리행사 및 복지증진에 기여함을 목적으로 한다.

**제2조(기본이념)** ① 범죄피해자는 범죄피해로부터 조속히 회복하여 인간의 존엄성을 보장받을 권리가 있다.

② 범죄피해자의 명예와 사생활의 평온은 보호되어야 한다.

③ 범죄피해자는 당해 사건과 관련하여 각종 법적 절차에 참여할 권리가 있다.

**제3조(정의)** ①이 법에서 사용하는 용어의 정의는 다음과 같다.

1. "범죄피해자"라 함은 타인의 범죄행위로 인하여 피해를 입은 사람과 그 배우자(사실상의 혼인관계를 포함한다), 직계친족 및 형제자매를 말한다.

2. "범죄피해자 보호·지원"이라 함은 범죄피해자의 피해회복, 정당한 권리행사 및 복지증진에 기여하는 행위를 말한다. 다만, 수사·변호 또는 재판에 부당한 영향을 미치는 행위를 포함하지 아니한다.

3. "범죄피해자지원법인"이라 함은 범죄피해자 보호·지원을 주된 목적으로 설립된 비영리법인을 말한다.

② 제1항 제1호에 해당하는 사람 외에 범죄피해방지 및 범죄피해자 구조 활동으로 인하여 피해를 입은 사람도 범죄피해자로 본다.

**제4조(국가의 책무)** 국가는 범죄피해자 보호·지원을 위하여 다음과 같은 조치를 취하고 이에 필요한 재원을 조달할 책무를 진다.

1. 범죄피해자 보호·지원 체제의 구축 및 운영

2. 범죄피해자 보호·지원을 위한 실태조사·연구·교육 및 홍보

3. 범죄피해자 보호·지원을 위한 관계 법령의 정비 및 각종 정책의 수립·시행

**제5조(지방자치단체의 책무)** 지방자치단체는 범죄피해자 보호·지원을 위하여 적극적으로 노력하고, 국가의 범죄피해자 보호·지원 시책이 원활하게 시행되도록 협력하여야 한다.

**제6조(국민의 책무)** 국민은 범죄피해자의 명예와 사생활의 평온을 해하지 아니하도록 유의하여야 하고, 국가 및 지방자치단체가 실시하는 범죄피해자를 위한 정책에 최대한 협력하여야 한다.

# 제2장 범죄피해자 보호·지원 기본 시책

**제7조(피해회복 지원 등)** 국가 및 지방자치단체는 범죄피해자의 피해정도, 보호·지원 필요성 등에 상응하여 범죄피해자에게 상담, 의료의 제공, 관련 법령에 따른 구조금의 지급, 법률구조 및 취업 관련 지원 등이 이루어질 수 있도록 필요한 대책을 강구하여야 한다.

**제8조(형사절차 참여보장 등)** 국가는 범죄피해자가 당해 사건과 관련하여 수사담당자와 상담하거나 재판절차에 참여하여 진술하는 등 형사절차상의 권리를 행사할 수 있도록 보장하여야 하며, 범죄피해자의 요청이 있는 경우에는 가해자에 대한 수사결과, 공판기일, 재판결과, 형집행 및 보호관찰 집행 상황 등 형사절차 관련 정보의 제공 등이 이루어질 수 있도록 필요한 대책을 강구하여야 한다.

**제9조(사생활의 평온 및 신변보호 등)** 국가 및 지방자치단체는 범죄피해자의 명예와 사생활의 평온을 보호하기 위하여 필요한 조치를 하여야 하며, 범죄피해자가 형사소송절차에서의 진술·증언과 관련하여 보복을 당할 우려가 있는 경우 등 범죄피해자를 보호할 필요성이 있을 경우에는 적절한 조치를 강구하여야 한다.

**제10조(교육·훈련)** 국가 및 지방자치단체는 범죄피해자에 대한 이해 증진과 효율적 보호·지원 업무 수행을 위하여 범죄 수사에 종사하는 자, 범죄피해자에 관한 상담·의료 제공 등의 업무에 종사하는 자 그 밖에 범죄피해자 보호·지원 활동과 관계가 있는 자에 대하여 필요한 교육과 훈련을 실시하여야 한다.

**제11조(홍보 및 조사연구)** ① 국가 및 지방자치단체는 범죄피해자에 관한 이해와 관심을 높이기 위하여 필요한 홍보를 하여야 한다.

② 국가 및 지방자치단체는 범죄피해자에 대하여 전문적 지식과 경험을 바탕으로 한 적절한 지원이 이루어질 수 있도록 범죄피해의 실태조사, 지원정책 개발 등을 위하여 노력하여야 한다.

## 제3장 범죄피해자 보호·지원 기본계획 등

**제12조(기본계획 수립)** ①법무부장관은 제15조의 규정에 의한 범죄피해자보호위원회의 심의를 거쳐 범죄피해자 보호·지원에 관한 기본계획(이하 "기본계획"이라 한다)을 5년마다 수립하여야 한다.

② 기본계획에는 다음 각 호의 사항이 포함되어야 한다.

1. 범죄피해자 보호·지원 정책의 기본방향과 추진목표

2. 범죄피해자 보호·지원을 위한 실태조사·연구·교육 및 홍보

3. 범죄피해자 보호·지원 단체에 대한 지원·감독

4. 범죄피해자 보호·지원과 관련된 재원의 조달 및 운용

5. 그 밖에 범죄피해자 보호·지원을 위하여 법무부장관이 필요하다고 인정한 사항

**제13조(연도별 시행계획의 수립)** ①법무부장관, 관계 중앙행정기관의 장 및 특별시장·광역시장 및 도지사(이하 "시·도지사"라 한다)는 기본계획에 따라 연도별 시행계획(이하 "시행계획"이라 한다)을 수립·시행하여야 한다.

② 관계 중앙행정기관의 장 및 시·도지사는 제1항의 규정에 따른 다음 연도의 시행계획 및 추진 실적을 매년 법무부장관에게 제출하여야 한다. 이 경우 법무부장관은 그 시행계획이 부적합하다고 판단되는 때에는 보완·조정을 요구할 수 있다.

③ 그 밖에 시행계획의 수립·시행에 관하여 필요한 사항은 대통령령으로 정한다.

**제14조(관계기관 협조)** ① 법무부장관은 기본계획과 시행계획을 수립·시행하기 위하여 필요한 경우에 관계 중앙행정기관의 장·지방자치단체의 장 또는 관계 공공기관의 장에 대하여 협조를 요청할 수 있다.

② 중앙행정기관의 장 또는 시·도지사는 시행계획을 수립·시행하기 위하여 필요한 경우에 관계 중앙행정기관의 장·지방자치단체의 장 또는 공공기관의 장에 대하여 협조를 요청할 수 있다.

③ 제1항 및 제2항의 규정에 의한 협조요청을 받은 기관·단체의 장은 특별한 사유가 있는 경우를 제외하고는 이에 협조하여야 한다.

**제15조(범죄피해자보호위원회)** ①범죄피해자 보호·지원에 관한 기본계획 및 주요사항 등의 심의를 위하여 법무부장관 소속하에 범죄피해자보호위원회(이하 "위원회"라 한다)를 두되, 위원장을 포함하여 20인 이내의 위원으로 구성한다.

② 위원회는 다음 사항을 심의한다.

1. 기본계획 및 시행계획에 관한 사항

2. 범죄피해자 보호·지원을 위한 주요정책의 수립·조정에 관한 사항

3. 범죄피해자 보호·지원 단체에 대한 지원·감독에 관한 사항

4. 그 밖에 위원장이 심의를 요청한 사항

③ 위원회의 구성 및 운영 등에 관하여 필요한 사항은 대통령령으로 정한다.


# 제4장 범죄피해자지원법인

**제16조(범죄피해자지원법인의 등록 등)** ① 범죄피해자지원 법인으로서 이 법에 의한 지원을 받고자 하는 경우에는 대통령령이 정하는 요건과 절차에 따라 법무부장관에게 등록하여야 한다.

② 범죄피해자지원법인의 설립·운영에 관하여 이 법에 규정이 없는 경우에는 「민법」과 「공익법인의 설립·운영에 관한 법률」을 적용한다.

**제17조(보조금의 교부)** ① 국가 또는 지방자치단체는 범죄피해자지원법인의 건전한 육성·발전을 위하여 필요하다고 인정할 때에는 예산의 범위 안에서 보조금을 교부할 수 있다.

② 법무부장관으로부터 보조금을 교부받고자 하는 범죄피해자지원법인은 대통령령이 정한 요건과 절차에 따라 사업의 목적과 내용, 해당 법인의 시설과 인원, 소요경비 그 밖의 필요한 사항을 기재한 신청서를 법무부장관에게 제출하여야 한다.

③ 제2항의 규정에 의한 보조금의 지급 기준 및 절차에 관하여는 대통령령으로 정한다.

**제18조(보조금의 목적 외 사용금지 및 반환)** ① 제17조의 규정에 의하여 교부받은 보조금은 범죄피해자 보호·지원 외의 다른 용도로 사용할 수 없다.

② 법무부장관은 범죄피해자지원 법인이 제17조제2항의 규정에 의한 신청서 등에 허위의 사실을 기재하거나 그 밖의 부정한 방법으로 보조금을 교부받은 경우 또는 교부받은 보조금을 다른 용도에 사용한 경우에는 교부한 보조금의 전부 또는 일부를 반환하게 할 수 있다.

③ 보조금의 반환에 대하여는 「보조금의 예산 및 관리에 관한 법률」을 준용한다.

**제19조(감독 등)** ① 법무부장관은 필요하다고 인정할 때에는 등록된 범죄피해자지원법인(이하 "등록법인"이라 한다)에 대하여 그 업무·회계 및 재산에 관한 사항을 보고하게 하거나 소속공무원으로 하여금 등록법인의 장부·서류 그 밖의 물건을 감사하게 할 수 있다.

② 법무부장관은 등록법인의 임·직원이 다음 각 호의 어느 하나에 해당하는 경우에는 당해 법인의 대표자에게 이를 시정하게 하거나 당해 임원의 직무정지 또는 직원의 징계를 요구할 수 있으며, 당해 법인의 등록을 취소할 수 있다.

1. 제1항의 규정에 의하여 법무부장관이 요구하는 보고서 또는 자료를 허위로 작성하거나 그 보고 또는 제출을 거부한 경우

2. 제1항의 규정에 의한 감사를 거부·방해 또는 기피한 경우

3. 법무부장관의 시정명령이나 직무정지·징계요구에 대한 이행을 태만히 한 경우

**제20조(등록법인 오인표시의 금지)** 누구든지 등록법인이 아니면서 등록법인으로 표시하거나 등록법인으로 오인하게 할 수 있는 명칭을 사용하여서는 아니 된다.

**제21조(재판 등에 대한 영향력 행사 금지)** 범죄피해자 보호·지원업무에 종사하는 자는 형사절차에서 가해자에 대한 처벌을 요구하거나 소송관계인에게 위력을 가하는 등 수사·변호·재판에 부당한 영향을 미치기 위한 행위를 하여서는 아니 된다.

**제22조(비밀누설의 금지)** 범죄피해자 보호·지원업무에 종사하거나 하였던 자는 그 업무 수행과정에서 알게 된 타인의 사생활에 관한 비밀을 누설하거나 범죄피해자 보호·지원 외의 목적에 사용하여서는 아니된다.

**제23조(수수료 등의 징수금지)** 범죄피해자지원 법인에서 범죄피해자 보호·지원업무에 종사하거나 종사하였던 자는 범죄피해자 보호·지원을 이유로 수수료 등 명목의 금품을 요구하거나 받아서는 아니된다. 다만, 다른 법률에 규정이 있는 경우는 그러하지 아니하다.


# 제5장 벌칙


**제24조(벌칙)** ① 허위 그 밖의 부정한 방법으로 보조금을 교부받은 자는 5년 이하의 징역 또는 2천만원 이하의 벌금에 처한다.

② 제18조제1항의 규정에 위반하여 보조금을 범죄피해자 보호·지원 외의 다른 용도로 사용한 자는 3년 이하의 징역 또는 1천만 원 이하의 벌금에 처한다.

**제25조(벌칙)** 다음 각 호의 어느 하나에 해당하는 자는 1년 이하의 징역 또는 500만원 이하의 벌금에 처한다.

1. 제22조의 규정에 위반하여 타인의 비밀을 누설하거나 범죄피해자 보호·지원업무 외의 목적에 사용한 자

2. 제23조의 규정에 위반하여 금품을 요구하거나 받은 자

**제26조(양벌규정)** 법인의 대표자 또는 법인이나 개인의 대리인·사용인 그 밖의 종업원이 그 법인 또는 개인의 업무에 관하여 제24조 및 제25조의 위반행위를 한 때에는 그 행위자를 벌하는 외에

그 법인이나 개인에 대하여도 각 해당 조의 벌금형을 과한다.

**제27조(과태료)** ① 다음 각 호의 어느 하나에 해당하는 자에 대하여는 300만원 이하의 과태료에 처한다.

1. 제19조제2항 각 호의 규정에 위반한 자

2. 제20조의 규정에 위반하여 표시하거나 명칭을 사용한 자

3. 제21조의 규정에 위반한 자

② 제1항의 규정에 의한 과태료는 대통령령이 정하는 바에 의하여 법무부장관이 부과·징수한다.

③ 제2항의 규정에 의한 과태료처분에 불복이 있는 자는 그 처분을 고지받은 날부터 30일 이내에 법무부장관에게 이의를 제기할 수 있다.

④ 제2항의 규정에 의한 과태료처분을 받은 자가 제3항에 따라 이의를 제기한 때에는 법무부장관은 지체없이 관할법원에 그 사유를 통지하여야 하며, 그 통지를 받은 관할법원은 「비송사건절차법」에 의한 과태료의 재판을 한다.

⑤ 제3항의 규정에 의한 기간 내에 이의를 제기하지 아니하고 과태료를 납부하지 아니한 때에는 국세체납처분의 예에 의하여 이를 징수한다.

## 부록 2

가정폭력범죄의처벌등에관한특례법

2005년 3월 31일 법률 제7427호

# 제1장 총칙

**제1조 (목적)** 이 법은 가정폭력범죄의 형사처벌절차에 관한 특례를 정하고 가정폭력범죄를 범한 자에 대하여 환경의 조정과 성행의 교정을 위한 보호처분을 행함으로써 가정폭력범죄로 파괴된 가정의 평화와 안정을 회부하고 건강한 가정을 가꾸며 피해자와 가족구성원의 인권을 보호함을 목적으로 한다.<개정 2002.12.18>

**제2조 (정의)** 이 법에서 사용하는 용어의 정의는 다음과 같다.<개정 1999.1.21, 2000.1.12>

1. "가정폭력"이라 함은 가정구성원사이의 신체적, 정신적 또는 재산상 피해를 수반하는 행위를 말한다.

2. "가정구성원"이라 함은 다음 각목의 1에 해당하는 자를 말한다.

   가. 배우자(사실상 혼인관계에 있는 자를 포함한다. 이하 같다) 또는 배우자관계에 있었던 자

   나. 자기 또는 배우자와 직계존비속 관계(사실상의 양친자관계를 포함한다. 이하 같다)에 있거나 있었던 자

   다. 계부모와 자의 관계 또는 적모와 서자의 관계에 있거나 있었던 자

   라. 동거하는 친족관계에 있는 자

3. "가정폭력범죄"라 함은 가정폭력으로서 다음 각목의 1에 해당하는 죄를 말한다.

   가. 형법 제2편 제25장 상해와 폭행의 죄중 제257조(상해, 존속상해), 제258조(중상해, 존속중상해), 제260조(폭행, 존속폭행)제1항·제2항, 제261조(특수폭행) 및 제264조(상습범)의 죄

   나. 형법 제2편 제28장 유기와 학대의 죄중 제271조(유기, 존속유기)제1항·제2항, 제272조(영아유기), 제273조(학대, 존속학대) 및 제274조(아동혹사)의 죄

　　다.　형법 제2편 제29장 체포와 감금의 죄 중 제276조(체포, 감금, 존속체포, 존속감금), 제277조(중
　　　　체포, 중감금, 존속중체포, 존속중감금), 제278조(특수체포, 특수감금), 제279조(상습범)(제276
　　　　조, 제277조의 죄에 한한다) 및 제280조(미수범)(제276조 내지 제279조의 죄에 한한다)의 죄

　　라.　형법 제2편 제30장 협박의 죄중 제283조(협박, 존속협박)제1항·제2항, 제284조(특수협박), 제
　　　　285조(상습범)(제283조의 죄에 한한다) 및 제286조(미수범)의 죄

　　마.　형법 제2편 제33장 명예에 관한 죄중 제307조(명예훼손), 제308조(사자의 명예훼손), 제309조
　　　　(출판물등에 의한 명예훼손) 및 제311조(모욕)의 죄

　　바.　형법 제2편 제36장 주거침입의 죄중 제321조(주거·신체 수색)의 죄

　　사.　형법 제2편 제37장 권리행사를 방해하는 죄중 제324조(강요) 및 제324조의 5(미수범)(제324
　　　　조의 죄에 한한다)의 죄

　　아.　형법 제2편 제39장 사기와 공갈의 죄중 제350조(공갈) 및 제352조(미수범)(제350조의 죄에
　　　　한한다)의 죄

　　자.　형법 제2편 제42장 손괴의 죄중 제366조(재물손괴등)의 죄

　　차.　아동복지법 제29조제8호를 위반한 죄

　　카.　가목 내지 자목의 죄로서 다른 법률에 의하여 가중처벌되는 죄

4.　"가정폭력행위자"라 함은 가정폭력범죄를 범한 자 및 가정구성원인 공범(이하 "행위자"라 한다)
　　을 말한다.

5.　"피해자"라 함은 가정폭력범죄로 인하여 직접적으로 피해를 입은 자를 말한다.

6.　"가정보호사건"이라 함은 가정폭력범죄로 인하여 이 법에 의한 보호처분의 대상이 되는 사건을
　　말한다.

7.　"보호처분"이라 함은 법원이 가정 보호사건에 대하여 심리를 거쳐 행위자에게 과하는 제40조의
　　규정에 의한 처분을 말한다.

8.　"아동"이라 함은 아동복지법 제2조제1호에 규정된 자를 말한다.

**제3조 (다른 법률과의 관계)** 가정폭력범죄에 대하여는 이 법을 우선 적용한다.


# 제2장 가정보호사건


**제1절 통칙**

**제4조 (신고의무등)**

① 누구든지 가정폭력범죄를 알게 된 때에는 이를 수사기관에 신고할 수 있다.

② 다음 각호의 1에 해당하는 자가 직무를 수행하면서 가정폭력범죄를 알게 된 경우에는 정당한 사유가 없는 한 이를 즉시 수사기관에 신고하여야 한다.

1. 아동의 교육과 보호를 담당하는 기관의 종사자와 그 장

2. 아동, 60세 이상의 노인 기타 정상적인 판단능력이 결여된 자의 치료등을 담당하는 의료인 및 의료기관의 장

3. 노인복지법에 따른 노인복지시설, 아동복지법에 따른 아동복지시설, 장애인복지법에 따른 장애인복지시설의 종사자와 그 장

③ 아동복지법에 따른 아동상담소, 가정폭력방지및피해자보호등에관한법률에 따른 가정폭력관련상담소 및 보호시설, 성폭력범죄의처벌및피해자보호등에관한법률에 따른 성폭력피해상담소 및 보호시설(이하 "상담소등"이라 한다)에 근무하는 상담원과 그 장은 피해자 또는 피해자의 법정대리인등과의 상담을 통하여 가정폭력범죄를 알게 된 경우에는 이를 즉시 신고하여야 한다.

④ 누구든지 제1항 내지 제3항의 규정에 의하여 가정폭력범죄를 신고한 자(이하 "신고자"라 한다)에 대하여 그 신고행위를 이유로 부이익을 주어서는 아니된다.

**제5조 (가정폭력범죄에 대한 응급조치)** 진행중인 가정폭력범죄에 대하여 신고를 받은 사법경찰관리는 즉시 현장에 임하여 다음 각호의 조치를 취하여야 한다.<개정 2002.12.18>

1. 폭력행위의 제지, 행위자·피해자의 분리 및 범죄수사

2. 피해자의 가정폭력관련상담소 또는 보호시설 인도(피해자의 동의가 있는 경우에 한한다)

3. 긴급치료가 필요한 피해자의 의료기관 인도

4. 폭력행위의 재발시 제8조의 규정에 의하여 임시조치를 신청할 수 있음을 통보

**제6조 (고소에 관한 특례)**

① 피해자 또는 그 법정대리인은 행위자를 고소할 수 있다. 피해자의 법정대리인이 행위자인 경우 또는 행위자와 공동하여 가정폭력범죄를 범한 경우에는 피해자의 친족이 고소할 수 있다.

② 피해자는 형사소송법 제224조의 규정에 불구하고 행위자가 자기 또는 배우자의 직계존속인 경우에도 고소할 수 있다. 법정대리인이 고소하는 경우에도 또한 같다.

③ 피해자에게 고소할 법정대리인이나 친족이 없는 경우에 이해관계인의 신청이 있으면 검사는 10일 이내에 고소할 수 있는 자를 지정하여야 한다.

**제7조 (사법경찰관의 사건송치)** 사법경찰관은 가정폭력범죄를 신속히 수사하여 사건을 검사에게 송치하여야 한다. 이 경우 사법경찰관은 당해 사건이 가정보호사건으로 처리함이 상당한지 여부에 관한 의견을 제시할 수 있다.

**제8조 (임시조치의 청구 등)**

① 검사는 제5조의 규정에 의한 응급조치에 불구하고 가정폭력범죄가 재발될 우려가 있다고 인정하는 때에는 직권 또는 사법경찰관의 신청에 의하여 법원에 제29조제1항제1호 또는 제2호의 임시조치를 청구할 수 있다.

② 검사는 행위자가 제1항의 청구에 의하여 결정된 임시조치를 위반하여 가정폭력범죄가 재발될 우려가 있다고 인정하는 때에는 직권 또는 사법경찰관의 신청에 의하여 법원에 제29조제1항제4호의 임시조치를 청구할 수 있다.

③ 제1항 및 제2항의 경우 피해자 또는 그 법정대리인은 검사 또는 사법경찰관에게 제1항 및 제2항의 규정에 의한 임시조치의 청구 또는 그 신청에 관하여 의견을 진술할 수 있다.

**제9조 (가정보호사건의 처리)**

① 검사는 가정폭력범죄로서 사건의 성질·동기 및 결과, 행위자의 성행등을 고려하여 이 법에 의한 보호처분에 처함이 상당하다고 인정할 때에는 가정보호사건으로 처리할 수 있다. 이 경우 검사는 피해자의 의사를 존중하여야 한다.

② 제1항의 규정은 다음 각호의 경우 이를 적용할 수 있다. <신설 2005.1.27>

1. 피해자의 고소가 있어야 공소를 제기 할 수 있는 가정폭력범죄에서 고소가 없거나 취소된 경우

2. 피해자의 명시한 의사에 반하여 공소를 제기할 수 없는 가정폭력범죄에서 피해자가 처벌을 희망하지 아니하는 명시적 의사표시가 있거나 처벌을 희망하는 의사표시가 철회된 경우

**제10조 (관할)**

① 가정보호사건의 관할은 행위자의 행위지·거주지 또는 현재지를 관할하는 가정법원으로 한다. 다만, 가정법원이 설치되지 아니한 지역에 있어서는 해당지역의 지방법원(지원을 포함한다. 이하 같다)으로 한다.

② 가정보호사건의 심리와 결정은 단독판사(이하 "판사"라 한다)가 행한다.

**제11조 (검사의 송치)**

① 검사는 제9조의 규정에 의하여 가정보호사건으로 처리하는 경우에는 그 사건을 관할 가정법원 또는 지방법원(이하 "법원"이라 한다)에 송치하여야 한다.

② 검사는 가정폭력범죄와 그 외의 범죄가 경합하는 때에는 가정폭력범죄에 대한 사건만을 분리하여 관할 법원에 송치할 수 있다.

**제12조 (법원의 송치)** 법원은 행위자에 대한 피고사건을 심리한 결과 이 법에 의한 보호처분에 처함이 상당하다고 인정하는 때에는 결정으로 사건을 가정보호사건의 관할 법원에 송치할 수 있다. 이 경우 법원은 피해자의 의사를 존중하여야 한다.

### 제13조 (송치시의 신병처리)

① 제11조제1항 또는 제12조의 규정에 의한 송치결정이 있는 경우 행위자를 구금하고 있는 시설의 장은 검사의 이송지휘를 받은 때로부터 제10조의 규정에 의한 관할 법원이 있는 시(특별시 및 광역시를 포함한다. 이하 같다)·군에서는 24시간 이내에, 기타 시·군에서는 48시간 이내에 행위자를 관할 법원에 인도하여야 한다. 이 경우 법원은 행위자에 대하여 제29조의 규정에 의한 임시조치 여부를 결정하여야 한다.

② 제1항의 규정에 의한 인도와 결정은 형사소송법 제92조, 제203조 또는 제205조의 구속기간내에 이루어져야 한다.

③ 구속영장의 효력은 제1항 후단의 규정에 의하여 임시조치 여부를 결정한 때에 상실된 것으로 본다.

### 제14조 (송치서)

① 제11조 및 제12조의 규정에 의하여 사건을 가정보호사건으로 송치하는 경우에는 송치서를 보내야 한다.

② 제1항의 송치서에는 행위자의 성명·주소·생년월일·직업·피해자와의 관계 및 행위의 개요와 가정상황을 기재하고 기타 참고자료를 첨부하여야 한다.

### 제15조 (이송)

① 가정보호사건을 송치받은 법원은 사건이 그 관할에 속하지 아니하거나 적정한 조사·심리를 위하여 필요하다고 인정한 때에는 결정으로 당해 사건을 즉시 다른 관할 법원에 이송하여야 한다.

② 법원은 제1항 규정에 의한 이송결정을 한 때에는 지체없이 그 사유를 첨부하여 행위자와 피해자 및 검사에게 통지하여야 한다.

### 제16조 (보호처분의 효력) 제40조의 규정에 의한 보호처분이 확정된 때에는 그 행위자에 대하여 동일한 범죄사실로 다시 공소를 제기할 수 없다. 다만, 제46조의 규정에 의하여 송치된 경우에는 그러하지 아니하다.

### 제17조 (공소시효의 정지와 효력)

① 가정폭력범죄에 대한 공소시효는 당해 가정보호사건이 법원에 송치된 때로부터 시효진행이 정지되고 그 사건에 대한 제37조제1항의 부처분의 결정(제1호 및 제2호의 사유에 의한 결정에 한한다)이 확정된 때 또는 제27조제2항·제37조제2항 및 제46조의 규정에 의하여 송치된 때로부터 진행한다.

② 공범의 1인에 대한 제1항의 시효정지는 다른 공범자에 대하여 효력을 미친다.

### 제18조 (비밀엄수등의 의무)

① 가정폭력범죄의 수사 또는 가정보호사건의 조사·심리 및 그 집행을 담당하거나 이에 관여하는
공무원, 보조인 또는 상담소등에 근무하는 상담원과 그 장 및 제4조제2항제1호에 규정된 자(그
직에 있었던 자를 포함한다)는 그 직무상 알게 된 비밀을 누설하여서는 아니된다.<개정
1999.1.21>

② 이 법에 의한 가정보호사건에 대하여는 행위자, 피해자, 고소인·고발인 또는 신고인의 주소 ·
성명·연령·직업·용모 기타 이들을 특정하여 파악할 수 있는 인적사항이나 사진등을 신문등 출
판물에 게재하거나 방송매체를 통하여 방송할 수 없다.

③ 피해자의 보호하에 있는 아동이나 피해자인 아동의 교육 또는 보육을 담당하는 학교의 교직원
또는 보육시설의 종사자는 정당한 사유가 없는 한 해당 아동의 취학·진학·전학 또는 입소(그
변경을 포함한다)의 사실을 행위자인 친권자를 포함하여 누구에게든지 누설하여서는 아니된
다.<신설 2002.12.18>

## 제2절 조사·심리

**제19조 (조사·심리의 방향)** 법원이 가정보호사건을 조사·심리함에 있어서는 의학·심리학·사회학·사
회복지학 기타 전문적인 지식을 활용하여 행위자·피해자 기타 가정구성원의 성행·경력·가정상황
과 가정폭력범죄의 동기·원인 및 실태등을 밝혀서 이 법의 목적을 달성할 수 있는 적정한 처분이
이루어지도록 노력하여야 한다.

**제20조 (가정보호사건조사관)**

① 가정보호사건의 조사·심리를 위하여 법원에 가정보호사건조사관(이하 "조사관"이라 한다)을 둔다.

② 조사관의 자격·임면 기타 필요한 사항은 대법원규칙으로 정한다.

**제21조 (조사명령)** 판사는 조사관에게 행위자·피해자 및 가정구성원의 심문이나 가정폭력범죄의
동기·원인 및 실태등의 조사를 명할 수 있다.

**제22조 (전문가의 의견조회)**

① 법원은 정신과의사·심리학자·사회학자·사회복지학자 기타 관련 전문가에게 행위자·피해자 또는
가정구성원의 정신·심리상태에 대한 진단소견 및 가정폭력범죄의 원인에 관한 의견을 조회할
수 있다.

② 법원은 가정보호사건을 조사·심리함에 있어서 제1항의 규정에 의한 의견조회의 결과를 참작하
여야 한다.

**제23조 (진술거부권의 고지)** 판사 또는 조사관은 가정보호사건을 조사할 때에 미리 행위자에 대하
여 불리한 진술을 거부할 수 있음을 알려야 한다.

**제24조 (소환 및 동행영장)**

① 판사는 조사·심리에 필요하다고 인정한 때에는 기일을 지정하여 행위자·피해자·가정구성원 기타 참고인을 소환할 수 있다.

② 판사는 행위자가 정당한 이유없이 제1항의 규정에 의한 소환에 응하지 아니한 때에는 동행영장을 발부할 수 있다.

**제25조 (긴급동행영장)** 판사는 행위자가 소환에 응하지 아니할 우려가 있거나 피해자의 보호를 위하여 긴급히 필요하다고 인정하는 경우에는 제24조제1항의 규정에 의한 소환없이 동행영장을 발부할 수 있다.

**제26조 (동행영장의 방식)** 동행영장에는 행위자의 성명·생년월일·주거, 행위의 개요, 인치 또는 수용할 장소, 유효기간 및 그 기간 경과후에는 집행에 착수하지 못하며 영장을 반환하여야 한다는 취지와 발부년월일을 기재하고 판사가 서명·날인 하여야 한다.

**제27조 (동행영장의 집행등)**

① 동행영장은 조사관이나 법원의 법원서기관·법원사무관·법원주사·법원주사보(이하 "법원공무원"이라 한다) 또는 사법경찰관리로 하여금 이를 집행하게 할 수 있다.

② 법원은 행위자의 소재부명으로 인하여 1년 이상 동행영장을 집행하지 못한 경우 사건을 관할법원에 대응하는 검찰청 검사에게 송치할 수 있다.

③ 법원은 동행영장을 집행한 때에는 그 사실을 즉시 행위자의 법정대리인 또는 보조인에게 통지하여야 한다.

**제28조 (보조인)**

① 행위자는 자신의 가정보호사건에 대하여 보조인을 선임할 수 있다.

② 변호사, 행위자의 법정대리인·배우자·직계친족·형제자매, 상담소등의 상담원과 그 장은 보조인이 될 수 있다. 다만, 변호사가 아닌 자를 보조인으로 선임하고자 할 때에는 법원의 허가를 얻어야 한다. <개정 2005.3.31>

③ 제2항의 규정에 의하여 선임된 변호사가 아닌 보조인은 김품·향응 기타 이익을 받거나 받을 것을 약속하거나 또는 제삼자에게 이를 공여하게 하거나 공여하게 할 것을 약속하여서는 아니된다.

④ 법원은 행위자가 형사소송법 제33조 각호의 1에 해당하는 때에는 직권으로 변호사를 행위자의 보조인으로 선임할 수 있다.

⑤ 제4항의 규정에 의하여 선임된 보조인에게 지급하는 비용에 대하여는 형사소송비용등에관한법률을 준용한다.<개정 1999.12.31>

**제29조 (임시조치)**

① 판사는 가정보호사건의 원활한 조사·심리 또는 피해자의 보호를 위하여 필요하다고 인정한 때에는 결정으로 행위자에게 다음 각호의 1에 해당하는 임시조치를 할 수 있다.

1. 피해자 또는 가정구성원의 주거 또는 점유하는 방실로부터의 퇴거등 격리

2. 피해자의 주거, 직장등에서 100미터 이내의 접근금지

3. 의료기관 기타 요양소에의 위탁

4. 경찰관서 유치장 또는 구치소에의 유치

② 동행영장에 의하여 동행된 행위자 또는 제13조의 규정에 의하여 인도된 행위자에 대하여는 행위자가 법원에 인치된 때로부터 24시간 이내에 제1항의 조치여부를 결정하여야 한다.

③ 법원은 제1항의 규정에 의한 조치를 결정한 때에는 이를 검사 및 피해자에게 통지하여야 한다.<개정 2002.12.18>

④ 법원은 제1항제3호 또는 제4호의 조치를 한 때에는 그 사실을 행위자의 보조인이 있는 경우에는 보조인에게, 보조인이 없는 경우에는 법정대리인 또는 행위자가 지정한 자에게 통지하여야 한다. 이 경우 제1항제4호의 조치를 한 때에는 행위자에게 변호사등 보조인을 선임할 수 있으며 제49조제1항의 항고를 제기할 수 있음을 고지하여야 한다.

⑤ 제1항제1호·제2호의 격리 및 접근금지기간은 2월, 동항제3호·제4호의 위탁 및 유치기간은 1월을 초과할 수 없다. 다만, 피해자의 보호를 위하여 그 기간의 연장이 필요하다고 인정하는 경우에는 결정으로 1회에 한하여 각 기간의 범위내에서 이를 연장할 수 있다.

⑥ 제1항제3호의 위탁을 하는 경우에는 의료기관등의 장에게 행위자를 보호하는데 필요한 사항을 부과할 수 있다.

⑦ 민간이 운영하는 의료기관등에 대하여 위탁하고자 하는 때에는 제6항의 규정에 의하여 부과할 사항을 그 의료기관등의 장에게 미리 고지하고 동의를 얻어야 한다.

⑧ 판사는 제1항 각호에 규정된 임시조치의 결정을 한 때에는 조사관, 법원공무원, 사법경찰관리 또는 구치소 소속 교정직공무원으로 하여금 이를 집행하게 할 수 있다.

⑨ 행위자, 그 법정대리인이나 보조인은 제1항의 규정에 의한 임시조치결정의 취소 또는 그 종류의 변경을 신청할 수 있다.

⑩ 판사는 직권 또는 제9항의 규정에 의한 신청에 상당한 이유가 있다고 인정하는 때에는 결정으로 당해 임시조치를 취소하거나 그 종류를 변경할 수 있다.

⑪ 제1항제3호의 위탁의 대상이 되는 의료기관 및 요양소의 기준 기타 필요한 사항은 대법원규칙으로 정한다.

**제30조 (심리기일의 지정)**

① 판사는 심리기일을 지정하고 행위자를 소환하여야 한다. 이 경우 판사는 가정보호사건의 요지 및 보조인을 선임할 수 있다는 취지를 미리 고지하여야 한다.

② 제1항의 심리기일은 보조인과 피해자에게 통지하여야 한다.

**제31조 (심리기일의 변경)** 판사는 직권 또는 행위자나 보조인의 청구에 의하여 심리기일을 변경할 수 있다. 이 경우 변경된 기일을 행위자·피해자 및 보조인에게 통지하여야 한다.

**제32조 (심리의 비공개)**

① 판사는 가정보호사건을 심리함에 있어서 사생활보호나 가정의 평화와 안정을 위하여 필요하거나 선량한 풍속을 해할 우려가 있다고 인정할 때에는 결정으로 이를 공개하지 아니할 수 있다.

② 증인으로 소환된 피해자 또는 가정구성원은 사생활보호나 가정의 평화와 안정의 회복을 이유로 하여 판사에 대하여 증인신문의 비공개를 신청할 수 있다. 이 경우 판사는 그 허가여부와 공개법정외의 장소에서의 신문등 증인신문의 방식 및 장소에 관하여 결정을 할 수 있다.

**제33조 (피해자의 진술권등)**

① 법원은 피해자의 신청이 있는 경우에는 그 피해자를 증인으로 신문하여야 한다. 다만, 다음 각 호의 1에 해당하는 경우에는 그러하지 아니하다.

1. 신청인이 이미 심리절차에서 충분히 진술하여 다시 진술할 필요가 없다고 인정되는 경우

2. 신청인의 진술로 인하여 심리절차가 현저하게 지연될 우려가 있는 경우

② 법원은 제1항의 규정에 의하여 피해자를 신문하는 경우에는 당해 가정보호사건에 관한 의견을 진술할 기회를 주어야 한다.

③ 법원은 심리에 있어서 필요하다고 인정한 때에는 피해자 또는 조사관에게 의견을 진술하거나 자료의 제출을 요구할 수 있다. 이 경우 판사는 공정한 의견진술등을 위하여 필요하다고 인정한 때에는 행위자의 퇴장을 명할 수 있다.

④ 제1항 내지 제3항의 경우 피해자는 변호사, 법정대리인·배우자·직계친족·형제자매, 상담소 등의 상담원 또는 그 장으로 하여금 대리하여 의견을 진술하게 할 수 있다. <개정 2005.3.31>

⑤ 제1항의 규정에 의한 신청인이 소환을 받고도 정당한 이유없이 출석하지 아니한 때에는 그 신청을 철회한 것으로 본다.

**제34조 (증인신문·감정·통역·번역)**

① 법원은 증인을 신문하고 감정을 명하며 통역 또는 번역을 하게 할 수 있다.

② 형사소송법중 법원의 증인신문과 감정·통역 및 번역에 관한 규정은 가정보호사건의 성질에 위반되지 아니하는 범위내에서 제1항의 경우에 이를 준용한다.

③ 증인·감정인·통역인·번역인에게 지급하는 비용·숙박료 기타 비용에 대하여는 형사소송법중 비용에 관한 규정 및 형사소송비용등에관한법률을 준용한다.<개정 1999.12.31>

**제35조 (검증·압수·수색)**

① 법원은 검증·압수 및 수색을 할 수 있다.

② 형사소송법중 법원의 검증·압수 및 수색에 관한 규정은 가정보호사건의 성질에 위반하지 아니하는 범위내에서 제1항의 경우에 이를 준용한다.

**제36조 (협조·원조)**

① 법원은 가정보호사건의 조사·심리에 필요한 경우 관계 행정기관, 상담소등 또는 의료기관 기타 단체에 대하여 협조와 원조를 요청할 수 있다.

② 제1항의 요청을 받은 관계 행정기관, 상담소등 또는 의료기관 기타 단체가 그 요청을 거부할 때에는 정당한 이유를 제시하여야 한다.

**제37조 (불처분의 결정)**

① 판사는 가정보호사건을 심리한 결과 다음 각호의 1에 해당하는 때에는 처분을 하지 아니한다는 결정을 하여야 한다.

1. 삭제 <2005.1.27>

2. 보호처분을 할 수 없거나 할 필요가 없다고 인정한 때

3. 사건의 성질·동기 및 결과, 행위자의 성행·습벽등에 비추어 가정보호사건으로 처리함이 적당하지 아니하다고 인정한 때

② 법원은 제1항제3호의 사유에 의하여 불처분의 결정을 한 때에는 다음 각호의 구분에 따라 처리하여야 한다.<개정 2002.12.18>

1. 제11조의 규정에 의하여 검사가 송치한 사건인 경우에는 관할 법원에 대응하는 검찰청의 검사에게 송치

2. 제12조의 규정에 의하여 법원이 송치한 사건인 경우에는 송치한 법원에 이송

③제1항의 규정에 의한 결정을 한 때에는 이를 행위자, 피해자 및 검사에게 통지하여야 한다.

**제38조 (처분의 기간등)** 가정보호사건에 대하여는 다른 쟁송에 우선하여 신속히 처리하여야 한다. 이 경우 처분의 결정은 특별한 사유가 없는 한 송치받은 날부터 3월 이내에, 이송받은 경우에는 이송받은 날부터 3월 이내에 하여야 한다.

**제39조 (위임규정)** 가정보호사건의 조사·심리에 관하여 필요한 사항은 대법원규칙으로 정한다.


**제3절 보호처분**

**제40조 (보호처분의 결정등)**

① 판사는 심리의 결과 보호처분이 필요하다고 인정한 때에는 결정으로 다음 각호의 1에 해당하는 처분을 할 수 있다.

1. 행위자가 피해자에게 접근하는 행위의 제한

2. 친권자인 행위자의 피해자에 대한 친권행사의 제한

3. 보호관찰등에관한법률에 의한 사회봉사·수강명령

4. 보호관찰등에관한법률에 의한 보호관찰

5. 가정폭력방지및피해자보호등에관한법률이 정하는 보호시설에의 감호위탁

6. 의료기관에의 치료위탁

7. 상담소등에의 상담위탁

② 제1항 각호의 처분은 이를 병과할수 있다.

③ 제1항제2호의 처분을 하는 경우에는 피해자를 다른 친권자나 친족 또는 적당한 시설로 인도할 수 있다.

④ 법원은 보호처분의 결정을 한 때에는 지체없이 그 사실을 검사, 행위자, 피해자, 보호관찰관 및 보호처분을 위탁받아 행하는 보호시설, 의료기관 또는 상담소등(이하 "수탁기관"이라 한다)의 장에게 통지하여야 한다. 다만, 수탁기관이 민간에 의하여 운영되는 기관인 경우에는 그 기관의 장으로부터 수탁에 대한 동의를 얻어야 한다.

⑤ 제1항제3호 내지 제7호의 처분을 한 때에는 행위자의 교정에 필요한 참고자료를 보호관찰관 또는 수탁기관의 장에게 송부하여야 한다.

**제41조 (보호처분의 기간)** 제40조제1항제1호·제2호 및 제4호 내지 제7호의 보호처분의 기간은 6월을 초과할 수 없으며 동항제3호의 사회봉사·수강명령은 100시간을 각각 초과할 수 없다.

**제42조 (몰수)** 판사는 보호처분을 하는 경우에 결정으로 가정폭력범죄에 제공하거나 제공하려고 한 물건으로서 행위자외의 자의 소유에 속하지 아니하는 물건을 몰수할 수 있다.

**제43조 (보호처분결정의 집행)**

① 법원은 조사관, 법원공무원, 사법경찰관리, 보호관찰관 또는 수탁기관소속 직원으로 하여금 보호처분의 결정을 집행하게 할 수 있다.

② 보호처분의 집행에 있어 이 법에서 정하지 아니한 사항에 대하여는 가정보호사건의 성질에 위반되지 아니하는 범위내에서 형사소송법, 보호관찰등에관한법률 및 정신보건법을 준용한다.

**제44조 (보고와 의견제출등)** 법원은 제40조제1항제3호 내지 제7호의 보호처분을 결정한 때에는 보호관찰관 또는 수탁기관의 장에 대하여 행위자에 관한 보고서 또는 의견서의 제출을 요구할 수

있고, 그 집행에 대하여 필요한 지시를 할 수 있다.

**제45조 (보호처분의 변경)**

① 법원은 보호처분이 진행되는 동안 필요하다고 인정하는 때에는 직권, 검사·보호관찰관 또는 수탁기관의 장의 청구에 따라 결정으로 1회에 한하여 보호처분의 종류와 기간을 변경할 수 있다.<개정 2002.12.18>

② 제1항의 규정에 의하여 보호처분의 종류와 기간을 변경하는 경우 종전의 처분기간을 합산하여 제40조제1항제1호·제2호 및 제4호 내지 제7호의 보호처분기간은 1년을, 동항제3호의 사회봉사·수강명령기간은 200시간을 각각 초과할 수 없다.

③ 제1항의 처분변경의 결정이 있는 때에는 지체없이 그 사실을 검사, 행위자, 법정대리인, 보조인, 피해자, 보호관찰관 및 수탁기관에 통지하여야 한다.<개정 2002.12.18>

**제46조 (보호처분의 취소)** 법원은 보호처분을 받은 행위자가 제40조제1항제3호 내지 제7호의 보호처분의 결정을 이행하지 아니하거나 그 집행에 따르지 아니하는 때에는 직권, 검사·피해자·보호관찰관 또는 수탁기관의 장의 청구에 의하여 결정으로 그 보호처분을 취소하고 다음 각호의 구분에 따라 처리하여야 한다.

1. 제11조의 규정에 의하여 검사가 송치한 사건인 경우에는 관할 법원에 대응하는 검찰청의 검사에게 송치

2. 제12조의 규정에 의하여 법원이 송치한 사건인 경우에는 송치한 법원에 이송

**제47조 (보호처분의 종료)** 법원은 행위자의 성행이 교정되어 정상적인 가정생활이 유지될 수 있다고 판단되거나 기타 보호처분을 계속할 필요가 없다고 인정한 때에는 직권, 검사·피해자·보호관찰관 또는 수탁기관의 장의 청구에 의하여 결정으로 보호처분의 전부 또는 일부를 종료할 수 있다.<개정 2002.12.18>

**제48조 (비용의 부담)**

① 제29조제1항제3호의 규정에 의한 위탁결정 또는 제40조제1항제6호 및 제7호의 보호처분을 받은 행위자는 위탁 또는 보호처분에 필요한 비용을 부담한다. 다만, 행위자가 지급할 능력이 없는 때에는 국가가 이를 부담할 수 있다.

② 판사는 행위자에 대하여 제1항 본문의 규정에 의한 비용의 예납을 명할 수 있다.

③ 제1항의 규정에 의하여 행위자가 부담할 비용의 계산, 청구 및 지급 절차 기타 필요한 사항은 대법원규칙으로 정한다.

**제4절 항고와 재항고**

**제49조 (항고)**

① 제8조 또는 제29조의 규정에 의한 임시조치(연장 또는 변경의 결정을 포함한다. 이하 같다), 제40조의 보호처분, 제45조의 보호처분의 변경 및 제46조의 보호처분의 취소에 있어서 그 결정에 영향을 미칠 법령위반이 있거나 중대한 사실오인이 있는 때 또는 그 결정이 현저히 부당한 때에는 검사, 행위자, 법정대리인 또는 보조인은 가정법원본원합의부에 항고할 수 있다. 다만, 가정법원이 설치되지 아니한 지역에서는 지방법원본원합의부에 하여야 한다.<개정 2002.12.18>

② 법원이 제37조의 규정에 의하여 부처분의 결정을 한 경우 그 결정이 현저히 부당한 때에는 검사, 피해자 또는 그 법정대리인은 항고할 수 있다. 이 경우 항고법원에 관하여는 제1항의 규정을 준용한다.<개정 2002.12.18>

③ 항고의 제기기간은 그 결정을 고지받은 날부터 7일로 한다.

**제50조 (항고장의 제출)**

① 항고를 함에 있어서는 항고장을 원심 법원에 제출하여야 한다.

② 항고장을 제출받은 법원은 3일 이내에 의견서를 첨부하여 기록을 항고법원에 송부하여야 한다.

**제51조 (항고의 재판)**

① 항고법원은 항고의 절차가 법률에 위반되거나 항고가 이유없다고 인정한 때에는 결정으로 항고를 기각하여야 한다.

② 항고법원은 항고가 이유있다고 인정한 때에는 원결정을 취소하고 사건을 원심법원에 환송하거나 다른 관할 법원에 이송하여야 한다. 이 경우 환송 또는 이송하기에 급박하거나 기타 필요하다고 인정한 때에는 원결정을 파기하고 스스로 상당한 임시조치, 부처분 또는 보호처분의 결정을 할 수 있다.

**제52조 (재항고)**

① 항고의 기각 결정에 대하여는 그 결정이 법령에 위반된 때에 한하여 대법원에 재항고를 할 수 있다.

② 제49조제3항의 규정은 제1항의 재항고에 이를 준용한다.

**제53조 (집행의 불정지)** 항고와 재항고는 결정의 집행을 정지하는 효력이 없다.

**제54조 (종결된 사건 기록등의 송부)** 법원은 가정보호사건이 종결된 때에는 지체없이 사건기록과 결정서를 대응하는 검찰청 검사에게 송부하여야 한다.

**제55조(형사소송법의 준용)** 이 장에서 따로 정하지 아니한 사항에 대하여는 가정보호사건의 성질에 위반되지 아니하는 범위내에서 형사소송법의 규정을 준용한다.

# 제3장 민사처리에 관한 특례

**제56조 (배상신청)**

① 피해자는 가정보호사건이 계속된 제1심 법원에 제57조의 배상명령을 신청할 수 있다. 이 경우 인지의 첩부는 요하지 아니한다.

② 소송촉진등에관한특례법 제26조제2항 내지 제8항은 제1항의 경우 이를 준용한다.

**제57조 (배상명령)**

① 법원은 제1심의 가정보호사건 심리절차에서 보호처분을 선고할 경우 직권 또는 피해자의 신청에 의하여 다음 각호의 김전지급이나 배상(이하 "배상"이라 한다)을 명할 수 있다.

1. 피해자 또는 가정구성원의 부양에 필요한 김전의 지급

2. 가정보호사건으로 인하여 발생한 직접적인 물적피해 및 치료비손해의 배상

② 법원은 가정보호사건에 있어서 행위자와 피해자 사이에 합의된 배상액에 관하여도 제1항의 규정에 따라 배상을 명할 수 있다.

③ 소송촉진등에관한특례법 제25조제3항(제2호의 경우를 제외한다)은 제1항의 경우 이를 준용한다.

**제58조 (배상명령의 선고)**

① 배상명령은 보호처분의 결정과 동시에 하여야 한다.

② 배상명령은 일정액의 김전지급을 명함으로써 하고 배상의 대상과 김액을 보호처분결정서의 주문에 표시하여야 한다. 이 경우 배상명령의 이유는 특히 필요하다고 인정되는 경우가 아니면 이를 기재하지 아니할 수 있다.

③ 배상명령은 가집행할 수 있음을 선고할 수 있다.

④ 민사소송법 제213조제3항·제215조·제500조 및 제501조의 규정은 제3항의 경우에 이를 준용한다. <개정 2002.1.26>

⑤ 배상명령을 한 때에는 보호처분결정서의 정본을 행위자 및 피해자에게 지체없이 송달하여야 한다.

**제59조 (신청의 각하)**

① 배상신청이 부적법한 때 또는 그 신청이 이유없거나 배상명령을 함이 상당하지 아니하다고 인정될 때에는 결정으로 이를 각하하여야 한다.

② 보호처분의 결정과 동시에 제1항의 재판을 할 때에는 이를 보호처분결정서의 주문에 표시할 수 있다.

③ 신청을 각하하거나 그 일부를 인용한 재판에 대하여 신청인은 불복을 신청하지 못하며 다시

동일한 배상신청을 할 수 없다.

**제60조 (불복)**

① 보호처분에 대한 항고제기가 있는 때에는 배상명령은 가정보호사건과 함께 항고심에 이심된다. 보호처분에 대한 재항고가 있는 경우에도 또한 같다.

② 항고심에서 제1심 결정을 유지하는 경우에도 배상명령에 대하여는 이를 취소·변경할 수 있다.

③ 행위자는 보호처분결정에 대하여 항고를 제기함이 없이 배상명령에 대하여만 항고할 수 있다. 이 경우 항고는 7일 이내에 제기하여야 한다.

④ 제3항의 규정에 의한 항고의 기각결정에 대하여는 그 결정이 법령에 위반된 때에 한하여 대법원에 7일 이내에 재항고할 수 있다. 제1항 전단의 규정에 의한 항고심결정에 대하여 배상명령에 대하여만 재항고하는 경우에도 또한 같다.

⑤ 제1항, 제3항 및 제4항에 의한 항고와 재항고는 배상명령의 집행을 정지하는 효력이 없다.

**제61조 (배상명령의 효력과 강제집행)**

① 확정된 배상명령 또는 가집행선고 있는 배상명령이 기재된 보호처분결정서의 정본은 민사집행법에 의한 강제집행에 관하여는 집행력 있는 민사판결 정본과 동일한 효력이 있다. <개정 2002.1.26>

② 이 법에 의한 배상명령이 확정된 때에는 그 인용김액의 범위안에서 피해자는 다른 절차에 의한 손해배상을 청구할 수 없다.

**제62조 (다른 법률의 준용)** 이 장에서 정하지 아니한 사항에 대하여는 소송촉진등에관한특례법과 민사소송법의 관련 규정을 준용한다.

# 제4장 벌칙

**제63조 (보호처분의 불이행죄)** 제40조제1항제1호 및 제2호의 규정에 의한 보호처분이 확정된 후에 이를 이행하지 아니한 행위자는 2년 이하의 징역이나 2천만원 이하의 벌금 또는 구류에 처한다.

**제64조 (비밀엄수등 의무의 위반죄)**

① 제18조제1항의 규정에 의한 비밀엄수의무를 위반한 보조인(변호사를 제외한다), 상담소등의 상담원 또는 그 장(그 직에 있었던 자를 포함한다)은 1년 이하 징역이나 2년 이하의 자격정지 또는 1천만원 이하의 벌금에 처한다.

② 제18조제2항의 보도금지의무를 위반한 신문의 편집인, 발행인 또는 그 종사자, 방송사의 편집

책임자, 그 장 또는 종사자 기타 출판물의 저작자와 발행인은 500만원 이하의 벌금에 처한다.

**제65조 (과태료)** 다음 각호의 1에 해당하는 자는 100만원 이하의 과태료에 처한다.

1. 정당한 사유 없이 제24조제1항의 규정에 의한 소환에 불응한 자

2. 정당한 사유 없이 제44조의 규정에 의한 보고서 또는 의견서의 제출요구에 불응한 자

3. 정당한 사유 없이 검사나 법원이 가정보호사건으로 송치한 제9조 또는 제12조의 규정에 의한 가정보호사건으로서 제40조제1항제3호 내지 제7호의 규정에 의한 보호처분이 확정된 후 이를 이행하지 아니하거나 집행에 따르지 아니한 자

## 부록 3 | 성폭력범죄의처벌및피해자보호등에관한법률

2005년 8월 4일 법률 제7656호

# 제1장 총칙

**제1조 (목적)** 이 법은 성폭력범죄를 예방하고 그 피해자를 보호하며, 성폭력범죄의 처벌 및 그 절차에 관한 특례를 규정함으로써 국민의 인권신장과 건강한 사회질서의 확립에 이바지함을 목적으로 한다.

**제2조 (정의)**

① 이 법에서 "성폭력범죄"라 함은 다음 각호의 1에 해당하는 죄를 말한다.<개정 1997.8.22, 1998.12.28>

1. 형법 제22장 성풍속에 관한 죄중 제242조(음행매개)·제243조(음화등의 반포등)·제244조(음화등의 제조등) 및 제245조(공연음란)의 죄

2. 형법 제31장 약취와 유인의 죄중 추행 또는 간음을 목적으로 하거나 추업에 사용할 목적으로 범한 제288조(영리등을 위한 약취, 유인, 매매등)·제292조(약취, 유인, 매매된 자를 수수 또는 은닉. 다만, 제288조의 약취·유인이나 매매된 자를 수수 또는 은닉한 죄에 한한다)·제293조(상습범. 다만, 제288조의 약취·유인이나 매매된 자 또는 이송된 자를 수수 또는 은닉한 죄의 상습범에 한한다)·제294조(미수범. 다만, 제288조의 미수범 및 제292조의 미수범중 제288조의 약취·유인이나 매매된 자를 수수 또는 은닉한 죄의 미수범과 제293조의 상습범의 미수범중 제288조의 약취·유인이나 매매된 자를 수수 또는 은닉한 죄의 상습범의 미수범에 한한다)의 죄

3. 형법 제32장 강간과 추행의 죄중 제297조(강간)·제298조(강제추행)·제299조(준강간, 준강제추

행)·제300조(미수범)·제301조(강간등  상해·치상)·제301조의2(강간등  살인·치사)·제302조(미성년 자등에 대한 간음)·제303조(업무상위력등에 의한 간음) 및 제305조(미성년자에 대한 간음, 추행)의 죄

4. 형법 제339조(강도강간)의 죄

5. 이 법 제5조(특수강도강간등) 내지 제14조의2(카메라등 이용촬영)의 죄

② 제1항 각호의 범죄로서 다른 법률에 의하여 가중처벌되는 죄는 성폭력범죄로 본다.

**제3조 (국가와 지방자치단체의 의무)**

① 국가와 지방자치단체는 성폭력범죄를 예방하고 그 피해자를 보호하며 유해환경을 개선하기 위하여 필요한 법적·제도적 장치를 마련하고 필요한 재원을 조달하여야 한다.

② 국가와 지방자치단체는 청소년을 건전하게 육성하기 위하여 청소년에 대한 성교육 및 성폭력예방에 필요한 교육을 실시하여야 한다.

③ 제2항의 규정에 의한 청소년에 대한 성교육 및 성폭력예방에 필요한 교육에 관하여 필요한 사항은 대통령령으로 정한다.<신설 1997.8.22>

**제4조 (피해자에 대한 불이익처분의 금지)** 성폭력범죄의 피해자를 고용하고 있는 자는 누구든지 성폭력범죄와 관련하여 피해자를 해고하거나 기타 불이익을 주어서는 아니된다.


# 제2장 성폭력범죄의 처벌 및 절차에 관한 특례


**제5조 (특수강도강간등)**

① 형법 제319조제1항(주거침입), 제330조(야간주거침입절도), 제331조(특수절도) 또는 제342조(미수범. 다만, 제330조 및 제331조의 미수범에 한한다)의 죄를 범한 자가 동법 제297조(강간) 내지 제299조(준강간, 준강제추행)의 죄를 범한 때에는 무기 또는 5년 이상의 징역에 처한다.<개정 1997.8.22>

② 형법 제334조(특수강도) 또는 제342조(미수범. 다만, 제334조의 미수범에 한한다)의 죄를 범한 자가 동법 제297조(강간) 내지 제299조(준강간, 준강제추행)의 죄를 범한 때에는 사형·무기 또는 10년 이상의 징역에 처한다.<개정 1997.8.22>

**제6조 (특수강간등)**

① 흉기 기타 위험한 물건을 휴대하거나 2인 이상이 합동하여 형법 제297조(강간)의 죄를 범한 자는 무기 또는 5년 이상의 징역에 처한다.

② 제1항의 방법으로 형법 제298조(강제추행)의 죄를 범한 자는 3년 이상의 유기징역에 처한다.

③ 제1항의 방법으로 형법 제299조(준강간, 준강제추행)의 죄를 범한 자는 제1항 또는 제2항의 예에 의한다.<개정 1997.8.22>

④ 제1항의 방법으로 신체장애로 항거불능인 상태에 있음을 이용하여 여자를 간음하거나 사람에 대하여 추행한 자도 제1항 또는 제2항의 예에 의한다.

**제7조 (친족관계에 의한 강간등)**

① 친족관계에 있는 자가 형법 제297조(강간)의 죄를 범한 때에는 5년 이상의 유기징역에 처한다.<개정 1997.8.22>

② 친족관계에 있는 자가 형법 제298조(강제추행)의 죄를 범한 때에는 3년 이상의 유기징역에 처한다.<개정 1997.8.22>

③ 친족관계에 있는 자가 형법 제299조(준강간, 준강제추행)의 죄를 범한 때에는 제1항 또는 제2항의 예에 의한다.<개정 1997.8.22>

④ 제1항 내지 제3항의 친족의 범위는 4촌 이내의 혈족과 2촌 이내의 인척으로 한다.<개정 1997.8.22>

⑤ 제1항 내지 제3항의 친족은 사실상의 관계에 의한 친족을 포함한다.<신설 1997.8.22>

**제8조 (장애인에 대한 간음등)** 신체장애 또는 정신상의 장애로 항거불능인 상태에 있음을 이용하여 여자를 간음하거나 사람에 대하여 추행한 자는 형법 제297조(강간) 또는 제298조(강제추행)에 정한 형으로 처벌한다.<개정 1997.8.22>

**제8조의2 (13세 미만의 미성년자에 대한 강간, 강제추행등)**

① 13세 미만의 여자에 대하여 형법 제297조(강간)의 죄를 범한 자는 5년 이상의 유기징역에 처한다.

② 13세 미만의 사람에 대하여 형법 제298조(강제추행)의 죄를 범한 자는 1년 이상의 유기징역 또는 500만원 이상 2천만원 이하의 벌금에 처한다.

③ 13세 미만의 사람에 대하여 형법 제299조(준강간, 준강제추행)의 죄를 범한 자는 제1항 또는 제2항의 예에 의한다.

④ 위계 또는 위력으로써 13세 미만의 여자를 간음하거나 13세 미만의 사람에 대하여 추행을 한 자는 제1항 또는 제2항의 예에 의한다.

**제9조 (강간등 상해·치상)**

① 제5조제1항, 제6조 또는 제12조(제5조제1항 또는 제6조의 미수범에 한한다)의 죄를 범한 자가 사람을 상해하거나 상해에 이르게 한 때에는 무기 또는 7년 이상의 징역에 처한다.<개정

1997.8.22>

② 제7조, 제8조 또는 제12조(제7조 또는 제8조의 미수범에 한한다)의 죄를 범한 자가 사람을 상해하거나 상해에 이르게 한 때에는 무기 또는 5년 이상의 징역에 처한다.<개정 1997.8.22>

**제10조 (강간등 살인·치사)**

① 제5조 내지 제8조, 제12조(제5조 내지 제8조의 미수범에 한한다)의 죄 또는 형법 제297조(강간) 내지 제300조(미수범)의 죄를 범한 자가 사람을 살해한 때에는 사형 또는 무기징역에 처한다.<개정 1997.8.22>

② 제6조 내지 제8조, 제12조(제6조 내지 제8조의 미수범에 한한다)의 죄를 범한 자가 사람을 사망에 이르게 한 때에는 무기 또는 10년 이상의 징역에 처한다.<개정 1997.8.22>

③삭제 <1997.8.22>

**제11조 (업무상 위력등에 의한 추행)**

① 업무·고용 기타 관계로 인하여 자기의 보호 또는 감독을 받는 사람에 대하여 위계 또는 위력으로써 추행한 자는 2년 이하의 징역 또는 500만원 이하의 벌금에 처한다.

② 법률에 의하여 구금된 사람을 감호하는 자가 그 사람을 추행한 때에는 3년 이하의 징역 또는 1천500만원 이하의 벌금에 처한다.

**제12조 (미수범)** 제5조 내지 제10조 및 제14조의2의 미수범은 처벌한다.<개정 1997.8.22, 1998.12.28>

**제13조 (공중밀집장소에서의 추행)** 대중교통수단, 공연·집회장소 기타 공중이 밀집하는 장소에서 사람을 추행한 자는 1년 이하의 징역 또는 300만원 이하의 벌금에 처한다.

**제14조 (통신매체이용음란)** 자기 또는 다른 사람의 성적 욕망을 유발하거나 만족시킬 목적으로 전화·우편·컴퓨터 기타 통신매체를 통하여 성적 수치심이나 혐오감을 일으키는 말이나 음향, 글이나 도화, 영상 또는 물건을 상대방에게 도달하게 한 자는 1년 이하의 징역 또는 300만원 이하의 벌금에 처한다.

**제14조의2 (카메라등 이용촬영)** 카메라 기타 이와 유사한 기능을 갖춘 기계장치를 이용하여 성적 욕망 또는 수치심을 유발할 수 있는 타인의 신체를 그 의사에 반하여 촬영한 자는 5년 이하의 징역 또는 1천만원 이하의 벌금에 처한다.

**제15조 (고소)** 제11조·제13조 및 제14조의 죄는 고소가 있어야 공소를 제기할 수 있다.<개정 1997.8.22>

**제16조 (보호관찰등)**

① 법원이 성폭력범죄를 범한 자에 대하여 형의 선고를 유예할 경우에는 1년동안 보호관찰을 받

을 것을 명할 수 있다. 다만, 성폭력범죄를 범한 자가 소년인 경우에는 반드시 보호관찰을 명하여야 한다.

② 법원이 성폭력범죄를 범한 자에 대하여 형의 집행을 유예할 경우에는 그 집행유예기간내에서 일정기간동안 보호관찰을 받을 것을 명하거나 사회봉사 또는 수강을 명할 수 있다. 이 경우 2 이상 병과할 수 있다. 다만, 성폭력범죄를 범한 자가 소년인 경우에는 반드시 보호관찰·사회봉사 또는 수강을 명하여야 한다.<개정 1997.8.22>

③ 성폭력범죄를 범한 자로서 형의 집행중에 가석방된 자는 가석방기간동안 보호관찰을 받는다. 다만, 가석방을 허가한 행정관청이 필요가 없다고 인정한 때에는 그러하지 아니하다.

④ 보호관찰·사회봉사 및 수강에 관하여 이 법에 정한 사항 이외의 사항에 관하여는 보호관찰등에관한법률을 준용한다.<개정 1995.1.5, 1997.8.22>

**제17조 삭제 <2005.8.4>**

**제18조 (고소제한에 대한 예외)** 성폭력범죄에 대하여는 형사소송법 제224조(고소의 제한)의 규정에 불구하고 자기 또는 배우자의 직계존속을 고소할 수 있다.

**제19조 (고소기간)**

① 성폭력범죄중 친고죄에 대하여는 형사소송법 제230조(고소기간)제1항의 규정에 불구하고 범인을 알게 된 날부터 1년을 경과하면 고소하지 못한다. 다만, 고소할 수 없는 불가항력의 사유가 있는 때에는 그 사유가 없어진 날부터 기산한다.

② 형사소송법 제230조(고소기간)제2항의 규정은 제1항의 경우에 이를 준용한다.

**제20조 (특정강력범죄의처벌에관한특례법의 준용)**

① 성폭력범죄에 대한 처벌절차에는 특정강력범죄의처벌에관한특례법 제7조(증인에 대한 신변안전조치)·제8조(출판물등으로부터의 피해자보호)·제9조(소송진행의 협의)·제12조(간이공판절차의 결정) 및 제13조(판결선고)의 규정을 준용한다.

② 제5조·제6조·제9조·제10조 및 제12조(제5조·제6조·제9조 및 제10조의 미수범에 한한다)의 죄는 특정강력범죄의처벌에관한특례법 제2조(적용범위)제1항의 규정에 의한 특정강력범죄로 본다.

**제21조 (피해자의 신원과 사생활비밀누설금지)**

① 성폭력범죄의 수사 또는 재판을 담당하거나 이에 관여하는 공무원은 피해자의 주소·성명·연령·직업·용모 기타 피해자를 특정하여 파악할 수 있게 하는 인적사항과 사진등을 공개하거나 타인에게 누설하여서는 아니된다.

② 제1항에 규정된 자는 성폭력범죄의 소추에 필요한 범죄구성사실을 제외한 피해자의 사생활에 관한 비밀을 공개하거나 타인에게 누설하여서는 아니된다.

**제21조의2 (영상물의 촬영·보존 등)**

① 검사 또는 사법경찰관은 성폭력 범죄를 당한 피해자의 연령, 심리상태 또는 후유장애의 유무 등을 신중하게 고려하여 조사과정에서 피해자의 인격이나 명예가 손상되거나 사적인 비밀이 침해되지 않도록 주의하여야 하며, 조사횟수는 필요 최소한으로 하여야 한다.

② 제1항의 피해자가 13세 미만이거나 신체장애 또는 정신상의 장애로 사물을 변별하거나 의사를 결정할 능력이 미약한 때에는 피해자의 진술내용과 조사과정을 비디오녹화기 등 영상물 녹화장치에 의하여 촬영·보존하여야 한다. 다만, 피해자 또는 법정대리인이 이를 원하지 않는 의사를 표시한 때에는 촬영을 하여서는 아니된다.

③ 제2항의 규정에 따라 촬영한 영상물에 수록된 피해자의 진술은 공판준비 또는 공판기일에서 피해자 또는 조사과정에 동석하였던 신뢰관계에 있는 자의 진술에 의하여 그 성립의 진정함이 인정된 때에는 증거로 할 수 있다.

④ 수사기관은 제2항의 요건에 해당하는 피해자 또는 법정대리인으로부터 신청이 있는 때에는 영상물 촬영과정에서 작성한 조서의 사본을 신청인에게 교부하여야 한다.

**제22조 (심리의 비공개)**

① 성폭력범죄에 대한 심리는 그 피해자의 사생활을 보호하기 위하여 결정으로 이를 공개하지 아니할 수 있다.

② 증인으로 소환받은 성폭력범죄의 피해자와 그 가족은 사생활보호등의 사유로 증인신문의 비공개를 신청할 수 있다.

③ 재판장은 제2항의 신청이 있는 때에는 그 허가여부 및 공개, 법정외의 장소에서의 신문등 증인의 신문방식 및 장소에 관하여 결정할 수 있다.

④ 법원조직법 제57조(재판의 공개)제2항 및 제3항의 규정은 제1항 및 제3항의 경우에 이를 준용한다.

**제22조의2 (전문가의 의견조회)**

① 법원은 정신과의사·심리학자·사회복지학자 그 밖의 관련전문가에게 행위자 또는 피해자의 정신·심리상태에 대한 진단소견 및 피해자의 진술내용에 관한 의견을 조회할 수 있다.

② 법원은 성폭력범죄를 조사·심리함에 있어서 제1항의 규정에 의한 의견조회의 결과를 참작하여야 한다.

**제22조의3 (신뢰관계에 있는 자등의 동석)**

① 법원은 제5조 내지 제9조와 제11조 및 제12조(제10조의 미수범을 제외한다)의 범죄의 피해자를 증인으로 신문하는 경우에는 검사, 피해자 또는 법정대리인의 신청에 의하여 피해자와 신

뢰관계에 있는 자를 동석하게 할 수 있다. <개정 2003.12.11>

② 수사기관이 제1항의 피해자를 조사하는 경우에는 피해자 또는 법정대리인의 신청에 의하여 피해자가 지정하는 자를 동석하게 할 수 있다. <개정 2003.12.11>

③ 법원 또는 수사기관은 제21조의2제2항의 요건에 해당하는 피해자를 신문 또는 조사하는 때에는 재판이나 수사에 지장을 초래할 우려가 있는 등 부득이한 경우가 아닌 한 피해자와 신뢰관계에 있는 자를 동석하게 하여야 한다. <신설 2003.12.11>

**제22조의4 (비디오 등 중계장치에 의한 증인신문)**

① 법원은 제2조제1항제3호 내지 제5호의 규정에 의한 범죄의 피해자를 증인으로 신문하는 경우 검사와 피고인 또는 변호인의 의견을 들어 비디오 등 중계장치에 의한 중계를 통하여 신문할 수 있다.

② 제1항의 규정에 의한 증인신문의 절차·방법 등에 관하여 필요한 사항은 대법원규칙으로 정한다.

**제22조의5 (신고의무)** 18세 미만의 사람을 보호하거나 교육 또는 치료하는 시설의 책임자 및 관련 종사자는 자기의 보호 또는 감독을 받는 사람이 제5조 내지 제10조, 형법 제301조(강간등 상해·치상) 및 제301조의2(강간등 살인·치사)의 범죄의 피해자인 사실을 안 때에는 즉시 수사기관에 신고하여야 한다.

**제22조의6 (증거보전의 특례)**

① 피해자 또는 그 법정대리인은 피해자가 공판기일에 출석하여 증언하는 것이 현저히 곤란한 사정이 있는 때에는 그 사유를 소명하여 당해 성폭력범죄를 수사하는 검사에 대하여 형사소송법 제184조(증거보전의청구와 그 절차)제1항의 규정에 의한 증거보전의 청구를 할 것을 요청할 수 있다. 이 경우 피해자가 제21조의2제2항의 요건에 해당하는 경우에는 공판기일에 출석하여 증언하는 것이 현저히 곤란한 사정이 있는 것으로 본다. <개정 2003.12.11>

② 제1항의 요청을 받은 검사는 그 요청이 상당한 이유가 있다고 인정하는 때에는 증거보전의 청구를 할 수 있다.


# 제3장 성폭력피해상담소등


**제23조 (상담소의 설치)**

① 국가 또는 지방자치단체는 성폭력피해상담소(이하 "상담소"라 한다)를 설치·운영할 수 있다.

② 국가 또는 지방자치단체외의 자가 상담소를 설치·운영하고자 할 때에는 시장·군수·구청장(자치

구의 구청장을 말한다. 이하 같다)에게 신고하여야 한다. <개정 1997.8.22, 1997.12.13, 2003.12.11>

③ 상담소의 설치기준과 신고등에 관하여 필요한 사항은 여성가족부령으로 정한다. <개정 1997.8.22, 2001.1.29, 2005.3.24>

**제24조 (상담소의 업무)** 상담소의 업무는 다음과 같다.

1. 성폭력피해를 신고받거나 이에 관한 상담에 응하는 일

2. 성폭력피해로 인하여 정상적인 가정생활 및 사회생활이 어렵거나 기타 사정으로 긴급히 보호를 필요로 하는 사람을 병원 또는 성폭력피해자보호시설로 데려다 주는 일

3. 가해자에 대한 고소와 피해배상청구등 사법처리절차에 관하여 대한변호사협회·대한법률구조공단등 관계기관에 필요한 협조와 지원을 요청하는 일

4. 성폭력범죄의 예방 및 방지를 위한 홍보를 하는 일

5. 기타 성폭력범죄 및 성폭력피해에 관하여 조사·연구하는 일

**제25조 (보호시설의 설치)**

① 국가 또는 지방자치단체는 성폭력피해자보호시설(이하 "보호시설"이라 한다)을 설치·운영할 수 있다.

② 사회복지법인 기타 비영리법인은 시장·군수·구청장에게 신고하고 보호시설을 설치·운영할 수 있다. <개정 1997.8.22, 2003.12.11>

③ 보호시설의 설치기준과 신고등에 관하여 필요한 사항은 여성가족부령으로 정한다. <개정 1997.8.22, 2001.1.29, 2005.3.24>

**제26조 (보호시설의 업무)** 보호시설의 업무는 다음과 같다.

1. 제24조 각호의 일

2. 성폭력피해자를 일시보호하는 일

3. 성폭력피해자의 신체적·정신적 안정회부과 사회복귀를 도우는 일

4. 기타 성폭력피해자의 보호를 위하여 필요한 일

**제27조 (상담소 또는 보호시설의 휴지 또는 폐지)** 제23조제2항 또는 제25조제2항의 규정에 의하여 설치한 상담소 또는 보호시설을 휴지 또는 폐지하고자 할 때에는 여성가족부령이 정하는 바에 따라 미리 시장·군수·구청장에게 신고하여야 한다. <개정 1997.8.22, 2001.1.29, 2003.12.11, 2005.3.24>

**제28조 (감독)**

① 여성가족부장관 또는 시장·군수·구청장은 상담소 또는 보호시설의 장으로 하여금 당해 시설에

관하여 필요한 보고를 하게 할 수 있으며, 관계공무원으로 하여금 당해 시설의 운영상황을 조사하게 하거나 장부 기타 서류를 검사하게 할 수 있다. <개정 1997.8.22, 2001.1.29, 2003.12.11, 2005.3.24>

② 제1항의 규정에 의하여 관계공무원이 그 직무를 행하는 때에는 그 권한을 표시하는 증표를 지니고 이를 관계인에게 내보여야 한다.

**제29조 (시설의 폐쇄등)** 시장·군수·구청장은 상담소 또는 보호시설이 다음 각호의 1에 해당하는 때에는 그 업무의 정지 또는 폐지를 명하거나 시설을 폐쇄할 수 있다. <개정 1997.8.22, 2003.12.11>

1. 제23조제3항 또는 제25조제3항의 규정에 의한 설치기준에 미달하게 된 때

2. 정당한 사유없이 제28조제1항의 규정에 의한 보고를 하지 아니하거나 허위로 보고한 때 또는 조사·검사를 거부하거나 기피한 때

**제29조의2 (청문)** 시장·군수·구청장은 제29조의 규정에 의하여 업무의 폐지를 명하거나 시설을 폐쇄하고자 하는 경우에는 청문을 실시하여야 한다. <개정 2003.12.11>

**제30조 (경비의 보조)** 국가 또는 지방자치단체는 제23조제2항 또는 제25조제2항의 규정에 의하여 설치한 상담소 또는 보호시설의 설치·운영에 소요되는 경비를 보조할 수 있다.

**제31조 (비밀엄수의 의무)** 상담소 또는 보호시설의 장이나 이를 보조하는 자 또는 그 직에 있었던 자는 그 직무상 알게 된 비밀을 누설하여서는 아니된다.

**제32조 (유사명칭사용금지)** 이 법에 의한 상담소 또는 보호시설이 아니면 성폭력피해상담소·성폭력피해자보호시설 또는 이와 유사한 명칭을 사용하지 못한다.

**제33조 (의료보호)**

① 여성가족부장관 또는 시장·군수·구청장은 국·공립병원·보건소 또는 민간의료시설을 성폭력피해자의 치료를 위한 전담의료기관으로 지정할 수 있다. <개정 1997.8.22, 2001.1.29, 2003.12.11, 2005.3.24>

② 제1항의 규정에 의하여 지정된 전담의료기관은 상담소 또는 보호시설의 장의 요청이 있을 경우에는 다음 각호의 의료등을 제공하여야 한다.

1. 성폭력피해자의 보건상담 및 지도

2. 성폭력피해의 치료

3. 기타 대통령령이 정하는 신체적·정신적 치료

**제34조 (권한의 위임)** 여성가족부장관은 이 법에 의한 권한의 일부를 시·도지사 또는 시장·군수·구청장에게 위임할 수 있다. <개정 1997.8.22, 2001.1.29, 2003.12.11, 2005.3.24>

# 제4장 벌칙

**제35조 (벌칙)** 다음 각호의 1에 해당하는 자는 2년 이하의 징역 또는 500만원 이하의 벌금에 처한다.<개정 1997.8.22>

1. 영리를 목적으로 이 법에 의한 상담소 또는 보호시설을 설치·운영한 자

2. 제21조 또는 제31조의 규정에 의한 비밀엄수의무를 위반한 자

3. 제29조의 규정에 의한 시설의 폐쇄, 업무의 휴지 또는 폐지명령을 받고도 상담소 또는 보호시설을 계속 운영한 자

**제36조 (과태료)**

① 다음 각호의 1에 해당하는 자는 300만원 이하의 과태료에 처한다. <개정 2003.12.11>

1. 정당한 사유없이 제22조의5 또는 제28조제1항의 규정에 의한 신고 또는 보고를 하지 아니하거나 허위로 신고 또는 보고한 자 또는 조사·검사를 거부하거나 기피한 자

2. 제32조의 규정에 의한 유사명칭사용금지를 위반한 자

② 제1항의 규정에 의한 과태료는 대통령령이 정하는 바에 의하여 여성가족부장관 또는 시장·군수·구청장이 부과·징수한다. <개정 1997.8.22, 2001.1.29, 2003.12.11, 2005.3.24>

③ 제2항의 규정에 의한 과태료처분에 불복이 있는 자는 그 처분의 고지를 받은 날부터 30일 이내에 여성가족부장관 또는 시장·군수·구청장에게 이의를 제기할 수 있다. <개정 1997.8.22, 2001.1.29, 2003.12.11, 2005.3.24>

④ 제2항의 규정에 의한 과태료처분을 받은 자가 제3항의 규정에 의한 이의를 제기한 때에는 여성가족부장관 또는 시장·군수·구청장은 지체없이 관할법원에 그 사유를 통보하여야 하며, 그 통보를 받은 관할법원은 비송사건절차법에 의한 과태료의 재판을 한다. <개정 1997.8.22, 2001.1.29, 2003.12.11, 2005.3.24>

⑤ 제3항의 규정에 의한 기간내에 이의를 제기하지 아니하고 과태료를 납부하지 아니한 때에는 국세 또는 지방세체납처분의 예에 의하여 이를 징수한다.

**제37조 (양벌규정)** 법인의 대표자, 법인 또는 개인의 대리인·사용인 기타 종업원이 그 법인 또는 개인의 업무에 관하여 제14조의2 또는 제35조의 위반행위를 한 때에는 행위자를 벌하는 외에 그 법인 또는 개인에 대하여도 각 해당 조의 벌금형을 과한다.<개정 1997.8.22, 1998.12.28>

## 부록 4

# 특정범죄신고자등보호법

2005년 3월 31일 법률 제7427호

**제1조 (목적)** 이 법은 특정범죄에 관한 형사절차에서 국민이 안심하고 자발적으로 협조할 수 있도록 그 범죄신고자등을 실질적으로 보호함으로써 범죄로부터 사회를 방위함에 이바지함을 목적으로 한다.

**제2조 (정의)** 이 법에서 사용하는 용어의 정의는 다음과 같다.

  1. "특정범죄"라 함은 다음 각목의 1에 해당하는 범죄를 말한다.

  가. 특정강력범죄의처벌에관한특례법 제2조의 범죄

  나. 마약류불법거래방지에관한특례법 제2조제2항의 범죄

  다. 폭력행위등처벌에관한법률 제4조 및 특정범죄가중처벌등에관한법률 제5조의8의 단체의 구성원의 동단체의 활동과 관련된 범죄

  2. "범죄신고등"이라 함은 특정범죄에 관한 신고·진정·고소·고발 등 수사단서의 제공, 진술 또는 증언 기타 자료제출행위 및 범인검거를 위한 제보 또는 검거활동을 말한다.

  3. "범죄신고자등"이라 함은 범죄신고등을 한 자를 말한다.

  4. "친족등"이라 함은 범죄신고자등의 친족 또는 동거인 기타 밀접한 인적 관계에 있는 자를 말한다.

  5. "보복을 당할 우려가 있는 경우"라 함은 범죄신고등과 관련하여 생명 또는 신체에 대한 위해나 재산등에 대한 피해를 입거나 입을 우려가 있다고 인정할 만한 충분한 이유가 있는 경우를 말한다.

**제3조 (적용범위)** 이 법은 특정범죄에 관한 범죄신고자등이나 그 친족등이 보복을 당할 우려가 있는 경우에 한하여 적용한다.

**제4조 (국가의 책무)**

  ① 국가는 범죄신고자등을 보호하고, 이들에 대한 보복범죄를 예방하기 위한 법적·제도적 장치를

마련하고, 필요한 재원을 조달하여야 한다.

② 수사기관등은 이 법을 적용함에 있어서 피의자·피고인의 방어권 및 변호인의 변론권을 부당하게 침해하지 아니하도록 주의하여야 한다.

**제5조 (불이익처우의 금지)** 범죄신고자등을 고용하고 있는 자(고용주를 위하여 근로자에 관한 업무를 행하는 자를 포함한다)는 피고용자가 범죄신고등을 하였다는 이유로 해고 기타 불이익한 처우를 하여서는 아니된다.

**제6조 (범죄신고자등보좌인)**

① 사법경찰관·검사 또는 법원은 범죄신고자등이나 그 친족등이 보복을 당할 우려가 있는 경우에는 직권 또는 범죄신고자등, 그 법정대리인이나 친족등의 신청에 의하여 범죄신고자등보좌인(이하 "보좌인"이라 한다)을 지정할 수 있다.

② 보좌인은 범죄신고자등의 법정대리인·친족 또는 대통령령이 정하는 자중에서 지정한다. 다만, 수사기관 종사자는 보좌인이 될 수 없다.

③ 보좌인은 범죄신고자등을 위하여 당해 형사사건의 수사·공판과정에 동행하거나 조언하는 등 필요한 조력을 할 수 있다.

④ 보좌인은 허위진술을 유도하는 등 범죄신고자등의 진술이나 증언등에 부당한 영향을 주어서는 아니된다.

⑤ 보좌인이 다음 각호의 1에 해당하는 경우에는 그 지정을 취소할 수 있다.

1. 범죄신고자등, 그 법정대리인이나 친족등으로부터 취소 또는 교체신청이 있는 때

2. 범죄신고자등의 진술이나 증언등에 부당한 영향을 주는 등 범죄신고자등을 보좌하는데 부적당하다고 인정될 때

⑥ 제5항의 규정에 의한 지정의 취소는 당해 사건의 진행경과에 따라 사법경찰관·검사 또는 법원이 결정한다.

⑦ 사법경찰관이 보좌인을 지정 또는 취소하고자 하는 경우에는 지체없이 검사에게 보고하여 허가를 얻어야 한다.

⑧ 제6항의 규정에 의한 취소결정에 대하여는 이의를 제기할 수 없다.

⑨ 보좌인의 지정은 제5항의 규정에 의하여 취소되지 아니하는 한 당해 사건이 종결될 때까지 효력을 가진다.

⑩ 보좌인에 대하여는 대통령령이 정하는 바에 의하여 여비 기타 실비를 지급할 수 있다.

**제7조 (인적 사항의 기재생략)**

① 검사 또는 사법경찰관은 범죄신고등과 관련하여 조서 기타 서류(이하 "조서등"이라 한다)를 작

성함에 있어서 범죄신고자등이나 그 친족등이 보복을 당할 우려가 있는 경우에는 그 취지를 조서등에 기재하고 범죄신고자등의 성명·연령·주소·직업등 신원을 알 수 있는 사항(이하 "인적 사항"이라 한다)의 전부 또는 일부를 기재하지 아니할 수 있다.

② 사법경찰관이 조서등에 범죄신고자등의 인적 사항의 전부 또는 일부를 기재하지 아니한 경우에는 즉시 검사에게 보고하여야 한다.

③ 제1항의 경우 검사 또는 사법경찰관은 조서등에 기재하지 아니한 인적 사항을 범죄신고자등신원관리카드(이하 "신원관리카드"라 한다)에 등재하여야 한다.

④ 제1항의 규정에 의하여 조서등에 성명을 기재하지 아니하는 경우에는 범죄신고자등으로 하여금 조서등에 서명은 가명으로, 간인 및 날인은 무인으로 하게 하여야 한다. 이 경우 가명으로 된 서명은 본명의 서명과 동일한 효력이 있다.

⑤ 범죄신고자등은 진술서등을 작성함에 있어서 검사 또는 사법경찰관의 승인을 얻어 인적 사항의 전부 또는 일부를 기재하지 아니할 수 있다. 이 경우 제2항 내지 제4항의 규정을 준용한다.

⑥ 범죄신고자등이나 그 법정대리인은 검사 또는 사법경찰관에게 제1항의 규정에 의한 조치를 취하도록 신청할 수 있다.

⑦ 신원관리카드는 검사가 관리한다.

⑧ 신원관리카드의 작성 및 관리 등에 관하여 필요한 사항은 대통령령으로 정한다.

**제8조 (인적 사항의 공개금지)** 이 법에 규정된 경우를 제외하고는 누구든지 이 법에 의하여 보호되고 있는 범죄신고자등이라는 정을 알면서 그 인적 사항 또는 범죄신고자등임을 미루어 알 수 있는 사실을 다른 사람에게 알려주거나 공개 또는 보도하여서는 아니된다.

**제9조 (신원관리카드의 열람)**

① 법원은 다른 사건의 재판상 필요한 경우에는 검사에게 신원관리카드의 열람을 요청할 수 있다. 이 경우 요청을 받은 검사는 범죄신고자등이나 그 친족등이 보복을 당할 우려가 있는 경우외에는 그 열람을 허용하여야 한다.

② 다음 각호의 1에 해당하는 경우에는 그 사유를 소명하고 검사의 허가를 받아 신원관리카드를 열람할 수 있다. 다만, 범죄신고자등이나 그 친족등이 보복을 당할 우려가 있는 경우에는 열람을 허가하여서는 아니된다.

1. 검사나 사법경찰관이 다른 사건의 수사에 필요한 경우

2. 변호인이 피고인의 변호에 필요한 경우

3. 제14조의 규정에 의한 범죄신고자등구조금의 지급에 관한 심의등 공무상 필요가 있는 경우

③ 피의자 또는 피고인이나 그 변호인 또는 법정대리인, 배우자, 직계친족과 형제자매가 피해자와

의 합의를 위하여 필요한 경우에는 검사에게 범죄신고자등과의 면담을 신청할 수 있다. <개정 2005.3.31>

④ 제3항의 면담신청이 있는 경우 검사는 즉시 그 사실을 범죄신고자등에게 통지하고, 범죄신고 자등이 이를 승낙한 경우에는 검사실등 적당한 장소에서 범죄신고자등이나 그 대리인과 면담 을 할 수 있도록 조치할 수 있다.

⑤ 제2항제2호의 규정에 의하여 신원관리카드의 열람을 신청한 변호인과 제3항의 규정에 의하여 면담신청을 한 자는 검사의 거부처분에 대하여 이의신청을 할 수 있다.

⑥ 제5항의 이의신청은 그 검사가 소속하는 지방검찰청검사장(지청의 경우에는 지청장)에게 서면 으로 제출하여야 한다. 이의신청을 받은 검사장 또는 지청장은 이의신청이 이유가 있다고 인 정하는 경우에는 신원관리카드의 열람을 허가하거나 범죄신고자등이나 그 대리인과 면담할 수 있도록 조치하여야 한다.

## 제10조 (영상물촬영)

① 범죄신고자등에 대하여 형사소송법 제184조(증거보전의 청구와 그 절차) 또는 제221조의2(증인 신문의 청구)에 의한 증인신문을 하는 경우 판사는 직권 또는 검사의 신청에 의하여 그 과정 을 비디오테이프등 영상물로 촬영할 것을 명할 수 있다.

② 형사소송법 제56조의2(공판정에서의 속기·녹취)제2항 및 제3항의 규정은 제1항의 규정에 의한 영상물의 촬영비용 및 복사에 관하여 이를 준용한다.

③ 제1항의 규정에 의하여 촬영한 영상물에 수록된 범죄신고자등의 진술은 이를 증거로 할 수 있다.

## 제11조 (증인소환 및 신문의 특례등)

① 제7조의 규정에 의하여 조서등에 인적 사항을 기재하지 아니한 범죄신고자등을 증인으로 소환 할때에는 검사에게 소환장을 송달한다.

② 재판장 또는 판사는 소환된 증인 또는 그 친족등이 보복을 당할 우려가 있는 경우에는 참여한 법원서기관 또는 서기로 하여금 공판조서에 그 취지를 기재하고 당해 증인의 인적 사항의 전 부 또는 일부를 기재하지 아니하게 할 수 있다. 이 경우 재판장 또는 판사는 검사에게 신원관 리카드가 작성되지 아니한 증인에 대하여 신원관리카드의 작성 및 관리를 요청할 수 있다.

③ 제2항의 경우 재판장 또는 판사는 증인의 인적 사항이 신원확인·증인선서·증언등 증인신문의 모든 과정에서 공개되지 아니하도록 하여야 한다. 이 경우 제1항에 의하여 소환된 증인의 신 원확인은 검사가 제시하는 신원관리카드에 의한다.

④ 제2항의 규정에 의하여 공판조서에 인적 사항을 기재하지 아니하는 경우 재판장 또는 판사는 범죄신고자등으로 하여금 선서서에 가명으로 서명·무인하게 하여야 한다. 이 경우 제7조제4항

후단의 규정을 준용한다.

⑤ 증인으로 소환받은 범죄신고자등이나 그 친족등이 보복을 당할 우려가 있는 경우에는 검사&
범죄신고자등 또는 그 법정대리인은 법원에 피고인이나 방청인을 퇴정시키거나 공개법정외의
장소에서 증인신문을 할 것을 신청할 수 있다.

⑥ 재판장 또는 판사는 직권 또는 제5항의 규정에 의한 신청이 상당한 이유가 있다고 인정되는
때에는 피고인이나 방청인을 퇴정시키거나 공개법정외의 장소에서 증인신문등을 행할 수 있
다. 이 경우 변호인이 없는 때에는 국선변호인을 선임하여야 한다.

⑦ 법원조직법 제57조(재판의 공개)제2항·제3항 및 형사소송법 제297조(피고인등의 퇴정)제2항의
규정은 제6항의 경우에 이를 준용한다.

### 제12조 (소송진행의 협의등)

① 법원은 범죄신고자등이나 그 친족등이 보복을 당할 우려가 있는 경우에는 검사 및 변호인과
당해 피고인에 대한 공판기일의 지정 기타 소송의 진행에 필요한 사항을 협의할 수 있다.

② 제1항의 규정에 의한 협의는 소송진행에 필요한 최소한에 그쳐야 하며, 판결에 영향을 주어서
는 아니된다.

③ 특정강력범죄의처벌에관한특례법 제10조(집중심리) 및 제13조(판결선고)의 규정은 제1항의 경
우에 이를 준용한다.

### 제13조 (신변안전조치)

① 검사 또는 경찰서장은 범죄신고자등이나 그 친족등이 보복을 당할 우려가 있는 경우에는 일정
기간동안 당해 검찰청 또는 경찰서 소속 공무원으로 하여금 신변안전을 위하여 필요한 조치
(이하 "신변안전조치"라 한다)를 하게 하거나 대상자의 주거지 또는 현재지를 관할하는 경찰서
장에게 신변안전조치를 취하도록 요청할 수 있다. 이 경우 요청을 받은 경찰서장은 특별한 사
유가 없는 한 즉시 신변안전조치를 취하여야 한다.

② 재판장 또는 판사는 공판준비 또는 공판진행과정에서 검사에게 제1항의 규정에 의한 조치를
취하도록 요청할 수 있다.

③ 범죄신고자등, 그 법정대리인 또는 친족등은 재판장·검사 또는 주거지나 현재지를 관할하는 경
찰서장에게 제1항의 규정에 의한 조치를 취하여 줄 것을 신청할 수 있다.

④ 경찰서장이 신변안전조치를 취한 경우에는 대통령령이 정하는 바에 의하여 그 사실을 검사에
게 통보하여야 한다.

⑤ 제1항의 규정에 의한 신변안전조치의 종류와 절차등에 관하여 필요한 사항은 대통령령으로 정한다.

### 제14조 (범죄신고자등구조금)

① 국가는 범죄신고자등이나 그 친족등이 보복을 당할 우려가 있는 경우로서 그로 인하여 중대한 경제적 손실 또는 정신적 고통을 받았거나 이사·전직등으로 비용을 지출하였거나 지출할 필요가 있는 때에는 범죄신고자등, 그 법정대리인 또는 친족등의 신청에 의하여 범죄신고자등구조금(이하 "구조금"이라 한다)을 지급할 수 있다.

② 구조금의 금액은 보복의 위험성, 지급대상자의 직업·신분·생활수준, 경제적 손실과 정신적 고통의 정도, 지출비용 기타 필요한 사항을 고려하여 대통령령이 정하는 한도안에서 결정한다.

③ 구조금의 지급에 관한 사항을 심의·결정하기 위하여 지방검찰청에 범죄신고자등구조심의회(이하 "심의회"라 한다)를 둔다.

④ 심의회는 법무부장관의 지휘·감독을 받는다.

⑤ 심의회는 구조금의 지급에 관한 사항을 심의·결정하기 위하여 필요한 때에는 신청인 기타 관계인을 조사하거나 행정기관 또는 공·사단체에 필요한 사항을 알아볼 수 있다. 이 경우 행정기관 및 공·사단체는 특별한 사유가 없는 한 이에 응하여야 한다.

⑥ 심의회의 구성·운영 및 구조금의 지급에 관하여 필요한 사항은 대통령령으로 정한다.

**제15조 (피고인등에 관련된 주요변동상황통지)** 범죄신고자등이나 그 친족등이 보복을 당할 우려가 있는 경우에는 검사 또는 사법경찰관은 직권 또는 범죄신고자등, 그 법정대리인이나 친족등의 신청에 의하여 피의자 또는 피고인의 체포·구속 및 석방에 관련된 사법경찰관·검사 및 법원의 처분내용, 재판선고기일이나 선고내용 및 가석방·형집행정지·형기만료나 보안처분종료등으로 인한 교정시설등에서의 출소사실이나 도주사실등 재판 및 신병에 관련된 변동상황을 범죄신고자등, 그 법정대리인 또는 친족등에게 통지할 수 있다.

**제16조 (범죄신고자등에 대한 형의 감면)** 범죄신고등을 함으로써 그와 관련된 자신의 범죄가 발견된 경우 그 범죄신고자등에 대하여 형을 감경 또는 면제할 수 있다.

**제17조 (벌칙)** 제8조의 규정에 위반한 자는 3년 이하의 징역 또는 500만원 이하의 벌금에 처한다.

## 부록 5

# 범죄피해자보호규칙

2004년 8월 17일 경찰청훈령 제428호

## 제1장 총칙

**제1조(목적)** 이 규칙은 경찰의 적극적인 보호활동을 통해 범죄피해자의 권익보호와 신속한 피해회복을 도모함을 목적으로 한다.

**제2조(정의)** 이 규칙에서 사용하는 용어의 정의는 다음과 같다.

1. "피해자"라 함은 범죄로 인하여 피해를 입은 자와 그 가족 등을 말한다.

2. "피해자보호대책"이라 함은 피해자에 대한 각종 지원과 형사절차상 피해자 권익보호 및 제2차 피해방지를 위한 종합적 활동을 말한다.

3. "경찰관서"라 함은 경찰청, 지방경찰청 및 경찰서를 말한다.

**제3조(피해자 보호의 원칙)** ① 경찰공무원은 피해자의 신체적·정신적·경제적 피해의 회복과 권익증진을 위해 노력하여야 한다.

② 경찰공무원은 피해자의 심정을 이해하고 그 인격을 존중하여야 한다.

③ 경찰공무원은 피해자 보호를 위한 초기대응에 최선을 다하여야 한다.

④ 경찰공무원은 피해자를 보호함에 있어서 피의자 인권이 침해되지 않도록 주의하여야 한다.

## 제2장 피해자보호추진위원회 등

**제4조(설치)** 피해자보호대책을 체계적으로 추진하기 위하여 경찰청에 피해자보호추진위원회(이하 "위원회"라 한다)를 둔다.

**제5조(구성)** ① 위원회는 위원장을 포함하여 15인 이내의 위원으로 한다. ②위원회의 위원장은 경찰청 차장으로 하고, 위원은 다음 각 호의 자로 한다.

1. 경무기획국장, 생활안전국장, 수사국장, 공보관, 감사관, 외사관리관, 교통관리관

2. 기타 위원장이 필요하다고 인정하는 자

③ 위원회의 사무를 처리하기 위하여 간사를 두며, 간사는 범죄피해자대책실장으로 한다.

**제6조(임무)** 위원회의 임무는 다음 각 호와 같다.

1. 피해자 보호 관련 중요시책의 심의 · 의결

2. 피해자 보호업무에 관한 관련 기능 및 지방청간 업무의 조정

3. 피해자 보호업무의 분석 · 평가 및 발전방향 협의

4. 기타 피해자 보호를 위하여 필요한 시책에 관한 사항의 처리

**제7조(운영)**  ①위원회 회의는 제6조의 임무를 수행하기 위하여 위원장이 필요하다고 인정하거나 위원의 소집건의가 있을 때 소집한다.

② 위원회의 위원장, 위원 및 간사의 직무는 다음과 같다.

1. 위원장

 가. 위원회 소집 및 회의 주재

 나. 위원회 결정사항의 시행확인

2. 위원

 가. 위원회 소집 건의, 토의 및 의사결정 참여

 나. 소관사항의 제안 및 의결사항의 시행

3. 간사

 가. 피해자보호대책 추진상황에 대한 위원회 보고

 나. 상정의안 등 회의서류 작성 및 보관

 다. 기타 위원회 관련 사무처리

③ 위원장이 부득이한 사유로 직무를 수행할 수 없는 때에는 위원장이 미리 지명한 위원이 그 직무를 대행한다.

④ 위원회의 의결은 재적위원 과반수의 출석과 출석위원 과반수의 찬성으로 한다.

**제8조(실무위원회)**  ①위원회의 의결사항을 실행하고, 위원회에서 위임받은 사항을 처리하기 위하여 피해자보호실무위원회(이하 "실무위원회"라 한다)를 둔다.

② 실무위원회 위원장은 경찰청 수사국장으로 하고, 위원은 다음 각호의 자로 한다.

1. 혁신기획과장, 생활안전과장, 수사과장, 범죄피해자대책실장, 공보담당관, 감찰담당관, 외사3담당관, 교통기획담당관

2. 기타 실무위원회 위원장이 필요하다고 인정하는 자

**제9조(범죄피해자대책관)**  전문적이고 일관성 있는 피해자 보호를 위하여 각 지방청 및 경찰서에
범죄피해자대책관(이하 "대책관"이라 한다)을 둔다.

**제10조(대책관의 업무)**  대책관은 다음 각 호의 업무를 수행한다.

1. 피해자 통지 등 피해자에 대한 각종 정보제공 및 상담 체계 구축

2. 유관기관 · 단체와의 연락 및 협조

3. 피해자 보호를 위한 교육 및 홍보

4. 피해자 보호 관련 통계의 작성 및 보고

5. 기타 피해자 보호 관련 업무


# 제3장 범죄피해자보호대책


**제11조(피해자에 대한 정보제공)**  ①경찰공무원은 범죄사건을 처리하는 과정에서 피해자 보호를
위하여 필요하다고 인정하는 경우 법령에 저촉되지 않는 범위 내에서 피해자에게 다음 각 호의
정보를 제공하여야 한다.

1. 사건의 접수, 진행경과 및 처리결과 등 수사진행 사항

2. 피해자 진술권, 형사 보좌인의 조력을 받을 권리 등 형사절차상 피해자의 권리에 관한 사항

3. 범죄피해자구조금제도, 배상명령제도, 성폭력피해자 의료비 지원제도 등 피해자 지원제도에
   관한 사항

② 전항 제1호에 관한 정보의 제공은 범죄수사규칙 제10조의3에 의한 방법으로 한다.

**제12조(제2차 피해의 방지)**  ①경찰공무원은 범죄사건을 처리하는 과정에서 권위적 태도, 불필요
한 질문 등으로 피해자에게 제2차 피해를 주지 않도록 하여야 한다.

② 경찰공무원은 피해자의 입장에서 진술을 경청하고, 필요한 경우 피해자조사실을 이용하거나
피의자와 분리하여 조사하는 등 제2차 피해의 방지 및 경감을 위해 노력하여야 한다.

**제13조(신변안전조치)**  경찰관서의 장은 피해자가 피의자 기타의 사람으로부터 생명·신체에 해를
받거나 받을 염려가 있다고 인정되는 때에는 직권 또는 피해자의 신청에 의하여 신변안전에 필
요한 조치를 취하여야 한다.

**제14조(교육)**  경찰관서의 장은 피해자 보호 관련 교육을 정기적으로 실시함으로써 피해자 보호에
대한 인식 및 전문성을 제고하여야 한다.

**제15조(관계기관 등과의 협조)**  ①경찰관서의 장은 피해자 지원을 위하여 관계기관 및 민간단체와

　의 유기적인 협조체제를 구축하여야 한다.

　　② 전항의 경우에 피해자보호대책의 추진을 위하여 관계전문가 등으로 구성된 피해자보호자문 위원회를 설치할 수 있다.

**제16조(세부지침)**　이 규칙에 규정된 사항 이외에 피해자 보호를 위하여 필요한 세부사항은 별도 지침으로 정할 수 있다.

## 부록 6

**일본 범죄피해자등기본법**

2004년 12월 8일 법률 제161호

### 전 문

안심하고 안전하게 생활할 수 있는 사회를 실현하는 것은 전 국민의 바램 과 동시에 국가의 중요한 책무로, 일본은 범죄 등을 억지하기 위해 한결같은 노력을 계속해 왔다.

그러나, 근래 다양한 범죄 등이 끊이지 않고 거기에 휩싸인 범죄피해자 등의 대다수는 지금까지 그 권리가 존중되어 왔다고는 말하기 어려울 뿐만 아니라, 충분한 지원을 받지 못하고 부득이 사회로부터 고립되어 왔다. 더욱이 범죄 등에 의한 직접적인 피해에 그치지 않고 그 후에도 부차적인 피해에 괴로워하는 경우도 적지 않았다.

원래 범죄 등에 의한 피해에 대해서 제1차적인 책임을 지는 것은 가해자이다. 그러나, 범죄 등을 억지하고 안심하고 안전하게 생활할 수 있는 사회의 실현을 도모할 책무가 있는 우리들 또한 범죄피해자 등의 목소리에 귀를 기울이지 않으면 안 된다. 국민 누구나 범죄피해자 등이 될 가능성이 높은 지금이야말로 범죄피해자 등의 관점에서 시책을 강구하고 그 권리이익의 보호가 도모되는 사회의 실현을 향한 새로운 일보를 내딛지 않으면 안 된다.

여기에 범죄피해자 등을 위한 시책의 기본이념을 명백히 해 그 방향을 제시하고 국가, 지방공공단체, 기타 관계기관 및 민간단체 등의 연계 하에 범죄피해자 등을 위한 시책을 종합적·계획적으로 추진하기 위해 이 법률을 제정한다.

### 제1장 총 칙

**제1조(목적)**

이 법률은 범죄피해자 등을 위한 시책에 관해 기본이념을 정하고 국가, 지방공공단체 및 국민의 책무를 명백히 함과 동시에 범죄피해자 등을 위한 시책의 기본이 되는 사항을 정하는 등 범죄피해자 등을 위한 시책을 종합적·계획적으로 추진함으로써 범죄피해자 등의 권리이익 보호를 도모함을 목적으로 한다.

**제2조(정의)**

① 이 법률에서 「범죄 등」이란 범죄 및 이에 준하는 심신에 유해한 영향을 미치는 행위를 말한다.

② 이 법률에서 「범죄피해자 등」이란 범죄 등에 의해 해를 입은 자 및 그 가족 또는 유족을 말한다.

③ 이 법률에서 「범죄피해자 등을 위한 시책」이란 범죄피해자 등이 입은 피해를 회복하거나 경감케 하고 다시 평온한 생활을 영위할 수 있도록 지원하고 범죄피해자 등이 그 피해 관련 형사절차에 적절히 관여할 수 있도록 하기 위한 시책을 말한다.

**제3조(기본이념)**

① 모든 범죄피해자 등은 개인의 존엄이 존중되고 그 존엄에 상응한 처우를 보장받을 권리가 있다.

② 범죄피해자 등을 위한 시책은 피해상황 및 원인, 범죄피해자 등이 처한 상황 기타 사정에 따라서 적절히 강구되어야 한다.

③ 범죄피해자 등을 위한 시책은 범죄피해자 등이 피해를 입은 때로부터 다시 평온한 생활을 영위할 수 있을 때까지의 기간 동안, 필요한 지원 등을 계속해서 받을 수 있도록 강구되어야 한다.

**제4조(국가의 책무)**

국가는 전조의 기본이념에 따라 범죄피해자 등을 위한 시책을 종합적으로 책정하고 실시할 책무가 있다.

**제5조(지방공공단체의 책무)**

지방공공단체는 기본이념에 따라 범죄피해자 등의 지원 등에 관해 국가와의 적절한 역할분담을 통해 그 지방공공단체의 지역 상황에 상응한 시책을 책정하고 실시할 책무가 있다.

**제6조(국민의 책무)**

국민은 범죄피해자 등의 명예 또는 생활의 평온을 해하는 일이 없도록 충분히 배려함과 동시에 국가 및 지방공공단체가 실시할 범죄피해자 등을 위한 시책에 협력하도록 노력하지 않으면 안 된다.

**제7조(연계협력)**

국가, 지방공공단체, 일본사법 지원센터(총합법률지원법 제13조에 규정된 일본사법 지원센터를 말한다.) 기타 관계기관, 범죄피해자 등을 원조하는 민간단체 기타 관계자는 범죄피해자 등을 위한 시책이 원활히 실시되도록 상호 연계를 꾀하면서 협력하지 않으면 안 된다.

**제8조(범죄피해자등 기본계획)**

① 정부는 범죄피해자 등을 위한 시책의 종합적·계획적인 추진을 도모하기 위해 범죄피해자 등을 위한 시책에 관한 기본적인 계획(이하「범죄피해자등 기본계획」이라 한다.)을 정하지 않으면 안 된다.

② 범죄피해자등 기본계획은 다음에 열거하는 사항에 대해 정한다.

 1. 종합적·장기적으로 강구할 범죄피해자 등을 위한 시책의 大綱

 2. 전호에 열거한 것 이외에 범죄피해자 등을 위한 시책을 종합적·계획적으로 추진하기 위해 필요한 사항

③ 내각총리대신은 범죄피해자등 기본계획의 안에 대해 각의의 결정을 요구하지 않으면 안 된다.

④ 내각총리대신은 전항의 규정에 의해 각의의 결정이 있는 때에는 지체 없이 범죄피해자등 기본계획을 공표하지 않으면 안 된다.

⑤ 전2항의 규정은 범죄피해자등 기본계획의 변경에 대해서 준용한다.

**제9조(법제상의 조치 등)**

 정부는 이 법률의 목적을 달성하기 위해 필요한 법제상 또는 재정상의 조치 기타 조치를 강구하지 않으면 안 된다.

**제10조(연차보고)**

 정부는 매년 국회에 정부가 강구한 범죄피해자 등을 위한 시책에 관한 보고서를 제출하지 않으면 안 된다.


# 제2장 기본적 시책


**제11조(상담 및 정보제공 등)**

 국가 및 지방공공단체는 범죄피해자 등이 일상생활 또는 사회생활을 원활히 영위할 수 있도록 하기 위해 범죄피해자 등이 직면하고 있는 제반 문제에 대해 상담에 응하고 필요한 정보제공 및 조언을 하고 범죄피해자 등의 원조에 정통한 자를 소개하는 등 필요한 시책을 강구한다.

**제12조 (손해배상의 청구에 대한 원조 등)**

 국가 및 지방공공단체는 범죄 등에 의한 피해 관련 손해배상 청구의 적절하고 원활한 실현을 도모하기 위해 범죄피해자 등이 행하는 손해배상의 청구에 대한 원조, 해당 손해배상의 청구에 대해 그 피해 관련 형사절차와의 유기적인 연계를 도모하기 위한 제도의 확충 등 필요한 시책을 강구한다.

**제13조 (급부금의 지급 관련 제도의 충실 등)**

국가 및 지방공공단체는 범죄피해자 등이 입은 피해에 의한 경제적 부담의 경감을 도모하기 위해 범죄피해자 등에 대한 급부금 지급 관련 제도의 충실 등 필요한 시책을 강구한다.

**제14조 (보건의료서비스 및 복지서비스의 제공)**

국가 및 지방공공단체는 범죄피해자 등이 심리적 외상 기타 범죄 등에 의해 입은 심신의 영향으로부터 회복될 수 있도록 하기 위해, 그 심신의 상황 등에 상응한 적절한 보건의료서비스 및 복지서비스가 제공되도록 필요한 시책을 강구한다.

**제15조 (안전 확보)**

국가 및 지방공공단체는 범죄피해자등이 계속되는 범죄 등에 의한 피해를 방지하고 그 안전을 확보하기 위해 일시보호, 시설에의 입소에 의한 보호, 방범 관련 지도, 범죄피해자 등이 그 피해 관련 형사절차에 증인 등으로서 관여할 경우에 있어서의 특별조치, 범죄피해자 등 관련 개인정보의 적절한 취급의 확보 등 필요한 시책을 강구한다.

**제16조 (주거의 안정)**

국가 및 지방공공단체는 범죄 등에 의해 종전의 주거에 거주함이 곤란한 범죄피해자 등의 거주의 안정을 도모하기 위해 공영주택에의 입주에 있어서의 특별배려 등 필요한 시책을 강구한다.

**제17조 (고용의 안정)**

국가 및 지방공공단체는 범죄피해자 등의 고용 안정을 도모하기 위해 범죄피해자 등이 처한 상황에 대해 사업주의 이해를 높이는 등 필요한 시책을 강구한다.

**제18조 (형사절차에의 참가 기회를 확충하기 위한 제도의 정비 등)**

국가 및 지방공공단체는 범죄피해자 등이 그 피해 관련 형사절차에 적절히 관여할 수 있도록 하기 위해 형사 관련 절차의 진척상황 등에 관한 정보제공, 형사절차에의 참가 기회를 확충하기 위한 제도의 정비 등 필요한 시책을 강구한다.

**제19조 (보호, 수사, 공판 등의 과정상 배려 등)**

국가 및 지방공공단체는 범죄피해자 등의 보호, 그 피해 관련 형사사건의 수사 또는 공판 등 과정에 있어서 명예 또는 생활의 평온 기타 범죄피해자 등의 인권에 충분한 배려가 이루어져, 범죄피해자 등의 부담이 경감되도록 범죄피해자 등의 심신 상황, 처한 환경 등에 관한 이해를 높이기 위한 훈련 및 계발, 전문적 지식 또는 기능이 있는 직원의 배치, 필요한 시설의 정비 등 필요한 시책을 강구한다.

**제20조 (국민의 이해의 증진)**

국가 및 지방공공단체는 교육활동, 공보활동 등을 통해 범죄피해자 등이 처한 상황, 범죄피해자

등의 명예 또는 생활의 평온에의 배려의 중요성 등에 대해 국민의 이해를 높이기 위해 필요한 시책을 강구한다.

### 제21조 (조사연구의 증진 등)

국가 및 지방공공단체는 범죄피해자 등에 대해 전문적 지식을 바탕으로 하는 적절한 지원을 할 수 있도록 하기 위해, 심리적 외상 기타 범죄피해자 등이 범죄 등에 의해 입은 심신의 영향 및 범죄피해자 등의 심신의 건강을 회복시키기 위한 방법 등에 관한 조사연구의 추진 및 국내외의 정보수집, 정리 및 활용, 범죄피해자 등의 지원 관련 인재의 양성 및 자질 향상 등 필요한 시책을 강구한다.

### 제22조 (민간단체에 대한 원조)

국가 및 지방공공단체는 범죄피해자 등에 대해서 행해지는 제반 지원에 있어서 범죄피해자 등의 원조를 행하는 민간단체가 수행할 역할의 중요성을 감안하여, 그 활동의 촉진을 도모하기 위해 재정상 및 세제상의 조치, 정보제공 등 필요한 시책을 강구한다.

### 제23조 (의견 반영 및 투명성의 확보)

국가 및 지방공공단체는 범죄피해자 등을 위한 시책의 적정한 책정 및 실시에 기여하기 위해, 범죄피해자 등의 의견을 시책에 반영하고 해당 시책의 책정과정의 투명성을 확보하기 위한 제도를 정비하는 등 필요한 시책을 강구한다.

# 제3장 범죄피해자 등 시책 추진회의

### 제24조 (설치 및 소관사무)

① 내각부에 특별기관으로써 범죄피해자등시책추진회의를 둔다.

② 회의는 다음 열거하는 사무를 담당한다.

　1. 범죄피해자등 기본계획의 안 작성

　2. 전호에 열거한 사무 이외에 범죄피해자 등을 위한 시책에 관한 중요사항에 대해 심의함과 동시에 범죄피해자 등을 위한 시책의 실시를 추진하고 그 실시 상황의 검증·평가·감시사무

### 제25조 (조직)

회의는 회장 및 위원 10인 이내로 구성, 조직한다.

### 제26조 (회장)

① 회장은 내각관방장관으로 한다.

② 회장은 회의업무를 총괄한다.

③ 회장에 사고가 있을 때에는 미리 그 지명하는 위원이 그 직무를 대리한다.

## 제27조 (위원)

① 위원은 다음에 열거하는 자로 충당한다.

 1. 내각관방장관 이외의 국무대신 중 내각총리대신이 지정하는 자

 2. 범죄피해자 등의 지원 등에 관해서 뛰어난 식견을 가진 자 중 내각총리대신이 임명하는 자

② 전항 제2호의 위원은 비상근으로 한다.

## 제28조 (위원의 임기)

① 전조 제1항 제2호의 위원의 임기는 2년으로 한다. 단, 보결 위원의 임기는 전임자의 잔여기간으로 한다.

② 전조 제1항 제2호의 위원은 재임할 수 있다.

## 제29조 (자료제출의 요구 등)

① 회의는 그 소관 사무를 수행하기 위해 필요가 있다고 인정할 때에는 관계행정기관의 장에 대해서 자료의 제출, 의견 개진, 설명 기타 필요한 협력을 요구할 수 있다.

② 회의는 그 소관 사무를 수행하기 위해 특히 필요가 있다고 인정되는 때에는 전항에 규정한 자 이외의 자에 대해서도 필요한 협력을 의뢰할 수 있다.

## 제30조 (정령에의 위임)

이 장에 정한 사항 이외에 회의의 조직 및 운영에 관해 필요한 사항은 정령으로 정한다.

< 참 고 문 헌 >

## 1. 국내문헌

### < 단행본 >


경기개발연구원, 가정폭력피해자 보호시설의 기능강화 방안, 2002.

경찰대학, 경찰수사론, 2003.

————, 지역사회경찰론, 2003.

————, 피해자학, 2002.

경찰청, 범죄피해자 보호 매뉴얼, 2005.

————, 경찰교육훈련계획, 2003.

————, 과학수사, 2003.

————, 범죄수법 수사, 2003.

————, 범죄백서, 2003.

————, 대여성·아동범죄 실무 매뉴얼, 2002.

————, 범죄분석, 2002.

————, 인질범죄 대응요령, 2001.

고제원, 최면과 최면수사, 서울 : 학지사, 2003.

권영성, 한국헌법론, 서울 : 법문사, 1999.

————, 헌법학원론, 서울 : 법문사, 2002.

국가인권위원회, 연간보고서, 2003.

—————, 인권강사 워크숍 교육자료, 2003.

김동희, 행정법Ⅰ, 서울 : 박영사, 2000.

김용세, 피해자학, 서울 : 형설출판사, 2003.

김종률, 수사심리학, 서울 : 학지사, 2003.

김현택외 8인 공저, 심리학, 서울 : 학지사, 2003.

박광배, 법심리학, 서울 : 학지사, 2003.

박상기 외 2인 공저, 형사정책, 한국형사정책연구원, 2003

박은정 (역), 자연법과 실질적 정의, 서울 : 삼영사, 2001.

법무연수원, 범죄백서, 2002.

사법연수원, 수사절차론, 2001.

──, 형사증거법, 2001.

서울지방경찰청, 실전 과학수사, 2002.

─────, 아동성폭력 수사 매뉴얼, 2004.

신양균, 형사소송법, 서울 : 법문사, 2000.

신동운, 형사소송법, 서울 : 법문사, 1993.

──, 형사소송법, 서울 : 법문사, 1997.

── (역), 일본 형사수속법, 법문사, 2003.

안황권·김상돈, 범죄피해자학, 백산서당, 2003.

이동원, 사회심리학, 서울 : 학지사, 2003.

이상안, 범죄경제학, 서울 : 박영사, 1999.

이재상, 형사소송법, 서울 : 박영사, 1999.

──, 형법각론, 서울 : 박영사, 1999.

이정모 외 17인 공저, 인지심리학, 서울 : 학지사, 2003.

최상진 외 1인 편저, 법심리학의 제문제, 서울 : 학지사, 2003.

최영인 외 1인 공저, 피해자의 책임성과 범죄피해자화 이론, 서을 : 열린, 2003.

허  영, 한국헌법론, 서울 : 박영사, 2000.

## < 논문 >

김광석, "서독의 범죄피해자 보상법 - 우리 범죄피해자구조법의 정책론적 개선을 위한 고
  찰", 법조, 1990.

김성돈, "형사절차상 피해자-가해자 조정제도", 피해자학연구, 제9권 제1호, 2000.

──, "우리나라 소년사법에 있어서 가족집단협의제도의 도입방안", 2005년 춘계학술회
  의 자료집, 한국피해자학회, 2005.

김영문, "형사절차에서의 범죄피해자 보호, -캐나다의 victim service 제도-", 해외연수검
  사연구논문집(1) 제17집, 법무부연수원

김용세, "한국의 형사사법체제와 회복적 사법", 형사법연구 제20호 (겨울호), 2003.

──, "경찰의 범죄피해자 보호대책", 치안연구소 연구보고서, 2002.

──, "일본 범죄피해자보호법의 피해자보호시책", 피해자학연구 제9권 제1호, 2000.

김철수, "인권과 기본권의 근본으로서의 인간존엄성(상)", 사법행정 1998년 4월호.

김환수, "피해자의 수사절차 참여권", 서울대학교 대학원 석사학위논문, 1995.

도중진, "형사절차에서 범죄피해자에 대한 재고찰", 피해자학연구 제10권 제1호, 한국피해자학회, 2002.

김희균 (역), George Mousourakis, "Restorative Justice Conferencing for Juvenile Offenders", 2005년 춘계국제학술회의 자료집, 한국피해자학회,

류병관, "범죄피해자보호에 관한 연구", 충남대학교 대학원 박사학위논문, 2000.

박미숙, "회복적 사법과 피해자보호", 피해자학연구 제8호, 1999.

박광민, "피해자보호에 관한 외국의 입법동향", 피해자학연구 제6호, 1998.

박광섭, "한일 범죄피해자 구조제도에 대한 비교연구", 충남대학교 법학연구소 법학연구 제4권 제1호, 1993.

──, "피해자의 권리", 충남대학교 법학연구소 법학연구 제11권 제1호, 2000.

박순진 외 1, 한국의 범죄피해에 대한 조사연구(Ⅲ), 한국형사정책연구원, 1999.

박우현, "경제범죄에 대한 수사경찰의 의식에 관한 연구", 연세대학교 행정대학원 석사학위 논문, 1997.

백형구, "범죄피해자의 형사절차상 권리", 고시연구, 1988년 8월호.

보건복지부, "가정폭력감소를 위한 서비스 연계모델 개발", 연구보고서, 2000.

송광섭, "우리나라 범죄피해자구제의 현황과 범죄피해자의 새로운 과제", 피해자학연구 제5호, 1997.

──, "형사절차에 있어서 피해자의 지위강화", 피해자학연구 제8호, 1999.

신동운, "검사의 불기소처분에 대한 헌법소원", 헌법재판의 전개 (헌법재판자료 제4집), 1991.

──, "공판절차에 있어서 피고인의 방어권 보장", 서울대학교 법학 제44권 제1호, 2003.

안경옥, "독일 형사절차상의 증인·피해자보호", 형사정책 제1호, 1999.

안동준, "범죄피해자의 지위와 전망", 형사정책연구, 1999.

안영길, "가정폭력행위자에 대한 법원의 조치", 가정폭력관련법 시행상의 문제점과 개선방안 세미나 자료집, 법무부, 1999.

유가효, "가정폭력사건의 연계망구축의 필요성", (가정폭력사건 연계망구축을 위한 심포지움: 대구여성의 전화), 1998.

이기헌 외, "양형에서 피해자의 의미", 형사정책연구 제7권 제2호, 1996.

이기헌. "범죄신고자등 보호방안", 한국형사정책연구원, (범죄신고자등 보호방안에 대한 공청회), 1995.

이기호. "피해자보호에 있어서 경찰의 역할", 피해자학연구 제4호, 1995.

이백수, "증인이 되었는다는 이유 하나만으로", 시민과 변호사, 1995년 7월호.

이은모, "형사절차에서의 피해자의 지위 및 보호방안", 교정연구, 한국교정학회, 2000.

이재상, "피해자의 소송법상 지위", 고시연구, 1988.

이정수, "수사경찰의 의식에 관한 연구", 형사정책연구, 제2권 제1호, 1991.

이철희, "참고인 취조의 기술", 사법행정, 1969.

이춘희, "가정폭력범죄의 처벌등에 관한 특례법에 있어 사법경찰관리의 조치", (가정폭력사건 연계망구축을 위한 심포지움: 대구여성의 전화), 1998.

이호중, "피해자에 대한 물질적 지원", 피해자학연구 제8호, 1999.

장규원, "범죄피해자의 특성과 그 유책성", 형사정책연구 제9권 제2호, 1998.

─────, "수사경찰의 피해자대책의 현황과 과제", 한국형사정책연구원, 2002.

장영수, "헌법의 기본원리로서의 법치주의", 안암법학 제2집, 1994.

장준오, "세계범죄피해조사(한국편)", 한국형사정책연구원, 2000.

정영일, "개정 형사소송법과 형벌권의 적정한 실현", 고시연구, 1996.

정진수, "증인보호제도", 형사정책연구원, 1996.

정현미, "성폭력범죄의 형사절차상 2차적 피해", 피해자학연구 제8호, 1999.

조균석, "피해자구조제도의 운용상황", 피해자학연구, 창간호, 1992.

최병각, "피해자의 형사절차 활용방안", 피해자학연구 제8호, 1999.

최석윤, "미국의 범죄피해자 보호·원조제도", 형사정책연구 제9권 제3호, 1998.

최석란, "미국의 범죄피해자보호구조제도, 형사정책 제9권 3호", 1998.

최선우, "일본경찰의 범죄피해자 대책", 사회과학연구 제11집, 2001.

최인섭·박순진·기광도, "한국의 범죄피해조사 : 추세분석", 한국형사정책연구원, 2002.

최인섭·박순진, "한국의 범죄피해에 대한 조사연구", 한국형사정책연구원, 1993.

─────, "서울 범죄피해조사", 피해자학연구 창간호, 1992.

───── (역), 유럽에서의 범죄피해자 공공보상제도, 피해자학연구 제2호, 1993.

하태훈, "형법과 형소법에서의 피해자 지위", 형사정책연구, 1999.
───── , "증인 또는 범죄피해자 보호제도", 피해자학연구, 1995.
한국형사정책연구원, "피학대아동 보호방안에 관한 연구", 2000.
─────────────, "범죄신고보상제도연구", 1999.
─────────────, "청소년범죄피해에 대한 조사연구(Ⅱ)", 1999.
─────────────, "가정폭력범죄의 형사절차상의 위기개입 방안연구", 2001.
─────────────, "형사절차에서 민간자원봉사활동의 실태와 개선방안", 2001.
─────────────, "범죄피해자 구조제도에 관한 연구", 1999.
─────────────, "고소제도에 관한 연구", 1998.
─────────────, "사기범죄 실태에 관한 연구", 1993.
한인섭, "범죄와 권력남용 피해자의 피해 특성 및 피해자 구제", 1999.


## < 국회회의록 · 보고서 · 공보 · 학술발표자료 >


경찰청, "아동학대 범죄 과학적 수사기법에 관하여", 제57주년 여경창설 기념 강연 자료,
        2003.
국회사무처, 제135회 국회 헌법개정특별위원회회의록 제7호, 1987.
─────, 제165회 국회 법제사법위원회회의록 제18차, 1993.
─────, 제165회 국회 본회의회의록 제22호, 1993.
─────, 제181회 국회 법제사법위원회회의록 제9호, 1996.
─────, 제184회 국회 법제사법위원회회의록 제5호 제5차, 1997.
─────, 제185회 국회 법제사법위원회회의록 제8호 제8차, 1997.
─────, 제185회 국회 본회의회의록 제15호 제15차, 1997.
─────, 제206회 국회 법제사법위원회회의록 제2호, 1999.
─────, 제206회 국회 법제사법위원회회의록 제4호, 1999.
─────, 제206회 국회 본회의회의록 제3호, 1999.
국회 법제사법위원회, 성폭력범죄의처벌및피해자보호등에관한법률중 개정 법률안
        심사보고서, 2003. 11.
국회 여성위원회, 성폭력범죄의처벌및피해자보호등에관한법률중 개정 법률안에 대한
        심사경과 및 의견서, 2002. 10.

국가인권위원회, 국가인권위원회 공보 제3호, 2003. 6.
한국법심리학회·한림대학교 공동주최 국제심포지움 발제자료, "목격자 진술 : 법과 심리
　　　학의 만남", 2003.


## 2. 일본문헌


安田貴彦, 諸外國における警察の被害者對策, 大谷 實 外編, 犯罪被害者對策の 現狀, 東京法
　　　令出版, 2000.
G. Kaiser/石井光 譯, "西ドン；ツにおける被害者調査, 特に、フライブルク調査を中心とし
　　　て", 法學硏究, 第50卷, 第11號.
宮澤浩一, "刑法理論と被害者學", 「福田平博士·大塚仁博士古稀祝賀論文集(下卷)」, 1993
宮澤浩一, ドイシ被害者支援活動グルーフ(ado)について、産大法學34卷3號, 2000.
警察公論, "警察本部長による犯罪被害者に對する援助の實施に關する指針の槪要", 2002. 5
　　　月號.
警察公論, '犯罪被害者等早期援助團體に關する規則', 2002. 5月號.
柑本美和. 小西聖子, "效果的な 被害者援助の提供をめがして", 法律時報, 年71劵10號, 通卷
　　　883號, 1999.
新屋達之, "刑事手續における情報提供", 法律時報, 1999
光滕景晈 外3, 犯罪被害の回復, 成文堂, 2001.
警察廳編, 警察白書, 平成14年 (2002).
神奈川少年心理相談硏究會 編, ヘルプ！犯罪少年支援の軌跡, 入花書房, 1998.
警察廳性犯罪搜査硏究會, 性犯罪被害者對應ハンドブツク, 入花書房, 2002.
椎橋隆幸·高橋則夫·川出敏裕, 犯罪被害者保護制度, 有斐閣, 2001.
奧村正雄, "イギリスの刑事手續における犯罪被害者支援對策", 犯罪被害者對策に關する調査
　　　硏究報告書, 財團法人全國防犯協會聯合會, 1999.
―――, 英國の刑事法の動向, 成文堂, 1996.
―――, "イギリスの被害者政策", 現代のエスプリ, 第336號, 1995.
柳本正春, イギリスにおける罪と罰, 成文堂, 1999.

## 3. 영미문헌

### < 단행본 >

Adams, Thomas F., Crime Scene Investigation, 2000.

Braithwaite, "Restorative Justice : Assessing Optimistic and Pessimistic Accounts", in M. Tonry (ed), Crime and Justice, A Review of Research, vol. 25, Chicago. 1999.

Cook, Bree., Fiona, David & Grant, Anna.,Victims' Needs, Victims' Rights, Policies and Programs for Victims of Crime in Australia, Australian Institute of Criminology Research and Public Policy Series No. 19. 1999.

Champion, D., The Roxbury Dictionary of Criminal Justice, LA, Rexbury, 1997.

Croall, Davis & Tyrer, Criminal Justice : an Introduction to the Criminal Justice System in England and Wales, Pearson Education Limited Edinburgh Gate, Harlow, United Kingdom. 1998,

Doerner, William G., Victimology, Anderson Publishing Co. 2002.

Elias, R. The Politics of Victimization ; Victims, Victimology and Human Rights, New York, Oxford University Press, 1986.

Evans, G. & Webb, Aspects of Police Interviewing. Leicester, Britich Psychological Society, 1993.

Goldstein, H. Problem-oriented policing. New York: McGraw-Hill. 1990.

Inkeri Anttila, From Crime Policy to Victim Policy, Crime Policy to Victim Policy,(ed. Ezzat A. Fattah), New York, St. Martin's Press, 1986.

Johnstone, Gerry(ed.), A Restorative Justice Reader, Willan Publishing., 2003.

LaFave, Wayne R., Criminal Procedure, Second Edition, West Publishing Co., 1992.

Lyman, Michael D., Criminal Investigation, Prentice Hall, 1999.

Maguire, Mike & Corbett, Claire., The Effects of Crimes and the Work of Victims Support Schemes, Aldershot, Gower, 1987.

Marshall, "The Evolution of Restorative Justice in Britain", European Journal of Criminal Policy and Research, Vol. 4, 1996,

Meier B.D., Restorative Justice - A New Paradigm in Criminal Law and Criminal Justice, Vol. 6. 1998

Mendelsohn, B., Socio-Analystic Introduction to Research in a General Victimmological and Criminological Perspective, In H.J.Schneider(ed.), the Victim in International Perspective. New York, 1982.

Milne, Rebecca et al., Investigative Interviewing, Wiley, 2001,

Moriarty, Laura J., Policing and Victims, Prentice Hall, 2002.

─────────, Controversies in Victimology, Anderson Publishing Co., 2003.

Neyroud, Peter & Beckley, Alan., Policing, Ethics and Human Rights, Willan Publishing Co., 2001.

Purpura, Philip  P., Criminal Justice, Buterworth-Heinemann, 1997.

Reynolds, Jean & Mariani, Mary., Police Talk, Prentice Hall, 2002.

Roberts, Albert R., Crisis Intervention as Psychotherapy, Oxford, New York, 1978.

Roberts, Albert R. & Dziegielewski, Sophia F., Foundation Skills and Application of Crisis Intervention and Cognitive Therapy, The Phasos, (Summer),1980.

Sanders, A., et al., Victims with learning disabilities : Negotiating the criminal justice system, Oxford University Centre for Criminological Research, 1997.

Stewart, J. K, Cited in Geiselman R.E. Interviewing Victims and witnesses of Crime, US Department of Justice, National Institute of Justice, Research in Brief, December, 1985.

Shapland, J., et al., Victims in the Criminal Justice System, Aldershot  GB, Gower Punlishing Company Liminted, 1985.

Strand, Virginia C.,  Treating Secondary Victims, Sage Publications Co, 2000.

Swanson, Charles R., Chamelin, Neil C. & Territo, Leonard., Criminal Investgation, McGraw Hill, 2000.

Tobolowsky, Peggy M., Understanding Victimology, Anderson Publishing Co. 2000.

─────────, Crime Victim Rights and Remedies, Carolina Academic Press, 2001.

Tyas, J.G.M. et al., Law of Torts, Pitman Publishing, 1991.

Tyler. T. R. & Lind, E. A., A Relation Model of Authority in Groups. In: M. P. Zanna, (ed.), Advances in San Diego, Academic Press, 1992.

Vrij, Aldert., Detecting Lies and Deceit, Wiley, 2001.

Wallace, Harvey., Victimolgy, Califonia State University, 1998.

Walklate, Sandra., Victimology, The Victim and Criminal Justice Process, London, Unwin Hyman, 1989.

Walker, Samuel., the Police in America, New York, McGraw Hill Book Co., 2002.

Wemmers, Jo-Anne M., Victims in the Criminal Justice System, Kugler Publications (Amsterdam), 1996.

Wilson, Clare & Powell, Martine, A Guide to Interviewing Children, Routldge, 2001.

Wesley Skogan & Kathleen Frydl(ed.), Fairness and Effectiveness in Policing, The National Academies, 2003.

Zehr, Howard, 'Retributive justice, restorative justice', A Restorative Justice Reader, Willan Publishing., 2003.


< 논문 >


Brandl, Steven G. & Horvath, Frank., "Crime-Victim Evaluation of Police Investigation Performance", Journal of Criminal Justice Vol. 19. 1991.

Foran, Tim, the Role of Police in Enabling Crime Victims to Access Criminal Injuries Compensation : a Survey of Four Police Departments, Ottawa, Canada, 1991.

Godden, D.R. & Baddeley, A.D., "Context-Dependent Memory in Two Natural Environment : On Land and Underwater British Journal of Psychology", 1996.

Lindemann, E., "Symptomatology and Management of Acute Grief" 101 American Journal of Psychiatry,1944.

Lonsway, Kimberly Ann, "Police Training in Sexual Assault Response : Comparison of Approaches", Urbana, Illinois, 1996.

Mon, Wei-Teh, What Does Crime Victimization Survey Reveal about Victims and Responses of Police Agencies-Taiwanese Experiense, Asian Policing (volume 1), 2003.


## 4. 독일문헌


Balß, Rudolf & Baurmann, Michael C., Opfer und Zeugen bei der Polizei, Luchterhand,

2001.

Kilchling. M., Aktuelle Perspektiven für Täter-Opfer Ausgleich und Wiedergutmachung im Erwachsenstrafrecht, NStZ 1996,

Stratmann, keine Lobby für Zeugen, Kriminalistik, 1995.

Voß, Hans-Georg W., Professioneller Umgang der Polizei mit Opfern und Zeugen, Luchterhand, 2001.

# < 색 인 >

# 범죄피해자대책론

---


| | |
|---|---|
| 초판1쇄 인쇄 | 2006년 3월 15일 |
| 초판1쇄 발행 | 2006년 3월 20일 |

| | |
|---|---|
| 지은이 | 김 재 민 |
| 펴낸이 | 방 은 순 |
| 펴낸곳 | **진리탐구** |

| | |
|---|---|
| 등록번호 | 제10-898호 |
| 등록일자 | 1993년 11월 17일 |

서울특별시 마포구 도화동 36번지
고려아카데미텔Ⅱ 1313호 (121-040)
전화번호　02)703-6943~4
전송번호　02)701-9352

ISBN : 89-8485-134-5


값　28,000원

---